I0137406

මහමෙව්නාවේ බෝධිඥාන ත්‍රිපිටක ග්‍රන්ථ මාලා 18

සූත්‍ර පිටකයට අයත්

ආශ්චර්යවත් ශ්‍රී සද්ධර්මය

අංගුත්තර නිකායේ

(හය වෙනි කොටස)

දසක සහ ඒකාදසක නිපාත

පරිවර්තනය

කිරිබත්ගොඩ ඤාණානන්ද ස්වාමීන් වහන්සේ

ප්‍රකාශනය

මහාමේඝ ප්‍රකාශකයෝ

වඩුවාව, යටිගල්ඔළුව, පොල්ගහවෙල.

දුර : 037 2053300, 076 8255703

ඊ-මේල් : mahameghapublishers@gmail.com

ශ්‍රී. බු.ව. 2557

ව්‍යවහාර වර්ෂ : 2013

මහමෙව්නාවේ බෝධිඥාන ත්‍රිපිටක ග්‍රන්ථ මාලාව - 18

සූත්‍ර පිටකයට අයත් ආශ්චර්යවත් ශ්‍රී සද්ධර්මය

අංගුත්තර නිකාය – 6 කොටස
(දසක සහ ඒකාදසක නිපාත)

පරිවර්තනය : පූජ්‍ය කිරිබත්ගොඩ ඤාණානන්ද ස්වාමීන් වහන්සේ

ප්‍රථම මුද්‍රණය   : ශ්‍රී බුද්ධ වර්ෂ 2557/ ව්‍යවහාරික වර්ෂ 2013

ISBN : 978-955-687-026-8

- පරිගණක අකුරු සැකසුම සහ ප්‍රකාශනය -
මහාමේඝ ප්‍රකාශකයෝ
වඩුවාව, යටිගල්ඔළුව, පොල්ගහවෙල.
දුර : (+94) 37 20 53 300, (+94) 76 82 55 703
ඊ-මේල් : mahameghapublishers@gmail.com

Mahamevnawa Bodhiñāna Tripitaka Series, Volume 18

The Wonderful Dhamma in the Suttantapitaka

ANGUTTARA NIKĀYA

(THE FURTHER-FACTORED DISCOURSES
OF THE
TATHĀGATA SAMMĀSAMBUDDHA)

(Part 06)
DASAKA AND EKĀDASAKA NIPĀTAS

(BOOK OF THE TENS AND BOOK OF THE ELEVENS)

Translated
By

VEN. KIRIBATHGODA ÑĀNĀNANDA BHIKKHU

PUBLISHED BY:

Mahamegha Publishers
Waduwawa, Yatigal-oluwa, Polgahawela, Sri Lanka.
Tel : (+94) 37 20 53 300, (+94) 76 82 55 703
e-mail : mahameghapublishers@gmail.com

B. E. 2557   C.E. 2013

"ධම්මෝ හි වාසෙට්ඨා, සෙට්ඨෝ ජනේතස්මිං
දිට්ඨේ චේව ධම්මේ, අභිසම්පරායේච."

වාසෙට්ඨයෙනි, මෙලොවෙහි ත්, පරලොවෙහි ත් සත්වයන් අතර
ධර්මය ම ශ්‍රේෂ්ඨ වෙයි !

- අපගේ ශාස්තෘන් වහන්සේ

පටුන

අංගුත්තර නිකායේ දසක නිපාතය
(කරුණු දහය බැගින් ඇතුළත් වන දේශනා)

පළමු පණ්ණාසකය
1. ආනිශංස වර්ගය

2. නාථ වර්ගය

3. මහා වර්ගය

4. උපාලි වර්ගය

5. අක්කෝස වර්ගය

දෙවෙනි පණ්ණාසකය

1. සචිත්ත වර්ගය

2. යමක වර්ගය

3. ආකංඛ වර්ගය

4. ජේර වර්ගය

5. උපාලි වර්ගය

තුන්වෙනි පණ්ණාසකය
1. සමණසඤ්ඤා වර්ගය

2. පච්චෝරෝහිණි වර්ගය

3. පරිසුද්ධ වර්ගය

4. සාධු වර්ගය

5. අරිය වර්ගය

සිව්වෙනි පණ්ණාසකය

1. පුග්ගල වර්ගය

2. ජාණුස්සෝණි වර්ගය

3. සාධු වර්ගය

4. අරියමග්ග වර්ගය

5. අපරපුග්ගල වර්ගය

පස්වෙනි පණ්ණාසකය

1. කරජකාය වර්ගය

2. සාමඤ්ඤ වර්ගය

3. රාගාදී පෙයයාලය

දසක නිපාතය අවසන් විය.

අංගුත්තර නිකායේ ඒකාදසක නිපාතය

(කරුණු එකොළහ බැගින් ඇතුළත් වන දේශනා)

1. නිස්සය වර්ගය

2. අනුස්සති වර්ගය

3. සාමඤ්ඤ වර්ගය

4. රාගාදී පෙය්‍යාලය

ඒකාදසක නිපාතය අවසන් විය.

අංගුත්තර නිකාය මෙතෙකින් සමාප්ත වේ.

දසබලසේලප්පභවා නිබ්බානමහාසමුද්දපරියන්තා
අට්ඨංග මග්ගසලිලා ජිනවචනනදී චිරං වහතූති

දසබලයන් වහන්සේ නමැති ශෛලමය පර්වතයෙන් පැන නැගී
අමා මහ නිවන නම් වූ මහා සාගරය අවසන් කොට ඇති
ආර්ය අෂ්ටාංගික මාර්ගය නම් වූ සිහිල් දිය දහරින් හෙබි
උතුම් ශ්‍රී මුඛ බුද්ධ වචන ගංගාව (ලෝ සතුන්ගේ සසර දුක් නිවාලමින්)
බොහෝ කල් ගලාබස්නා සේක්වා !

(සළායතන සංයුත්තය - උද්දාන ගාථා)

සූත්‍ර පිටකයට අයත්
අංගුත්තර නිකාය

(සයවෙනි කොටස)

දසක නිපාතය – ඒකාදසක නිපාතය

(කරුණු දහය බැගින් වදාළ දෙසුම් සහ
කරුණු එකොළහ බැගින් වදාළ දෙසුම්
ඇතුළත් කොටස)

නමෝ තස්ස භගවතෝ අරහතෝ සම්මාසම්බුද්ධස්ස
ඒ භාග්‍යවත් අරහත් සම්මා සම්බුදුරජාණන් වහන්සේට නමස්කාර වේවා!

සූත්‍ර පිටකයට අයත්

අංගුත්තර නිකාය

දසක නිපාතය

පළමු පණ්ණාසකය

1. ආනිසංස වර්ගය

10.1.1.1.
කිමත්ථිය සූත්‍රය
කවර යහපතක් සඳහා දැයි වදාළ දෙසුම

මා විසින් මෙසේ අසන ලදී. එක් සමයක භාග්‍යවතුන් වහන්සේ සැවැත් නුවර ජේතවන නම් වූ අනේපිඬුසිටාණන් විසින් කරවන ලද ආරාමයෙහි වැඩ වසන සේක. එකල්හී ආයුෂ්මත් ආනන්දයන් වහන්සේ භාග්‍යවතුන් වහන්සේ යම් තැනක වැඩසිටි සේක් ද, එතැනට පැමිණියහ. පැමිණ භාග්‍යවතුන් වහන්සේට සකසා වන්දනා කොට එකත්පස් ව හිඳගත්හ. එකත්පස් ව හුන්

ආයුෂ්මත් ආනන්දයන් වහන්සේ භාග්‍යවතුන් වහන්සේට මෙය පැවසූහ.

"ස්වාමීනී, කුසල්සිල්වලින් ලැබෙන යහපත කුමක් ද? ආනිශංසය කුමක් ද?"

"ආනන්දයෙනි, කුසල්සිල්වලින් ලැබෙන යහපත නම්, ආනිශංසය නම් පසුතැවිල්ල නැතිකම යි."

"ස්වාමීනී, පසුතැවිල්ල නැතිකමින් ලැබෙන යහපත කුමක් ද? ආනිශංසය කුමක් ද?"

"ආනන්දයෙනි, පසුතැවිල්ල නැතිකමින් ලැබෙන යහපත නම්, ආනිශංසය නම් ප්‍රමුදිත බව යි."

"ස්වාමීනී, ප්‍රමුදිත බවින් ලැබෙන යහපත කුමක් ද? ආනිශංසය කුමක් ද?"

"ආනන්දයෙනි, ප්‍රමුදිත බවින් ලැබෙන යහපත නම්, ආනිශංසය නම් ප්‍රීතිය යි."

"ස්වාමීනී, ප්‍රීතියෙන් ලැබෙන යහපත කුමක් ද? ආනිශංසය කුමක් ද?"

"ආනන්දයෙනි, ප්‍රීතියෙන් ලැබෙන යහපත නම්, ආනිශංසය නම් කය සංසිඳී ගොස් සැහැල්ලුවට පත්වීම යි."

"ස්වාමීනී, කය සංසිඳී ගොස් සැහැල්ලු වීමෙන් ලැබෙන යහපත කුමක් ද? ආනිශංසය කුමක් ද?"

"ආනන්දයෙනි, කය සංසිඳී ගොස් සැහැල්ලු වීමෙන් ලැබෙන යහපත නම්, ආනිශංසය නම් සැපය යි."

"ස්වාමීනී, සැපයෙන් ලැබෙන යහපත කුමක් ද? ආනිශංසය කුමක් ද?"

"ආනන්දයෙනි, සැපයෙන් ලැබෙන යහපත නම්, ආනිශංසය නම් සිත එකඟ ව සමාධියට පත්වීම යි."

"ස්වාමීනී, සිත එකඟ ව සමාධිමත් වීමෙන් ලැබෙන යහපත කුමක් ද? ආනිශංසය කුමක් ද?"

"ආනන්දයෙනි, සිත එකඟ ව සමාධිමත් වීමෙන් ලැබෙන යහපත නම්, ආනිශංසය නම් ඇත්ත ඇති සැටියෙන් ම දන්නා නුවණ ලැබීම යි."

"ස්වාමීනී, ඇත්ත ඇති සැටියෙන් ම දන්නා නුවණින් ලැබෙන යහපත කුමක් ද? ආනිශංසය කුමක් ද?"

"ආනන්දයෙනි, ඇත්ත ඇති සැටියෙන් ම දන්නා නුවණින් ලැබෙන යහපත නම්, ආනිශංසය නම් අවබෝධයෙන් ම එපා වී එහි නොඇල්මට පත් වීම යි."

"ස්වාමීනී, අවබෝධයෙන් ම එපා වී එහි නොඇල්මට පත් වීමෙන් ලැබෙන යහපත කුමක් ද? ආනිශංසය කුමක් ද?"

"ආනන්දයෙනි, අවබෝධයෙන් ම එපා වී එහි නොඇල්මට පත් වීමෙන් ලැබෙන යහපත නම්, ආනිශංසය නම් ඒ නොඇලුණු දෙයින් තමා සදහට ම නිදහස් ව ගිය බව දන්නා නුවණ ලැබීම යි.

ආනන්දයෙනි, මේ අයුරින් පසුතැවිල්ල නැති බව නම් වූ යහපත, පසුතැවිල්ල නැති බව නම් වූ ආනිශංසය ලැබෙන්නේ කුසල්සිල් වලිනි. ප්‍රමුදිත බව නම් වූ යහපත, ප්‍රමුදිත බව නම් වූ ආනිශංසය ලැබෙන්නේ පසුතැවිල්ල නැතිකමිනි. ප්‍රීතිය නම් වූ යහපත, ප්‍රීතිය නම් වූ ආනිශංසය ලැබෙන්නේ ප්‍රමුදිත භාවයෙනි. කය සංසිඳී ගොස් සැහැල්ලු වීම නම් වූ යහපත, කය සංසිඳී ගොස් සැහැල්ලු වීම නම් වූ ආනිශංසය ලැබෙන්නේ ප්‍රීතියෙනි. සැපය නම් වූ යහපත, සැපය නම් වූ ආනිශංසය ලැබෙන්නේ කය සංසිඳී ගොස් සැහැල්ලු වීමෙනි. සිත එකඟ ව සමාධිමත් වීම නම් වූ යහපත, සිත එකඟ ව සමාධිමත් වීම නම් වූ ආනිශංසය ලැබෙන්නේ සැපයෙනි. ඇත්ත ඇති සැටියෙන් ම දන්නා නුවණ නම් වූ යහපත, ඇත්ත ඇති සැටියෙන් ම දන්නා නුවණ නම් වූ ආනිශංසය ලැබෙන්නේ සමාධියෙනි. අවබෝධයෙන් ම එපා වී නොඇල්මට පත්වීම නම් වූ යහපත, අවබෝධයෙන් ම එපා වී නොඇල්මට පත්වීම නම් වූ ආනිශංසය ලැබෙන්නේ ඇත්ත ඇති සැටියෙන් ම දන්නා නුවණින් ය. නොඇල්මට පත් වූ දෙයින් තමා සදහට ම නිදහස් ව ගිය බව දන්නා නුවණ නම් වූ යහපත, නොඇල්මට පත් වූ දෙයින් තමා සදහට ම නිදහස් ව ගිය බව දන්නා නුවණ නම් වූ ආනිශංසය ලැබෙන්නේ අවබෝධයෙන් ම එපා වී නොඇල්මට පත් වී ගිය නිසා ය.

මෙසේ ආනන්දයෙනි, කුසල්සිල් වලින් පිළිවෙලින් අරහත්වය නම් වූ මුදුනට ම යන්නේ ඔය අයුරිනි."

සාදු! සාදු!! සාදු!!!

කිමත්ථිය සූත්‍රය නිමා විය.

10.1.1.2.
චේතනා කරණීය සූත්‍රය
චේතනා පහළ කිරීම ගැන වදාළ දෙසුම

සැවැත් නුවර දී ය ....

"මහණෙනි, සීලයෙන් යුක්ත වූ සිල්වතා හට 'පසුතැවිලි නැති බව මා තුළ පහළ වේවා'යි අමුතුයෙන් චේතනා පහළ කළ යුතු නැත්තේ ය. මහණෙනි, සීලයෙන් යුක්ත වූ සීලවන්තයා තුළ 'පසුතැවිල්ල නැති බව උපදින්නේ ය' යන මෙය ධර්මතාවකි.

මහණෙනි, පසුතැවිලි නැත්තහුට 'ප්‍රමුදිත බව මා තුළ පහළ වේවා'යි අමුතුයෙන් චේතනා පහළ කළ යුතු නැත්තේ ය. මහණෙනි, පසුතැවිලි නැති තැනැත්තා තුළ 'ප්‍රමුදිත බව ඉපදීම' යන මෙය ධර්මතාවකි.

මහණෙනි, ප්‍රමුදිතවූවහුට 'මා තුළ ප්‍රීතිය උපදීවා'යි අමුතුයෙන් චේතනා පහළ කළ යුතු නැත්තේ ය. මහණෙනි, ප්‍රමුදිත ව සිටින්නහු තුළ 'ප්‍රීතිය ඉපදීම' යන මෙය ධර්මතාවකි.

මහණෙනි, ප්‍රීති සිත් ඇත්තහුට 'මාගේ කය සංසිඳී සැහැල්ලු වේවා'යි අමුතුයෙන් චේතනා පහළ කළ යුතු නැත්තේ ය. මහණෙනි, ප්‍රීතිමත් සිත් ඇති ව සිටින්නහු තුළ 'කය සංසිඳී සැහැල්ලු වීම' යන මෙය ධර්මතාවකි.

මහණෙනි, සංසිඳී සැහැල්ලු වී ගිය කය ඇත්තහුට 'සැප විඳින්නෙක් වෙම්වා'යි අමුතුයෙන් චේතනා පහළ කළ යුතු නැත්තේ ය. මහණෙනි, සංසිඳී ගිය සැහැල්ලු වී ගිය කය ඇති තැනැත්තා 'සැප විඳින්නේ ය' යන මෙය ධර්මතාවකි.

මහණෙනි, සැපයෙන් වසන්නහුට 'මාගේ සිත සමාධිමත් වේවා'යි අමුතුයෙන් චේතනා පහළ කළ යුතු නැත්තේ ය. මහණෙනි, සැප ඇත්තහුගේ සිත 'සමාධියට පත්වන්නේ' ය යන මෙය ධර්මතාවකි.

මහණෙනි, සමාධිමත් සිත් ඇත්තහුට 'ඇත්ත ඇති සැටියෙන් ම දනිම්වා යි, දකිම්වා 'යි අමුතුයෙන් චේතනා පහළ කළ යුතු නැත්තේ ය. මහණෙනි, චිත්ත සමාධියෙන් යුතු තැනැත්තා 'ඇත්ත ඇති සැටියෙන් ම දැනගන්නේ ය, දැකගන්නේ ය' යන මෙය ධර්මතාවකි.

මහණෙනි, ඇත්ත ඇති සැටියෙන් ම දන්නහුට, දක්නහුට 'අවබෝධයෙන් මැ එපා වූයෙක් වෙම්වා, නොඇලුණෙක් වෙම්වා'යි අමුතුයෙන් චේතනා පහළ කළ යුතු නැත්තේ ය. මහණෙනි, ඇත්ත ඇති සැටියෙන් ම දැනගත් කෙනාට, දැකගත් කෙනාට 'අවබෝධයෙන්ම එපා වන්නේ ය, එහි නොඇලීමට පත්වන්නේ ය' යන මෙය ධර්මතාවකි.

මහණෙනි, අවබෝධයෙන් ම එපාවූවහුට, නොඇල්මට පත්වූවහුට 'මෙයින් සදහට ම නිදහස් වැ ගිය බව දන්නා නුවණ අත්දකිම්වා'යි අමුතුයෙන් චේතනා පහළ කළ යුතු නැත්තේ ය. මහණෙනි, අවබෝධයෙන් ම එපා වූ තැනැත්තා, නොඇල්මට පත් වූ තැනැත්තා 'තමා සදහට ම එයින් නිදහස් ව ගිය බව දන්නා නුවණ අත්දකින්නේ ය' යන මෙය ධර්මතාවකි.

මේ අයුරින් මහණෙනි, තමා සදහට ම නිදහස් වී ගිය දන්නා නුවණ නම් වූ යහපත, තමා සදහට ම නිදහස් වී ගිය දන්නා නුවණ නම් වූ ආනිශංසය ලැබෙන්නේ අවබෝධයෙන් ම එපා වී නොඇල්මට පත් වීමෙනි. අවබෝධයෙන් ම එපා වී නොඇල්මට පත් වීම නම් වූ යහපත, අවබෝධයෙන් ම එපා වී නොඇල්මට පත් වීම නම් වූ ආනිශංසය ලැබෙන්නේ ඇත්ත ඇති සැටියෙන් ම දන්නා නුවණිනි. ඇත්ත ඇති සැටියෙන් ම දන්නා නුවණ නම් වූ යහපත, ඇත්ත ඇති සැටියෙන් ම දන්නා නුවණ නම් වූ ආනිශංසය ලැබෙන්නේ සමාධියෙනි. සමාධිය නම් වූ යහපත, සමාධිය නම් වූ ආනිශංසය ලැබෙන්නේ සැපයෙනි. සැපය නම් වූ යහපත, සැපය නම් වූ ආනිශංසය ලැබෙන්නේ කය සංසිඳී සැහැල්ලු වීමෙනි. කය සංසිඳී සැහැල්ලු වීම නම් වූ යහපත, කය සංසිඳී සැහැල්ලු වීම නම් වූ ආනිශංසය ලැබෙන්නේ ප්‍රීතියෙනි. ප්‍රීතිය නම් වූ යහපත, ප්‍රීතිය නම් වූ ආනිශංසය ලැබෙන්නේ ප්‍රමුදිත භාවයෙනි. ප්‍රමුදිත භාවය නම් වූ යහපත, ප්‍රමුදිත භාවය නම් වූ ආනිශංසය ලැබෙන්නේ පසුතැවිල්ල නැති නිසාවෙනි. පසුතැවිලි නැති බව නම් වූ යහපත, පසුතැවිලි නැති බව නම් වූ ආනිශංසය ලැබෙන්නේ කුසල් සිල්වලිනි.

මහණෙනි, සසර නම් වූ මෙතෙර අත්හැර කෙලෙස් සැඩපහර තරණය කොට එතෙර නම් වූ නිවන තෙක් යෑම පිණිස ඔය අයුරින් ධර්මයෝ ම අනුපිළිවෙලින් ධර්මයන් දියුණුවට ගෙන යති. ධර්මයෝ ම අනුපිළිවෙලින් ධර්මයන් පිරිපුන් බවට පත්කෙරෙති.

සාදු! සාදු!! සාදු!!!

චේතනා කරණීය සූත්‍රය නිමා විය.

10.1.1.3.
පඨම උපනිස සූත්‍රය
හේතුව ගැන වදාළ පළමු දෙසුම

සැවැත් නුවර දී ය ....

මහණෙනි, වැනැසුණු සිල් ඇති දුසිල් තැනැත්තා හට 'පසුතැවිල්ල නැති බව' යනු නැසී ගිය හේතු සම්පත් ඇති දෙයකි. පසුතැවිලි නැති බව නැති කල්හී 'පසුතැවිලි නැති බව' අහිමි වූ තැනැත්තාට ප්‍රමුදිත බව යනු නැසී ගිය හේතු සම්පත් ඇති දෙයකි. ප්‍රමුදිත බව නැති කල්හී 'ප්‍රමුදිත බව' අහිමි වූ තැනැත්තාට ප්‍රීතිය යනු නැසී ගිය හේතු සම්පත් ඇති දෙයකි. ප්‍රීතිය නැති කල්හී 'ප්‍රීතිමත් බව' අහිමි වූ තැනැත්තාට කය සංසිඳී සැහැල්ලු වීම යනු නැසී ගිය හේතු සම්පත් ඇති දෙයකි. කායික සැහැල්ලුව නැති කල්හී 'කායික සැහැල්ලු බව' අහිමි වූ තැනැත්තාට සැපය යනු නැසී ගිය හේතු සම්පත් ඇති දෙයකි. සැපය නැති කල්හී 'සැපයෙන් තොර ව' වසන්නහුට සම්මා සමාධිය යනු නැසී ගිය හේතු සම්පත් ඇති දෙයකි. සම්මා සමාධිය නැති කල්හී 'සම්මා සමාධියෙන් තොර ව වසන්නහුට ඇත්ත ඇති සැටියෙන් ම දන්නා නුවණ යනු නැසී ගිය හේතු සම්පත් ඇති දෙයකි. ඇත්ත ඇති සැටියෙන් ම දන්නා නුවණ නැති කල්හී ඇත්ත ඇති සැටියෙන් ම දන්නා නුවණින් තොරව වසන්නහුට අවබෝධයෙන්ම එපා වී නොඇල්මට පත්වන බව යනු නැසී ගිය හේතු සම්පත් ඇති දෙයකි. අවබෝධයෙන් ම එපා වී නොඇල්මට පත්වීම නැති කල්හී අවබෝධයෙන් ම එපා වී නොඇල්මෙන් තොරව වසන්නහුට තමා සදහට ම නිදහස් වී ගිය බව දන්නා නුවණ යනු නැසී ගිය හේතු සම්පත් ඇති දෙයකි.

මහණෙනි, එය මෙබඳු දෙයකි. ගිලිහී ගිය අතුඉති ඇති, ගිලිහී ගිය කොළ ඇති රුකක් ඇත්තේ ය. ඒ රුකෙහි ගැලවුණු පොතු ත් වැඩී පිරිපුන් බවට නොයයි. ඇතුල් සිවිය ත්, එළය ත්, අරටුව ත් වැඩී පිරිපුන් බවට නොයයි. එසෙයින් ම මහණෙනි, ගිලිහී ගිය සිල් ඇති දුසිල් තැනැත්තා හට විපිළිසර නැති බව යනු නැසී ගිය හේතු සම්පත් ඇති දෙයකි. ....(පෙ).... විමුක්ති ඥාන දර්ශනය යනු නැසී ගිය හේතු සම්පත් ඇති දෙයකි.

මහණෙනි, සීලයෙන් යුක්ත වූ සිල්වත් තැනැත්තා හට 'පසුතැවිල්ල නැති බව' යනු හේතු සම්පත් ඇති දෙයකි. පසුතැවිලි නැති බව ඇති කල්හී

'පසුතැවිලි නැති බවෙන් යුක්ත තැනැත්තා හට ප්‍රමුදිත බව යනු හේතු සම්පත් ඇති දෙයකි. ප්‍රමුදිත බව ඇති කල්හී 'ප්‍රමුදිත බවින් යුතු තැනැත්තා හට ප්‍රීතිය යනු හේතු සම්පත් ඇති දෙයකි. ප්‍රීතිය ඇති කල්හී 'ප්‍රීතිමත් බවින් යුතු තැනැත්තා හට කය සංසිඳී සැහැල්ලු වීම යනු හේතු සම්පත් ඇති දෙයකි. කායික සැහැල්ලුව ඇති කල්හී 'කායික සැහැල්ලුවෙන් යුතු තැනැත්තා හට සැපය යනු හේතු සම්පත් ඇති දෙයකි. සැපය ඇති කල්හී සැප සේ වසන්නහුට සම්මා සමාධිය යනු හේතු සම්පත් ඇති දෙයකි. සම්මා සමාධිය ඇති කල්හී 'සම්මා සමාධියෙන් යුක්ත ව වසන්නහුට ඇත්ත ඇති සැටියෙන් ම දන්නා නුවණ යනු හේතු සම්පත් ඇති දෙයකි. ඇත්ත ඇති සැටියෙන් ම දන්නා නුවණ ඇති කල්හී, ඇත්ත ඇති සැටියෙන් ම දන්නා නුවණින් යුක්ත ව වසන්නහුට අවබෝධයෙන්ම එපා වී නොඇල්මට පත්වන බව යනු හේතු සම්පත් ඇති දෙයකි. අවබෝධයෙන් ම එපා වී නොඇල්මට පත්වීම ඇති කල්හී අවබෝධයෙන් ම එපා වී නොඇල්මෙන් යුක්ත ව වසන්නහුට තමා සඳහට ම නිදහස් වී ගිය බව දන්නා නුවණ යනු හේතු සම්පත් ඇති දෙයකි.

මහණෙනි, එය මෙබඳු දෙයකි. මැනැවින් වැඩී ගිය අතුඉති ඇති, මැනැවින් වැඩී ගිය කොළ ඇති රුකක් ඇත්තේ ය. ඒ රුකෙහි පිට පොතු ත් වැඩී පිරිපුන් බවට යයි. ඇතුල් සිවිය ත්, එළය ත්, අරටුව ත් වැඩී පිරිපුන් බවට යයි. එසෙයින් ම මහණෙනි, සීලයෙන් යුතු සිල්වත් තැනැත්තා හට විපිළිසර නැති බව යනු යනු හේතු සම්පත් ඇති දෙයකි. ....(පෙ).... විමුක්ති ඥාන දර්ශනය යනු හේතු සම්පත් ඇති දෙයකි.

සාදු! සාදු!! සාදු!!!

පඨම උපනිස සූත්‍රය නිමා විය.

10.1.1.4.
දුතිය උපනිස සූත්‍රය
හේතුව ගැන වදාළ දෙවන දෙසුම

සැවැත් නුවර දී ය ....

එකල්හී ආයුෂ්මත් සාරිපුත්තයන් වහන්සේ භික්ෂූන් ඇමතූහ.

"ආයුෂ්මත්නි, වැනැසුණු සිල් ඇති දුසිල් තැනැත්තා හට 'පසුතැවිල්ල

නැති බව' යනු නැසී ගිය හේතු සම්පත් ඇති දෙයකි. ....(පෙ).... තමා සදහට ම නිදහස් වී ගිය බව දන්නා නුවණ යනු නැසී ගිය හේතු සම්පත් ඇති දෙයකි.

ආයුෂ්මත්නි, එය මෙබඳු දෙයකි. ගිලිහී ගිය අතුඉති ඇති, ගිලිහී ගිය කොළ ඇති රුකක් ඇත්තේ ය. ඒ රුකෙහි ගැලවුණු පොතු ත් වැඩී පිරිපුන් බවට නොයයි. ඇතුල් සිවිය ත්, එළය ත්, අරටුව ත් වැඩී පිරිපුන් බවට නොයයි. එසෙයින් ම ආයුෂ්මත්නි, ගිලිහී ගිය සිල් ඇති දුසිල් තැනැත්තා හට පසුතැවිල්ල නැති බව යනු නැසී ගිය හේතු සම්පත් ඇති දෙයකි. ....(පෙ).... විමුක්ති ඥාන දර්ශනය යනු නැසී ගිය හේතු සම්පත් ඇති දෙයකි.

ආයුෂ්මත්නි, සීලයෙන් යුක්ත වූ සිල්වත් තැනැත්තා හට 'පසුතැවිල්ල නැති බව' යනු හේතු සම්පත් ඇති දෙයකි. පසුතැවිලි නැති බව ඇති කල්හී ප්‍රමුදිත බව ඇති වීම යනු හේතු සම්පත් ඇති දෙයකි. ....(පෙ).... තමා සදහට ම නිදහස් වී ගිය බව දන්නා නුවණ යනු හේතු සම්පත් ඇති දෙයකි.

ආයුෂ්මත්නි, එය මෙබඳු දෙයකි. මැනැවින් වැඩී ගිය අතුඉති ඇති, මැනැවින් වැඩී ගිය කොළ ඇති රුකක් ඇත්තේ ය. ඒ රුකෙහි පිට පොතු ත් වැඩී පිරිපුන් බවට යයි. ඇතුල් සිවිය ත්, එළය ත්, අරටුව ත් වැඩී පිරිපුන් බවට යයි. එසෙයින් ම ආයුෂ්මත්නි, සීලයෙන් යුතු සිල්වත් තැනැත්තා හට පසුතැවිල්ල නැති බව යනු හේතු සම්පත් ඇති දෙයකි. ....(පෙ).... විමුක්ති ඥාන දර්ශනය යනු හේතු සම්පත් ඇති දෙයකි.

සාදු! සාදු!! සාදු!!!

දුතිය උපනිස සූත්‍රය නිමා විය.

10.1.1.5.
තතිය උපනිස සූත්‍රය
හේතුව ගැන වදාළ තෙවෙනි දෙසුම

සැවැත් නුවර දී ය ....

එකල්හී ආයුෂ්මත් ආනන්දයන් වහන්සේ භික්ෂූන් ඇමතූහ.

"ආයුෂ්මත්නි, වැනැසුණු සිල් ඇති දුසිල් තැනැත්තා හට 'පසුතැවිල්ල නැති බව' යනු නැසී ගිය හේතු සම්පත් ඇති දෙයකි. පසුතැවිලි නැති බව

නැති කල්හී 'පසුතැවිලි නැති බව' අහිමි වූ තැනැත්තාට ප්‍රමුදිත බව යනු නැසී ගිය හේතු සම්පත් ඇති දෙයකි. ප්‍රමුදිත බව නැති කල්හී 'ප්‍රමුදිත බව' අහිමි වූ තැනැත්තාට ප්‍රීතිය යනු නැසී ගිය හේතු සම්පත් ඇති දෙයකි. ප්‍රීතිය නැති කල්හී 'ප්‍රීතිමත් බව' අහිමි වූ තැනැත්තාට කය සංසිඳී සැහැල්ලු වීම යනු නැසී ගිය හේතු සම්පත් ඇති දෙයකි. කායික සැහැල්ලුව නැති කල්හී 'කායික සැහැල්ලු බව' අහිමි වූ තැනැත්තාට සැපය යනු නැසී ගිය හේතු සම්පත් ඇති දෙයකි. සැපය නැති කල්හී 'සැපයෙන් තොර ව' වසන්නහුට සම්මා සමාධිය යනු නැසී ගිය හේතු සම්පත් ඇති දෙයකි. සම්මා සමාධිය නැති කල්හී 'සම්මා සමාධියෙන් තොර ව වසන්නහුට ඇත්ත ඇති සැටියෙන් ම දන්නා නුවණ යනු නැසී ගිය හේතු සම්පත් ඇති දෙයකි. ඇත්ත ඇති සැටියෙන් ම දන්නා නුවණින් නැති කල්හී ඇත්ත ඇති සැටියෙන් ම දන්නා නුවණින් තොර ව වසන්නහුට අවබෝධයෙන්ම එපා වී නොඇල්මට පත්වන බව යනු නැසී ගිය හේතු සම්පත් ඇති දෙයකි. අවබෝධයෙන් ම එපා වී නොඇල්මට පත්වීම නැති කල්හී අවබෝධයෙන් ම එපා වී නොඇල්මෙන් තොර ව වසන්නහුට තමා සදහට ම නිදහස් වී ගිය බව දන්නා නුවණ යනු නැසී ගිය හේතු සම්පත් ඇති දෙයකි.

ආයුෂ්මත්නි, එය මෙබඳු දෙයකි. ගිලිහී ගිය අතුඉති ඇති, ගිලිහී ගිය කොළ ඇති රුකක් ඇත්තේ ය. ඒ රුකෙහි ගැලවුණු පොතු ත් වැඩී පිරිපුන් බවට නොයයි. ඇතුල් සිවිය ත්, එළය ත්, අරටුව ත් වැඩී පිරිපුන් බවට නොයයි. එසෙයින් ම ආයුෂ්මත්නි, ගිලිහී ගිය සිල් ඇති දුසිල් තැනැත්තා හට පසුතැවිලි නැති බව යනු නැසී ගිය හේතු සම්පත් ඇති දෙයකි. ....(පෙ).... විමුක්ති ඥාන දර්ශනය යනු නැසී ගිය හේතු සම්පත් ඇති දෙයකි.

ආයුෂ්මත්නි, සීලයෙන් යුක්ත වූ සිල්වත් තැනැත්තා හට පසුතැවිල්ල නැති බව යනු හේතු සම්පත් ඇති දෙයකි. පසුතැවිලි නැති බව ඇති කල්හී පසුතැවිලි නැති බවෙන් යුක්ත තැනැත්තා හට ප්‍රමුදිත බව යනු හේතු සම්පත් ඇති දෙයකි. ප්‍රමුදිත බව ඇති කල්හී ප්‍රමුදිත බවින් යුතු තැනැත්තා හට ප්‍රීතිය යනු හේතු සම්පත් ඇති දෙයකි. ප්‍රීතිය ඇති කල්හී ප්‍රීතිමත් බවින් යුතු තැනැත්තා හට කය සංසිඳී සැහැල්ලු වීම යනු හේතු සම්පත් ඇති දෙයකි. කායික සැහැල්ලුව ඇති කල්හී කායික සැහැල්ලුවෙන් යුතු තැනැත්තා හට සැපය යනු හේතු සම්පත් ඇති දෙයකි. සැපය ඇති කල්හී සැප සේ වසන්නහුට සම්මා සමාධිය යනු හේතු සම්පත් ඇති දෙයකි. සම්මා සමාධිය ඇති කල්හී සම්මා සමාධියෙන් යුක්ත ව වසන්නහුට ඇත්ත ඇති සැටියෙන් ම දන්නා නුවණ යනු හේතු සම්පත් ඇති දෙයකි. ඇත්ත ඇති සැටියෙන් ම

දන්නා නුවණ ඇති කල්හී ඇත්ත ඇති සැටියෙන් ම දන්නා නුවණින් යුක්ත ව වසන්නහුට අවබෝධයෙන්ම එපා වී නොඇල්මට පත්වන බව යනු හේතු සම්පත් ඇති දෙයකි. අවබෝධයෙන් ම එපා වී නොඇල්මට පත්වීම ඇති කල්හී අවබෝධයෙන් ම එපා වී නොඇල්මෙන් වසන්නහුට තමා සඳහට ම නිදහස් වී ගිය බව දන්නා නුවණ යනු හේතු සම්පත් ඇති දෙයකි.

ආයුෂ්මත්නි, එය මෙබඳු දෙයකි. මැනැවින් වැඩී ගිය අතුඉති ඇති, මැනැවින් වැඩී ගිය කොළ ඇති රුකක් ඇත්තේ ය. ඒ රුකෙහි පිට පොතු ත් වැඩී පිරිපුන් බවට යයි. ඇතුල් සිවිය ත්, එළය ත්, අරටුව ත් වැඩී පිරිපුන් බවට යයි. එසෙයින් ම ආයුෂ්මත්නි, සීලයෙන් යුතු සිල්වත් තැනැත්තා හට පසුතැවිලි නැති බව යනු හේතු සම්පත් ඇති දෙයකි. ....(පෙ).... විමුක්ති ඥාන දර්ශනය යනු හේතු සම්පත් ඇති දෙයකි.

සාදු! සාදු!! සාදු!!!

තතිය උපනිස සූත්‍රය නිමා විය.

10.1.1.6.
සමාධි සූත්‍රය
සමාධිය ගැන වදාළ දෙසුම

සැවැත් නුවර දී ය ....

එකල්හී ආයුෂ්මත් ආනන්දයන් වහන්සේ භාග්‍යවතුන් වහන්සේ යම් තැනෙක වැඩවෙසෙන සේක් ද, එතැනට පැමිණියහ. පැමිණ භාග්‍යවතුන් වහන්සේ සකසා වන්දනා කොට එකත්පස්ව හිඳගත් සේක. එකත්පස්ව හුන් ආයුෂ්මත් ආනන්දයන් වහන්සේ භාග්‍යවතුන් වහන්සේට මෙය පැවසූහ.

"ස්වාමීනී, භික්ෂුවකට මෙබඳු වූ සමාධියක් ලැබිය හැකි ද? එනම් යම් සේ පඨවි ධාතුවෙහි පඨවි යන හැඳිනීමක් ඇති නොවෙයි ද, ආපෝ ධාතුවෙහි ආපෝ යන හැඳිනීමක් ඇති නොවෙයි ද, තේජෝ ධාතුවෙහි තේජෝ යන හැඳිනීමක් ඇති නොවෙයි ද, වායෝ ධාතුවෙහි වායෝ යන හැඳිනීමක් ඇති නොවෙයි ද, ආකාසානඤ්චායතනයෙහි ආකාසානඤ්චායතනය යන හැඳිනීමක් ඇති නොවෙයි ද, විඤ්ඤාණඤ්චායතනයෙහි විඤ්ඤාණඤ්චායතනය යන හැඳිනීමක් ඇති නොවෙයි ද, ආකිඤ්චඤ්ඤායතනයෙහි ආකිඤ්චඤ්ඤායතනය

යන හැඳිනීමක් ඇති නොවෙයි ද, නේවසඤ්ඤානාසඤ්ඤායතනයෙහි නේවසඤ්ඤානාසඤ්ඤායතනය යන හැඳිනීමක් ඇති නොවෙයි ද, මේ ලෝකයෙහි මේ ලෝකය යන හැඳිනීමක් ඇති නොවෙයි ද, පරලොවෙහි පරලොව යන හැඳිනීමක් ඇති නොවෙයි ද, එසේ නමුත් හැඳිනීමකින් ද යුක්ත ව සිටින්නේ නම්, එබඳු වූ සමාධි ප්‍රතිලාභයක් භික්ෂුවකට ලැබිය හැකිද?"

"එසේ ය ආනන්දයෙනි, යම් සේ පඨවි ධාතුවෙහි පඨවි යන හැඳිනීමක් ඇති නොවෙයි ද, ආපෝ ධාතුවෙහි ආපෝ යන හැඳිනීමක් ඇති නොවෙයි ද, තේජෝ ධාතුවෙහි තේජෝ යන හැඳිනීමක් ඇති නොවෙයි ද, වායෝ ධාතුවෙහි වායෝ යන හැඳිනීමක් ඇති නොවෙයි ද, ආකාසානඤ්චායතනයෙහි ආකාසානඤ්චායතනය යන හැඳිනීමක් ඇති නොවෙයි ද, විඤ්ඤාණඤ්චායතනයෙහි විඤ්ඤාණඤ්චායතනය යන හැඳිනීමක් ඇති නොවෙයි ද, ආකිඤ්චඤ්ඤායතනයෙහි ආකිඤ්චඤ්ඤායතනය යන හැඳිනීමක් ඇති නොවෙයි ද, නේවසඤ්ඤානාසඤ්ඤායතනයෙහි නේවසඤ්ඤානාසඤ්ඤායතනය යන හැඳිනීමක් ඇති නොවෙයි ද, මේ ලෝකයෙහි මේ ලෝකය යන හැඳිනීමක් ඇති නොවෙයි ද, පරලොවෙහි පරලොව යන හැඳිනීමක් ඇති නොවෙයි ද, එසේ නමුත් හැඳිනීමකින් ද යුක්ත ව සිටින්නේ නම්, එබඳු වූ සමාධි ප්‍රතිලාභයක් භික්ෂුවකට ලැබිය හැකි ය."

"ස්වාමීනී, කෙසේ නම් භික්ෂුවකට එබඳු සමාධියක් ලැබිය හැකි ද? එනම් යම් සේ පඨවි ධාතුවෙහි පඨවි යන හැඳිනීමක් ඇති නොවෙයි ද, ආපෝ ධාතුවෙහි ආපෝ යන හැඳිනීමක් ඇති නොවෙයි ද, තේජෝ ධාතුවෙහි තේජෝ යන හැඳිනීමක් ඇති නොවෙයි ද, වායෝ ධාතුවෙහි වායෝ යන හැඳිනීමක් ඇති නොවෙයි ද, ආකාසානඤ්චායතනයෙහි ආකාසානඤ්චායතනය යන හැඳිනීමක් ඇති නොවෙයි ද, විඤ්ඤාණඤ්චායතනයෙහි විඤ්ඤාණඤ්චායතනය යන හැඳිනීමක් ඇති නොවෙයි ද, ආකිඤ්චඤ්ඤායතනයෙහි ආකිඤ්චඤ්ඤායතනය යන හැඳිනීමක් ඇති නොවෙයි ද, නේවසඤ්ඤානාසඤ්ඤායතනයෙහි නේවසඤ්ඤානාසඤ්ඤායතනය යන හැඳිනීමක් ඇති නොවෙයි ද, මේ ලෝකයෙහි මේ ලෝකය යන හැඳිනීමක් ඇති නොවෙයි ද, පරලොවෙහි පරලොව යන හැඳිනීමක් ඇති නොවෙයි ද, එසේ නමුත් හැඳිනීමකින් ද යුක්ත ව සිටින්නේ නම්, කෙසේ නම් එබඳු වූ සමාධි ප්‍රතිලාභයක් භික්ෂුවකට ලැබිය හැකි ද?"

"ආනන්දය, මෙහිලා භික්ෂුව මෙබඳු වූ හැඳිනීමකින් යුක්ත වූයේ වෙයි. 'මෙම සමාධිය ශාන්ත වූ දෙයකි. මෙම සමාධිය ඉතා ප්‍රණීත දෙයකි. එනම්, සකස් වූ සියළු දෙයෙහි සංසිඳී ගිය බවෙක් ඇද්ද, යළි උපතකට හේතු වන

සියල්ල දුරුලූ බවක් ඇද්ද, තෘෂ්ණාවෙහි නැසී ගිය බවක් ඇද්ද, නොඇල්මට පත් වූ බවක් ඇද්ද, භවය නිරුද්ධ වූ බවක් ඇද්ද, නිර්වාණයක් ඇද්ද, එය යි.'

ආනන්දය, මෙබඳු වූ සමාධි ප්‍රතිලාභයෙකි භික්ෂුවකට ලැබෙන්නේ. එනම්, යම් සේ පඨවි ධාතුවෙහි පඨවි යන හැඟීමක් ඇති නොවෙයි ද, ආපෝ ධාතුවෙහි ආපෝ යන හැඟීමක් ඇති නොවෙයි ද, තේජෝ ධාතුවෙහි තේජෝ යන හැඟීමක් ඇති නොවෙයි ද, වායෝ ධාතුවෙහි වායෝ යන හැඟීමක් ඇති නොවෙයි ද, ආකාසානඤ්චායතනයෙහි ආකාසානඤ්චායතනය යන හැඟීමක් ඇති නොවෙයි ද, විඤ්ඤාණඤ්චායතනයෙහි විඤ්ඤාණඤ්චායතනය යන හැඟීමක් ඇති නොවෙයි ද, ආකිඤ්චඤ්ඤායතනයෙහි ආකිඤ්චඤ්ඤායතනය යන හැඟීමක් ඇති නොවෙයි ද, නේවසඤ්ඤානාසඤ්ඤායතනයෙහි නේවසඤ්ඤානාසඤ්ඤායතනය යන හැඟීමක් ඇති නොවෙයි ද, මේ ලෝකයෙහි මේ ලෝකය යන හැඟීමක් ඇති නොවෙයි ද, පරලොවෙහි පරලොව යන හැඟීමක් ඇති නොවෙයි ද, එසේ නමුත් හැඟීමකින් ද යුක්ත ව සිටින්නේ නම්, එබඳු වූ සමාධි ප්‍රතිලාභයක් භික්ෂුවකට ලැබෙන්නේ මේ අයුරිනි."

සාදු! සාදු!! සාදු!!!

සමාධි සූත්‍රය නිමා විය.

10.1.1.7.
සාරිපුත්ත සූත්‍රය
සැරියුත් තෙරුන් වදාළ දෙසුම

සැවැත් නුවර දී ය ....

එකල්හී ආයුෂ්මත් ආනන්දයන් වහන්සේ ආයුෂ්මත් සාරිපුත්තයන් වහන්සේ යම් තැනක වැඩවෙසෙන සේක් ද, එතැනට පැමිණියහ. පැමිණ ආයුෂ්මත් සාරිපුත්තයන් වහන්සේ සමඟ පිළිසඳර කතා බහේ යෙදුණහ. එසේ පිළිසඳරෙහි යෙදී එකත්පස් ව හිඳගත් සේක. එකත්පස් ව හුන් ආයුෂ්මත් ආනන්දයන් වහන්සේ සාරිපුත්තයන් වහන්සේට මෙය පැවසූහ.

"ආයුෂ්මත් සාරිපුත්තයෙනි, භික්ෂුවකට මෙබඳු වූ සමාධියක් ලැබිය හැකි ද? එනම් යම් සේ පඨවි ධාතුවෙහි පඨවි යන හැඟීමක් ඇති නොවෙයි ද, ආපෝ

ධාතුවෙහි ආපෝ යන හැඳිනීමක් ඇති නොවෙයි ද, තේජෝ ධාතුවෙහි තේජෝ යන හැඳිනීමක් ඇති නොවෙයි ද, වායෝ ධාතුවෙහි වායෝ යන හැඳිනීමක් ඇති නොවෙයි ද, ආකාසානඤ්චායතනයෙහි ආකාසානඤ්චායතනය යන හැඳිනීමක් ඇති නොවෙයි ද, විඤ්ඤාණඤ්චායතනයෙහි විඤ්ඤාණඤ්චායතනය යන හැඳිනීමක් ඇති නොවෙයි ද, ආකිඤ්චඤ්ඤායතනයෙහි ආකිඤ්චඤ්ඤායතනය යන හැඳිනීමක් ඇති නොවෙයි ද, නේවසඤ්ඤානාසඤ්ඤායතනයෙහි නේවසඤ්ඤානාසඤ්ඤායතනය යන හැඳිනීමක් ඇති නොවෙයි ද, මේ ලෝකයෙහි මේ ලෝකය යන හැඳිනීමක් ඇති නොවෙයි ද, පරලොවෙහි පරලොව යන හැඳිනීමක් ඇති නොවෙයි ද, එසේ නමුත් හැඳිනීමකින් ද යුක්ත ව සිටින්නේ නම්, එබඳු වූ සමාධි ප්‍රතිලාභයක් භික්ෂුවකට ලැබිය හැකි ද?"

"එසේ ය ආනන්දයෙනි, යම් සේ පඨවි ධාතුවෙහි පඨවි යන හැඳිනීමක් ඇති නොවෙයි ද, ...(පෙ).... පරලොවෙහි පරලොව යන හැඳිනීමෙක් ඇති නොවෙයි ද, එසේ නමුත් හැඳිනීමෙකින් ද යුක්ත ව සිටින්නේ නම්, එබඳු වූ සමාධි ප්‍රතිලාභයක් භික්ෂුවකට ලැබිය හැකි ය."

"ආයුෂ්මත් සාරිපුත්තයෙනි, කෙසේ නම් භික්ෂුවකට එබඳු සමාධියක් ලැබිය හැකි ද? එනම් යම් සේ පඨවි ධාතුවෙහි පඨවි යන හැඳිනීමක් ඇති නොවෙයි ද, ...(පෙ).... පරලොවෙහි පරලොව යන හැඳිනීමෙක් ඇති නොවෙයි ද, එසේ නමුත් හැඳිනීමකින් ද යුක්ත ව සිටින්නේ නම්, කෙසේ නම් එබඳු වූ සමාධි ප්‍රතිලාභයක් භික්ෂුවකට ලැබිය හැකි ද?"

"ආයුෂ්මත් ආනන්දයෙනි, එක් කලෙක මම් මේ සැවැත් නුවර ම අන්ධවනයෙහි වාසය කළෙමි. එහිදී මම් යම්බඳු වූ සමාධියකට සමවැදුණෙමි. 'යම් සේ පඨවි ධාතුවෙහි පඨවි යන හැඳිනීමක් ඇති නොවෙයි ද, ආපෝ ධාතුවෙහි ආපෝ යන හැඳිනීමක් ඇති නොවෙයි ද, තේජෝ ධාතුවෙහි තේජෝ යන හැඳිනීමක් ඇති නොවෙයි ද, වායෝ ධාතුවෙහි වායෝ යන හැඳිනීමක් ඇති නොවෙයි ද, ආකාසානඤ්චායතනයෙහි ආකාසානඤ්චායතනය යන හැඳිනීමක් ඇති නොවෙයි ද, විඤ්ඤාණඤ්චායතනයෙහි විඤ්ඤාණඤ්චායතනය යන හැඳිනීමක් ඇති නොවෙයි ද, ආකිඤ්චඤ්ඤායතනයෙහි ආකිඤ්චඤ්ඤායතනය යන හැඳිනීමක් ඇති නොවෙයි ද, නේවසඤ්ඤානාසඤ්ඤායතනයෙහි නේවසඤ්ඤානාසඤ්ඤායතනය යන හැඳිනීමක් ඇති නොවෙයි ද, මේ ලෝකයෙහි මේ ලෝකය යන හැඳිනීමක් ඇති නොවෙයි ද, පරලොවෙහි පරලොව යන හැඳිනීමක් ඇති නොවෙයි ද මෙබඳු වූ සමාධියකට සමවැදී සිටියෙමි."

"ආයුෂ්මත් සාරිපුත්තයන් වහන්සේ ඒ වෙලාවෙහි සිටියේ කුමක් පිළිබඳ හැඳිනීමකින් ද?"

"'භවය නිරුද්ධ වීම නිවනයි, භවය නිරුද්ධ වීම නිවනයි' යනුවෙන් ආයුෂ්මතුනි, එවේලෙහි මා තුළ අන්‍ය වූ ම හැඳිනීමක් උපදියි. අන්‍ය වූ ම හැඳිනීමක් නිරුද්ධ වෙයි. ආයුෂ්මතුනි, එය මෙවැනි දෙයකි. දර කැබලි ගින්නක් ඇවිලෙන කල්හී අන්‍ය වූ ම ගිනි සිළක් උපදින්නේ ය. අන්‍ය වූ ම ගිනි සිළක් නිරුද්ධ වන්නේ ය. එසෙයින් ම ආයුෂ්මතුනි, භවය නිරුද්ධ වීම නිවනයි, භවය නිරුද්ධ වීම නිවනයි' යනුවෙන් මා තුළ අන්‍ය වූ ම හැඳිනීමක් උපදියි. අන්‍ය වූ ම හැඳිනීමක් නිරුද්ධ වෙයි. ආයුෂ්මත, ඒ වෙලාවෙහි 'භව නිරෝධය නිවන යි' යන හැඳිනීමෙන් මම සිටියෙමි."

සාදු! සාදු!! සාදු!!!

සාරිපුත්ත සූත්‍රය නිමා විය.

10.1.1.8.
සද්ධ සූත්‍රය
ශ්‍රද්ධාව මුල්කොට වදාළ දෙසුම

සැවැත් නුවර දී ය ....

මහණෙනි, භික්ෂුව ශ්‍රද්ධාවන්ත වූයේ ත් වෙයි. එනමුදු සිල්වත් වූයේ නොවෙයි. මේ අයුරින් ඔහු ඒ අංගයෙන් අසම්පූර්ණ වෙයි. ඒ භික්ෂුව විසින් 'මම් සැදැහැවතෙකුත් වී සිල්වතෙකුත් වී සිටින්නේ කෙසේද'යි ඒ අංගය සම්පූර්ණ කළ යුතු ය. මහණෙනි, යම් කලෙක භික්ෂුව සැදැහැවත් වූයේ ත් වේ ද, සිල්වත් වූයේ ත් වේ ද, මෙසේ ඔහු ඒ අංගයෙන් සම්පූර්ණ වූයේ වේ.

මහණෙනි, භික්ෂුව ශ්‍රද්ධාවන්ත වූයේ ත් වෙයි. සිල්වත් වූයේ ත් වෙයි. එනමුදු ධර්මය බොහෝ කොට නොඅසන ලද්දේ වෙයි. ....(පෙ).... ධර්මය බොහෝ කොට අසන ලද්දේ ත් වෙයි. එනමුදු ධර්ම කථිකයෙක් නොවෙයි. ....(පෙ).... ධර්ම කථිකයෙක් ද වෙයි. එනමුදු පිරිස අතර නොසිටින්නේ වෙයි. ....(පෙ).... පිරිස අතර සිටින්නේ ද වෙයි. එනමුදු පිරිස් මැද විශාරද ව ධර්මය නොදෙසන්නේ වෙයි. ....(පෙ).... පිරිස් මැද විශාරද ව ධර්මය දෙසන්නේ ද වෙයි. එනමුදු විනයධරයෙක් නොවෙයි. ....(පෙ).... විනයධරයෙක් ද වෙයි.

එනමුදු දුර ඈත සෙනසුන්හි වසනා ආරණ්‍යක වූයේ නොවෙයි. ....(පෙ).... දුර ඈත සෙනසුන්හි වසනා ආරණ්‍යක වූයෙක් ද වෙයි. එනමුදු ගැඹුරු චිත්ත සමාධියෙන් යුතු මෙලොව දී ම සුව සේ වාසය කළ හැකි වූ ධ්‍යාන සතර කැමති සේ නොලබන්නේ වෙයි. නිදුක් ව නොලබන්නේ වෙයි. අනායාසයෙන් නොලබන්නේ වෙයි. ....(පෙ).... ගැඹුරු චිත්ත සමාධියෙන් යුතු, මෙලොවදී ම සුව සේ වාසය කළ හැකි වූ, ධ්‍යාන සතර ද කැමති සේ ලබන්නේ, නිදුක් ව ලබන්නේ, අනායාසයෙන් ලබන්නේ වෙයි. ආශ්‍රවයන් ක්ෂය වීමෙන් ලබන ආශ්‍රව රහිත චිත්ත විමුක්තිය ත්, ප්‍රඥා විමුක්තිය ත් මේ ජීවිතයේ දී ම තම විශිෂ්ට නුවණින් අත්දැක එයට පැමිණ වාසය නොකරන්නේ වෙයි.

මේ අයුරින් ඔහු ඒ අංගයෙන් අසම්පූර්ණ වෙයි. ඒ භික්ෂුව විසින් 'කෙසේ නම් මම් සැදැහැවතෙකු ව, සිල්වතෙකු ව, ධර්මයෙහි බොහෝ ඇසූ පිරූ තැන් ඇති ව, ධර්මකථික ව, පිරිස් අතර සිටිමින්, විශාරද ව පිරිස් මැද දහම් දෙසමින්, විනයධර ව, දුර ඈත සෙනසුන්හි වනවාසී ව සිටිමින්, කැමති සේ, නිදුක් ව, අනායාසයෙන් ගැඹුරු චිත්ත සමාධියෙන් යුතු, මෙලොවදී ම සුව සේ වාසය කළ හැකි වූ ධ්‍යාන සතර ද ලබමින්, ආශ්‍රවයන් ක්ෂය කොට අනාශ්‍රව වූ චිත්ත විමුක්තිය ත්, ප්‍රඥා විමුක්තිය ත් විශිෂ්ට වූ නුවණින් මේ ජීවිතයේ දී ම ලබා එයට සමවදිමින් සිටින්නෙම් දැ'යි ඒ අංගය සම්පූර්ණ කළ යුතු ය.

මහණෙනි, යම් කලෙක භික්ෂුව සැදැහැවත් වූයේ ත් වේ ද, සිල්වත් වූයේ ත් වේ ද, ධර්මයෙහි බොහෝ ඇසූ පිරූ තැන් ඇති වූයේ ත් වේ ද, ධර්මකථික වූයේ ත් වේ ද, පිරිස් අතර සිටියේ ත් වේ ද, විශාරද ව පිරිස් මැද දහම් දෙසන්නේ ත් වේ ද, විනයධර වූයේ ත් ද, දුර ඈත සෙනසුන්හි වනවාසී ව සිටියේ ත් වේ ද, කැමති සේ, නිදුක් ව, අනායාසයෙන් ගැඹුරු චිත්ත සමාධියෙන් යුතු, මෙලොවදී ම සුව සේ වාසය කළ හැකි වූ ධ්‍යාන සතර ද ලබන්නේ වේ ද, ආශ්‍රවයන් ක්ෂය කොට අනාශ්‍රව වූ චිත්ත විමුක්තිය ත්, ප්‍රඥා විමුක්තිය ත් විශිෂ්ට වූ නුවණින් මේ ජීවිතයේ දී ම ලබා එයට සමවදිමින් සිටින්නේ ත් වේ ද මෙසේ ඔහු ඒ අංගයෙන් සම්පූර්ණ වූයේ වෙයි.

මහණෙනි, මෙම දස කරුණෙන් සමන්විත වූ භික්ෂුව හැමඅතින් ම පැහැදීම ඇති කරන්නේ ද වෙයි. සියලු ආකාරයෙන් ම සම්පූර්ණ වූයේ ද වෙයි.

සාදු! සාදු!! සාදු!!!

සද්ධ සූත්‍රය නිමා විය.

10.1.1.9.
සන්ත විමොක්ඛ සූත්‍රය
ශාන්ත වූ විමෝක්ෂ ගැන වදාළ දෙසුම

සැවැත් නුවර දී ය ....

මහණෙනි, භික්ෂුව ශ්‍රද්ධාවන්ත වූයේ ත් වෙයි. එනමුදු සිල්වත් වූයේ නොවෙයි. ....(පෙ).... සිල්වත් වූයේ ත් වෙයි. එනමුදු ධර්මය බොහෝ කොට නොඅසන ලද්දේ වෙයි. ....(පෙ).... ධර්මය බොහෝ කොට අසන ලද්දේ වෙයි. එනමුදු ධර්ම කථිකයෙක් නොවෙයි. ....(පෙ).... ධර්ම කථිකයෙක් ද වෙයි. එනමුදු පිරිස අතර නොසිටින්නේ වෙයි. ....(පෙ).... පිරිස අතර සිටින්නේ ද වෙයි. එනමුදු පිරිස් මැද විශාරද ව ධර්මය නොදෙසන්නේ වෙයි. ....(පෙ).... පිරිස් මැද විශාරද ව ධර්මය දෙසන්නේ ද වෙයි. එනමුදු විනයධරයෙක් නොවෙයි. ....(පෙ).... විනයධරයෙක් ද වෙයි. එනමුදු දුර ඈත සෙනසුන්හි වසනා ආරණ්‍යක වූයේ නොවෙයි. ....(පෙ).... දුර ඈත සෙනසුන්හි වසනා ආරණ්‍යක වූයෙක් ද වෙයි. එනමුදු රූප ධ්‍යානයන් ඉක්මවා ගිය යම් අරූප වූ ශාන්ත විමෝක්ෂයෝ වෙත් ද, ඒ අරූප ධ්‍යානයෝ කයෙන් ස්පර්ශ කොට වාසය නොකරන්නේ වෙයි. ....(පෙ).... රූප ධ්‍යානයන් ඉක්මවා ගිය යම් අරූප වූ ශාන්ත විමෝක්ෂයෝ වෙත් ද, ඒ අරූප ධ්‍යානයෝ කයෙන් ස්පර්ශ කොට වාසය කරන්නේ ත් වෙයි. එනමුදු ආශ්‍රවයන් ක්ෂය වීමෙන් ලබන ආශ්‍රව රහිත චිත්ත විමුක්තිය ත්, ප්‍රඥා විමුක්තිය ත් මේ ජීවිතයේ දී ම තම විශිෂ්ට නුවණින් අත්දැක එයට පැමිණ වාසය නොකරන්නේ වෙයි.

මේ අයුරින් ඔහු ඒ අංගයෙන් අසම්පූර්ණ වෙයි. ඒ භික්ෂුව විසින් 'කෙසේ නම් මම් සැදැහැවතෙකු ව, සිල්වතෙකු ව, ධර්මයෙහි බොහෝ ඇසූ පිරූ තැන් ඇති ව, ධර්මකථික ව, පිරිස් අතර සිටිමින්, විශාරද ව පිරිස් මැද දහම් දෙසමින්, විනයධර ව, දුර ඈත සෙනසුන්හි වනවාසී ව සිටිමින්, රූප ධ්‍යානයන් ඉක්මවා ගිය යම් අරූප වූ ශාන්ත විමෝක්ෂයෝ වෙත් ද, ඒ අරූප ධ්‍යානයෝ කයෙන් ස්පර්ශ කොට වාසය කරමින්, ආශ්‍රවයන් ක්ෂය කොට අනාශ්‍රව වූ චිත්ත විමුක්තිය ත්, ප්‍රඥා විමුක්තිය ත් විශිෂ්ට වූ නුවණින් මේ ජීවිතයේ දී ම ලබා එයට සමවදිමින් සිටින්නෙම් ද'යි ඒ අංගය සම්පූර්ණ කළ යුතු ය.

මහණෙනි, යම් කලෙක භික්ෂුව සැදැහැවත් වූයේ ත් වේ ද, සිල්වත් වූයේ ත් වේ ද, ධර්මයෙහි බොහෝ ඇසූ පිරූ තැන් ඇති වූයේ ත් වේ ද, ධර්මකථික වූයේ ත් වේ ද, පිරිස් අතර සිටියේ ත් වේ ද, විශාරද ව පිරිස් මැද දහම් දෙසන්නේ ත් වේ ද, විනයධර වූයේ ත් වේ ද, දුර ඈත සෙනසුන්හි වනවාසී ව සිටියේ ත් වේ ද, රූප ධ්‍යානයන් ඉක්මවා ගිය යම් අරූප වූ ශාන්ත විමෝක්ෂයෝ වෙත් ද, ඒ අරූප ධ්‍යානයෝ කයෙන් ස්පර්ශ කොට වාසය කරන්නේ ත් වේ ද, ආශ්‍රවයන් ක්ෂය කොට අනාශ්‍රව වූ චිත්ත විමුක්තිය ත්, ප්‍රඥා විමුක්තිය ත් විශිෂ්ට වූ නුවණින් මේ ජීවිතයේ දී ම ලබා එයට සමවදිමින් සිටින්නේ ත් වේ ද මෙසේ ඔහු ඒ අංගයෙන් සම්පූර්ණ වූයේ වෙයි.

මහණෙනි, මෙම දස කරුණෙන් සමන්විත වූ භික්ෂුව හැමඅතින් ම පැහැදීම ඇති කරන්නේ ද වෙයි. සියලු ආකාරයෙන් ම සම්පූර්ණ වූයේ ද වෙයි.

සාදු! සාදු!! සාදු!!!

සන්ත විමොක්ඛ සූත්‍රය නිමා විය.

10.1.1.10.
විජ්ජා සූත්‍රය
ත්‍රිවිද්‍යාව ගැන වදාළ දෙසුම

සැවැත් නුවර දී ය ....

මහණෙනි, භික්ෂුව ශ්‍රද්ධාවන්ත වූයේ ත් වෙයි. එනමුදු සිල්වත් වූයේ නොවෙයි. මේ අයුරින් ඔහු ඒ අංගයෙන් අසම්පූර්ණ වෙයි. ඒ භික්ෂුව විසින් 'මම් සැදැහැවතෙකුත් වී සිල්වතෙකුත් වී සිටින්නේ කෙසේද'යි ඒ අංගය සම්පූර්ණ කළ යුතු ය. මහණෙනි, යම් කලෙක භික්ෂුව සැදැහැවත් වූයේ ත් වේ ද, සිල්වත් වූයේ ත් වේ ද, මෙසේ ඔහු ඒ අංගයෙන් සම්පූර්ණ වූයේ වේ.

මහණෙනි, භික්ෂුව ශ්‍රද්ධාවන්ත වූයේ ත් වෙයි. ....(පෙ).... සිල්වත් වූයේ ත් වෙයි. එනමුදු ධර්මය බොහෝ කොට නොඅසන ලද්දේ වෙයි. ....(පෙ).... ධර්මය බොහෝ කොට අසන ලද්දේ ත් වෙයි. එනමුදු ධර්ම කථිකයෙක් නොවෙයි. ....(පෙ).... ධර්ම කථිකයෙක් ද වෙයි. එනමුදු පිරිස අතර නොසිටින්නේ වෙයි. ....(පෙ).... පිරිස අතර සිටින්නේ ද වෙයි. එනමුදු පිරිස් මැද විශාරද ව ධර්මය

නොදෙසන්නේ වෙයි. ....(පෙ).... පිරිස් මැද විශාරද ව ධර්මය දෙසන්නේ ද වෙයි. එනමුදු විනයධරයෙක් නොවෙයි. ....(පෙ).... විනයධරයෙක් ද වෙයි. එනමුදු නොයෙක් අයුරු ඇති පෙර විසූ කඳ පිළිවෙල සිහි නොකරන්නේ වෙයි. එනම් එක උපතක් ද, උපත් දෙකක් ද, ...(පෙ).... මෙසේ ආකාර සහිත වූ සවිස්තර වූ නොයෙක් අයුරු ඇති පෙර විසූ කඳ පිළිවෙල සිහි කරන්නේ වෙයි. ....(පෙ)..... නොයෙක් අයුරු ඇති පෙර විසූ කඳ පිළිවෙල සිහි කරන්නේ වෙයි. එනම් එක උපතක් ද, උපත් දෙකක් ද, ...(පෙ).... මෙසේ ආකාර සහිත වූ, සවිස්තර වූ, නොයෙක් අයුරු ඇති පෙර විසූ කඳ පිළිවෙල සිහිකරන්නේ වෙයි. එනමුදු මිනිස් දැක්ම ඉක්මවා ගිය විශුද්ධ වූ දිවැස් නුවණින් ....(පෙ).... කර්මානුරූප ව මැරෙන ඉපදෙන සතුන් නොදකින්නේ වෙයි. ....(පෙ).... මිනිස් දැක්ම ඉක්මවා ගිය විශුද්ධ වූ දිවැස් නුවණින් ....(පෙ).... කර්මානුරූප ව මැරෙන ඉපදෙන සතුන් දකින්නේ වෙයි. එනමුදු ආශ්‍රවයන් ක්ෂය වීමෙන් ලබන ආශ්‍රව රහිත චිත්ත විමුක්තිය ත්, ප්‍රඥා විමුක්තිය ත් මේ ජීවිතයේ දී ම තම විශිෂ්ට නුවණින් අත්දැක එයට පැමිණ වාසය නොකරන්නේ වෙයි.

මේ අයුරින් ඔහු ඒ අංගයෙන් අසම්පූර්ණ වෙයි. ඒ භික්ෂුව විසින් 'කෙසේ නම් මම් සැදැහැවතෙකු ව, සිල්වතෙකු ව, ධර්මයෙහි බොහෝ ඇසූ පිරූ තැන් ඇති ව, ධර්මකථික ව, පිරිස් අතර සිටිමින්, විශාරද ව පිරිස් මැද දහම් දෙසමින්, විනයධර ව, නොයෙක් අයුරු ඇති පෙර විසූ කඳ පිළිවෙල සිහි කරමින්, එනම් එක උපතක් ද, උපත් දෙකක් ද, ...(පෙ).... මෙසේ ආකාර සහිත වූ, සවිස්තර වූ නෙයෙක් අයුරු ඇති පෙර විසූ කඳ පිළිවෙල සිහිකරමින්, ...(පෙ).... මිනිස් දැක්ම ඉක්මවා ගිය විශුද්ධ වූ දිවැස් නුවණින් ....(පෙ).... කර්මානුරූප ව මැරෙන ඉපදෙන සතුන් දකිමින්, ආශ්‍රවයන් ක්ෂය කොට අනාශ්‍රව වූ චිත්ත විමුක්තිය ත්, ප්‍රඥා විමුක්තිය ත් විශිෂ්ට වූ නුවණින් මේ ජීවිතයේ දී ම ලබා එයට සමවදිමින් සිටින්නෙම් දැ'යි ඒ අංගය සම්පූර්ණ කළ යුතු ය.

මහණෙනි, යම් කලෙක භික්ෂුව සැදැහැවත් වූයේ ත් වේ ද, සිල්වත් වූයේ ත් වේ ද, ධර්මයෙහි බොහෝ ඇසූ පිරූ තැන් ඇති වූයේ ත් ද, ධර්මකථික වූයේ ත් ද, පිරිස් අතර සිටියේ ත් වේ ද, විශාරද ව පිරිස් මැද දහම් දෙසන්නේ ත් වේ ද, විනයධර වූයේ ත් වේ ද, නොයෙක් අයුරු ඇති පෙර විසූ කඳ පිළිවෙල සිහි කරන්නේ ත් වේ ද, එනම් එක උපතක් ද, උපත් දෙකක් ද, ...(පෙ).... මෙසේ ආකාර සහිත වූ, සවිස්තර වූ, නොයෙක් අයුරු ඇති පෙර විසූ කඳ පිළිවෙල සිහි කරන්නේ ත් වෙයි ද, මිනිස් දැක්ම ඉක්මවා ගිය විශුද්ධ වූ දිවැස් නුවණින් ....(පෙ).... කර්මානුරූප ව මැරෙන ඉපදෙන සතුන් දකින්නේ ත් වේ ද, ආශ්‍රවයන් ක්ෂය කොට අනාශ්‍රව වූ චිත්ත විමුක්තිය ත්, ප්‍රඥා විමුක්තිය ත්

විශිෂ්ට වූ නුවණින් මේ ජීවිතයේ දී ම ලබා එයට සමවදිමින් සිටින්නේ ත් වේ ද මෙසේ ඔහු ඒ අංගයෙන් සම්පූර්ණ වූයේ වෙයි.

මහණෙනි, මෙම දස කරුණෙන් සමන්විත වූ භික්ෂුව හැමඅතින් ම පැහැදීම ඇති කරන්නේ ද වෙයි. සියලු ආකාරයෙන් ම සම්පූර්ණ වූයේ ද වෙයි.

සාදු! සාදු!! සාදු!!!

විජ්ජා සූත්‍රය නිමා විය.

පළමුවෙනි ආනිසංස වර්ගය අවසන් විය.

- එහි පිළිවෙල උද්දානයයි :

කිමත්ථිය සූත්‍රය, චේතනා සූත්‍රය, සීල සූත්‍රය, උපනිස සූත්‍රය, ආනන්ද සූත්‍රය, සමාධි සූත්‍රය, සාරිපුත්ත සූත්‍රය, සද්ධ සූත්‍රය, සන්ත සූත්‍රය, විජ්ජා සූත්‍රය වශයෙන් මෙහි සූත්‍ර දසයකි.

2. නාථ වර්ගය

10.1.2.1.
සේනාසන සූත්‍රය
සෙනසුන ගැන වදාළ දෙසුම

සැවැත් නුවර දී ය ....

මහණෙනි, පස් කරුණෙකින් සමන්විත වූ භික්ෂුව පස් කරුණකින් සමන්විත වූ සෙනසුනක් සේවනය කරන්නේ, පරිහරණය කරන්නේ නම් වැඩි කල් නොගොස් ම ඒ භික්ෂුව ආශ්‍රවයන් ක්ෂය කොට අනාශ්‍රව වූ චිත්ත විමුක්තිය ත්, ප්‍රඥා විමුක්තිය ත් මේ ජීවිතයේ දී ම තම විශිෂ්ට නුවණින් අත්දැක එයට සම වැදී වාසය කරන්නෙක් වන්නේ ය.

මහණෙනි, භික්ෂුව සමන්විත වන්නේ කවර පස් කරුණකින් ද?

1. මහණෙනි, මෙහිලා භික්ෂුව සැදැහැවත් වෙයි. තථාගතයන් වහන්සේගේ සම්බුද්ධත්වය මුළු සිතින් ම පිළිගන්නේ වෙයි. එනම්, 'ඒ භාග්‍යවතුන් වහන්සේ මේ මේ කරුණෙන් අරහං වන සේක. සම්මා සම්බුද්ධ වන සේක. විජ්ජාචරණ සම්පන්න වන සේක. සුගත වන සේක. ලෝකවිදූ වන සේක. අනුත්තරෝ පුරිසදම්ම සාරථී වන සේක. සත්ථා දේවමනුස්සානං වන සේක. බුද්ධ වන සේක. භගවා වන සේක' වශයෙනි.

2. අල්පාබාධ වූයේ වෙයි. අල්ප රෝගයෙන් යුතු වූයේ වෙයි. බලවත් ව කරන වීර්යයට ඔරොත්තු දෙන අන්දමේ අධික සීතල ත් නොවූ, අධික උෂ්ණ ත් නොවූ මධ්‍යම වූ සම ව ආහාර පැසවන කුසගින්නෙකින් යුක්ත වේ.

3. වංචාවෙන් තොර වූයේ වෙයි. ඇත්ත සඟවා වෙනෙකක් පෙන්වන මායා ගති නැත්තේ වෙයි. ඇත්ත ඇති සැටියෙන් ම තමාගේ ස්වභාවය ශාස්තෘන් වහන්සේට හෝ නුවණැති සබ්‍රහ්මචාරීන්ට හෝ හෙළි කොට පවසනුයේ වෙයි.

4. පටන් ගත් වීරිය ඇත්තේ වෙයි. අකුසල් දහම් ප්‍රහාණය කිරීමට ත්, කුසල් දහම් උපදවා ගැනීමට ත් නිසි බල ඇතියෙක් වෙයි. දෑඩි වීර්යයකින් යුක්ත වෙයි. කුසල් දහම් ඉපිදවීමෙහිලා අත් නොහළ වීර්යය ඇත්තේ වෙයි.

5. ප්‍රඥාවන්ත වෙයි. මැනැවින් දුක් ගෙවී යාමෙහි සමර්ථ වූ ආර්ය වූ තියුණු අවබෝධයකින් යුක්ත වූයේ, හටගැනීම ත් නැතිවීම ත් මැනැවින් වැටහෙන ප්‍රඥාවකින් යුක්ත වූයේ වෙයි.

මහණෙනි, භික්ෂුව පස් කරුණකින් සමන්විත වන්නේ ඔය අයුරිනි.

මහණෙනි, සෙනසුනක් පස් කරුණකින් යුක්ත වන්නේ කෙසේ ද?

1. මහණෙනි, මෙහිලා සෙනසුන ගමට ඉතා දුර වූයේ ත් නොවෙයි. ඉතා සමීප වූයේ ත් නොවෙයි. ගමනාගමන පහසුව ඇත්තේ ද වෙයි.

2. දහවල් කල මිනිසුන් නොගැවසුණේ වෙයි. රාත්‍රියෙහි අල්ප වූ ශබ්ද ඇත්තේ, අල්ප වූ ඝෝෂා ඇත්තේ වෙයි.

3. මැසි, මදුරු, දෑඩි සුළං, තද අව්ව, සර්පාදීන්ගේ කටුක පහස අල්ප වූයේ වෙයි.

4. ඒ සෙනසුනෙහි වසන භික්ෂුව හට චීවර, පිණ්ඩපාත, සේනාසන, ගිලන්පස බෙහෙත් පිරිකර ආදිය මඳ වෙහෙසකින් ලැබෙන්නේ වෙයි.

5. ඒ සෙනසුනෙහි බොහෝ ඇසූ පිරූ ධර්මය ඇති, සූත්‍ර දේශනාදිය මැනැවින් දන්නා වූ ධර්මධර, විනයධර, ප්‍රාතිමෝක්ෂ මාතෘකාධර ස්ථවිර භික්ෂූහු වෙසෙත්. එවිට කලින් කල ඒ ස්ථවිරයන් වහන්සේලා වෙත එළැඹ විමසන්නේ ය. ප්‍රශ්න කරන්නේ ය. 'ස්වාමීනී, මෙකරුණ කෙසේ ද? මෙහි අරුත් කෙසේ ද'යි වශයෙනි. එවිට ඒ ආයුෂ්මත්වරු ඔහුට වැසී ඇති දෑ විවෘත කර දෙන්නාහ. නොපැහැදිලි දෑ පැහැදිලි කර දෙන්නාහ. සැක ඇතිවීමට තුඩු දෙන නොයෙක් කරුණු කාරණා ඇති ධර්මයන්හි සැකය දුරු කරන්නාහ.

මහණෙනි, සෙනසුනක් පස් කරුණකින් යුක්ත වන්නේ ඔය අයුරිනි.

මහණෙනි, ඔය අයුරින් පස් කරුණකින් සමන්විත වූ භික්ෂුව පස් කරුණකින් සමන්විත වූ සෙනසුනක් සේවනය කරන්නේ, පරිහරණය කරන්නේ නම් වැඩි කල් නොගොස් ම ඒ භික්ෂුව ආශ්‍රවයන් ක්ෂය කොට අනාශ්‍රව වූ චිත්ත විමුක්තිය ත්, ප්‍රඥා විමුක්තිය ත් මේ ජීවිතයේ දී ම තම විශිෂ්ට නුවණින් අත්දැක එයට සම වැදී වාසය කරන්නෙක් වන්නේ ය.

සාදු! සාදු!! සාදු!!!

සේනාසන සූත්‍රය නිමා විය.

10.1.2.2.
පඤ්චංග සූත්‍රය
අංග පසකින් යුතු වීම ගැන වදාළ දෙසුම

සැවැත් නුවර දී ය ....

මහණෙනි, පස් කරුණක් මැනැවින් ම ප්‍රහාණය කළ, පස් කරුණකින් යුක්ත වූ භික්ෂුව මේ බුද්ධ ශාසනයෙහි සකල ගුණයෙන් පිරිපුන්, නිමා කළ බඹසර වාසයෙන් යුතු, උත්තම පුරුෂයා යැයි කියනු ලැබේ.

මහණෙනි, භික්ෂුව කෙසේ නම් මැනැවින් ප්‍රහාණය කළ පස් කරුණකින් යුතු වේ ද?

මහණෙනි, මෙහිලා භික්ෂුව තුළ (1) පංච කාම ගුණයන්ට ඇති ආශාව ප්‍රහාණය වූයේ වෙයි. (2) ද්වේෂය ප්‍රහාණය වූයේ වෙයි. (3) නිදිමත හා අලස බව ප්‍රහාණය වූයේ වෙයි. (4) සිතෙහි විසිරීම සහ පසුතැවීම ප්‍රහාණය වූයේ වෙයි. (5) සැකය ප්‍රහාණය වූයේ වෙයි. මහණෙනි, භික්ෂුව මැනැවින් ප්‍රහාණය කරන ලද පස් කරුණකින් යුක්ත වන්නේ ඔය අයුරිනි.

මහණෙනි, භික්ෂුව පස් කරුණකින් සමන්විත වන්නේ කෙසේද?

මහණෙනි, මෙහිලා භික්ෂුව (1) හික්මීම අවසන් කරන ලද සීල ස්කන්ධයෙන් යුක්ත වූයේ වෙයි. (2) හික්මීම අවසන් කරන ලද සමාධි ස්කන්ධයෙන් යුක්ත වූයේ වෙයි. (3) හික්මීම අවසන් කරන ලද ප්‍රඥා ස්කන්ධයෙන් යුක්ත වූයේ වෙයි. (4) හික්මීම අවසන් කරන ලද විමුක්ති ස්කන්ධයෙන් යුක්ත වූයේ වෙයි. (5) හික්මීම අවසන් කරන ලද විමුක්ති ඥාන දර්ශන ස්කන්ධයෙන් යුක්ත වූයේ වෙයි. මහණෙනි, භික්ෂුව පස් කරුණකින් සමන්විත වන්නේ ඔය අයුරිනි.

මහණෙනි, ඔය අයුරින් පස් කරුණක් මැනැවින් ම ප්‍රහාණය කළ, පස් කරුණකින් යුක්ත වූ භික්ෂුව මේ බුද්ධ ශාසනයෙහි සකල ගුණයෙන් පිරිපුන්, නිමා කළ බඹසර වාසයෙන් යුතු, උත්තම පුරුෂයා යැයි කියනු ලැබේ.

(ගාථා:)

1. පංච කාමයෙහි ඇල්ම ද, ද්වේෂය ද, නිදිමත හා අලස බව ද, සිතෙහි විසිරීම හා පසුතැවීම ද, සැකය ද භික්ෂුව තුළ කිසිදු අයුරකින් දකින්නට

නොලැබෙයි ද,

2. හික්මීම අවසන් කරන ලද සීලයකින් ද, හික්මීම අවසන් කරන ලද සමාධියකින් ද, එසෙයින් ම හික්මීම අවසන් කරන ලද ප්‍රඥාවෙනුත්, විමුක්තියෙනුත්, විමුක්ති ඥානදර්ශනයෙනුත් යුතු වෙයි ද,

3. ඒ භික්ෂුව ඒකාන්තයෙන් ම පස් කරුණකින් යුක්ත වූයේ, පස් කරුණක් ප්‍රහාණය කරන ලද්දේ මේ බුද්ධ ශාසනයෙහි සකල ගුණයෙන් පිරිපුන් තැනැත්තා යැයි කියනු ලැබේ.

සාදු! සාදු!! සාදු!!!

පඤ්චංග සූත්‍රය නිමා විය.

10.1.2.3
සංයෝජන සූත්‍රය
ක්ලේශ බන්ධන ගැන වදාළ දෙසුම

සැවැත් නුවර දී ය ....

"මහණෙනි, මේ සංයෝජනයෝ දසයකි. කවර දසයක් ද යත්; පහළ ලෝකයන්ට ඇදී යන ක්ලේශ බන්ධන පසකි. ඉහළ ලෝකයන්ට ඇදී යන ක්ලේශ බන්ධන පසකි.

මහණෙනි, පහළ ලෝකයන්ට ඇදී යන ක්ලේශ බන්ධන පහ මොනවා ද? එනම්, සක්කාය දිට්ඨිය, විචිකිච්ඡාව, සීලබ්බත පරාමාස, කාමච්ඡන්දය සහ ව්‍යාපාදය යි. මේ වනාහී පහළ ලෝකයන්ට ඇදී යන පහක් වූ ක්ලේශ බන්ධනයෝ ය.

මහණෙනි, ඉහළ ලෝකයන්ට ඇදී යන ක්ලේශ බන්ධන පහ මොනවා ද? එනම්, රූපරාග, අරූපරාග, මානය, උද්ධච්චය සහ අවිද්‍යාවයි. මේ වනාහී ඉහළ ලෝකයන්ට ඇදී යන පහක් වූ ක්ලේශ බන්ධනයෝ ය.

මහණෙනි, දස සංයෝජන යනු මේවා ය.

සාදු! සාදු!! සාදු!!!

සංයෝජන සූත්‍රය නිමා විය.

10.1.2.4
චේතෝඛිල සූත්‍රය
සිතෙහි ඇණෙන හුල් ගැන වදාළ දෙසුම

සැවැත් නුවර දී ය ....

මහණෙනි, යම්කිසි භික්ෂුවකගේ වේවා, භික්ෂුණියකගේ වේවා සිතෙහි ඇණෙන හුල් පස ප්‍රහීණ නොවී තිබෙයි ද, සිතෙහි බැඳෙන බන්ධනයන් පස මුළුමනින් ම නොනැසී තිබෙයි ද, ඔහු වෙත යම් රැයක් වේවා, යම් දහවලක් වේවා පැමිණෙයි ද, කුසල් දහම් තුළ පිරිහීමක් ම කැමති විය යුතු ය. අභිවෘද්ධියක් නම් නොවේ.

ඔහුගේ සිතෙහි ඇණෙන කවර වූ හුල් පසෙක් ද ප්‍රහීණ නොවී තිබෙන්නේ?

1. මහණෙනි, මෙහිලා භික්ෂුව තම ශාස්තෘන් වහන්සේ පිළිබඳව සැක කරයි. විචිකිච්ඡා කරයි. ශ්‍රද්ධාවෙහි නොබැස ගනියි. නොපහදියි. මහණෙනි, යම් ඒ භික්ෂුවක් තම ශාස්තෘන් වහන්සේ පිළිබඳව සැක කරයි ද, විචිකිච්ඡා කරයි ද, ශ්‍රද්ධාවෙහි නොබැස ගනියි ද, නොපහදියි ද, එකල්හී කෙලෙස් තවන වීර්යයෙන් යුතු ව, නැවත නැවත යෙදෙමින් දැඩි වීර්යයෙන් යුතු ව ධර්මයේ හැසිරෙන්නට ඔහුගේ සිත නොනැමෙයි. යමෙකුගේ සිත කෙලෙස් තවන වීර්යයෙන් යුතු ව, නැවත නැවත යෙදෙමින් දැඩි වීර්යයෙන් යුතු ව ධර්මයේ හැසිරෙන්නට යම් කරුණකින් නොපෙළඹෙයි නම් මෙසේ ඔහුගේ සිතෙහි ඇණී ඇති මෙම පළමු වැනි හුල ප්‍රහාණය නොවූයේ වෙයි.

2.-5. තවද මහණෙනි, භික්ෂුව ධර්මය පිළිබඳව සැක කරයි. ....(පෙ).... සංඝයා පිළිබඳව සැක කරයි. ....(පෙ).... ශික්ෂාව පිළිබඳව සැක කරයි. ....(පෙ).... සබ්‍රහ්මචාරීන් වහන්සේලා පිළිබඳව කෝපයෙන් සිටියි. අමනාපයෙන් සිටියි. ගැටුණු සිතින් හටගත් හුල ඇති ව සිටියි. මහණෙනි, යම් ඒ භික්ෂුවක් සබ්‍රහ්මචාරීන් වහන්සේලා පිළිබඳව කෝපයෙන් සිටියි ද, අමනාපයෙන් සිටියි ද, ගැටුණු සිතින් හටගත් හුල ඇති ව සිටියි ද, එකල්හී කෙලෙස් තවන වීර්යයෙන් යුතු ව, නැවත නැවත යෙදෙමින් දැඩි වීර්යයෙන් යුතු ව ධර්මයේ හැසිරෙන්නට ඔහුගේ සිත නොනැමෙයි. යමෙකුගේ සිත කෙලෙස් තවන වීර්යයෙන් යුතු ව, නැවත නැවත යෙදෙමින් දැඩි වීර්යයෙන් යුතු ව ධර්මයේ හැසිරෙන්නට යම්

කරුණෙකින් නොපෙළඹෙයි නම් මෙසේ ඔහුගේ සිතෙහි ඇණී ඇති මෙම පස්වෙනි හුල ප්‍රහාණය නොවූයේ වෙයි. මෙසේ ඔහුගේ සිතෙහි ඇණුන හුල් පස අප්‍රහීණ ව තිබේ.

ඔහුගේ සිතෙහි බැඳෙන කවර බන්ධන පසක් මුළුමනින් ම නොනැසී තිබෙයි ද?

1. මහණෙනි, මෙහිලා භික්ෂුව පංචකාම ගුණයන් පිළිබඳ ව දුරු නොකර ගත් රාගයෙන් යුක්ත වූයේ වෙයි. දුරු නොකර ගත් ආශාවෙන් යුක්ත වූයේ වෙයි. දුරු නොකර ගත් ප්‍රේමයෙන් යුක්ත වූයේ වෙයි. දුරු නොකර ගත් පිපාසයෙන් යුක්ත වූයේ වෙයි. දුරු නොකර ගත් දාහයෙන් යුක්ත වූයේ වෙයි. දුරු නොකර ගත් තෘෂ්ණාවෙන් යුක්ත වූයේ වෙයි. මහණෙනි, යම් මේ භික්ෂුවක් පංචකාම ගුණයන් පිළිබඳව දුරු නොකර ගත් රාගයෙන් යුක්ත වූයේ නම්, දුරු නොකර ගත් ආශාවෙන් යුක්ත වූයේ නම්, දුරු නොකර ගත් ප්‍රේමයෙන් යුක්ත වූයේ නම්, දුරු නොකර ගත් පිපාසයෙන් යුක්ත වූයේ නම්, දුරු නොකර ගත් දාහයෙන් යුක්ත වූයේ නම්, දුරු නොකර ගත් තෘෂ්ණාවෙන් යුක්ත වූයේ නම් එකල්හී කෙලෙස් තවන වීර්යයෙන් යුතු ව, නැවත නැවත යෙදෙමින් දැඩි වීර්යයෙන් යුතු ව ධර්මයේ හැසිරෙන්නට ඔහුගේ සිත නොනැමෙයි. යමෙකුගේ සිත කෙලෙස් තවන වීර්යයෙන් යුතු ව, නැවත නැවත යෙදෙමින් දැඩි වීර්යයෙන් යුතු ව ධර්මයේ හැසිරෙන්නට යම් කරුණකින් නොපෙළඹෙයි නම් මෙසේ ඔහුගේ සිතෙහි බැඳී ඇති මෙම පළමුවෙනි බන්ධනය මුළුමනින් ම නොනැසුනේ වෙයි.

2.-5. තව ද මහණෙනි, භික්ෂුව කය පිළිබඳ ව දුරු නොකර ගත් රාගයෙන් යුක්ත වූයේ වෙයි. ....(පෙ).... රූපය පිළිබඳ ව දුරු නොකර ගත් රාගයෙන් යුක්ත වූයේ වෙයි. ....(පෙ).... තවද මහණෙනි, භික්ෂුව කුස පුරා ඇති තාක් වළඳා නින්දෙන් ලැබෙන සැපයෙහි, ස්පර්ශ සැපයෙහි, අලස සැපයෙහි යෙදෙමින් වාසය කරයි. ....(පෙ).... තවද මහණෙනි, භික්ෂුව එක්තරා දෙව්ලොවක සිත පිහිටුවාගෙන බඹසර හැසිරෙයි. එනම් 'මම් මේ සීලයෙන් හෝ ව්‍රතයෙන් හෝ තපසින් හෝ බඹසරින් දෙවියෙක් හෝ වන්නෙමි. අන්‍ය වූ දෙවිකෙනෙක් හෝ වන්නෙමි'යි. මහණෙනි, යම් මේ භික්ෂුවක් එක්තරා දෙව්ලොවක සිත පිහිටුවාගෙන බඹසර හැසිරෙයි නම්, එනම් 'මම් මේ සීලයෙන් හෝ ව්‍රතයෙන් හෝ තපසින් හෝ බඹසරින් දෙවියෙක් හෝ වන්නෙමි. අන්‍ය වූ දෙවිකෙනෙක් හෝ වන්නෙමි'යි. එකල්හී කෙලෙස් තවන වීර්යයෙන් යුතු ව, නැවත නැවත යෙදෙමින් දැඩි වීර්යයෙන් යුතු ව ධර්මයේ හැසිරෙන්නට ඔහුගේ සිත නොනැමෙයි. යමෙකුගේ සිත කෙලෙස් තවන වීර්යයෙන් යුතු

ව, නැවත නැවත යෙදෙමින් දැඩි වීර්යයෙන් යුතු ව ධර්මයේ හැසිරෙන්නට යම් කරුණකින් නොපෙළඹෙයි නම් මෙසේ ඔහුගේ සිතෙහි බැඳී ඇති මෙම පස්වෙනි බන්ධනය මුළුමනින් ම නොනැසුනේ වෙයි. මෙසේ ඔහුගේ සිතෙහි බැඳෙන මේ බන්ධනයන් පස මුළුමනින් ම නොනැසී තිබෙයි.

මහණෙනි, යම්කිසි භික්ෂුවකගේ වේවා, භික්ෂුණියකගේ වේවා සිතෙහි ඇණෙන මේ හුල් පස ප්‍රහීණ නොවී තිබෙයි ද, සිතෙහි බැඳෙන මේ බන්ධනයන් පස මුළුමනින් ම නොනැසී තිබෙයි ද, ඔහු වෙත යම් රැයක් වේවා, යම් දහවලක් වේවා පැමිණෙයි ද, කුසල් දහම් තුළ පිරිහීමක් ම කැමති විය යුතු ය. අභිවෘද්ධියක් නම් නොවේ.

මහණෙනි, එය මෙබඳු දෙයකි. කළුවර පක්ෂයෙහි පායන චන්ද්‍රයා හට යම් රැයක් හෝ දහවලක් හෝ එළැඹෙයි ද, එවිට ඒ සඳ පැහැයෙන් ද පිරිහෙන්නේ ම ය. වටරවුමෙන් ද පිරිහෙන්නේ ම ය. ආලෝකයෙන් ද පිරිහෙන්නේ ම ය. ආරෝහ පරිනාහයෙන් ද පිරිහෙන්නේ ම ය. එසෙයින් ම මහණෙනි, යම්කිසි භික්ෂුවකගේ වේවා, භික්ෂුණියකගේ වේවා සිතෙහි ඇණෙන මේ හුල් පස ප්‍රහීණ නොවී තිබෙයි ද, සිතෙහි බැඳෙන මේ බන්ධනයන් පස මුළුමනින් ම නොනැසී තිබෙයි ද, ඔහු වෙත යම් රැයක් වේවා, යම් දහවලක් වේවා පැමිණෙයි ද, කුසල් දහම් තුළ පිරිහීමක් ම කැමති විය යුතු ය. අභිවෘද්ධියක් නම් නොවේ.

මහණෙනි, යම්කිසි භික්ෂුවකගේ වේවා, භික්ෂුණියකගේ වේවා සිතෙහි ඇණෙන හුල් පස ප්‍රහීණ වී තිබෙයි ද, සිතෙහි බැඳෙන බන්ධනයන් පස මුළුමනින් ම නැසී තිබෙයි ද, ඔහු වෙත යම් රැයක් වේවා, යම් දහවලක් වේවා පැමිණෙයි ද, කුසල් දහම් තුළ අභිවෘද්ධියක් ම කැමති විය යුතු ය. පිරිහීමක් නම් නොවේ.

ඔහුගේ සිතෙහි ඇණෙන කවර වූ හුල් පසක් ද ප්‍රහීණ වී තිබෙන්නේ?

1. මහණෙනි, මෙහිලා භික්ෂුව තම ශාස්තෲන් වහන්සේ පිළිබඳ ව සැක නොකරයි. විචිකිච්ඡා නොකරයි. ශ්‍රද්ධාවෙහි බැස ගනියි. පහදියි. මහණෙනි, යම් ඒ භික්ෂුවක් තම ශාස්තෲන් වහන්සේ පිළිබඳව සැක නොකරයි ද, විචිකිච්ඡා නොකරයි ද, ශ්‍රද්ධාවෙහි බැස ගනියි ද, පහදියි ද, එකල්හී කෙලෙස් තවන වීර්යයෙන් යුතු ව, නැවත නැවත යෙදෙමින් දැඩි වීර්යයෙන් යුතු ව ධර්මයේ හැසිරෙන්නට ඔහුගේ සිත නැමෙයි. යමෙකුගේ සිත කෙලෙස් තවන වීර්යයෙන් යුතු ව, නැවත නැවත යෙදෙමින් දැඩි වීර්යයෙන් යුතු ව ධර්මයේ හැසිරෙන්නට යම් කරුණකින් පෙළඹෙයි නම් මෙසේ ඔහුගේ සිතෙහි ඇණී තිබුණු මෙම පළමු වැනි හුල ප්‍රහාණය වූයේ වෙයි.

2.-5. තවද මහණෙනි, භික්ෂුව ධර්මය පිළිබඳව සැක නොකරයි. ....(පෙ).... සංඝයා පිළිබඳව සැක නොකරයි. ....(පෙ).... ශික්ෂාව පිළිබඳව සැක නොකරයි. ....(පෙ).... සබ්‍රහ්මචාරීන් වහන්සේලා පිළිබඳ ව කෝපයෙන් නොසිටියි. අමනාපයෙන් නොසිටියි. ගැටුණු සිතින් හටගත් හුල ඇති ව නොසිටියි. මහණෙනි, යම් ඒ භික්ෂුවක් සබ්‍රහ්මචාරීන් වහන්සේලා පිළිබඳව කෝපයෙන් නොසිටියි ද, අමනාපයෙන් නොසිටියි ද, ගැටුණු සිතින් හටගත් හුල ඇති ව නොසිටියි ද, එකල්හී කෙලෙස් තවන වීර්යයෙන් යුතු ව, නැවත නැවත යෙදෙමින් දැඩි වීර්යයෙන් යුතුව ධර්මයේ හැසිරෙන්නට ඔහුගේ සිත නැමෙයි. යමෙකුගේ සිත කෙලෙස් තවන වීර්යයෙන් යුතු ව, නැවත නැවත යෙදෙමින් දැඩි වීර්යයෙන් යුතු ව ධර්මයේ හැසිරෙන්නට යම් කරුණකින් පෙළඹෙයි නම් මෙසේ ඔහුගේ සිතෙහි ඇණී තිබුණු මෙම පස්වෙනි හුල ප්‍රහාණය වූයේ වෙයි. මෙසේ ඔහුගේ සිතෙහි ඇණුන හුල් පස ප්‍රහීණ ව තිබේ.

ඔහුගේ සිතෙහි බැඳෙන කවර බන්ධන පසක් මුළුමනින් ම නැසී තිබෙයි ද?

1. මහණෙනි, මෙහිලා භික්ෂුව පංචකාම ගුණයන් පිළිබඳ ව දුරු කර ගත් රාගයෙන් යුක්ත වූයේ වෙයි. දුරු කර ගත් ආශාවෙන් යුක්ත වූයේ වෙයි. දුරු කර ගත් ප්‍රේමයෙන් යුක්ත වූයේ වෙයි. දුරු කර ගත් පිපාසයෙන් යුක්ත වූයේ වෙයි. දුරු කර ගත් දාහයෙන් යුක්ත වූයේ වෙයි. දුරු කර ගත් තෘෂ්ණාවෙන් යුක්ත වූයේ වෙයි. මහණෙනි, යම් මේ භික්ෂුවක් පංචකාම ගුණයන් පිළිබඳ ව දුරු කර ගත් රාගයෙන් යුක්ත වූයේ නම්, දුරු කර ගත් ආශාවෙන් යුක්ත වූයේ නම්, දුරු කර ගත් ප්‍රේමයෙන් යුක්ත වූයේ නම්, දුරු කර ගත් පිපාසයෙන් යුක්ත වූයේ නම්, දුරු කර ගත් දාහයෙන් යුක්ත වූයේ නම්, දුරු කර ගත් තෘෂ්ණාවෙන් යුක්ත වූයේ නම් එකල්හී කෙලෙස් තවන වීර්යයෙන් යුතු ව, නැවත නැවත යෙදෙමින් දැඩි වීර්යයෙන් යුතු ව ධර්මයේ හැසිරෙන්නට ඔහුගේ සිත නැමෙයි. යමෙකුගේ සිත කෙලෙස් තවන වීර්යයෙන් යුතුව, නැවත නැවත යෙදෙමින් දැඩි වීර්යයෙන් යුතු ව ධර්මයේ හැසිරෙන්නට යම් කරුණකින් පෙළඹෙයි නම් මෙසේ ඔහුගේ සිතෙහි බැඳී තිබුණු මෙම පළමුවෙනි බන්ධනය මුළුමනින් ම නැසුණේ වෙයි.

2.-5. තව ද මහණෙනි, භික්ෂුව කය පිළිබඳ ව දුරු කර ගත් රාගයෙන් යුක්ත වූයේ වෙයි. ....(පෙ).... රූපය පිළිබඳ ව දුරු කර ගත් රාගයෙන් යුක්ත වූයේ වෙයි. ....(පෙ).... තවද මහණෙනි, භික්ෂුව කුස පුරා ඇති තාක් වළඳා නින්දෙන් ලැබෙන සැපයෙහි, ස්පර්ශ සැපයෙහි, අලස සැපයෙහි යෙදෙමින් වාසය නොකරයි. ....(පෙ).... තවද මහණෙනි, භික්ෂුව එක්තරා දෙව්ලොවක

සිත පිහිටුවාගෙන බඹසර නොහැසිරෙයි. එනම් 'මම් මේ සීලයෙන් හෝ ව්‍රතයෙන් හෝ තපසින් හෝ බඹසරින් දෙවිකෙනෙක් හෝ වන්නෙමි. අන්‍ය වූ දෙවිකෙනෙක් හෝ වන්නෙමි'යි. මහණෙනි, යම් මේ භික්ෂුවක් එක්තරා දෙව්ලොවක සිත පිහිටුවාගෙන බඹසර නොහැසිරෙයි නම්, එනම් 'මම් මේ සීලයෙන් හෝ ව්‍රතයෙන් හෝ තපසින් හෝ බඹසරින් දෙවි කෙනෙක් හෝ වන්නෙමි. අන්‍ය වූ දෙවිකෙනෙක් හෝ වන්නෙමි'යි. එකල්හී කෙලෙස් තවන වීර්යයෙන් යුතු ව, නැවත නැවත යෙදෙමින් දැඩි වීර්යයෙන් යුතු ව ධර්මයේ හැසිරෙන්නට ඔහුගේ සිත නැමෙයි. යමෙකුගේ සිත කෙලෙස් තවන වීර්යයෙන් යුතු ව, නැවත නැවත යෙදෙමින් දැඩි වීර්යයෙන් යුතු ව ධර්මයේ හැසිරෙන්නට යම් කරුණකින් පෙළඹෙයි නම් මෙසේ ඔහුගේ සිතෙහි බැඳී තිබුණු මෙම පස්වෙනි බන්ධනය මුළුමනින් ම නැසුනේ වෙයි. මෙසේ ඔහුගේ සිතෙහි බැඳෙන බන්ධනයන් සහ මුළුමනින් ම නැසී තිබෙයි.

මහණෙනි, යම්කිසි භික්ෂුවකගේ වේවා, භික්ෂුණියකගේ වේවා සිතෙහි ඇණෙන මේ හුල් පස ප්‍රහීණ වී තිබෙයි ද, සිතෙහි බැඳෙන මේ බන්ධනයන් පස මුළුමනින් ම නැසී තිබෙයි ද, ඔහු වෙත යම් රැයක් වේවා, යම් දහවලක් වේවා පැමිණෙයි ද, කුසල් දහම් තුළ අභිවෘද්ධියක් ම කැමති විය යුතුය. පිරිහීමක් නම් නොවේ.

මහණෙනි, එය මෙබඳු දෙයකි. සඳ මෝරන කාලයෙහි පායන චන්ද්‍රයා හට යම් රැයක් හෝ දහවලක් හෝ එළැඹෙයි ද, එවිට ඒ සඳ පැහැයෙන් ද වැඩෙන්නේ ම ය. වටරවුමෙන් ද වැඩෙන්නේ ම ය. ආලෝකයෙන් ද වැඩෙන්නේ ම ය. ආරෝහ පරිනාහයෙන් ද වැඩෙන්නේ ම ය. එසෙයින් ම මහණෙනි, යම්කිසි භික්ෂුවකගේ වේවා, භික්ෂුණියකගේ වේවා සිතෙහි ඇණෙන මේ හුල් පස ප්‍රහීණ වී තිබෙයි ද, සිතෙහි බැඳෙන මේ බන්ධනයන් පස මුළුමනින් ම නැසී තිබෙයි ද, ඔහු වෙත යම් රැයක් වේවා, යම් දහවලක් වේවා පැමිණෙයි ද, කුසල් දහම් තුළ අභිවෘද්ධියක් ම කැමති විය යුතු ය. පිරිහීමක් නම් නොවේ.

සාදු! සාදු!! සාදු!!!

චේතෝඛිල සූත්‍රය නිමා විය.

10.1.2.5
අප්පමාද සූත්‍රය
අප්‍රමාදය ගැන වදාළ දෙසුම

මහණෙනි, යම්තාක් පා නොමැති හෝ දෙපා ඇති හෝ සිවුපා ඇති හෝ බොහෝ පා ඇති හෝ රූපවත් හෝ රූප රහිත වූ හෝ සංඥා ඇති හෝ සංඥා නැති හෝ සංඥා ඇත්තේ ත් නැති නැත්තේ ත් නැති හෝ සත්වයෝ සිටිත් ද, ඒ සියළු සත්වයන් හට අග්‍ර වන්නාහු තථාගත අරහත් සම්මා සම්බුද්ධරජාණෝ ය. මහණෙනි, එපරිද්දෙන් ම යම්කිසි කුසල් දහම් ඇද්ද, ඒ සකලවිධ කුසල ධර්මයන් පවතින්නේ ප්‍රමාද නොවීම මුල්කොට ය. ප්‍රමාද නොවීම යන කරුණ වටා ඒකරාශී ව ය. ඒ ධර්මයන්ට අග්‍ර වන්නේ ප්‍රමාද නොවීම ම යැයි කියනු ලැබේ.

මහණෙනි, එය මෙබඳු දෙයකි. ඇවිද යන ප්‍රාණීන්ගේ යම්තාක් පාදයෝ වෙත් ද, ඒ සියලු පාදයෝ හස්තිරාජයාගේ පා සටහන තුළට ඇතුල් කළ හැක්කාහු වෙති. ඇත් පාදයෙහි ඇති විශාලත්වය නිසා ම එය ඒ සියල්ලට ම වඩා අග්‍ර යැයි කියනු ලැබේ. මහණෙනි, එපරිද්දෙන් ම යම්කිසි කුසල් දහම් ඇද්ද, ඒ සකලවිධ කුසල ධර්මයන් පවතින්නේ ප්‍රමාද නොවීම මුල්කොට ය. ප්‍රමාද නොවීම යන කරුණ වටා ඒකරාශී ව ය. ඒ ධර්මයන්ට අග්‍ර වන්නේ ප්‍රමාද නොවීම ම යැයි කියනු ලැබේ.

මහණෙනි, එය මෙබඳු දෙයකි. යම් අයුරෙකින් උස් වූ මුදුන් වහළ ඇති නිවසක යම්තාක් යට ලී, පරාල ඇද්ද, ඒ සියළු පරාලයෝ මුදුනෙහි ඇති කැණිමඬලෙහි අංග වූවාහු ය. කැණිමඬලට ම නැමී තිබෙන්නාහු ය. කැණිමඬල වටා ඒකරාශී ව තිබෙන්නාහු ය. කැණිමඬල ඒවාට අග්‍ර යැයි කියනු ලැබේ. මහණෙනි, එපරිද්දෙන් ම යම්කිසි කුසල් දහම් ඇද්ද, ඒ සකලවිධ කුසල ධර්මයන් පවතින්නේ ප්‍රමාද නොවීම මුල්කොට ය. ප්‍රමාද නොවීම යන කරුණ වටා ඒකරාශී ව ය. ඒ ධර්මයන්ට අග්‍ර වන්නේ ප්‍රමාද නොවීම ම යැයි කියනු ලැබේ.

මහණෙනි, එය මෙබඳු දෙයකි. මුලෙන් විහිදෙන්නා වූ යම්තාක් සුවඳ ඇද්ද, ඒ සියළු සුවඳට අග්‍ර වන්නේ කළුඅගිල් මුල් සුවඳ යැයි කියනු ලැබෙයි. මහණෙනි, එපරිද්දෙන් ම ....(පෙ)....

මහණෙනි, එය මෙබඳු දෙයකි. අරටුවෙන් විහිදෙන්නා වූ යම්තාක් සුවඳ ඇද්ද, ඒ සියළු සුවඳට අග්‍ර වන්නේ රත්සඳුන් අරටු සුවඳ යැයි කියනු ලැබෙයි. මහණෙනි, එපරිද්දෙන් ම ....(පෙ)....

මහණෙනි, එය මෙබඳු දෙයකි. මල් වලින් විහිදෙන්නා වූ යම්තාක් සුවඳ ඇද්ද, ඒ සියළු සුවඳට අග්‍ර වන්නේ දෑසමන් මල් සුවඳ යැයි කියනු ලැබෙයි. මහණෙනි, එපරිද්දෙන් ම ....(පෙ)....

මහණෙනි, එය මෙබඳු දෙයකි. යම්කිසි ප්‍රාදේශීය රජවරු සිටිත් නම්, ඒ සියළු රජවරුන් ම චක්‍රවර්තී මහරජු අනුව යන්නාහු වෙති. චක්‍රවර්තී මහරජු ඒ සියළු රජවරුන්ට අග්‍ර යැයි කියනු ලැබෙයි. මහණෙනි, එපරිද්දෙන් ම ....(පෙ)....

මහණෙනි, එය මෙබඳු දෙයකි. තරුවලින් විහිදෙන්නා වූ යම්බඳු ආලෝකයක් ඇද්ද, ඒ සකලවිධ ආලෝකයන් සඳෙහි ආලෝකයෙහි සොළොස් වන කලාවට ද නොඅගනේ ය. සඳ එළිය එයට අග්‍ර යැයි කියනු ලැබේ. මහණෙනි, එපරිද්දෙන් ම ....(පෙ)....

මහණෙනි, එය මෙබඳු දෙයකි. යම් සේ ශරත් කාලයෙහි පහ වූ වැසි වළා ඇති අහසෙහි හිරු නැගී එයි ද, එකල්හී අහසෙහි පැතිර තිබූ සකලවිධ අන්ධකාරය නැසී ගොස් ඒ හිරු ම බබලයි ද, තවයි ද, රැස් විහිදුවයි ද, මහණෙනි, එපරිද්දෙන් ම ....(පෙ)....

මහණෙනි, එය මෙබඳු දෙයකි. යම්තාක් මහා නදීහු වෙත් ද, එනම් ගංගා, යමුනා, අචිරවතී, සරභූ, මහී යන ගංගාවෝ ය. ඒ සියළු ගංගාවෝ මුහුදට ම යන්නාහු වෙති. මුහුදට ම නැඹුරු වූවාහු වෙති. මුහුදට ම ඇල වූවාහු වෙති. මුහුදට ම බැස යන්නාහු වෙති. ඒ සියළු ගංගාවන්ට අග්‍ර වන්නේ මහා සාගරය යි කියනු ලැබේ. මහණෙනි, එපරිද්දෙන් ම යම්කිසි කුසල් දහම් ඇද්ද, ඒ සකලවිධ කුසල ධර්මයන් පවතින්නේ ප්‍රමාද නොවීම මුල්කොට ය. ප්‍රමාද නොවීම යන කරුණ වටා ඒකරාශී ව ය. ඒ ධර්මයන්ට අග්‍ර වන්නේ ප්‍රමාද නොවීම ම යැයි කියනු ලැබේ.

සාදු! සාදු!! සාදු!!!

අප්පමාද සූත්‍රය නිමා විය.

10.1.2.6
ආහුනෙය්‍ය සූත්‍රය
දන් පැන් පිදීමට සුදුසු බව ගැන වදාළ දෙසුම

"මහණෙනි, මෙම පුද්ගලයෝ දස දෙනා දන් පැන් පිදීමට සුදුසු වෙති. ආගන්තුක සත්කාරයට සුදුසු වෙති. පින් රැස්කරගැනීම පිණිස කරන උපස්ථාන ලැබීමට සුදුසු වෙති. වැඳුම් පිදුම් ලැබීමට සුදුසු වෙති. ලෝකයාගේ අනුත්තර වූ පින් කෙත වේ.

ඒ කවර දස දෙනෙක් ද යත්; තථාගත අරහත් සම්මා සම්බුදුරජාණෝ ය, පච්චේක බුදුරජාණෝ ය, උභතෝභාග විමුත්ත පුද්ගලයා ය, ප්‍රඥාවිමුත්ත පුද්ගලයා ය, කායසක්ඛී පුද්ගලයා ය, දිට්ඨිප්පත්ත පුද්ගලයා ය, සද්ධාවිමුත්ත පුද්ගලයා ය, ධම්මානුසාරී පුද්ගලයා ය, සද්ධානුසාරී පුද්ගලයා ය, ගෝත්‍රභූ (සිල්වත්, කලණගුණදම් ඇති සාමාන්‍ය භික්ෂුව නම් වූ) පුද්ගලයා ය.

මහණෙනි, දන් පැන් පිදීමට සුදුසු වන්නා වූත්, ආගන්තුක සත්කාරයට සුදුසු වන්නා වූත්, පින් රැස්කරගැනීම පිණිස කරන උපස්ථාන ලැබීමට සුදුසු වන්නා වූත්, වැඳුම් පිදුම් ලැබීමට සුදුසු වන්නා වූත්, ලෝකයාගේ අනුත්තර වූ පින් කෙත වන්නා වූත් පුද්ගලයෝ දස දෙනා මොවුහු ය."

සාදු! සාදු!! සාදු!!!

ආහුනෙය්‍ය සූත්‍රය නිමා විය.

10.1.2.7
පඨම නාථකරණ සූත්‍රය
පිහිට ලබාදෙන කරුණු ගැන වදාළ පළමු දෙසුම

මහණෙනි, පිහිට ඇතිව වසව්. පිහිට නැතිව වසන්නට එපා! මහණෙනි, පිහිටක් නැති තැනැත්තා දුක සේ වාසය කරයි. මහණෙනි, මේ දස ධර්මයන් පිහිට ලබා දෙන්නේ ය. කවර දසයක් ද යත්;

1. මහණෙනි, මෙහිලා භික්ෂුව සිල්වත් වෙයි. ප්‍රාතිමෝක්ෂ සංවරයෙන් සංවර වූයේ වෙයි. යහපත් ඇවතුම් පැවතුම් ඇති ව වසන්නේ වෙයි. අණුමාත්‍ර වූ වරදෙහි ත් බිය දකින සුළු ව සමාදන් වූ ශික්ෂාපදයන්හි හික්මෙන්නේ වෙයි. මහණෙනි, යම් හෙයකින් භික්ෂුව සිල්වත් වෙයි නම් ....(පෙ).... සමාදන් වූ ශික්ෂාපදයන්හි හික්මෙන්නේ නම් මෙය ද පිහිට ලබා දෙන ධර්මයකි.

2. තව ද මහණෙනි, භික්ෂුව ධර්මය බොහෝ සෙයින් අසන ලද්දේ වෙයි. ඒ ඇසූ දහම් දරන්නේ වෙයි. ඒ ඇසූ දහම් සිත්හිලා රැස් කරගන්නේ වෙයි. යම් ඒ ධර්මයෝ කල්‍යාණ වූ පටන් ගැනීමකින් යුක්ත වෙත් ද, කල්‍යාණ වූ මැදකින් යුක්ත වෙත් ද, කල්‍යාණ වූ අවසානයකින් යුක්ත වෙත් ද, අර්ථ සහිත වෙත් ද, පැහැදිලි වචනයෙන් යුක්ත වෙත් ද, හැම ලෙසින් ම පිරිපුන් පිරිසිදු නිවන් මග පවසත් ද, එබඳු වූ ධර්මයෝ ඔහු විසින් බොහෝ කොට අසන ලද්දාහු ය. ධාරණය කරගන්නා ලද්දාහු ය. වචනයෙන් පිරිවහන ලද්දාහු ය. මනසින් විමසන ලද්දාහු ය. නුවණින් අවබෝධ කරන ලද්දාහු ය. මහණෙනි, යම් හෙයකින් භික්ෂුව ධර්මය බොහෝ කොට අසන ලද්දේ වෙයි ද, ...(පෙ).... නුවණින් අවබෝධ කරන ලද්දේ වෙයි ද, මෙය ද පිහිට ලබා දෙන ධර්මයකි.

3. තව ද මහණෙනි, භික්ෂුව කලණ මිතුරන් ඇත්තේ වෙයි. කල්‍යාණ සහායකයන් ඇත්තේ වෙයි. කලණ මිතුරන්ගේ ඇසුරට නැඹුරු වූයේ වෙයි. මහණෙනි, යම් හෙයකින් භික්ෂුව කලණ මිතුරන් ඇත්තේ වෙයි ද, කල්‍යාණ සහායකයන් ඇත්තේ වෙයි ද, කලණ මිතුරන්ගේ ඇසුරට නැඹුරු වූයේ වෙයි ද මෙය ද පිහිට ලබා දෙන ධර්මයකි.

4. තව ද මහණෙනි, භික්ෂුව කීකරු වූයේ වෙයි. කීකරු බව ඇතිකරන ගුණදහමින් යුක්ත වූයේ ද වෙයි. ඉවසීමෙන් යුක්ත වූයේ වෙයි. අවවාදයන් ලැබෙන විට පැදකුණු කොට ගරු බුහුමන් සහිතව පිළිගන්නේ වෙයි. මහණෙනි, යම් හෙයකින් භික්ෂුව කීකරු වූයේ වෙයි ද, කීකරු බව ඇතිකරන ගුණ දහමින් යුක්ත වූයේ වෙයි ද, ඉවසීමෙන් යුක්ත වෙයි ද, අවවාද ලැබෙන විට පැදකුණු කොට ගරු බුහුමන් සහිතව පිළිගන්නේ වෙයි ද, මෙය ද පිහිට ලබා දෙන ධර්මයකි.

5. තව ද මහණෙනි, භික්ෂුව සබ්‍රහ්මචාරීන් වහන්සේලාගේ යම් කුඩු මහත් වැඩපළ සොයා බැලිය යුතු ව ඇද්ද, එහිලා දක්ෂ වෙයි. අලස බවින් තොර වෙයි. එහිලා විමසා බලා වැඩකටයුතු කරන්නේ වෙයි. ඒ කටයුතු කිරීමට දක්ෂ වූයේ ද වෙයි. පිළිවෙලකට කිරීමට දක්ෂ වූයේ ද වෙයි. මහණෙනි, යම් හෙයකින් භික්ෂුව සබ්‍රහ්මචාරීන් වහන්සේලාගේ යම් කුඩු මහත් වැඩපළ සොයා

බැලිය යුතු ව ඇද්ද, එහිලා දක්ෂ වෙයි ද, අලස බවින් තොර වෙයි ද, එහිලා විමසා බලා වැඩකටයුතු කරන්නේ වෙයි ද, ඒ කටයුතු කිරීමට දක්ෂ වූයේ වෙයි ද පිළිවෙලකට කිරීමට දක්ෂ වූයේ වෙයි ද මෙය ද පිහිට ලබා දෙන ධර්මයකි.

6. තවද මහණෙනි, භික්ෂුව ධර්මයට කැමති වූයේ වෙයි. ප්‍රිය වූ බසින් ධර්මය දෙසන්නේ ද වෙයි. ගැඹුරු ධර්මයෙහි ත්, ගැඹුරු විනයෙහි ත් උදාර වූ සතුටක් විඳින්නේ වෙයි. මහණෙනි, යම් හෙයකින් භික්ෂුව ධර්මයට කැමති වන්නේ ද, ප්‍රිය වූ බසින් දහම් දෙසන්නේ ද, ගැඹුරු ධර්මයෙහි ත්, ගැඹුරු විනයෙහි ත් උදාර වූ සතුටක් විඳින්නේ ද මෙය ද පිහිට ලබා දෙන ධර්මයකි.

7. තව ද මහණෙනි, භික්ෂුව පටන්ගත් වීර්යයෙන් යුක්ත වූයේ වෙයි. අකුසල් දහම් ප්‍රහාණය කිරීම ත්, කුසල් දහම් උපදවා ගැනීමට ත් නිසි බල ඇතියෙක් වෙයි. දැඩි වීර්යයකින් යුක්ත වෙයි. කුසල් දහම් ඉපිදවීමෙහිලා අත් නොහළ වීර්යය ඇත්තේ වෙයි. මහණෙනි, යම් හෙයකින් භික්ෂුව පටන් ගත් වීර්යයෙන් යුක්ත වූයේ වෙයි ද, අකුසල් දහම් ප්‍රහාණය කිරීම ත්, කුසල් දහම් උපදවා ගැනීමට ත් නිසි බල ඇතියෙක් වෙයි ද, දැඩි වීර්යයකින් යුක්ත වෙයි ද, කුසල් දහම් ඉපිදවීමෙහිලා අත් නොහළ වීර්යය ඇත්තේ වෙයි ද මෙය ද පිහිට ලබා දෙන ධර්මයකි.

8. තව ද මහණෙනි, භික්ෂුව ලද දෙයින් සතුටු වූයේ වෙයි. ලද සිවුරකින්, ලද පිණ්ඩපාතයකින්, ලද සෙනසුනකින්, ලද ගිලන්පස බෙහෙත් පිරිකරකින් සතුටු වූයේ වෙයි. මහණෙනි, යම් හෙයකින් භික්ෂුව ලද දෙයින් සතුටු වූයේ වෙයි ද, ලද සිවුරකින්, ලද පිණ්ඩපාතයකින්, ලද සෙනසුනකින්, ලද ගිලන්පස බෙහෙත් පිරිකරකින් සතුටු වූයේ වෙයි ද මෙය ද පිහිට ලබා දෙන ධර්මයකි.

9. තව ද මහණෙනි, භික්ෂුව මනා සිහි ඇත්තේ වෙයි. නුවණින් යුතුව උතුම් අයුරින් සිහිය පවත්වන්නේ වෙයි. බොහෝ කලකට පෙර කරන ලද යමක් ඇද්ද, බොහෝ කලකට පෙර පැවසූ යමක් ඇද්ද එය සිහි කරන්නේ, නැවත නැවත සිහි කරන්නේ වෙයි. මහණෙනි, යම් හෙයකින් භික්ෂුව මනා සිහි ඇත්තේ වෙයි ද, නුවණින් යුතුව උතුම් අයුරින් සිහිය පවත්වන්නේ වෙයි ද, බොහෝ කලකට පෙර කරන ලද යමක් ඇද්ද, බොහෝ කලකට පෙර පැවසූ යමක් ඇද්ද එය සිහි කරන්නේ, නැවත නැවත සිහි කරන්නේ වෙයි ද මෙය ද පිහිට ලබා දෙන ධර්මයකි.

10. තව ද මහණෙනි, භික්ෂුව ප්‍රඥාවන්ත වෙයි. මැනැවින් දුක් ගෙවී යාමෙහි සමර්ථ වූ ආර්ය වූ තියුණු අවබෝධයකින් යුක්ත වූයේ, හටගැනීම ත් නැතිවීම ත් මැනැවින් වැටහෙන ප්‍රඥාවකින් යුක්ත වූයේ වෙයි. මහණෙනි, යම්හෙයකින්

භික්ෂුව ප්‍රඥාවන්ත වෙයි ද, මැනැවින් දුක් ගෙවී යාමෙහි සමර්ථ වූ ආර්ය වූ තියුණු අවබෝධයෙකින් යුක්ත වූයේ ද, හටගැනීම ත් නැතිවීම ත් මැනැවින් වැටහෙන ප්‍රඥාවෙකින් යුක්ත වූයේ වෙයි ද, මෙය ද පිහිට ලබා දෙන ධර්මයකි.

මහණෙනි, පිහිට ඇති ව වසව්. පිහිට නැති ව වසන්නට එපා! මහණෙනි, මහණෙනි, පිහිටක් නැති තැනැත්තා දුක සේ වාසය කරයි. මහණෙනි, මේ දස ධර්මයන් පිහිට ලබා දෙන්නේ ය.

සාදු! සාදු!! සාදු!!!

පඨම නාථකරණ සූත්‍රය නිමා විය.

10.1.2.8
දුතිය නාථකරණ සූත්‍රය
පිහිට ලබාදෙන කරුණු ගැන වදාළ දෙවෙනි දෙසුම

සැවැත් නුවර දී ය..........

මහණෙනි, පිහිට ඇති ව වසව්. පිහිට නැති ව වසන්නට එපා! මහණෙනි, පිහිටක් නැති තැනැත්තා දුක සේ වාසය කරයි. මහණෙනි, මේ දස ධර්මයන් පිහිට ලබා දෙන්නේ ය. කවර දසයක් ද යත්;

1. මහණෙනි, මෙහිලා භික්ෂුව සිල්වත් වෙයි. ....(පෙ).... සමාදන් වූ ශික්ෂාපදයන්හි හික්මෙන්නේ වෙයි. එකල්හී ස්ථවිර භික්ෂූන් පවා 'ඒකාන්තයෙන් ම මේ භික්ෂුව සිල්වත් වෙයි. ප්‍රාතිමෝක්ෂ සංවරයෙන් සංවර වූයේ වෙයි. යහපත් ඇවතුම් පැවතුම් ඇති ව වසන්නේ වෙයි. අණුමාත්‍ර වූ වරදෙහි ත් බිය දකින සුළු ව සමාදන් වූ ශික්ෂාපදයන්හි හික්මෙන්නේ වෙයි' යි ඒ භික්ෂුව කරුණු කිව යුතු වූ ත්, අනුශාසනා කළ යුතු වූ ත් කෙනෙකි යි සිතත්. මධ්‍යම භික්ෂූන් පවා ....(පෙ).... නවක භික්ෂූන් පවා ඒ භික්ෂුව කරුණු කිව යුතු වූ ත්, අනුශාසනා කළ යුතු වූ ත් කෙනෙකි යි සිතත්. ස්ථවිර භික්ෂූන් විසින් අනුකම්පා කරන ලද, මධ්‍යම භික්ෂූන් විසින් අනුකම්පා කරන ලද, නවක භික්ෂූන් විසින් අනුකම්පා කරන ලද ඒ භික්ෂුවට කුසල ධර්මයන් පිළිබඳව දියුණුවක් ම කැමති විය යුතු ය. පරිහානියක් නම් නොවෙයි. මෙය ද පිහිට ලබා දෙන ධර්මයකි.

2. තව ද මහණෙනි, භික්ෂුව ධර්මය බොහෝ සෙයින් අසන ලද්දේ වෙයි. ....(පෙ).... නුවණින් අවබෝධ කරන ලද්දාහු ය. එකල්හී ස්ථවිර භික්ෂූන් පවා

'ඒකාන්තයෙන් ම මේ භික්ෂුව ධර්මය බොහෝ සෙයින් අසන ලද්දේ වෙයි. ඒ ඇසූ දහම් දරන්නේ වෙයි. ඒ ඇසූ දහම් සිත්හිලා රැස් කරගන්නේ වෙයි. යම් ඒ ධර්මයෝ කල්‍යාණ වූ පටන් ගැනීමකින් යුක්ත වෙත් ද, ...(පෙ).... අර්ථ සහිත වෙත් ද, පැහැදිලි වචනයෙන් යුක්ත වෙත් ද, හැම ලෙසින් ම පිරිපුන් පිරිසිදු නිවන් මග පවසත් ද, එබඳු වූ ධර්මයෝ මොහු විසින් බොහෝ කොට අසන ලද්දාහු ය. ධාරණය කරගන්නා ලද්දාහු ය. වචනයෙන් පිරිවහන ලද්දාහු ය. මනසින් විමසන ලද්දාහු ය. නුවණින් අවබෝධ කරන ලද්දාහු ය' යි ඒ භික්ෂුව කරුණු කිව යුතු වූ ත්, අනුශාසනා කළ යුතු වූ ත් කෙනෙකි යි සිතත්. මධ්‍යම භික්ෂූන් පවා ....(පෙ).... නවක භික්ෂූන් පවා ඒ භික්ෂුව කරුණු කිව යුතු වූ ත්, අනුශාසනා කළ යුතු වූ ත් කෙනෙකි යි සිතත්. ස්ථවිර භික්ෂූන් විසින් අනුකම්පා කරන ලද, මධ්‍යම භික්ෂූන් විසින් අනුකම්පා කරන ලද, නවක භික්ෂූන් විසින් අනුකම්පා කරන ලද ඒ භික්ෂුවට කුසල ධර්මයන් පිළිබඳව දියුණුවක් ම කැමති විය යුතුය. පරිහානියක් නම් නොවෙයි. මෙය ද පිහිට ලබා දෙන ධර්මයකි.

3. තව ද මහණෙනි, භික්ෂුව කලණ මිතුරන් ඇත්තේ වෙයි. කල්‍යාණ සහායකයන් ඇත්තේ වෙයි. කලණ මිතුරන්ගේ ඇසුරට නැඹුරු වූයේ වෙයි. එකල්හී ස්ථවිර භික්ෂූන් පවා 'ඒකාන්තයෙන් ම මේ භික්ෂුව කලණ මිතුරන් ඇත්තේ වෙයි. කල්‍යාණ සහායකයන් ඇත්තේ වෙයි. කලණ මිතුරන්ගේ ඇසුරට නැඹුරු වූයේ වෙයි' යි ඒ භික්ෂුව කරුණු කිව යුතු වූ ත්, අනුශාසනා කළ යුතු වූ ත් කෙනෙකි යි සිතත්. මධ්‍යම භික්ෂූන් පවා ....(පෙ).... නවක භික්ෂූන් පවා ඒ භික්ෂුව කරුණු කිව යුතු වූ ත්, අනුශාසනා කළ යුතු වූ ත් කෙනෙකි යි සිතත්. ස්ථවිර භික්ෂූන් විසින් අනුකම්පා කරන ලද, මධ්‍යම භික්ෂූන් විසින් අනුකම්පා කරන ලද, නවක භික්ෂූන් විසින් අනුකම්පා කරන ලද ඒ භික්ෂුවට කුසල ධර්මයන් පිළිබඳ ව දියුණුවක් ම කැමති විය යුතු ය. පරිහානියක් නම් නොවෙයි. මෙය ද පිහිට ලබා දෙන ධර්මයකි.

4. තව ද මහණෙනි, භික්ෂුව කීකරු වූයේ වෙයි. කීකරු බව ඇතිකරන ගුණදහමින් යුක්ත වූයේ ද වෙයි. ඉවසීමෙන් යුක්ත වූයේ වෙයි. අවවාදයන් ලැබෙන විට පැදකුණු කොට ගරු බුහුමන් සහිත ව පිළිගන්නේ වෙයි. එකල්හී ස්ථවිර භික්ෂූන් පවා 'ඒකාන්තයෙන් ම මේ භික්ෂුව කීකරු වූයේ වෙයි. කීකරු බව ඇතිකරන ගුණදහමින් යුක්ත වූයේ ද වෙයි. ඉවසීමෙන් යුක්ත වූයේ වෙයි. අවවාදයන් ලැබෙන විට පැදකුණු කොට ගරු බුහුමන් සහිත ව පිළිගන්නේ වෙයි' යි ඒ භික්ෂුව කරුණු කිව යුතු වූ ත්, අනුශාසනා කළ යුතු වූ ත් කෙනෙකි යි සිතත්. මධ්‍යම භික්ෂූන් පවා ....(පෙ).... නවක භික්ෂූන් පවා ඒ භික්ෂුව කරුණු කිව යුතු වූ ත්, අනුශාසනා කළ යුතු වූ ත් කෙනෙකි යි සිතත්. ස්ථවිර භික්ෂූන් විසින් අනුකම්පා කරන ලද, මධ්‍යම භික්ෂූන් විසින් අනුකම්පා කරන

ලද, නවක භික්ෂූන් විසින් අනුකම්පා කරන ලද ඒ භික්ෂුවට කුසල ධර්මයන් පිළිබඳ ව දියුණුවක් ම කැමති විය යුතුය. පරිහානියක් නම් නොවෙයි. මෙය ද පිහිට ලබා දෙන ධර්මයකි.

5. තව ද මහණෙනි, භික්ෂුව සබ්‍රහ්මචාරීන් වහන්සේලාගේ යම් කුඩු මහත් වැඩපළ සොයා බැලිය යුතු ව ඇද්ද, එහිලා දක්ෂ වෙයි. අලස බවින් තොර වෙයි. එහිලා විමසා බලා වැඩකටයුතු කරන්නේ වෙයි. ඒ කටයුතු කිරීමට දක්ෂ වූයේ ද වෙයි. පිළිවෙලකට කිරීමට දක්ෂ වූයේ ද වෙයි. එකල්හී ස්ථවිර භික්ෂූන් පවා 'ඒකාන්තයෙන් ම මේ භික්ෂුව සබ්‍රහ්මචාරීන් වහන්සේලාගේ යම් කුඩු මහත් වැඩපළ සොයා බැලිය යුතු ව ඇද්ද, එහිලා දක්ෂ වෙයි. අලස බවින් තොර වෙයි. එහිලා විමසා බලා වැඩකටයුතු කරන්නේ වෙයි. ඒ කටයුතු කිරීමට දක්ෂ වූයේ ද වෙයි. පිළිවෙලකට කිරීමට දක්ෂ වූයේ ද වෙයි' යි ඒ භික්ෂුව කරුණු කිව යුතු වූ ත්, අනුශාසනා කළ යුතු වූ ත් කෙනෙකි යි සිතත්. මධ්‍යම භික්ෂූන් පවා ....(පෙ).... නවක භික්ෂූන් පවා ඒ භික්ෂුව කරුණු කිව යුතු වූ ත්, අනුශාසනා කළ යුතු වූ ත් කෙනෙකි යි සිතත්. ස්ථවිර භික්ෂූන් විසින් අනුකම්පා කරන ලද, මධ්‍යම භික්ෂූන් විසින් අනුකම්පා කරන ලද, නවක භික්ෂූන් විසින් අනුකම්පා කරන ලද ඒ භික්ෂුවට කුසල ධර්මයන් පිළිබඳ ව දියුණුවක් ම කැමති විය යුතුය. පරිහානියක් නම් නොවෙයි. මෙය ද පිහිට ලබා දෙන ධර්මයකි.

6. තවද මහණෙනි, භික්ෂුව ධර්මයට කැමති වූයේ වෙයි. ප්‍රිය වූ බසින් ධර්මය දෙසන්නේ ද වෙයි. ගැඹුරු ධර්මයෙහි ත්, ගැඹුරු විනයෙහි ත් උදාර වූ සතුටක් විඳින්නේ වෙයි. එකල්හී ස්ථවිර භික්ෂූන් පවා 'ඒකාන්තයෙන් මේ භික්ෂුව ධර්මයට කැමති වූයේ වෙයි. ප්‍රිය වූ බසින් ධර්මය දෙසන්නේ ද වෙයි. ගැඹුරු ධර්මයෙහි ත්, ගැඹුරු විනයෙහි ත් උදාර වූ සතුටක් විඳින්නේ වෙයි' යි ඒ භික්ෂුව කරුණු කිව යුතු වූ ත්, අනුශාසනා කළ යුතු වූ ත් කෙනෙකි යි සිතත්. මධ්‍යම භික්ෂූන් පවා ....(පෙ).... නවක භික්ෂූන් පවා ඒ භික්ෂුව කරුණු කිව යුතු වූ ත්, අනුශාසනා කළ යුතු වූ ත් කෙනෙකි යි සිතත්. ස්ථවිර භික්ෂූන් විසින් අනුකම්පා කරන ලද, මධ්‍යම භික්ෂූන් විසින් අනුකම්පා කරන ලද, නවක භික්ෂූන් විසින් අනුකම්පා කරන ලද ඒ භික්ෂුවට කුසල ධර්මයන් පිළිබඳ ව දියුණුවක් ම කැමති විය යුතුය. පරිහානියක් නම් නොවෙයි. මෙය ද පිහිට ලබා දෙන ධර්මයකි.

7. තව ද මහණෙනි, භික්ෂුව පටන්ගත් වීර්යයෙන් යුක්ත වූයේ වෙයි. අකුසල් දහම් ප්‍රහාණය කිරීම ත්, කුසල් දහම් උපදවා ගැනීමට ත් නිසි බල ඇතියෙක් වෙයි. දැඩි වීර්යයකින් යුක්ත වෙයි. කුසල් දහම් ඉපිදවීමෙහිලා අත්

නොහළ වීර්යය ඇත්තේ වෙයි. එකල්හී ස්ථවිර භික්ෂූන් පවා 'ඒකාන්තයෙන් මේ භික්ෂුව පටන්ගත් වීර්යයෙන් යුක්ත වූයේ වෙයි. අකුසල් දහම් ප්‍රහාණය කිරීම ත්, කුසල් දහම් උපදවා ගැනීමට ත් නිසි බල ඇතියෙක් වෙයි. දැඩි වීර්යයකින් යුක්ත වෙයි. කුසල් දහම් ඉපිදවීමෙහිලා අත් නොහළ වීර්යය ඇත්තේ වෙයි' යි ඒ භික්ෂුව කරුණු කිව යුතු වූ ත්, අනුශාසනා කළ යුතු වූ ත් කෙනෙකි යි සිතත්. මධ්‍යම භික්ෂූන් පවා ....(පෙ).... නවක භික්ෂූන් පවා ඒ භික්ෂුව කරුණු කිව යුතු වූ ත්, අනුශාසනා කළ යුතු වූ ත් කෙනෙකි යි සිතත්. ස්ථවිර භික්ෂූන් විසින් අනුකම්පා කරන ලද, මධ්‍යම භික්ෂූන් විසින් අනුකම්පා කරන ලද, නවක භික්ෂූන් විසින් අනුකම්පා කරන ලද ඒ භික්ෂුවට කුසල ධර්මයන් පිළිබඳ ව දියුණුවක් ම කැමති විය යුතුය. පරිහානියක් නම් නොවෙයි. මෙය ද පිහිට ලබා දෙන ධර්මයකි.

8. තව ද මහණෙනි, භික්ෂුව ලද දෙයින් සතුටු වූයේ වෙයි. ලද සිවුරකින්, ලද පිණ්ඩපාතයකින්, ලද සෙනසුනකින්, ලද ගිලන්පස බෙහෙත් පිරිකරකින් සතුටු වූයේ වෙයි. එකල්හී ස්ථවිර භික්ෂූන් පවා 'ඒකාන්තයෙන් මේ භික්ෂුව ලද දෙයින් සතුටු වූයේ වෙයි. ලද සිවුරකින්, ලද පිණ්ඩපාතයකින්, ලද සෙනසුනකින්, ලද ගිලන්පස බෙහෙත් පිරිකරකින් සතුටු වූයේ වෙයි' යි ඒ භික්ෂුව කරුණු කිව යුතු වූ ත්, අනුශාසනා කළ යුතු වූ ත් කෙනෙකි යි සිතත්. මධ්‍යම භික්ෂූන් පවා ....(පෙ).... නවක භික්ෂූන් පවා ඒ භික්ෂුව කරුණු කිව යුතු වූ ත්, අනුශාසනා කළ යුතු වූ ත් කෙනෙකි යි සිතත්. ස්ථවිර භික්ෂූන් විසින් අනුකම්පා කරන ලද, මධ්‍යම භික්ෂූන් විසින් අනුකම්පා කරන ලද, නවක භික්ෂූන් විසින් අනුකම්පා කරන ලද ඒ භික්ෂුවට කුසල ධර්මයන් පිළිබඳ ව දියුණුවක් ම කැමති විය යුතුය. පරිහානියක් නම් නොවෙයි. මෙය ද පිහිට ලබා දෙන ධර්මයකි.

9. තව ද මහණෙනි, භික්ෂුව මනා සිහි ඇත්තේ වෙයි. නුවණින් යුතු ව උතුම් අයුරින් සිහිය පවත්වන්නේ වෙයි. බොහෝ කලකට පෙර කරන ලද යමක් ඇද්ද, බොහෝ කලකට පෙර පැවසූ යමක් ඇද්ද එය සිහි කරන්නේ, නැවත නැවත සිහි කරන්නේ වෙයි. එකල්හී ස්ථවිර භික්ෂූන් පවා 'ඒකාන්තයෙන් මේ භික්ෂුව මනා සිහි ඇත්තේ වෙයි. නුවණින් යුතුව උතුම් අයුරින් සිහිය පවත්වන්නේ වෙයි. බොහෝ කලකට පෙර කරන ලද යමක් ඇද්ද, බොහෝ කලකට පෙර පැවසූ යමක් ඇද්ද එය සිහි කරන්නේ, නැවත නැවත සිහි කරන්නේ වෙයි' යි ඒ භික්ෂුව කරුණු කිව යුතු වූ ත්, අනුශාසනා කළ යුතු වූ ත් කෙනෙකි යි සිතත්. මධ්‍යම භික්ෂූන් ....(පෙ).... නවක භික්ෂූන් පවා ඒ භික්ෂුව කරුණු කිව යුතු වූ ත්, අනුශාසනා කළ යුතු වූ ත් කෙනෙකි යි සිතත්. ස්ථවිර භික්ෂූන් විසින් අනුකම්පා කරන ලද, මධ්‍යම භික්ෂූන් විසින් අනුකම්පා කරන

ලද, නවක භික්ෂූන් විසින් අනුකම්පා කරන ලද ඒ භික්ෂුවට කුසල ධර්මයන් පිළිබඳ ව දියුණුවක් ම කැමති විය යුතුය. පරිහානියක් නම් නොවෙයි. මෙය ද පිහිට ලබා දෙන ධර්මයකි.

10. තව ද මහණෙනි, භික්ෂුව ප්‍රඥාවන්ත වෙයි. මැනැවින් දුක් ගෙවී යාමෙහි සමර්ථ වූ ආර්ය වූ තියුණු අවබෝධයෙකින් යුක්ත වූයේ, හටගැනීම ත් නැතිවීම ත් මැනැවින් වැටහෙන ප්‍රඥාවකින් යුක්ත වූයේ වෙයි. එකල්හී ස්ථවිර භික්ෂූන් පවා 'ඒකාන්තයෙන් මේ භික්ෂුව ප්‍රඥාවන්ත වෙයි. මැනැවින් දුක් ගෙවී යාමෙහි සමර්ථ වූ ආර්ය වූ තියුණු අවබෝධයෙකින් යුක්ත වූයේ, හටගැනීම ත් නැතිවීම ත් මැනැවින් වැටහෙන ප්‍රඥාවෙකින් යුක්ත වූයේ වෙයි' යි ඒ භික්ෂුව කරුණු කිව යුතු වූ ත්, අනුශාසනා කළ යුතු වූ ත් කෙනෙකි යි සිතත්. මධ්‍යම භික්ෂූන් පවා ....(පෙ).... නවක භික්ෂූන් පවා ඒ භික්ෂුව කරුණු කිව යුතු වූ ත්, අනුශාසනා කළ යුතු වූ ත් කෙනෙකි යි සිතත්. ස්ථවිර භික්ෂූන් විසින් අනුකම්පා කරන ලද, මධ්‍යම භික්ෂූන් විසින් අනුකම්පා කරන ලද, නවක භික්ෂූන් විසින් අනුකම්පා කරන ලද ඒ භික්ෂුවට කුසල ධර්මයන් පිළිබඳ ව දියුණුවක් ම කැමති විය යුතුය. පරිහානියක් නම් නොවෙයි. මෙය ද පිහිට ලබා දෙන ධර්මයකි.

මහණෙනි, පිහිට ඇති ව වසව්. පිහිට නැති ව වසන්නට එපා! මහණෙනි, පිහිටක් නැති තැනැත්තා දුක සේ වාසය කරයි. මහණෙනි, මේ දස ධර්මයන් පිහිට ලබා දෙන්නේ ය.

සාදු! සාදු!! සාදු!!!

දුතිය නාථකරණ සූත්‍රය නිමා විය.

10.1.2.9
පඨම අරියවාස සූත්‍රය
ආර්යයන් වසන තැන් ගැන වදාළ පළමු දෙසුම

සැවැත් නුවර දී ය ....

මහණෙනි, යම් තැනක ආර්යයෝ වාසය කළාහු වෙත් ද, වර්තමානයෙහි වසත් ද, අනාගතයෙහි වාසය කරන්නාහු වෙත් ද, ඒ මේ ආර්යයන් වසන තැන් දසයකි. කවර දසයක් ද යත්;

මහණෙනි, මෙහිලා භික්ෂුව ප්‍රහීණ කරන ලද පස් කරුණකින් යුක්ත වූයේ වෙයි. සය කරුණකින් යුක්ත වූයේ වෙයි. එක් ආරක්ෂාවකින් යුක්ත වූයේ වෙයි. අපස්සේනයන් සතරකින් යුක්ත වූයේ වෙයි. දුරු කළ ප්‍රත්‍යෙක සත්‍යයෙන් යුක්ත වෙයි. ඒසනා සංසිඳවන ලද්දේ වෙයි. නොකැළඹුණු සංකල්ප ඇත්තේ වෙයි. සංසිඳුණු කාය සංස්කාර ඇත්තේ වෙයි. මැනැවින් නිදහස් වූ සිතක් ඇත්තේ වෙයි. මැනැවින් නිදහස් වූ ප්‍රඥාවකින් යුක්ත වූයේ වේ.

මහණෙනි, යම් තැනක ආර්යයෝ වාසය කළාහු වෙත් ද, වර්තමානයෙහි වසත් ද, අනාගතයෙහි වාසය කරන්නාහු වෙත් ද, ඒ මේ ආර්යයන් වසන තැන් දසයයි.

සාදු! සාදු!! සාදු!!!

පඨම අරියවාස සූත්‍රය නිමා විය.

10.1.2.10
දුතිය අරියවාස සූත්‍රය
ආර්යයන් වසන තැන් ගැන වදාළ දෙවෙනි දෙසුම

එක් සමයක භාග්‍යවතුන් වහන්සේ කුරු රට කම්මාස්සදම්ම නම් කුරු රට වැසියන්ගේ නියම්ගමෙහි වැඩවසන සේක. එකල්හී භාග්‍යවතුන් වහන්සේ භික්ෂූන් ඇමතූ සේක. ....(පෙ).... එවිට භාග්‍යවතුන් වහන්සේ මෙය වදාළ සේක.

"මහණෙනි, යම් තැනක ආර්යයෝ වාසය කළාහු වෙත් ද, වර්තමානයෙහි වසත් ද, අනාගතයෙහි වාසය කරන්නාහු වෙත් ද, ඒ මේ ආර්යයන් වසන තැන් දසයකි. කවර දසයක් ද යත්;

මහණෙනි, මෙහිලා භික්ෂුව ප්‍රහීණ කරන ලද පස් කරුණකින් යුක්ත වූයේ වෙයි. සය කරුණකින් යුක්ත වූයේ වෙයි. එක් ආරක්ෂාවකින් යුක්ත වූයේ වෙයි. අපස්සේනයන් සතරකින් යුක්ත වූයේ වෙයි. දුරු කළ ප්‍රත්‍යෙක සත්‍යයෙන් යුක්ත වෙයි. ඒසනා සංසිඳවන ලද්දේ වෙයි. නොකැළඹුණු සංකල්ප ඇත්තේ වෙයි. සංසිඳුණු කාය සංස්කාර ඇත්තේ වෙයි. මැනැවින් නිදහස් වූ සිතක් ඇත්තේ වෙයි. මැනැවින් නිදහස් වූ ප්‍රඥාවකින් යුක්ත වූයේ වේ.

1. මහණෙනි, භික්ෂුව ප්‍රහාණය කරන ලද පස් කරුණකින් යුක්ත වන්නේ

කෙසේ ද? මහණෙනි, භික්ෂුවගේ පංච කාමයන් කෙරෙහි ඇති ආශාව ප්‍රහාණය වූයේ වෙයි. ද්වේෂය ප්‍රහාණය වූයේ වෙයි. නිදිමත හා අලස බව ප්‍රහාණය වූයේ වෙයි. සිතෙහි විසිරීමත්, පසුතැවීමත් ප්‍රහාණය වූයේ වෙයි. සැකයත් ප්‍රහාණය වූයේ වෙයි. මහණෙනි, මේ අයුරින් භික්ෂුව ප්‍රහාණය කරන ලද පස් කරුණකින් යුක්ත වූයේ වෙයි.

2. මහණෙනි, භික්ෂුව අංග සයකින් යුක්ත වන්නේ කෙසේ ද? මහණෙනි, මෙහිලා භික්ෂුව ඇසින් රූපයක් දැක සතුටු නොවන්නේ ද වෙයි. ගැටුණේ ද නොවෙයි. මනා සිහි නුවණින් යුක්ත ව උපේක්ෂාවෙන් වාසය කරයි. කනෙන් ශබ්දයක් අසා ....(පෙ).... නාසයෙන් ගඳ සුවඳ ආඝ්‍රාණය කොට ....(පෙ).... දිවෙන් රස විඳ ....(පෙ).... කයෙන් පහස විඳ ....(පෙ).... මනසින් අරමුණු දැන සතුටු නොවන්නේ ද වෙයි. ගැටුණේ ද නොවෙයි. මනා සිහි නුවණින් යුක්ත ව උපේක්ෂාවෙන් වාසය කරයි. මහණෙනි, මේ අයුරින් භික්ෂුව අංග සයකින් යුක්ත වූයේ වෙයි.

3. මහණෙනි, භික්ෂුව එක ආරක්ෂකයෙක් සහිත ව සිටින්නේ කෙසේ ද? මහණෙනි, මෙහිලා භික්ෂුව සිහිය නම් වූ ආරක්ෂකයා සහිත වූ සිතින් යුක්ත වෙයි. මහණෙනි, මේ අයුරින් භික්ෂුව එක ආරක්ෂකයෙක් සහිත ව සිටින්නේ වේ.

4. මහණෙනි, භික්ෂුව අපස්සේන නම් වූ හේත්තු වන පුවරු සතරක් ඇති ව වසන්නේ කෙසේද? මහණෙනි, මෙහිලා භික්ෂුව නුවණින් සලකමින් එක් දෙයක් සේවනය කරයි. නුවණින් සලකමින් එක් දෙයක් ඉවසයි. නුවණින් සලකමින් එක දෙයක් වළකයි. නුවණින් සලකමින් එක් දෙයක් දුරු කරයි. මහණෙනි, මේ අයුරින් භික්ෂුව අපස්සේන සතරකින් යුක්ත වූයේ වෙයි.

5. මහණෙනි, භික්ෂුව 'මෙය ම සත්‍යය' යැයි වෙන් වෙන් ව පවසන දෑ දුරු කරන්නේ කෙසේ ද? මහණෙනි, මෙහිලා භික්ෂුව ඉදිරියේ යම් ඒ බොහෝ ශ්‍රමණ බ්‍රාහ්මණවරු වෙන් වෙන් ව සත්‍යය යැයි පවසන නොයෙක් දේ ඇත්තාහ. එනම් 'ලෝකය සදාකාලික' ය කියා වේවා, 'ලෝකය සදාකාලික නැත' කියා වේවා, 'ලෝකය කෙළවර සහිතයි' කියා වේවා, 'ලෝකය කෙළවර රහිතයි' කියා වේවා, 'එය ම ජීවය යි, එය ම ශරීරය යි' කියා වේවා, 'ජීවය අනිකකි, ශරීරය අනිකකි' කියා වේවා, 'තථාගත තෙමේ මරණින් මතු ඇත්තේ ය' කියා වේවා, 'තථාගත තෙමේ මරණින් මතු නැත්තේ ය' කියා වේවා, 'තථාගත තෙමේ මරණින් මතු ඇත්තේ ය, නැත්තේ ය' කියා වේවා, 'තථාගත තෙමේ මරණින් මතු ඇත්තේ ත් නැත, නැත්තේ ත් නැත' කියා වේවා වෙන් වෙන් ව

සත්‍යය යැයි පවසන දෑ ඇද්ද, ඒ සියල්ල බැහැර කරන ලද්දේ ය. මැනැවින් බැහැර කරන ලද්දේ ය. අත්හරින ලද්දේ ය. වමාරන ලද්දේ ය. නිදහස් වෙන ලද්දේ ය. ප්‍රහීණ කරන ලද්දේ ය. මැනැවින් අත්හරින ලද්දේ ය. මහණෙනි, මේ අයුරින් භික්ෂුව මැනැවින් දුරු කරන ලද වෙන් වෙන් ව පවසන ලද සත්‍යයන් ඇත්තේ වෙයි.

6. මහණෙනි, භික්ෂුව ඒසනා හෙවත් නිසරු සෙවීම් දුරු කොට සිටින්නේ කෙසේ ද? මහණෙනි, මෙහිලා භික්ෂුව තුළ පංච කාමයන් සෙවීම ප්‍රහාණය වූයේ වෙයි. භවයන් සෙවීම ප්‍රහාණය වූයේ වෙයි. බුදු සසුනෙන් බැහැර මතවාදයන්හි ප්‍රතිපදාවන් සෙවීම සංසිඳුණේ වෙයි. මහණෙනි, මේ අයුරින් භික්ෂුව නිසරු සෙවීම් දුරුකොට සිටින්නේ වෙයි.

7. මහණෙනි, භික්ෂුව නොකැළඹී ගිය සංකල්ප ඇතිව සිටින්නේ කෙසේ ද? මහණෙනි, මෙහිලා භික්ෂුව තුළ පංච කාමයන් පිළිබඳව සංකල්ප ප්‍රහාණය වූයේ වෙයි. ද්වේෂ සහගත සංකල්ප ප්‍රහාණය වූයේ වෙයි. හිංසාකාරී සංකල්ප ප්‍රහාණය වූයේ වෙයි. මහණෙනි, මේ අයුරින් භික්ෂුව නොකැළඹී ගිය සංකල්ප ඇත්තේ වෙයි.

8. මහණෙනි, භික්ෂුව සංසිඳී ගිය කාය සංස්කාර ඇතිව සිටින්නේ කෙසේ ද? මහණෙනි, මෙහිලා භික්ෂුව සැපය ද ප්‍රහාණය වීමෙන්, දුක ද ප්‍රහාණය වීමෙන් කලින් ම සොම්නස් දොම්නස් දෙක අත්හැරීමෙන් දුක් සැප රහිත වූ පාරිශුද්ධ සිහියෙන් යුතු උපේක්ෂාව ඇති සතර වෙනි ධ්‍යානයට පැමිණ වාසය කරයි. මහණෙනි, මේ අයුරින් භික්ෂුව සංසිඳී ගිය ආශ්වාස ප්‍රශ්වාස නම් වූ කාය සංස්කාර ඇත්තේ වෙයි.

9. මහණෙනි, භික්ෂුව මැනැවින් නිදහස් වූ සිතක් ඇති ව සිටින්නේ කෙසේ ද? මහණෙනි, මෙහිලා භික්ෂුවගේ සිත රාගයෙන් නිදහස් වූයේ වෙයි. ද්වේෂයෙන් නිදහස් වූ සිතක් ඇත්තේ වෙයි. මෝහයෙන් නිදහස් වූ සිතක් ඇත්තේ වෙයි. මහණෙනි, මේ අයුරින් භික්ෂුව නිදහස් වූ සිතක් ඇත්තේ වෙයි.

10. මහණෙනි, භික්ෂුව මැනැවින් නිදහස් වූ ප්‍රඥාවකින් යුක්ත වන්නේ කෙසේ ද? මහණෙනි, මෙහිලා භික්ෂුව 'මා තුළ රාගය ප්‍රහාණය වී ඇත. මුලින් ම සිඳී ගොස් ඇත. මුදුන් කරටිය සිඳුණු තල් ගසක් මෙන් වී ඇත. අභාවයට පත් වී ඇත. යළි කිසිදා නූපදිනා ස්වභාවයට පත් වී ඇතැ'යි දන්නේ වෙයි. 'මා තුළ ද්වේෂය ප්‍රහාණය වී ඇත. ....(පෙ).... මා තුළ මෝහය ප්‍රහාණය වී ඇත. මුලින් ම සිඳී ගොස් ඇත. මුදුන් කරටිය සිඳුණු තල් ගසක් මෙන් වී ඇත. අභාවයට පත් වී ඇත. යළි කිසිදා නූපදිනා ස්වභාවයට පත් වී ඇතැ'යි දන්නේ

වෙයි. මහණෙනි, මේ අයුරින් භික්ෂුව මැනැවින් නිදහස් වූ ප්‍රඥාවෙන් යුක්ත වූයේ වෙයි.

මහණෙනි, අතීත කාලයෙහි යම් ආර්ය වාසස්ථානයක ආර්යයෝ වාසය කළාහු වෙත් ද ඒ සියල්ලෝ ම මෙම ආර්ය වාසස්ථාන දසයෙහි ම වාසය කළාහු ය. මහණෙනි, අනාගත කාලයෙහි යම් ආර්ය වාසස්ථානයක ආර්යයෝ වාසය කරන්නාහු වෙත් ද ඒ සියල්ලෝ ම මෙම ආර්ය වාසස්ථාන දසයෙහි ම වාසය කරන්නාහු ය. වර්තමාන කාලයෙහි යම් ආර්ය වාසස්ථානයක ආර්යයෝ වාසය කරත් ද ඒ සියල්ලෝ ම මෙම ආර්ය වාසස්ථාන දසයෙහි ම වාසය කරති.

මහණෙනි, යම් තැනක ආර්යයෝ වාසය කළාහු වෙත් ද, වර්තමානයෙහි වසත් ද, අනාගතයෙහි වාසය කරන්නාහු වෙත් ද, ඒ මේ ආර්යයන් වසන තැන් දසයයි.

සාදු! සාදු!! සාදු!!!

දුතිය අරියවාස සූත්‍රය නිමා විය.

දෙවෙනි නාථ වර්ගය අවසන් විය.

- එහි පිළිවෙල උද්දානයයි :

සේනාසන සූත්‍රය, අංග සූත්‍රය, සංයෝජන සූත්‍රය, ඛිල සූත්‍රය, අප්පමාද සූත්‍රය, ආහුනෙය්‍ය සූත්‍රය, නාථ සූත්‍ර දෙක සහ අරියවාස සූත්‍ර දෙක වශයෙන් මෙහි සූත්‍ර දසයකි.

3. මහා වර්ගය

10.1.3.1.
සීහනාද සූත්‍රය
සිංහනාදය උපමා කොට වදාළ දෙසුම

සැවැත් නුවර දී ය ....

"මහණෙනි, මෘගරාජන් වූ සිංහරාජ තෙමේ සවස් වරුවෙහි ලැග සිටි තැනින් පිටතට එයි. ලැග සිටි තැනින් පිටතට අවුත් ඇඟ සොළොවා කෙසරු සළයි. ඇඟ සොළොවා කෙසරු සළා සිව්දිශාව හාත්පස බලයි. සිව්දිශාව හාත්පස බලා තුන් විටක් සිංහනාද කරයි. තුන්විටක් සිංහනාද කොට ගොදුරු සෙවීම පිණිස නික්ම යයි. එයට හේතුව කුමක් ද? වැරදි තැනට ගිය කුඩා ප්‍රාණීන්ට විනාශයක් නොවේවා යන අදහසිනි.

මහණෙනි, සිංහරාජයා යනු තථාගත අරහත් සම්මා සම්බුදුරජුන්ට කියන නමකි. මහණෙනි, යම් හෙයකින් තථාගත තෙමේ පිරිස මැද ධර්මය දේශනා කරයි ද, මෙය වනාහී තථාගතයන්ගේ සිංහනාදය යි.

මහණෙනි, තථාගතයන් වහන්සේට තථාගත බල දසයක් ඇත. ඒ දසබලයෙන් සමන්විත වූ තථාගත තෙමේ ශ්‍රේෂ්ඨත්වය ප්‍රතිඥා දෙයි. පිරිස් අතරෙහි සිංහනාද කරයි. බ්‍රහ්ම චක්‍රය ප්‍රවර්තනය කරයි. ඒ කවර දසයක් ද යත්;

1. මහණෙනි, මෙහිලා තථාගත තෙමේ විය හැකි දේ විය හැකි දේ වශයෙනුත්, නොවිය හැකි දේ නොවිය හැකි දේ වශයෙනුත් ඇත්ත ඇති සැටියෙන් ම දනියි. මහණෙනි, යම් හෙයකින් තථාගත තෙමේ විය හැකි දේ විය හැකි දේ වශයෙනුත්, නොවිය හැකි දේ නොවිය හැකි දේ වශයෙනුත්

ඇත්ත ඇති සැටියෙන් ම දන්නේ ද, යම් බලයකට පැමිණ තථාගතයන් වහන්සේ ශ්‍රේෂ්ඨත්වය ප්‍රතිඥා කරත් නම්, පිරිස් අතරෙහි සිහනද පතුරුවත් නම්, බ්‍රහ්ම චක්‍රය ප්‍රවර්තනය කරත් නම්, එයට හේතුව වූ මෙය ද මහණෙනි, තථාගතයන්ගේ තථාගත බලයකි.

2.   තව ද මහණෙනි, තථාගත තෙමේ අතීත වූත්, අනාගත වූත්, වර්තමාන වූත් කර්ම කරන්නවුන්ගේ විපාකය හේතු වශයෙන් ද, තැන් වශයෙන් ද ඇත්ත ඇති සැටියෙන් ම දනියි. මහණෙනි, යම් හෙයකින් තථාගත තෙමේ අතීත වූත්, අනාගත වූත්, වර්තමාන වූත් කර්ම කරන්නවුන්ගේ විපාකය හේතු වශයෙන් ද, තැන් වශයෙන් ද ඇත්ත ඇති සැටියෙන් ම දන්නේ ද, යම් බලයකට පැමිණ තථාගතයන් වහන්සේ ශ්‍රේෂ්ඨත්වය ප්‍රතිඥා කරත් නම්, පිරිස් අතරෙහි සිහනද පතුරුවත් නම්, බ්‍රහ්ම චක්‍රය ප්‍රවර්තනය කරත් නම්, එයට හේතුව වූ මෙය ද මහණෙනි, තථාගතයන්ගේ තථාගත බලයකි.

3.   තව ද මහණෙනි, තථාගත තෙමේ සියළු තැන යන්නට හේතු වන ප්‍රතිපදාව ඇත්ත ඇති සැටියෙන් ම දනියි. මහණෙනි, යම් හෙයකින් තථාගත තෙමේ සියළු තැන යන්නට හේතු වන ප්‍රතිපදාව ඇත්ත ඇති සැටියෙන් ම දන්නේ ද, යම් බලයකට පැමිණ තථාගතයන් වහන්සේ ශ්‍රේෂ්ඨත්වය ප්‍රතිඥා කරත් නම්, පිරිස් අතරෙහි සිහනද පතුරුවත් නම්, බ්‍රහ්ම චක්‍රය ප්‍රවර්තනය කරත් නම්, එයට හේතුව වූ මෙය ද මහණෙනි, තථාගතයන්ගේ තථාගත බලයකි.

4.   තව ද මහණෙනි, තථාගත තෙමේ අනේක ධාතු ස්වභාවයෙන් යුතු, නා නා ධාතු ස්වභාවයෙන් යුතු ලෝකය ඇත්ත ඇති සැටියෙන් ම දනියි. මහණෙනි, යම් හෙයකින් තථාගත තෙමේ අනේක ධාතු ස්වභාවයෙන් යුතු, නා නා ධාතු ස්වභාවයෙන් යුතු ලෝකය ඇත්ත ඇති සැටියෙන් ම දන්නේ ද, යම් බලයකට පැමිණ තථාගතයන් වහන්සේ ශ්‍රේෂ්ඨත්වය ප්‍රතිඥා කරත් නම්, පිරිස් අතරෙහි සිහනද පතුරුවත් නම්, බ්‍රහ්ම චක්‍රය ප්‍රවර්තනය කරත් නම්, එයට හේතුව වූ මෙය ද මහණෙනි, තථාගතයන්ගේ තථාගත බලයකි.

5.   තව ද මහණෙනි, තථාගත තෙමේ සත්වයන්ගේ නොයෙක් නොයෙක් ගති ස්වභාවයන් පිහිටා ඇති අයුරු ඇත්ත ඇති සැටියෙන් ම දනියි. මහණෙනි, යම් හෙයකින් තථාගත තෙමේ සත්වයන්ගේ නොයෙක් නොයෙක් ගති ස්වභාවයන් පිහිටා ඇති අයුරු ඇත්ත ඇති සැටියෙන් ම දන්නේ ද, යම් බලයකට පැමිණ තථාගතයන් වහන්සේ ශ්‍රේෂ්ඨත්වය ප්‍රතිඥා කරත් නම්, පිරිස් අතරෙහි සිහනද පතුරුවත් නම්, බ්‍රහ්ම චක්‍රය ප්‍රවර්තනය කරත් නම්, එයට හේතුව වූ මෙය ද මහණෙනි, තථාගතයන්ගේ තථාගත බලයකි.

6. තව ද මහණෙනි, තථාගත තෙමේ බාහිර සත්වයන්ගේ බාහිර පුද්ගලයන්ගේ උසස් පහත් ආදී ඉන්ද්‍රිය ස්වභාවයන් පිහිටා ඇති අයුරු ඇත්ත ඇති සැටියෙන් ම දනියි. මහණෙනි, යම් හෙයකින් තථාගත තෙමේ බාහිර සත්වයන්ගේ බාහිර පුද්ගලයන්ගේ උසස් පහත් ආදී ඉන්ද්‍රිය ස්වභාවයන් පිහිටා ඇති අයුරු ඇත්ත ඇති සැටියෙන් ම දන්නේ ද, යම් බලයකට පැමිණ තථාගතයන් වහන්සේ ශ්‍රේෂ්ඨත්වය ප්‍රතිඥා කරත් නම්, පිරිස් අතරෙහි සිහනද පතුරුවත් නම්, බ්‍රහ්ම චක්‍රය ප්‍රවර්තනය කරත් නම්, එයට හේතුව වූ මෙය ද මහණෙනි, තථාගතයන්ගේ තථාගත බලයකි.

7. තව ද මහණෙනි, තථාගත තෙමේ ධ්‍යාන, විමෝක්ෂ, සමාධි, සමාපත්ති ආදියෙහි කිළුටු වීමත්, පිරිසිදු වීමත්, නැගී සිටීමත් ඇත්ත ඇති සැටියෙන් ම දනියි. මහණෙනි, යම් හෙයකින් තථාගත තෙමේ ධ්‍යාන, විමෝක්ෂ, සමාධි, සමාපත්ති ආදියෙහි කිළුටු වීමත්, පිරිසිදු වීමත්, නැගී සිටීමත් ඇත්ත ඇති සැටියෙන් ම දන්නේ ද, යම් බලයකට පැමිණ තථාගතයන් වහන්සේ ශ්‍රේෂ්ඨත්වය ප්‍රතිඥා කරත් නම්, පිරිස් අතරෙහි සිහනද පතුරුවත් නම්, බ්‍රහ්ම චක්‍රය ප්‍රවර්තනය කරත් නම්, එයට හේතුව වූ මෙය ද මහණෙනි, තථාගතයන්ගේ තථාගත බලයකි.

8. තව ද මහණෙනි, තථාගත තෙමේ අනේක ප්‍රකාර වූ පෙර විසූ කඳ පිළිවෙල සිහි කරයි. එනම් එක උපතක් වශයෙන් ද, උපත් දෙකක් වශයෙන් ද, උපත් තුනක් වශයෙන් ද, උපත් සතරක් වශයෙන් ද, උපත් පහක් වශයෙන් ද, ...(පෙ).... උපත් දහයක් වශයෙන් ද, උපත් විස්සක් වශයෙන් ද, උපත් තිහක්, උපත් හතළිහක්, උපත් පණහක්, උපත් සියයක්, උපත් දහසක්, උපත් සිය දහසක් වශයෙන් ද අනේක වූ සංවට්ට කල්ප, අනේක වූ විවට්ට කල්ප, අනේක වූ සංවට්ට විවට්ට කල්ප වශයෙන් ද සිහි කරයි. එමෙන් ම 'මම් අසවල් තැන සිටියෙමි. මෙබඳු නමින් සිටියෙමි. මෙබඳු ගෝත්‍රයෙන් සිටියෙමි. මෙබඳු පැහැයෙන් සිටියෙමි. මෙබඳු ආහාර ගත්තෙමි. මෙබඳු අයුරින් සැප දුක් වින්දෙමි. මෙබඳු අයුරින් දිවිය අවසන් කළෙමි. එයින් චුත ව ඒ මම් අසවල් තැන උපන්නෙමි. එහිදී ද මම මෙබඳු නමින් සිටියෙමි. මෙබඳු ගෝත්‍ර නමින් සිටියෙමි. මෙබඳු පැහැයෙන් සිටියෙමි. මෙබඳු ආහාර ගත්තෙමි. මෙබඳු සැප දුක් වින්දෙමි. මෙබඳු අයුරින් දිවිය අවසන් කළෙමි. ඒ මම එයින් චුත ව මෙහි උපන්නෙමි' ආදී වශයෙනි. මෙසේ කරුණු සහිත වූ, විස්තර සහිත වූ අනේක ප්‍රකාර වූ පෙර විසූ කඳ පිළිවෙල සිහි කරයි. මහණෙනි, යම් හෙයකින් තථාගත තෙමේ අනේක ප්‍රකාර වූ පෙර විසූ කඳ පිළිවෙල සිහි කරයි ද, එනම් එක උපතක් වශයෙන් ද, උපත් දෙකක් වශයෙන් ද, ...(පෙ).... මෙසේ කරුණු සහිත

වූ, විස්තර සහිත වූ අනේක ප්‍රකාර වූ පෙර විසූ කඳ පිළිවෙල සිහි කරන්නේ ද, යම් බලයකට පැමිණ තථාගතයන් වහන්සේ ශ්‍රේෂ්ඨත්වය ප්‍රතිඥා කරත් නම්, පිරිස් අතරෙහි සිහනද පතුරුවත් නම්, බ්‍රහ්ම චක්‍රය ප්‍රවර්තනය කරත් නම්, එයට හේතුව වූ මෙය ද මහණෙනි, තථාගතයන්ගේ තථාගත බලයකි.

9. තව ද මහණෙනි, තථාගත තෙමේ මිනිස් දැක්ම ඉක්මවා ගිය විශුද්ධ දිව්‍ය නේත්‍රයෙන් චුතවන්නා වූත්, උපදින්නා වූත් සත්වයන් දකියි. ඒ සත්වයන් කර්මානුරූප ව පහත් වූත්, උසස් වූත්, මනා පැහැ ඇත්තා වූත්, විරූපී වූත්, සුගතියේ ත් දුගතියේ ත් උපදින අයුරු දනියි. එනම් 'ඒකාන්තයෙන් මේ භවත් සත්වයෝ කාය දුෂ්චරිතයෙන් යුක්ත වූවාහු ය. වචී දුෂ්චරිතයෙන් යුක්ත වූවාහු ය. මනෝ දුෂ්චරිතයෙන් යුක්ත වූවාහු ය. ආර්යයන් හට නින්දා අපහාස කළාහු ය. මිසදිටු ගත්තාහු ය. මිසදිටු ක්‍රියාවෙහි යෙදුණාහු ය. ඔවුහු කය බිඳී මරණින් මතු අපාය නම් වූ, දුගතිය නම් වූ යටට වැටෙන නිරයෙහි උපන්නාහු ය. එසේ ම මේ භවත් සත්වයෝ කාය සුචරිතයෙන් යුක්ත වූවාහු ය. වචී සුචරිතයෙන් යුක්ත වූවාහු ය. මනෝ සුචරිතයෙන් යුක්ත වූවාහු ය. ආර්යයන් හට නින්දා අපහාස නොකළාහු ය. සම්දිටු ගත්තාහු ය. සම්දිටු ක්‍රියාවෙහි යෙදුණාහු ය. ඔවුහු කය බිඳී මරණින් මතු සුගති නම් වූ ස්වර්ග ලෝකයෙහි උපන්නාහු ය. මෙසේ මිනිස් දැක්ම ඉක්මවා ගිය විශුද්ධ දිව්‍ය නේත්‍රයෙන් චුතවන්නා වූත්, උපදින්නා වූත් සත්වයන් දකියි. ඒ සත්වයන් කර්මානුරූප ව පහත් වූත්, උසස් වූත්, මනා පැහැ ඇත්තා වූත්, විරූපී වූත්, සුගතියේ ත් දුගතියේ ත් උපදින අයුරු දනියි. මහණෙනි, යම් හෙයකින් තථාගත තෙමේ මිනිස් දැක්ම ඉක්මවා ගිය විශුද්ධ දිව්‍ය නේත්‍රයෙන් චුතවන්නා වූත්, උපදින්නා වූත් සත්වයන් දකියි ද, ...(පෙ).... සුගතියේ ත් දුගතියේ ත් උපදින අයුරු දන්නේ ද, යම් බලයකට පැමිණ තථාගතයන් වහන්සේ ශ්‍රේෂ්ඨත්වය ප්‍රතිඥා කරත් නම්, පිරිස් අතරෙහි සිහනද පතුරුවත් නම්, බ්‍රහ්ම චක්‍රය ප්‍රවර්තනය කරත් නම්, එයට හේතුව වූ මෙය ද මහණෙනි, තථාගතයන්ගේ තථාගත බලයකි.

10. තව ද මහණෙනි, තථාගත තෙමේ ආශ්‍රවයන් ක්ෂය වීමෙන් අනාශ්‍රව වූ චිත්ත විමුක්තිය ත්, ප්‍රඥා විමුක්තිය ත් මේ ජීවිතයේදී ම තම විශිෂ්ට නුවණින් අත්දැක එයට පැමිණ වාසය කරයි. මහණෙනි, යම් හෙයකින් තථාගත තෙමේ ආශ්‍රවයන් ක්ෂය වීමෙන් අනාශ්‍රව වූ චිත්ත විමුක්තියත්, ප්‍රඥා විමුක්තියත් මේ ජීවිතයේදී ම තම විශිෂ්ට නුවණින් අත්දැක එයට පැමිණ වාසය කරන්නේ ද, යම් බලයකට පැමිණ තථාගතයන් වහන්සේ ශ්‍රේෂ්ඨත්වය ප්‍රතිඥා කරත් නම්, පිරිස් අතරෙහි සිහනද පතුරුවත් නම්, බ්‍රහ්ම චක්‍රය ප්‍රවර්තනය කරත් නම්, එයට හේතුව වූ මෙය ද මහණෙනි, තථාගතයන්ගේ තථාගත බලයකි.

මහණෙනි, තථාගතයන් වහන්සේට ඇත්තේ මෙම තථාගත දස බලයන් ය. මේ දසබලයෙන් සමන්විත වූ තථාගත තෙමේ ශ්‍රේෂ්ඨත්වය ප්‍රතිඥා දෙයි. පිරිස් අතරෙහි සිංහනාද කරයි. බ්‍රහ්ම චක්‍රය ප්‍රවර්තනය කරයි.

සාදු! සාදු!! සාදු!!!

සීහනාද සූත්‍රය නිමා විය.

10.1.3.2
අධිවුත්තිපද සූත්‍රය
අධිවචනයන්ගේ කාරණය ගැන වදාළ දෙසුම

සැවැත් නුවර දී ය ....

එකල්හී ආයුෂ්මත් ආනන්දයන් වහන්සේ භාග්‍යවතුන් වහන්සේ යම් තැනක වැඩසිටි සේක් ද, එතැනට පැමිණියහ. පැමිණ භාග්‍යවතුන් වහන්සේට සකසා වන්දනා කොට එකත්පස් ව හිඳගත්හ. එකත්පස් ව හුන් ආයුෂ්මත් ආනන්දයන් වහන්සේට භාග්‍යවතුන් වහන්සේ මෙකරුණ වදාළ සේක.

"ආනන්දයෙනි, ඒ ඒ දෘෂ්ටිගත වූ ව්‍යවහාරයන් විශිෂ්ට ඥානයෙන් සාක්ෂාත් කිරීම පිණිස උපකාරී වන යම් මේ ධර්මයෝ ඇද්ද,

ආනන්දයෙනි, එහිලා ඒ ඒ දෘෂ්ටිගතිකයන් හට ඒ ඒ අයුරින් ධර්මය දේශනා කිරීමට මම විශාරද බව ප්‍රතිඥා දෙමි. යම් යම් අයුරින් පිළිපන්නේ තිබෙන්නා වූ දෙය තිබේ යැයි දන්නේ ද, නොතිබෙන්නා වූ දෙය නොතිබේ යැයි දන්නේ ද, ලාමක වූ දෙය ලාමක යැයි දන්නේ ද, උතුම් වූ දෙය උතුම් යැයි දන්නේ ද, විශේෂ සහිත වූ දෙය විශේෂ සහිත යැයි දන්නේ ද, අනුත්තර වූ දෙය අනුත්තර යැයි දන්නේ ද, යම් යම් අයුරකින් යමක් දැනගත යුතු වේවා, දැක ගත යුතු වේවා, සාක්ෂාත් කළ යුතු වේවා, ඒ ඒ අයුරින් එය දන්නේ ද, දක්නේ ද, සාක්ෂාත් කරන්නේ ද යන මේ කාරණය විද්‍යමාන වූ දෙයකි. ආනන්දයෙනි, ඒ ඒ තන්හි ඇත්ත ඇති සැටියෙන් දකිනා ඥානයක් ඇද්ද, මෙය සියළු ඥානයන් අතර අනුත්තරීය වෙයි. එහෙයින් ආනන්දයෙනි, එම යථාභූත ඥානයට වඩා අන්‍ය වූ උත්තරීතර වූ හෝ ප්‍රණීතතර වූ ඥානයක් නැතැයි කියමි.

ආනන්දයෙනි, තථාගතයන් වහන්සේට තථාගත බල දසයක් ඇත. ඒ දසබලයෙන් සමන්විත වූ තථාගත තෙමේ ශ්‍රේෂ්ඨත්වය ප්‍රතිඥා දෙයි. පිරිස් අතරෙහි සිංහනාද කරයි. බ්‍රහ්ම චක්‍රය ප්‍රවර්තනය කරයි. ඒ කවර දසයක් ද යත්;

1. ආනන්දයෙනි, මෙහිලා තථාගත තෙමේ විය හැකි දේ විය හැකි දේ වශයෙනුත්, නොවිය හැකි දේ නොවිය හැකි දේ වශයෙනුත් ඇත්ත ඇති සැටියෙන් ම දනියි. ආනන්දය, යම් හෙයකින් තථාගත තෙමේ විය හැකි දේ විය හැකි දේ වශයෙනුත්, නොවිය හැකි දේ නොවිය හැකි දේ වශයෙනුත් ඇත්ත ඇති සැටියෙන් ම දන්නේ ද, යම් බලයකට පැමිණ තථාගතයන් වහන්සේ ශ්‍රේෂ්ඨත්වය ප්‍රතිඥා කරත් නම්, පිරිස් අතරෙහි සිහනද පතුරුවත් නම්, බ්‍රහ්ම චක්‍රය ප්‍රවර්තනය කරත් නම්, එයට හේතුව වූ මෙය ද ආනන්දයෙනි, තථාගතයන්ගේ තථාගත බලයකි.

2. තව ද ආනන්දයෙනි, තථාගත තෙමේ අතීත වූත්, අනාගත වූත්, වර්තමාන වූත් කර්ම කරන්නවුන්ගේ විපාකය හේතු වශයෙන් ද, තැන් වශයෙන් ද ඇත්ත ඇති සැටියෙන් ම දනියි. ආනන්දයෙනි, යම් හෙයකින් ....(පෙ).... මෙය ද ආනන්දයෙනි, තථාගතයන්ගේ තථාගත බලයකි.

3. තව ද ආනන්දයෙනි, තථාගත තෙමේ සියළු තැන යන්නට හේතු වන ප්‍රතිපදාව ඇත්ත ඇති සැටියෙන් ම දනියි. ආනන්දයෙනි, යම් හෙයකින් ....(පෙ).... මෙය ද ආනන්දයෙනි, තථාගතයන්ගේ තථාගත බලයකි.

4. තව ද ආනන්දයෙනි, තථාගත තෙමේ අනේක ධාතු ස්වභාවයෙන් යුතු, නා නා ධාතු ස්වභාවයෙන් යුතු ලෝකය ඇත්ත ඇති සැටියෙන් ම දනියි. ආනන්දයෙනි, යම් හෙයකින් ....(පෙ).... මෙය ද ආනන්දයෙනි, තථාගතයන්ගේ තථාගත බලයකි.

5. තව ද ආනන්දයෙනි, තථාගත තෙමේ සත්වයන්ගේ නොයෙක් නොයෙක් ගති ස්වභාවයන් පිහිටා ඇති අයුරු ඇත්ත ඇති සැටියෙන් ම දනියි. ආනන්දයෙනි, යම් හෙයකින් ....(පෙ).... මෙය ද ආනන්දයෙනි, තථාගතයන්ගේ තථාගත බලයකි.

6. තව ද ආනන්දයෙනි, තථාගත තෙමේ බාහිර සත්වයන්ගේ බාහිර පුද්ගලයන්ගේ උසස් පහත් ආදී ඉන්ද්‍රිය ස්වභාවයන් පිහිටා ඇති අයුරු ඇත්ත ඇති සැටියෙන් ම දනියි. ආනන්දයෙනි, යම් හෙයකින් ....(පෙ).... මෙය ද ආනන්දයෙනි, තථාගතයන්ගේ තථාගත බලයකි.

7. තව ද ආනන්දයෙනි, තථාගත තෙමේ ධ්‍යාන, විමෝක්ෂ, සමාධි, සමාපත්ති ආදියෙහි කිළුටු වීමත්, පිරිසිදු වීමත්, නැගී සිටීමත් ඇත්ත ඇති සැටියෙන් ම දනියි. ආනන්දයෙනි, යම් හෙයකින් ....(පෙ).... මෙය ද ආනන්දයෙනි, තථාගතයන්ගේ තථාගත බලයකි.

8. තව ද ආනන්දයෙනි, තථාගත තෙමේ අනේක ප්‍රකාර වූ පෙර විසූ කඳ පිළිවෙල සිහි කරයි. එනම් එක උපතක් වශයෙන් ද, උපත් දෙකක් වශයෙන් ද, ...(පෙ).... මෙසේ කරුණු සහිත වූ, විස්තර සහිත වූ, අනේක ප්‍රකාර වූ පෙර විසූ කඳ පිළිවෙල සිහි කරයි. ආනන්දයෙනි, යම් හෙයකින් ....(පෙ).... මෙය ද ආනන්දයෙනි, තථාගතයන්ගේ තථාගත බලයකි.

9. තව ද ආනන්දයෙනි, තථාගත තෙමේ මිනිස් දැක්ම ඉක්මවා ගිය විශුද්ධ දිව්‍ය නේත්‍රයෙන් චුතවන්නා වූත්, උපදින්නා වූත් සත්වයන් දකියි. ....(පෙ).... සුගතියේ ත් දුගතියේ ත් උපදින අයුරු දනියි. ආනන්දයෙනි, යම් හෙයකින් ....(පෙ).... මෙය ද ආනන්දයෙනි, තථාගතයන්ගේ තථාගත බලයකි.

10. තව ද ආනන්දයෙනි, තථාගත තෙමේ ආශ්‍රවයන් ක්ෂය වීමෙන් අනාශ්‍රව වූ චිත්ත විමුක්තියත්, ප්‍රඥා විමුක්තියත් මේ ජීවිතයේදී ම තම විශිෂ්ට නුවණින් අත්දැක එයට පැමිණ වාසය කරයි. ආනන්දයෙනි, යම් හෙයකින් ....(පෙ).... මෙය ද ආනන්දයෙනි, තථාගතයන්ගේ තථාගත බලයකි.

ආනන්දයෙනි, තථාගතයන් වහන්සේට ඇත්තේ මෙම තථාගත දස බලයන් ය. මේ දසබලයෙන් සමන්විත වූ තථාගත තෙමේ ශ්‍රේෂ්ඨත්වය ප්‍රතිඥා දෙයි. පිරිස් අතරෙහි සිංහනාද කරයි. බ්‍රහ්ම චක්‍රය ප්‍රවර්තනය කරයි.

සාදු! සාදු!! සාදු!!!

අධිවුත්තිපද සූත්‍රය නිමා විය.

10.1.3.3

කාය සූත්‍රය

කය මුල්කොට වදාළ දෙසුම

සැවැත් නුවර දී ය ....

"මහණෙනි, කයෙන් ප්‍රහාණය කළ යුතු ධර්මයන් ඇත. ඒවා වචනයෙන්

ප්‍රහාණය කළ නොහැකි ය. මහණෙනි, වචනයෙන් ප්‍රහාණය කළ යුතු ධර්මයන් ඇත. ඒවා කයෙන් ප්‍රහාණය කළ නොහැකි ය. මහණෙනි, කයෙනුත් ප්‍රහාණය කළ නොහැකි වූ වචනයෙනුත් ප්‍රහාණය කළ නොහැකි වූ ධර්මයන් ඇත. ඒවා ප්‍රඥාවෙන් දැක දැක ප්‍රහාණය කළ යුත්තේ ය.

මහණෙනි, කයෙන් ප්‍රහාණය කළ යුතු වූත්, වචනයෙන් ප්‍රහාණය නොකළ හැකි වූත් ධර්මයන් මොනවා ද?

මහණෙනි, මෙහිලා භික්ෂුව කය මුල්කොට කිසියම් දොස් සහිත අකුසලයකට පත්වූයේ වෙයි. එවිට ඒ භික්ෂුවට නුවණැති සබ්‍රහ්මචාරීහු කරුණු සහිත ව මෙසේ කියති. 'ආයුෂ්මතුනි, කය මුල්කොට කිසියම් දොස් සහිත අකුසලයකට ඔබ පත් වී ඇත. ආයුෂ්මතුන් ඒ කාය දුශ්චරිතය ප්‍රහාණය කොට කාය සුචරිතය දියුණු කරාවා! එය යහපත් ය.' නුවණැති සබ්‍රහ්මචාරීන් වහන්සේලා කරුණු සහිත ව පවසන විට ඒ භික්ෂුව කාය දුශ්චරිතය ප්‍රහාණය කොට කාය සුචරිතය දියුණු කරයි. මහණෙනි, මේ ධර්මයෝ කයින් ප්‍රහාණය කළ යුත්තාහු ය. වචනයෙන් නොවේ' යි කියනු ලැබේ.

මහණෙනි, වචනයෙන් ප්‍රහාණය කළ යුතු වූත්, කයෙන් ප්‍රහාණය නොකළ හැකි වූත් ධර්මයන් මොනවා ද?

මහණෙනි, මෙහිලා භික්ෂුව වචනය මුල්කොට කිසියම් දොස් සහිත අකුසලයකට පත්වූයේ වෙයි. එවිට ඒ භික්ෂුවට නුවණැති සබ්‍රහ්මචාරීහු කරුණු සහිත ව මෙසේ කියති. 'ආයුෂ්මතුනි, වචනය මුල්කොට කිසියම් දොස් සහිත අකුසලයකට ඔබ පත් වී ඇත. ආයුෂ්මතුන් ඒ වචී දුශ්චරිතය ප්‍රහාණය කොට වචී සුචරිතය දියුණු කරාවා! එය යහපත් ය.' නුවණැති සබ්‍රහ්මචාරීන් වහන්සේලා කරුණු සහිත ව පවසන විට ඒ භික්ෂුව වචී දුශ්චරිතය ප්‍රහාණය කොට වචී සුචරිතය දියුණු කරයි. මහණෙනි, මේ ධර්මයෝ වචනයෙන් ප්‍රහාණය කළ යුත්තාහු ය. කයෙන් නොවේ' යි කියනු ලැබේ.

මහණෙනි, කයෙනුත් නොව, වචනයෙනුත් නොව ප්‍රඥාවෙන් දැක දැක ප්‍රහාණය කළ යුතු ධර්මයන් මොනවා ද?

මහණෙනි, ලෝභය යනු කයෙනුත් ප්‍රහාණය කළ නොහැකි වූ, වචනයෙනුත් ප්‍රහාණය කළ නොහැකි වූ ප්‍රඥාවෙන් ම දැක දැක ප්‍රහාණය කළ යුතු දෙයකි. මහණෙනි, ද්වේෂය යනු ....(පෙ).... මහණෙනි, මෝහය යනු ....(පෙ).... මහණෙනි, ක්‍රෝධය යනු ....(පෙ).... මහණෙනි, බද්ධ වෛරය යනු ....(පෙ).... මහණෙනි, ගුණමකු බව යනු ....(පෙ).... මහණෙනි, එකට එක කිරීම යනු ....(පෙ).... මහණෙනි, මසුරුබව යනු කයෙනුත් ප්‍රහාණය කළ නොහැකි

වූ, වචනයෙනුත් ප්‍රහාණය කළ නොහැකි වූ ප්‍රඥාවෙන් ම දැක දැක ප්‍රහාණය කළ යුතු දෙයකි.

මහණෙනි, පවිටු ඊර්ෂ්‍යාව කයෙන් ප්‍රහාණය කළ නොහැකි ය. වචනයෙන් ප්‍රහාණය කළ නොහැකි ය. ප්‍රඥාවෙන් ම දැක දැක ප්‍රහාණය කළ යුතු ය. මහණෙනි, පවිටු ඊර්ෂ්‍යාව යනු කුමක් ද?

මහණෙනි, මෙහිලා ගෘහපතියෙකුට හෝ ගෘහපති පුත්‍රයෙකුට හෝ ධනයෙන් වේවා, ධාන්‍යයෙන් වේවා, රිදියෙන් වේවා, රනින් වේවා යම් දියුණුවක් වෙයි. එහිලා වෙනත් දාසයෙකුට වේවා, එහි වසන කෙනෙකුට වේවා මෙවැනි අදහසක් ඇතිවෙයි. 'අහෝ...! ඒකාන්තයෙන් ම මේ ගෘහපතියාට හෝ ගෘහපති පුත්‍රයාට හෝ ධනයෙන් වේවා, ධාන්‍යයෙන් වේවා, රිදියෙන් වේවා, රනින් වේවා යම් දියුණුවක් නොවේ නම් ඉතා මැනැවි' යි. එමෙන් ම ශ්‍රමණයෙක් හෝ බ්‍රාහ්මණයෙක් හෝ සිවුරු, පිණ්ඩපාත, සේනාසන, ගිලන්පස බෙහෙත් පිරිකර ලබනසුළු වෙයි. එවිට වෙනත් ශ්‍රමණයෙකුට හෝ බ්‍රාහ්මණයෙකුට හෝ මේ අදහස ඇතිවෙයි. 'අහෝ...! ඒකාන්තයෙන් ම මේ ආයුෂ්මතුන්ට සිවුරු, පිණ්ඩපාත, සේනාසන, ගිලන්පස බෙහෙත් පිරිකර නොලැබේ නම් මැනැවි' යි. මහණෙනි, මෙයට පවිටු ඊර්ෂ්‍යාව යැයි කියනු ලැබේ. මහණෙනි, පවිටු ඊර්ෂ්‍යාව කයෙන් ප්‍රහාණය කළ නොහැකි ය. වචනයෙන් ප්‍රහාණය කළ නොහැකි ය. ප්‍රඥාවෙන් ම දැක දැක ප්‍රහාණය කළ යුතු ය.

මහණෙනි, පවිටු ආශාව කයෙන් ප්‍රහාණය කළ නොහැකි ය. වචනයෙන් ප්‍රහාණය කළ නොහැකි ය. ප්‍රඥාවෙන් ම දැක දැක ප්‍රහාණය කළ යුතු ය. මහණෙනි, පවිටු ආශාව යනු කුමක් ද?

මහණෙනි, මෙහිලා කෙනෙක් ශ්‍රද්ධා නැති ව සිටියි. හේ 'සැදැහැ ඇත්තේ යැයි මා ගැන අන්‍යයෝ දනිත්වා' යි කැමති වෙයි. දුස්සීල ව සිටිමින් 'මා සිල්වත් යැයි අන්‍යයෝ දනිත්වා' යි කැමති වෙයි. අල්පශ්‍රැත ව සිටිමින් 'මා බහුශ්‍රැතයෙකි යි අන්‍යයෝ දනිත්වා' යි කැමති වෙයි. පිරිස් සමඟ ඇලෙමින් සිටිමින් 'මා හුදෙකලාවේ සිටින කෙනෙකි යි අන්‍යයෝ දනිත්වා' යි කැමති වෙයි. කුසීත ව සිටිමින් 'මා පටන් ගත් වීර්යය ඇති කෙනෙකි යි අන්‍යයෝ දනිත්වා' යි කැමති වෙයි. සිහි මුලාව සිටිමින් 'මා එළැඹ සිටි සිහිය ඇත්තෙකි යි අන්‍යයෝ දනිත්වා' යි කැමති වෙයි. සිත නොඑකඟ ව සිටිය දී 'මා සමාධිමත් සිත් ඇත්තෙකි යි අන්‍යයෝ දනිත්වා' යි කැමති වෙයි. දුෂ්ප්‍රාඥ ව සිටියදී 'මා ප්‍රඥාවන්තයෙකි යි අන්‍යයෝ දනිත්වා යි' කැමති වෙයි. ආශ්‍රවයන් සහිත ව සිටියදී 'මා ඛීණාස්‍රවයෙකි යි අන්‍යයෝ දනිත්වා' යි කැමති වෙයි. මහණෙනි, මෙයට පවිටු ආශාව යැයි කියනු ලැබේ. මහණෙනි, පවිටු ආශාව කයෙන්

ප්‍රහාණය කළ නොහැකි ය. වචනයෙන් ප්‍රහාණය කළ නොහැකි ය. ප්‍රඥාවෙන් ම දැක දැක ප්‍රහාණය කළ යුතු ය.

මහණෙනි, ඉදින් ලෝභය ඒ භික්ෂුව පාගාගෙන සිටියි නම්, ද්වේෂය ....(පෙ).... මෝහය ....(පෙ).... ක්‍රෝධය ....(පෙ).... බද්ධ වෛරය ....(පෙ).... ගුණමකු බව ....(පෙ).... එකට එක කිරීම ....(පෙ).... මසුරු බව ....(පෙ).... පවිටු ඊර්ෂ්‍යාව ....(පෙ).... පවිටු ආශාව ඒ භික්ෂුව පාගාගෙන සිටියි නම්,

ඔහු ඒ අයුරින් මෙය දැනගත යුත්තේ ය. 'යම් අයුරකින් දන්නා කෙනෙකුට ලෝභය ඇති නොවෙයි ද, මේ ආයුෂ්මතුන්ට එබඳු දැනුමක් නැත. එනිසා ලෝභය විසින් මේ ආයුෂ්මතුන් ව පාගා ගෙන සිටියි. යම් අයුරකින් දන්නා කෙනෙකුට ද්වේෂය ඇති නොවෙයි ද, මේ ආයුෂ්මතුන්ට එබඳු දැනුමක් නැත. එනිසා ද්වේෂය විසින් මේ ආයුෂ්මතුන් ව පාගා ගෙන සිටියි. ....(පෙ).... මෝහය ....(පෙ).... ක්‍රෝධය ....(පෙ).... බද්ධ වෛරය ....(පෙ).... ගුණමකු බව ....(පෙ).... එකට එක කිරීම ....(පෙ).... මසුරු බව ....(පෙ).... පවිටු ඊර්ෂ්‍යාව ....(පෙ).... 'යම් අයුරෙකින් දන්නා කෙනෙකුට පවිටු ආශාව ඇති නොවෙයි ද, මේ අයුෂ්මතුන්ට එබඳු දැනුමක් නැත. එනිසා පවිටු ආශාව විසින් මේ අයුෂ්මතුන් ව පාගා ගෙන සිටියි.

මහණෙනි, ඉදින් ලෝභය ඒ භික්ෂුව පාගාගෙන නොසිටියි නම්, ද්වේෂය ....(පෙ).... මෝහය ....(පෙ).... ක්‍රෝධය ....(පෙ).... බද්ධ වෛරය ....(පෙ).... ගුණමකු බව ....(පෙ).... එකට එක කිරීම ....(පෙ).... මසුරු බව ....(පෙ).... පවිටු ඊර්ෂ්‍යාව ....(පෙ).... පවිටු ආශාව ඒ භික්ෂුව පාගාගෙන නොසිටියි නම්,

ඔහු ඒ අයුරින් මෙය දැනගත යුත්තේ ය. 'යම් අයුරකින් දන්නා කෙනෙකුට ලෝභය ඇති නොවෙයි ද, මේ ආයුෂ්මතුන්ට එබඳු දැනුමක් ඇත. එනිසා ලෝභය විසින් මේ ආයුෂ්මතුන් ව පාගා ගෙන නොසිටියි. යම් අයුරකින් දන්නා කෙනෙකුට ද්වේෂය ඇති නොවේ ද, මේ ආයුෂ්මතුන්ට එබඳු දැනුමක් ඇත. එනිසා ද්වේෂය විසින් මේ ආයුෂ්මතුන් ව පාගා ගෙන නොසිටියි. ....(පෙ).... මෝහය ....(පෙ).... ක්‍රෝධය ....(පෙ).... බද්ධ වෛරය ....(පෙ).... ගුණමකු බව ....(පෙ).... එකට එක කිරීම ....(පෙ).... මසුරු බව ....(පෙ).... 'යම් අයුරකින් දන්නා කෙනෙකුට පවිටු ආශාව ඇති නොවේ ද, මේ අයුෂ්මතුන්ට එබඳු දැනුමක් ඇත. එනිසා පවිටු ආශාව විසින් මේ අයුෂ්මතුන් ව පාගා ගෙන නොසිටියි' යි.

සාදු! සාදු!! සාදු!!!

කාය සූත්‍රය නිමා විය.

10.1.3.4
මහා චුන්ද සූත්‍රය
මහා චුන්ද තෙරුන් වදාළ දෙසුම

එක් සමයෙක් හි ආයුෂ්මත් මහා චුන්දයන් වහන්සේ චේතිය ජනපදයෙහි සහජාතියෙහි වැඩවසන සේක. එකල්හී ආයුෂ්මත් මහා චුන්දයන් වහන්සේ 'ආයුෂ්මත් මහණෙනි' යි කියා භික්ෂූන් ඇමතූහ. 'ආයුෂ්මතුනි' යි ඒ භික්ෂූහු ආයුෂ්මත් මහා චුන්දයන් වහන්සේට පිළිවදන් දුන්හ. ආයුෂ්මත් මහා චුන්දයන් වහන්සේ මෙය පැවසූහ.

"ආයුෂ්මත්නි, භික්ෂුවක් 'මේ ධර්මය මම් දන්නෙක්මි, මේ ධර්මය මම් දක්නෙක්මි' යි අවබෝධය ඇති වූ බව කියන්නේ වෙයි. එනමුදු ආයුෂ්මත්නි, ඉදින් ලෝභය විසින් ඒ භික්ෂුව පාගාගෙන සිටියි නම්, ද්වේෂය ....(පෙ).... මෝහය ....(පෙ).... ක්‍රෝධය ....(පෙ).... බද්ධ වෛරය ....(පෙ).... ගුණමකු බව ....(පෙ).... එකට එක කිරීම ....(පෙ).... මසුරු බව ....(පෙ).... පවිටු ඊර්ෂ්‍යාව ....(පෙ).... පවිටු ආශාව ඒ භික්ෂුව පාගාගෙන සිටියි නම්,

ඔහු ඒ අයුරින් මෙය දැනගත යුත්තේ ය. 'යම් අයුරකින් දන්නා කෙනෙකුට ලෝභය ඇති නොවෙයි ද, මේ ආයුෂ්මතුන්ට එබඳු දැනුමක් නැත. එනිසා ලෝභය විසින් මේ ආයුෂ්මතුන් ව පාගා ගෙන සිටියි. යම් අයුරකින් දන්නා කෙනෙකුට ද්වේෂය ඇති නොවේ ද, මේ ආයුෂ්මතුන්ට එබඳු දැනුමක් නැත. එනිසා ද්වේෂය විසින් මේ ආයුෂ්මතුන් ව පාගා ගෙන සිටියි. ....(පෙ).... මෝහය ....(පෙ).... ක්‍රෝධය ....(පෙ).... බද්ධ වෛරය ....(පෙ).... ගුණමකු බව ....(පෙ).... එකට එක කිරීම ....(පෙ).... මසුරු බව ....(පෙ).... පවිටු ඊර්ෂ්‍යාව ....(පෙ).... 'යම් අයුරකින් දන්නා කෙනෙකුට පවිටු ආශාව ඇති නොවෙයි ද, මේ ආයුෂ්මතුන්ට එබඳු දැනුමක් නැත. එනිසා පවිටු ආශාව විසින් මේ ආයුෂ්මතුන් ව පාගා ගෙන සිටියි.

ආයුෂ්මත්නි, භික්ෂුවක් 'මම භාවිත කය ඇති කෙනෙක්මි, මම භාවිත සිල් ඇති කෙනෙක්මි. මම භාවිත සිත් ඇති කෙනෙක්මි. මම භාවිත ප්‍රඥා ඇති කෙනෙක්මි' යි භාවනාව දියුණු වූ බව කියන්නේ වෙයි. එනමුදු ආයුෂ්මත්නි, ඉදින් ලෝභය විසින් ඒ භික්ෂුව පාගාගෙන සිටියි නම්, ද්වේෂය ....(පෙ).... මෝහය ....(පෙ).... ක්‍රෝධය ....(පෙ).... බද්ධ වෛරය ....(පෙ).... ගුණමකු බව

....(පෙ).... එකට එක කිරීම ....(පෙ).... මසුරු බව ....(පෙ).... පවිටු ඊර්ෂ්‍යාව ....(පෙ).... පවිටු ආශාව ඒ භික්ෂුව පාගාගෙන සිටියි නම්,

ඔහු ඒ අයුරින් මෙය දැනගත යුත්තේ ය. 'යම් අයුරකින් දන්නා කෙනෙකුට ලෝභය ඇති නොවෙයි ද, මේ ආයුෂ්මතුන්ට එබඳු දැනුමක් නැත. එනිසා ලෝභය විසින් මේ ආයුෂ්මතුන් ව පාගා ගෙන සිටියි. යම් අයුරකින් දන්නා කෙනෙකුට ද්වේෂය ඇති නොවෙයි ද, මේ ආයුෂ්මතුන්ට එබඳු දැනුමක් නැත. එනිසා ද්වේෂය විසින් මේ ආයුෂ්මතුන් ව පාගා ගෙන සිටියි. ....(පෙ).... මෝහය ....(පෙ).... ක්‍රෝධය ....(පෙ).... බද්ධ වෛරය ....(පෙ).... ගුණමකු බව ....(පෙ).... එකට එක කිරීම ....(පෙ).... මසුරු බව ....(පෙ).... පවිටු ඊර්ෂ්‍යාව ....(පෙ).... 'යම් අයුරකින් දන්නා කෙනෙකුට පවිටු ආශාව ඇති නොවේ ද, මේ ආයුෂ්මතුන්ට එබඳු දැනුමක් නැත. එනිසා පවිටු ආශාව විසින් මේ ආයුෂ්මතුන් ව පාගා ගෙන සිටියි' යි.

ආයුෂ්මත්නි, භික්ෂුවක් 'මේ ධර්මය මම දන්නෙක්මි, මේ ධර්මය මම දක්නෙක්මි' යි වශයෙන් ද, 'මම භාවිත කය ඇති කෙනෙක්මි, මම භාවිත සිල් ඇති කෙනෙක්මි. මම භාවිත සිත් ඇති කෙනෙක්මි. මම භාවිත ප්‍රඥා ඇති කෙනෙක් මි' යි වශයෙන් ද අවබෝධය ඇති වූ බව ත්, භාවනාව දියුණු වූ බව ත් කියන්නේ වෙයි. එනමුදු ආයුෂ්මත්නි, ඉදින් ලෝභය විසින් ඒ භික්ෂුව පාගාගෙන සිටියි නම්, ද්වේෂය ....(පෙ).... මෝහය ....(පෙ).... ක්‍රෝධය ....(පෙ).... බද්ධ වෛරය ....(පෙ).... ගුණමකු බව ....(පෙ).... එකට එක කිරීම ....(පෙ).... මසුරු බව ....(පෙ).... පවිටු ඊර්ෂ්‍යාව ....(පෙ).... පවිටු ආශාව ඒ භික්ෂුව පාගාගෙන සිටියි නම්,

ඔහු ඒ අයුරින් මෙය දැනගත යුත්තේ ය. 'යම් අයුරකින් දන්නා කෙනෙකුට ලෝභය ඇති නොවෙයි ද, මේ ආයුෂ්මතුන්ට එබඳු දැනුමක් නැත. එනිසා ලෝභය විසින් මේ ආයුෂ්මතුන් ව පාගා ගෙන සිටියි. යම් අයුරකින් දන්නා කෙනෙකුට ද්වේෂය ඇති නොවෙයි ද, මේ ආයුෂ්මතුන්ට එබඳු දැනුමක් නැත. එනිසා ද්වේෂය විසින් මේ ආයුෂ්මතුන් ව පාගා ගෙන සිටියි. ....(පෙ).... මෝහය ....(පෙ).... ක්‍රෝධය ....(පෙ).... බද්ධ වෛරය ....(පෙ).... ගුණමකු බව ....(පෙ).... එකට එක කිරීම ....(පෙ).... මසුරු බව ....(පෙ).... පවිටු ඊර්ෂ්‍යාව ....(පෙ).... 'යම් අයුරෙකින් දන්නා කෙනෙකුට පවිටු ආශාව ඇති නොවෙයි ද, මේ ආයුෂ්මතුන්ට එබඳු දැනුමක් නැත. එනිසා පවිටු ආශාව විසින් මේ ආයුෂ්මතුන් ව පාගා ගෙන සිටියි' යි.

ආයුෂ්මත්නි, එය මෙබඳු දෙයකි. පුරුෂයෙක් ඉතා දිළිඳු ව සිටිමින් 'තමා සැප සම්පතින් ආඪ්‍ය වූ කෙනෙකි' යි කීමක් බඳු ය. නිර්ධනව සිටිමින්

'තමා මහා ධනවතෙකි'යි කීමක් බඳු ය. භෝග රහිත ව සිටිමින් 'තමා මහා භෝග සම්පත් ඇත්තෙකි'යි කීමක් බඳු ය. නමුත් ධනයෙන් කළ යුතු යම්කිසි කාර්යයක් එළඹ සිටි කල්හී ධනයක් හෝ ධාන්‍යයක් හෝ රිදියක් හෝ රනක් හෝ ලබා දෙන්නට ඔහුට හැකියාවක් නැත්තේ ය. එවිට ඔහු ව මෙසේ හඳුනා ගනී. මේ ආයුෂ්මත් තෙමේ දිළිඳු ව සිටිමින් ම නොවැ සම්පතින් ආඪ්‍ය ව සිටින කෙනෙකි යි කිව්වේ. නිර්ධන ව සිටිමින් ම නොවැ මහා ධනයක් ඇති කෙනෙකි යි කිව්වේ. භෝග රහිත ව සිටිමින් ම නොවැ මහා භෝග සම්පත් ඇති කෙනෙකි යි කිව්වේ. මක් නිසාද යත්; යම් මේ ධනයෙන් කළ යුතු කරුණක් ඇති වූ කල්හී මේ ආයුෂ්මතුන් ධනයෙන් හෝ ධාන්‍යයෙන් හෝ රිදියෙන් හෝ රනින් හෝ ලබා දෙන්නට කිසිවක් නැති කෙනෙක් නිසා ය.

ආයුෂ්මත්නි, ඒ අයුරින් ම භික්ෂුවක් 'මේ ධර්මය මම දන්නෙක්මි, මේ ධර්මය මම දක්නෙක්මි. වැඩූ කය ඇත්තෙක්මි, වැඩූ සිල් ඇත්තෙක්මි, වැඩූ සිත ඇත්තෙක්මි, වැඩූ ප්‍රඥාව ඇත්තෙක්මි' යි ඥානවාදයත්, භාවනාවාදයත් කියන්නේ වෙයි. එනමුදු ආයුෂ්මත්නි, ඉදින් ලෝභය විසින් ඒ භික්ෂුව පාගාගෙන සිටියි නම්, ද්වේෂය ....(පෙ).... මෝහය ....(පෙ).... ක්‍රෝධය ....(පෙ).... බද්ධ වෛරය ....(පෙ).... ගුණමකු බව ....(පෙ).... එකට එක කිරීම ....(පෙ).... මසුරු බව ....(පෙ).... පවිටු ඊර්ෂ්‍යාව ....(පෙ).... පවිටු ආශාව ඒ භික්ෂුව පාගාගෙන සිටියි නම්,

ඔහු ඒ අයුරින් මෙය දැනගත යුත්තේ ය. 'යම් අයුරකින් දන්නා කෙනෙකුට ලෝභය ඇති නොවෙයි ද, මේ ආයුෂ්මතුන්ට එබඳු දැනුමක් නැත. එනිසා ලෝභය විසින් මේ ආයුෂ්මතුන් ව පාගා ගෙන සිටියි. යම් අයුරකින් දන්නා කෙනෙකුට ද්වේෂය ඇති නොවෙයි ද, මේ ආයුෂ්මතුන්ට එබඳු දැනුමක් නැත. එනිසා ද්වේෂය විසින් මේ ආයුෂ්මතුන් ව පාගා ගෙන සිටියි. ....(පෙ).... මෝහය ....(පෙ).... ක්‍රෝධය ....(පෙ).... බද්ධ වෛරය ....(පෙ).... ගුණමකු බව ....(පෙ).... එකට එක කිරීම ....(පෙ).... මසුරු බව ....(පෙ).... පවිටු ඊර්ෂ්‍යාව ....(පෙ).... 'යම් අයුරකින් දන්නා කෙනෙකුට පවිටු ආශාව ඇති නොවෙයි ද, මේ ආයුෂ්මතුන්ට එබඳු දැනුමක් නැත. එනිසා පවිටු ආශාව විසින් මේ ආයුෂ්මතුන් ව පාගා ගෙන සිටියි' යි.

ආයුෂ්මත්නි, භික්ෂුවක් 'මේ ධර්මය මම දන්නෙක්මි, මේ ධර්මය මම දක්නෙක්මි' යි අවබෝධය ඇති වූ බව කියන්නේ වෙයි. එලෙසින් ම ආයුෂ්මත්නි, ලෝභය විසින් ඒ භික්ෂුව පාගාගෙන නොසිටියි නම්, ද්වේෂය ....(පෙ).... මෝහය ....(පෙ).... ක්‍රෝධය ....(පෙ).... බද්ධ වෛරය ....(පෙ).... ගුණමකු බව ....(පෙ).... එකට එක කිරීම ....(පෙ).... මසුරු බව ....(පෙ).... පවිටු ඊර්ෂ්‍යාව ....(පෙ).... පවිටු ආශාව ඒ භික්ෂුව පාගාගෙන නොසිටියි නම්,

ඔහු ඒ අයුරින් මෙය දැනගත යුත්තේ ය. 'යම් අයුරකින් දන්නා කෙනෙකුට ලෝභය ඇති නොවෙයි ද, මේ ආයුෂ්මතුන්ට එබඳු දැනුමක් ඇත. එනිසා ලෝභය විසින් මේ ආයුෂ්මතුන් ව පාගා ගෙන නොසිටියි. යම් අයුරකින් දන්නා කෙනෙකුට ද්වේෂය ඇති නොවෙයි ද, මේ ආයුෂ්මතුන්ට එබඳු දැනුමක් ඇත. එනිසා ද්වේෂය විසින් මේ ආයුෂ්මතුන් ව පාගා ගෙන නොසිටියි. ....(පෙ).... මෝහය ....(පෙ).... ක්‍රෝධය ....(පෙ).... බද්ධ වෛරය ....(පෙ).... ගුණමකු බව ....(පෙ).... එකට එක කිරීම ....(පෙ).... මසුරු බව ....(පෙ).... පවිටු ඊර්ෂ්‍යාව ....(පෙ).... 'යම් අයුරකින් දන්නා කෙනෙකුට පවිටු ආශාව ඇති නොවෙයි ද, මේ ආයුෂ්මතුන්ට එබඳු දැනුමක් ඇත. එනිසා පවිටු ආශාව විසින් මේ ආයුෂ්මතුන් ව පාගා ගෙන නොසිටියි' යි.

ආයුෂ්මත්නි, ඒ අයුරින් ම භික්ෂුවක් 'මේ ධර්මය මම දන්නෙක්මි, මේ ධර්මය මම දක්නෙක්මි. වැඩූ කය ඇත්තෙක්මි, වැඩූ සිල් ඇත්තෙක්මි, වැඩූ සිත ඇත්තෙක්මි, වැඩූ ප්‍රඥාව ඇත්තෙක්මි' යි ඥානවාදයත්, භාවනාවාදයත් කියන්නේ වෙයි. එලෙසින් ම ආයුෂ්මත්නි, ලෝභය විසින් ඒ භික්ෂුව පාගාගෙන නොසිටියි නම්, ද්වේෂය ....(පෙ).... මෝහය ....(පෙ).... ක්‍රෝධය ....(පෙ).... බද්ධ වෛරය ....(පෙ).... ගුණමකු බව ....(පෙ).... එකට එක කිරීම ....(පෙ).... මසුරු බව ....(පෙ).... පවිටු ඊර්ෂ්‍යාව ....(පෙ).... පවිටු ආශාව ඒ භික්ෂුව පාගාගෙන නොසිටියි නම්,

ඔහු ඒ අයුරින් මෙය දැනගත යුත්තේ ය. 'යම් අයුරකින් දන්නා කෙනෙකුට ලෝභය ඇති නොවෙයි ද, මේ ආයුෂ්මතුන්ට එබඳු දැනුමක් ඇත. එනිසා ලෝභය විසින් මේ ආයුෂ්මතුන් ව පාගා ගෙන නොසිටියි. යම් අයුරකින් දන්නා කෙනෙකුට ද්වේෂය ඇති නොවෙයි ද, මේ ආයුෂ්මතුන්ට එබඳු දැනුමක් ඇත. එනිසා ද්වේෂය විසින් මේ ආයුෂ්මතුන් ව පාගා ගෙන නොසිටියි. ....(පෙ).... මෝහය ....(පෙ).... ක්‍රෝධය ....(පෙ).... බද්ධ වෛරය ....(පෙ).... ගුණමකු බව ....(පෙ).... එකට එක කිරීම ....(පෙ).... මසුරු බව ....(පෙ).... 'යම් අයුරෙකින් දන්නා කෙනෙකුට පවිටු ආශාව ඇති නොවෙයි ද, මේ ආයුෂ්මතුන්ට එබඳු දැනුමක් ඇත. එනිසා පවිටු ආශාව විසින් මේ ආයුෂ්මතුන් ව පාගා ගෙන නොසිටියි' යි.

ආයුෂ්මත්නි, ඒ අයුරින් ම භික්ෂුවක් 'මේ ධර්මය මම දන්නෙක්මි, මේ ධර්මය මම දක්නෙක්මි. වැඩූ කය ඇත්තෙක්මි, වැඩූ සිල් ඇත්තෙක්මි, වැ. සිත ඇත්තෙක්මි, වැඩූ ප්‍රඥාව ඇත්තෙක්මි' යි ඥානවාදයත්, භාවනාවාදයත් කියන්නේ වෙයි. එලෙසින් ම ආයුෂ්මත්නි, ලෝභය විසින් ඒ භික්ෂුව පාගාගෙන නොසිටියි නම්, ද්වේෂය ....(පෙ).... මෝහය ....(පෙ).... ක්‍රෝධය ....(පෙ).... බද්ධ

වෛරය ....(පෙ).... ගුණමකු බව ....(පෙ).... එකට එක කිරීම ....(පෙ).... මසුරු බව ....(පෙ).... පවිටු ඊර්ෂ්‍යාව ....(පෙ).... පවිටු ආශාව ඒ භික්ෂුව පාගාගෙන නොසිටියි නම්,

ඔහු ඒ අයුරින් මෙය දැනගත යුත්තේ ය. 'යම් අයුරකින් දන්නා කෙනෙකුට ලෝභය ඇති නොවෙයි ද, මේ ආයුෂ්මතුන්ට එබඳු දැනුමක් ඇත. එනිසා ලෝභය විසින් මේ ආයුෂ්මතුන් ව පාගා ගෙන නොසිටියි. යම් අයුරෙකින් දන්නා කෙනෙකුට ද්වේෂය ඇති නොවේ ද, මේ ආයුෂ්මතුන්ට එබඳු දැනුමක් ඇත. එනිසා ද්වේෂය විසින් මේ ආයුෂ්මතුන් ව පාගා ගෙන නොසිටියි. ....(පෙ).... මෝහය ....(පෙ).... ක්‍රෝධය ....(පෙ).... බද්ධ වෛරය ....(පෙ).... ගුණමකු බව ....(පෙ).... එකට එක කිරීම ....(පෙ).... මසුරු බව ....(පෙ).... පවිටු ඊර්ෂ්‍යාව ....(පෙ).... 'යම් අයුරකින් දන්නා කෙනෙකුට පවිටු ආශාව ඇති නොවෙයි ද, මේ අයුෂ්මතුන්ට එබඳු දැනුමක් ඇත. එනිසා පවිටු ආශාව විසින් මේ අයුෂ්මතුන් ව පාගා ගෙන නොසිටියි' යි.

ආයුෂ්මත්නි, එය මෙබඳු දෙයකි. පුරුෂයෙක් ඉතා ආඪ්‍ය ව සිටිමින් 'තමා සැප සම්පතින් ආඪ්‍ය වූ කෙනෙකි' යි කීමක් බඳු ය. ධනවත් ව සිටිමින් 'තමා මහා ධනවතෙකි'යි කීමක් බඳු ය. භෝග සහිත ව සිටිමින් 'තමා මහා භෝග සම්පත් ඇත්තෙකි'යි කීමක් බඳු ය. ධනයෙන් කළ යුතු යම්කිසි කාර්යයක් එළඹ සිටි කල්හී ධනයක් හෝ ධාන්‍යයක් හෝ රිදියක් හෝ රනක් හෝ ලබා දෙන්නට ඔහුට හැකියාවක් ඇත්තේ ය. එවිට ඔහු ව මෙසේ හඳුනා ගනී. මේ ආයුෂ්මත් තෙමේ ආඪ්‍ය ව සිටිමින් ය සම්පතින් ආඪ්‍ය ව සිටින කෙනෙකි යි කිව්වේ. ධනවත් ව සිටිමින් ය මහා ධනයක් ඇති කෙනෙකි යි කිව්වේ. භෝග සහිත ව සිටිමින් ය මහා භෝග සම්පත් ඇති කෙනෙකි යි කිව්වේ. මක් නිසාද යත්; යම් මේ ධනයෙන් කළ යුතු කරුණක් ඇති වූ කල්හී මේ ආයුෂ්මතුන් ධනයෙන් හෝ ධාන්‍යයෙන් හෝ රිදියෙන් හෝ රනින් හෝ ලබා දෙන්නට කිසිවක් ඇති කෙනෙක් නිසා ය.

ආයුෂ්මත්නි, ඒ අයුරින් ම භික්ෂුවක් 'මේ ධර්මය මම දන්නෙක්මි, මේ ධර්මය මම දක්නෙක්මි. වැඩූ කය ඇත්තෙක්මි, වැඩූ සිල් ඇත්තෙක්මි, වැඩූ සිත ඇත්තෙක්මි, වැඩූ ප්‍රඥාව ඇත්තෙක්මි' යි ඥානවාදයත්, භාවනාවාදයත් කියන්නේ වෙයි. එලෙසින් ම ආයුෂ්මත්නි, ලෝභය විසින් ඒ භික්ෂුව පාගාගෙන නොසිටියි නම්, ද්වේෂය ....(පෙ).... මෝහය ....(පෙ).... ක්‍රෝධය ....(පෙ).... බද්ධ වෛරය ....(පෙ).... ගුණමකු බව ....(පෙ).... එකට එක කිරීම ....(පෙ).... මසුරු බව ....(පෙ).... පවිටු ඊර්ෂ්‍යාව ....(පෙ).... පවිටු ආශාව ඒ භික්ෂුව පාගාගෙන නොසිටියි නම්,

ඔහු ඒ අයුරින් මෙය දැනගත යුත්තේ ය. 'යම් අයුරකින් දන්නා කෙනෙකුට ලෝභය ඇති නොවෙයි ද, මේ ආයුෂ්මතුන්ට එබඳු දැනුමක් ඇත. එනිසා ලෝභය විසින් මේ ආයුෂ්මතුන් ව පාගා ගෙන නොසිටියි. යම් අයුරෙකින් දන්නා කෙනෙකුට ද්වේෂය ඇති නොවේ ද, මේ ආයුෂ්මතුන්ට එබඳු දැනුමක් ඇත. එනිසා ද්වේෂය විසින් මේ ආයුෂ්මතුන් ව පාගා ගෙන නොසිටියි. ....(පෙ).... මෝහය ....(පෙ).... ක්‍රෝධය ....(පෙ).... බද්ධ වෛරය ....(පෙ).... ගුණමකු බව ....(පෙ).... එකට එක කිරීම ....(පෙ).... මසුරු බව ....(පෙ).... පවිටු ඊර්ෂ්‍යාව ....(පෙ).... 'යම් අයුරකින් දන්නා කෙනෙකුට පවිටු ආශාව ඇති නොවෙයි ද, මේ අයුෂ්මතුන්ට එබඳු දැනුමක් ඇත. එනිසා පවිටු ආශාව විසින් මේ අයුෂ්මතුන් ව පාගා ගෙන නොසිටියි' යි.

සාදු! සාදු!! සාදු!!!

මහා චුන්ද සූත්‍රය නිමා විය.

10.1.3.5
කසිණ සූත්‍රය
කසිණ ගැන වදාළ දෙසුම

මහණෙනි, කසිණ යනුවෙන් මේ ආයතන දහයක් තිබේ. ඒ කවර දසයක් ද යත්;

කෙනෙක් උඩ යට සරස දෙවෙනි දෙයක් නැතිව ප්‍රමාණ රහිත වූ පඨවි කසිණය හඳුනාගනියි. කෙනෙක් ....(පෙ).... ආපෝ කසිණය හඳුනා ගනියි. කෙනෙක් ....(පෙ).... තේජෝ කසිණය හඳුනාගනියි. කෙනෙක් ....(පෙ).... වායෝ කසිණය හඳුනාගනියි. කෙනෙක් ....(පෙ).... නිල් පැහැයෙන් යුතු කසිණය හඳුනාගනියි. කෙනෙක් ....(පෙ).... කහ පැහැයෙන් යුතු කසිණය හඳුනාගනියි. කෙනෙක් ....(පෙ).... රතු පැහැයෙන් යුතු කසිණය හඳුනාගනියි. කෙනෙක් ....(පෙ).... සුදු පැහැයෙන් යුතු කසිණය හඳුනාගනියි. කෙනෙක් ....(පෙ).... ආකාස කසිණය හඳුනාගනියි. කෙනෙක් උඩ යට සරස දෙවෙනි දෙයක් නැතිව ප්‍රමාණ රහිත වූ විඤ්ඤාණ කසිණය හඳුනාගනියි. මහණෙනි, මේවා වනාහී දසයක් වූ කසිණ ආයතනයෝ ය.

සාදු! සාදු!! සාදු!!!

කසිණ සූත්‍රය නිමා විය.

10.1.3.6
කාලී සූත්‍රය
කාලී උපාසිකාවට වදාළ දෙසුම

එක් සමයෙක්හි ආයුෂ්මත් මහා කච්චානයන් වහන්සේ අවන්තියෙහි කුරරඝර සමීපයෙහි පවත්ත නම් පර්වතයෙහි වැඩවසන සේක. එකල්හී කුරරඝරවාසී කාලී උපාසිකා තොමෝ ආයුෂ්මත් මහා කච්චාන තෙරුන් යම් තැනක වැඩසිටින සේක් ද එතැනට පැමිණියා ය. පැමිණ ආයුෂ්මත් මහා කච්චානයන් වහන්සේ සකසා වන්දනා කොට එකත්පස් ව හිඳගත්තා ය. එකත්පස් ව හුන් කුරරඝරවැසි කාලී උපාසිකා තොමෝ ආයුෂ්මත් මහා කච්චානයන් වහන්සේට මෙය පැවසුවා ය.

"ස්වාමීනී, අප භාග්‍යවතුන් වහන්සේ විසින් කුමාරි ප්‍රශ්නයෙහි දී මෙසේ වදාරණ ලද්දේ ය.

'ප්‍රිය ස්වභාව ඇති, මියුරු ස්වභාව ඇති මර සෙනඟ පරදවා අරහත්වය නම් වූ උත්තමාර්ථයට පැමිණ හෘදයෙහි ශාන්ති සැපය අත්දුටුවෙමි. එහෙයින් හුදෙකලාවේ දැහැන් වඩමි. එනිසා මාගේ අවබෝධයට කිසිවෙකු හෝ සාක්ෂි කරුවන් නොකරමි. කිසිවෙකු හා මාගේ ධර්මය පිණිස සාක්ෂි නොසැපයේ' යනුවෙනි.

ස්වාමීනී, භාග්‍යවතුන් වහන්සේ විසින් කරුණු හකුළුවා වදාරණ ලද මෙම ධර්මයෙහි අර්ථය විස්තර වශයෙන් දත යුත්තේ කෙසේ ද?"

"සොයුරිය, ඇතැම් ශ්‍රමණ බ්‍රාහ්මණවරු පඨවි කසිණ සමාපත්තිය ශ්‍රේෂ්ඨ යැයි කියා, එය උත්තමාර්ථය වශයෙන් සළකා සමවත් ඉපැද්දවූහ. එනමුදු සොයුරිය, පඨවි කසිණ සමාපත්තියෙහි යම්තාක් උතුම් බවක් ඇද්ද, අප භාග්‍යවතුන් වහන්සේ විශිෂ්ට නුවණින් එය දත් සේක. භාග්‍යවතුන් වහන්සේ විශිෂ්ට නුවණින් එය දැන එහි ඇති තෘෂ්ණාව ද දුටු සේක. එහි ඇති ආදීනව ද දුටු සේක. එහි ඡන්දරාගය ප්‍රහාණය වීම ද දුටු සේක. මාර්ගය ත්, අමාර්ගය ත් පිළිබඳව ඥාන දර්ශනය දුටු සේක. මෙසේ ඒ කසිණයෙහි මුල් කරුණ දුටු හේතුවෙන්, ආදීනව දුටු හේතුවෙන්, නිස්සරණය දුටු හේතුවෙන් මග්ගාමග්ග ඥානදර්ශනය දුටු හේතුවෙන් ය භාග්‍යවතුන් වහන්සේ විසින් උත්තමාර්ථයට

පත් වීම නම් වූ අරහත්වයත්, එය ම හෘදයෙහි ශාන්තිය ත් වශයෙන් දන්නා ලද්දේ.

සොයුරිය, ඇතැම් ශ්‍රමණ බ්‍රාහ්මණවරු ආපෝ කසිණ සමාපත්තිය ශ්‍රේෂ්ඨ යැයි කියා, එය උත්තමාර්ථය වශයෙන් සළකා සමවත් ඉපැද්දවූහ. ....(පෙ).... සොයුරිය, ඇතැම් ශ්‍රමණ බ්‍රාහ්මණවරු තේජෝ කසිණ සමාපත්තිය ශ්‍රේෂ්ඨ යැයි කියා, එය උත්තමාර්ථය වශයෙන් සළකා සමවත් ඉපැද්දවූහ. ....(පෙ).... සොයුරිය, ඇතැම් ශ්‍රමණ බ්‍රාහ්මණවරු වායෝ කසිණ සමාපත්තිය ශ්‍රේෂ්ඨ යැයි කියා, එය උත්තමාර්ථය වශයෙන් සළකා සමවත් ඉපැද්දවූහ. ....(පෙ).... සොයුරිය, ඇතැම් ශ්‍රමණ බ්‍රාහ්මණවරු නිල් පැහැයෙන් යුතු කසිණ සමාපත්තිය ශ්‍රේෂ්ඨ යැයි කියා, එය උත්තමාර්ථය වශයෙන් සළකා සමවත් ඉපැද්දවූහ. ....(පෙ).... සොයුරිය, ඇතැම් ශ්‍රමණ බ්‍රාහ්මණවරු කහ පැහැයෙන් යුතු කසිණ සමාපත්තිය ශ්‍රේෂ්ඨ යැයි කියා, එය උත්තමාර්ථය වශයෙන් සළකා සමවත් ඉපැද්දවූහ. ....(පෙ).... සොයුරිය, ඇතැම් ශ්‍රමණ බ්‍රාහ්මණවරු රතු පැහැයෙන් යුතු කසිණ සමාපත්තිය ශ්‍රේෂ්ඨ යැයි කියා, එය උත්තමාර්ථය වශයෙන් සළකා සමවත් ඉපැද්දවූහ. ....(පෙ).... සොයුරිය, ඇතැම් ශ්‍රමණ බ්‍රාහ්මණවරු සුදු පැහැයෙන් යුතු කසිණ සමාපත්තිය ශ්‍රේෂ්ඨ යැයි කියා, එය උත්තමාර්ථය වශයෙන් සළකා සමවත් ඉපැද්දවූහ. ....(පෙ).... සොයුරිය, ඇතැම් ශ්‍රමණ බ්‍රාහ්මණවරු ආකාස කසිණ සමාපත්තිය ශ්‍රේෂ්ඨ යැයි කියා, එය උත්තමාර්ථය වශයෙන් සළකා සමවත් ඉපැද්දවූහ. ....(පෙ)....

සොයුරිය, ඇතැම් ශ්‍රමණ බ්‍රාහ්මණවරු විඤ්ඤාණ කසිණ සමාපත්තිය ශ්‍රේෂ්ඨ යැයි කියා, එය උත්තමාර්ථය වශයෙන් සළකා සමවත් ඉපැද්දවූහ. එනමුදු සොයුරිය, විඤ්ඤාණ කසිණ සමාපත්තියෙහි යම්තාක් උතුම් බවක් ඇද්ද, අප භාග්‍යවතුන් වහන්සේ විශිෂ්ට නුවණින් එය දත් සේක. භාග්‍යවතුන් වහන්සේ විශිෂ්ට නුවණින් එය දැන එහි ඇති තෘෂ්ණාව ද දුටු සේක. එහි ඇති ආදීනව ද දුටු සේක. එහි ඡන්දරාගය ප්‍රහාණය වීම ද දුටු සේක. මාර්ගය ත්, අමාර්ගය ත් පිළිබඳව ඥාන දර්ශනය දුටු සේක. මෙසේ ඒ කසිණයෙහි මුල් කරුණ දුටු හේතුවෙන්, ආදීනව දුටු හේතුවෙන්, නිස්සරණය දුටු හේතුවෙන් මග්ගාමග්ග ඥානදර්ශනය දුටු හේතුවෙන් ය භාග්‍යවතුන් වහන්සේ විසින් උත්තමාර්ථයට පත් වීම නම් වූ අරහත්වයත්, එය ම හෘදයෙහි ශාන්තිය ත් වශයෙන් දන්නා ලද්දේ.

සොයුරිය, භාග්‍යවතුන් වහන්සේ විසින් කුමාරි ප්‍රශ්නයෙහි දී යම් කරුණක් මෙසේ වදාරණ ලද්දේ නම්,

'ප්‍රිය ස්වභාව ඇති, මියුරු ස්වභාව ඇති මර සෙනඟ පරදවා අරහත්වය නම් වූ උත්තමාර්ථයට පැමිණ හෘදයෙහි ශාන්ති සැපය අත්දුටුවෙමි. එහෙයින් හුදෙකලාවේ දැහැන් වඩමි. එනිසා මාගේ අවබෝධයට කිසිවෙකු හෝ සාක්ෂි කරුවන් නොකරමි. කිසිවෙකු හා මාගේ ධර්මය පිණිස සාක්ෂි නොසැපයේ' යනුවෙනි.

සොයුරිය, භාග්‍යවතුන් වහන්සේ විසින් කරුණු හකුළුවා වදාරණ ලද මෙම ධර්මයෙහි අර්ථය විස්තර වශයෙන් දත යුත්තේ ඔය අයුරිනි."

සාදු! සාදු!! සාදු!!!

කාලී සූත්‍රය නිමා විය.

10.1.3.7
පඨම මහා පඤ්හ සූත්‍රය
මහා ප්‍රශ්නය ගැන වදාළ පළමු දෙසුම

එක් සමයෙක්හී භාග්‍යවතුන් වහන්සේ සැවැත් නුවර ජේතවන නම් වූ අනේපිඬු සිටුහු ගේ ආරාමයෙහි වැඩවසන සේක. එකල්හී බොහෝ භික්ෂූහු පෙරවරුවෙහි සිවුරු හැඳ පොරොවාගෙන, පාත්‍රා සිවුරුත් ගෙන සැවැත් නුවරට පිඬු පිණිස පිවිසියාහු ය. එකල්හී ඒ භික්ෂූන්ට මේ අදහස ඇතිවිය. 'සැවැත් නුවර පිණ්ඩපාතයේ වඩින්නට තවම වේලාසන වැඩි යි. එහෙයින් අපි අන්‍ය තීර්ථක පරිබ්‍රාජකයන්ගේ ආරාමය යම් තැනක ඇත්තේ ද, එතැනට යන්නමෝ නම් මැනැවැ'යි.

එකල්හී ඒ අන්‍ය තීර්ථක පරිබ්‍රාජකයන්ගේ ආරාමය යම් තැනක ද, එතැනට ඒ භික්ෂූහු පැමිණියාහු ය. පැමිණ ඒ අන්‍ය තීර්ථක පරිබ්‍රාජකයන් සමඟ පිළිසඳර කතාබස් කළාහු ය. පිළිසඳර කතාබස් කොට එකත්පස් ව හිඳගත්තාහු ය. එකත්පස් ව හුන් ඒ භික්ෂූන්ට ඒ අන්‍ය තීර්ථක පරිබ්‍රාජකයෝ මෙකරුණ පැවසූහ.

"ආයුෂ්මත්නි, ශ්‍රමණ ගෞතමයන් වහන්සේ ශ්‍රාවකයන්ට මේ අයුරින් ධර්මය දේශනා කරති. එනම්, 'එව් මහණෙනි, ඔබ සියළු ධර්මය මැනැවින් දැනගනිව්. සියළු ධර්මය විශිෂ්ට නුවණින් දැන දැන වාසය කරව්' වශයෙනි. අපිත් ආයුෂ්මත්නි, ශ්‍රාවකයන්ට ඔය අයුරින් ම ධර්මය දෙසන්නෙමු. එනම්,

'එව් ආයුෂ්මත්නි, ඔබ සියළු ධර්මය මැනැවින් දැනගනිව්. සියළු ධර්මය විශිෂ්ට නුවණින් දැන දැන වාසය කරව්' වශයෙනි.

මෙසේ ඇති කල්හී ආයුෂ්මත්නි, ශ්‍රමණ ගෞතමයන් වහන්සේගේ ධර්ම දේශනාවේ මෙන් ම අනුශාසනාවේ ත්, අපගේ ධර්ම දේශනාවේ මෙන් ම අනුශාසනාවේ ත් කවර වූ විශේෂයක් ඇත්තේ ද? කවර වූ අදහසක් ඇත්තේ ද? කවර වූ වෙනස්කමක් ඇත්තේ ද?"

එකල්හී ඒ භික්ෂූහු ඒ අන්‍ය තීර්ථක පරිබ්‍රාජකයන්ගේ වචනය නොපිළිගත්හ. ප්‍රතික්ෂේප නොකළහ. නොපිළිගෙන, ප්‍රතික්ෂේප නොකොට හුනස්නෙන් නැගී පිටත් ව ගියාහු ය. 'භාග්‍යවතුන් වහන්සේ සමීපයෙහි මේ පැවසූ කරුණෙහි අර්ථය දැනගන්නෙමු'යි සිතා ය.

ඉක්බිති ඒ භික්ෂූහු සැවැත් නුවර පිණ්ඩපාතයෙහි හැසිර පසුබත් කාලයෙහි පිණ්ඩපාතයෙන් වැළකී භාග්‍යවතුන් වහන්සේ යම් තැනක වැඩසිටි සේක් ද එතැනට පැමිණියාහු ය. පැමිණ භාග්‍යවතුන් වහන්සේට සකසා වන්දනා කොට එකත්පස් ව හිඳගත්හ. එකත්පස් ව හුන් ඒ භික්ෂූහු භාග්‍යවතුන් වහන්සේට මෙය පැවසූහ.

"ස්වාමීනී, මෙහි අපි පෙරවරුවෙහි සිවුරු හැඳ පොරොවාගෙන, පාත්‍රා සිවුරුත් ගෙන සැවැත් නුවරට පිඬු පිණිස පිවිසියෙමු. ස්වාමීනී, එකල්හී අපට මේ අදහස ඇතිවිය. 'සැවැත් නුවර පිණ්ඩපාතයේ වඩින්නට තවම වේලාසන වැඩි යි. එහෙයින් අපි අන්‍ය තීර්ථක පරිබ්‍රාජකයන්ගේ ආරාමය යම් තැනක ඇත්තේ ද, එතැනට යන්නමෝ නම් මැනැවැ'යි.

එකල්හී ස්වාමීනී, ඒ අන්‍ය තීර්ථක පරිබ්‍රාජකයන්ගේ ආරාමය යම් තැනක ද, එතැනට අපි ගියෙමු. ගොස් ඒ අන්‍ය තීර්ථක පරිබ්‍රාජකයන් සමඟ පිළිසඳර කතාබස් කළෙමු. පිළිසඳර කතාබස් කොට එකත්පස් ව හිඳගත්තෙමු. ස්වාමීනී, එකත්පස් ව හුන් ඒ අපට ඒ අන්‍ය තීර්ථක පරිබ්‍රාජකයෝ මෙකරුණ පැවසූහ.

"ආයුෂ්මත්නි, ශ්‍රමණ ගෞතමයන් වහන්සේ ශ්‍රාවකයන්ට මේ අයුරින් ධර්මය දේශනා කරති. එනම්, 'එව් මහණෙනි, ඔබ සියළු ධර්මය මැනැවින් දැනගනිව්. සියළු ධර්මය විශිෂ්ට නුවණින් දැන දැන වාසය කරව්' වශයෙනි. අපිත් ආයුෂ්මත්නි, ශ්‍රාවකයන්ට ඔය අයුරින් ම ධර්මය දෙසන්නෙමු. එනම්, 'එව් ආයුෂ්මත්නි, ඔබ සියළු ධර්මය මැනැවින් දැනගනිව්. සියළු ධර්මය විශිෂ්ට නුවණින් දැන දැන වාසය කරව්' වශයෙනි.

මෙසේ ඇති කල්හී ආයුෂ්මත්නි, ශ්‍රමණ ගෞතමයන් වහන්සේගේ ධර්ම

දේශනාවේ මෙන් ම අනුශාසනාවේ ත්, අපගේ ධර්ම දේශනාවේ මෙන් ම අනුශාසනාවේ ත් කවර වූ විශේෂයක් ඇත්තේ ද? කවර වූ අදහසක් ඇත්තේ ද? කවර වූ වෙනස්කමක් ඇත්තේ ද?"

එකල්හී ස්වාමීනී, අපි ඒ අන්‍ය තීර්ථක පරිබ්‍රාජකයන්ගේ වචනය නොපිළිගත්තෙමු. ප්‍රතික්ෂේප නොකළෙමු. නොපිළිගෙන, ප්‍රතික්ෂේප නොකොට හුනස්නෙන් නැගී පිටත් ව ගියෙමු. 'භාග්‍යවතුන් වහන්සේ සමීපයෙහි මේ පැවසූ කරුණෙහි අර්ථය දැනගන්නෙමු'යි සිතා ය."

"මහණෙනි, එබඳු දෑ පවසන අන්‍ය තීර්ථක පරිබ්‍රාජකයන් හට මේ අයුරින් පිළිතුරු දිය යුතුය. 'ආයුෂ්මත්නි, එක් ප්‍රශ්නයකි. එක් ඉගෙනීමකි. එක් විසඳුමකි. ප්‍රශ්න දෙකකි. ඉගෙනීම් දෙකකි. විසඳුම් දෙකකි. ප්‍රශ්න තුනකි. ඉගෙනීම් තුනකි. විසඳුම් තුනකි. ප්‍රශ්න සතරකි. ඉගෙනීම් සතරකි. විසඳුම් සතරකි. ප්‍රශ්න පසකි. ඉගෙනීම් පසකි. විසඳුම් පසකි. ප්‍රශ්න සයකි. ඉගෙනීම් සයකි. විසඳුම් සයකි. ප්‍රශ්න සතකි. ඉගෙනීම් සතකි. විසඳුම් සතකි. ප්‍රශ්න අටකි. ඉගෙනීම් අටකි. විසඳුම් අටකි. ප්‍රශ්න නවයකි. ඉගෙනීම් නවයකි. විසඳුම් නවයකි. ප්‍රශ්න දසයකි. ඉගෙනීම් දසයකි. විසඳුම් දසයකි' වශයෙනි.

මහණෙනි, මෙසේ විමසූ කල්හී ඒ අන්‍ය තීර්ථක පිරිවැජියෝ කරුණු සපයා කියන්නට නොහැකි වන්නාහු ම ය. මත්තෙහි බොහෝ වෙහෙසට ද පත්වන්නාහු ම ය. මක් නිසාද යත්, මහණෙනි, යම් හෙයකින් එය තමන්ට විෂය නොවන හෙයිනි. මහණෙනි, දෙවියන් සහිත, මරුන් සහිත, බඹුන් සහිත, ශ්‍රමණ බමුණන් සහිත දෙව් මිනිස් ප්‍රජාවෙන් යුතු මේ ලෝකයෙහි යමෙක් මේ ප්‍රශ්නයන් විසඳීමෙන් සිත සතුටු කරන්නේ වේ ද, තථාගතයන් වහන්සේ හෝ තථාගත ශ්‍රාවකයෙකු හෝ මෙයින් අසා දැනගත් කෙනෙකුන් හෝ හැර වෙන කවරෙකු හෝ සිටින බවක් මම නොදකිමි.

1. එක් ප්‍රශ්නයකි, එක් ඉගෙනීමකි, එක් විසඳුමකි යනුවෙන් යමක් පවසන ලද්දේ ද, එය කුමන කරුණක් අරභයා පැවසුවේ ද යත්;

මහණෙනි, භික්ෂුවක් එක ධර්මයක් පිළිබඳ ව මැනැවින් ලද අවබෝධයෙන් එපා වෙන්නේ ද, මැනැවින් නොඇලෙන්නේ ද, මැනැවින් නිදහස් වෙන්නේ ද, මැනැවින් එහි නිමාව දකින්නේ ද, මැනැවින් උත්තමාර්ථය අත්දකින්නේ ද, මෙලොව දී ම දුක් නිමාවට පත් කරන්නේ වේ. ඒ කවර වූ එක් ධර්මයක් පිළිබඳ ව ද? එනම් 'සියළු සත්වයෝ ආහාර ප්‍රත්‍යයෙන් සිටින්නාහු ය' යන කරුණ යි. මහණෙනි, භික්ෂුවක් මේ එකම ධර්මය පිළිබඳ ව මැනැවින් ලද අවබෝධයෙන් ම එපා වීමෙන්, මැනැවින් නොඇලීමෙන්, මැනැවින් නිදහස්

වීමෙන්, මැනැවින් එහි නිමාව දැකීමෙන්, මැනැවින් උත්තමාර්ථයට පැමිණීමෙන් මෙලොවදී ම දුක් නිමාවට පත් කරන්නේ ය. එක් ප්‍රශ්නයකි, එක් ඉගෙනීමකි, එක් විසඳුමකි යනුවෙන් යමක් පවසන ලද්දේ ද එය මෙකරුණ අරභයා කියන ලද්දේ ය.

2. ප්‍රශ්න දෙකකි, ඉගෙනීම් දෙකකි, විසඳුම් දෙකකි යනුවෙන් යමක් පවසන ලද්දේ ද, එය කුමන කරුණක් අරභයා පැවසුවේ ද යත්;

මහණෙනි, භික්ෂුවක් ධර්මයන් දෙකක් පිළිබඳ ව මැනැවින් ලද අවබෝධයෙන් එපා වෙන්නේ ද, මැනැවින් නොඇලෙන්නේ ද, මැනැවින් නිදහස් වෙන්නේ ද, මැනැවින් එහි නිමාව දකින්නේ ද, මැනැවින් උත්තමාර්ථය අත්දකින්නේ ද, මෙලොව දී ම දුක් නිමාවට පත් කරන්නේ වේ. ඒ කවර වූ ධර්මයන් දෙකක් පිළිබඳ ව ද? එනම් නාමය ත්, රූපය ත් යන කරුණු දෙක පිළිබඳ ව යි. මහණෙනි, භික්ෂුවක් මේ ධර්මයන් දෙක පිළිබඳව මැනැවින් ලද අවබෝධයෙන් ම එපා වීමෙන්, මැනැවින් නොඇලීමෙන්, මැනැවින් නිදහස් වීමෙන්, මැනැවින් එහි නිමාව දැකීමෙන්, මැනැවින් උත්තමාර්ථයට පැමිණීමෙන් මෙලොවදී ම දුක් නිමාවට පත් කරන්නේ ය. ප්‍රශ්න දෙකකි, ඉගෙනීම් දෙකකි, විසඳුම් දෙකකි යනුවෙන් යමක් පවසන ලද්දේ ද එය මෙකරුණ අරභයා කියන ලද්දේ ය.

3. ප්‍රශ්න තුනකි, ඉගෙනීම් තුනකි, විසඳුම් තුනකි යනුවෙන් යමක් පවසන ලද්දේ ද, එය කුමන කරුණක් අරභයා පැවසුවේ ද යත්;

මහණෙනි, භික්ෂුවක් ධර්මයන් තුනක් පිළිබඳව මැනැවින් ලද අවබෝධයෙන් එපා වෙන්නේ ද, මැනැවින් නොඇලෙන්නේ ද, මැනැවින් නිදහස් වෙන්නේ ද, මැනැවින් එහි නිමාව දකින්නේ ද, මැනැවින් උත්තමාර්ථය අත්දකින්නේ ද, මෙලොව දී ම දුක් නිමාවට පත් කරන්නේ වේ. ඒ කවර වූ ධර්මයන් තුනක් පිළිබඳ ව ද? එනම් තුන් වේදනාවන් පිළිබඳ ව ය. මහණෙනි, භික්ෂුවක් මේ ධර්මයන් තුන පිළිබඳ ව මැනැවින් ලද අවබෝධයෙන් ම එපා වීමෙන්, මැනැවින් නොඇලීමෙන්, මැනැවින් නිදහස් වීමෙන්, මැනැවින් එහි නිමාව දැකීමෙන්, මැනැවින් උත්තමාර්ථයට පැමිණීමෙන් මෙලොවදී ම දුක් නිමාවට පත් කරන්නේ ය. ප්‍රශ්න තුනකි, ඉගෙනීම් තුනකි, විසඳුම් තුනකි යනුවෙන් යමක් පවසන ලද්දේ ද එය මෙකරුණ අරභයා කියන ලද්දේ ය.

4. ප්‍රශ්න සතරකි, ඉගෙනීම් සතරකි, විසඳුම් සතරකි යනුවෙන් යමක් පවසන ලද්දේ ද, එය කුමන කරුණක් අරභයා පැවසුවේ ද යත්;

මහණෙනි, භික්ෂුවක් ධර්මයන් සතරක් පිළිබඳ ව මැනැවින් ලද අවබෝධයෙන් එපා වෙන්නේ ද, මැනැවින් නොඇලෙන්නේ ද, මැනැවින් නිදහස් වෙන්නේ ද, මැනැවින් එහි නිමාව දකින්නේ ද, මැනැවින් උත්තමාර්ථය අත්දකින්නේ ද, මෙලොව දී ම දුක් නිමාවට පත් කරන්නේ වේ. ඒ කවර වූ ධර්මයන් සතරක් පිළිබඳ ව ද? එනම් සතර ආහාර පිළිබඳ ව යි. මහණෙනි, භික්ෂුවක් මේ ධර්මයන් සතර පිළිබඳ ව මැනැවින් ලද අවබෝධයෙන් ම එපා වීමෙන්, මැනැවින් නොඇලීමෙන්, මැනැවින් නිදහස් වීමෙන්, මැනැවින් එහි නිමාව දැකීමෙන්, මැනැවින් උත්තමාර්ථයට පැමිණීමෙන් මෙලොවදී ම දුක් නිමාවට පත් කරන්නේ ය. ප්‍රශ්න සතරකි, ඉගෙනීම් සතරකි, විසඳුම් සතරකි යනුවෙන් යමක් පවසන ලද්දේ ද එය මෙකරුණ අරභයා කියන ලද්දේ ය.

5. ප්‍රශ්න පසකි, ඉගෙනීම් පසකි, විසඳුම් පසකි යනුවෙන් යමක් පවසන ලද්දේ ද, එය කුමන කරුණක් අරභයා පැවසුවේ ද යත්;

මහණෙනි, භික්ෂුවක් ධර්මයන් පසක් පිළිබඳ ව මැනැවින් ලද අවබෝධයෙන් එපා වෙන්නේ ද, මැනැවින් නොඇලෙන්නේ ද, මැනැවින් නිදහස් වෙන්නේ ද, මැනැවින් එහි නිමාව දකින්නේ ද, මැනැවින් උත්තමාර්ථය අත්දකින්නේ ද, මෙලොව දී ම දුක් නිමාවට පත් කරන්නේ වේ. ඒ කවර වූ ධර්මයන් පසක් පිළිබඳ ව ද? එනම් පංච උපාදානස්කන්ධයන් පිළිබඳ ව යි. මහණෙනි, භික්ෂුවක් මේ ධර්මයන් පස පිළිබඳ ව මැනැවින් ලද අවබෝධයෙන් ම එපා වීමෙන්, මැනැවින් නොඇලීමෙන්, මැනැවින් නිදහස් වීමෙන්, මැනැවින් එහි නිමාව දැකීමෙන්, මැනැවින් උත්තමාර්ථයට පැමිණීමෙන් මෙලොවදී ම දුක් නිමාවට පත් කරන්නේ ය. ප්‍රශ්න පසකි, ඉගෙනීම් පසකි, විසඳුම් පසකි යනුවෙන් යමක් පවසන ලද්දේ ද එය මෙකරුණ අරභයා කියන ලද්දේ ය.

6. ප්‍රශ්න සයකි, ඉගෙනීම් සයකි, විසඳුම් සයකි යනුවෙන් යමක් පවසන ලද්දේ ද, එය කුමන කරුණක් අරභයා පැවසුවේ ද යත්;

මහණෙනි, භික්ෂුවක් ධර්මයන් සයක් පිළිබඳ ව මැනැවින් ලද අවබෝධයෙන් එපා වෙන්නේ ද, මැනැවින් නොඇලෙන්නේ ද, මැනැවින් නිදහස් වෙන්නේ ද, මැනැවින් එහි නිමාව දකින්නේ ද, මැනැවින් උත්තමාර්ථය අත්දකින්නේ ද, මෙලොව දී ම දුක් නිමාවට පත් කරන්නේ වේ. ඒ කවර වූ ධර්මයන් සයක් පිළිබඳ ව ද? එනම් තමා තුළ ඇති ආයතන සය පිළිබඳ ව යි. මහණෙනි, භික්ෂුවක් මේ ධර්මයන් සය පිළිබඳ ව මැනැවින් ලද අවබෝධයෙන් ම එපා වීමෙන්, මැනැවින් නොඇලීමෙන්, මැනැවින් නිදහස් වීමෙන්, මැනැවින් එහි නිමාව දැකීමෙන්, මැනැවින් උත්තමාර්ථයට පැමිණීමෙන් මෙලොවදී ම

දුක් නිමාවට පත් කරන්නේ ය. ප්‍රශ්න සයකි, ඉගෙනීම් සයකි, විසඳුම් සයකි යනුවෙන් යමක් පවසන ලද්දේ ද එය මෙකරුණ අරභයා කියන ලද්දේ ය.

7. ප්‍රශ්න සතකි, ඉගෙනීම් සතකි, විසඳුම් සතකි යනුවෙන් යමක් පවසන ලද්දේ ද, එය කුමන කරුණක් අරභයා පැවසුවේ ද යත්;

මහණෙනි, භික්ෂුවක් ධර්මයන් සතක් පිළිබඳ ව මැනැවින් ලද අවබෝධයෙන් එපා වෙන්නේ ද, මැනැවින් නොඇලෙන්නේ ද, මැනැවින් නිදහස් වෙන්නේ ද, මැනැවින් එහි නිමාව දකින්නේ ද, මැනැවින් උත්තමාර්ථය අත්දකින්නේ ද, මෙලොව දී ම දුක් නිමාවට පත් කරන්නේ වේ. ඒ කවර වූ ධර්මයන් සතක් පිළිබඳ ව ද? එනම් උපත පිණිස විඤ්ඤාණය පිහිටන ස්ථාන සත පිළිබඳ ව යි. මහණෙනි, භික්ෂුවක් මේ ධර්මයන් සත පිළිබඳ ව මැනැවින් ලද අවබෝධයෙන් ම එපා වීමෙන්, මැනැවින් නොඇලීමෙන්, මැනැවින් නිදහස් වීමෙන්, මැනැවින් එහි නිමාව දැකීමෙන්, මැනැවින් උත්තමාර්ථයට පැමිණීමෙන් මෙලොවදී ම දුක් නිමාවට පත් කරන්නේ ය. ප්‍රශ්න සතකි, ඉගෙනීම් සතකි, විසඳුම් සතකි යනුවෙන් යමක් පවසන ලද්දේ ද එය මෙකරුණ අරභයා කියන ලද්දේ ය.

8. ප්‍රශ්න අටකි, ඉගෙනීම් අටකි, විසඳුම් අටකි යනුවෙන් යමක් පවසන ලද්දේ ද, එය කුමන කරුණක් අරභයා පැවසුවේ ද යත්;

මහණෙනි, භික්ෂුවක් ධර්මයන් අටක් පිළිබඳ ව මැනැවින් ලද අවබෝධයෙන් එපා වෙන්නේ ද, මැනැවින් නොඇලෙන්නේ ද, මැනැවින් නිදහස් වෙන්නේ ද, මැනැවින් එහි නිමාව දකින්නේ ද, මැනැවින් උත්තමාර්ථය අත්දකින්නේ ද, මෙලොව දී ම දුක් නිමාවට පත් කරන්නේ වේ. ඒ කවර වූ ධර්මයන් අටක් පිළිබඳ ව ද? එනම් අෂ්ට ලෝක ධර්මයන් පිළිබඳ ව යි. මහණෙනි, භික්ෂුවක් මේ ධර්මයන් පිළිබඳ ව මැනැවින් ලද අවබෝධයෙන් ම එපා වීමෙන්, මැනැවින් නොඇලීමෙන්, මැනැවින් නිදහස් වීමෙන්, මැනැවින් එහි නිමාව දැකීමෙන්, මැනැවින් උත්තමාර්ථයට පැමිණීමෙන් මෙලොවදී ම දුක් නිමාවට පත් කරන්නේ ය. ප්‍රශ්න අටකි, ඉගෙනීම් අටකි, විසඳුම් අටකි යනුවෙන් යමක් පවසන ලද්දේ ද එය මෙකරුණ අරභයා කියන ලද්දේ ය.

9. ප්‍රශ්න නවයකි, ඉගෙනීම් නවයකි, විසඳුම් නවයකි යනුවෙන් යමක් පවසන ලද්දේ ද, එය කුමන කරුණක් අරභයා පැවසුවේ ද යත්;

මහණෙනි, භික්ෂුවක් ධර්මයන් නවයක් පිළිබඳ ව මැනැවින් ලද අවබෝධයෙන් එපා වෙන්නේ ද, මැනැවින් නොඇලෙන්නේ ද, මැනැවින්

නිදහස් වෙන්නේ ද, මැනැවින් එහි නිමාව දකින්නේ ද, මැනැවින් උත්තමාර්ථය අත්දකින්නේ ද, මෙලොව දී ම දුක් නිමාවට පත් කරන්නේ වේ. ඒ කවර වූ ධර්මයන් නවයක් පිළිබඳ ව ද? එනම් නවයක් වූ සත්ව වාසභූමීන් පිළිබඳ ව යි. මහණෙනි, භික්ෂුවක් මේ ධර්මයන් නවය පිළිබඳ ව මැනැවින් ලද අවබෝධයෙන් ම එපා වීමෙන්, මැනැවින් නොඇලීමෙන්, මැනැවින් නිදහස් වීමෙන්, මැනැවින් එහි නිමාව දැකීමෙන්, මැනැවින් උත්තමාර්ථයට පැමිණීමෙන් මෙලොවදී ම දුක් නිමාවට පත් කරන්නේ ය. ප්‍රශ්න නවයකි, ඉගෙනීම් නවයකි, විසඳුම් නවයකි යනුවෙන් යමක් පවසන ලද්දේ ද එය මෙකරුණ අරභයා කියන ලද්දේ ය.

10. ප්‍රශ්න දසයකි, ඉගෙනීම් දසයකි, විසඳුම් දසයකි යනුවෙන් යමක් පවසන ලද්දේ ද, එය කුමන කරුණක් අරභයා පැවසුවේ ද යත්;

මහණෙනි, භික්ෂුවක් ධර්මයන් දසයක් පිළිබඳ ව මැනැවින් ලද අවබෝධයෙන් එපා වෙන්නේ ද, මැනැවින් නොඇලෙන්නේ ද, මැනැවින් නිදහස් වෙන්නේ ද, මැනැවින් එහි නිමාව දකින්නේ ද, මැනැවින් උත්තමාර්ථය අත්දකින්නේ ද, මෙලොව දී ම දුක් නිමාවට පත් කරන්නේ වේ. ඒ කවර වූ ධර්මයන් දසයක් පිළිබඳ ව ද? එනම් දස අකුසල ධර්මයන් පිළිබඳ ව යි. මහණෙනි, භික්ෂුවක් මේ ධර්මයන් දසය පිළිබඳ ව මැනැවින් ලද අවබෝධයෙන් ම එපා වීමෙන්, මැනැවින් නොඇලීමෙන්, මැනැවින් නිදහස් වීමෙන්, මැනැවින් එහි නිමාව දැකීමෙන්, මැනැවින් උත්තමාර්ථයට පැමිණීමෙන් මෙලොවදී ම දුක් නිමාවට පත් කරන්නේ ය. ප්‍රශ්න දසයකි, ඉගෙනීම් දසයකි, විසඳුම් දසයකි යනුවෙන් යමක් පවසන ලද්දේ ද එය මෙකරුණ අරභයා කියන ලද්දේ ය.

සාදු! සාදු!! සාදු!!!

පඨම මහා පඤ්හ සූත්‍රය නිමා විය.

10.1.3.8
දුතිය මහා පඤ්හ සූත්‍රය
මහා ප්‍රශ්නය ගැන වදාළ දෙවෙනි දෙසුම

එක් සමයක භාග්‍යවතුන් වහන්සේ කජංගලායෙහි වේළුවනයෙහි වැඩවසන සේක. එකල්හී කජංගලාවාසී බොහෝ උපාසකවරු කජංගලා

භික්ෂුණියය යම් තැනක සිටින්නී ද එතැනට පිවිසියා ය. පිවිස කජංගලා භික්ෂුණියයට සකසා වන්දනා කොට එකත්පස් ව හිඳගත්හ. එකත්පස් ව හුන් ඒ කජංගලාවැසි උපාසකවරු කජංගලා භික්ෂුණියයට මෙය පැවසූහ.

"ආර්යාවෙනි, අප භාග්‍යවතුන් වහන්සේ විසින් මහා ප්‍රශ්නයන්හිලා මෙකරුණ වදාරණ ලද්දේ ය. එනම් එක් ප්‍රශ්නයකි. එක් ඉගෙනීමකි. එක් විසඳුමකි. ප්‍රශ්න දෙකකි. ඉගෙනීම් දෙකකි. විසඳුම් දෙකකි. ප්‍රශ්න තුනකි. ඉගෙනීම් තුනකි. විසඳුම් තුනකි. ප්‍රශ්න සතරකි. ඉගෙනීම් සතරකි. විසඳුම් සතරකි. ප්‍රශ්න පසකි. ඉගෙනීම් පසකි. විසඳුම් පසකි. ප්‍රශ්න සයකි. ඉගෙනීම් සයකි. විසඳුම් සයකි. ප්‍රශ්න සතකි. ඉගෙනීම් සතකි. විසඳුම් සතකි. ප්‍රශ්න අටකි. ඉගෙනීම් අටකි. විසඳුම් අටකි. ප්‍රශ්න නවයකි. ඉගෙනීම් නවයකි. විසඳුම් නවයකි. ප්‍රශ්න දසයකි. ඉගෙනීම් දසයකි. විසඳුම් දසයකි' වශයෙනි.

ආර්යාවෙනි, භාග්‍යවතුන් වහන්සේ විසින් කරුණු හකුළුවා වදාරණ ලද මෙහි අර්ථය විස්තර වශයෙන් දැනගත යුත්තේ කෙසේ ද?"

"ආයුෂ්මත්නි, ඔය කරුණ මවිසින් භාග්‍යවතුන් වහන්සේ ඉදිරියෙහි නොඅසන ලද්දේ ය. ඉදිරියෙහි දරා නොගන්නා ලද්දේ ය. එමෙන් ම මනෝභාවනීය භික්ෂූන් ඉදිරියෙහි ද ඔය කරුණ නොඅසන ලද්දේ ය. ඉදිරියෙහි දරා නොගන්නා ලද්දේ ය. වැලිදු මෙකරුණ පිළිබඳ ව මට යම් සේ වැටහෙයි නම් එය අසව්. මැනැවින් මෙනෙහි කරව්. පවසන්නෙමි."

"එසේ ය, ආර්යාවෙනි" යි කජංගලාවැසි උපාසකවරු කජංගලා භික්ෂුණියයට පිළිවදන් දුන්හ. කජංගලා භික්ෂුණිය මෙය පැවසුවා ය.

1. එක් ප්‍රශ්නයකි, එක් ඉගෙනීමකි, එක් විසඳුමකි යනුවෙන් භාග්‍යවතුන් වහන්සේ විසින් යමක් පවසන ලද්දේ ද, එය කුමන කරුණක් අරභයා පැවසුවේ ද යත්;

ආයුෂ්මත්නි, භික්ෂුවක් එක ධර්මයක් පිළිබඳ ව මැනැවින් ලද අවබෝධයෙන් එපා වෙන්නේ ද, මැනැවින් නොඇලෙන්නේ ද, මැනැවින් නිදහස් වෙන්නේ ද, මැනැවින් එහි නිමාව දකින්නේ ද, මැනැවින් උත්තමාර්ථය අත්දකින්නේ ද, මෙලොව දී ම දුක් නිමාවට පත් කරන්නේ වේ. ඒ කවර වූ එක් ධර්මයක් පිළිබඳ ව ද? එනම් සියළු සත්වයෝ ආහාර ප්‍රත්‍යයෙන් සිටින්නාහු ය යන කරුණයි. ආයුෂ්මත්නි, භික්ෂුවක් මේ එකම ධර්මයක් පිළිබඳ ව මැනැවින් ලද අවබෝධයෙන් ම එපා වීමෙන්, මැනැවින් නොඇලීමෙන්, මැනැවින් නිදහස් වීමෙන්, මැනැවින් එහි නිමාව දැකීමෙන්, මැනැවින් උත්තමාර්ථයට පැමිණීමෙන් මෙලොවදී ම දුක් නිමාවට පත් කරන්නේ ය. එක් ප්‍රශ්නයකි, එක් ඉගෙනීමකි,

එක් විසඳුමකි යනුවෙන් භාග්‍යවතුන් වහන්සේ විසින් යමක් පවසන ලද්දේ ද එය මෙකරුණ අරභයා කියන ලද්දේ ය.

2. ප්‍රශ්න දෙකකි, ඉගෙනීම් දෙකකි, විසඳුම් දෙකකි යනුවෙන් භාග්‍යවතුන් වහන්සේ විසින් යමක් පවසන ලද්දේ ද, එය කුමන කරුණක් අරභයා පැවසුවේ ද යත්;

ආයුෂ්මත්නි, භික්ෂුවක් ධර්මයන් දෙකක් පිළිබඳ ව මැනැවින් ලද අවබෝධයෙන් එපා වෙන්නේ ද, මැනැවින් නොඇලෙන්නේ ද, මැනැවින් නිදහස් වෙන්නේ ද, මැනැවින් එහි නිමාව දකින්නේ ද, මැනැවින් උත්තමාර්ථය අත්දකින්නේ ද, මෙලොව දී ම දුක් නිමාවට පත් කරන්නේ වේ. ඒ කවර වූ ධර්මයන් දෙකක් පිළිබඳ ව ද? එනම් නාමය ත්, රූපය ත් යන කරුණු දෙක පිළිබඳ යි. ආයුෂ්මත්නි, භික්ෂුවක් මේ ධර්මයන් දෙක පිළිබඳ ව මැනැවින් ලද අවබෝධයෙන් ම එපා වීමෙන්, මැනැවින් නොඇලීමෙන්, මැනැවින් නිදහස් වීමෙන්, මැනැවින් එහි නිමාව දැකීමෙන්, මැනැවින් උත්තමාර්ථයට පැමිණීමෙන් මෙලොවදී ම දුක් නිමාවට පත් කරන්නේ ය. ප්‍රශ්න දෙකකි, ඉගෙනීම් දෙකකි, විසඳුම් දෙකකි යනුවෙන් භාග්‍යවතුන් වහන්සේ විසින් යමක් පවසන ලද්දේ ද එය මෙකරුණ අරභයා කියන ලද්දේ ය.

3. ප්‍රශ්න තුනකි, ඉගෙනීම් තුනකි, විසඳුම් තුනකි යනුවෙන් භාග්‍යවතුන් වහන්සේ විසින් යමක් පවසන ලද්දේ ද, එය කුමන කරුණක් අරභයා පැවසුවේ ද යත්;

ආයුෂ්මත්නි, භික්ෂුවක් ධර්මයන් තුනක් පිළිබඳ ව මැනැවින් ලද අවබෝධයෙන් එපා වෙන්නේ ද, මැනැවින් නොඇලෙන්නේ ද, මැනැවින් නිදහස් වෙන්නේ ද, මැනැවින් එහි නිමාව දකින්නේ ද, මැනැවින් උත්තමාර්ථය අත්දකින්නේ ද, මෙලොව දී ම දුක් නිමාවට පත් කරන්නේ වේ. ඒ කවර වූ ධර්මයන් තුනක් පිළිබඳ ව ද? එනම් තුන් වේදනාවන් පිළිබඳ ව ය. ආයුෂ්මත්නි, භික්ෂුවක් මේ ධර්මයන් තුන පිළිබඳ ව මැනැවින් ලද අවබෝධයෙන් ම එපා වීමෙන්, මැනැවින් නොඇලීමෙන්, මැනැවින් නිදහස් වීමෙන්, මැනැවින් එහි නිමාව දැකීමෙන්, මැනැවින් උත්තමාර්ථයට පැමිණීමෙන් මෙලොවදී ම දුක් නිමාවට පත් කරන්නේ ය. ප්‍රශ්න තුනකි, ඉගෙනීම් තුනකි, විසඳුම් තුනකි යනුවෙන් භාග්‍යවතුන් වහන්සේ විසින් යමක් පවසන ලද්දේ ද එය මෙකරුණ අරභයා කියන ලද්දේ ය.

4. ප්‍රශ්න සතරකි, ඉගෙනීම් සතරකි, විසඳුම් සතරකි යනුවෙන් භාග්‍යවතුන් වහන්සේ විසින් යමක් පවසන ලද්දේ ද, එය කුමන කරුණක් අරභයා පැවසුවේ ද යත්;

ආයුෂ්මත්නි, භික්ෂුවක් ධර්මයන් සතරක් පිළිබඳ ව මැනැවින් දියුණුවට පත් කරන ලද සිතක් ඇත්තේ ද, මැනැවින් එහි නිමාව දකින්නේ ද, මැනැවින් උත්තමාර්ථය අත්දකින්නේ ද, මෙලොව දී ම දුක් නිමාවට පත් කරන්නේ වේ. ඒ කවර වූ ධර්මයන් සතරක් පිළිබඳ ව ද? එනම් සතර සතිපට්ඨානයන් පිළිබඳ ව යි. ආයුෂ්මත්නි, භික්ෂුවක් මේ ධර්මයන් සතර පිළිබඳ ව මැනැවින් දියුණුවට පත් කරන ලද සිතක් ඇත්තේ ද, මැනැවින් එහි නිමාව දැකීමෙන්, මැනැවින් උත්තමාර්ථයට පැමිණීමෙන් මෙලොවදී ම දුක් නිමාවට පත් කරන්නේ ය. ප්‍රශ්න සතරකි, ඉගෙනීම් සතරකි, විසඳුම් සතරකි යනුවෙන් භාග්‍යවතුන් වහන්සේ විසින් යමක් පවසන ලද්දේ ද එය මෙකරුණ අරභයා කියන ලද්දේ ය.

5.-8. ප්‍රශ්න පසකි, ඉගෙනීම් පසකි, විසඳුම් පසකි යනුවෙන් භාග්‍යවතුන් වහන්සේ විසින් යමක් පවසන ලද්දේ ද, එය කුමන කරුණක් අරභයා පැවසුවේ ද යත්;

ආයුෂ්මත්නි, භික්ෂුවක් ධර්මයන් පසක් පිළිබඳ ව මැනැවින් දියුණුවට පත් කරන ලද සිතක් ඇත්තේ ද, මැනැවින් එහි නිමාව දකින්නේ ද, මැනැවින් උත්තමාර්ථය අත්දකින්නේ ද, මෙලොව දී ම දුක් නිමාවට පත් කරන්නේ වේ. ඒ කවර වූ ධර්මයන් පසක් පිළිබඳ ව ද? එනම් පංච ඉන්ද්‍රිය ධර්මයන් ....(පෙ).... ඒ කවර වූ ධර්මයක් සයක් පිළිබඳ ව ද? සය වැදෑරුම් නිස්සාරණීය ධාතූන් පිළිබඳ ව යි. ....(පෙ).... ඒ කවර වූ ධර්මයක් සතක් පිළිබඳ ව ද? සත් වැදෑරුම් බොජ්ඣංගයන් පිළිබඳ ව යි. ....(පෙ).... ඒ කවර වූ ධර්මයන් අටක් පිළිබඳ ව ද? ආර්ය අෂ්ටාංගික මාර්ගය පිළිබඳ ව යි. ආයුෂ්මත්නි, භික්ෂුවක් මේ ධර්මයන් අට පිළිබඳ ව මැනැවින් දියුණුවට පත් කරන ලද සිතක් ඇත්තේ ද, මැනැවින් එහි නිමාව දැකීමෙන්, මැනැවින් උත්තමාර්ථයට පැමිණීමෙන් මෙලොවදී ම දුක් නිමාවට පත් කරන්නේ ය. ප්‍රශ්න අටකි, ඉගෙනීම් අටකි, විසඳුම් අටකි යනුවෙන් භාග්‍යවතුන් වහන්සේ විසින් යමක් පවසන ලද්දේ ද එය මෙකරුණ අරභයා කියන ලද්දේ ය.

9. ප්‍රශ්න නවයකි, ඉගෙනීම් නවයකි, විසඳුම් නවයකි යනුවෙන් භාග්‍යවතුන් වහන්සේ විසින් යමක් පවසන ලද්දේ ද, එය කුමන කරුණක් අරභයා පැවසුවේ ද යත්;

ආයුෂ්මත්නි, භික්ෂුවක් ධර්මයන් නවයක් පිළිබඳ ව මැනැවින් ලද අවබෝධයෙන් එපා වෙන්නේ ද, මැනැවින් නොඇලෙන්නේ ද, මැනැවින් නිදහස් වෙන්නේ ද, මැනැවින් එහි නිමාව දකින්නේ ද, මැනැවින් උත්තමාර්ථය අත්දකින්නේ ද, මෙලොව දී ම දුක් නිමාවට පත් කරන්නේ වේ. ඒ කවර වූ ධර්මයන් නවයක් පිළිබඳ ව ද? එනම් නවයක් වූ සත්ව වාසභූමීන් පිළිබඳ

ව යි. ආයුෂ්මත්නි, භික්ෂුවක් මේ ධර්මයන් නවය පිළිබඳ ව මැනැවින් ලද අවබෝධයෙන් ම එපා වීමෙන්, මැනැවින් නොඇලීමෙන්, මැනැවින් නිදහස් වීමෙන්, මැනැවින් එහි නිමාව දැකීමෙන්, මැනැවින් උත්තමාර්ථයට පැමිණීමෙන් මෙලොවදී ම දුක් නිමාවට පත් කරන්නේ ය. ප්‍රශ්න නවයකි, ඉගෙනීම් නවයකි, විසඳුම් නවයකි යනුවෙන් භාග්‍යවතුන් වහන්සේ විසින් යමක් පවසන ලද්දේ ද එය මෙකරුණ අරභයා කියන ලද්දේ ය.

10. ප්‍රශ්න දසයකි, ඉගෙනීම් දසයකි, විසඳුම් දසයකි යනුවෙන් භාග්‍යවතුන් වහන්සේ විසින් යමක් පවසන ලද්දේ ද, එය කුමන කරුණක් අරභයා පැවසුවේ ද යත්;

ආයුෂ්මත්නි, භික්ෂුවක් ධර්මයන් දසයක් පිළිබඳ ව මැනැවින් දියුණු කරන ලද සිතක් ඇත්තේ වේ ද, මැනැවින් එහි නිමාව දකින්නේ ද, මැනැවින් උත්තමාර්ථය අත්දකින්නේ ද, මෙලොව දී ම දුක් නිමාවට පත් කරන්නේ වේ. ඒ කවර වූ ධර්මයන් දසයක් පිළිබඳ ව ද? එනම් දස කුසල ධර්මයන් පිළිබඳ ව යි. ආයුෂ්මත්නි, භික්ෂුවක් මේ ධර්මයන් දසය පිළිබඳව මැනැවින් දියුණු කරන ලද සිතක් ඇත්තේ වේ ද, මැනැවින් එහි නිමාව දැකීමෙන්, මැනැවින් උත්තමාර්ථයට පැමිණීමෙන් මෙලොවදී ම දුක් නිමාවට පත් කරන්නේ ය. ප්‍රශ්න දසයකි, ඉගෙනීම් දසයකි, විසඳුම් දසයකි යනුවෙන් භාග්‍යවතුන් වහන්සේ විසින් යමක් පවසන ලද්දේ ද එය මෙකරුණ අරභයා කියන ලද්දේ ය.

මේ අයුරින් ආයුෂ්මත්නි, භාග්‍යවතුන් වහන්සේ විසින් මහා ප්‍රශ්නයන්හිලා එක් ප්‍රශ්නයකි, එක් ඉගෙනීමකි, එකි විසඳුමකි. ....(පෙ).... දස වෙය්‍යාකරණයකි යි යම් කරුණක් වදාරණ ලද්දේ ද, ආයුෂ්මත්නි, භාග්‍යවතුන් වහන්සේ විසින් අරුත් හකුළුවා වදාරණ ලද මෙහි විස්තරාර්ථයන් මම ඔය අයුරින් දනිමි. ඉදින් ආයුෂ්මත්නි, ඔබ කැමත්තහු නම් භාග්‍යවතුන් වහන්සේ වෙත එළැඹ ඔය අර්ථය විමසාලව්. භාග්‍යවතුන් වහන්සේ ඔබට යම් අයුරකින් වදාරණ සේක් නම්, ඒ අයුරින් ම එය දරා ගත යුත්තේ ය."

"එසේ ය, ආර්යාවෙනි" යි කියා කජංගලාවැසි උපාසකවරු කජංගලා භික්ෂුණිය දෙසූ කරුණ සතුටින් පිළිගෙන අනුමෝදන් ව හුනස්නෙන් නැගිට කජංගලා භික්ෂුණියට වන්දනා කොට, පැදකුණු කොට භාග්‍යවතුන් වහන්සේ යම් තැනක වැඩසිටි සේක් නම් එතැනට ගියාහු ය. ගොස් භාග්‍යවතුන් වහන්සේට සකසා වන්දනා කොට එකත්පස්ව හුන්නාහු ය. එකත්පස් ව හුන් ඒ කජංගලාවාසී උපාසකවරු කජංගලා භික්ෂුණිය සමඟ යම්තාක් කථා සල්ලාපයෙක් වී ද, ඒ හැම භාග්‍යවතුන් වහන්සේට සැළ කළහ.

"ගෘහපතිවරුනි, සාදු! සාදු! ගෘහපතිවරුනි, කජංගලා භික්ෂුණිය පණ්ඩිත වන්නී ය. ගෘහපතිවරුනි, කජංගලා භික්ෂුණිය මහා ප්‍රඥාව ඇත්තී ය. ඉදින් ගෘහපතිවරුනි, ඔබ මා වෙත එළැඹ මෙම අර්ථය විමසන්නහු නම් මම ද කජංගලා භික්ෂුණිය විසින් යම් අයුරකින් පවසන ලද්දේ ද, ඒ අයුරින් ම පවසන්නෙමි. එහි අර්ථය ඔය කරුණ ම ය. එලෙසින් ම එය දරා ගත යුත්තේ ය."

සාදු! සාදු!! සාදු!!!

දුතිය මහා පඤ්හ සූත්‍රය නිමා විය.

10.1.3.9
පඨම කෝසල සූත්‍රය
කොසොල් රජු මුල්කොට වදාළ පළමු දෙසුම

සැවැත් නුවර දී ය ....

1. මහණෙනි, කාසි කෝසල දෙරටෙහි යම්තාක් ජනපදවාසීහු වෙත් ද, පසේනදී කෝසල මහරජහුගේ විජිතයෙහි යම්තාක් ප්‍රාදේශීය රජවරු වෙත් ද, ඔවුන් අතුරෙන් පසේනදී කෝසල මහරජු අග්‍ර යැයි කියනු ලැබේ. මහණෙනි, එබඳු වූ පසේනදී කෝසල රජහුගේ ද අනිත්‍ය බවට පත්වීමක් ඇත. විපරිණාමයක් ඇත. මහණෙනි, ශ්‍රැතවත් ආර්යශ්‍රාවකයා ඔය අයුරින් දකින විට එබඳු වූ රජසැප පිළිබඳ ව ත් අවබෝධයෙන් ම එපා වෙයි. එබඳු දෙයක් පිළිබඳ ව ද අවබෝධයෙන් ම එපා වන විට නොඇලී යන්නේ අග්‍ර වූ සැපයක් පිළිබඳ ව යි. ඉන් බැහැර ලාමක වූ ගිහි සැප ගැන කවර කථා ද?

2. මහණෙනි, යම්තාක් හිරු සඳු හැසිර යත් ද, දිශාවන් බබලත් ද, රැස් විහිදුවත් ද, ඒ තාක් ම සහශ්‍රී ලෝක ධාතුවයි. ඒ සහශ්‍රී ලෝක ධාතුයෙහි සඳහු දහසක් ඇත. සූර්යයෝ දහසක් ඇත. සිනේරු පර්වත රාජයෝ දහසක් ඇත. ජම්බුද්වීපයෝ දහසක් ඇත. අපරගෝයානයෝ දහසක් ඇත. උතුරු කුරු දහසක් ඇත. පූර්ව විදේහයෝ දහසක් ඇත. සිව් මහා සමුද්‍රයෝ දහසක් ඇත. සිව්වරම් රජ දරුවෝ දහසක් ඇත. චාතුම්මහාරාජික දෙව් ලෝ දහසක් ඇත. තාවතිංස දෙව් ලෝ දහසක් ඇත. යාම දෙව් ලෝ දහසක් ඇත. තුසිත දෙව් ලෝ දහසක් ඇත. නිම්මාණරතී දෙව් ලෝ දහසක් ඇත. පරනිම්මිත වසවත්තී

දෙව් ලෝ දහසක් ඇත. බඹ ලෝ දහසක් ඇත. මහණෙනි, සහශ්‍රී ලෝක ධාතුව යම්තාක් ද එහි අග්‍ර යැයි කියනු ලබන්නේ මහා බ්‍රහ්මයා ය. මහණෙනි, එබඳු වූ මහා බ්‍රහ්මරාජයාගේ ද අනිත්‍ය බවට පත්වීමක් ඇත. විපරිණාමයක් ඇත. මහණෙනි, ශ්‍රැතවත් ආර්යශ්‍රාවකයා ඔය අයුරින් දකින විට එබඳු වූ බ්‍රහ්මරාජ සැපය පිළිබඳ ව ත් අවබෝධයෙන් ම එපා වෙයි. එබඳු දෙයක් පිළිබඳ ව ද අවබෝධයෙන් ම එපා වන විට නොඇලී යන්නේ අග්‍ර වූ සැපයක් පිළිබඳ ව ය. ඉන් බැහැර ලාමක වූ කාම ලෝකය ගැන කවර කථා ද?

3. මහණෙනි, යම් හෙයකින් මේ ලෝකය වැනසෙන්නේ ද, එබඳු කාලයක් එන්නේ ම ය. මහණෙනි, ලෝ වැනසෙන කල්හී සත්වයෝ බොහෝ සෙයින් ම ආභස්සර දෙව් ලොව උපදිති. ඔවුහු එහි මනෝමය සිරුරෙන් යුතුව ප්‍රීතිය අනුභව කරමින් ස්වකීය ප්‍රභායෙන් යුක්ත ව අහසෙහි හැසිරෙමින් සුභ අරමුණු ඇති ව චිරාත් කාලයක් වාසය කරත්. මහණෙනි, ලොව වැනසෙන කල්හී අග්‍ර යැයි කියනු ලබන්නේ ඒ ආභස්සර දෙවියෝ ය. මහණෙනි, එබඳු වූ ආභස්සර දෙවියන්ගේ ද අනිත්‍ය බවට පත්වීමක් ඇත. විපරිණාමයක් ඇත. මහණෙනි, ශ්‍රැතවත් ආර්යශ්‍රාවකයා ඔය අයුරින් දකින විට එබඳු වූ ආභස්සර දෙව් සැප පිළිබඳ ව ත් අවබෝධයෙන් ම එපා වෙයි. එබඳු දෙයක් පිළිබඳ ව ද අවබෝධයෙන් ම එපා වන විට නොඇලී යන්නේ අග්‍ර වූ සැපයක් පිළිබඳ ව ය. ඉන් බැහැර ලාමක වූ කාම ලෝකය ගැන කවර කථා ද?

4. මහණෙනි, මේ කසිණ නම් වූ ආයතන දහයක් තිබේ. ඒ කවර දහයක් ද යත්; කෙනෙක් උඩ යට සරස දෙවෙනි දෙයක් නැති ව ප්‍රමාණ රහිත වූ පඨවි කසිණය හඳුනාගනියි. කෙනෙක් ....(පෙ).... ආපෝ කසිණය හඳුනාග නියි. කෙනෙක් ....(පෙ).... තේජෝ කසිණය හඳුනාගනියි. කෙනෙක් ....(පෙ).... වායෝ කසිණය හඳුනාගනියි. කෙනෙක් ....(පෙ).... නිල් පැහැයෙන් යුතු කසිණය හඳුනාගනියි. කෙනෙක් ....(පෙ).... කහ පැහැයෙන් යුතු කසිණය හඳුනාගනියි. කෙනෙක් ....(පෙ).... රතු පැහැයෙන් යුතු කසිණය හඳුනාගනියි. කෙනෙක් ....(පෙ).... සුදු පැහැයෙන් යුතු කසිණය හඳුනාගනියි. කෙනෙක් ....(පෙ).... ආකාස කසිණය හඳුනාගනියි. කෙනෙක් උඩ යට සරස දෙවෙනි දෙයක් නැති ව ප්‍රමාණ රහිත වූ විඤ්ඤාණ කසිණය හඳුනාගනියි. මහණෙනි, මේවා වනාහී දසයක් වූ කසිණයෝ ය. මහණෙනි, මේ දස කසිණායතනයන් අතුරින් කෙනෙක් උඩ යට සරසට දෙවැන්නක් නැති ව අප්‍රමාණ ව විඤ්ඤාණ කසිණය හඳුනාග න්නේ වෙයි ද, මෙය අග්‍ර යැයි කියනු ලැබේ. මහණෙනි, මෙබඳු හැඳිනීම් සහිත වූ සත්වයෝ ද සිටිති. මහණෙනි, එබඳු වූ හැඳිනීම් ඇති සත්වයන්ගේ ද අනිත්‍ය බවට පත්වීමක් ඇත. විපරිණාමයක් ඇත. මහණෙනි, ශ්‍රැතවත් ආර්යශ්‍රාවකයා ඔය අයුරින් දකින විට එබඳු වූ හැඳිනීම් ඇති සත්වයන් පිළිබඳ

ව ත් අවබෝධයෙන් ම එපා වෙයි. එබඳු දෙයක් පිළිබඳ ව ද අවබෝධයෙන් ම එපා වන විට නොඇලී යන්නේ අග්‍ර වූ සැපයක් පිළිබඳ ව ය. ඉන් බැහැර ලාමක වූ කාම සැපය ගැන කවර කථා ද?

5. මහණෙනි, මේ අභිභූ නම් වූ ආයතන අටකි. කවර අටක් ද යත්, කෙනෙක් තමා තුළ රූප සංඥා ඇතිව බාහිර අල්ප වූ ත්, වර්ණවත් වූ ත්, දුර්වර්ණ වූ ත් රූප දකියි. ඒ රූපයන් අබිභවා දනිමි යි දකිමි යි යන මෙබඳු සංඥාවෙන් යුක්ත වූයේ වෙයි. මෙය පළමුවෙනි අභිභූ ආයතනය යි.

කෙනෙක් තමා තුළ රූප සංඥා ඇති ව බාහිර අප්‍රමාණ වූ ත්, වර්ණවත් වූ ත්, දුර්වර්ණ වූ ත් රූප දකියි. ඒ රූපයන් අබිභවා දනිමි යි දකිමි යි යන මෙබඳු සංඥාවෙන් යුක්ත වූයේ වෙයි. මෙය දෙවෙනි අභිභූ ආයතනය යි.

කෙනෙක් තමා තුළ අරූප සංඥා ඇති ව බාහිර අල්ප වූ ත්, වර්ණවත් වූ ත්, දුර්වර්ණ වූත් රූප දකියි. ඒ රූපයන් අබිභවා දනිමි යි දකිමි යි යන මෙබඳු සංඥාවෙන් යුක්ත වූයේ වෙයි. මෙය තුන්වෙනි අභිභූ ආයතනය යි.

කෙනෙක් තමා තුළ අරූප සංඥා ඇතිව බාහිර අප්‍රමාණ වූ ත්, වර්ණවත් වූ ත්, දුර්වර්ණ වූ ත් රූප දකියි. ඒ රූපයන් අබිභවා දනිමි යි දකිමි යි යන මෙබඳු සංඥාවෙන් යුක්ත වූයේ වෙයි. මෙය සතරවෙනි අභිභූ ආයතනය යි.

කෙනෙක් තමා තුළ අරූප සංඥා ඇති ව බාහිර රූප දකියි. එනම් නිල් වූ, නිල් පැහැයෙන් යුතු, නීල නිදර්ශන ඇති, නිල් බැබලීම් ඇති රූපයෝ ය. නිල් වූ, නිල් පැහැ ඇති, නිල් දැකුම් ඇති, නිල් බැබලීම් ඇති දියබෙරලිය මල යම් සේ ද එසේ ය. එමෙන් ම නිල් වූ, නිල් පැහැ ඇති, නිල් දැකුම් ඇති, නිල් බැබලීම් ඇති දෙපසින් ම සිනිඳු වූ බරණැස කසී සළුව යම් සේ ද එසේ ය. මේ අයුරින් ම කෙනෙක් තමා තුළ අරූප සංඥා ඇතිව බාහිර රූප දකියි. එනම් නිල් වූ, නිල් පැහැයෙන් යුතු, නීල නිදර්ශන ඇති, නිල් බැබලීම් ඇති රූපයෝ ය. ඒ රූපයන් අබිභවා දනිමි යි දකිමි යි යන මෙබඳු සංඥාවෙන් යුක්ත වූයේ වෙයි. මෙය පස්වෙනි අභිභූ ආයතනය යි.

කෙනෙක් තමා තුළ අරූප සංඥා ඇති ව බාහිර රූප දකියි. එනම් කහ වූ, කහ පැහැයෙන් යුතු, කහ නිදර්ශන ඇති, කහ බැබලීම් ඇති රූපයෝ ය. කහ වූ, කහ පැහැ ඇති, කහ දැකුම් ඇති, කහ බැබලීම් ඇති කිණිහිරි මල යම් සේ ද එසේ ය. එමෙන් ම කහ වූ, කහ පැහැ ඇති, කහ දැකුම් ඇති, කහ බැබලීම් ඇති දෙපසින් ම සිනිඳු වූ බරණැස කසී සළුව යම් සේ ද එසේ ය. මේ අයුරින් ම කෙනෙක් තමා තුළ අරූප සංඥා ඇති ව බාහිර රූප දකියි. එනම්

කහ වූ, කහ පැහැයෙන් යුතු, කහ නිදර්ශන ඇති, කහ බැබලීම් ඇති රූපයෝ ය. ඒ රූපයන් අබිභවා දනිමි යි දකිමි යි යන මෙබඳු සංඥාවෙන් යුක්ත වූයේ වෙයි. මෙය හයවෙනි අභිභූ ආයතනය යි.

කෙනෙක් තමා තුළ අරූප සංඥා ඇති ව බාහිර රූප දකියි. එනම් රතු වූ, රත් පැහැයෙන් යුතු, රතු නිදර්ශන ඇති, රතු බැබලීම් ඇති රූපයෝ ය. රතු වූ, රත් පැහැ ඇති, රතු දැකුම් ඇති, රතු බැබලීම් ඇති බඳුවද මල යම් සේ ද එසේ ය. එමෙන් ම රතු වූ, රත් පැහැ ඇති, රතු දැකුම් ඇති, රතු බැබලීම් ඇති දෙපසින් ම සිනිඳු වූ බරණැස කසී සළුව යම් සේ ද එසේ ය. මේ අයුරින් ම කෙනෙක් තමා තුළ අරූප සංඥා ඇති ව බාහිර රූප දකියි. එනම් රතු වූ, රත් පැහැයෙන් යුතු, රතු නිදර්ශන ඇති, රතු බැබලීම් ඇති රූපයෝ ය. ඒ රූපයන් අබිභවා දනිමි යි දකිමි යි යන මෙබඳු සංඥාවෙන් යුක්ත වූයේ වෙයි. මෙය සත්වෙනි අභිභූ ආයතනය යි.

කෙනෙක් තමා තුළ අරූප සංඥා ඇති ව බාහිර රූප දකියි. එනම් සුදු වූ, සුදු පැහැයෙන් යුතු, සුදු නිදර්ශන ඇති, සුදු බැබලීම් ඇති රූපයෝ ය. සුදු වූ, සුදු පැහැ ඇති, සුදු දැකුම් ඇති, සුදු බැබලීම් ඇති ඕෂධී තාරුකාව යම් සේ ද එසේ ය. එමෙන් ම සුදු වූ, සුදු පැහැ ඇති, සුදු දැකුම් ඇති, සුදු බැබලීම් ඇති දෙපසින් ම සිනිඳු වූ බරණැස කසී සළුව යම් සේ ද එසේ ය. මේ අයුරින් ම කෙනෙක් තමා තුළ අරූප සංඥා ඇති ව බාහිර රූප දකියි. එනම් සුදු වූ, සුදු පැහැයෙන් යුතු, සුදු නිදර්ශන ඇති, සුදු බැබලීම් ඇති රූපයෝ ය. ඒ රූපයන් අබිභවා දනිමි යි දකිමි යි යන මෙබඳු සංඥාවෙන් යුක්ත වූයේ වෙයි. මෙය අටවෙනි අභිභූ ආයතනය යි.

මහණෙනි, අභිභූ ආයතන අට යනු මේවා ය. මහණෙනි, මේ අභිභූ ආයතන අට අතුරින් කෙනෙක් තමා තුළ අරූප සංඥා ඇති ව බාහිර රූප දකියි නම්, එනම් සුදු වූ, සුදු පැහැයෙන් යුතු, සුදු නිදර්ශන ඇති, සුදු බැබලීම් ඇති රූපයෝ ය. ඒ රූපයන් අබිභවා දනිමි යි දකිමි යි යන මෙබඳු සංඥාවෙන් යුක්ත වූයේ වෙයි. මෙය අග්‍ර යැයි කියනු ලැබේ. මහණෙනි, මෙබඳු සංඥාවෙන් යුතු සත්වයෝ ද ඇත්තාහ. මහණෙනි, එබඳු වූ හැඳිනීම් ඇති සත්වයන්ගේ ද අනිත්‍ය බවට පත්වීමක් ඇත. විපරිණාමයක් ඇත. මහණෙනි, ශ්‍රැතවත් ආර්යශ්‍රාවකයා ඔය අයුරින් දකින විට එබඳු වූ හැඳිනීම් ඇති සත්වයන් පිළිබඳ ව ත් අවබෝධයෙන් ම එපා වෙයි. එබඳු දෙයක් පිළිබඳ ව ද අවබෝධයෙන් ම එපා වන විට නොඇලී යන්නේ අග්‍ර වූ සැපයක් පිළිබඳ ව යි. ඉන් බැහැර ලාමක වූ කාම සැපය ගැන කවර කථා ද?

6. මහණෙනි, මේ ප්‍රතිපදාවෝ සතරකි. කවර සතරක් ද යත්; අමාරුවෙන් ලබන අවබෝධය ඇති දුක් වූ ප්‍රතිපදාව ය. සැණෙකින් ලබන අවබෝධය ඇති දුක් වූ ප්‍රතිපදාව ය. අමාරුවෙන් ලබන අවබෝධය ඇති සැප වූ ප්‍රතිපදාව ය. සැණෙකින් ලබන අවබෝධය ඇති සැප වූ ප්‍රතිපදාව ය. මහණෙනි, මේ වනාහී සතරක් වූ ප්‍රතිපදාවෝ ය. මහණෙනි, සැණෙකින් ලබන අවබෝධය ඇති සැප වූ ප්‍රතිපදාව යන මෙය මේ සතර ප්‍රතිපදාවන් අතුරෙන් අග්‍ර වේ. මහණෙනි, මෙබඳු අග්‍ර වූ ප්‍රතිපදාවෙහි බැසගත් සත්වයෝ ද සිටිති. මහණෙනි, එබඳු වූ ප්‍රතිපදාවෙහි බැසගත් සත්වයන්ගේ ද අනිත්‍ය බවට පත්වීමක් ඇත. විපරිණාමයක් ඇත. මහණෙනි, ශ්‍රැතවත් ආර්යශ්‍රාවකයා ඔය අයුරින් දකින විට එබඳු වූ ප්‍රතිපදාවෙහි බැසගත් සත්වයන් පිළිබඳ ව ත් අවබෝධයෙන් ම එපා වෙයි. එබඳු දෙයක් පිළිබඳ ව ද අවබෝධයෙන් ම එපා වන විට නොඇලී යන්නේ අග්‍ර වූ ප්‍රතිපදාවක් පිළිබඳ ව යි. ඉන් බැහැර වූ ලාමක ප්‍රතිපදාවන් ගැන කවර කථා ද?

7. මහණෙනි, මේ හඳුනාගැනීම් සතරකි. ඒ කවර සතරක් ද යත්; කෙනෙක් ස්වල්ප වූ දෙයක් හඳුනාගන්නේ ය. කෙනෙක් මහග්ගත වූ දෙයක් හඳුනාග න්නේ ය. කෙනෙක් අප්‍රමාණ වූ දෙයක් හඳුනාගන්නේ ය. කෙනෙක් කිසිවක් නැත්තේ ය යනුවෙන් ආකිඤ්චඤ්ඤායතනය හඳුනාගන්නේ ය. මහණෙනි, මේ වනාහී හඳුනාගැනීම් සතර ය. මහණෙනි, මේ හඳුනාගැනීම් සතරෙන් යම් මේ කිසිවක් නැත්තේ ය යනුවෙන් ආකිඤ්චඤ්ඤායතනය හඳුනාගන්නේ වේ ද, මෙය අග්‍ර යැයි කියනු ලැබේ. මහණෙනි, මෙබඳු සංඥාවෙන් යුතු සත්වයෝ ද ඇත්තාහ. මහණෙනි, එබඳු වූ හැඳිනීම් ඇති සත්වයන්ගේ ද අනිත්‍ය බවට පත්වීමක් ඇත. විපරිණාමයක් ඇත. මහණෙනි, ශ්‍රැතවත් ආර්යශ්‍රාවකයා ඔය අයුරින් දකින විට එබඳු වූ හැඳිනීම් ඇති සත්වයන් පිළිබඳ ව ත් අවබෝධයෙන් ම එපා වෙයි. එබඳු දෙයක් පිළිබඳ ව ද අවබෝධයෙන් ම එපා වන විට නොඇලී යන්නේ අග්‍ර වූ හඳුනාගැනීමක් පිළිබඳ ව යි. ඉන් බැහැර ලාමක වූ හඳුනා ගැනීම් ගැන කවර කථා ද?

8. මහණෙනි, බාහිර ධර්මයන්හි දෘෂ්ටිගතිකයින්ගේ මෙබඳු දෘෂ්ටියක් ඇත්තේ ය. එනම් 'පෙර මම නොවූයෙම් නම්, වර්තමානයෙහි මට උපතක් නැත. මතුයෙහි මම් නොවන්නෙම් නම්, මට අනාගත උපතක් ද නැත' යනුවෙනි. මෙය බාහිර දෘෂ්ටීන් අතර අග්‍ර ය. මහණෙනි, මෙබඳු දෘෂ්ටි ඇති තැනැත්තා මෙය කැමති විය යුතුය. 'භව නිරෝධය පිළිබඳ ව යම් මේ පිළිකුල් නැති බවක් ඇද්ද, එය ද ඔහුට නොවන්නේ ය. භවය පිළිබඳ ව යම් මේ පිළිකුලක් ඇද්ද, එය ද ඔහුට නොවන්නේ යැ'යි. මහණෙනි, මෙබඳු දෘෂ්ටියෙන් යුතු සත්වයෝ ද ඇත්තාහ. මහණෙනි, එබඳු වූ දෘෂ්ටි ඇති සත්වයන්ගේ ද අනිත්‍ය බවට

පත්වීමක් ඇත. විපරිණාමයක් ඇත. මහණෙනි, ශ්‍රැතවත් ආර්යශ්‍රාවකයා ඔය අයුරින් දකින විට එබඳු වූ දෘෂ්ටි ඇති සත්වයන් පිළිබඳ ව ත් අවබෝධයෙන් ම එපා වෙයි. එබඳු දෙයක් පිළිබඳ ව ද අවබෝධයෙන් ම එපා වන විට නොඇලී යන්නේ අග්‍ර වූ දෘෂ්ටියක් පිළිබඳ ව යි. ඉන් බැහැර ලාමක වූ දෘෂ්ටීන් ගැන කවර කථා ද?

9. මහණෙනි, ඇතැම් ශ්‍රමණ බ්‍රාහ්මණවරු පරමාර්ථ විශුද්ධිය වශයෙන් කරුණු පණවත්. මහණෙනි, පරමාර්ථ විශුද්ධිය වශයෙන් කරුණු පණවන්නා වූ ශ්‍රමණබ්‍රාහ්මණයන් අතුරින් යම් මේ සියළු අයුරින් ආකිඤ්චඤ්ඤායතනය ඉක්මවා නේවසඤ්ඤා නාසඤ්ඤායතනයට සමවැදී වාසය කිරීමක් ඇද්ද, මෙය අග්‍ර යැයි කියනු ලැබේ. ඔවුහු එය නුවණින් දැන එය අත්දැකීම පිණිස දහම් දෙසත්. මහණෙනි, මෙබඳු දහම් කථාවෙන් යුතු සත්වයෝ ද ඇත්තාහ. මහණෙනි, එබඳු වූ දහම් කථා ඇති සත්වයන්ගේ ද අනිත්‍ය බවට පත්වීමක් ඇත. විපරිණාමයක් ඇත. මහණෙනි, ශ්‍රැතවත් ආර්යශ්‍රාවකයා ඔය අයුරින් දකින විට එබඳු වූ දහම් කථා ඇති සත්වයන් පිළිබඳ ව ත් අවබෝධයෙන් ම එපා වෙයි. එබඳු දෙයක් පිළිබඳ ව ද අවබෝධයෙන් ම එපා වන විට නොඇලී යන්නේ අග්‍ර වූ දහම් කථාවක් පිළිබඳ ව යි. ඉන් බැහැර ලාමක වූ දෙතිස් කථා ගැන කවර කථා ද?

10. මහණෙනි, ඇතැම් ශ්‍රමණ බ්‍රාහ්මණවරු මෙලොව දී ම උතුම් නිවන සාක්ෂාත් කිරීම ගැන කරුණු කියත්. ඔවුහු මෙලොව දී ම උතුම් නිවන් අවබෝධය පණවත්. මහණෙනි, මෙලොව දී ම උතුම් නිවන සාක්ෂාත් කිරීම ගැන කරුණු පවසන ශ්‍රමණ බ්‍රාහ්මණයන් අතර යම් මේ සයක් වූ ස්පර්ශ ආයතනයන්ගේ හටගැනීම ත්, නැසී යාම ත්, ආශ්වාදය ත්, ආදීනවය ත්, නිස්සරණය ත්, ඒ වූ සැටියෙන් මැ දැන උපාදාන රහිත ව විමුක්තියට පත්වෙයි ද එය අග්‍ර යැයි කියනු ලැබේ. මහණෙනි, මෙබඳු දහම් කථාවක් පවසන, මෙබඳු දෙයක් පවසන මා හට ත් ඇතැම් ශ්‍රමණ බ්‍රාහ්මණවරු අසත්‍ය වූ, තුච්ඡ වූ, මුසා වූ අභූතයෙන් චෝදනා කරත්. එනම් 'ශ්‍රමණ ගෞතම තෙමේ කාමයන්ගේ පිරිසිඳ දැනීම නොපණවයි. රූපයන්ගේ පිරිසිඳ දැනීම නොපණවයි. වේදනාවන්ගේ පිරිසිඳ දැනීම නොපණවයි' යනුවෙනි. මහණෙනි, මම කාමයන්ගේ පිරිසිඳ දැනීම ත් පණවමි. රූපයන්ගේ පිරිසිඳ දැනීම ත් පණවමි. වේදනාවන්ගේ පිරිසිඳ දැනීම ත් පණවමි. මෙලොව දී ම තෘෂ්ණා රහිත ව නිවී සිහිල් වී උපාදාන රහිත ව පිරිනිවන් පෑම ත් පණවමි.

සාදු! සාදු!! සාදු!!!

පඨම කෝසල සූත්‍රය නිමා විය.

10.1.3.10
දුතිය කෝසල සූත්‍රය
කොසොල් රජු මුල්කොට වදාළ දෙවෙනි දෙසුම

එක් සමයක භාග්‍යවතුන් වහන්සේ සැවැත් නුවර ජේතවන නම් වූ අනේපිඬු සිටුහුගේ ආරාමයේ වැඩවසන සේක. එසමයෙහි පසේනදී කෝසල රජ තෙමේ දිනන ලද යුද්ධය ඇති ව, ජයග්‍රහණය ඇති ව යුද්ධය නවතා සිටියේ වෙයි. ඉක්බිති ඒ පසේනදී කොසොල් රජ තෙමේ යම් තැනක ආරාමය ඇද්ද, එතැනට ගියේ ය. යම්තාක් යානයෙන් යා හැකි භූමිය ඇද්ද, ඒ තාක් යානයෙන් ගොස් යානයෙන් බැස පා ගමනින් ම ආරාමයට පිවිසියේ ය. එසමයෙහි බොහෝ භික්ෂූහු එළිමහනෙහි සක්මන් කරමින් සිටියහ. ඉක්බිති පසේනදී කෝසල රජු ඒ භික්ෂූන් කරා එළැඹියේ ය. එළැඹ ඒ භික්ෂූන්ගෙන් මෙය ඇසුවේ ය.

"ස්වාමීනී, දැන් ඒ භාග්‍යවත් වූ අරහත් වූ සම්මා සම්බුදුරජහු කොහි වැඩසිටිනා සේක් ද? ස්වාමීනී, අපි ඒ අරහත් සම්මා සම්බුදු භගවත්හු දක්නට කැමැත්තෙමු."

"මහාරාජයෙනි, ඔය විහාරය යි. එහි දොර වසා ඇත. එහෙයින් නිශ්ශබ්ද ව එළැඹ හෙමිහිට ආලින්දයට පිවිස උගුර පාදා දොරගුලට තට්ටු කරන්න. භාග්‍යවතුන් වහන්සේ ඔබට දොර හරින සේක් ම ය."

එකල්හී පසේනදී කෝසල රජ තෙමේ දොර වසන ලද විහාරයක් යම් තැනක ඇද්ද, එතැනට නිශ්ශබ්ද ව ගොස් කලබල නොවී ආලින්දයට පිවිස උගුර පාදා දොර අගුලට තට්ටු කළේ ය. භාග්‍යවතුන් වහන්සේ දොර හැරි සේක. එවිට පසේනදී කෝසල රජ තෙමේ විහාරයට පිවිස භාග්‍යවතුන් වහන්සේගේ ශ්‍රී පාදයන් මත සිරසින් වැටී භාග්‍යවතුන් වහන්සේගේ ශ්‍රී පාදයන් මුවින් ද සිඹින්නේ ය. දෑතින් ද පිරිමදින්නේ ය. තම නම ද පවසන්නේ ය. 'ස්වාමීනී, මම් වනාහී පසේනදී කෝසල රාජා වෙමි. ස්වාමීනී, මම් වනාහී පසේනදී කෝසල රාජා වෙමි'යි.

"මහාරාජයෙනි, ඔබ කුමන කරුණක් දකිමින් මේ ශරීරය කෙරෙහි මෙබඳු වූ උදාර ගෞරවයක් කරන්නෙහි ද? මෛත්‍රී උපහාරයක් දක්වන්නෙහි ද?"

"ස්වාමීනී, මම කළගුණ දනිමින්, කළගුණ දකිමින් භාග්‍යවතුන් වහන්සේ

කෙරෙහි මෙබඳු වූ උදාර ගෞරවයක් කරමි. මෛත්‍රී උපහාරයක් දක්වමි.

1. ස්වාමීනී, භාග්‍යවතුන් වහන්සේ බොහෝ ජනයාට හිත පිණිස, බොහෝ ජනයාට සැපය පිණිස පිළිපන් සේක. යම් මේ කල්‍යාණ ධර්මතාවෙන්, කුසල ධර්මතාවෙන්, බොහෝ ජනයා ආර්ය න්‍යායෙහි පිහිට වූ සේක. ස්වාමීනී, යම් හෙයකින් භාග්‍යවතුන් වහන්සේ බොහෝ ජනයාට හිත පිණිස, බොහෝ ජනයාට සැපය පිණිස පිළිපන් සේක් ද, යම් මේ කල්‍යාණ ධර්මතාවෙන්, කුසල ධර්මතාවෙන්, බොහෝ ජනයා ආර්ය න්‍යායෙහි පිහිට වූ සේක් ද ස්වාමීනී, මම මෙකරුණ ද දකිමින් භාග්‍යවතුන් වහන්සේ කෙරෙහි මෙබඳු වූ උදාර ගෞරවයක් කරමි. මෛත්‍රී උපහාරයක් දක්වමි.

2. තව ද ස්වාමීනී, භාග්‍යවතුන් වහන්සේ සිල්වත් වන සේක. දියුණු කළ සිල් ඇති සේක. ආර්ය සීලයෙන් යුතු සේක. කුසල සීලයෙන් යුතු සේක. කුසල් සීලයෙන් සමන්විත වන සේක. ස්වාමීනි, යම් කරුණකින් භාග්‍යවතුන් වහන්සේ සිල්වත් වන සේක් ද, දියුණු කළ සිල් ඇති සේක් ද, ආර්ය සීලයෙන් යුතු සේක් ද, කුසල සීලයෙන් යුතු සේක් ද, කුසල් සීලයෙන් සමන්විත වන සේක් ද ස්වාමීනී, මම් මෙකරුණ ද දකිමින් භාග්‍යවතුන් වහන්සේ කෙරෙහි මෙබඳු වූ උදාර ගෞරවයක් කරමි. මෛත්‍රී උපහාරයක් දක්වමි.

3. තව ද ස්වාමීනී, භාග්‍යවතුන් වහන්සේ බොහෝ කාලයක් වනවාසී ව වැඩසිටින සේක. ආරණ්‍ය, දුර ඈත වන සෙනසුන් සේවනය කරන සේක. ස්වාමීනී, යම් කරුණකින් භාග්‍යවතුන් වහන්සේ බොහෝ කාලයක් වනවාසී ව වැඩසිටින සේක් ද, ආරණ්‍ය, දුර ඈත වන සෙනසුන් සේවනය කරන සේක් ද ස්වාමීනී, මම් මෙකරුණ ද දකිමින් භාග්‍යවතුන් වහන්සේ කෙරෙහි මෙබඳු වූ උදාර ගෞරවයක් කරමි. මෛත්‍රී උපහාරයක් දක්වමි.

4. තව ද ස්වාමීනී, භාග්‍යවතුන් වහන්සේ ලද දෙයින් සතුටු වන සේක. ලද සිවුරකින්, ලද පිණ්ඩපාතයකින්, ලද සෙනසුනකින්, ලද ගිලන්පස බෙහෙත් පිරිකරකින් සතුටු වන සේක. ස්වාමීනී, යම් කරුණකින් භාග්‍යවතුන් වහන්සේ ලද දෙයින් සතුටු වන සේක් ද, ලද සිවුරකින්, ලද පිණ්ඩපාතයකින්, ලද සෙනසුනකින්, ලද ගිලන්පස බෙහෙත් පිරිකරකින් සතුටු වන සේක් ද ස්වාමීනී, මම මෙකරුණ ද දකිමින් භාග්‍යවතුන් වහන්සේ කෙරෙහි මෙබඳු වූ උදාර ගෞරවයක් කරමිමි. මෛත්‍රී උපහාරයක් දක්වමි.

5. තව ද ස්වාමීනී, භාග්‍යවතුන් වහන්සේ ආහුනෙය්‍ය වන සේක. පාහුනෙය්‍ය වන සේක. දක්ඛිණෙය්‍ය වන සේක. අංජලිකරණීය වන සේක. ලොවෙහි අනුත්තර පින්කෙත වන සේක. ස්වාමීනී, යම් කරුණකින් භාග්‍යවතුන්

වහන්සේ ආහුනෙය්‍ය වන සේක් ද, පාහුනෙය්‍ය වන සේක් ද, දක්ඛිණෙය්‍ය වන සේක් ද, අංජලිකරණීය වන සේක ද, ලොවෙහි අනුත්තර පින්කෙත වන සේක් ද ස්වාමීනී, මම මෙකරුණ ද දකිමින් භාග්‍යවතුන් වහන්සේ කෙරෙහි මෙබඳු වූ උදාර ගෞරවයක් කරමි. මෛත්‍රී උපහාරයක් දක්වමි.

6. තව ද ස්වාමීනී, භාග්‍යවතුන් වහන්සේ මැනැවින් කෙලෙස් ගැලවී යන සුළු සිතෙහි දියුණුවට උපකාරී වන යම් කථායෙක් ඇද්ද, එනම් අල්පේච්ඡතාවය පිළිබඳ කථා ය, ලද දෙයින් සතුටු වීම පිළිබඳ කථා ය, හුදෙකලා විවේකය පිළිබඳ කථා ය, පිරිසට නොඇලීම පිළිබඳ කථා ය, අරඹන ලද වීරිය පිළිබඳ කථා ය, සීලය පිළිබඳ කථා ය, සමාධිය පිළිබඳ කථා ය, ප්‍රඥාව පිළිබඳ කථා ය, විමුක්තිය පිළිබඳ කථා ය, විමුක්ති ඥාන දර්ශනය පිළිබඳ කථා ය. මෙබඳු වූ කථා කැමති සේ ලබන සේක. පහසුවෙන් ලබන සේක. නිදුකින් ලබන සේක. ස්වාමීනී, යම් කරුණකින් භාග්‍යවතුන් වහන්සේ මැනැවින් කෙලෙස් ගැලවී යන සුළු සිතෙහි දියුණුවට උපකාරී වන යම් කථායෙක් ඇද්ද, එනම් අල්පේච්ඡතාවය පිළිබඳ කථා ය, ...(පෙ).... විමුක්ති ඥාන දර්ශනය පිළිබඳ කථා ය. මෙබඳු වූ කථා කැමති සේ ලබන සේක් ද, පහසුවෙන් ලබන සේක් ද, නිදුකින් ලබන සේක් ද ස්වාමීනී, මම මෙකරුණ ද දකිමින් භාග්‍යවතුන් වහන්සේ කෙරෙහි මෙබඳු වූ උදාර ගෞරවයක් කරමි. මෛත්‍රී උපහාරයක් දක්වමි.

8. තව ද ස්වාමීනී, භාග්‍යවතුන් වහන්සේ ගැඹුරු චිත්ත දියුණුවෙන් යුතු මෙලොව දී සුවසේ වාසය කළ හැකි සතරක් වූ ධ්‍යානයන් කැමති සේ ලබන සේක. කැමති සේ ලබන සේක. නිදුකින් ලබන සේක. පහසුවෙන් ලබන සේක. ස්වාමීනී, යම් කරුණකින් භාග්‍යවතුන් වහන්සේ ගැඹුරු චිත්ත දියුණුවෙන් යුතු මෙලොව දී සුවසේ වාසය කළ හැකි සතරක් වූ ධ්‍යානයන් කැමති සේ ලබන සේක් ද, නිදුකින් ලබන සේක් ද, පහසුවෙන් ලබන සේක් ද ස්වාමීනී, මම මෙකරුණ ද දකිමින් භාග්‍යවතුන් වහන්සේ කෙරෙහි මෙබඳු වූ උදාර ගෞරවයක් කරමි. මෛත්‍රී උපහාරයක් දක්වමි.

8. තව ද ස්වාමීනී, භාග්‍යවතුන් වහන්සේ අනේක ප්‍රකාර වූ පෙර විසූ කඳ පිළිවෙල සිහි කරන සේක. එනම් එක උපතක් වශයෙන් ද, උපත් දෙකක් වශයෙන් ද, උපත් තුනක් වශයෙන් ද, උපත් සතරක් වශයෙන් ද, උපත් පහක් වශයෙන් ද, උපත් දහයක් වශයෙන් ද, උපත් විස්සක් වශයෙන් ද, උපත් තිහක් ද, උපත් හතළිහක් ද, උපත් පණහක් ද, උපත් සියයක් ද, උපත් දහසක් ද, උපත් දස දහසක් ද, උපත් සිය දහසක් ද වශයෙන් අනේක වූ සංවට්ට කල්ප ද, අනේක වූ විවට්ට කල්ප ද, අනේක වූ සංවට්ට විවට්ට කල්ප වශයෙන් ද සිහි කරන

සේක. එමෙන් ම 'මම අසවල් තැන සිටියෙමි. මෙබඳු නමින් සිටියෙමි. මෙබඳු ගෝත්‍රයෙන් සිටියෙමි. මෙබඳු පැහැයෙන් සිටියෙමි. මෙබඳු ආහාර ගත්තෙමි. මෙබඳු අයුරින් සැප දුක් වින්දෙමි. මෙබඳු අයුරින් දිවිය අවසන් කළෙමි. එයින් චුත ව ඒ මම අසවල් තැන උපන්නෙමි. එහිදී ද මම මෙබඳු නමින් සිටියෙමි. මෙබඳු ගෝත්‍ර නමින් සිටියෙමි. මෙබඳු පැහැයෙන් සිටියෙමි. මෙබඳු ආහාර ගත්තෙමි. මෙබඳු සැප දුක් වින්දෙමි. මෙබඳු අයුරින් දිවිය අවසන් කළෙමි. ඒ මම එයින් චුත ව මෙහි උපන්නෙමි' ආදී වශයෙනි. මෙසේ කරුණු සහිත වූ, විස්තර සහිත වූ අනේක ප්‍රකාර වූ පෙර විසූ කඳ පිළිවෙල සිහි කරන සේක. ස්වාමීනී, යම් කරුණකින් භාග්‍යවතුන් වහන්සේ අනේක ප්‍රකාර වූ පෙර විසූ කඳ පිළිවෙල සිහි කරන සේක් ද, එනම් එක උපතක් වශයෙන් ද, උපත් දෙකක් වශයෙන් ද, ...(පෙ).... මෙසේ කරුණු සහිත වූ, විස්තර සහිත වූ අනේක ප්‍රකාර වූ පෙර විසූ කඳ පිළිවෙල සිහි කරන සේක් ද ස්වාමීනී, මම මෙකරුණ ට දකිමින් භාග්‍යවතුන් වහන්සේ කෙරෙහි මෙබඳු වූ උදාර ගෞරවයක් කරමි. මෛත්‍රී උපහාරයක් දක්වමි.

9. තව ද ස්වාමීනී, භාග්‍යවතුන් වහන්සේ මිනිස් දැක්ම ඉක්මවා ගිය විශුද්ධ දිව්‍ය නේත්‍රයෙන් චුතවන්නා වූත්, උපදින්නා වූත් සත්වයන් දකින සේක. ඒ සත්වයන් කර්මානුරූපව පහත් වූත්, උසස් වූත්, මනා පැහැ ඇත්තා වූත්, විරූපී වූත්, සුගතියේත් දුගතියේත් උපදින අයුරු දන්නා සේක. එනම් 'ඒකාන්තයෙන් මේ භවත් සත්වයෝ කාය දුශ්චරිතයෙන් යුක්ත වූවාහු ය. වචී දුශ්චරිතයෙන් යුක්ත වූවාහු ය. මනෝ දුශ්චරිතයෙන් යුක්ත වූවාහු ය. ආර්යයන් හට නින්දා අපහාස කළාහු ය. මිසදිටු ගත්තාහු ය. මිසදිටු ක්‍රියායෙහි යෙදුණාහු ය. ඔවුහු කය බිඳී මරණින් මතු අපාය නම් වූ, දුගතිය නම් වූ යටට වැටෙන නිරයෙහි උපන්නාහු ය. එසේ ම මේ භවත් සත්වයෝ කාය සුචරිතයෙන් යුක්ත වූවාහු ය. වචී සුචරිතයෙන් යුක්ත වූවාහු ය. මනෝ සුචරිතයෙන් යුක්ත වූවාහු ය. ආර්යයන් හට නින්දා අපහාස නොකළාහු ය. සම්දිටු ගත්තාහු ය. සම්දිටු ක්‍රියායෙහි යෙදුණාහු ය. ඔවුහු කය බිඳී මරණින් මතු සුගති නම් වූ ස්වර්ග ලෝකයෙහි උපන්නාහු ය. මෙසේ මිනිස් දැක්ම ඉක්මවා ගිය විශුද්ධ දිව්‍ය නේත්‍රයෙන් චුතවන්නා වූත්, උපදින්නා වූත් සත්වයන් දකිනා සේක. ඒ සත්වයන් කර්මානුරූප ව පහත් වූත්, උසස් වූත්, මනා පැහැ ඇත්තා වූත්, විරූපී වූත්, සුගතියේත් දුගතියේත් උපදින අයුරු දන්නා සේක. ස්වාමීනී, යම් කරුණකින් භාග්‍යවතුන් වහන්සේ මිනිස් දැක්ම ඉක්මවා ගිය විශුද්ධ දිව්‍ය නේත්‍රයෙන් චුතවන්නා වූත්, උපදින්නා වූත් සත්වයන් දක්නා සේක් ද, ...(පෙ).... සුගතියේ ත් දුගතියේ ත් උපදින අයුරු දන්නා සේක් ද, ස්වාමීනී, මම මෙකරුණ ද දකිමින් භාග්‍යවතුන් වහන්සේ කෙරෙහි මෙබඳු වූ උදාර ගෞරවයක් කරමි.

මෛත්‍රී උපහාරයක් දක්වමි.

10. තව ද ස්වාමීනී, භාග්‍යවතුන් වහන්සේ ආශ්‍රවයන් ක්ෂය වීමෙන් අනාශ්‍රව වූ චිත්ත විමුක්තියත්, ප්‍රඥා විමුක්තියත් මේ ජීවිතයේදී ම තම විශිෂ්ට නුවණින් අත්දැක එයට පැමිණ වාසය කරන සේක. ස්වාමීනී, යම් කරුණකින් භාග්‍යවතුන් වහන්සේ ආශ්‍රවයන් ක්ෂය වීමෙන් අනාශ්‍රව වූ චිත්ත විමුක්තිය ත්, ප්‍රඥා විමුක්තිය ත් මේ ජීවිතයේදී ම තම විශිෂ්ට නුවණින් අත්දැක එයට පැමිණ වාසය කරන සේක් ද, ස්වාමීනී, මම මෙකරුණ ද දකිමින් භාග්‍යවතුන් වහන්සේ කෙරෙහි මෙබඳු වූ උදාර ගෞරවයක් කරමි. මෛත්‍රී උපහාරයක් දක්වමි.

ස්වාමීනී, දැන් අපි යන්නෙමු. අපි වනාහී බොහෝ කෘත්‍ය ඇත්තෝ වෙමු. කළ යුතු දෑ බොහෝ ඇති අය වෙමු.''

''මහාරාජයෙනි, ඔබ දැන් යමක් සඳහා කාලය දන්නේ නම් මැනැවි.''

එකල්හී පසේනදී කෝසල රජතෙමේ හුනස්නෙන් නැගිට භාග්‍යවතුන් වහන්සේට සකසා වන්දනා කොට ප්‍රදක්ෂිණා කොට පිටත් ව ගියේ ය.

සාදු! සාදු!! සාදු!!!

දුතිය කෝසල සූත්‍රය නිමා විය.

තෙවෙනි මහා වර්ගය අවසන් විය.

- එහි පිළිවෙල උද්දානයයි :

සීහනාද සූත්‍රය, අධිවුත්තිපද සූත්‍රය, කාය සූත්‍රය, මහා චුන්ද සූත්‍රය, කසිණ සූත්‍රය, කාලී සූත්‍රය, මහා පඤ්හ සූත්‍ර දෙක, කෝසල සූත්‍ර දෙක වශයෙන් මෙහි සූත්‍ර දසයකි.

4. උපාලි වර්ගය

10.1.4.1.
උපාලි සූත්‍රය
උපාලි තෙරුන්ට වදාළ දෙසුම

සැවැත් නුවර දී ය ....

එකල්හී ආයුෂ්මත් උපාලි තෙරණුවෝ භාග්‍යවතුන් වහන්සේ යම් තැනක වැඩසිටි සේක් ද එතැනට පැමිණියහ. පැමිණ භාග්‍යවතුන් වහන්සේ සකසා වන්දනා කොට එකත්පස් ව හිඳගත්හ. එකත්පස් ව හුන් ආයුෂ්මත් උපාලි තෙරණුවෝ භාග්‍යවතුන් වහන්සේට මෙකරුණ සැළ කළහ.

"ස්වාමීනී, තථාගතයන් වහන්සේ විසින් ශ්‍රාවකයන් හට ශික්ෂාපදයෝ පණවන ලද්දාහු ය. ප්‍රාතිමෝක්ෂය උදෙසන ලද්දේ ය. ඒ කවර යහපතක් සළකාගෙන ද?"

"උපාලි, කරුණු දසයක් සළකාගෙන තථාගතයන් විසින් ශ්‍රාවකයන්ට ශික්ෂා පදයෝ පණවන ලද්දාහු ය. පාමොක් උදෙසන ලද්දේ ය. ඒ කවර දසයක් ද යත්;

සංඝයාගේ යහපත උදෙසා ය. සංඝයාගේ පහසුව උදෙසා ය. දුසිල් පුද්ගලයන් හට නිග්‍රහ කිරීම උදෙසා ය. සුපේශල භික්ෂූන්ගේ පහසු විහරණය උදෙසා ය. මෙලොව දී ඇතිවෙන උවදුරු වලින් සංවර වීම උදෙසා ය. පරලොවෙහි ඇතිවෙන උවදුරු නැසීම උදෙසා ය. නොපැහැදුනවුන්ගේ පැහැදීම උදෙසා ය. පැහැදුනවුන්ගේ වඩාත් පැහැදීම උදෙසා ය. සද්ධර්මයාගේ පැවැත්ම උදෙසා ය. විනයට අනුග්‍රහ උදෙසා ය.

උපාලි, මේ කරුණු දසය සළකාගෙන තථාගතයන් විසින් ශ්‍රාවකයන්ට ශික්ෂා පදයෝ පණවන ලද්දාහු ය. පාමොක් උදෙසන ලද්දේ ය."

සාදු! සාදු!! සාදු!!!

උපාලි සූත්‍රය නිමා විය.

10.1.4.2
පාතිමොක්ඛට්ඨපන සූත්‍රය
පාමොක් අත්හිටුවීම ගැන වදාළ දෙසුම

සැවැත් නුවර දී ය ....

"ස්වාමීනී, ප්‍රාතිමෝක්ෂ අත්හිටුවීම් කොපමණ තිබේද?"

"උපාලි, පාමොක් අත්හිටුවීම් දසයකි. ඒ කවර දසයක් ද යත්;

පාරාජිකාවට පත් වූ පුද්ගලයෙක් ඒ සඟපිරිසෙහි වාඩි වී සිටියේ වෙයි. පාරාජිකා පිළිබඳ කථාව අඩාල කරන ලද්දේ වෙයි. අනුපසම්පන්නයෙක් ඒ සඟපිරිසෙහි සිටියේ වෙයි. අනුපසම්පන්න පිළිබඳ කථාව අඩාල කරන ලද්දේ වෙයි. උපසම්පදාව ප්‍රතික්ෂේප කළ කෙනෙක් ඒ සඟපිරිසෙහි සිටියේ වෙයි. උපසම්පදාව ප්‍රතික්ෂේප කිරීම පිළිබඳ කථාව අඩාල කරන ලද්දේ වෙයි. නපුංසකයෙක් ඒ සඟපිරිසෙහි සිටියේ වෙයි. නපුංසක කථාව අඩාල කරන ලද්දේ වෙයි. භික්ෂුණී දූෂකයෙක් ඒ සඟපිරිසෙහි සිටියේ වෙයි. භික්ෂුණීදූෂක කථාව අඩාල කරන ලද්දේ වෙයි. උපාලි, මේ වනාහී පාමොක් අත්හිටුවන දස කරුණ වෙයි."

සාදු! සාදු!! සාදු!!!

පාතිමොක්ඛට්ඨපන සූත්‍රය නිමා විය.

10.1.4.3
උබ්බාහිකා සූත්‍රය
අධිකරණ විනිශ්චයට භික්ෂුවක් පත් කරගැනීම ගැන වදාළ දෙසුම

සැවැත් නුවර දී ය ....

"ස්වාමීනී, අධිකරණ විනිශ්චයට සම්මත කරගත යුතු භික්ෂුව කොතෙක් ධර්මයන්ගෙන් සමන්විත විය යුතු ද?"

"උපාලි, දස ධර්මයකින් සමන්විත වූ භික්ෂුව අධිකරණ විනිශ්චයෙහිලා සම්මත කළ යුත්තේ ය. ඒ කවර දස ධර්මයක් ද යත්;

1. උපාලි, මෙහිලා භික්ෂුව සිල්වත් වෙයි. ප්‍රාතිමෝක්ෂ සංවරයෙන් සංවර ව වාසය කරයි. මනා ඇවැතුම් පැවතුම් වලින් යුක්ත වෙයි. අණුමාත්‍ර වරදෙහි ද බිය දකින්නේ වේ. ශික්ෂාපදයන්හි සමාදන් ව සමාදන් ව හික්මෙයි.

2. බොහෝ ඇසූ පිරූ ධර්මය ඇත්තේ වෙයි. ඇසූ දහම් දරන්නේ ද වෙයි. ඒ ඇසූ දහම් සිත්හිලා රැස් කරගත්තේ ද වෙයි. යම් ධර්මයක් ආදි කල්‍යාණ වූ ත්, මධ්‍ය කල්‍යාණ වූ ත්, නිමාව කල්‍යාණ වූ ත් වෙයිද, අර්ථ සහිත වූ ත්, පැහැදිලි වචනයෙනුත් යුක්ත වෙයි ද, මුළුමනින් ම පිරිපුන්, පිරිසිදු, නිවන් මග පවසයි ද, එබඳු වූ ධර්මයන් ඔහු විසින් බොහෝ සෙයින් අසන ලද්දේ වෙයි. සිතෙහි දරාගන්නා ලද්දේ වෙයි. වචනයෙන් පිරිවහන ලද්දේ වෙයි. මනසින් වටහාගන්නා ලද්දේ වෙයි. අවබෝධය ඇති කරගන්නා ලද්දේ වෙයි.

3. ඔහු විසින් භික්ෂු, භික්ෂුණී උභය ප්‍රාතිමෝක්ෂයෝ විස්තර වශයෙන් මැනැවින් ගන්නා ලද්දාහු වෙති. එහිලා සූත්‍ර වශයෙන් ද, අනුව්‍යංජන වශයෙන් ද මැනැවින් බෙදන ලද්දාහු වෙති. මැනැවින් පවත්වන ලද්දාහු වෙති. මැනැවින් විනිශ්චය කරන ලද්දාහු වෙති.

4. විනයෙහි මනාකොට පිහිටියේ වෙයි. බාහිර බලපෑම්වලින් පසුබැස්විය නොහැකි වෙයි.

5. දෙපක්ෂයට ම කරුණු හඟවන්නට, පණවන්නට, පෙන්වා දෙන්නට, බලගන්වන්නට, පහදවන්නට ප්‍රතිබල සම්පන්න වෙයි.

6. හටගන්නා වූ අර්බුදයන් සංසිඳවීමෙහි දක්ෂ වෙයි.

7. අර්බුදය ද දන්නේ වෙයි.

8. අර්බුද හටගැනීම ද දන්නේ වෙයි.

9. අර්බුද සංසිඳීම ද දන්නේ වෙයි.

10. අර්බුද සංසිඳුවන්නා වූ ප්‍රතිපදාව ද දන්නේ වෙයි.

උපාලි, මෙම දස කරුණෙන් සමන්විත වූ භික්ෂුව අධිකරණ විනිශ්චයෙහිලා සම්මත කරගත යුත්තේ ය."

සාදු! සාදු!! සාදු!!!

උබ්බාහිකා සූත්‍රය නිමා විය.

10.1.4.4
උපසම්පදා සූත්‍රය
උපසම්පදා කිරීම ගැන වදාළ දෙසුම

සැවැත් නුවර දී ය ....

"ස්වාමීනී, උපසම්පදාව දෙනු ලබන භික්ෂුව කොතෙක් ධර්මයන්ගෙන් සමන්විත විය යුතුද?"

"උපාලි, දස ධර්මයකින් සමන්විත වූ භික්ෂුව විසින් උපසම්පදාව කළ යුත්තේ ය. ඒ කවර දස ධර්මයක් ද යත්;

1. උපාලි, මෙහිලා භික්ෂුව සිල්වත් වෙයි. ප්‍රාතිමෝක්ෂ සංවරයෙන් සංවර ව වාසය කරයි. මනා ඇවැතුම් පැවතුම් වලින් යුක්ත වෙයි. අණුමාත්‍ර වරදෙහි ද බිය දකින්නේ වේ. ශික්ෂාපදයන්හි සමාදන් ව හික්මෙයි.

2. බොහෝ ඇසූ පිරූ ධර්මය ඇත්තේ වෙයි. ඇසූ දහම් දරන්නේ ද වෙයි. ඒ ඇසූ දහම් සිත්හිලා රැස් කරගත්තේ ද වෙයි. යම් ධර්මයක් ආදි කල්‍යාණ වූ ත්, මධ්‍ය කල්‍යාණ වූ ත්, නිමාව කල්‍යාණ වූ ත් වෙයිද, අර්ථ සහිත වූ ත්, පැහැදිලි වචනයෙනුත් යුක්ත වෙයි ද, මුළුමනින් ම පිරිපුන්, පිරිසිදු, නිවන් මග පවසයි ද, එබඳු වූ ධර්මයන් ඔහු විසින් බොහෝ සෙයින් අසන ලද්දේ වෙයි. සිතෙහි දරාගන්නා ලද්දේ වෙයි. වචනයෙන් පිරිවහන ලද්දේ වෙයි. මනසින් වටහාගන්නා ලද්දේ වෙයි. අවබෝධය ඇති කරගන්නා ලද්දේ වෙයි.

3. ඔහු විසින් ප්‍රාතිමෝක්ෂය විස්තර වශයෙන් මැනැවින් ගන්නා ලද්දේ වෙයි. එහිලා සූත්‍ර වශයෙන් ද, අනුව්‍යංජන වශයෙන් ද මැනැවින් බෙදන ලද්දේ වෙයි. මැනැවින් පවත්වන ලද්දේ වෙයි. මැනැවින් විනිශ්චය කරන ලද්දේ වෙයි.

4. ගිලනුන් හට උවටැන් කිරීමට හෝ උවටැන් කැරවීමට හෝ ප්‍රතිබල සම්පන්න වූයේ වෙයි.

5. තම අන්තේවාසිකයාගේ සිතෙහි හටගන්නා අරතිය දුරු කිරීමට හෝ දුරු කැරවීමට හෝ ප්‍රතිබල සම්පන්න වූයේ වෙයි.

6. තම අන්තේවාසිකයාගේ සිතෙහි හටගන්නා සැකය ධර්මය තුළින් දුරු කිරීමට ප්‍රතිබල සම්පන්න වූයේ වෙයි.

7. තම අන්තේවාසිකයාගේ සිතෙහි හටගන්නා දෘෂ්ටීන් ධර්මය තුළින් ඉවත් කිරීමට ප්‍රතිබල සම්පන්න වූයේ වෙයි.

8. අධිසීලයෙහි සමාදන් කරවන්නට ප්‍රතිබල සම්පන්න වූයේ වෙයි.

9. අධිචිත්තයෙහි සමාදන් කරවන්නට ප්‍රතිබල සම්පන්න වූයේ වෙයි.

10. අධිප්‍රඥායෙහි සමාදන් කරවන්නට ප්‍රතිබල සම්පන්න වූයේ වෙයි.

උපාලි, මෙම දස කරුණෙන් සමන්විත වූ භික්ෂුව විසින් උපසම්පදාව කළ යුත්තේ ය."

සාදු! සාදු!! සාදු!!!

උපසම්පදා සූත්‍රය නිමා විය.

10.1.4.5
නිස්සය සූත්‍රය
තමා ඇසුරේ සංඝයා රඳවා ගැනීම ගැන වදාළ දෙසුම

සැවැත් නුවර දී ය ....

"ස්වාමීනී, තමා ඇසුරේ සංඝයා රඳවා ගනු ලබන භික්ෂුව කොතෙක් ධර්මයන්ගෙන් සමන්විත විය යුතුද?"

"උපාලි, දස ධර්මයකින් සමන්විත වූ භික්ෂුව විසින් තමා ඇසුරේ සංඝයා රඳවා ගත යුත්තේ ය. ඒ කවර දස ධර්මයක් ද යත්;

1. උපාලි, මෙහිලා භික්ෂුව සිල්වත් වෙයි. ....(පෙ).... ශික්ෂාපදයන්හි සමාදන් ව හික්මෙයි.

2. බොහෝ ඇසූ පිරූ ධර්මය ඇත්තේ වෙයි. ....(පෙ).... අවබෝධය ඇති කරගන්නා ලද්දේ වෙයි.

3. ඔහු විසින් ප්‍රාතිමෝක්ෂය විස්තර වශයෙන් මැනැවින් ගන්නා ලද්දේ

වෙයි. එහිලා සූත්‍ර වශයෙන් ද, අනුව්‍යංජන වශයෙන් ද මැනැවින් බෙදන ලද්දේ වෙයි. මැනැවින් පවත්වන ලද්දේ වෙයි. මැනැවින් විනිශ්චය කරන ලද්දේ වෙයි.

4. ගිලනුන් හට උවටැන් කිරීමට හෝ උවටැන් කැරවීමට හෝ ප්‍රතිබල සම්පන්න වූයේ වෙයි.

5. තම අන්තේවාසිකයාගේ සිතෙහි හටගන්නා අරතිය දුරු කිරීමට හෝ දුරු කැරවීමට හෝ ප්‍රතිබල සම්පන්න වූයේ වෙයි.

6. තම අන්තේවාසිකයාගේ සිතෙහි හටගන්නා සැකය ධර්මය තුළින් දුරු කරන්නට ප්‍රතිබල සම්පන්න වූයේ වෙයි.

7. තම අන්තේවාසිකයාගේ සිතෙහි හටගන්නා දෘෂ්ටීන් ධර්මය තුළින් ඉවත් කරවන්නට ප්‍රතිබල සම්පන්න වූයේ වෙයි.

8. අධිසීලයෙහි සමාදන් කරවන්නට ප්‍රතිබල සම්පන්න වූයේ වෙයි.

9. අධිචිත්තයෙහි සමාදන් කරවන්නට ප්‍රතිබල සම්පන්න වූයේ වෙයි.

10. අධිප්‍රඥායෙහි සමාදන් කරවන්නට ප්‍රතිබල සම්පන්න වූයේ වෙයි.

උපාලි, මෙම දස කරුණෙන් සමන්විත වූ භික්ෂුව විසින් තමා ඇසුරේ සංඝයා රඳවා ගත යුත්තේ ය."

සාදු! සාදු!! සාදු!!!

නිස්සය සූත්‍රය නිමා විය.

10.1.4.6
සාමණේර සූත්‍රය
සාමණේරයෙකු ලවා උවටැන් කරවා ගැනීම ගැන වදාළ දෙසුම

සැවැත් නුවර දී ය ....

"ස්වාමීනී, සාමණේරයෙකුගෙන් උවටැන් කරගනු ලබන භික්ෂුව කොතෙක් ධර්මයන්ගෙන් සමන්විත විය යුතුද?"

"උපාලි, දස ධර්මයකින් සමන්විත වූ භික්ෂුව විසින් සාමණේරයෙකු ගෙන් උවටැන් ලබා ගත යුත්තේ ය. ඒ කවර දස ධර්මයක් ද යත්;

1. උපාලි, මෙහිලා භික්ෂුව සිල්වත් වෙයි. ....(පෙ).... ශික්ෂාපදයන්හි සමාදන් ව හික්මෙයි.

2. බොහෝ ඇසූ පිරූ ධර්මය ඇත්තේ වෙයි. ....(පෙ).... අවබෝධය ඇති කරගන්නා ලද්දේ වෙයි.

3. ඔහු විසින් ප්‍රාතිමෝක්ෂය විස්තර වශයෙන් මැනැවින් ගන්නා ලද්දේ වෙයි. එහිලා සූත්‍ර වශයෙන් ද, අනුව්‍යංජන වශයෙන් ද මැනැවින් බෙදන ලද්දේ වෙයි. මැනැවින් පවත්වන ලද්දේ වෙයි. මැනැවින් විනිශ්චය කරන ලද්දේ වෙයි.

4. ගිලනුන් හට උවටැන් කිරීමට හෝ උවටැන් කරවීමට හෝ ප්‍රතිබල සම්පන්න වූයේ වෙයි.

5. තම අන්තේවාසික සාමණේරයාගේ සිතෙහි හටගන්නා අරතිය දුරු කිරීමට හෝ දුරු කරවීමට හෝ ප්‍රතිබල සම්පන්න වූයේ වෙයි.

6. තම අන්තේවාසික සාමණේරයාගේ සිතෙහි හටගන්නා සැකය ධර්මය තුළින් දුරුකරන්නට ප්‍රතිබල සම්පන්න වූයේ වෙයි.

7. තම අන්තේවාසික සාමණේරයාගේ සිතෙහි හටගන්නා දෘෂ්ටීන් ධර්මය තුළින් ඉවත් කරන්නට ප්‍රතිබල සම්පන්න වූයේ වෙයි.

8. අධිසීලයෙහි සමාදන් කරවන්නට ප්‍රතිබල සම්පන්න වූයේ වෙයි.

9. අධිචිත්තයෙහි සමාදන් කරවන්නට ප්‍රතිබල සම්පන්න වූයේ වෙයි.

10. අධිප්‍රඥායෙහි සමාදන් කරවන්නට ප්‍රතිබල සම්පන්න වූයේ වෙයි.

උපාලි, මෙම දස කරුණෙන් සමන්විත වූ භික්ෂුව විසින් සාමණේරයෙකුගෙන් උවටැන් ලබා ගත යුත්තේ ය."

සාදු! සාදු!! සාදු!!!

සාමණේර සූත්‍රය නිමා විය.

10.1.4.7
සංඝභේද සූත්‍රය
සංඝභේදය ගැන වදාළ දෙසුම

සැවැත් නුවර දී ය ....

"ස්වාමීනී, 'සංඝභේදය, සංඝභේදය' යැයි කියනු ලැබේ. කවර කරුණු මත සංඝයා බිඳී යන්නේ වෙයිද?"

"උපාලි, මෙහිලා භික්ෂුව (1) අධර්මය ධර්මය වශයෙන් පෙන්වයි. (2) ධර්මය අධර්මය වශයෙන් පෙන්වයි. (3) අවිනය විනය වශයෙන් පෙන්වයි. (4) විනය අවිනය වශයෙන් පෙන්වයි. (5) තථාගතයන් විසින් නොපැවසූ, නොකියූ දෙය තථාගතයන් විසින් පවසන ලද්දේ ය, කියන ලද්දේ ය වශයෙන් පෙන්වයි. (6) තථාගතයන් විසින් පැවසූ, කියූ දෙය තථාගතයන් විසින් නොපවසන ලද්දේ ය, නොකියන ලද්දේ ය වශයෙන් පෙන්වයි. (7) තථාගතයන් විසින් පුරුදු නොකරන ලද දෙය තථාගතයන් විසින් පුරුදු කරන ලද්දේ ය වශයෙන් පෙන්වයි. (8) තථාගතයන් විසින් පුරුදු කරන ලද දෙය තථාගතයන් විසින් පුරුදු නොකරන ලද්දේ ය වශයෙන් පෙන්වයි. (9) තථාගතයන් විසින් නොපණවන ලද දෙය තථාගතයන් විසින් පණවන ලද්දේ ය වශයෙන් පෙන්වයි. (10) තථාගතයන් විසින් පණවන ලද දෙය තථාගතයන් විසින් නොපණවන ලද්දේ ය වශයෙන් පෙන්වයි.

ඔවුහු මෙම දස කරුණෙන් සංඝයා තමා වටා රැස් කරත්. විශේෂයෙන් රැස් කරත්. වෙන් වෙන් ව කර්ම කරත්. වෙන් වෙන් ව ප්‍රාතිමෝක්ෂය උදෙසත්. උපාලි මෙපමණකින් සංඝභේදය වූයේ වෙයි.

සාදු! සාදු!! සාදු!!!

සංඝභේද සූත්‍රය නිමා විය.

10.1.4.8
සංඝසාමග්ගි සූත්‍රය
සංඝයාගේ සමගිය ගැන වදාළ දෙසුම

සැවැත් නුවර දී ය ....

"ස්වාමීනී, 'සංඝසාමග්‍රිය, සංඝසාමග්‍රිය' යැයි කියනු ලැබේ. කවර කරුණු මත සංඝයා සමගි වන්නේ වෙයිද?"

"උපාලි, මෙහිලා භික්ෂුව (1) අධර්මය අධර්මය වශයෙන් පෙන්වයි. (2) ධර්මය ධර්මය වශයෙන් පෙන්වයි. (3) අවිනය අවිනය වශයෙන් පෙන්වයි. (4) විනය විනය වශයෙන් පෙන්වයි. (5) තථාගතයන් විසින් නොපැවසූ, නොකියූ දෙය තථාගතයන් විසින් නොපවසන ලද්දේ ය, නොකියන ලද්දේ ය වශයෙන් පෙන්වයි. (6) තථාගතයන් විසින් පැවසූ, කියූ දෙය තථාගතයන් විසින් පවසන ලද්දේ ය, කියන ලද්දේ ය වශයෙන් පෙන්වයි. (7) තථාගතයන් විසින් පුරුදු නොකරන ලද දෙය තථාගතයන් විසින් පුරුදු නොකරන ලද්දේ ය වශයෙන් පෙන්වයි. (8) තථාගතයන් විසින් පුරුදු කරන ලද දෙය තථාගතයන් විසින් පුරුදු කරන ලද්දේ ය වශයෙන් පෙන්වයි. (9) තථාගතයන් විසින් නොපණවන ලද දෙය තථාගතයන් විසින් නොපණවන ලද්දේ ය වශයෙන් පෙන්වයි. (10) තථාගතයන් විසින් පණවන ලද දෙය තථාගතයන් විසින් පණවන ලද්දේ ය වශයෙන් පෙන්වයි.

ඔවුහු මෙම දස කරුණෙන් සංඝයා තමා වටා රැස් නොකරත්. විශේෂයෙන් රැස් නොකරත්. වෙන් වෙන් ව කර්ම නොකරත්. වෙන් වෙන් ව ප්‍රාතිමෝක්ෂය නොඋදෙසත්. උපාලි මෙපමණකින් සංඝසාමග්‍රිය වූයේ වෙයි."

සාදු! සාදු!! සාදු!!!

සංඝසාමග්ගි සූත්‍රය නිමා විය.

10.1.4.9
පඨම ආනන්ද සූත්‍රය
ආනන්ද තෙරුන්ට වදාළ පළමු දෙසුම

සැවැත් නුවර දී ය ....

එකල්හී ආයුෂ්මත් ආනන්දයන් වහන්සේ භාග්‍යවතුන් වහන්සේ යම් තැනක වැඩසිටි සේක් ද, එතැනට පැමිණියහ. පැමිණ භාග්‍යවතුන් වහන්සේට සකසා වන්දනා කොට එකත්පස් ව හිඳගත්හ. එකත්පස් ව හුන් ආයුෂ්මත් ආනන්දයන් වහන්සේ භාග්‍යවතුන් වහන්සේට මෙකරුණ සැළ කළහ.

"ස්වාමීනී, 'සංඝභේදය, සංඝභේදය' යැයි කියනු ලැබේ. කවර කරුණු මත සංඝයා බිඳී යන්නේ වෙයිද?"

"ආනන්දය, මෙහිලා භික්ෂුව (1) අධර්මය ධර්මය වශයෙන් පෙන්වයි. (2) ධර්මය අධර්මය වශයෙන් පෙන්වයි. (3) අවිනය විනය වශයෙන් පෙන්වයි. (4) විනය අවිනය වශයෙන් පෙන්වයි. (5) තථාගතයන් විසින් නොපැවසූ, නොකියූ දෙය තථාගතයන් විසින් පවසන ලද්දේ ය, කියන ලද්දේ ය වශයෙන් පෙන්වයි. (6) තථාගතයන් විසින් පැවසූ, කියූ දෙය තථාගතයන් විසින් නොපවසන ලද්දේ ය, නොකියන ලද්දේ ය වශයෙන් පෙන්වයි. (7) තථාගතයන් විසින් පුරුදු නොකරන ලද දෙය තථාගතයන් විසින් පුරුදු කරන ලද්දේ ය වශයෙන් පෙන්වයි. (8) තථාගතයන් විසින් පුරුදු කරන ලද දෙය තථාගතයන් විසින් පුරුදු නොකරන ලද්දේ ය වශයෙන් පෙන්වයි. (9) තථාගතයන් විසින් නොපණවන ලද දෙය තථාගතයන් විසින් පණවන ලද්දේ ය වශයෙන් පෙන්වයි. (10) තථාගතයන් විසින් පණවන ලද දෙය තථාගතයන් විසින් නොපණවන ලද්දේ ය වශයෙන් පෙන්වයි.

ඔවුහු මෙම දස කරුණෙන් සංඝයා තමා වටා රැස් කරත්. විශේෂයෙන් රැස් කරත්. වෙන් වෙන් ව කර්ම කරත්. වෙන් වෙන් ව ප්‍රාතිමෝක්ෂය උදෙසත්. ආනන්දය, මෙපමණකින් සංඝභේදය වූයේ වෙයි."

"ස්වාමීනී, සමගි වූ සංඝයා භේදභින්න කොට ඔහු තමා තුළ බිහි කරගන්නේ කුමක්ද?"

"ආනන්දය, කල්පයක් ම විඳවන පාපී විපාකය තමා තුළින් බිහි කරයි."

"ස්වාමීනී, කල්පයක් විඳවන පව්වූ විපාකය යනු කුමක් ද?"

"ආනන්දය, නිරයෙහි කල්පයක් පැසෙන්නේ ය."

(ගාථාවකිඃ)

1. සංඝයා කෙටවීමෙහි ඇළුණු, අධර්මයෙහි පිහිටි, මාර්ගඵලාවබෝධය නසාගත්, ඒ සංඝයා භේද කළ තැනැත්තා අපායෙහි උපදින්නේ වෙයි. නිරයෙහි උපදින්නේ වෙයි. කල්පයක් ආයු ඇත්තේ වෙයි. සංඝ සාමග්‍රිය වනසාලූ හේ කල්පයක් නිරයෙහි පැසෙන්නේ ය.

සාදු! සාදු!! සාදු!!!

පඨම ආනන්ද සූත්‍රය නිමා විය.

10.1.4.10
දුතිය ආනන්ද සූත්‍රය
ආනන්ද තෙරුන්ට වදාළ දෙවෙනි දෙසුම

සැවැත් නුවර දී ය ....

"ස්වාමීනී, 'සංඝසාමග්‍රිය, සංඝසාමග්‍රිය' යැයි කියනු ලැබේ. කවර කරුණු මත සංඝයා සමගි වන්නේ වෙයිද?"

"ආනන්දය, මෙහිලා භික්ෂුව (1) අධර්මය අධර්මය වශයෙන් පෙන්වයි. (2) ධර්මය ධර්මය වශයෙන් පෙන්වයි. (3) අවිනය අවිනය වශයෙන් පෙන්වයි. (4) විනය විනය වශයෙන් පෙන්වයි. (5) තථාගතයන් විසින් නොපැවසූ, නොකියූ දෙය තථාගතයන් විසින් නොපවසන ලද්දේ ය, නොකියන ලද්දේ ය වශයෙන් පෙන්වයි. (6) තථාගතයන් විසින් පැවසූ, කියූ දෙය තථාගතයන් විසින් පවසන ලද්දේ ය, කියන ලද්දේ ය වශයෙන් පෙන්වයි. (7) තථාගතයන් විසින් පුරුදු නොකරන ලද දෙය තථාගතයන් විසින් නොපුරුදු කරන ලද්දේ ය වශයෙන් පෙන්වයි. (8) තථාගතයන් විසින් පුරුදු කරන ලද දෙය තථාගතයන් විසින් පුරුදු කරන ලද්දේ ය වශයෙන් පෙන්වයි. (9) තථාගතයන් විසින් නොපණවන ලද දෙය තථාගතයන් විසින් නොපණවන ලද්දේ ය වශයෙන් පෙන්වයි. (10) තථාගතයන් විසින් පණවන ලද දෙය තථාගතයන් විසින් පණවන ලද්දේ ය

වශයෙන් පෙන්වයි.

ඔවුහු මෙම දස කරුණෙන් සංඝයා තමා වටා රැස් නොකරත්. විශේෂයෙන් රැස් නොකරත්. වෙන් වෙන් ව කර්ම නොකරත්. වෙන් වෙන් ව ප්‍රාතිමෝක්ෂය නොඋදෙසත්. ආනන්දය, මෙපමණකින් සංඝසාමග්‍රිය වූයේ වෙයි."

"ස්වාමීනී, භේදභින්න වූ සංඝයා සමගි කොට ඔහු තමා තුළ බිහි කරගන්නේ කුමක් ද?"

"ආනන්දය, බ්‍රහ්ම පුණ්‍යය තමා තුළින් බිහි කරයි."

"ස්වාමීනී, බ්‍රහ්ම පුණ්‍යය යනු කුමක් ද?"

"ආනන්දය, කල්පයක් සුගතියෙහි සතුටු වන්නේ ය."

(ගාථාවකි:)

1. සංඝයාගේ සමගිය සැපයකි. සංඝයා සමගි කිරීමෙහි ඇළුණු, ධර්මයෙහි පිහිටි ඒ සංඝයාගේ සමගියට අනුග්‍රහ කළ තැනැත්තා මාර්ගඵලාවබෝධය නොනසාගත්තේ වෙයි. සංඝයා සමගි කොට ස්වර්ගයෙහි කල්පයක් සතුටු වන්නේ වෙයි.

සාදු! සාදු!! සාදු!!!

දුතිය ආනන්ද සූත්‍රය නිමා විය.

හතරවෙනි උපාලි වර්ගය අවසන් විය.

- **එහි පිළිවෙල උද්දානයයි :**

උපාලි සූත්‍රය, පාතිමොක්ඛට්ඨපන සූත්‍රය, උබ්බාහිකා සූත්‍රය, උපසම්පදා සූත්‍රය, නිස්සය සූත්‍රය, සාමණේර සූත්‍රය, සංඝභේද සූත්‍රය, සංඝ සාමග්ගී සූත්‍රය, ආනන්ද සූත්‍ර දෙක වශයෙන් මෙහි සූත්‍ර දසයකි.

5. අක්කෝස වර්ගය

10.1.5.1.
විවාද සූත්‍රය
විවාද හටගැනීම ගැන වදාළ දෙසුම

සැවැත් නුවර දී ය ....

එකල්හී ආයුෂ්මත් උපාලි තෙරණුවෝ භාග්‍යවතුන් වහන්සේ යම් තැනක වැඩසිටි සේක් ද, එතැනට පැමිණියහ. පැමිණ භාග්‍යවතුන් වහන්සේට සකසා වන්දනා කොට එකත්පස් ව හිඳගත්හ. එකත්පස් ව හුන් ආයුෂ්මත් උපාලි තෙරණුවෝ භාග්‍යවතුන් වහන්සේට මෙකරුණ සැළ කළහ.

"ස්වාමීනී, සංඝයා අතර යම් කරුණෙකින් භේදභින්න වීම්, කලකෝළාහල, විවාද, සණ්ඩුසරුවල් ආදිය හටගනියි නම්, ඒ හේතුවෙන් භික්ෂූහු ද, පහසුවෙන් වාසය නොකරත් නම්, එයට හේතුව කුමක් ද? ප්‍රත්‍යය කුමක් ද?"

"උපාලි, මෙහිලා භික්ෂුව (1) අධර්මය ධර්මය වශයෙන් පෙන්වයි. (2) ධර්මය අධර්මය වශයෙන් පෙන්වයි. (3) අවිනය විනය වශයෙන් පෙන්වයි. (4) විනය අවිනය වශයෙන් පෙන්වයි. (5) තථාගතයන් විසින් නොපැවසූ, නොකියූ දෙය තථාගතයන් විසින් පවසන ලද්දේ ය, කියන ලද්දේ ය වශයෙන් පෙන්වයි. (6) තථාගතයන් විසින් පැවසූ, කියූ දෙය තථාගතයන් විසින් නොපවසන ලද්දේ ය, නොකියන ලද්දේ ය වශයෙන් පෙන්වයි. (7) තථාගතයන් විසින් පුරුදු නොකරන ලද දෙය තථාගතයන් විසින් පුරුදු කරන ලද්දේ ය වශයෙන් පෙන්වයි. (8) තථාගතයන් විසින් පුරුදු කරන ලද දෙය තථාගතයන් විසින් පුරුදු නොකරන ලද්දේ ය වශයෙන් පෙන්වයි. (9) තථාගතයන් විසින් නොපණවන ලද දෙය තථාගතයන් විසින් පණවන ලද්දේ ය වශයෙන් පෙන්වයි. (10) තථාගතයන් විසින් පණවන ලද දෙය තථාගතයන් විසින් නොපණවන ලද්දේ ය වශයෙන් පෙන්වයි.

උපාලි, යම් කරුණෙකින් සංඝයා අතර වාදභේද, කලකෝලාහල, ගැටුම් ආදිය හටගන්නේ නම් භික්ෂූහු ද අපහසුවෙන් වසත් නම්, එයට හේතුව මෙයයි. ප්‍රත්‍යය මෙය යි.”

සාදු! සාදු!! සාදු!!!

විවාද සූත්‍රය නිමා විය.

10.1.5.2.
පඨම විවාදමූල සූත්‍රය
විවාද හටගැනීමට මුල් වන දේ ගැන වදාළ පළමු දෙසුම

සැවැත් නුවර දී ය ....

“ස්වාමීනී, සංඝයා අතර වාදවිවාද හටගැනීමට හේතු වන කරුණු කොතෙක් තිබේ ද?”

“උපාලි, විවාදයන්ට මුල් වන කරුණු දහයකි. ඒ කවර දසයක් ද යත්; උපාලි, මෙහිලා භික්ෂුව (1) අධර්මය ධර්මය වශයෙන් පෙන්වයි. (2) ධර්මය අධර්මය වශයෙන් පෙන්වයි. (3) අවිනය විනය වශයෙන් පෙන්වයි. (4) විනය අවිනය වශයෙන් පෙන්වයි. (5) තථාගතයන් විසින් නොපැවසූ, නොකියූ දෙය තථාගතයන් විසින් පවසන ලද්දේ ය, කියන ලද්දේ ය වශයෙන් පෙන්වයි. (6) තථාගතයන් විසින් පැවසූ, කියූ දෙය තථාගතයන් විසින් නොපවසන ලද්දේ ය, නොකියන ලද්දේ ය වශයෙන් පෙන්වයි. (7) තථාගතයන් විසින් පුරුදු නොකරන ලද දෙය තථාගතයන් විසින් පුරුදු කරන ලද්දේ ය වශයෙන් පෙන්වයි. (8) තථාගතයන් විසින් පුරුදු කරන ලද දෙය තථාගතයන් විසින් පුරුදු නොකරන ලද්දේ ය වශයෙන් පෙන්වයි. (9) තථාගතයන් විසින් නොපණවන ලද දෙය තථාගතයන් විසින් පණවන ලද්දේ ය වශයෙන් පෙන්වයි. (10) තථාගතයන් විසින් පණවන ලද දෙය තථාගතයන් විසින් නොපණවන ලද්දේ ය වශයෙන් පෙන්වයි.

උපාලි, මේ වනාහී විවාදයන්ට මුල්වන දස කරුණ යි.”

සාදු! සාදු!! සාදු!!!

පඨම විවාදමූල සූත්‍රය නිමා විය.

10.1.5.3.
දුතිය විවාදමූල සූත්‍රය
විවාද හටගැනීමට මුල් වන දේ ගැන වදාළ දෙවන දෙසුම

සැවැත් නුවර දී ය ....

"ස්වාමීනී, සංඝයා අතර වාදවිවාද හටගැනීමට හේතු වන කරුණු කොතෙක් තිබේ ද?"

"උපාලි, විවාදයන්ට මුල් වන කරුණු දහයකි. ඒ කවර දසයක් ද යත්; උපාලි, මෙහිලා භික්ෂුව (1) ඇවැත් නොවූ දෙය ඇවැතක් වශයෙන් පෙන්වයි. (2) ඇවැත ඇවැත් නොවූ දෙයක් වශයෙන් පෙන්වයි. (3) සුළු ඇවැත බරපතල ඇවැතක් වශයෙන් පෙන්වයි. (4) බරපතල ඇවැත සුළු ඇවැතක් වශයෙන් පෙන්වයි. (5) නපුරු ඇවැත නපුරු නොවන ඇවැතක් වශයෙන් පෙන්වයි. (6) නපුරු නොවන ඇවැත නපුරු ඇවැතක් වශයෙන් පෙන්වයි. (7) අවශේෂ සහිත ඇවැත අවශේෂ රහිත ඇවැතක් වශයෙන් පෙන්වයි. (8) අවශේෂ රහිත ඇවැත අවශේෂ සහිත ඇවැතක් වශයෙන් පෙන්වයි. (9) පිළියම් කළ හැකි ඇවැත පිළියම් නොකළ හැකි ඇවැතක් වශයෙන් පෙන්වයි. (10) පිළියම් නොකළ හැකි ඇවැත පිළියම් කළ හැකි ඇවැතක් වශයෙන් පෙන්වයි.

උපාලි, මේ වනාහී විවාදයන්ට මුල්වන දස කරුණ යි."

සාදු! සාදු!! සාදු!!!

දුතිය විවාදමූල සූත්‍රය නිමා විය.

10.1.5.4.
කුසිනාරා සූත්‍රය
කුසිනාරායෙහිදී වදාළ දෙසුම

එක් සමයක භාග්‍යවතුන් වහන්සේ කුසිනාරායෙහි බලිහරණ නම් වන ලැහැබෙහි වැඩවසන සේක. එකල්හී භාග්‍යවතුන් වහන්සේ 'මහණෙනි'යි

භික්ෂූන් ඇමතූ සේක. 'පින්වතුන් වහන්සැ'යි ඒ භික්ෂූහු භාග්‍යවතුන් වහන්සේට පිළිවදන් දුන්හ. භාග්‍යවතුන් වහන්සේ මෙය වදාළ සේක.

"මහණෙනි, අනුන්ට චෝදනා කරනු කැමති චෝදක භික්ෂුව විසින් පස් කරුණක් තමා තුළ ඇත්දැයි නුවණින් විමසා පස් කරුණක් තමා තුළ පිහිටුවා ගෙන අන්‍යයන් හට චෝදනා කළ යුතුය. ඒ කවර පස් කරුණක් තමා තුළ ඇත්දැයි නුවණින් විමසිය යුතු ද?

"මහණෙනි, අනුන්ට චෝදනා කරනු කැමති චෝදක භික්ෂුව විසින් නුවණින් විමසිය යුත්තේ මේ අයුරිනි. 'මම වනාහී පිරිසිදු වූ කායික ක්‍රියාවන් ඇති කෙනෙක් වෙම් ද? පිරිසිදු කායික ක්‍රියාවෙන් යුක්ත වූ මා තුළ සිදුරු නැත්තේ වෙයි ද? කෙනෙකුට චෝදනා කළ හැකි වරදින් තොර වූයේ වෙයි ද? මේ කරුණ මා තුළ තිබේ ද? නොතිබේදැ'යි නුවණින් විමසිය යුතු ය. ඉදින් මහණෙනි, ඒ භික්ෂුව පිරිසිදු කායික ක්‍රියාවෙන් නොසිටියේ නම්, සිදුරු රහිත වූ, අන්‍යයන්ගේ චෝදනාවට පාත්‍ර නොවන්නා වූ පිරිසිදු කායික ක්‍රියාවෙන් යුක්ත ව නොසිටියේ නම් ඔහුට මෙලෙස පවසන්නෝ සිටිති. 'එම්බා ආයුෂ්මත, තමන් පළමුව කායික ව සංවර වෙනු'යි මෙලෙස ඔහු හට පවසන්නෝ වෙත් ම ය.

තව ද මහණෙනි, අනුන්ට චෝදනා කරනු කැමති චෝදක භික්ෂුව විසින් නුවණින් විමසිය යුත්තේ මේ අයුරිනි. 'මම වනාහී පිරිසිදු වූ වාචසික ක්‍රියාවන් ඇති කෙනෙක් වෙම් ද? පිරිසිදු වාචසික ක්‍රියාවෙන් යුක්ත වූ මා තුළ සිදුරු නැත්තේ වෙයි ද? කෙනෙකුට චෝදනා කළ හැකි වරදින් තොර වූයේ වෙයි ද? මේ කරුණ මා තුළ තිබේ ද? නොතිබේදැ'යි නුවණින් විමසිය යුතුය. ඉදින් මහණෙනි, ඒ භික්ෂුව පිරිසිදු වාචසික ක්‍රියාවෙන් නොසිටියේ නම්, සිදුරු රහිත වූ, අන්‍යයන්ගේ චෝදනාවට පාත්‍ර නොවන්නා වූ පිරිසිදු වාචසික ක්‍රියාවෙන් යුක්ත ව නොසිටියේ නම් ඔහුට මෙලෙස පවසන්නෝ සිටිති. 'එම්බා ආයුෂ්මත, තමන් පළමුව වචනයෙන් සංවර වෙනු'යි මෙලෙස ඔහු හට පවසන්නෝ වෙත් ම ය.

තව ද මහණෙනි, අනුන්ට චෝදනා කරනු කැමති චෝදක භික්ෂුව විසින් නුවණින් විමසිය යුත්තේ මේ අයුරිනි. 'මාගේ මෛත්‍රී චිත්තය සබ්‍රහ්මචාරීන් වහන්සේලා කෙරෙහි වෛර රහිත ව පවතින්නේ වෙයි ද, මේ මෛත්‍රී ධර්මය මා තුළ තිබේ ද? නොතිබේදැ'යි නුවණින් විමසිය යුතු ය. ඉදින් මහණෙනි, ඒ භික්ෂුවගේ මෛත්‍රී චිත්තය සබ්‍රහ්මචාරීන් වහන්සේලා කෙරෙහි වෛර රහිත ව පිහිටා නැත්නම් ඔහුට මෙලෙස පවසන්නෝ සිටිති. 'එම්බා ආයුෂ්මත, පළමුව

සබ්‍රහ්මචාරීන් වහන්සේලා කෙරෙහි මෛත්‍රී චිත්තය පිහිටුවා ගනු' යි මෙලෙස ඔහු හට පවසන්නෝ වෙත් ම ය.

තව ද මහණෙනි, අනුන්ට චෝදනා කරනු කැමති චෝදක භික්ෂුව විසින් නුවණින් විමසිය යුත්තේ මේ අයුරිනි. 'මම් බහුශ්‍රැත වූ කෙනෙක් ද? ඇසූ ධර්මය දරන්නා වූ ත්, ධර්මය සිතෙහි රැස් කරගත්තා වූ ත් කෙනෙක් වෙම් ද? යම් ධර්මයක් මුල කල්‍යාණ වූ ත්, මැද කල්‍යාණ වූ ත්, අවසානය කල්‍යාණ වූ ත්, අර්ථ සහිත වූ ත්, ව්‍යංජන සහිත වූ ත්, මුළුමනින් ම පිරිපුන්, පිරිසිදු නිවන් මග පවසන්නේ වෙයි ද, එබඳු වූ ධර්මය මා විසින් බොහෝ සෙයින් අසන ලද්දේ ය. දරන ලද්දේ ය. වචනයෙන් පිරිවහන ලද්දේ ය. මනසින් තේරුම් ගන්නා ලද්දේ ය. නුවණින් අවබෝධ කරගන්නා ලද්දේ ය යන මේ කරුණ මා තුළ තිබේද? නොතිබේද'යි නුවණින් විමසිය යුතු ය. මහණෙනි, ඉදින් යම්හෙයකින් ඒ භික්ෂුව බහුශ්‍රැත නොවේ නම්, සුතධර, සුත සන්නිචය නොවේ නම් මුල, මැද, අග කල්‍යාණ වූ, අර්ථ ව්‍යංජන සහිත වූ, මුළුමනින් ම පිරිපුන්, පිරිසිදු නිවන් මග විස්තර වන යම් ධර්මයක් ඇද්ද, ඒ ධර්මය බොහෝ කොට නොඅසන ලද්දේ නම් එබඳු වූ ධර්මය ඔහු විසින් නොදරා ගන්නා ලද්දේ නම්, වචනයෙන් නුපුහුණු කරන ලද්දේ නම්, මනසින් නොවිමසන ලද්දේ නම්, නුවණින් අවබෝධ නොකරන ලද්දේ නම්, ඔහුට මෙලෙස පවසන්නෝ සිටිති. 'එම්බා ආයුෂ්මත, පළමුව ධර්මය ඉගෙන ගනු' යි මේ අයුරින් ඔහුට පවසන්නෝ වෙත් ම ය.

තව ද මහණෙනි, අනුන්ට චෝදනා කරනු කැමති චෝදක භික්ෂුව විසින් නුවණින් විමසිය යුත්තේ මේ අයුරිනි. 'උභය ප්‍රාතිමෝක්ෂයෝ මා විසින් විස්තර වශයෙන් යහපත් ලෙස පිළිගන්නා ලද්දාහු ද? සූත්‍ර වශයෙන් ද, අනුව්‍යංජන වශයෙන් ද මනාකොට බෙදා මනාකොට පවත්වා මනාකොට සුනිශ්චිත කරන ලද්දාහු ද, මේ ධර්මය මා තුළ තිබේ ද? නොතිබේ දැ'යි මහණෙනි, ඉදින් යම් හෙයකින් භික්ෂුව උභය ප්‍රාතිමෝක්ෂයෝ විස්තර වශයෙන් යහපත් ලෙස නොපිළිගන්නා ලද්දාහු, සූත්‍ර වශයෙන් ද, අනුව්‍යංජන වශයෙන් ද මනාකොට බෙදා මනාකොට පවත්වා මනාකොට සුනිශ්චිත නොකරන ලද්දාහු, එකල්හී 'ආයුෂ්මතුනි, මෙකරුණ භාග්‍යවතුන් වහන්සේ විසින් කොතැනදී වදාරණ ලද්දේ ද?' මෙසේ ඇසූ කල්හී කරුණු සපයා ගත නොහැකි වන්නේ ය. එවිට ඔහුට මෙසේ පවසන්නෝ සිටිති. 'එම්බා ආයුෂ්මත, පළමුව විනයෙහි හික්මෙනු' යි මේ අයුරින් ඔහු හට පවසන්නෝ වෙත් ම ය. මහණෙනි, තමා තුළින් නුවණින් විමසා බැලිය යුතු පස් කරුණ මෙය යි.

මහණෙනි, තමා තුළ පිහිටුවා ගත යුතු පස් කරුණ කුමක් ද? එනම්

'මම් සුදුසු කාලය බලා කියමි, නොකල්හී නොකියමි. සත්‍ය කරුණකින් කියමි, අසත්‍ය කරුණකින් නොකියමි. මොලොක් වචනයෙන් කියමි, දරුණු වචනයෙන් නොකියමි. යහපත සළසනු පිණිස කියමි, අයහපත සළසනු පිණිස නොකියමි. මෛත්‍රී සිතින් කියමි, ද්වේෂ සිතින් නොකියමි' යි මේ පස් කරුණ තමා තුළ පිහිටුවා ගත යුත්තේ ය.

මහණෙනි, අනුන්ට චෝදනා කරනු කැමති චෝදක භික්ෂුව තමා තුළ පස් කරුණ ප්‍රත්‍යවෙක්ෂා කරමින් ද, තමා තුළ මේ පස් කරුණ පිහිටුවා ගනිමින් ද අනුන්ට චෝදනා කළ යුත්තේ ය.

සාදු! සාදු!! සාදු!!!

කුසිනාරා සූත්‍රය නිමා විය.

10.1.5.5
රාජන්තේපුරප්පවේසන සූත්‍රය
රජුගේ අන්තඃපුරයට ඇතුළුවීම ගැන වදාළ දෙසුම

සැවැත් නුවර දී ය ....

"මහණෙනි, රජුගේ අන්තඃපුරයට ඇතුළු වීමෙහි අනතුරු දහයක් තිබේ. කවර දසයෙක් ද යත්;

1. මහණෙනි, මෙහිලා රජු මෙහෙසිය සමඟ වාඩි වී සිටියේ වෙයි. එකල්හී එතැනට භික්ෂුවක් පිවිසෙයි. රාජමහේෂිකාව භික්ෂුව දැක සිනහ පහළ කරන්නී හෝ වෙයි. භික්ෂුව හෝ මෙහෙසිය දැක සිනහ පහළ කරයි. එවිට රජුට මෙසේ සිතෙයි. 'සැබැවින් ම මොවුන් විසින් නොකළ යුතු දැයක් කරන ලද්දේ හෝ වෙයි ද? කරන්නේ හෝ වෙයි ද?' යි. මහණෙනි, මෙය රාජ අන්තඃපුර ප්‍රවේශයෙහි ඇති පළමුවෙනි අනතුර යි.

2. තව ද මහණෙනි, රජු බොහෝ කෘත්‍ය ඇති හෙයින්, කළ යුතු බොහෝ දෑ ඇති හෙයින් අන්තඃපුරයෙහි වෙනත් ස්ත්‍රියක ළඟට ගොස් ඒ බව අමතක වෙයි. ඕ එයින් ගර්භනී වෙයි. එකල්හී රජුට මෙසේ සිතෙයි. 'මෙහි පැවිද්දෙකු හැර අන්‍ය වූ වෙන කෙනෙක් නොපිවිසෙයි. මෙය පැවිද්දෙකුගේ කටයුත්තෙක් දැ'යි. මහණෙනි, මෙය රාජ අන්තඃපුර ප්‍රවේශයෙහි ඇති දෙවෙනි අනතුර යි.

3. තව ද මහණෙනි, රජුගේ අන්තඃපුරයෙහි එක්තරා මාණික්‍යයක් නැති වෙන්නේ ය. එවිට රජුට මෙසේ සිතෙයි. 'මෙහි පැවිද්දෙකු හැර අන්‍ය වූ වෙන කෙනෙක් නොපිවිසෙයි. මෙය පැවිද්දෙකුගේ කටයුත්තෙක් දැ'යි. මහණෙනි, මෙය රාජ අන්තඃපුර ප්‍රවේශයෙහි ඇති තුන්වෙනි අනතුර යි.

4. තව ද මහණෙනි, රජුගේ අන්තඃපුරයෙහි අභ්‍යන්තර රහස් සාකච්ඡා බාහිර ලෝකයට ත් දැනගන්නට ලැබෙයි. එවිට රජුට මෙසේ සිතෙයි. 'මෙහි පැවිද්දෙකු හැර අන්‍ය වූ වෙන කෙනෙක් නොපිවිසෙයි. මෙය පැවිද්දෙකුගේ කටයුත්තෙක් දැ'යි. මහණෙනි, මෙය රාජ අන්තඃපුර ප්‍රවේශයෙහි ඇති සිව්වෙනි අනතුර යි.

5. තව ද මහණෙනි, රජුගේ අන්තඃපුරයෙහි පියා හෝ පුතු වැනසීමට සැලසුම් කරයි. පුතු හෝ පියා වැනසීමට සැළසුම් කරයි. එවිට ඔවුන්ට මෙසේ සිතෙයි. 'මෙහි පැවිද්දෙකු හැර අන්‍ය වූ වෙන කෙනෙක් නොපිවිසෙයි. මෙය පැවිද්දෙකුගේ කටයුත්තෙක් දැ'යි. මහණෙනි, මෙය රාජ අන්තඃපුර ප්‍රවේශයෙහි ඇති පස්වෙනි අනතුර යි.

6. තව ද මහණෙනි, රජු පහළ තැනක සිටි කෙනෙක් ඉහළ තැනක තබවයි. යම් කෙනෙකුන් තුළ ඒ ගැන අමනාපයක් ඇතිවෙයි ද, ඔවුන්ට මෙසේ සිතෙයි. 'රජු පැවිද්දහු සමඟ ඉතා සමීපව සිටී. මෙය පැවිද්දෙකුගේ කටයුත්තෙක් දැ'යි. මහණෙනි, මෙය රාජ අන්තඃපුර ප්‍රවේශයෙහි ඇති හයවෙනි අනතුර යි.

7. තව ද මහණෙනි, රජු ඉහළ තැනක සිටි කෙනෙක් පහළ තැනක තබවයි. යම් කෙනෙකුන් තුළ ඒ ගැන අමනාපයක් ඇතිවෙයි ද, ඔවුන්ට මෙසේ සිතෙයි. 'රජු පැවිද්දහු සමඟ ඉතා සමීපව සිටී. මෙය පැවිද්දෙකුගේ කටයුත්තෙක් දැ'යි. මහණෙනි, මෙය රාජ අන්තඃපුර ප්‍රවේශයෙහි ඇති හත්වෙනි අනතුර යි.

8. තව ද මහණෙනි, රජු නුසුදුසු කාලයෙහි යුද්ධය පිණිස සේනාව මෙහෙයවයි. යම් කෙනෙකුන් තුළ ඒ ගැන අමනාපයක් ඇතිවෙයි ද, ඔවුන්ට මෙසේ සිතෙයි. 'රජු පැවිද්දහු සමඟ ඉතා සමීප ව සිටී. මෙය පැවිද්දෙකුගේ කටයුත්තෙක් දැ'යි. මහණෙනි, මෙය රාජ අන්තඃපුර ප්‍රවේශයෙහි ඇති අටවෙනි අනතුර යි.

9. තව ද මහණෙනි, රජු සුදුසු කාලයෙහි යුද්ධය පිණිස සේනාව මෙහෙයවා අතරමගින් එය නවත්වාලයි. යම් කෙනෙකුන් තුළ ඒ ගැන අමනාපයක් ඇතිවෙයි ද, ඔවුන්ට මෙසේ සිතෙයි. 'රජු පැවිද්දහු සමඟ ඉතා සමීප ව සිටී. මෙය පැවිද්දෙකුගේ කටයුත්තෙක් දැ'යි. මහණෙනි, මෙය රාජ අන්තඃපුර ප්‍රවේශයෙහි ඇති නවවෙනි අනතුර යි.

10. තව ද මහණෙනි, රජුගේ අන්තඃපුරයෙහි ඇතුන්ගේ ඝෝෂාව ද, අශ්වයින්ගේ ඝෝෂාව ද, රථයන්ගේ ඝෝෂාව ද ඇත්තේ ය. එමෙන් ම පැවිද්දන්ට අගෝචර වූ කෙලෙස් හටගන්නා යම් රූප, ශබ්ද, ගන්ධ, රස, ස්පර්ශයෝ ඇත්තාහු ය. මහණෙනි, මෙය රාජ අන්තඃපුර ප්‍රවේශයෙහි ඇති දසවෙනි අනතුර යි.

මහණෙනි, රජුගේ අන්තඃපුරයට ඇතුළු වීමෙහි මේ අනතුරු දහය තිබෙන්නේ ය.

සාදු! සාදු!! සාදු!!!

රාජන්තේපුරප්පවේසන සූත්‍රය නිමා විය.

10.1.5.6
සක්‍ය සූත්‍රය
ශාක්‍යයන්ට වදාළ දෙසුම

එක් සමයක භාග්‍යවතුන් වහන්සේ ශාක්‍ය රාජධානියෙහි කපිලවස්තුයෙහි නිග්‍රෝධාරාමයෙහි වැඩවසන සේක. එකල්හී බොහෝ ශාක්‍ය උපාසකවරු පොහෝ දිනයක් වූ එදින භාග්‍යවතුන් වහන්සේ යම් තැනක වැඩසිටි සේක් ද, එතැනට පැමිණියාහු ය. පැමිණ භාග්‍යවතුන් වහන්සේට සකසා වන්දනා කොට එකත්පස් ව හිඳගත්තාහු ය. එකත්පස් ව හුන් ශාක්‍ය උපාසකවරුන් ගෙන් භාග්‍යවතුන් වහන්සේ මෙය ඇසූ සේක.

"ශාක්‍යවරුනි, ඔබ අෂ්ටාංගයෙන් යුක්ත වූ උපෝසථ සිල් සමාදන් ව වසව් ද?"

"ස්වාමීනී, ඇතැම් දවස්වල අපි අෂ්ටාංග උපෝසථ සිල් සමාදන් ව වසමු. ඇතැම් දවස්වල නොවසමු."

"ශාක්‍යවරුනි, එය ඔබට අලාභයෙක් ම ය. එය ඔබට නපුරු ලැබීමෙක් ම ය. මෙබඳු වූ ශෝක, භය සහිත ජීවිතයක් ඇති කල්හී, මරණ භය සහිත ජීවිතයක් ඇති කල්හී, ඇතැම් දිනෙක පමණක් අෂ්ටාංග උපෝසථ සිල් සමාදන් වූවාහු ය. ඇතැම් දිනෙක සමාදන් නොවූවාහු ය. ශාක්‍යවරුනි, ඒ කිමැයි හඟිව් ද? මෙහිලා පුරුෂයෙක් කිසියම් රැකියාවකින් පාඩු නොලබන්නේ නම්, දිනකට

අඩ කහවණුවක් උපයන්නේ නම් ඔහු දක්ෂ පුරුෂයෙක් ය, නැගී සිටි වීරියෙන් යුතු කෙනෙක් ය කියා කීමට සුදුසු වෙයි ද?" "එසේ ය, ස්වාමීනී"

"ශාක්‍යවරුනි, ඒ කිමැයි හඟිව් ද? මෙහිලා පුරුෂයෙක් කිසියම් රැකියාවකින් පාඩු නොලබන්නේ නම්, දිනෙකට කහවණුවක් උපයන්නේ නම් ඔහු දක්ෂ පුරුෂයෙක් ය, නැගී සිටි වීරියෙන් යුතු කෙනෙක් ය කියා කීමට සුදුසු වෙයි ද?" "එසේ ය, ස්වාමීනී"

"ශාක්‍යවරුනි, ඒ කිමැයි හඟිව් ද? මෙහිලා පුරුෂයෙක් කිසියම් රැකියාවකින් පාඩු නොලබන්නේ නම්, දිනෙකට කහවණු දෙකක් උපයන්නේ නම් ....(පෙ).... කහවණු තුනක් උපයන්නේ නම් ....(පෙ).... කහවණු හතරක් උපයන්නේ නම් ....(පෙ).... කහවණු පහක් උපයන්නේ නම් ....(පෙ).... කහවණු හයක් උපයන්නේ නම් ....(පෙ).... කහවණු හතක් උපයන්නේ නම් ....(පෙ).... කහවණු අටක් උපයන්නේ නම් ....(පෙ).... කහවණු නවයක් උපයන්නේ නම් ....(පෙ).... කහවණු දහයක් උපයන්නේ නම් ....(පෙ).... කහවණු විස්සක් උපයන්නේ නම් ....(පෙ).... කහවණු තිහක් උපයන්නේ නම් ....(පෙ).... කහවුණු හතළිහක් උපයන්නේ නම් ....(පෙ).... කහවණු පනහක් උපයන්නේ නම් ඔහු දක්ෂ පුරුෂයෙක් ය, නැගී සිටි වීරියෙන් යුතු කෙනෙක් ය කියා කීමට සුදුසු වෙයි ද?" "එසේ ය, ස්වාමීනී"

"ශාක්‍යවරුනි, ඒ කිමැයි හඟිව් ද? ඉදින් ඒ පුරුෂයා දවසක් දවසක් පාසා කහවණු සියයක්, කහවණු දහසක් උපයන්නේ ඒ ලද ලද කහවණු රැස් කරන්නේ සියවසක් ආයු ඇති ඒ තැනැත්තා සියවසක් ජීවිතය ගෙවද්දී මහත් වූ භෝග ස්කන්ධයකට හිමිකරුවෙක් වන්නේ ද?" "එසේ ය, ස්වාමීනී"

"ශාක්‍යවරුනි, ඒ කිමැයි හඟිව් ද? ඉදින් ඒ පුරුෂයා ඒ භෝග හේතුවෙන් ඒ ධන සම්පත් හේතුවෙන්, ඒ භෝග සම්පත් හේතුවෙන් එක රැයක් වේවා, එක් දහවලක් වේවා, අඩ රැයක් වේවා, අඩ දවසක් වේවා ඒකාන්තයෙන් ම පිරිපුන් ලෙස සැප විඳිනසුළු ව වාසය කරන්නේ ද?" "ස්වාමීනී, එසේ නොවේ ම ය."

"එයට හේතුව කුමක් ද?"

"ස්වාමීනී, කාමයෝ වනාහී අනිත්‍යයහ. හිස් දෙයකි. බොරුවෙකි. නැසෙනසුළු ස්වභාව ඇති දෙයකි."

"ශාක්‍යවරුනි, මෙහිලා මාගේ ශ්‍රාවකයෙක් දස වර්ෂයක් අප්‍රමාදී ව කෙලෙස් තවන වීර්යයෙන්, කාය ජීවිත දෙකෙහි අනපේක්ෂිත ව වාසය කරමින්

මා විසින් යම් අයුරකින් අවවාද කරන ලද්දේ ද, ඒ අයුරින් ම පිළිපදියි නම්, ඒ තැනැත්තා සියක් වසක් ද, දස දහස් වසක් ද, සිය දහස් වසක් ද, සියවස් සිය දහසක් ද ඒකාන්ත සැපයක් විඳිමින් වාසය කරන්නේ ය. එමෙන් ම ඔහු සකදාගාමී වූ කෙනෙක් හෝ අනාගාමී වූ කෙනෙක් හෝ වෙයි. නොවැරදීම සෝවාන් හෝ වෙයි.

ශාක්‍යවරුනි, දස වසක් තිබේවා! මෙහිලා මාගේ ශ්‍රාවකයෙක් නව වසක් ....(පෙ).... අට වසක් ....(පෙ).... සත් වසක් ....(පෙ).... සය වසක් ....(පෙ).... පස් වසක් ....(පෙ).... සිව් වසක් ....(පෙ).... තුන් වසක් ....(පෙ).... දෙවසක් ....(පෙ).... එක් වසක් අප්‍රමාදී ව කෙලෙස් තවන වීර්‍යයෙන්, කාය ජීවිත දෙකෙහි අනපේක්ෂිත ව වාසය කරමින් මා විසින් යම් අයුරකින් අවවාද කරන ලද්දේ ද, ඒ අයුරින් ම පිළිපදියි නම්, ඒ තැනැත්තා සියක් වසක් ද, දස දහස් වසක් ද, සිය දහස් වසක් ද, සියවස් සිය දහසක් ද ඒකාන්ත සැපයක් විඳිමින් වාසය කරන්නේ ය. එමෙන් ම ඔහු සකදාගාමී වූ කෙනෙක් හෝ අනාගාමී වූ කෙනෙක් හෝ වෙයි. නොවැරදීම සෝවාන් හෝ වෙයි.

ශාක්‍යවරුනි, එක් වසක් තිබේවා! මෙහිලා මාගේ ශ්‍රාවකයෙක් දස මසක් අප්‍රමාදී ව කෙලෙස් තවන වීර්‍යයෙන්, කාය ජීවිත දෙකෙහි අනපේක්ෂිත ව වාසය කරමින් මා විසින් යම් අයුරකින් අවවාද කරන ලද්දේ ද, ඒ අයුරින් ම පිළිපදියි නම්, ඒ තැනැත්තා සියක් වසක් ද, දස දහසක් ද, සිය දහස් වසක් ද, සියවස් සිය දහසක් ද ඒකාන්ත සැපයක් විඳිමින් වාසය කරන්නේ ය. එමෙන් ම ඔහු සකදාගාමී වූ කෙනෙක් හෝ අනාගාමී වූ කෙනෙක් හෝ වෙයි. නොවැරදීම සෝවාන් හෝ වෙයි.

ශාක්‍යවරුනි, දස මසක් තිබේවා! මෙහිලා මාගේ ශ්‍රාවකයෙක් නව මසක් ....(පෙ).... අට මසක් ....(පෙ).... සත් මසක් ....(පෙ).... හය මසක් ....(පෙ).... පස් මසක් ....(පෙ).... සාර මසක් ....(පෙ).... තුන් මසක් ....(පෙ).... දෙමසක් ....(පෙ).... එක් මසක් ....(පෙ).... අඩමසක් අප්‍රමාදී ව කෙලෙස් තවන වීර්‍යයෙන්, කාය ජීවිත දෙකෙහි අනපේක්ෂිත ව වාසය කරමින් මා විසින් යම් අයුරකින් අවවාද කරන ලද්දේ ද, ඒ අයුරින් ම පිළිපදියි නම්, ඒ තැනැත්තා සියක් වසක් ද, දස දහසක් ද, සිය දහස් වසක් ද, සියවස් සිය දහසක් ද ඒකාන්ත සැපයක් විඳිමින් වාසය කරන්නේ ය. එමෙන් ම ඔහු සකදාගාමී වූ කෙනෙක් හෝ අනාගාමී වූ කෙනෙක් හෝ වෙයි. නොවැරදීම සෝවාන් හෝ වෙයි.

ශාක්‍යවරුනි, අඩ මසක් තිබේවා! මෙහිලා මාගේ ශ්‍රාවකයෙක් දස රෑ දහවලක් අප්‍රමාදී ව කෙලෙස් තවන වීර්‍යයෙන්, කාය ජීවිත දෙකෙහි

අනපේක්ෂිත ව වාසය කරමින් මා විසින් යම් අයුරකින් අවවාද කරන ලද්දේ ද, ඒ අයුරින් ම පිළිපදියි නම්, ඒ තැනැත්තා සියක් වසක් ද, දස දහසක් ද, සිය දහස් වසක් ද, සියවස් සිය දහසක් ද ඒකාන්ත සැපයක් විඳිමින් වාසය කරන්නේ ය. එමෙන් ම ඔහු සකදාගාමී වූ කෙනෙක් හෝ අනාගාමී වූ කෙනෙක් හෝ වෙයි. නොවැරදීම සෝවාන් හෝ වෙයි.

ශාක්‍යවරුනි, දස රෑ දහවලක් තිබේවා! මෙහිලා මාගේ ශ්‍රාවකයෙක් රෑ දහවල් නවයක් ....(පෙ).... රෑ දහවල් අටක් ....(පෙ).... රෑ දහවල් සතක් ....(පෙ).... රෑ දහවල් හයක් ....(පෙ).... රෑ දහවල් පහක් ....(පෙ).... රෑ දහවල් සතරක් ....(පෙ).... රෑ දහවල් තුනක් ....(පෙ).... රෑ දහවල් දෙකක් ....(පෙ).... එක් රෑ දහවලක් අප්‍රමාදී ව කෙලෙස් තවන වීර්යයෙන්, කාය ජීවිත දෙකෙහි අනපේක්ෂිත ව වාසය කරමින් මා විසින් යම් අයුරකින් අවවාද කරන ලද්දේ ද, ඒ අයුරින් ම පිළිපදියි නම්, ඒ තැනැත්තා සියක් වසක් ද, දස දහසක් ද, සිය දහස් වසක් ද, සියවස් සිය දහසක් ද ඒකාන්ත සැපයක් විඳිමින් වාසය කරන්නේ ය. එමෙන් ම ඔහු සකදාගාමී වූ කෙනෙක් හෝ අනාගාමී වූ කෙනෙක් හෝ වෙයි. නොවැරදීම සෝවාන් හෝ වෙයි.

ශාක්‍යවරුනි, එය ඔබට අලාභයෙක් ම ය. එය ඔබට නපුරු ලැබීමෙක් ම ය. මෙබඳු වූ ශෝක භය සහිත ජීවිතයක් ඇති කල්හී, මරණ භය සහිත ජීවිතයක් ඇති කල්හී, ඇතැම් දිනෙක පමණක් අෂ්ටාංග උපෝසථ සිල් සමාදන් වූවාහු ය. ඇතැම් දිනෙක සමාදන් නොවූවාහු ය."

"ස්වාමීනී, ඒ අපි අද පටන් අෂ්ටාංග උපෝසථ සීලය සමාදන් ව වසන්නෙමු."

සාදු! සාදු!! සාදු!!!

සක්‍ය සූත්‍රය නිමා විය.

10.1.5.7
මහාලි සූත්‍රය
මහාලි ලිච්ඡවී රජුට වදාළ දෙසුම

එක් සමයක භාග්‍යවතුන් වහන්සේ විශාලායෙහි මහා වනයෙහි කූටාගාර

ශාලාවෙහි වැඩවසන සේක. එකල්හී මහාලි ලිච්ඡවී රජු භාග්‍යවතුන් වහන්සේ යම් තැනක වැඩසිටි සේක් ද, එතැනට පැමිණියේ ය. පැමිණ භාග්‍යවතුන් වහන්සේට සකසා වන්දනා කොට එකත්පස්ව හිඳගත්තේ ය. එකත්පස් ව හුන් මහාලි ලිච්ඡවී රජු භාග්‍යවතුන් වහන්සේට මෙකරුණ පැවසුවේ ය.

"ස්වාමීනී, පාප කර්මයක් කිරීමට හෝ වේවා, පාප කර්මයක් පැවැත්වීමට හෝ වේවා හේතුවන දෙය කුමක් ද? ප්‍රත්‍යය වන දෙය කුමක් ද?"

"මහාලි, පාප කර්මයක් කිරීමට හෝ වේවා, පාප කර්මයක් පැවැත්වීමට හෝ වේවා ලෝභය හේතු වන්නේ ය. ලෝභය ප්‍රත්‍යය වන්නේ ය. මහාලි, පාප කර්මයක් කිරීමට හෝ වේවා, පාප කර්මයක් පැවැත්වීමට හෝ වේවා ද්වේෂය හේතු වන්නේ ය. ද්වේෂය ප්‍රත්‍යය වන්නේ ය. මහාලි, පාප කර්මයක් කිරීමට හෝ වේවා, පාප කර්මයක් පැවැත්වීමට හෝ වේවා මෝහය හේතු වන්නේ ය. මෝහය ප්‍රත්‍යය වන්නේ ය. මහාලි, පාප කර්මයක් කිරීමට හෝ වේවා, පාප කර්මයක් පැවැත්වීමට හෝ වේවා නුවණින් තොර ව මෙනෙහි කිරීම හේතු වන්නේ ය. නුවණින් තොර ව මෙනෙහි කිරීම ප්‍රත්‍යය වන්නේ ය. මහාලි, පාප කර්මයක් කිරීමට හෝ වේවා, පාප කර්මයක් පැවැත්වීමට හෝ වේවා වැරදි ලෙස සිත පිහිටුවා තිබීම හේතු වන්නේ ය. වැරදි ලෙස සිත පිහිටුවා තිබීම ප්‍රත්‍යය වන්නේ ය. මහාලි, පාප කර්මයක් කිරීමට හෝ වේවා, පාප කර්මයක් පැවැත්වීමට හෝ වේවා හේතු වන්නේ මෙයයි. ප්‍රත්‍යය වන්නේ මෙය යි."

"ස්වාමීනී, කල්‍යාණ කර්මයක් කිරීමට හෝ වේවා, කල්‍යාණ කර්මයක් පැවැත්වීමට හෝ වේවා හේතුවන දෙය කුමක් ද? ප්‍රත්‍යය වන දෙය කුමක් ද?"

"මහාලි, කල්‍යාණ කර්මයක් කිරීමට හෝ වේවා, කල්‍යාණ කර්මයක් පැවැත්වීමට හෝ වේවා අලෝභය හේතු වන්නේ ය. අලෝභය ප්‍රත්‍යය වන්නේ ය. මහාලි, කල්‍යාණ කර්මයක් කිරීමට හෝ වේවා, කල්‍යාණ කර්මයක් පැවැත්වීමට හෝ වේවා අද්වේෂය හේතු වන්නේ ය. අද්වේෂය ප්‍රත්‍යය වන්නේ ය. මහාලි, කල්‍යාණ කර්මයක් කිරීමට හෝ වේවා, කල්‍යාණ කර්මයක් පැවැත්වීමට හෝ වේවා අමෝහය හේතු වන්නේ ය. අමෝහය ප්‍රත්‍යය වන්නේ ය. මහාලි, කල්‍යාණ කර්මයක් කිරීමට හෝ වේවා, කල්‍යාණ කර්මයක් පැවැත්වීමට හෝ වේවා නුවණින් යුක්ත ව මෙනෙහි කිරීම හේතු වන්නේ ය. නුවණින් යුක්ත ව මෙනෙහි කිරීම ප්‍රත්‍යය වන්නේ ය. මහාලි, කල්‍යාණ කර්මයක් කිරීමට හෝ වේවා, කල්‍යාණ කර්මයක් පැවැත්වීමට හෝ වේවා නිවැරදි ලෙස සිත පිහිටුවා තිබීම හේතු වන්නේ ය. නිවැරදි ලෙස සිත පිහිටුවා තිබීම ප්‍රත්‍යය වන්නේ ය.

මහාලි, කල්‍යාණ කර්මයක් කිරීමට හෝ වේවා, කල්‍යාණ කර්මයක් පැවැත්වීමට හෝ වේවා හේතු වන්නේ මෙය යි. ප්‍රත්‍යය වන්නේ මෙය යි.

මහාලි, ලොවෙහි මෙම දස ධර්මයෝ නොතිබුණාහු නම් අධර්ම චරියා, විසම චරියා හෝ දක්නට නොලැබෙන්නේ ය. ධර්ම චරියා, සම චරියා හෝ දක්නට නොලැබෙන්නේ ය. මහාලි, යම් හෙයකින් මේ දස ධර්මයෝ ලෝකයෙහි තිබෙත් ද, එහෙයින් ම අධර්ම චරියා, විසම චරියා දක්නට ලැබෙන්නේ ය. ධර්ම චරියා, සම චරියා ද දක්නට ලැබෙන්නේ ය.

සාදු! සාදු!! සාදු!!!

මහාලි සූත්‍රය නිමා විය.

10.1.5.8
දසධම්ම සූත්‍රය
නිතර මෙනෙහි කළ යුතු කරුණු දහය ගැන වදාළ දෙසුම

සැවැත් නුවර දී ය ....

"මහණෙනි, මෙම දස කරුණ පැවිද්දහු විසින් නිතර මෙනෙහි කළ යුත්තේ ය. ඒ කවර දස කරුණක් ද යත්;

1. 'මම් දුර්වර්ණභාවයට පැමිණියෙම් වෙමි' යි පැවිද්දහු විසින් නිතර මෙනෙහි කළ යුත්තේ ය.

2. 'මාගේ ජීවත්වීම අන්‍යයන්ගේ සිව්පසය හා බැඳී තිබෙන්නේ' යැයි පැවිද්දහු විසින් නිතර මෙනෙහි කළ යුත්තේ ය.

3. 'මා විසින් පැවිද්දන්ට ගැලපෙන අන්‍ය වූ ආකල්පයක් ඇතිව සිටිය යුතු' යැයි පැවිද්දහු විසින් නිතර මෙනෙහි කළ යුත්තේ ය.

4. 'කිම? මාගේ සිත සීලය හේතුවෙන් මට චෝදනා නොකරන්නේ දැ'යි පැවිද්දහු විසින් නිතර මෙනෙහි කළ යුත්තේ ය.

5. 'කිම? නුවණැති සබ්‍රහ්මචාරීහු කරුණු සහිත ව මා හට සීලයෙන් චෝදනා නොකරන්නාහු දැ'යි පැවිද්දහු විසින් නිතර මෙනෙහි කළ යුත්තේ ය.

6. 'මා හට ප්‍රිය වූ මනාප වූ සියළු දෑයෙහි වෙනස් වෙනස් ස්වභාවයන්ට

පත් වීම, විනාශයට පත්වීම තිබෙන්නේ යැ'යි පැවිද්දහු විසින් නිතර මෙනෙහි කළ යුත්තේ ය.

7. 'මා කරන ලද දෙයින් ඇතිවන විපාකය මා සතු දේ වශයෙන් ඇති ව සිටින කෙනෙක්මි. මා කරන ක්‍රියාව ම දායාදය කොට සිටින කෙනෙක්මි. මාගේ ක්‍රියාව මා උපදින තැන තීරණය කරන ස්වභාවයෙන් යුතු වෙමි. මාගේ ක්‍රියාව ම ඥාතියා කොට වසමි. කර්මය පිළිසරණ කොට වසමි. කල්‍යාණ වූ හෝ පාපී වූ හෝ යම් ක්‍රියාවක් කරන්නෙම් ද, එහි ඵලය දායාදය කරගන්නෙක් වෙමි' යි පැවිද්දහු විසින් නිතර මෙනෙහි කළ යුත්තේ ය.

8. 'කෙබඳු අයුරින් ගත කරන මට රාත්‍රිය ත්, දහවල ත් ඉක්ම යන්නේ දැ'යි පැවිද්දහු විසින් නිතර මෙනෙහි කළ යුත්තේ ය.

9. 'කිම? මම් ධර්මයේ හැසිරීමට යෝග්‍ය වූ ජනශූන්‍ය තැනක සිත් අලවා වසන්නෙක් වෙම් දැ'යි පැවිද්දහු විසින් නිතර මෙනෙහි කළ යුත්තේ ය.

10. 'මා විසින් සාමාන්‍ය මිනිස් ස්වභාවය ඉක්මවා ගිය ආර්ය වූ ඥානදර්ශන විශේෂයක් අත්පත් කරගෙන ඇත්තේ දැයි ඒ මම් අවසාන කාලයෙහි සබ්‍රහ්මචාරීන් වහන්සේලා විසින් විමසන ලද්දෙම් නම් තේජස් රහිත ව මුව යටට හරවා නොසිටින්නෙමි යි පැවිද්දහු විසින් නිතර මෙනෙහි කළ යුත්තේ ය.

මහණෙනි, පැවිද්දහු විසින් නිතර මෙනෙහි කළ යුතු දස කරුණ නම් මේවා ය.

සාදු! සාදු!! සාදු!!!

දසධම්ම සූත්‍රය නිමා විය.

10.1.5.9
සරීරට්ඨධම්ම සූත්‍රය
සිරුරෙහි ඇති දේ ගැන වදාළ දෙසුම

සැවැත් නුවර දී ය ....

"මහණෙනි, සිරුරෙහි පිහිටා ඇති මේ කරුණු දසයෙකි. කවර දසයක් ද යත්;

සීතල ය. උණුසුම ය. කුසගින්න ය. පිපාසය ය. අසූචි ය. මුත්‍ර ය. කාය සංවරය ය. වාක් සංවරය ය. ආජීව සංවරය ය. යළි භවය සකසන භව සංස්කාරය ය. මහණෙනි, සිරුරෙහි පිහිටා ඇති කරුණු දසය නම් මේවා ය.

සාදු! සාදු!! සාදු!!!

සරීරට්ඨධම්ම සූත්‍රය නිමා විය.

10.1.5.10
භණ්ඩන සූත්‍රය
කෝලාහල ගැන වදාළ දෙසුම

එක් සමයක භාග්‍යවතුන් වහන්සේ සැවැත් නුවර ජේතවනය නම් වූ අනේපිඬු සිටුහුගේ ආරාමයෙහි වැඩවසන සේක. එසමයෙහි පිණ්ඩපාතයෙන් වැළකුණු පසුබත් කාලයෙහි බොහෝ භික්ෂූහු උපස්ථාන ශාලායෙහි රැස් ව සිටියාහු ය. රැස් ව දබර කරගත්තාහු ය. කලහ කරගත්තාහුය. වාද විවාද කරගත්තාහු ය. එකිනෙකා හට වචන නමැති සැතින් පහර දී ගත්තාහු ය.

එකල්හී භාග්‍යවතුන් වහන්සේ සවස් වරුවෙහි භාවනාවෙන් නැගිට උපස්ථාන ශාලාව යම් තැනක ද, එතැනට වැඩි සේක. වැඩම කොට පණවන ලද අසුනෙහි වැඩහුන් සේක. එසේ වැඩහුන් භාග්‍යවතුන් වහන්සේ භික්ෂූන් ඇමතූ සේක.

"මහණෙනි, දැන් කවර නම් කථාවකින් ඔබ කල් යැව්වාහු ද? ඔබගේ කවර වූ කථාවක් අඩාල වූයේ ද?"

"ස්වාමීනී, මෙහිලා අපි පසුබත් කල පිණ්ඩපාතයෙන් වැළකී උපස්ථාන ශාලාවෙහි රැස් ව හුන්නමෝ වෙමු. ඒ අපි දබර කරගත්තාහු, කලහ කරගත්තාහු, වාද විවාද කරගත්තාහු, එකිනෙකා හට වචන නැමැති සැතින් පහර දී ගත්තාහු වෙමු."

"මහණෙනි, ශ්‍රද්ධාවෙන් යුක්ත ව ගිහි ගෙයින් නික්ම අනගාරික සසුනෙහි පැවිදි වූ කුලපුත්‍රයන් වූ ඔබට මේ අයුරින් දබර කරගැනීම, කලහ කරගැනීම, වාද විවාද කරගැනීම, එකිනෙකාට වචන නැමැති සැතින් පහර දී ගැනීම කිසිසේත් සුදුසු නැත.

මහණෙනි, නිතර සිහි කළ යුතු, ප්‍රිය බව ඇති කරන, ගෞරවය ඇති කරන, එකිනෙකාට උපකාරී වන, විවාද රහිත ව සමගියෙන් විසීමට හේතු වන, එකට වාසය කිරීමට හේතුවන මේ කරුණු දසයකි. ඒ කවර දසයක් ද යත්;

1. මහණෙනි, මෙහිලා භික්ෂුව සිල්වත් වෙයි. ප්‍රාතිමෝක්ෂ සංවරයෙන් සංවර වූයේ වෙයි. යහපත් ඇවතුම් පැවතුම් ඇතිව වසන්නේ වෙයි. අණුමාත්‍ර වූ වරදෙහි ත් බිය දකින සුළු ව සමාදන් වූ ශික්ෂාපදයන්හි හික්මෙන්නේ වෙයි. මහණෙනි, යම් හෙයකින් භික්ෂුවක් සිල්වත් වෙයි නම් ....(පෙ).... සමාදන් වූ ශික්ෂාපදයන්හි හික්මෙන්නේ නම් මෙය ද නිතර සිහි කළ යුතු, ප්‍රිය බව ඇති කරන, ගෞරවය ඇති කරන, එකිනෙකාට උපකාරී වන, විවාද රහිත ව සමගියෙන් විසීමට හේතු වන, එකට වාසය කිරීමට හේතුවන කරුණකි.

2. තව ද මහණෙනි, භික්ෂුව ධර්මය බොහෝ සෙයින් අසන ලද්දේ වෙයි. ඒ ඇසූ දහම් දරන්නේ වෙයි. ඒ ඇසූ දහම් සිත්හිලා රැස් කරගන්නේ වෙයි. යම් ඒ ධර්මයෝ කල්‍යාණ වූ පටන් ගැනීමෙකින් යුක්ත වෙත් ද, කල්‍යාණ වූ මැදකින් යුක්ත වෙත් ද, කල්‍යාණ වූ අවසානයකින් යුක්ත වෙත් ද, අර්ථ සහිත වෙත් ද, පැහැදිලි වචනයෙන් යුක්ත වෙත් ද, හැම ලෙසින් ම පිරිපුන් පිරිසිදු නිවන් මග පවසත් ද, එබඳු වූ ධර්මයෝ ඔහු විසින් බොහෝ කොට අසන ලද්දාහු ය. ධාරණය කරගන්නා ලද්දාහු ය. වචනයෙන් පිරිවහන ලද්දාහු ය. මනසින් විමසන ලද්දාහු ය. නුවණින් අවබෝධ කරන ලද්දාහු ය. මහණෙනි, යම් හෙයකින් භික්ෂුව ධර්මය බොහෝ කොට අසන ලද්දේ වෙයි ද, ...(පෙ).... නුවණින් අවබෝධ කරන ලද්දේ වෙයි ද, මෙය ද නිතර සිහි කළ යුතු, ප්‍රිය බව ඇති කරන, ගෞරවය ඇති කරන, එකිනෙකාට උපකාරී වන, විවාද රහිත ව සමගියෙන් විසීමට හේතු වන, එකට වාසය කිරීමට හේතුවන කරුණකි.

3. තව ද මහණෙනි, භික්ෂුව කලණ මිතුරන් ඇත්තේ වෙයි. කල්‍යාණ සහායකයන් ඇත්තේ වෙයි. කලණ මිතුරන්ගේ ඇසුරට නැඹුරු වූයේ වෙයි. මහණෙනි, යම් හෙයකින් භික්ෂුව කලණ මිතුරන් ඇත්තේ වෙයි ද, කල්‍යාණ සහායකයන් ඇත්තේ වෙයි ද, කලණ මිතුරන්ගේ ඇසුරට නැඹුරු වූයේ වෙයි ද මෙය ද නිතර සිහි කළ යුතු, ප්‍රිය බව ඇති කරන, ගෞරවය ඇති කරන, එකිනෙකාට උපකාරී වන, විවාද රහිත ව සමගියෙන් විසීමට හේතු වන, එකට වාසය කිරීමට හේතුවන කරුණකි.

4. තව ද මහණෙනි, භික්ෂුව කීකරු වූයේ වෙයි. කීකරු බව ඇතිකරන ගුණදහමින් යුක්ත වූයේ ද වෙයි. ඉවසීමෙන් යුක්ත වූයේ වෙයි. අවවාදයන් ලැබෙන විට පැදකුණු කොට ගරු බුහුමන් සහිත ව පිළිගන්නේ වෙයි.

මහණෙනි, යම් හෙයකින් භික්ෂුව කීකරු වූයේ වෙයි ද, කීකරු බව ඇතිකරන ගුණ දහමින් යුක්ත වූයේ වෙයි ද, ඉවසීමෙන් යුක්ත වෙයි ද, අවවාද ලැබෙන විට පැදකුණු කොට ගරු බුහුමන් සහිතව පිළිගන්නේ වෙයි ද, මෙය ද නිතර සිහි කළ යුතු, ප්‍රිය බව ඇති කරන, ගෞරවය ඇති කරන, එකිනෙකාට උපකාරී වන, විවාද රහිත ව සමගියෙන් විසීමට හේතු වන, එකට වාසය කිරීමට හේතුවන කරුණකි.

5. තව ද මහණෙනි, භික්ෂුව සබ්‍රහ්මචාරීන් වහන්සේලාගේ යම් කුදු මහත් වැඩපළ සොයා බැලිය යුතුව ඇද්ද, එහිලා දක්ෂ වෙයි. අලස බවින් තොර වෙයි. එහිලා විමසා බලා වැඩකටයුතු කරන්නේ වෙයි. ඒ කටයුතු කිරීමට දක්ෂ වූයේ ද වෙයි. පිළිවෙලකට කිරීමට දක්ෂ වූයේ ද වෙයි. මහණෙනි, යම් හෙයකින් භික්ෂුව සබ්‍රහ්චාරීන් වහන්සේලාගේ යම් කුදු මහත් වැඩපළ සොයා බැලිය යුතු ව ඇද්ද, එහිලා දක්ෂ වෙයි ද, අලස බවින් තොර වෙයි ද, එහිලා විමසා බලා වැඩකටයුතු කරන්නේ වෙයි ද, ඒ කටයුතු කිරීමට දක්ෂ වූයේ වෙයි ද පිළිවෙලකට කිරීමට දක්ෂ වූයේ වෙයි ද මෙය ද නිතර සිහි කළ යුතු, ප්‍රිය බව ඇති කරන, ගෞරවය ඇති කරන, එකිනෙකාට උපකාරී වන, විවාද රහිත ව සමගියෙන් විසීමට හේතු වන, එකට වාසය කිරීමට හේතුවන කරුණකි.

6. තවද මහණෙනි, භික්ෂුව ධර්මයට කැමති වූයේ වෙයි. ප්‍රිය වූ බසින් ධර්මය දෙසන්නේ ද වෙයි. ගැඹුරු ධර්මයෙහි ත්, ගැඹුරු විනයෙහි ත් උදාර වූ සතුටක් විඳින්නේ වෙයි. මහණෙනි, යම් හෙයකින් භික්ෂුව ධර්මයට කැමති වන්නේ ද, ප්‍රිය වූ බසින් දහම් දෙසන්නේ ද, ගැඹුරු ධර්මයෙහි ත්, ගැඹුරු විනයෙහි ත් උදාර වූ සතුටක් විඳින්නේ ද මෙය ද නිතර සිහි කළ යුතු, ප්‍රිය බව ඇති කරන, ගෞරවය ඇති කරන, එකිනෙකාට උපකාරී වන, විවාද රහිත ව සමගියෙන් විසීමට හේතු වන, එකට වාසය කිරීමට හේතුවන කරුණකි.

7. තව ද මහණෙනි, භික්ෂුව පටන්ගත් වීර්යයෙන් යුක්ත වූයේ වෙයි. අකුසල් දහම් ප්‍රහාණය කිරීමට ත්, කුසල් දහම් උපදවා ගැනීමට ත් නිසි බල ඇතියෙක් වෙයි. දැඩි වීර්යයකින් යුක්ත වෙයි. කුසල් දහම් ඉපිදවීමෙහිලා අත් නොහළ වීර්යය ඇත්තේ වෙයි. මහණෙනි, යම් හෙයකින් භික්ෂුව පටන් ගත් වීර්යයෙන් යුක්ත වූයේ වෙයි ද, අකුසල් දහම් ප්‍රහාණය කිරීමට ත්, කුසල් දහම් උපදවා ගැනීමට ත් නිසි බල ඇතියෙක් වෙයි ද, දැඩි වීර්යයකින් යුක්ත වෙයි ද, කුසල් දහම් ඉපිදවීමෙහිලා අත් නොහළ වීර්යය ඇත්තේ වෙයි ද මෙය ද නිතර සිහි කළ යුතු, ප්‍රිය බව ඇති කරන, ගෞරවය ඇති කරන, එකිනෙකාට උපකාරී වන, විවාද රහිත ව සමගියෙන් විසීමට හේතු වන, එකට වාසය කිරීමට හේතුවන කරුණකි.

8. තව ද මහණෙනි, භික්ෂුව ලද දෙයින් සතුටු වූයේ වෙයි. ලද සිවුරකින්, ලද පිණ්ඩපාතයකින්, ලද සෙනසුනකින්, ලද ගිලන්පස බෙහෙත් පිරිකරකින් සතුටු වූයේ වෙයි. මහණෙනි, යම් හෙයකින් භික්ෂුව ලද දෙයින් සතුටු වූයේ වෙයි ද, ලද සිවුරකින්, ලද පිණ්ඩපාතයකින්, ලද සෙනසුනකින්, ලද ගිලන්පස බෙහෙත් පිරිකරකින් සතුටු වූයේ වෙයි ද මෙය ද නිතර සිහි කළ යුතු, ප්‍රිය බව ඇති කරන, ගෞරවය ඇති කරන, එකිනෙකාට උපකාරී වන, විවාද රහිත ව සමගියෙන් විසීමට හේතු වන, එකට වාසය කිරීමට හේතුවන කරුණකි.

9. තව ද මහණෙනි, භික්ෂුව මනා සිහි ඇත්තේ වෙයි. නුවණින් යුතුව උතුම් අයුරින් සිහිය පවත්වන්නේ වෙයි. බොහෝ කලකට පෙර කරන ලද යමක් ඇද්ද, බොහෝ කලකට පෙර පැවසූ යමක් ඇද්ද එය සිහි කරන්නේ, නැවත නැවත සිහි කරන්නේ වෙයි. මහණෙනි, යම් හෙයකින් භික්ෂුව මනා සිහි ඇත්තේ වෙයි ද, නුවණින් යුතු ව උතුම් අයුරින් සිහිය පවත්වන්නේ වෙයි ද, බොහෝ කලකට පෙර කරන ලද යමක් ඇද්ද, බොහෝ කලකට පෙර පැවසූ යමක් ඇද්ද එය සිහි කරන්නේ, නැවත නැවත සිහි කරන්නේ වෙයි ද, මෙය ද නිතර සිහි කළ යුතු, ප්‍රිය බව ඇති කරන, ගෞරවය ඇති කරන, එකිනෙකාට උපකාරී වන, විවාද රහිත ව සමගියෙන් විසීමට හේතු වන, එකට වාසය කිරීමට හේතුවන කරුණකි.

10. තව ද මහණෙනි, භික්ෂුව ප්‍රඥාවන්ත වෙයි. මැනැවින් දුක් ගෙවී යාමෙහි සමර්ථ වූ ආර්ය වූ තියුණු අවබෝධයෙකින් යුක්ත වූයේ, හටගැනීම ත් නැතිවීම ත් මැනැවින් වැටහෙන ප්‍රඥාවෙකින් යුක්ත වූයේ වෙයි. මහණෙනි, යම්හෙයකින් භික්ෂුව ප්‍රඥාවන්ත වෙයි ද, මැනැවින් දුක් ගෙවී යාමෙහි සමර්ථ වූ ආර්ය වූ තියුණු අවබෝධයෙකින් යුක්ත වූයේ ද, හටගැනීම ත් නැතිවීම ත් මැනැවින් වැටහෙන ප්‍රඥාවෙකින් යුක්ත වූයේ වෙයි ද, මෙය ද නිතර සිහි කළ යුතු, ප්‍රිය බව ඇති කරන, ගෞරවය ඇති කරන, එකිනෙකාට උපකාරී වන, විවාද රහිත ව සමගියෙන් විසීමට හේතු වන, එකට වාසය කිරීමට හේතුවන කරුණකි.

මහණෙනි, නිතර සිහි කළ යුතු, ප්‍රිය බව ඇති කරන, ගෞරවය ඇති කරන, එකිනෙකාට උපකාරී වන, විවාද රහිත ව සමගියෙන් විසීමට හේතු වන, එකට වාසය කිරීමට හේතුවන කරුණු දසය මේවා ය.”

සාදු! සාදු!! සාදු!!!

භණ්ඩන සූත්‍රය නිමා විය.

පස්වෙනි අක්කෝස වර්ගය අවසන් විය.
පළමු පණ්ණාසකය නිමා විය.

- එහි පිළිවෙල උද්දානයයි :

විවාද සූත්‍රය, විවාදමූල සූත්‍ර දෙක, කුසිනාරා සූත්‍රය, අන්තේපුරප්පවේසන සූත්‍රය, සක්‍ය සූත්‍රය, මහාලි සූත්‍රය, දස ධම්ම සූත්‍රය, සරීරට්ඨ සූත්‍රය සහ භණ්ඩන සූත්‍රය වශයෙන් මෙහි සූත්‍ර දසයකි.

දෙවෙනි පණ්ණාසකය

1. සචිත්ත වර්ගය

10.2.1.1.
සචිත්ත සූත්‍රය
තම සිත ගැන වදාළ දෙසුම

එක් සමයක භාග්‍යවතුන් වහන්සේ සැවැත් නුවර ජේතවන නම් වූ අනේපිඬු සිටාණන් විසින් කරවන ලද ආරාමයෙහි වැඩ වසන සේක. එකල්හී භාග්‍යවතුන් වහන්සේ 'මහණෙනි' යි කියා භික්ෂූන් ඇමතූ සේක. 'පින්වතුන් වහන්සැ'යි ඒ භික්ෂූහු භාග්‍යවතුන් වහන්සේට පිළිවදන් දුන්හ. භාග්‍යවතුන් වහන්සේ මෙය වදාළ සේක.

"ඉදින් මහණෙනි, භික්ෂුවක් අනුන්ගේ සිත දකින්නට දක්ෂ නොවෙයි නම්, එකල 'තමන්ගේ සිත දකින්නට දක්ෂ වන්නෙමි'යි මහණෙනි, මේ අයුරින් ඔබ හික්මිය යුත්තේ ය.

මහණෙනි, භික්ෂුවක් තමන්ගේ සිත දකින්නට දක්ෂ වන්නේ කෙසේ ද? මහණෙනි, එය මෙබඳු දෙයකි. යොවුන් වූ තරුණ වූ ස්ත්‍රියක් හෝ පුරුෂයෙක් හෝ සැරසෙනු කැමති ව පිරිසිදු කැඩපතක් ළඟට යයි. නැත්නම් පිරිසිදු දිය බඳුනක් ළඟට යයි. තමාගේ මුව මඬල හොඳින් විමසා බලයි. ඉදින් තමාගේ මුවෙහි කිසියම් කිළුටක් හෝ කැළලක් හෝ තිබේ නම් ඒ කිළුට හෝ කැළල හෝ නැති කර දැමීමට වෑයම් කරයි. ඉදින් තමාගේ මුවෙහි කිළුටක් හෝ කැළලක් හෝ නොදකී නම් ඒ හේතුවෙන් සතුටු සිත් ඇත්තේ වේ. පිරිපුන් සංකල්ප ඇත්තේ වෙයි. 'සැබැවින් ම මට ලාභයකි. සැබැවින් ම මගේ මුව මඬල පිරිපුන් ය' වශයෙනි.

ඔය අයුරින් ම මහණෙනි, කුසල් දහම් පිළිබඳ ව නුවණින් විමසන්නා වූ භික්ෂුවට බොහෝ උපකාර ලැබෙන්නේ ය. 'මම් බහුල ව ලෝභයෙන්

යුතුව වාසය කරන්නෙම් ද? මම් බහුල ව ලෝභ රහිතව වාසය කරන්නෙම් ද? මම් ද්වේෂ සිතින් බහුල ව වසන්නෙම් ද? මම් ද්වේෂ රහිත සිතින් බහුල ව වසන්නෙම් ද? මම් බහුල ව ථීනමිද්ධයට යට වී වසන්නෙම් ද? මම් බහුල ව ථීනමිද්ධ රහිත ව වසන්නෙම් ද? මම් බහුල ව උද්ධච්චයෙන් වසන්නෙම් ද? මම් බහුල ව උද්ධච්ච රහිත ව වසන්නෙම් ද? මම් බහුල ව සැකයෙන් වසන්නෙම් ද? මම් බහුල ව සැකයෙන් තොර ව වසන්නෙම් ද? මම් බහුල ව ක්‍රෝධයෙන් වසන්නෙම් ද? මම් බහුල ව ක්‍රෝධ රහිත ව වසන්නෙම් ද? මම් බහුල ව කිළුටු සිතින් වසන්නෙම් ද? මම් බහුල ව නොකිලිටි සිතින් වසන්නෙම් ද? මම් බහුල ව කායික පීඩායෙන් වසන්නෙම් ද? මම් බහුල ව කාය පීඩා රහිත ව වසන්නෙම් ද? මම් බහුල ව කුසීතව වසන්නෙම් ද? මම් බහුල ව පටන්ගත් වීර්යයෙන් යුතුව වසන්නෙම් ද? මම් බහුල ව එකඟ නොවූ සිතින් වසන්නෙම් ද? මම් බහුල ව සමාධිමත් සිතින් වසන්නෙම් දැයි.

ඉදින් මහණෙනි, භික්ෂුව නුවණින් විමසද්දී මෙසේ දැනගන්නේ නම්, එනම් 'මම් බහුල ව වාසය කරන්නේ ලෝභයෙන් යුතු ව යි. මම් ද්වේෂ සිතින් බහුල ව වසන්නෙමි. මම් බහුල ව ථීනමිද්ධයට යට වී වසන්නෙමි. මම් බහුල ව උද්ධච්චයෙන් වසන්නෙමි. මම් බහුල ව සැකයෙන් වසන්නෙමි. මම් බහුල ව ක්‍රෝධයෙන් වසන්නෙමි. මම් බහුල ව කිළුටු සිතින් වසන්නෙමි. මම් බහුල ව කායික පීඩායෙන් වසන්නෙමි. මම් බහුලව කුසීත ව වසන්නෙමි. මම් බහුල ව එකඟ නොවූ සිතින් වසන්නෙමි'යි. මහණෙනි, එවිට ඒ භික්ෂුව විසින් තමා තුළ ඇති ඒ පාපී අකුසල් දහම් ප්‍රහාණය කිරීම පිණිස ඉතා බලවත් වූ කැමැත්තක් ද, වීර්යයක් ද, උත්සාහයක් ද, බලවත් උත්සාහයක් ද, නොපසුබස්නා උත්සාහයක් ද, සිහියක් ද, නුවණක් ද පැවැත්වීමට කටයුතු කළ යුත්තේ ය. මහණෙනි, වස්ත්‍රය ගිනි ගත් කෙනෙක් හෝ හිස ගිනි ගත් කෙනෙක් හෝ ඔහුගේ ගිනි ඇවිලෙන වස්ත්‍රය හෝ ගිනි ඇවිලෙන හිස හෝ නිවා ගැනීම පිණිස අධිමාත්‍ර වූ කැමැත්තකුත්, වීර්යයකුත්, උත්සාහයකුත්, බලවත් උත්සාහයකුත්, නොපසුබස්නා උත්සාහයකුත්, සිහියකුත්, නුවණකුත් ඇති කරගන්නේ යම් සේ ද, ඒ අයුරින් ම ඒ භික්ෂුව විසින් තමා තුළ ඇති ඒ පාපී අකුසල් දහම් ප්‍රහාණය කිරීම පිණිස ඉතා බලවත් වූ කැමැත්තක් ද, වීර්යයක් ද, උත්සාහයක් ද, බලවත් උත්සාහයක් ද, නොපසුබස්නා උත්සාහයක් ද, සිහියක් ද, නුවණක් ද පැවැත්වීමට කටයුතු කළ යුත්තේ ය.

ඉදින් මහණෙනි, ඒ භික්ෂුව තමා පිළිබඳව එසේ නුවණින් විමසන කල්හී මෙලෙස දන්නේ නම්, 'මම් ලෝභයෙන් තොර ව බහුල ව වසමි. තරහ නැති සිතින් බහුල ව වසමි. ථීනමිද්ධයෙන් තොර ව බහුල ව වසමි. උද්ධච්චයෙන් තොර ව බහුල ව වසමි. එතෙර වූ සැකයෙන් යුතු ව බහුල ව වසමි. ක්‍රෝධ

නැති ව බහුල ව වසමි. නොකිලිටි සිතින් බහුල ව වසමි. පීඩා රහිත කයෙන් බහුල ව වසමි. පටන් ගත් වීර්යයෙන් බහුල ව වසමි. සමාධිමත් සිතින් බහුල ව වසමි'යි. එවිට මහණෙනි, ඒ භික්ෂුව විසින් තමා තුළ ඇති ඒ කුසල් දහම් මත පිහිටා තවදුරටත් ආශ්‍රවයන්ගේ ක්ෂය වීම පිණිස උත්සාහ කළ යුත්තේය.

සාදු! සාදු!! සාදු!!!

සචිත්ත සූත්‍රය නිමා විය.

10.2.1.2.
සාරිපුත්ත සූත්‍රය
සාරිපුත්ත තෙරුන් වදාළ දෙසුම

සැවැත් නුවර දී ය.......

එකල්හී ආයුෂ්මත් සාරිපුත්තයන් වහන්සේ 'ආයුෂ්මත් මහණෙනි'යි භික්ෂූන් ඇමතූහ. 'ආයුෂ්මතුන් වහන්සැ'යි ඒ භික්ෂූහු ආයුෂ්මත් සාරිපුත්තයන් වහන්සේට පිළිවදන් දුන්හ. ආයුෂ්මත් සාරිපුත්තයන් වහන්සේ මෙය වදාළ සේක.

"ඉදින් ආයුෂ්මත්නි, භික්ෂුවක් අනුන්ගේ සිත දකින්නට දක්ෂ නොවෙයි නම්, එකල තමන්ගේ සිත දකින්නට දක්ෂ වන්නෙමි'යි ආයුෂ්මත්නි, මේ අයුරින් ඔබ හික්මිය යුත්තේ ය.

ආයුෂ්මත්නි, භික්ෂුවක් තමන්ගේ සිත දකින්නට දක්ෂ වන්නේ කෙසේද? ආයුෂ්මත්නි, එය මෙබඳු දෙයකි. යොවුන් වූ තරුණ වූ ස්ත්‍රියක් හෝ පුරුෂයෙක් හෝ සැරසෙනු කැමති ව පිරිසිදු කැඩපතක් ළඟට යයි. නැත්නම් පිරිසිදු දිය බඳුනක් ළඟට යයි. තමාගේ මුව මඬල හොඳින් විමසා බලයි. ඉදින් තමාගේ මුවෙහි කිසියම් කිළුටක් හෝ කැළලක් හෝ තිබේ නම් ඒ කිළුට හෝ කැළල හෝ නැති කර දැමීමට වෑයම් කරයි. ඉදින් තමාගේ මුවෙහි කිළුටක් හෝ කැළලක් හෝ නොදකී නම් ඒ හේතුවෙන් සතුටු සිත් ඇත්තේ වේ. පිරිපුන් සංකල්ප ඇත්තේ වෙයි. 'සැබැවින් ම මට ලාභයකි. සැබැවින් ම මගේ මුව මඬල පිරිසිදු ය' වශයෙනි.

ඔය අයුරින් ම ආයුෂ්මත්නි, කුසල් දහම් පිළිබඳ ව නුවණින් විමසන්නා වූ භික්ෂුවට බොහෝ උපකාර ලැබෙන්නේ ය. 'මම් බහුල ව ලෝභයෙන්

යුතුව වාසය කරන්නෙම් ද? මම් බහුල ව ලෝභ රහිත ව වාසය කරන්නෙම් ද? මම් ද්වේෂ සිතින් බහුල ව වසන්නෙම් ද? මම් ද්වේෂ රහිත සිතින් බහුල ව වසන්නෙම් ද? මම් බහුල ව ථීනමිද්ධයට යට වී වසන්නෙම් ද? මම් බහුල ව ථීනමිද්ධ රහිත ව වසන්නෙම් ද? මම් බහුල ව උද්ධච්චයෙන් වසන්නෙම් ද? මම් බහුල ව උද්ධච්ච රහිත ව වසන්නෙම් ද? මම් බහුල ව සැකයෙන් වසන්නෙම් ද? මම් බහුල ව සැකයෙන් තොර ව වසන්නෙම් ද? මම් බහුල ව ක්‍රෝධයෙන් වසන්නෙම් ද? මම් බහුල ව ක්‍රෝධ රහිත ව වසන්නෙම් ද? මම් බහුල ව කිළුටු සිතින් වසන්නෙම් ද? මම් බහුල ව නොකිලිටි සිතින් වසන්නෙම් ද? මම් බහුල ව කායික පීඩායෙන් වසන්නෙම් ද? මම් බහුල ව කාය පීඩා රහිත ව වසන්නෙම් ද? මම් බහුල ව කුසීතව වසන්නෙම් ද? මම් බහුල ව පටන්ගත් වීර්යයෙන් යුතුව වසන්නෙම් ද? මම් බහුල ව එකඟ නොවූ සිතින් වසන්නෙම් ද? මම් බහුල ව සමාධිමත් සිතින් වසන්නෙම් දැයි.

ඉදින් ආයුෂ්මත්නි, භික්ෂුව නුවණින් විමසද්දී මෙසේ දැනගන්නේ නම්, එනම් 'මම් බහුල ව වාසය කරන්නේ ලෝභයෙන් යුතුව යි. ....(පෙ).... මම් බහුල ව එකඟ නොවූ සිතින් වසන්නෙමි'යි. ආයුෂ්මත්නි, එවිට ඒ භික්ෂුව විසින් තමා තුළ ඇති ඒ පාපී අකුසල් දහම් ප්‍රහාණය කිරීම පිණිස ඉතා බලවත් වූ කැමැත්තක් ද, වීර්යයක් ද, උත්සාහයක් ද, බලවත් උත්සාහයක් ද, නොපසුබස්නා උත්සාහයක් ද, සිහියක් ද, නුවණක් ද පැවැත්වීමට කටයුතු කළ යුත්තේ ය. ආයුෂ්මත්නි, වස්ත්‍රය ගිනි ගත් කෙනෙක් හෝ හිස ගිනි ගත් කෙනෙක් හෝ ඔහුගේ ගිනි ඇවිලෙන වස්ත්‍රය හෝ ගිනි ඇවිලෙන හිස හෝ නිවා ගැනීම පිණිස අධිමාත්‍ර වූ කැමැත්තකුත්, වීර්යයකුත්, උත්සාහයකුත්, බලවත් උත්සාහයකුත්, නොපසුබස්නා උත්සාහයකුත්, සිහියකුත්, නුවණකුත් ඇති කරගන්නේ යම් සේ ද, ඒ අයුරින් ම ආයුෂ්මත්නි, ඒ භික්ෂුව විසින් තමා තුළ ඇති ඒ පාපී අකුසල් දහම් ප්‍රහාණය කිරීම පිණිස ඉතා බලවත් වූ කැමැත්තක් ද, වීර්යයක් ද, උත්සාහයක් ද, බලවත් උත්සාහයක් ද, නොපසුබස්නා උත්සාහයක් ද, සිහියක් ද, නුවණක් ද පැවැත්වීමට කටයුතු කළ යුත්තේ ය.

ඉදින් ආයුෂ්මත්නි, ඒ භික්ෂුව තමා පිළිබඳ ව එසේ නුවණින් විමසන කල්හී මෙලෙස දන්නේ නම්, 'මම් ලෝභයෙන් තොර ව බහුල ව වසමි. ....(පෙ).... සමාධිමත් සිතින් බහුල ව වසමි'යි. එවිට ආයුෂ්මත්නි, ඒ භික්ෂුව විසින් තමා තුළ ඇති ඒ කුසල් දහම් මත පිහිටා තවදුරටත් ආශ්‍රවයන්ගේ ක්ෂය වීම පිණිස උත්සාහ කළ යුත්තේ ය.

සාදු! සාදු!! සාදු!!!

සාරිපුත්ත සූත්‍රය නිමා විය.

10.2.1.3.
ඨිති සූත්‍රය
කුසල් දහම් තිබීම ගැන වදාළ දෙසුම

සැවැත් නුවර දී ය.......

"මහණෙනි, මම් කුසල් දහම් පිළිබඳ ව හුදෙක් තිබීම මම වර්ණනා නොකරමි. පරිහානිය ගැන කවර කථා ද? මහණෙනි, මම් කුසල් දහම් හි දියුණුව වර්ණනා කරමි. තිබීම හෝ පරිහානිය හෝ වර්ණනා නොකරමි.

මහණෙනි, කුසල් දහම් පිළිබඳ ව තිබීමකුත් නොවී, දියුණුවකුත් නොවී හානිය වන්නේ කෙසේ ද? මහණෙනි, මෙහිලා භික්ෂුව ශ්‍රද්ධාවෙන්, සීලයෙන්, ශ්‍රැතයෙන්, ත්‍යාගයෙන්, ප්‍රඥාවෙන් සහ වැටහෙන නුවණින් යම් පමණකින් යුක්ත වෙයි ද, ඔහු තුළ ඒ කුසල් දහම් නොපිහිටා තිබෙයි ද, නොදියුණු වෙයි ද, මහණෙනි, මෙය ඒ කුසල් දහම්වල හානිය යැයි කියමි. තිබීමකුත් නොවෙයි. දියුණුවකුත් නොවෙයි.

මහණෙනි, කුසල් දහම් පිළිබඳ ව හානියකුත් නොවී, දියුණුවකුත් නොවී තිබීම වන්නේ කෙසේ ද? මහණෙනි, මෙහිලා භික්ෂුව ශ්‍රද්ධාවෙන්, සීලයෙන්, ශ්‍රැතයෙන්, ත්‍යාගයෙන්, ප්‍රඥාවෙන් සහ වැටහෙන නුවණින් යම් පමණකින් යුක්ත වෙයි ද, ඔහු තුළ ඒ කුසල් දහම්වලට හානි නොවී තිබෙයි. නමුත් නොදියුණු වෙයි. මහණෙනි, මෙය ඒ කුසල් දහම්වල තිබීම යැයි කියමි. හානියකුත් නොවෙයි. දියුණුවකුත් නොවෙයි. මහණෙනි, මේ අයුරිනුයි කුසල් දහම්හි තිබීම වන්නේ. දියුණුවකුත් නොවෙයි. හානියකුත් නොවෙයි.

මහණෙනි, කුසල් දහම් පිළිබඳ ව තිබීමකුත් නොවී, හානියකුත් නොවී දියුණුවකට පත්වන්නේ කෙසේද? මහණෙනි, මෙහිලා භික්ෂුව ශ්‍රද්ධාවෙන්, සීලයෙන්, ශ්‍රැතයෙන්, ත්‍යාගයෙන්, ප්‍රඥාවෙන් සහ වැටහෙන නුවණින් යම් පමණකින් යුක්ත වෙයි ද, ඔහු තුළ ඒ කුසල් දහම් එකතැන පිහිටා නොතිබෙයි. හානි ද නොවෙයි. මහණෙනි, මෙය ඒ කුසල් දහම්වල දියුණුව යැයි කියමි. තිබීමකුත් නොවේ. හානියකුත් නොවේ. මහණෙනි, මේ අයුරිනුයි කුසල් දහම් හි දියුණුව වන්නේ. තිබීමකුත් නොවෙයි. හානියකුත් නොවෙයි.

ඉදින් මහණෙනි, භික්ෂුවක් අනුන්ගේ සිත දකින්නට දක්ෂ නොවෙයි නම්, එකල තමන්ගේ සිත දකින්නට දක්ෂ වන්නෙමි'යි මහණෙනි, මේ අයුරින්

ඔබ හික්මිය යුත්තේ ය.

මහණෙනි, භික්ෂුවක් තමන්ගේ සිත දකින්නට දක්ෂ වන්නේ කෙසේ ද? මහණෙනි, එය මෙබඳු දෙයකි. යොවුන් වූ තරුණ වූ ස්ත්‍රියක් හෝ පුරුෂයෙක් හෝ සැරසෙනු කැමති ව පිරිසිදු කැඩපතක් ළඟට යයි. නැත්නම් පිරිසිදු දිය බඳුනක් ළඟට යයි. තමාගේ මුව මඬල හොඳින් විමසා බලයි. ඉදින් තමාගේ මුවෙහි කිසියම් කිළුටක් හෝ කැළලක් හෝ තිබේ නම් ඒ කිළුට හෝ කැළල හෝ නැති කර දැමීමට වෑයම් කරයි. ඉදින් තමාගේ මුවෙහි කිළුටක් හෝ කැළලක් හෝ නොදකියි නම් ඒ හේතුවෙන් සතුටු සිත් ඇත්තේ වේ. පිරිපුන් සංකල්ප ඇත්තේ වෙයි. 'සැබැවින් ම මට ලාභයකි. සැබැවින් ම මගේ මුව මඬල පිරිසිදු ය' වශයෙනි.

ඔය අයුරින් ම මහණෙනි, කුසල් දහම් පිළිබඳ ව නුවණින් විමසන්නා වූ භික්ෂුවට බොහෝ උපකාර ලැබෙන්නේ ය. 'මම් බහුල ව ලෝභයෙන් යුතු ව වාසය කරන්නෙම් ද? මම් බහුල ව ලෝභ රහිත ව වාසය කරන්නෙම් ද? මම් ද්වේෂ සිතින් බහුල ව වසන්නෙම් ද? මම් ද්වේෂ රහිත සිතින් බහුල ව වසන්නෙම් ද? මම් බහුල ව ථීනමිද්ධයට යට වී වසන්නෙම් ද? මම් බහුල ව ථීනමිද්ධ රහිත ව වසන්නෙම් ද? මම් බහුල ව උද්ධච්චයෙන් වසන්නෙම් ද? මම් බහුල ව උද්ධච්ච රහිත ව වසන්නෙම් ද? මම් බහුල ව සැකයෙන් වසන්නෙම් ද? මම් බහුල ව සැකයෙන් තොර ව වසන්නෙම් ද? මම් බහුල ව ක්‍රෝධයෙන් වසන්නෙම් ද? මම් බහුල ව ක්‍රෝධ රහිත ව වසන්නෙම් ද? මම් බහුල ව කිළුටු සිතින් වසන්නෙම් ද? මම් බහුල ව නොකිලිටි සිතින් වසන්නෙම් ද? මම් බහුල ව කායික පීඩායෙන් වසන්නෙම් ද? මම් බහුල ව කාය පීඩා රහිත ව වසන්නෙම් ද? මම් බහුල ව කුසීතව වසන්නෙම් ද? මම් බහුල ව පටන්ගත් වීර්යයෙන් යුතුව වසන්නෙම් ද? මම් බහුල ව එකඟ නොවූ සිතින් වසන්නෙම් ද? මම් බහුල ව සමාධිමත් සිතින් වසන්නෙම් දැයි.

ඉදින් මහණෙනි, භික්ෂුව නුවණින් විමසද්දී මෙසේ දැනගන්නේ නම්, එනම් 'මම් බහුල ව වාසය කරන්නේ ලෝභයෙන් යුතු ව යි. මම් ද්වේෂ සිතින් බහුල ව වසන්නෙමි. මම් බහුලව ථීනමිද්ධයට යට වී වසන්නෙමි. මම් බහුල ව උද්ධච්චයෙන් වසන්නෙමි. මම් බහුල ව සැකයෙන් වසන්නෙමි. මම් බහුල ව ක්‍රෝධයෙන් වසන්නෙමි. මම් බහුල ව කිළුටු සිතින් වසන්නෙමි. මම් බහුල ව කායික පීඩායෙන් වසන්නෙමි. මම් බහුල ව කුසීතව වසන්නෙමි. මම් බහුල ව එකඟ නොවූ සිතින් වසන්නෙමි'යි. මහණෙනි, එවිට ඒ භික්ෂුව විසින් තමා තුළ ඇති ඒ පාපී අකුසල් දහම් ප්‍රහාණය කිරීම පිණිස ඉතා බලවත් වූ කැමැත්තක් ද, වීර්යයක් ද, උත්සාහයක් ද, බලවත් උත්සාහයක් ද, නොපසුබස්නා උත්සාහයක්

ද, සිහියක් ද, නුවණක් ද පැවැත්වීමට කටයුතු කළ යුත්තේ ය. මහණෙනි, වස්ත්‍රය ගිනි ගත් කෙනෙක් හෝ හිස ගිනි ගත් කෙනෙක් හෝ ඔහුගේ ගිනි ඇවිලෙන වස්ත්‍රය හෝ ගිනි ඇවිලෙන හිස හෝ නිවා ගැනීම පිණිස අධිමාත්‍ර වූ කැමැත්තකුත්, වීර්යයකුත්, උත්සාහයකුත්, බලවත් උත්සාහයකුත්, නොපසුබස්නා උත්සාහයකුත්, සිහියකුත්, නුවණකුත් ඇති කරගන්නේ යම් සේ ද, ඒ අයුරින් ම මහණෙනි, ඒ භික්ෂුව විසින් තමා තුළ ඇති ඒ පාපී අකුසල් දහම් ප්‍රහාණය කිරීම පිණිස ඉතා බලවත් වූ කැමැත්තක් ද, වීර්යයක් ද, උත්සාහයක් ද, බලවත් උත්සාහයක් ද, නොපසුබස්නා උත්සාහයක් ද, සිහියක් ද, නුවණක් ද පැවැත්වීමට කටයුතු කළ යුත්තේ ය.

ඉදින් මහණෙනි, ඒ භික්ෂුව තමා පිළිබඳව එසේ නුවණින් විමසන කල්හී මෙලෙස දන්නේ නම්, 'මම් ලෝභයෙන් තොර ව බහුල ව වසමි. තරහ නැති සිතින් බහුල ව වසමි. ථීනමිද්ධයෙන් තොර ව බහුල ව වසමි. උද්ධච්චයෙන් තොර ව බහුල ව වසමි. එතෙර වූ සැකයෙන් යුතු ව බහුල ව වසමි. ක්‍රෝධ නැති ව බහුල ව වසමි. නොකිලිටි සිතින් බහුල ව වසමි. පීඩා රහිත කයෙන් බහුල ව වසමි. පටන් ගත් වීර්යයෙන් බහුල ව වසමි. සමාධිමත් සිතින් බහුල ව වසමි'යි. එවිට මහණෙනි, ඒ භික්ෂුව විසින් තමා තුළ ඇති ඒ කුසල් දහම් මත පිහිටා තවදුරටත් ආශ්‍රවයන්ගේ ක්ෂය වීම පිණිස උත්සාහ කළ යුත්තේ ය.

සාදු! සාදු!! සාදු!!!

ඨිති සූත්‍රය නිමා විය.

10.2.1.4.
සමථ සූත්‍රය
සමථය ගැන වදාළ දෙසුම

සැවැත් නුවර දී ය.......

ඉදින් මහණෙනි, භික්ෂුවක් අනුන්ගේ සිත දකින්නට දක්ෂ නොවෙයි නම්, එකල තමන්ගේ සිත දකින්නට දක්ෂ වන්නෙමි'යි මහණෙනි, මේ අයුරින් ඔබ හික්මිය යුත්තේ ය.

මහණෙනි, භික්ෂුවක් තමන්ගේ සිත දකින්නට දක්ෂ වන්නේ කෙසේ ද?

මහණෙනි, එය මෙබඳු දෙයකි. යොවුන් වූ තරුණ වූ ස්ත්‍රියක් හෝ පුරුෂයෙක් හෝ සැරසෙනු කැමති ව පිරිසිදු කැඩපතක් ළඟට යයි. නැත්නම් පිරිසිදු දිය බඳුනක් ළඟට යයි. තමාගේ මුව මඬල හොඳින් විමසා බලයි. ඉදින් තමාගේ මුවෙහි කිසියම් කිළුටක් හෝ කැළලක් හෝ තිබේ නම් ඒ කිළුට හෝ කැළල හෝ නැති කර දැමීමට වෑයම් කරයි. ඉදින් තමාගේ මුවෙහි කිළුටක් හෝ කැළලක් හෝ නොදකියි නම් ඒ හේතුවෙන් සතුටු සිත් ඇත්තේ වේ. පිරිපුන් සංකල්ප ඇත්තේ වෙයි. 'සැබැවින් ම මට ලාභයකි. සැබැවින් ම මගේ මුව මඬල පිරිසිදු ය' වශයෙනි.

ඔය අයුරින් ම මහණෙනි, කුසල් දහම් පිළිබඳ ව නුවණින් විමසන්නා වූ භික්ෂුවට බොහෝ උපකාර ලැබෙන්නේ ය. 'මම් තමා තුළ චිත්ත සමාධිය ලබා ඇත්තෙක් වෙම් ද? මම් චිත්ත සමාධිය තමා තුළ නොලබා සිටින්නෙම් ද? මම් ගැඹුරු නුවණින් යුතුව ධර්මයන් විදර්ශනා කිරීම ලබා සිටින කෙනෙක් වෙම් ද? මම් ගැඹුරු නුවණින් යුතු ව ධර්මයන් විදර්ශනා කිරීම නොලබා සිටින කෙනෙක් වෙම් ද?'

ඉදින් මහණෙනි, භික්ෂුව නුවණින් විමසන කල්හී මෙසේ දැනගන්නේ ද, එනම් 'මම් තමා තුළ චිත්ත සමාධිය ලබන සුළු කෙනෙක් වෙමි. එනමුදු මා තුළ ගැඹුරු ප්‍රඥාවෙන් යුතු ව ධර්මයන් විදර්ශනා කිරීම නොලබා සිටින කෙනෙක් වෙම්'යි. එවිට මහණෙනි, ඒ භික්ෂුව විසින් කළ යුත්තේ තමා තුළ ඇති චිත්ත සමාධියෙහි පිහිටා ගැඹුරු ප්‍රඥාවෙන් යුතුව ධර්මයන් විදර්ශනා කිරීමට උත්සාහ කිරීම යි. එවිට ඔහු පසු කලෙක තමා තුළ චිත්ත සමාධිය ද ලබන්නෙක් වෙයි. අධිපඤ්ඤාධම්ම විපස්සනාව ද ලබන්නෙක් වෙයි.

ඉදින් මහණෙනි, භික්ෂුව නුවණින් විමසන කල්හී මෙසේ දැනගන්නේ ද, එනම් 'මම් ගැඹුරු ප්‍රඥාවෙන් යුතු ව ධර්මයන් විදර්ශනා කිරීම ලබන සුළු කෙනෙක් වෙමි. එනමුදු තමා තුළ චිත්ත සමාධිය නොලබා සිටින කෙනෙක් වෙම්'යි. එවිට මහණෙනි, ඒ භික්ෂුව කළ යුත්තේ ගැඹුරු ප්‍රඥාවෙන් යුතු ව ධර්මයන් විදර්ශනා කිරීම මත පිහිටා තමා තුළ චිත්ත සමාධිය ලැබීමට උත්සාහ කිරීමයි. එවිට ඔහු පසු කලෙක අධිපඤ්ඤාධම්ම විපස්සනාව ද ලබන්නෙක් වෙයි. තමා තුළ චිත්ත සමාධිය ද ලබන්නෙක් වෙයි.

ඉදින් මහණෙනි, භික්ෂුව නුවණින් විමසන කල්හී මෙසේ දැනගන්නේ ද, එනම් 'මම් තමා තුළ චිත්ත සමාධිය නොලබන සුළු කෙනෙක් වෙමි. එසේ ම ගැඹුරු ප්‍රඥාවෙන් යුතුව ධර්මයන් විදර්ශනා කිරීම නොලබා සිටින කෙනෙක් වෙම්'යි. එවිට මහණෙනි, ඒ භික්ෂුව විසින් කළ යුත්තේ ඒ කුසල් දහම් තමා තුළ උපදවා ගැනීම පිණිස අධිමාත්‍ර වූ කැමැත්තක් ද, වීර්යයක් ද, උත්සාහයක්

ද, බලවත් උත්සාහයක් ද, නොපසුබස්නා උත්සාහයක් ද, සිහියක් ද, නුවණක් ද ඇති කරගැනීම යි.

මහණෙනි, වස්ත්‍රය ගිනි ගත් කෙනෙක් හෝ හිස ගිනි ගත් කෙනෙක් හෝ ඔහුගේ ගිනි ඇවිලෙන වස්ත්‍රය හෝ ගිනි ඇවිලෙන හිස හෝ නිවා ගැනීම පිණිස අධිමාත්‍ර වූ කැමැත්තකුත්, වීර්යයකුත්, උත්සාහයකුත්, බලවත් උත්සාහයකුත්, නොපසුබස්නා උත්සාහයකුත්, සිහියකුත්, නුවණකුත් ඇති කරගන්නේ යම් සේ ද, ඒ අයුරින් ම මහණෙනි, ඒ භික්ෂුව විසින් කළ යුත්තේ ඒ කුසල් දහම් තමා තුළ උපදවා ගැනීම පිණිස අධිමාත්‍ර වූ කැමැත්තක් ද, වීර්යයක් ද, උත්සාහයක් ද, බලවත් උත්සාහයක් ද, නොපසුබස්නා උත්සාහයක් ද, සිහියක් ද, නුවණක් ද ඇති කරගැනීම යි. හෙතෙම පසු කාලයෙහි ආධ්‍යාත්ම චිත්ත සමථය ලබන්නේ ත් වෙයි. අධිපඤ්ඤා ධම්ම විපස්සනාව ලබන්නේ ත් වෙයි.

ඉදින් මහණෙනි, භික්ෂුව නුවණින් විමසන කල්හී මෙසේ දැනගන්නේ ද, එනම් 'මම් තමා තුළ චිත්ත සමාධිය ලබන සුළු කෙනෙක් වෙමි. එසෙයින් ම ගැඹුරු ප්‍රඥාවෙන් යුතු ව ධර්මයන් විදර්ශනා කිරීම ලබා සිටින කෙනෙක් වෙමි'යි. එවිට මහණෙනි, ඒ භික්ෂුව විසින් කළ යුත්තේ ඒ කුසල ධර්මයන් මත පිහිටා තවදුරටත් ආශ්‍රවයන් ක්ෂය කිරීම පිණිස උත්සාහ කිරීම යි.

මහණෙනි, මම් සිවුර ද දෙවැදෑරුම් යැයි පවසමි. එනම් සේවනය කළ යුතු සිවුරකුත් තිබේ. සේවනය නොකළ යුතු සිවුරකුත් තිබේ. මහණෙනි, මම් පිණ්ඩපාතය ද දෙවැදෑරුම් යැයි පවසමි. එනම් සේවනය කළ යුතු පිණ්ඩපාතයකුත් තිබේ. සේවනය නොකළ යුතු පිණ්ඩපාතයකුත් තිබේ. මහණෙනි. මම් සෙනසුන ද දෙවැදෑරුම් යැයි පවසමි. එනම් සේවනය කළ යුතු සෙනසුනකුත් තිබේ. සේවනය නොකළ යුතු සෙනසුනකුත් තිබේ. මහණෙනි, මම් ගම් නියම්ගම් ද දෙවැදෑරුම් යැයි පවසමි. එනම් සේවනය කළ යුතු ගම් නියම්ගම් ද තිබේ. සේවනය නොකළ යුතු ගම් නියම්ගම් ද තිබේ. මහණෙනි, මම් ජනපද ප්‍රදේශ ද දෙවැදෑරුම් යැයි පවසමි. එනම් සේවනය කළ යුතු ජනපද ප්‍රදේශත් තිබේ. සේවනය නොකළ යුතු ජනපද ප්‍රදේශත් තිබේ. මහණෙනි, මම් පුද්ගලයා ද දෙවැදෑරුම් යැයි පවසමි. එනම් සේවනය කළ යුතු පුද්ගලයෙකුත් සිටියි. සේවනය නොකළ යුතු පුද්ගලයෙකුත් සිටියි.

'මහණෙනි, මම් සිවුර ද දෙවැදෑරුම් යැයි පවසමි. එනම් සේවනය කළ යුතු සිවුරකුත් තිබේ. සේවනය නොකළ යුතු සිවුරකුත් තිබේ' වශයෙන් යමක් පවසන ලද්දේ නම් එය කුමක් සඳහා පවසන ලද්දේ ද? මෙහිලා 'මවිසින් මේ චීවරය සේවනය කරන කල්හී අකුසල් දහම් වැඩෙයි. කුසල් දහම් පිරිහෙයි'

කියා යම් සිවුරක් ගැන දන්නේ නම් එබඳු වූ සිවුර සේවනය නොකළ යුතු ය. මෙහිලා 'මවිසින් මේ චීවරය සේවනය කරන කල්හී කුසල් දහම් වැඩෙයි. අකුසල් දහම් පිරිහෙයි' කියා යම් සිවුරක් ගැන දන්නේ නම් එබඳු වූ සිවුර සේවනය කළ යුතු ය. 'මහණෙනි, මම් සිවුර ද දෙවැදෑරුම් යැයි පවසමි. එනම් සේවනය කළ යුතු සිවුරකුත් තිබේ. සේවනය නොකළ යුතු සිවුරකුත් තිබේ' වශයෙන් යමක් පවසන ලද්දේ නම් එය පවසන ලද්දේ මේ සඳහා ය.

'මහණෙනි, මම් පිණ්ඩපාතය ද දෙවැදෑරුම් යැයි පවසමි. එනම් සේවනය කළ යුතු පිණ්ඩපාතයකුත් තිබේ. සේවනය නොකළ යුතු පිණ්ඩපාතයකුත් තිබේ' වශයෙන් යමක් පවසන ලද්දේ නම් එය කුමක් සඳහා පවසන ලද්දේ ද? මෙහිලා 'මවිසින් මේ පිණ්ඩපාතය සේවනය කරන කල්හී අකුසල් දහම් වැඩෙයි. කුසල් දහම් පිරිහෙයි' කියා යම් පිණ්ඩපාතයක් ගැන දන්නේ නම් එබඳු වූ පිණ්ඩපාතය සේවනය නොකළ යුතු ය. මෙහිලා 'මවිසින් මේ පිණ්ඩපාතය සේවනය කරන කල්හී කුසල් දහම් වැඩෙයි. අකුසල් දහම් පිරිහෙයි' කියා යම් පිණ්ඩපාතයක් ගැන දන්නේ නම් එබඳු වූ පිණ්ඩපාතය සේවනය කළ යුතු ය. 'මහණෙනි, මම් පිණ්ඩපාතය ද දෙවැදෑරුම් යැයි පවසමි. එනම් සේවනය කළ යුතු පිණ්ඩපාතයකුත් තිබේ. සේවනය නොකළ යුතු පිණ්ඩපාතයකුත් තිබේ' වශයෙන් යමක් පවසන ලද්දේ නම් එය පවසන ලද්දේ මේ සඳහා ය.

'මහණෙනි, මම් සේනාසනය ද දෙවැදෑරුම් යැයි පවසමි. එනම් සේවනය කළ යුතු සේනාසනයකුත් තිබේ. සේවනය නොකළ යුතු සේනාසනයකුත් තිබේ' වශයෙන් යමක් පවසන ලද්දේ නම් එය කුමක් සඳහා පවසන ලද්දේ ද? මෙහිලා 'මවිසින් මේ සේනාසනය සේවනය කරන කල්හී අකුසල් දහම් වැඩෙයි. කුසල් දහම් පිරිහෙයි' කියා යම් සේනාසනයක් ගැන දන්නේ නම් එබඳු වූ සේනාසනය සේවනය නොකළ යුතු ය. මෙහිලා 'මවිසින් මේ සේනාසනය සේවනය කරන කල්හී කුසල් දහම් වැඩෙයි. අකුසල් දහම් පිරිහෙයි' කියා යම් සේනාසනයක් ගැන දන්නේ නම් එබඳු වූ සේනාසනය සේවනය කළ යුතු ය. 'මහණෙනි, මම් සේනාසනය ද දෙවැදෑරුම් යැයි පවසමි. එනම් සේවනය කළ යුතු සේනාසනයකුත් තිබේ. සේවනය නොකළ යුතු සේනාසනයකුත් තිබේ' වශයෙන් යමක් පවසන ලද්දේ නම් එය පවසන ලද්දේ මේ සඳහා ය.

'මහණෙනි, මම් ගම් නියම්ගම් ද දෙවැදෑරුම් යැයි පවසමි. එනම් සේවනය කළ යුතු ගම් නියම්ගම් ද තිබේ. සේවනය නොකළ යුතු ගම් නියම්ගම් ද තිබේ' වශයෙන් යමක් පවසන ලද්දේ නම් එය කුමක් සඳහා පවසන ලද්දේ ද? මෙහිලා 'මවිසින් මේ ගම් නියම්ගම් සේවනය කරන කල්හී අකුසල් දහම් වැඩෙයි. කුසල් දහම් පිරිහෙයි' කියා යම් ගම් නියම්ගමක් ගැන දන්නේ නම්

එබඳු වූ ගම් නියම්ගම් සේවනය නොකළ යුතු ය. මෙහිලා 'මවිසින් මේ ගම් නියම්ගම් සේවනය කරන කල්හී කුසල් දහම් වැඩෙයි. අකුසල් දහම් පිරිහෙයි' කියා යම් ගම් නියම්ගමක් ගැන දන්නේ නම් එබඳු වූ ගම් නියම්ගම් සේවනය කළ යුතු ය. 'මහණෙනි, මම් ගම් නියම්ගම් ද දෙවැදෑරුම් යැයි පවසමි. එනම් සේවනය කළ යුතු ගම් නියම්ගම් ද තිබේ. සේවනය නොකළ යුතු ගම් නියම් ගම් ද තිබේ' වශයෙන් යමක් පවසන ලද්දේ නම් එය පවසන ලද්දේ මේ සඳහා ය.

'මහණෙනි, මම් ජනපද ප්‍රදේශ ද දෙවැදෑරුම් යැයි පවසමි. එනම් සේවනය කළ යුතු ජනපද ප්‍රදේශත් තිබේ. සේවනය නොකළ යුතු ජනපද ප්‍රදේශත් තිබේ' වශයෙන් යමක් පවසන ලද්දේ නම් එය කුමක් සඳහා පවසන ලද්දේ ද? මෙහිලා 'මවිසින් මේ ජනපද ප්‍රදේශය සේවනය කරන කල්හී අකුසල් දහම් වැඩෙයි. කුසල් දහම් පිරිහෙයි' කියා යම් ජනපද ප්‍රදේශයක් ගැන දන්නේ නම් එබඳු වූ ජනපද ප්‍රදේශය සේවනය නොකළ යුතු ය. මෙහිලා 'මවිසින් මේ ජනපද ප්‍රදේශය සේවනය කරන කල්හී කුසල් දහම් වැඩෙයි. අකුසල් දහම් පිරිහෙයි' කියා යම් ජනපද ප්‍රදේශයක් ගැන දන්නේ නම් එබඳු වූ ජනපද ප්‍රදේශ ය සේවනය කළ යුතු ය. 'මහණෙනි, මම් ජනපද ප්‍රදේශය ද දෙවැදෑරුම් යැයි පවසමි. එනම් සේවනය කළ යුතු ජනපද ප්‍රදේශත් තිබේ. සේවනය නොකළ යුතු ජනපද ප්‍රදේශත් තිබේ' වශයෙන් යමක් පවසන ලද්දේ නම් එය පවසන ලද්දේ මේ සඳහා ය.

'මහණෙනි, මම් පුද්ගලයා ද දෙවැදෑරුම් යැයි පවසමි. එනම් සේවනය කළ යුතු පුද්ගලයෙක් ද සිටියි. සේවනය නොකළ යුතු පුද්ගලයෙක් ද සිටියි' වශයෙන් යමක් පවසන ලද්දේ නම් එය කුමක් සඳහා පවසන ලද්දේ ද? මෙහිලා 'මවිසින් මේ පුද්ගලයා සේවනය කරන කල්හී අකුසල් දහම් වැඩෙයි. කුසල් දහම් පිරිහෙයි' කියා යම් පුද්ගලයෙක් ගැන දන්නේ නම් එබඳු වූ පුද්ගලයා සේවනය නොකළ යුතු ය. මෙහිලා 'මවිසින් මේ පුද්ගලයා සේවනය කරන කල්හී කුසල් දහම් වැඩෙයි. අකුසල් දහම් පිරිහෙයි' කියා යම් පුද්ගලයෙක් ගැන දන්නේ නම් එබඳු වූ පුද්ගලයා සේවනය කළ යුතු ය. 'මහණෙනි, මම් පුද්ගලයා ද දෙවැදෑරුම් යැයි පවසමි. එනම් සේවනය කළ යුතු පුද්ගලයෙක් සිටියි. සේවනය නොකළ යුතු පුද්ගලයෙකුත් සිටියි' වශයෙන් යමක් පවසන ලද්දේ නම් එය පවසන ලද්දේ මේ සඳහා ය.

සාදු! සාදු!! සාදු!!!

සමථ සූත්‍රය නිමා විය.

10.2.1.5
පරිහාන සූත්‍රය
පිරිහීම ගැන වදාළ දෙසුම

සැවැත් නුවර දී ය ....

එකල්හී ආයුෂ්මත් සාරිපුත්තයන් වහන්සේ 'ආයුෂ්මත් මහණෙනි'යි භික්ෂූන් ඇමතූහ. 'ආයුෂ්මතුන් වහන්සැ'යි ඒ භික්ෂූහු ආයුෂ්මත් සාරිපුත්තයන් වහන්සේට පිළිවදන් දුන්හ. ආයුෂ්මත් සාරිපුත්තයන් වහන්සේ මෙය වදාළ සේක.

"පිරිහෙන ස්වභාව ඇති පුද්ගලයා, පිරිහෙන ස්වභාව ඇති පුද්ගලයා' යැයි ආයුෂ්මත්නි, කියනු ලැබේ. ආයුෂ්මත්නි, භාග්‍යවතුන් වහන්සේ විසින් පිරිහෙන සුළු පුද්ගලයා ගැන වදාරණ ලද්දේ කවර කරුණු මත ද? එමෙන් ම නොපිරිහෙන ස්වභාවයෙන් යුතු පුද්ගලයා ගැන භාග්‍යවතුන් වහන්සේ විසින් වදාරණ ලද්දේ කවර කරුණු මත ද?"

"ආයුෂ්මතුන් වහන්ස, දුර සිට නමුත් අපි ආයුෂ්මත් සාරිපුත්තයන් සමීපයට ඔය පැවසූ කරුණෙහි අර්ථය දැනගැනීමට එන්නෙමු. ආයුෂ්මත් සාරිපුත්තයන් වහන්සේට ම ඔය පැවසූ කරුණෙහි අර්ථය වැටහේ නම් මැනැවි. ආයුෂ්මත් සාරිපුත්තයන්ගෙන් අසා භික්ෂූහු දරා ගන්නාහු ය."

"එසේ වී නම් ආයුෂ්මත්නි, අසව්. මැනැවින් මෙනෙහි කරව්. පවසන්නෙමි."

"එසේ ය, ආයුෂ්මත්නි" යි ඒ භික්ෂූහු ආයුෂ්මත් සාරිපුත්තයන් හට පිළිවදන් දුන්හ. ආයුෂ්මත් සාරිපුත්තයන් වහන්සේ මෙය වදාළහ.

"ආයුෂ්මත්නි, කොතෙක් කරුණකින් පුද්ගලයා පිරිහෙන ස්වභාවයෙන් යුක්ත යැයි භාග්‍යවතුන් වහන්සේ විසින් වදාරණ ලද්දේ ද? ආයුෂ්මත්නි, මෙහිලා භික්ෂුව නොඇසූ ධර්මයන් ද නොඅසයි. ඔහු විසින් අසන ලද ධර්මයන් ද අමතක වී යයි. යම් ධර්මයක් ඔහු විසින් කලින් සිතින් ස්පර්ශ කරන ලද්දේ වී ද, ඒ ධර්මයනුත් සිහි නොවෙයි. නොදන්න ගත් දේ ත් දැන නොගනියි. ආයුෂ්මත්නි, මෙපමණකින් පුද්ගලයා පිරිහෙන ස්වභාව ඇත්තේ යැයි භාග්‍යවතුන් වහන්සේ

විසින් වදාරණ ලද්දේ ය.

ආයුෂ්මත්නි, කොතෙක් කරුණකින් පුද්ගලයා නොපිරිහෙන ස්වභාවයෙන් යුක්ත යැයි භාග්‍යවතුන් වහන්සේ විසින් වදාරණ ලද්දේ ද? ආයුෂ්මත්නි, මෙහිලා භික්ෂුව නොඇසූ ධර්මයන් ද අසයි. ඔහු විසින් අසන ලද ධර්මයන් ද අමතක නොවෙයි. යම් ධර්මයක් කලින් සිතින් ස්පර්ශ කරන ලද්දේ වී ද, ඒ ධර්මයනුත් යළි යළි සිහි වෙයි. දූන නොගත් දේ ත්, දූන ගනියි. ආයුෂ්මත්නි, මෙපමණකින් පුද්ගලයා නොපිරිහෙන ස්වභාව ඇත්තේ යැයි භාග්‍යවතුන් වහන්සේ විසින් වදාරණ ලද්දේ ය.

ඉදින් ආයුෂ්මත්නි, භික්ෂුවක් අනුන්ගේ සිත දකින්නට දක්ෂ නොවෙයි නම්, එකල තමන්ගේ සිත දකින්නට දක්ෂ වන්නෙමි'යි ආයුෂ්මත්නි, මේ අයුරින් ඔබ හික්මිය යුත්තේ ය.

ආයුෂ්මත්නි, භික්ෂුවක් තමන්ගේ සිත දකින්නට දක්ෂ වන්නේ කෙසේ ද? ආයුෂ්මත්නි, එය මෙබඳු දෙයකි. යොවුන් වූ තරුණ වූ ස්ත්‍රියක් හෝ පුරුෂයෙක් හෝ සැරසෙනු කැමති ව පිරිසිදු කැඩපතක් ළඟට යයි. නැත්නම් පිරිසිදු දිය බඳුනක් ළඟට යයි. තමාගේ මුව මඬල හොඳින් විමසා බලයි. ඉදින් තමාගේ මුවෙහි කිසියම් කිළුටක් හෝ කැළලක් හෝ තිබේ නම් ඒ කිළුට හෝ කැළල හෝ නැති කර දූමීමට වෑයම් කරයි. ඉදින් තමාගේ මුවෙහි කිළුටක් හෝ කැළලක් හෝ නොදකී නම් ඒ හේතුවෙන් සතුටු සිත් ඇත්තේ වෙයි. පිරිපුන් සංකල්ප ඇත්තේ වෙයි. 'සැබැවින් ම මට ලාභයකි. සැබැවින් ම මගේ මුව මඬල පිරිසිදු ය' වශයෙනි.

ඔය අයුරින් ම ආයුෂ්මත්නි, කුසල් දහම් පිළිබඳ ව නුවණින් විමසන්නා වූ භික්ෂුවට බොහෝ උපකාර ලැබෙන්නේ ය.

'මම් බහුල ව වාසය කරන්නේ ලෝභයෙන් තොර ව වාසය කරන්නෙම් ද? මේ ධර්මය මා තුළ දකින්නට ලැබෙයි ද? නැත්නම් නොලැබෙයි ද? මම් බහුල ව වාසය කරන්නේ කෝපයෙන් තොර ව වාසය කරන්නෙම් ද? මේ ධර්මය මා තුළ දකින්නට ලැබෙයි ද? නැත්නම් නොලැබෙයි ද? මම් බහුල ව වාසය කරන්නේ ථීනමිද්ධයෙන් තොර ව වාසය කරන්නෙම් ද? මේ ධර්මය මා තුළ දකින්නට ලැබෙයි ද? නැත්නම් නොලැබෙයි ද? මම් බහුල ව වාසය කරන්නේ සිතේ ඇවිස්සීමෙන් තොර ව වාසය කරන්නෙම් ද? මේ ධර්මය මා තුළ දකින්නට ලැබෙයි ද? නැත්නම් නොලැබෙයි ද? මම් බහුල ව වාසය කරන්නේ පහවූ සැක ඇතිව වාසය කරන්නෙම් ද? මේ ධර්මය මා තුළ දකින්නට ලැබෙයි ද? නැත්නම් නොලැබෙයි ද? මම් බහුල ව වාසය කරන්නේ ක්‍රෝධයෙන්

තොර ව වාසය කරන්නෙම් ද? මේ ධර්මය මා තුළ දකින්නට ලැබෙයි ද? නැත්නම් නොලැබෙයි ද? මම් බහුල ව වාසය කරන්නේ නොකිලිටි සිතින් යුතුව වාසය කරන්නෙම් ද? මේ ධර්මය මා තුළ දකින්නට ලැබෙයි ද? නැත්නම් නොලැබෙයි ද? මම් බහුල ව වාසය කරන්නේ ආධ්‍යාත්මයෙහි ධර්මයෙන් ලත් ප්‍රමුදිත බව ලබන්නෙම් ද? මේ ධර්මය මා තුළ දකින්නට ලැබෙයි ද? නැත්නම් නොලැබෙයි ද? මම් බහුල ව වාසය කරන්නේ ආධ්‍යාත්මයෙහි චිත්ත සමථය ලබන්නෙම් ද? මේ ධර්මය මා තුළ දකින්නට ලැබෙයි ද? නැත්නම් නොලැබෙයි ද? මම් බහුල ව වාසය කරන්නේ අධිපඤ්ඤා ධම්ම විපස්සනාව ලබන්නෙම් ද? මේ ධර්මය මා තුළ දකින්නට ලැබෙයි ද? නැත්නම් නොලැබෙයි ද?

ඉදින් ආයුෂ්මත්නි, භික්ෂුව නුවණින් විමසද්දී මේ සියළු කුසල් දහම් තමා තුළ දකින්නට නොලැබෙයි ද, ආයුෂ්මත්නි, ඒ භික්ෂුව විසින් ඒ සියළු ම කුසල ධර්මයන්ගේ ප්‍රතිලාභය පිණිස අධිමාත්‍ර වූ කැමත්තකුත්, වෙහෙසකුත්, උත්සාහයකුත්, අධිකතර උත්සාහයකුත්, නොපසුබස්නා උත්සාහයකුත්, සිහිය ත්, නුවණ ත් ඇති කරගත යුත්තේ ය.

ආයුෂ්මත්නි, වස්ත්‍රය ගිනි ගත් කෙනෙක් හෝ හිස ගිනි ගත් කෙනෙක් හෝ ඔහුගේ ගිනි ඇවිලෙන වස්ත්‍රය හෝ ගිනි ඇවිලෙන හිස හෝ නිවා ගැනීම පිණිස අධිමාත්‍ර වූ කැමැත්තකුත්, වීර්යයකුත්, උත්සාහයකුත්, බලවත් උත්සාහයකුත්, නොපසුබස්නා උත්සාහයකුත්, සිහියකුත්, නුවණකුත් ඇති කරගන්නේ වෙයි ද, ඒ අයුරින් ම ඒ භික්ෂුව විසින් මේ සියළුම කුසල ධර්මයන්ගේ ප්‍රතිලාභය පිණිස ඉතා බලවත් වූ කැමැත්තක් ද, වීර්යයක් ද, උත්සාහයක් ද, බලවත් උත්සාහයක් ද, නොපසුබස්නා උත්සාහයක් ද, සිහියක් ද, නුවණක් ද පැවැත්වීමට කටයුතු කළ යුත්තේ ය.

ඉදින් ආයුෂ්මත්නි, ඒ භික්ෂුව තමා පිළිබඳව එසේ නුවණින් විමසන කල්හී ඇතැම් කුසල් දහම් තමා තුළ ඇති බව දකියි. ඇතැම් කුසල් දහම් තමා තුළ නැතැයි දකියි. එවිට ආයුෂ්මතුනි, ඒ භික්ෂුව විසින් තමා තුළ යම් කුසල් දහම් ඇති බව දකියි ද, ඒ කුසල් දහම් මත පිහිටා, යම් කුසල් දහම් තමා තුළ නැති බව දකියි ද, ඒ කුසල් දහම් උපදවා ගැනීම පිණිස ඉතා බලවත් වූ කැමැත්තක් ද, වීර්යයක් ද, උත්සාහයක් ද, බලවත් උත්සාහයක් ද, නොපසුබස්නා උත්සාහයක් ද, සිහියක් ද, නුවණක් ද පැවැත්වීමට කටයුතු කළ යුත්තේ ය.

ආයුෂ්මත්නි, වස්ත්‍රය ගිනි ගත් කෙනෙක් හෝ හිස ගිනි ගත් කෙනෙක් හෝ ඔහුගේ ගිනි ඇවිලෙන වස්ත්‍රය හෝ ගිනි ඇවිලෙන හිස හෝ නිවා ගැනීම පිණිස අධිමාත්‍ර වූ කැමැත්තකුත්, වීර්යයකුත්, උත්සාහයකුත්, බලවත් උත්සාහයකුත්, නොපසුබස්නා උත්සාහයකුත්, සිහියකුත්, නුවණකුත් ඇති

කරගන්නේ යම් සේ ද, ඒ අයුරින් ම ආයුෂ්මතුනි, ඒ භික්ෂුව විසින් තමා තුළ යම් කුසල් දහම් ඇති බව දකියි ද, ඒ කුසල් දහම් මත පිහිටා යම් කුසල් දහම් තමා තුළ නැති බව දකියි ද, ඒ කුසල් දහම් උපදවා ගැනීම පිණිස ඉතා බලවත් වූ කැමැත්තක් ද, වීර්යයක් ද, උත්සාහයක් ද, බලවත් උත්සාහයක් ද, නොපසුබස්නා උත්සාහයක් ද, සිහියක් ද, නුවණක් ද පැවැත්වීමට කටයුතු කළ යුත්තේ ය.

ඉදින් ආයුෂ්මත්නි, භික්ෂුව නුවණින් විමසන විට මේ සියළු කුසල් දහම් තමා තුළ ඇතැයි දකින්නේ ද, එවිට ආයුෂ්මත්නි, ඒ භික්ෂුව විසින් තමා තුළ ඇති මේ සියළු කුසල් දහම් මත පිහිටා තවදුරටත් ආශ්‍රවයන්ගේ ක්ෂය වීම පිණිස උත්සාහ කළ යුත්තේ ය.

සාදු! සාදු!! සාදු!!!

පරිහාන සූත්‍රය නිමා විය.

10.2.1.6
පඨම සඤ්ඤා සූත්‍රය
සංඥාව ගැන වදාළ පළමු දෙසුම

සැවැත් නුවර දී ය ....

මහණෙනි, මෙම දස සංඥා දියුණු කරගත් විට, බහුල ව ප්‍රගුණ කරගත් විට, මහත්ඵල මහානිශංස ලැබෙන්නේ ය. නිවනෙහි බැසගෙන, නිවනින් ම අවසන් වන්නේ ය. ඒ කවර දසයක් ද යත්;

අසුභ සංඥාව ය, මරණ සංඥාව ය, ආහාරයෙහි පිළිකුල් සංඥාව ය, සියළු ලොවෙහි නොඇලෙන සංඥාව ය, අනිත්‍ය සංඥාව ය, අනිත්‍ය වූ දෙයෙහි ඇති දුක් සංඥාව ය, දුක් වූ දෙයෙහි ඇති අනාත්ම සංඥාව ය, ප්‍රහාණ සංඥාව ය, විරාග සංඥාව ය, නිරෝධ සංඥාව ය. මහණෙනි, මෙම දස සංඥා දියුණු කරගත් විට, බහුල ව ප්‍රගුණ කරගත් විට, මහත්ඵල මහානිසංස ලැබෙන්නේ ය. නිවනෙහි බැසගෙන, නිවනින් ම අවසන් වන්නේ ය.

සාදු! සාදු!! සාදු!!!

පඨම සඤ්ඤා සූත්‍රය නිමා විය.

10.2.1.7
දුතිය සඤ්ඤා සූත්‍රය
සංඥාව ගැන වදාළ දෙවෙනි දෙසුම

සැවැත් නුවර දී ය ....

මහණෙනි, මෙම දස සංඥා දියුණු කරගත් විට, බහුල ව ප්‍රගුණ කරගත් විට, මහත්ඵල මහානිසංස ලැබෙන්නේ ය. නිවනෙහි බැසගෙන, නිවනින් ම අවසන් වන්නේ ය. ඒ කවර දසයක් ද යත්;

අනිත්‍ය සංඥාව ය, අනාත්ම සංඥාව ය, මරණ සංඥාව ය, ආහාරයෙහි පිළිකුල් සංඥාව ය, සියළු ලොවෙහි නොඇලෙන සංඥාව ය, ඇටසැකිල්ල ගැන සංඥාව ය, පුලවක සංඥාව ය, විනීලක සංඥාව ය, විච්ඡිද්දක සංඥාව ය, උද්ධුමාතක සංඥාව ය. මහණෙනි, මෙම දස සංඥා දියුණු කරගත් විට, බහුල ව ප්‍රගුණ කරගත් විට, මහත්ඵල මහානිසංස ලැබෙන්නේ ය. නිවනෙහි බැසගෙන, නිවනින් ම අවසන් වන්නේ ය.

සාදු! සාදු!! සාදු!!!

දුතිය සඤ්ඤා සූත්‍රය නිමා විය.

10.2.1.8
මූලක සූත්‍රය
මුල් වන කරුණු ගැන වදාළ දෙසුම

සැවැත් නුවර දී ය ....

"ඉදින් මහණෙනි, අන්‍ය තීර්ථක පරිබ්‍රාජකවරු මෙසේ විමසන්නාහු නම් 'ආයුෂ්මත්නි, සියළු ධර්මයෝ කුමක් මුල්කොට ඇත්තාහු ද? සියළු ධර්මයෝ කුමකින් හටගන්නාහු ද? සියළු ධර්මයෝ කුමකින් උපදින්නාහු ද? සියළු ධර්මයෝ කුමක් එකතුවීම කොට ඇත්තාහු ද? සියළු ධර්මයෝ කුමක් ප්‍රමුඛ කොට ඇත්තාහු ද? සියළු ධර්මයෝ කුමක් අධිපති කොට ඇත්තාහු ද? සියළු ධර්මයෝ කුමක් පෙරටු කොට ඇත්තාහු ද? සියළු ධර්මයෝ කුමක් සාර කොට

ඇත්තාහු ද? සියළු ධර්මයෝ කුමකට බැසගෙන ඇත්තාහු ද? සියළු ධර්මයෝ කුමකින් අවසන් වන්නාහු දැ'යි. මහණෙනි, මෙසේ විමසන ලද්දාහු නම් ඔබ ඒ අන්‍ය තීර්ථක පිරිවැජියන් හට කුමක් පවසව් ද?"

"ස්වාමීනී, අපගේ මේ ධර්මයෝ භාග්‍යවතුන් වහන්සේ මුල් කොට ඇත්තාහු ය. භාග්‍යවතුන් වහන්සේ පෙරටු කොට ඇත්තාහු ය. භාග්‍යවතුන් වහන්සේ පිළිසරණ කොට ඇත්තාහු ය. ස්වාමීනී, ඔය වදාළ කරුණෙහි අර්ථය භාග්‍යවතුන් වහන්සේට ම වැටහෙන සේක් නම් මැනැවි. භාග්‍යවතුන් වහන්සේගෙන් අසා භික්ෂූහු දරන්නාහු ය."

"එසේ වී නම් මහණෙනි, අසව්. මැනැවින් මෙනෙහි කරව්. පවසන්නෙමි"

"එසේ ය, ස්වාමීනී"යි ඒ භික්ෂූහු භාග්‍යවතුන් වහන්සේට පිළිවදන් දුන්හ. භාග්‍යවතුන් වහන්සේ මෙය වදාළ සේක.

"ඉදින් මහණෙනි, අන්‍ය තීර්ථක පරිබ්‍රාජකවරු මෙසේ විමසන්නාහු නම් 'ආයුෂ්මත්නි, සියළු ධර්මයෝ කුමක් මුල්කොට ඇත්තාහු ද? සියළු ධර්මයෝ කුමකින් හටගන්නාහු ද? සියළු ධර්මයෝ කුමකින් උපදින්නාහු ද? සියළු ධර්මයෝ කුමක් එකතුවීම් කොට ඇත්තාහු ද? සියළු ධර්මයෝ කුමක් ප්‍රමුඛ කොට ඇත්තාහු ද? සියළු ධර්මයෝ කුමක් අධිපති කොට ඇත්තාහු ද? සියළු ධර්මයෝ කුමක් පෙරටු කොට ඇත්තාහු ද? සියළු ධර්මයෝ කුමක් සාර කොට ඇත්තාහු ද? සියළු ධර්මයෝ කුමකට බැසගෙන ඇත්තාහු ද? සියළු ධර්මයෝ කුමකින් අවසන් වන්නාහු දැ'යි. මහණෙනි, මෙසේ විමසන ලද්දාහු නම් ඔබ ඒ අන්‍ය තීර්ථක පිරිවැජියන් හට මෙසේ පවසව්.

ආයුෂ්මත්නි, සියළු ධර්මයෝ ඡන්දය මුල් කොට ඇත්තාහු ය. සියළු ධර්මයෝ මෙනෙහි කිරීම සම්භව කොට ඇත්තාහු ය. සියළු ධර්මයෝ ස්පර්ශය හටගැනීම කොට ඇත්තාහු ය. සියළු ධර්මයෝ විඳීම එකතුවීම කොට ඇත්තාහු ය. සියළු ධර්මයෝ සමාධිය ප්‍රමුඛ කොට ඇත්තාහු ය. සියළු ධර්මයෝ සිහිය අධිපති කොට ඇත්තාහු ය. සියළු ධර්මයෝ ප්‍රඥාව පෙරටු කොට ඇත්තාහු ය. සියළු ධර්මයෝ විමුක්තිය සාර කොට ඇත්තාහු ය. සියළු ධර්මයෝ නිවනට බැසගෙන ඇත්තාහු ය. සියළු ධර්මයෝ නිවන අවසන් කොට ඇත්තාහු ය. මහණෙනි, මෙසේ විමසන ලද්දාහු නම් ඔබ ඒ අන්‍ය තීර්ථක පිරිවැජියන් හට මෙසේ පවසව්."

සාදු! සාදු!! සාදු!!!

මූලක සූත්‍රය නිමා විය.

10.2.1.9
පබ්බජ්ජා සූත්‍රය
පැවිද්ද ගැන වදාළ දෙසුම

සැවැත් නුවර දී ය ....

"මහණෙනි, මෙහිලා ඔබ මෙසේ හික්මිය යුත්තේ ය. 'පැවිද්දෙකුට මැනැවින් ගැලපෙන අයුරින් පුරුදු කළ සිතක් අපට වන්නේ ය. උපන් පාපී අකුසල් දහම් අපගේ සිත යටකොට නොසිටින්නේ ය. අනිත්‍ය සංඥාව මැනැවින් පුරුදු කළ සිතක් අපට වන්නේ ය. අනාත්ම සංඥාව මැනැවින් පුරුදු කළ සිතක් අපට වන්නේ ය. අසුභ සංඥාව මැනැවින් පුරුදු කළ සිතක් අපට වන්නේ ය. ආදීනව සංඥාව මැනැවින් පුරුදු කළ සිතක් අපට වන්නේ ය. ලෝකයෙහි සම බව ත්, විෂම බව ත් දන ඒ සංඥාව මැනැවින් පුරුදු කළ සිතක් අපට වන්නේ ය. ලෝකයෙහි හටගැනීම ත්, නැතිවීම ත් දන ඒ සංඥාව මැනැවින් පුරුදු කළ සිතක් අපට වන්නේ ය. ප්‍රහාණ සංඥාව මැනැවින් පුරුදු කළ සිතක් අපට වන්නේ ය. විරාග සංඥාව මැනැවින් පුරුදු කළ සිතක් අපට වන්නේ ය. නිරෝධ සංඥාව මැනැවින් පුරුදු කළ සිතක් අපට වන්නේ ය.' ඔබ හික්මිය යුත්තේ ඔය අයුරින් ය.

යම් කලෙක මහණෙනි, භික්ෂුව හට පැවිද්දෙකුට මැනැවින් ගැලපෙන අයුරින් පුරුදු කළ සිතක් ඇත්තේ වෙයි ද, උපන් පාපී අකුසල් දහම් සිත යටකොට නොසිටින්නේ වෙයි ද, අනිත්‍ය සංඥාව මැනැවින් පුරුදු කළ සිතක් ඇත්තේ වෙයි ද, අනාත්ම සංඥාව මැනැවින් පුරුදු කළ සිතක් ඇත්තේ වෙයි ද, අසුභ සංඥාව මැනැවින් පුරුදු කළ සිතක් ඇත්තේ වෙයි ද, ආදීනව සංඥාව මැනැවින් පුරුදු කළ සිතක් ඇත්තේ වෙයි ද, ලෝකයෙහි සම බව ත්, විෂම බව ත් දන ඒ සංඥාව මැනැවින් පුරුදු කළ සිතක් ඇත්තේ වෙයි ද, ලෝකයෙහි හටගැනීම ත්, නැතිවීම ත් දන ඒ සංඥාව මැනැවින් පුරුදු කළ සිතක් ඇත්තේ වෙයි ද, ප්‍රහාණ සංඥාව මැනැවින් පුරුදු කළ සිතක් ඇත්තේ වෙයි ද, විරාග සංඥාව මැනැවින් පුරුදු කළ සිතක් ඇත්තේ වෙයි ද, නිරෝධ සංඥාව මැනැවින් පුරුදු කළ සිතක් ඇත්තේ වෙයි ද, ඒ භික්ෂුවට මේ ජීවිතයේ දී ම අරහත්වය හෝ කෙලෙස් ඇති කල්හී අනාගාමී බව හෝ යන මේ දෙවැදෑරුම් ඵලයන්

ගෙන් එක්තරා ඵලයක් කැමති විය යුත්තේ ය.

සාදු! සාදු!! සාදු!!!

පබ්බජ්ජා සූත්‍රය නිමා විය.

10.2.1.10
ගිරිමානන්ද සූත්‍රය
ගිරිමානන්ද තෙරුන් අරභයා වදාළ දෙසුම

එක් සමයක භාග්‍යවතුන් වහන්සේ සැවැත් නුවර ජේතවන නම් වූ අනේපිඬු සිටාණන් විසින් කරවන ලද ආරාමයෙහි වැඩ වසන සේක. එසමයෙහි ආයුෂ්මත් ගිරිමානන්දයන් වහන්සේ හටගත් ආබාධ ඇත්තාහු, කායික දුකට පැමිණියාහු, බොහෝ සේ ගිලන් ව සිටියාහු වෙති. එකල්හී ආයුෂ්මත් ආනන්දයන් වහන්සේ භාග්‍යවතුන් වහන්සේ යම් තැනක වැඩසිටි සේක් ද, එතැනට පැමිණියහ. පැමිණ භාග්‍යවතුන් වහන්සේට සකසා වන්දනා කොට එකත්පස්ව හිඳගත්හ. එකත්පස්ව හුන් ආයුෂ්මත් ආනන්දයන් වහන්සේ භාග්‍යවතුන් වහන්සේට මෙකරුණ සැළ කළහ.

"ස්වාමීනී, ආයුෂ්මත් ගිරිමානන්දයන් වහන්සේ හටගත් ආබාධ ඇතිව, කායික දුකින් යුතුව බොහෝ සේ ගිලන් ව සිටිති. ස්වාමීනී, භාග්‍යවතුන් වහන්සේ ආයුෂ්මත් ගිරිමානන්දයන් යම් තැනක ද, අනුකම්පාව උපදවා එතැනට වඩිනා සේක් නම් මැනැවි."

"ඉදින් ආනන්දයෙනි, ඔබ ගිරිමානන්ද භික්ෂුව වෙත එළැඹ දස සංඥා පවසන්නෙහි නම් ගිරිමානන්ද භික්ෂුව හට යම් හෙයකින් දස සංඥාව අසා ඒ ආබාධය සැණෙකින් සංසිඳී යන්නේ ය යන කරුණ විද්‍යමාන වූ දෙයකි. ඒ කවර දසයක් ද යත්;

අනිත්‍ය සංඥාව ය, අනාත්ම සංඥාව ය, අසුභ සංඥාව ය, ආදීනව සංඥාව ය, ප්‍රහාණ සංඥාව ය, විරාග සංඥාව ය, නිරෝධ සංඥාව ය, සියළු ලෝකයෙහි නොඇලෙන සංඥාව ය, සියළු සංස්කාරයන්හි අනිත්‍යය සංඥාව සහ ආනාපානසතියයි.

1. ආනන්දයෙනි, අනිත්‍ය සංඥාව යනු කුමක්ද? ආනන්දයෙනි, මෙහිලා

භික්ෂුව වනයට ගියේ හෝ වෙයි. රුක් සෙවණකට ගියේ හෝ වෙයි. ජන ශූන්‍ය තැනකට ගියේ හෝ වෙයි. මෙසේ නුවණින් විමසයි. 'රූපය අනිත්‍ය ය. විඳීම් අනිත්‍ය ය. හඳුනාගැනීම් අනිත්‍ය ය. සංස්කාර අනිත්‍ය ය. විඤ්ඤාණය අනිත්‍ය ය' වශයෙනි. මේ අයුරින් මේ පංච උපාදානස්කන්ධයන් පිළිබඳ ව නුවණින් අනිත්‍යය දකිමින් වාසය කරයි. ආනන්දයෙනි, මෙය අනිත්‍ය සංඥාව යැයි කියනු ලැබේ.

2. ආනන්දයෙනි, අනාත්ම සංඥාව යනු කුමක්ද? ආනන්දයෙනි, මෙහිලා භික්ෂුව වනයට ගියේ හෝ වෙයි ....(පෙ).... මෙසේ නුවණින් විමසයි. 'ඇස ආත්ම රහිත ය. රූප ආත්ම රහිත ය. කන ආත්ම රහිත ය. ශබ්ද ආත්ම රහිත ය. නාසය ආත්ම රහිත ය. ගඳසුවඳ ආත්ම රහිත ය. දිව ආත්ම රහිත ය. රස ආත්ම රහිත ය. කය ආත්ම රහිත ය. පහස ආත්ම රහිත ය. මනස ආත්ම රහිත ය. මනසට සිතෙන අරමුණු ආත්ම රහිත ය' යනුවෙනි. මෙසේ මේ සය වැදෑරුම් ආධ්‍යාත්මික වූ ත්, බාහිර වූ ත් ආයතනයන් පිළිබඳ ව ආත්ම රහිත බව නුවණින් දකිමින් වාසය කරයි. ආනන්දය, මෙය අනාත්ම සංඥාව යැයි කියනු ලැබේ.

3. ආනන්දයෙනි, අසුභ සංඥාව යනු කුමක් ද? ආනන්දයෙනි, මෙහිලා භික්ෂුව පා තලයෙන් උඩ, කෙස් මතුයෙන් යට, සම සීමා කොට ඇති නා නා ප්‍රකාර වූ අසුචියෙන් පිරී ඇති මෙම කය පිළිබඳ ව ම නුවණින් විමසා බලයි. එනම් 'මේ කයෙහි කෙස් ඇත්තේ ය. ලොම් ය. නියපොතු ය. දත් ය. සම ය. මස් ය. නහර ය. ඇට ය. ඇට මිදුළු ය. වකුගඩු ය. හදවත ය. අක්මාව ය. දලබුව ය. බඩදිව ය. පෙණහළු ය. අතුණු ය. අතුණු බහන් ය. ආමාශය ය. මල ය. පිත ය. සෙම ය. සැරව ය. ලේ ය. ඩහදිය ය. මේද ය. කඳුළු ය. වුරුණු තෙල් ය. කෙළ ය. සොටු ය. සඳමිදුළු ය. මුත්‍ර ය වශයෙනි. මෙසේ මේ කය පිළිබඳ ව අසුභ වශයෙන් නුවණින් දකිමින් වාසය කරයි. ආනන්දයෙනි, මෙය අසුභ සංඥාව යැයි කියනු ලැබේ.

4. ආනන්දයෙනි, ආදීනව සංඥාව යනු කුමක්ද? ආනන්දයෙනි, මෙහිලා භික්ෂුව වනයට ගියේ හෝ වෙයි. රුක් සෙවණකට ගියේ හෝ වෙයි. ජන ශූන්‍ය තැනකට ගියේ හෝ වෙයි. මෙසේ නුවණින් විමසයි. 'මේ කය බොහෝ දුකින් යුක්ත ය. බොහෝ ආදීනවයෙන් යුක්ත ය. මෙසේ මේ කයෙහි අනේක වූ ආබාධයෝ හටගනිති. එනම් ඇස් රෝග ය. කන් රෝග ය. නාස් රෝග ය. දිවෙහි රෝග ය. කයෙහි රෝග ය. හිසෙහි රෝග ය. පිටිකනෙහි රෝග ය. මුඛයෙහි රෝග ය. දන්ත රෝග ය. කාස ය. හතිය ය. පීනස ය. ඇඟ දැවිල්ල ය. උණ රෝගය ය. කුසෙහි රෝග ය. සිහිමූර්ජා වීම ය. අතීසාරය ය. අර්ශස්

රෝගය ය. කොළරා රෝගය ය. කුෂ්ට රෝගය ය. ගඬු රෝගය ය. හමේ රෝගය ය. ස්වාස රෝගය ය. අපස්මාරය ය. දද ය. වණ රෝගය ය. කැසීමෙන් ගෙඩි හට ගත් රෝගය ය. කැසීම් රෝගය ය. පණුහොරි රෝගය ය. රත් පිත් රෝගය ය. දියවැඩියාව ය. අංශභාග රෝගය ය. පිළිකා රෝගය ය. භගන්දරා රෝගය ය. පිතෙන් හටගන්නා රෝගයෝ ය. සෙමෙන් හටගන්නා රෝගයෝ ය. වාතයෙන් හටගන්නා රෝගයෝ ය. තුන් දොස් කිපීමෙන් හටගන්නා රෝගයෝ ය. ඍතු විපර්යාසයෙන් හටගන්නා රෝගයෝ ය. විෂම හැසිරීමෙන් හටගන්නා රෝග යෝ ය. උපක්‍රමයෙන් හටගන්නා රෝගයෝ ය. කර්ම විපාකයෙන් හටගන්නා රෝගයෝ ය. සීතල ය. උණුසුම ය. කුසගින්න ය. පිපාසය ය. අසුචි ය. මුත්‍ර ය වශයෙනි. මෙසේ මේ කයෙහි ආදීනව නුවණින් දකිමින් වාසය කරයි. ආනන්දයෙනි, මෙය ආදීනව සංඥාව යැයි කියනු ලැබේ.

5. ආනන්දයෙනි, ප්‍රහාණ සංඥාව යනු කුමක් ද? ආනන්දයෙනි, මෙහිලා භික්ෂුව පංච කාමයන් පිළිබඳව උපන් විතර්කයන් නොඉවසයි. බැහැර කරයි. දුරු කරයි. නැති කර දමයි. අභාවයට පත් කරයි. උපන් ද්වේෂය පිළිබඳ විතර්කයන් නොඉවසයි. බැහැර කරයි. දුරු කරයි. නැති කර දමයි. අභාවයට පත් කරයි. උපන් හිංසාව පිළිබඳ විතර්කයන් නොඉවසයි. බැහැර කරයි. දුරු කරයි. නැති කර දමයි. අභාවයට පත් කරයි. උපනූපන් පාපී අකුසල් දහම් නොඉවසයි. බැහැර කරයි. දුරු කරයි. නැති කර දමයි. අභාවයට පත් කරයි. ආනන්දයෙනි, මෙය ප්‍රහාණ සංඥාව යැයි කියනු ලැබේ.

6. ආනන්දයෙනි, විරාග සංඥාව යනු කුමක්ද? ආනන්දයෙනි, මෙහිලා භික්ෂුව වනයට ගියේ හෝ වෙයි. රුක් සෙවණකට ගියේ හෝ වෙයි. ජන ශූන්‍ය තැනකට ගියේ හෝ වෙයි. මෙසේ නුවණින් විමසයි. 'මෙම සමාධිය ශාන්ත වූ දෙයකි. මෙම සමාධිය ඉතා ප්‍රණීත දෙයකි. එනම්, සකස් වූ සියළු දෙයෙහි සංසිඳී ගිය බවක් ඇද්ද, යළි උපතකට හේතු වන සියල්ල දුරුලූ බවක් ඇද්ද, තෘෂ්ණාවෙහි නැසී ගිය බවක් ඇද්ද, නොඇල්මට පත් වූ බවක් ඇද්ද, නිර්වාණයක් ඇද්ද, එය යි' යනුවෙනි. ආනන්දයෙනි, මෙය විරාග සංඥාව යැයි කියනු ලැබේ.

7. ආනන්දයෙනි, නිරෝධ සංඥාව යනු කුමක්ද? ආනන්දයෙනි, මෙහිලා භික්ෂුව වනයට ගියේ හෝ වෙයි. රුක් සෙවණකට ගියේ හෝ වෙයි. ජන ශූන්‍ය තැනකට ගියේ හෝ වෙයි. මෙසේ නුවණින් විමසයි. 'මෙම සමාධිය ශාන්ත වූ දෙයකි. මෙම සමාධිය ඉතා ප්‍රණීත දෙයකි. එනම්, සකස් වූ සියළු දෙයෙහි සංසිඳී ගිය බවක් ඇද්ද, යළි උපතකට හේතු වන සියල්ල දුරුලූ බවක් ඇද්ද, තෘෂ්ණාවෙහි නැසී ගිය බවක් ඇද්ද, භවය නිරුද්ධ වූ බවක් ඇද්ද, නිර්වාණයක්

ඇද්ද, එය යි' යනුවෙනි. ආනන්දයෙනි, මෙය නිරෝධ සංඥාව යැයි කියනු ලැබේ.

8. ආනන්දයෙනි, සියළු ලෝකයෙහි නොඇල්ම පිළිබඳ සංඥාව යනු කුමක් ද? ආනන්දයෙනි, මෙහිලා භික්ෂුව ලෝකයෙහි කෙලෙසුන්ගේ බැසගෙන, එයට ම ග්‍රහණය වී සිතින් අදිටන් කරගත් නොයෙක් දෘෂ්ටිවල පැටලී සිටිත් ද, එහි බැසගෙන සිටිත් ද, ඒවා පවත්වත් ද, ඒ කෙලෙස් දුරු කරන්නේ ය. එහි නොඇලෙන්නේ ය. එයට ග්‍රහණය නොවන්නේ ය. ආනන්දයෙනි, මෙය සියළු ලෝකයෙහි නොඇල්ම පිළිබඳ සංඥාව යැයි කියනු ලැබේ.

9. ආනන්දයෙනි, සියළු සංස්කාරයන් හි අනිත්‍ය සංඥාව යනු කුමක් ද? ආනන්දයෙනි, මෙහිලා භික්ෂුව සියළු සංස්කාරයන් පිළිබඳව අවබෝධයෙන් ම පීඩාවට පත්වෙයි. එහි ඇලෙන්නට ලැජ්ජා වෙයි. ඒ කෙරෙහි පිළිකුල ඇතිවෙයි. ආනන්දයෙනි, මෙය සියළු සංස්කාරයන් පිළිබඳව අනිත්‍ය සංඥාව යැයි කියනු ලැබේ.

10. ආනන්දයෙනි, ආනාපානසතිය යනු කුමක්ද? ආනන්දයෙනි, මෙහිලා භික්ෂුව වනයට ගියේ හෝ වෙයි. රුක් සෙවණකට ගියේ හෝ වෙයි. ජන ශූන්‍ය තැනකට ගියේ හෝ වෙයි. කය ඍජු කොට පළඟක් බැඳ වාඩිවෙයි. භාවනා අරමුණෙහි සිහිය පිහිටුවා ගනියි. හේ සිහියෙන් ආශ්වාස කරයි. සිහියෙන් ප්‍රශ්වාස කරයි.

දීර්ඝ ව ආශ්වාස කරන විට දීර්ඝ ව ආශ්වාස කරමි යි දන්නේ ය. දීර්ඝ ව ප්‍රශ්වාස කරන විට දීර්ඝ ව ප්‍රශ්වාස කරමි යි දන්නේ ය. කෙටියෙන් ආශ්වාස කරන විට කෙටියෙන් ආශ්වාස කරමි යි දන්නේ ය. කෙටියෙන් ප්‍රශ්වාස කරන විට කෙටියෙන් ප්‍රශ්වාස කරමි යි දන්නේ ය. සියළු කය කෙරෙහි සංවේදී ව ආශ්වාස කරන්නෙමි යි හික්මෙයි. සියළු කය කෙරෙහි සංවේදී ව ප්‍රශ්වාස කරන්නෙමියි හික්මෙයි. කාය සංස්කාර සංසිඳුවමින් ආශ්වාස කරන්නෙමි යි හික්මෙයි. කාය සංස්කාර සංසිඳුවමින් ප්‍රශ්වාස කරන්නෙමි යි හික්මෙයි.

ප්‍රීතිය මැනැවින් දැනගනිමින් ආශ්වාස කරන්නෙමි යි හික්මෙයි. ප්‍රීතිය මැනැවින් දැනගනිමින් ප්‍රශ්වාස කරන්නෙමි යි හික්මෙයි. සැපය මැනැවින් දැනගනිමින් ආශ්වාස කරන්නෙමි යි හික්මෙයි. සැපය මැනැවින් දැනගනිමින් ප්‍රශ්වාස කරන්නෙමි යි හික්මෙයි. චිත්ත සංස්කාර මැනැවින් දැනගනිමින් ආශ්වාස කරන්නෙමි යි හික්මෙයි. චිත්ත සංස්කාර මැනැවින් දැනගනිමින් ප්‍රශ්වාස කරන්නෙමි යි හික්මෙයි. චිත්ත සංස්කාර සංසිඳුවමින් ආශ්වාස කරන්නෙමියි හික්මෙයි. චිත්ත සංස්කාර සංසිඳුවමින් ප්‍රශ්වාස කරන්නෙමි යි

හික්මෙයි.

සිත මැනැවින් දැනගනිමින් ආශ්වාස කරන්නෙමි යි හික්මෙයි. සිත මැනැවින් දැනගනිමින් ප්‍රශ්වාස කරන්නෙමි යි හික්මෙයි. සිත ප්‍රබෝධයට පත් කරවමින් ආශ්වාස කරන්නෙමි යි හික්මෙයි. සිත ප්‍රබෝධයට පත් කරවමින් ප්‍රශ්වාස කරන්නෙමි යි හික්මෙයි. සිත සංසිඳුවමින් ආශ්වාස කරන්නෙමි යි හික්මෙයි. සිත සංසිඳුවමින් ප්‍රශ්වාස කරන්නෙමි යි හික්මෙයි. නීවරණයන් ගෙන් සිත නිදහස් කරවමින් ආශ්වාස කරන්නෙමි යි හික්මෙයි. නීවරණයන් ගෙන් සිත නිදහස් කරවමින් ප්‍රශ්වාස කරන්නෙමි යි හික්මෙයි.

අනිත්‍ය වශයෙන් නුවණින් දකිමින් ආශ්වාස කරන්නෙමි යි හික්මෙයි. අනිත්‍ය වශයෙන් නුවණින් දකිමින් ප්‍රශ්වාස කරන්නෙමි යි හික්මෙයි. නොඇල්ම නුවණින් දකිමින් ආශ්වාස කරන්නෙමි යි හික්මෙයි. නොඇල්ම නුවණින් දකිමින් ප්‍රශ්වාස කරන්නෙමි යි හික්මෙයි. තෘෂ්ණා නිරෝධය නුවණින් දකිමින් ආශ්වාස කරන්නෙමි යි හික්මෙයි. තෘෂ්ණා නිරෝධය නුවණින් දකිමින් ප්‍රශ්වාස කරන්නෙමි යි හික්මෙයි. කෙලෙස් දුරුලීම නුවණින් දකිමින් ආශ්වාස කරන්නෙමි යි හික්මෙයි. කෙලෙස් දුරුලීම නුවණින් දකිමින් ප්‍රශ්වාස කරන්නෙමි යි හික්මෙයි.

ආනන්දයෙනි, මෙය ආනාපානසතිය යැයි කියනු ලැබේ.

ඉදින් ආනන්දයෙනි, ඔබ ගිරිමානන්ද භික්ෂුව වෙත එළැඹ මෙම දස සංඥා පවසන්නෙහි නම් ගිරිමානන්ද භික්ෂුව හට යම් හෙයකින් මේ දස සංඥාව අසා ඒ ආබාධය සැණෙකින් සංසිඳී යන්නේ ය යන කරුණ විද්‍යමාන වූ දෙයකි."

එකල්හී ආයුෂ්මත් ආනන්දයන් වහන්සේ භාග්‍යවතුන් වහන්සේ වෙතින් මෙම දස සංඥා ඉගෙන ආයුෂ්මත් ගිරිමානන්දයන් වහන්සේ වෙත පැමිණියාහු ය. පැමිණ ආයුෂ්මත් ගිරිමානන්ද තෙරුන් හට මෙම දස සංඥා පැවසූහ. එකල්හී මේ දස සංඥාව ශ්‍රවණය කළ ආයුෂ්මත් ගිරිමානන්දයන් වහන්සේගේ ඒ ආබාධය වහා සංසිඳී ගියේ ය. ආයුෂ්මත් ගිරිමානන්දයන් වහන්සේ ඒ ආබාධයෙන් නැගී සිටියහ. ආයුෂ්මත් ගිරිමානන්දයන් වහන්සේගේ ඒ ආබාධය ඒ අයුරින් ප්‍රහීණ වූයේ ය.

සාදු! සාදු!! සාදු!!!

ගිරිමානන්ද සූත්‍රය නිමා විය.

පළමුවෙනි සචිත්ත වර්ගය අවසන් විය.

- එහි පිළිවෙල උද්දානයයි :

සචිත්ත සූත්‍රය, සාරිපුත්ත සූත්‍රය, ඨිති සූත්‍රය, සමථ සූත්‍රය, පරිහාන සූත්‍රය, සඤ්ඤා සූත්‍ර දෙක, මූල සූත්‍රය, පබ්බජිත සූත්‍රය හා ගිරිමානන්ද සූත්‍රය වශයෙන් මෙහි සූත්‍ර දසයකි.

2. යමක වර්ගය

10.2.2.1.
අවිජ්ජා සූත්‍රය
අවිද්‍යාව ගැන වදාළ දෙසුම

සැවැත් නුවර දී ය ....

මහණෙනි, අවිද්‍යාවෙහි ආරම්භක කෙළවරක් පෙන්විය නොහැකි ය. එහෙත් 'මින් පෙර අවිද්‍යාව නොතිබුණේ ය. එය පසුව හටගත් දෙයක් යැ'යි මහණෙනි, මෙබඳු කථාවක් කියනු ලැබේ. එනමුදු අවිද්‍යාව යනු හේතු ප්‍රත්‍යයන්ගෙන් හටගන්නා බව පැහැදිලි ව පෙනෙන දෙයකි.

මහණෙනි, මම අවිද්‍යාව ද ආහාර සහිත යැයි කියමි. ආහාර රහිත යැයි නොකියමි. අවිද්‍යාවට ඇති ආහාරය කුමක් ද? එයට කිව යුත්තේ පංච නීවරණ කියා ය.

මහණෙනි, මම පංච නීවරණ ද ආහාර සහිත යැයි කියමි. ආහාර රහිත යැයි නොකියමි. පංච නීවරණයන්ට ඇති ආහාරය කුමක් ද? එයට කිව යුත්තේ තුන් ආකාර වූ දුශ්චරිතය කියා ය.

මහණෙනි, මම ත්‍රිවිධ දුශ්චරිතය ද ආහාර සහිත යැයි කියමි. ආහාර රහිත යැයි නොකියමි. ත්‍රිවිධ දුශ්චරිතයට ඇති ආහාරය කුමක් ද? එයට කිව යුත්තේ ඉන්ද්‍රියයන්ගේ අසංවරය කියා ය.

මහණෙනි, මම ඉන්ද්‍රිය අසංවරය ද ආහාර සහිත යැයි කියමි. ආහාර රහිත යැයි නොකියමි. ඉන්ද්‍රිය අසංවරයට ඇති ආහාරය කුමක් ද? එයට කිව යුත්තේ සිහිය ත්, නුවණ ත් නැතිකම කියා ය.

මහණෙනි, මම සිහිය ත්, නුවණ ත් නැතිකම ද ආහාර සහිත යැයි කියමි. ආහාර රහිත යැයි නොකියමි. සිහිය ත්, නුවණ ත් නැතිකමට ඇති ආහාරය කුමක් ද? එයට කිව යුත්තේ නුවණින් තොර ව මෙනෙහි කිරීම කියා ය.

මහණෙනි, මම නුවණින් තොර ව මෙනෙහි කිරීම ද ආහාර සහිත යැයි කියමි. ආහාර රහිත යැයි නොකියමි. නුවණින් තොර ව මෙනෙහි කිරීමට ඇති ආහාරය කුමක් ද? එයට කිව යුත්තේ ශ්‍රද්ධාව නැතිකම කියා ය.

මහණෙනි, මම ශ්‍රද්ධාව නැතිකම ද ආහාර සහිත යැයි කියමි. ආහාර රහිත යැයි නොකියමි. ශ්‍රද්ධාව නැතිකමට ඇති ආහාරය කුමක් ද? එයට කිව යුත්තේ අධර්මයට සවන්දීම කියා ය.

මහණෙනි, මම අධර්මයට සවන්දීම ද ආහාර සහිත යැයි කියමි. ආහාර රහිත යැයි නොකියමි. අධර්මයට සවන්දීමට ඇති ආහාරය කුමක් ද? එයට කිව යුත්තේ අසත්පුරුෂයන්ගේ ඇසුර කියා ය.

මහණෙනි, මේ අයුරින් අසත්පුරුෂයන්ගේ ඇසුර පිරිපුන් වීමෙන් අධර්මයට සවන් දීම සම්පූර්ණ වෙයි. අධර්මයට සවන් දීම පිරිපුන් වීමෙන් ශ්‍රද්ධාව නැති බව සම්පූර්ණ වෙයි. ශ්‍රද්ධාව නැතිබව පිරිපුන් වීමෙන් නුවණින් තොර ව මෙනෙහි කිරීම සම්පූර්ණ වෙයි. නුවණින් තොර ව මෙනෙහි කිරීම පිරිපුන් වීමෙන් සිහි නැතිකම ත්, නුවණ නැතිකම ත් සම්පූර්ණ වෙයි. සිහි නැතිකම ත්, නුවණ නැතිකම ත් පිරිපුන් වීමෙන් ඉන්ද්‍රියයන්ගේ අසංවරය සම්පූර්ණ වෙයි. ඉන්ද්‍රිය අසංවරය පිරිපුන් වීමෙන් ත්‍රිවිධ දුශ්චරිතය සම්පූර්ණ වෙයි. ත්‍රිවිධ දුශ්චරිතය පිරිපුන් වීමෙන් පංච නීවරණයන් සම්පූර්ණ වෙයි. පංච නීවරණයන් පිරිපුන් වීමෙන් අවිද්‍යාව සම්පූර්ණ වෙයි. මේ අයුරින් අවිද්‍යාවට ආහාරය වෙයි. මේ අයුරින් පිරිපුන් ව යයි.

මහණෙනි, එය මෙබඳු දෙයකි. කඳු මුදුනට මහත් දිය බිඳු සහිත වැස්ස වසින කල්හී එය ගලා යද්දී බෑවුම ඇති දිශාවට ඒ ජලය ගලයි. පර්වත, දියඇලි, පොළොවෙහි පැල්ම, කුඩා දියඇලි ආදිය පිරිපුන් කරයි. පර්වත, දියඇලි, පොළොවෙහි පැල්ම, කුඩා දියඇලි ආදිය පිරිපුන් කරමින් කුඩා වළවල් පුරවා දමයි. කුඩා වළවල් පුරවා දමමින් මහ වළවල් පුරවා දමයි. මහ වළවල් පුරවා දමමින් කුඩා නදීන් පුරවා දමයි. කුඩා නදීන් පුරවා දමමින් මහා නදීන් පුරවා දමයි. මහා නදීන් පුරවා දමමින් මහා සාගරය පුරවා දමයි. මෙසේ මහා සමුද්‍රය වූ මහා සාගරයට ආහාරය වෙයි. මේ අයුරින් මහා සාගරය පිරිපුන් බවට යයි.

එසෙයින් ම මහණෙනි, අසත්පුරුෂයන්ගේ ඇසුර පිරිපුන් වීමෙන් අධර්මයට සවන් දීම සම්පූර්ණ වෙයි. අධර්මයට සවන් දීම පිරිපුන් වීමෙන් ශ්‍රද්ධාව නැති බව සම්පූර්ණ වෙයි. ශ්‍රද්ධාව නැතිබව පිරිපුන් වීමෙන් නුවණින් තොර ව මෙනෙහි කිරීම සම්පූර්ණ වෙයි. නුවණින් තොර ව මෙනෙහි කිරීම පිරිපුන් වීමෙන් සිහි නැතිකම ත්, නුවණ නැතිකම ත් සම්පූර්ණ වෙයි. සිහි

නැතිකම ත්, නුවණ නැතිකම ත් පිරිපුන් වීමෙන් ඉන්ද්‍රියයන්ගේ අසංවරය සම්පූර්ණ වෙයි. ඉන්ද්‍රිය අසංවරය පිරිපුන් වීමෙන් ත්‍රිවිධ දුශ්චරිතය සම්පූර්ණ වෙයි. ත්‍රිවිධ දුශ්චරිතය පිරිපුන් වීමෙන් පංච නීවරණයන් සම්පූර්ණ වෙයි. පංච නීවරණයන් පිරිපුන් වීමෙන් අවිද්‍යාව සම්පූර්ණ වෙයි. මේ අයුරින් අවිද්‍යාවට ආහාරය වෙයි. මේ අයුරින් පිරිපුන් ව යයි.

මහණෙනි, මම විද්‍යා විමුක්තිය ද ආහාර සහිත යැයි කියමි. ආහාර රහිත යැයි නොකියමි. විද්‍යා විමුක්තියට ඇති ආහාරය කුමක් ද? එයට කිව යුත්තේ සප්ත බොජ්ඣංග කියා ය.

මහණෙනි, මම සප්ත බොජ්ඣංග ද ආහාර සහිත යැයි කියමි. ආහාර රහිත යැයි නොකියමි. සප්ත බොජ්ඣංගයන්ට ඇති ආහාරය කුමක් ද? එයට කිව යුත්තේ සතර සතිපට්ඨාන කියා ය.

මහණෙනි, මම සතර සතිපට්ඨානය ද ආහාර සහිත යැයි කියමි. ආහාර රහිත යැයි නොකියමි. සතර සතිපට්ඨානයට ඇති ආහාරය කුමක් ද? එයට කිව යුත්තේ ත්‍රිවිධ සුචරිතය කියා ය.

මහණෙනි, මම ත්‍රිවිධ සුචරිතය ද ආහාර සහිත යැයි කියමි. ආහාර රහිත යැයි නොකියමි. ත්‍රිවිධ සුචරිතයට ඇති ආහාරය කුමක් ද? එයට කිව යුත්තේ ඉන්ද්‍රිය සංවරය කියා ය.

මහණෙනි, මම ඉන්ද්‍රිය සංවරය ද ආහාර සහිත යැයි කියමි. ආහාර රහිත යැයි නොකියමි. ඉන්ද්‍රිය සංවරයට ඇති ආහාරය කුමක් ද? එයට කිව යුත්තේ සිහිය ත්, නුවණ ත් ඇතිකම කියා ය.

මහණෙනි, මම සිහිය ත්, නුවණ ත් ඇතිකම ද ආහාර සහිත යැයි කියමි. ආහාර රහිත යැයි නොකියමි. සිහිය ත්, නුවණත් ඇතිකමට ඇති ආහාරය කුමක් ද? එයට කිව යුත්තේ නුවණ යොදා මෙනෙහි කිරීම කියා ය.

මහණෙනි, මම නුවණ යොදා මෙනෙහි කිරීම ද ආහාර සහිත යැයි කියමි. ආහාර රහිත යැයි නොකියමි. නුවණ යොදා මෙනෙහි කිරීමට ඇති ආහාරය කුමක් ද? එයට කිව යුත්තේ ශ්‍රද්ධාව කියා ය.

මහණෙනි, මම ශ්‍රද්ධාව ද ආහාර සහිත යැයි කියමි. ආහාර රහිත යැයි නොකියමි. ශ්‍රද්ධාවට ඇති ආහාරය කුමක් ද? එයට කිව යුත්තේ සද්ධර්මයට සවන් දීම කියා ය.

මහණෙනි, මම සද්ධර්මයට සවන් දීම ද ආහාර සහිත යැයි කියමි.

ආහාර රහිත යැයි නොකියමි. සද්ධර්මයට සවන්දීමට ඇති ආහාරය කුමක් ද? එයට කිව යුත්තේ සත්පුරුෂ ඇසුර කියා ය.

මහණෙනි, මේ අයුරින් සත්පුරුෂයන්ගේ ඇසුර පිරිපුන් වීමෙන් සද්ධර්මයට සවන් දීම සම්පූර්ණ වෙයි. සද්ධර්මයට සවන් දීම පිරිපුන් වීමෙන් ශ්‍රද්ධාව සම්පූර්ණ වෙයි. ශ්‍රද්ධාව පිරිපුන් වීමෙන් නුවණ යොදා මෙනෙහි කිරීම සම්පූර්ණ වෙයි. නුවණ යොදා මෙනෙහි කිරීම පිරිපුන් වීමෙන් සිහිය ත්, නුවණ ත් ඇතිකම සම්පූර්ණ වෙයි. සිහිය ත්, නුවණ ත් ඇතිකම පිරිපුන් වීමෙන් ඉන්ද්‍රියයන්ගේ සංවරය සම්පූර්ණ වෙයි. ඉන්ද්‍රිය සංවරය පිරිපුන් වීමෙන් ත්‍රිවිධ සුචරිතය සම්පූර්ණ වෙයි. ත්‍රිවිධ සුචරිතය පිරිපුන් වීමෙන් සතර සතිපට්ඨාන සම්පූර්ණ වෙයි. සතර සතිපට්ඨාන පිරිපුන් වීමෙන් සප්ත බොජ්ඣංග සම්පූර්ණ වෙයි. සප්ත බොජ්ඣංග පිරිපුන් වීමෙන් විද්‍යා විමුක්ති සම්පූර්ණ වෙයි. මේ අයුරින් විද්‍යා විමුක්තියට ආහාරය වෙයි. මේ අයුරින් පිරිපුන් ව යයි.

මහණෙනි, එය මෙබඳු දෙයකි. කඳු මුදුනට මහත් දිය බිඳු සහිත වැස්ස වසින කල්හී එය ගලා යද්දී බෑවුම ඇති දිශාවට ඒ ජලය ගලයි. පර්වත, දියඇලි, පොළොවෙහි පැල්ම, කුඩා දියඇලි ආදිය පිරිපුන් කරයි. පර්වත, දියඇලි, පොළොවෙහි පැල්ම, කුඩා දියඇලි ආදිය පිරිපුන් කරමින් කුඩා වළවල් පුරවා දමයි. කුඩා වළවල් පුරවා දමමින් මහ වළවල් පුරවා දමයි. මහ වළවල් පුරවා දමමින් කුඩා නදීන් පුරවා දමයි. කුඩා නදීන් පුරවා දමමින් මහා නදීන් පුරවා දමයි. මහා නදීන් පුරවා දමමින් මහා සාගරය පුරවා දමයි. මෙසේ මහා සමුද්‍රය වූ මහා සාගරයට ආහාරය වෙයි. මේ අයුරින් මහා සාගරය පිරිපුන් බවට යයි.

මහණෙනි, ඔය අයුරින් ම සත්පුරුෂයන්ගේ ඇසුර පිරිපුන් වීමෙන් සද්ධර්මයට සවන් දීම සම්පූර්ණ වෙයි. සද්ධර්මයට සවන් දීම පිරිපුන් වීමෙන් ශ්‍රද්ධාව සම්පූර්ණ වෙයි. ශ්‍රද්ධාව පිරිපුන් වීමෙන් නුවණ යොදා මෙනෙහි කිරීම සම්පූර්ණ වෙයි. නුවණ යොදා මෙනෙහි කිරීම පිරිපුන් වීමෙන් සිහිය ත්, නුවණ ත් ඇතිකම සම්පූර්ණ වෙයි. සිහිය ත්, නුවණ ත් ඇතිකම පිරිපුන් වීමෙන් ඉන්ද්‍රියයන්ගේ සංවරය සම්පූර්ණ වෙයි. ඉන්ද්‍රිය සංවරය පිරිපුන් වීමෙන් ත්‍රිවිධ සුචරිතය සම්පූර්ණ වෙයි. ත්‍රිවිධ සුචරිතය පිරිපුන් වීමෙන් සතර සතිපට්ඨාන සම්පූර්ණ වෙයි. සතර සතිපට්ඨාන පිරිපුන් වීමෙන් සප්ත බොජ්ඣංග සම්පූර්ණ වෙයි. සප්ත බොජ්ඣංග පිරිපුන් වීමෙන් විද්‍යා විමුක්ති සම්පූර්ණ වෙයි. මේ අයුරින් විද්‍යා විමුක්තියට ආහාරය වෙයි. මේ අයුරින් පිරිපුන් ව යයි.

සාදු! සාදු!! සාදු!!!

අවිජ්ජා සූත්‍රය නිමා විය.

10.2.2.2.
තණ්හා සූත්‍රය
තෘෂ්ණාව ගැන වදාළ දෙසුම

සැවැත් නුවර දී ය ....

"මහණෙනි, භව තෘෂ්ණාවෙහි ආරම්භක කෙළවරක් පෙන්විය නොහැකි ය. එහෙත් 'මින් පෙර භව තෘෂ්ණාව නොතිබුණේ ය. එය පසුව හටගත් දෙයක් යැ'යි මහණෙනි, මෙබඳු කථාවක් කියනු ලැබේ. එනමුදු භව තෘෂ්ණාව යනු හේතුප්‍රත්‍යයන්ගෙන් හටගන්නා බව පැහැදිලි ව පෙනෙන දෙයකි.

මහණෙනි, මම භව තෘෂ්ණාව ද ආහාර සහිත යැයි කියමි. ආහාර රහිත යැයි නොකියමි. භව තෘෂ්ණාවට ඇති ආහාරය කුමක් ද? එයට කිව යුත්තේ අවිද්‍යාව කියා ය.

මහණෙනි, මම අවිද්‍යාව ද ආහාර සහිත යැයි කියමි. ආහාර රහිත යැයි නොකියමි. අවිද්‍යාවට ඇති ආහාරය කුමක් ද? එයට කිව යුත්තේ පංච නීවරණ කියා ය.

මහණෙනි, මම පංච නීවරණ ද ආහාර සහිත යැයි කියමි. ආහාර රහිත යැයි නොකියමි. පංච නීවරණයන්ට ඇති ආහාරය කුමක් ද? එයට කිව යුත්තේ තුන් ආකාර වූ දුශ්චරිතය කියා ය.

මහණෙනි, මම ත්‍රිවිධ දුශ්චරිතය ද ආහාර සහිත යැයි කියමි. ආහාර රහිත යැයි නොකියමි. ත්‍රිවිධ දුශ්චරිතයට ඇති ආහාරය කුමක් ද? එයට කිව යුත්තේ ඉන්ද්‍රියයන්ගේ අසංවරය කියා ය.

මහණෙනි, මම ඉන්ද්‍රිය අසංවරය ද ආහාර සහිත යැයි කියමි. ආහාර රහිත යැයි නොකියමි. ඉන්ද්‍රිය අසංවරයට ඇති ආහාරය කුමක් ද? එයට කිව යුත්තේ සිහිය ත්, නුවණ ත් නැතිකම කියා ය.

මහණෙනි, මම සිහිය ත්, නුවණ ත් නැතිකම ද ආහාර සහිත යැයි කියමි. ආහාර රහිත යැයි නොකියමි. සිහිය ත්, නුවණ ත් නැතිකමට ඇති ආහාරය කුමක් ද? එයට කිව යුත්තේ නුවණින් තොර ව මෙනෙහි කිරීම කියා ය.

මහණෙනි, මම නුවණින් තොර ව මෙනෙහි කිරීම ද ආහාර සහිත යැයි කියමි. ආහාර රහිත යැයි නොකියමි. නුවණින් තොර ව මෙනෙහි කිරීමට ඇති ආහාරය කුමක් ද? එයට කිව යුත්තේ ශ්‍රද්ධාව නැතිකම කියා ය.

මහණෙනි, මම ශ්‍රද්ධාව නැතිකම ද ආහාර සහිත යැයි කියමි. ආහාර රහිත යැයි නොකියමි. ශ්‍රද්ධාව නැතිකමට ඇති ආහාරය කුමක් ද? එයට කිව යුත්තේ අධර්මයට සවන්දීම කියා ය.

මහණෙනි, මම අධර්මයට සවන්දීම ද ආහාර සහිත යැයි කියමි. ආහාර රහිත යැයි නොකියමි. අධර්මයට සවන්දීමට ඇති ආහාරය කුමක් ද? එයට කිව යුත්තේ අසත්පුරුෂයන්ගේ ඇසුර කියා ය.

මහණෙනි, මේ අයුරින් අසත්පුරුෂයන්ගේ ඇසුර පිරිපුන් වීමෙන් අධර්මයට සවන් දීම සම්පූර්ණ වෙයි. අධර්මයට සවන් දීම පිරිපුන් වීමෙන් ශ්‍රද්ධාව නැති බව සම්පූර්ණ වෙයි. ශ්‍රද්ධාව නැතිබව පිරිපුන් වීමෙන් නුවණින් තොර ව මෙනෙහි කිරීම සම්පූර්ණ වෙයි. නුවණින් තොරව මෙනෙහි කිරීම පිරිපුන් වීමෙන් සිහි නැතිකම ත්, නුවණ නැතිකම ත් සම්පූර්ණ වෙයි. සිහි නැතිකම ත්, නුවණ නැතිකම ත් පිරිපුන් වීමෙන් ඉන්ද්‍රියයන්ගේ අසංවරය සම්පූර්ණ වෙයි. ඉන්ද්‍රිය අසංවරය පිරිපුන් වීමෙන් ත්‍රිවිධ දුශ්චරිතය සම්පූර්ණ වෙයි. ත්‍රිවිධ දුශ්චරිතය පිරිපුන් වීමෙන් පංච නීවරණයන් සම්පූර්ණ වෙයි. පංච නීවරණයන් පිරිපුන් වීමෙන් අවිද්‍යාව සම්පූර්ණ වෙයි. අවිද්‍යාව පිරිපුන් වීමෙන් භව තෘෂ්ණාව සම්පූර්ණ වෙයි. මේ අයුරින් භව තෘෂ්ණාවට ආහාරය වෙයි. මේ අයුරින් පිරිපුන් ව යයි.

මහණෙනි, එය මෙබඳු දෙයකි. කඳු මුදුනට මහත් දිය බිඳු සහිත වැස්ස වසින කල්හී එය ගලා යද්දී බෑවුම ඇති දිශාවට ඒ ජලය ගලයි. පර්වත, දියඇලි, පොළොවෙහි පැල්ම, කුඩා දියඇලි ආදිය පුරවා දමයි. පර්වත, දියඇලි, පොළොවෙහි පැල්ම, කුඩා දියඇලි ආදිය පුරවා දමමින් කුඩා වළවල් පුරවා දමයි. කුඩා වළවල් පුරවා දමමින් මහ වළවල් පුරවා දමයි. මහ වළවල් පුරවා දමමින් කුඩා නදීන් පුරවා දමයි. කුඩා නදීන් පුරවා දමමින් මහා නදීන් පුරවා දමයි. මහා නදීන් පුරවා දමමින් මහා සාගරය පුරවා දමයි. මෙසේ මහා සමුද්‍රය වූ මහා සාගරයට ආහාරය වෙයි. මේ අයුරින් මහා සාගරය පිරිපුන් බවට යයි.

එසෙයින් ම මහණෙනි, අසත්පුරුෂයන්ගේ ඇසුර පිරිපුන් වීමෙන් අධර්මයට සවන් දීම සම්පූර්ණ වෙයි. අධර්මයට සවන් දීම පිරිපුන් වීමෙන් ශ්‍රද්ධාව නැති බව සම්පූර්ණ වෙයි. ශ්‍රද්ධාව නැතිබව පිරිපුන් වීමෙන් නුවණින් තොර ව මෙනෙහි කිරීම සම්පූර්ණ වෙයි. නුවණින් තොර ව මෙනෙහි කිරීම

පිරිපුන් වීමෙන් සිහි නැතිකම ත්, නුවණ නැතිකම ත් සම්පූර්ණ වෙයි. සිහි නැතිකම ත්, නුවණ නැතිකම ත් පිරිපුන් වීමෙන් ඉන්ද්‍රියයන්ගේ අසංවරය සම්පූර්ණ වෙයි. ඉන්ද්‍රිය අසංවරය පිරිපුන් වීමෙන් ත්‍රිවිධ දුශ්චරිතය සම්පූර්ණ වෙයි. ත්‍රිවිධ දුශ්චරිතය පිරිපුන් වීමෙන් පංච නීවරණයන් සම්පූර්ණ වෙයි. පංච නීවරණයන් පිරිපුන් වීමෙන් අවිද්‍යාව සම්පූර්ණ වෙයි. අවිද්‍යාව පිරිපුන් වීමෙන් භව තෘෂ්ණාව සම්පූර්ණ වෙයි. මේ අයුරින් භව තෘෂ්ණාවට ආහාරය වෙයි. මේ අයුරින් පිරිපුන් ව යයි.

මහණෙනි, මම විද්‍යා විමුක්තිය ද ආහාර සහිත යැයි කියමි. ආහාර රහිත යැයි නොකියමි. විද්‍යා විමුක්තියට ඇති ආහාරය කුමක් ද? එයට කිව යුත්තේ සප්ත බොජ්ඣංග කියා ය.

මහණෙනි, මම සප්ත බොජ්ඣංග ද ආහාර සහිත යැයි කියමි. ආහාර රහිත යැයි නොකියමි. සප්ත බොජ්ඣංගයන්ට ඇති ආහාරය කුමක් ද? එයට කිව යුත්තේ සතර සතිපට්ඨාන කියා ය.

මහණෙනි, මම සතර සතිපට්ඨානය ද ආහාර සහිත යැයි කියමි. ආහාර රහිත යැයි නොකියමි. සතර සතිපට්ඨානයට ඇති ආහාරය කුමක් ද? එයට කිව යුත්තේ ත්‍රිවිධ සුචරිතය කියා ය.

මහණෙනි, මම ත්‍රිවිධ සුචරිතය ද ආහාර සහිත යැයි කියමි. ආහාර රහිත යැයි නොකියමි. ත්‍රිවිධ සුචරිතයට ඇති ආහාරය කුමක් ද? එයට කිව යුත්තේ ඉන්ද්‍රිය සංවරය කියා ය.

මහණෙනි, මම ඉන්ද්‍රිය සංවරය ද ආහාර සහිත යැයි කියමි. ආහාර රහිත යැයි නොකියමි. ඉන්ද්‍රිය සංවරයට ඇති ආහාරය කුමක් ද? එයට කිව යුත්තේ සිහිය ත්, නුවණ ත් ඇතිකම කියා ය.

මහණෙනි, මම සිහිය ත්, නුවණ ත් ඇතිකම ද ආහාර සහිත යැයි කියමි. ආහාර රහිත යැයි නොකියමි. සිහිය ත්, නුවණත් ඇතිකමට ඇති ආහාරය කුමක් ද? එයට කිව යුත්තේ නුවණ යොදා මෙනෙහි කිරීම කියා ය.

මහණෙනි, මම නුවණ යොදා මෙනෙහි කිරීම ද ආහාර සහිත යැයි කියමි. ආහාර රහිත යැයි නොකියමි. නුවණ යොදා මෙනෙහි කිරීමට ඇති ආහාරය කුමක් ද? එයට කිව යුත්තේ ශ්‍රද්ධාව කියා ය.

මහණෙනි, මම ශ්‍රද්ධාව ද ආහාර සහිත යැයි කියමි. ආහාර රහිත යැයි නොකියමි. ශ්‍රද්ධාවට ඇති ආහාරය කුමක් ද? එයට කිව යුත්තේ සද්ධර්මයට සවන් දීම කියා ය.

මහණෙනි, මම සද්ධර්මයට සවන් දීම ද ආහාර සහිත යැයි කියමි. ආහාර රහිත යැයි නොකියමි. සද්ධර්මයට සවන්දීමට ඇති ආහාරය කුමක් ද? එයට කිව යුත්තේ සත්පුරුෂ ඇසුර කියා ය.

මහණෙනි, මේ අයුරින් සත්පුරුෂයන්ගේ ඇසුර පිරිපුන් වීමෙන් සද්ධර්මයට සවන් දීම සම්පූර්ණ වෙයි. සද්ධර්මයට සවන් දීම පිරිපුන් වීමෙන් ශ්‍රද්ධාව සම්පූර්ණ වෙයි. ශ්‍රද්ධාව පිරිපුන් වීමෙන් නුවණ යොදා මෙනෙහි කිරීම සම්පූර්ණ වෙයි. නුවණ යොදා මෙනෙහි කිරීම පිරිපුන් වීමෙන් සිහිය ත්, නුවණ ත් සම්පූර්ණ වෙයි. සිහිය ත්, නුවණ ත් පිරිපුන් වීමෙන් ඉන්ද්‍රියයන්ගේ සංවරය සම්පූර්ණ වෙයි. ඉන්ද්‍රිය සංවරය පිරිපුන් වීමෙන් ත්‍රිවිධ සුචරිතය සම්පූර්ණ වෙයි. ත්‍රිවිධ සුචරිතය පිරිපුන් වීමෙන් සතර සතිපට්ඨාන සම්පූර්ණ වෙයි. සතර සතිපට්ඨාන පිරිපුන් වීමෙන් සප්ත බොජ්ඣංග සම්පූර්ණ වෙයි. සප්ත බොජ්ඣංග පිරිපුන් වීමෙන් විද්‍යා විමුක්ති සම්පූර්ණ වෙයි. මේ අයුරින් විද්‍යා විමුක්තියට ආහාරය වෙයි. මේ අයුරින් පිරිපුන් ව යයි.

මහණෙනි, එය මෙබඳු දෙයකි. කඳු මුදුනට මහත් දිය බිඳු සහිත වැස්ස වසින කල්හී එය ගලා යද්දී බෑවුම ඇති දිශාවට ඒ ජලය ගලයි. පර්වත, දියඇලි, පොළොවෙහි පැල්ම, කුඩා දියඇලි ආදිය පුරවා දමයි. පර්වත, දියඇලි, පොළොවෙහි පැල්ම, කුඩා දියඇලි ආදිය පුරවා දමමින් කුඩා වළවල් පුරවා දමයි. කුඩා වළවල් පුරවා දමමින් මහ වළවල් පුරවා දමයි. මහ වළවල් පුරවා දමමින් කුඩා නදීන් පුරවා දමයි. කුඩා නදීන් පුරවා දමමින් මහා නදීන් පුරවා දමයි. මහා නදීන් පුරවා දමමින් මහා සාගරය පුරවා දමයි. මෙසේ මහා සමුද්‍රය වූ මහා සාගරයට ආහාරය වෙයි. මේ අයුරින් මහා සාගරය පිරිපුන් බවට යයි.

මහණෙනි, ඔය අයුරින් ම සත්පුරුෂයන්ගේ ඇසුර පිරිපුන් වීමෙන් සද්ධර්මයට සවන් දීම සම්පූර්ණ වෙයි. සද්ධර්මයට සවන් දීම පිරිපුන් වීමෙන් ශ්‍රද්ධාව සම්පූර්ණ වෙයි. ශ්‍රද්ධාව පිරිපුන් වීමෙන් නුවණ යොදා මෙනෙහි කිරීම සම්පූර්ණ වෙයි. නුවණ යොදා මෙනෙහි කිරීම පිරිපුන් වීමෙන් සිහිය ත්, නුවණ ත් සම්පූර්ණ වෙයි. සිහිය ත්, නුවණ ත් පිරිපුන් වීමෙන් ඉන්ද්‍රියයන්ගේ සංවරය සම්පූර්ණ වෙයි. ඉන්ද්‍රිය සංවරය පිරිපුන් වීමෙන් ත්‍රිවිධ සුචරිතය සම්පූර්ණ වෙයි. ත්‍රිවිධ සුචරිතය පිරිපුන් වීමෙන් සතර සතිපට්ඨාන සම්පූර්ණ වෙයි. සතර සතිපට්ඨාන පිරිපුන් වීමෙන් සප්ත බොජ්ඣංග සම්පූර්ණ වෙයි. සප්ත බොජ්ඣංග පිරිපුන් වීමෙන් විද්‍යා විමුක්ති සම්පූර්ණ වෙයි. මේ අයුරින් විද්‍යා විමුක්තියට ආහාරය වෙයි. මේ අයුරින් පිරිපුන් ව යයි.

සාදු! සාදු!! සාදු!!!

තණ්හා සූත්‍රය නිමා විය.

10.2.2.3
නිට්ඨංගත සූත්‍රය
නිෂ්ඨාවට පත්වීම ගැන වදාළ දෙසුම

සැවැත් නුවර දී ය ....

මහණෙනි, යම් කෙනෙක් මා කෙරෙහි ශ්‍රද්ධාවෙන් නිෂ්ඨාවට පත්වූවාහු වෙත් ද, ඒ සියල්ලෝ ම දිට්ඨිසම්පන්නයෝ ය. ඒ දිට්ඨිසම්පන්නයන්ගෙන් පස් දෙනෙකු මෙලොවදී ම නිෂ්ඨාවට පත්වෙති. පස්දෙනෙකු මෙලොවින් බැහැර නිෂ්ඨාවට පත්වෙති. මහණෙනි, මෙලොව දී කවර පස් දෙනෙකුගේ නිෂ්ඨාවක් තිබේ ද? එනම් සත්තක්ඛත්තු පරමයාගේ ය, කෝලංකෝලයාගේ ය, ඒකබීජියහුගේ ය, සකදාගාමීහු ගේ ය, යමෙක් මේ ජීවිතයේ දී ම අරහත්වයට පත් වෙයි නම් ඔහුගේ ය යන මේ පස් දෙනාගේ නිෂ්ඨාව මෙලොවෙහි දී ම වේ.

මහණෙනි, මෙලොවින් බැහැර නිෂ්ඨාවට පත්වන්නේ කවර පස් දෙනෙකුගේ ද? එනම් සුද්ධාවාසයෙහි උපදින අතරෙහි ම පිරිනිවී යන සුළු අන්තරා පරිනිබ්බායිහුගේ ය. සුද්ධාවාස බඹලොවෙහි උපන් සැණින් පිරිනිවී යන සුළු උපහච්ච පරිනිබ්බායිහුගේ ය. සුද්ධාවාස බඹලොවෙහි අඩක් ආයු ගෙවා පිරිනිවී යන සුළු අසංඛාර පරිනිබ්බායිහුගේ ය. සුද්ධාවාස බඹලොවෙහි සම්පූර්ණ ආයු කාලය ගෙවා පිරිනිවී යන සුළු සසංඛාර පරිනිබ්බායිහුගේ ය. කෙමෙන් ඉහළට යමින් අකනිට්ඨා බඹලොව දක්වා ගොස් පිරිනිවී යන සුළු උද්ධංසෝත අකනිට්ඨගාමීහුගේ ය. මේ පස් දෙනා මෙලොවින් බැහැර නිෂ්ඨාව ලබයි. මහණෙනි, යම් කෙනෙක් මා කෙරෙහි ශ්‍රද්ධාවෙන් නිෂ්ඨාවට පත්වූවාහු වෙත් ද, ඒ සියල්ලෝ ම දිට්ඨිසම්පන්නයෝ ය. ඒ දිට්ඨිසම්පන්නයන්ගෙන් මේ පස් දෙනා මේ ලෝකයෙහි දී නිෂ්ඨාවට පත්වෙති. මේ පස්දෙනා මෙලොවින් බැහැර නිෂ්ඨාවට පත්වෙති.

සාදු! සාදු!! සාදු!!!

නිට්ඨංගත සූත්‍රය නිමා විය.

10.2.2.4
අවෙච්චප්පසන්න සූත්‍රය
නොසෙල්වෙන පැහැදීම ගැන වදාළ දෙසුම

සැවැත් නුවර දී ය ....

මහණෙනි, යම් කෙනෙක් මා කෙරෙහි නොසෙල්වෙන පැහැදීමට පත්වූවාහු වෙත් ද, ඒ සියල්ලෝ ම සෝතාපන්නයෝ ය. ඒ සෝතාපන්නයන්ගෙන් පස් දෙනෙකු මේ ලෝකයෙහි දී නිෂ්ඨාවට පත්වෙති. පස්දෙනෙකු මෙලොවින් බැහැර නිෂ්ඨාවට පත්වෙති. මහණෙනි, මෙලොව දී කවර පස් දෙනෙකුගේ නිෂ්ඨාවක් තිබේ ද? එනම් සත්තක්ඛත්තු පරමයාගේ ය, කෝලංකෝලයාගේ ය, ඒකබීජීහුගේ ය, සකදාගාමීහු ගේ ය, යමෙක් මේ ජීවිතයේදී ම අරහත්වයට පත් වෙයි නම් ඔහුගේ ය යන මේ පස් දෙනාගේ නිෂ්ඨාව මෙලොවෙහි දී ම වේ.

මහණෙනි, මෙලොවින් බැහැර නිෂ්ඨාවට පත්වන්නේ කවර පස් දෙනෙකුගේ ද? එනම් සුද්ධාවාසයෙහි උපදින අතරෙහි ම පිරිනිවී යන සුළු අන්තරා පරිනිබ්බායිහුගේ ය. සුද්ධාවාස බඹලොවෙහි උපන් සැණින් පිරිනිවී යන සුළු උපහච්ච පරිනිබ්බායිහුගේ ය. සුද්ධාවාස බඹලොවෙහි අඩක් ආයු ගෙවා පිරිනිවී යන සුළු අසංඛාර පරිනිබ්බායිහුගේ ය. සුද්ධාවාස බඹලොවෙහි සම්පූර්ණ ආයු කාලය ගෙවා පිරිනිවී යන සුළු සසංඛාර පරිනිබ්බායිහුගේ ය. කෙමෙන් ඉහළට යමින් අකනිටා බඹලොව දක්වා ගොස් පිරිනිවී යන සුළු උද්ධංසෝත අකනිට්ඨගාමීහුගේ ය. මේ පස් දෙනා මෙලොවින් බැහැර නිෂ්ඨාව ලබයි. මහණෙනි, යම් කෙනෙක් මා කෙරෙහි නොසෙල්වෙන පැහැදීමට පත්වූවාහු වෙත් ද, ඒ සියල්ලෝ ම සෝතාපන්නයෝ ය. ඒ සෝතාපන්නයන්ගෙන් මේ පස් දෙනා මේ ලෝකයෙහි දී නිෂ්ඨාවට පත්වෙති. මේ පස්දෙනා මෙලොවින් බැහැර නිෂ්ඨාවට පත්වෙති.

සාදු! සාදු!! සාදු!!!

අවෙච්චප්පසන්න සූත්‍රය නිමා විය.

10.2.2.5
පඨම සුඛ සූත්‍රය
සැපය ගැන වදාළ පළමු දෙසුම

එක් සමයක ආයුෂ්මත් සාරිපුත්තයන් වහන්සේ මගධයෙහි නාලක ගමෙහි වැඩ වාසය කරන සේක. එකල්හී සාමණ්ඩකානි පරිබ්‍රාජකයා ආයුෂ්මත් සාරිපුත්තයන් වහන්සේ යම් තැනක වැඩසිටිත් ද, එතැනට පැමිණියේ ය. පැමිණ ආයුෂ්මත් සාරිපුත්තයන් සමඟ සතුටු විය. සතුටු විය යුතු පිළිසඳර කතා බහ නිමවා එකත්පස් ව හිඳගත්තේ ය. එකත්පස් ව හුන් සාමණ්ඩකානි පරිබ්‍රාජකයා ආයුෂ්මත් සාරිපුත්තයන් වහන්සේට මෙය පැවසුවේ ය.

"ආයුෂ්මත් සාරිපුත්තයෙනි, සැප යනු කිමෙක් ද? දුක යනු කිමෙක් ද?"

"ආයුෂ්මත, ඉපදීම යනු දුක ය. නොඉපදීම යනු සැප ය. ආයුෂ්මත, ඉපදීම ඇති කල්හී මේ දුකට කැමති විය යුතුය. එනම් සීතල ය, උණුසුම ය, කුසගින්න ය, පිපාසය ය, අසුචි ය, මූත්‍ර ය, ගින්නෙන් ලැබෙන පහස ය, දඬු මුගුරුයෙන් ලැබෙන පහස ය, අවි ආයුධයෙන් ලැබෙන පහස ය, ඥාතිමිත්‍රාදීහු ඇවිත් ඇවිත් කෝප කිරීම ත් ය. ආයුෂ්මත, ඉපදීම ඇති කල්හී මේ දුකට කැමති විය යුතුයි.

ආයුෂ්මත, නොඉපදීම ඇති කල්හී මේ සැපට කැමති විය යුතුය. එනම් සීතල නැත්තේ ය, උණුසුම නැත්තේ ය, කුසගින්න නැත්තේ ය, පිපාසය නැත්තේ ය, අසුචි නැත්තේ ය, මූත්‍ර නැත්තේ ය, ගින්නෙන් ලැබෙන පහස නැත්තේ ය, දඬු මුගුරුයෙන් ලැබෙන පහස නැත්තේ ය, අවි ආයුධයෙන් ලැබෙන පහස නැත්තේ ය, ඥාතිමිත්‍රාදීහු ඇවිත් ඇවිත් කෝප කිරීම ත් නැත්තේ ය. ආයුෂ්මත, නොඉපදීම ඇති කල්හී මේ සැපට කැමති විය යුතුයි."

සාදු! සාදු!! සාදු!!!

පඨම සුඛ සූත්‍රය නිමා විය.

10.2.2.6
දුතිය සුඛ සූත්‍රය
සැපය ගැන වදාළ දෙවෙනි දෙසුම

එක් සමයෙක ආයුෂ්මත් සාරිපුත්තයන් වහන්සේ මගධයෙහි නාලක ගමෙහි වැඩ වාසය කරන සේක. එකල්හී සාමණ්ඩකානි පරිබ්‍රාජකයා ආයුෂ්මත් සාරිපුත්තයන් වහන්සේ යම් තැනක වැඩසිටිත් ද, එතැනට පැමිණියේ ය. පැමිණ ආයුෂ්මත් සාරිපුත්තයන් සමග සතුටු විය. සතුටු විය යුතු පිළිසඳර කතා බහ නිමවා එකත්පස් ව හිඳගත්තේ ය. එකත්පස් ව හුන් සාමණ්ඩකානි පරිබ්‍රාජකයා ආයුෂ්මත් සාරිපුත්තයන් වහන්සේට මෙය පැවසුවේ ය.

"ආයුෂ්මත් සාරිපුත්තයෙනි, මේ ධර්ම විනයෙහි සැප යනු කුමක් ද? දුක යනු කුමක් ද?"

"ආයුෂ්මත, මේ ධර්ම විනයෙහි සිත් අලවා වාසය කරගත නොහැකි බව දුක ය. මේ ධර්ම විනයෙහි සිත් අලවා වාසය කරගත හැකි බව සැප ය. ආයුෂ්මත, මේ ධර්ම විනයෙහි සිත් අලවා වාසය කරගත නොහැකි වූ කල්හී මේ දුක කැමති විය යුතු ය. ගමන් කරන්නේ වුව ද සැපයක් සතුටක් නොලබන්නේ ය. සිටින්නේ වුව ද, ...(පෙ).... හිඳින්නේ වුව ද, ...(පෙ).... සැතපෙන්නේ වුව ද, ...(පෙ).... ගමට ගියේ වුව ද, ...(පෙ).... වනයට ගියේ වුව ද, ...(පෙ).... රුක් සෙවණට ගියේ වුව ද, ...(පෙ).... හිස් කුටියකට ගියේ වුව ද, ...(පෙ).... හිස් අවකාශයට ගියේ වුව ද, ...(පෙ).... භික්ෂූන් අතරට ගියේ වුව ද සැපයක් සතුටක් නොලබන්නේ ය. ආයුෂ්මත, මේ ධර්ම විනයෙහි සිත් අලවා වාසය කරගත නොහැකි වූ කල්හී ඔය දුකට කැමති විය යුතු ය.

ආයුෂ්මත, මේ ධර්ම විනයෙහි සිත් අලවා වාසය කරගත හැකි වූ කල්හී මේ සැපය කැමති විය යුතු ය. ගමන් කරන්නේ වුව ද සැපයක් සතුටක් ලබන්නේ ය. සිටින්නේ වුව ද, ...(පෙ).... හිඳින්නේ වුව ද, ...(පෙ).... සැතපෙන්නේ වුව ද, ...(පෙ).... ගමට ගියේ වුව ද, ...(පෙ).... වනයට ගියේ වුව ද, ...(පෙ).... රුක් සෙවණට ගියේ වුව ද, ...(පෙ).... හිස් කුටියකට ගියේ වුව ද, ...(පෙ).... හිස් අවකාශයට ගියේ වුව ද, ...(පෙ).... භික්ෂූන් අතරට ගියේ වුව ද සැපයක් සතුටක් ලබන්නේ ය. ආයුෂ්මත, මේ ධර්ම විනයෙහි සිත් අලවා වාසය කරගත හැකි වූ කල්හී ඔය සැපට කැමති විය යුතු ය."

සාදු! සාදු!! සාදු!!!

දුතිය සුබ සූත්‍රය නිමා විය.

10.2.2.7
පඨම නළකපාන සූත්‍රය
නළකපාන ගමෙහි දී වදාළ පළමු දෙසුම

එක් සමයක භාග්‍යවතුන් වහන්සේ කොසොල් රටෙහි චාරිකාවෙහි වඩිනා සේක් මහත් භික්ෂුසංඝයා සමඟ කෝසලවාසීන්ගේ නළකපාන නම් නියම් ගමෙහි කල් ගෙවූ සේක. එකල්හී භාග්‍යවතුන් වහන්සේ නළකපානයෙහි පලාසවනයෙහි වැඩවසන සේක. එසමයෙහි පොහෝ දින ලත් එදින භාග්‍යවතුන් වහන්සේ භික්ෂු සංඝයා පිරිවරා වැඩසිටි සේක. එකල්හී භාග්‍යවතුන් වහන්සේ රෑ බොහෝ වේලා ගතවන තෙක් භික්ෂූන් හට දැහැමි කථාවෙන් කරුණු දක්වා, සමාදන් කරවා, උනන්දු කරවා, සතුටු කරවා, නිහඬ නිහඬ ව සිටින භික්ෂු සංඝයා දෙස හාත්පස බලා ආයුෂ්මත් සාරිපුත්තයන් වහන්සේ ඇමතූ සේක.

"සාරිපුත්තයෙනි, භික්ෂු සංඝයා පහවූ ථිනමිද්ධ ඇත්තේ ය. සාරිපුත්තයෙනි, භික්ෂූන් සඳහා ඔබට ධර්ම කථාව වැටහේවා! මාගේ පිට ස්වල්පයක් ගිලන් ය. මම් එය සංසිඳුවාලන්නෙමි."

"එසේ ය, ස්වාමීනී"යි ආයුෂ්මත් සාරිපුත්තයන් වහන්සේ භාග්‍යවතුන් වහන්සේට පිළිවදන් දුන්හ. ඉක්බිති භාග්‍යවතුන් වහන්සේ සඟල සිවුර සිව්ගුණ කොට නවා දකුණත්පසට හැරී දකුණු පාදයෙහි වම් පාදය මදක් බැහැරින් තබා සිහි නුවණින් යුතුව නැගිටින සංඥාව මෙනෙහි කොට සිංහ සෙය්‍යාවෙන් සැතැපුණු සේක. එකල්හී ආයුෂ්මත් සාරිපුත්තයන් වහන්සේ "ආයුෂ්මත් මහණෙනි"යි භික්ෂූන් ඇමතූහ. "ආයුෂ්මතුන් වහන්සැ"යි ඒ භික්ෂූහු ආයුෂ්මත් සාරිපුත්තයන් වහන්සේට පිළිවදන් දුන්හ. ආයුෂ්මත් සාරිපුත්තයන් වහන්සේ මෙය වදාළහ.

"ආයුෂ්මත්නි, යම් කිසිවෙකු හට කුසල් දහම් පිළිබඳ ව ශ්‍රද්ධාව නැත්තේ ද, ලැජ්ජාව නැත්තේ ද, භය නැත්තේ ද, වීර්යය නැත්තේ ද, කුසල් දහම් පිළිබඳ ව ප්‍රඥාව නැත්තේ ද ඔහුට යම් ම රැයක් හෝ දහවලක් හෝ පැමිණෙයි නම්

කුසල් දහම් පිළිබඳ ව පිරිහීම ම කැමති විය යුතු ය. දියුණුව නොවෙයි.

ආයුෂ්මත්නි, එය මෙවැනි දෙයකි. කළුවර පක්ෂයෙහි චන්ද්‍රයාට යම් රැයක් හෝ දහවලක් හෝ පැමිණෙයි නම් ඒ සඳෙහි පැහැය පිරිහෙන්නේ ම ය. වටරවුම පිරිහෙන්නේ ම ය. එළිය පිරිහෙන්නේ ම ය. ආරෝහ පරිණාහය පිරිහෙන්නේ ම ය. එසෙයින් ම ආයුෂ්මත්නි, යම් කිසිවෙකු හට කුසල් දහම් පිළිබඳ ව ශ්‍රද්ධාව නැත්තේ ද, ලැජ්ජාව නැත්තේ ද, භය නැත්තේ ද, වීර්යය නැත්තේ ද, කුසල් දහම් පිළිබඳ ව ප්‍රඥාව නැත්තේ ද ඔහුට යම් ම රැයක් හෝ දහවලක් හෝ පැමිණෙයි නම් කුසල් දහම් පිළිබඳ ව පිරිහීම ම කැමති විය යුතු ය. දියුණුව නොවෙයි.

ආයුෂ්මත්නි, ශ්‍රද්ධා රහිත පුරුෂ පුද්ගලයා යනු මෙය පරිහානියකි. ආයුෂ්මත්නි, පවට ලැජ්ජා නැති පුරුෂ පුද්ගලයා යනු මෙය පරිහානියකි. ආයුෂ්මත්නි, පවට භය නැති පුරුෂ පුද්ගලයා යනු මෙය පරිහානියකි. ආයුෂ්මත්නි, කුසීත පුරුෂ පුද්ගලයා යනු මෙය පරිහානියකි. ආයුෂ්මත්නි, දුෂ්ප්‍රාඥ පුරුෂ පුද්ගලයා යනු මෙය පරිහානියකි. ආයුෂ්මත්නි, ක්‍රෝධ කරන පුරුෂ පුද්ගලයා යනු මෙය පරිහානියකි. ආයුෂ්මත්නි, බද්ධ වෛර ඇති පුරුෂ පුද්ගලයා යනු මෙය පරිහානියකි. ආයුෂ්මත්නි, පව්වූ ආශා ඇති පුරුෂ පුද්ගලයා යනු මෙය පරිහානියකි. ආයුෂ්මත්නි, පව්වූ මිතුරන් ඇති පුරුෂ පුද්ගලයා යනු මෙය පරිහානියකි. ආයුෂ්මත්නි, මිසදිටු ගත් පුරුෂ පුද්ගලයා යනු මෙය පරිහානියකි.

ආයුෂ්මත්නි, යම් කිසිවෙකු හට කුසල් දහම් පිළිබඳ ව ශ්‍රද්ධාව ඇත්තේ ද, ලැජ්ජාව ඇත්තේ ද, භය ඇත්තේ ද, වීර්යය ඇත්තේ ද, කුසල් දහම් පිළිබඳ ව ප්‍රඥාව ඇත්තේ ද ඔහුට යම් ම රැයක් හෝ දහවලක් හෝ පැමිණෙයි නම් කුසල් දහම් පිළිබඳ ව දියුණුව ම කැමති විය යුතු ය. පිරිහීම නොවෙයි.

ආයුෂ්මත්නි, එය මෙවැනි දෙයකි. මෝරන පක්ෂයෙහි චන්ද්‍රයාට යම් රැයක් හෝ දහවලක් හෝ පැමිණෙයි නම් ඒ සඳෙහි පැහැය වැඩෙන්නේ ම ය. වටරවුම වැඩෙන්නේ ම ය. එළිය වැඩෙන්නේ ම ය. ආරෝහ පරිණාහය වැඩෙන්නේ ම ය. එසෙයින් ම ආයුෂ්මත්නි, යම් කිසිවෙකු හට කුසල් දහම් පිළිබඳ ව ශ්‍රද්ධාව ඇත්තේ ද, ලැජ්ජාව ඇත්තේ ද, භය ඇත්තේ ද, වීර්යය ඇත්තේ ද, කුසල් දහම් පිළිබඳ ව ප්‍රඥාව ඇත්තේ ද ඔහුට යම් ම රැයක් හෝ දහවලක් හෝ පැමිණෙයි නම් කුසල් දහම් පිළිබඳ ව දියුණුව ම කැමති විය යුතු ය. පිරිහීම නොවෙයි.

ආයුෂ්මත්නි, ශ්‍රද්ධාව ඇති පුරුෂ පුද්ගලයා යනු මෙය අපරිහානියකි.

ආයුෂ්මත්නි, පවට ලැජ්ජා ඇති පුරුෂ පුද්ගලයා යනු මෙය අපරිහානියකි. ආයුෂ්මත්නි, පවට භය ඇති පුරුෂ පුද්ගලයා යනු මෙය අපරිහානියකි. ආයුෂ්මත්නි, පටන් ගත් වීරිය ඇති පුරුෂ පුද්ගලයා යනු මෙය අපරිහානියකි. ආයුෂ්මත්නි, ප්‍රඥාව ඇති පුරුෂ පුද්ගලයා යනු මෙය අපරිහානියකි. ආයුෂ්මත්නි, නොකිපෙන පුරුෂ පුද්ගලයා යනු මෙය අපරිහානියකි. ආයුෂ්මත්නි, බද්ධ වෛර නැති පුරුෂ පුද්ගලයා යනු මෙය අපරිහානියකි. ආයුෂ්මත්නි, අඩු ආශා ඇති පුරුෂ පුද්ගලයා යනු මෙය අපරිහානියකි. ආයුෂ්මත්නි, කලණ මිතුරන් ඇති පුරුෂ පුද්ගලයා යනු මෙය අපරිහානියකි. ආයුෂ්මත්නි, සම්දිටු ගත් පුරුෂ පුද්ගලයා යනු මෙය අපරිහානියකි."

එකල්හී භාග්‍යවතුන් වහන්සේ සිංහසෙය්‍යාවෙන් නැගිට ආයුෂ්මත් සාරිපුත්තයන් වහන්සේ අමතා වදාළ සේක.

"සාරිපුත්තයෙනි, සාදු! සාදු! සාරිපුත්තයෙනි, යම් කිසිවෙකු හට කුසල් දහම් පිළිබඳ ව ශ්‍රද්ධාව නැත්තේ ද, පවට ලැජ්ජාව නැත්තේ ද, පවට භය නැත්තේ ද, වීරියය නැත්තේ ද, කුසල් දහම් පිළිබඳ ව ප්‍රඥාව නැත්තේ ද ඔහුට යම් ම රැයක් හෝ දහවලක් හෝ පැමිණෙයි නම් කුසල් දහම් පිළිබඳ ව පිරිහීම ම කැමති විය යුතු ය. දියුණුව නොවෙයි.

සාරිපුත්තයෙනි, එය මෙවැනි දෙයකි. කළුවර පක්ෂයෙහි චන්ද්‍රයාට යම් රැයක් හෝ දහවලක් හෝ පැමිණෙයි නම් ඒ සඳෙහි පැහැය පිරිහෙන්නේ ම ය. වටරවුම පිරිහෙන්නේ ම ය. එළිය පිරිහෙන්නේ ම ය. ආරෝහ පරිණාහය පිරිහෙන්නේ ම ය. එසෙයින් ම සාරිපුත්තයෙනි, යම් කිසිවෙකු හට කුසල් දහම් පිළිබඳ ව ශ්‍රද්ධාව නැත්තේ ද, පවට ලැජ්ජාව නැත්තේ ද, පවට භය නැත්තේ ද, වීරියය නැත්තේ ද, කුසල් දහම් පිළිබඳ ව ප්‍රඥාව නැත්තේ ද ඔහුට යම් ම රැයක් හෝ දහවලක් හෝ පැමිණෙයි නම් කුසල් දහම් පිළිබඳ ව පිරිහීම ම කැමති විය යුතු ය. දියුණුව නොවෙයි.

සාරිපුත්තයෙනි, ශ්‍රද්ධා රහිත පුරුෂ පුද්ගලයා යනු මෙය පරිහානියකි. සාරිපුත්තයෙනි, පවට ලැජ්ජා නැති පුරුෂ පුද්ගලයා ....(පෙ).... පවට භය නැති පුරුෂ පුද්ගලයා ....(පෙ).... කුසීත පුරුෂ පුද්ගලයා ....(පෙ).... දුෂ්ප්‍රාඥ පුරුෂ පුද්ගලයා ....(පෙ).... ක්‍රෝධ කරන පුරුෂ පුද්ගලයා ....(පෙ).... බද්ධ වෛර ඇති පුරුෂ පුද්ගලයා ....(පෙ).... පවිටු ආශා ඇති පුරුෂ පුද්ගලයා ....(පෙ).... පවිටු මිතුරන් ඇති පුරුෂ පුද්ගලයා ....(පෙ).... මිසදිටු ගත් පුරුෂ පුද්ගලයා යනු මෙය පරිහානියකි.

සාරිපුත්තයෙනි, යම් කිසිවෙකු හට කුසල් දහම් පිළිබඳ ව ශ්‍රද්ධාව ඇත්තේ

ද, ලැජ්ජාව ඇත්තේ ද, භය ඇත්තේ ද, වීර්යය ඇත්තේ ද, කුසල් දහම් පිළිබඳ ව ප්‍රඥාව ඇත්තේ ද ඔහුට යම් ම රැයක් හෝ දහවලක් හෝ පැමිණෙයි නම් කුසල් දහම් පිළිබඳ ව දියුණුව ම කැමති විය යුතු ය. පිරිහීම නොවෙයි.

සාරිපුත්තයෙනි, එය මෙවැනි දෙයකි. මෝරන පක්ෂයෙහි චන්ද්‍රයාට යම් රැයක් හෝ දහවලක් හෝ පැමිණෙයි නම් ඒ සඳෙහි පැහැය වැඩෙන්නේ ම ය. වටරවුම වැඩෙන්නේ ම ය. එළිය වැඩෙන්නේ ම ය. ආරෝහ පරිණාහය වැඩෙන්නේ ම ය. එසෙයින් ම සාරිපුත්තයෙනි, යම් කිසිවෙකු හට කුසල් දහම් පිළිබඳ ව ශ්‍රද්ධාව ඇත්තේ ද, පවට ලැජ්ජාව ඇත්තේ ද, පවට භය ඇත්තේ ද, වීර්යය ඇත්තේ ද, කුසල් දහම් පිළිබඳ ව ප්‍රඥාව ඇත්තේ ද ඔහුට යම් ම රැයක් හෝ දහවලක් හෝ පැමිණෙයි නම් කුසල් දහම් පිළිබඳ ව දියුණුව ම කැමති විය යුතු ය. පිරිහීම නොවෙයි.

සාරිපුත්තයෙනි, ශ්‍රද්ධාව ඇති පුරුෂ පුද්ගලයා යනු මෙය අපරිහානියකි. සාරිපුත්තයෙනි, පවට ලැජ්ජා ඇති පුරුෂ පුද්ගලයා ....(පෙ).... පවට භය ඇති පුරුෂ පුද්ගලයා ....(පෙ).... පටන් ගත් වීරිය ඇති පුරුෂ පුද්ගලයා ....(පෙ).... ප්‍රඥාව ඇති පුරුෂ පුද්ගලයා ....(පෙ).... නොකිපෙන පුරුෂ පුද්ගලයා ....(පෙ).... බද්ධ වෛර නැති පුරුෂ පුද්ගලයා ....(පෙ).... අඩු ආශා ඇති පුරුෂ පුද්ගලයා ....(පෙ).... කලණ මිතුරන් ඇති පුරුෂ පුද්ගලයා ....(පෙ).... සාරිපුත්තයෙනි, සම්දිටු ගත් පුරුෂ පුද්ගලයා යනු මෙය අපරිහානියකි."

සාදු! සාදු!! සාදු!!!

පඨම නළකපාන සූත්‍රය නිමා විය.

10.2.2.8
දුතිය නළකපාන සූත්‍රය
නළකපාන ගමෙහි දී වදාළ දෙවෙනි දෙසුම

එක් සමයක භාග්‍යවතුන් වහන්සේ නළකපානයෙහි පලාසවනයෙහි වැඩවසන සේක. එසමයෙහි පොහෝ දින ලත් එදින භාග්‍යවතුන් වහන්සේ භික්ෂු සංඝයා පිරිවරා වැඩසිටි සේක. එකල්හී භාග්‍යවතුන් වහන්සේ රෑ බොහෝ වේලා ගතවන තෙක් භික්ෂූන් හට දැහැමි කථාවෙන් කරුණු දක්වා, සමාදන් කරවා, උනන්දු කරවා, සතුටු කරවා, නිහඬ නිහඬ ව සිටින භික්ෂු සංඝයා

දෙස හාත්පස බලා ආයුෂ්මත් සාරිපුත්තයන් වහන්සේ ඇමතූ සේක.

"සාරිපුත්තයෙනි, භික්ෂු සංඝයා පහවූ ථීනමිද්ධ ඇත්තේ ය. සාරිපුත්තයෙනි, භික්ෂූන් සඳහා ඔබට ධර්ම කථාව වැටහේවා! මාගේ පිට ස්වල්පයක් ගිලන් ය. මම් එය සංසිඳුවාලන්නෙමි."

"එසේ ය, ස්වාමීනී"යි ආයුෂ්මත් සාරිපුත්තයන් වහන්සේ භාග්‍යවතුන් වහන්සේට පිළිවදන් දුන්හ. ඉක්බිති භාග්‍යවතුන් වහන්සේ සඟල සිවුර සිව්ගුණ කොට නවා දකුණත්පසට හැරී දකුණු පාදයෙහි වම් පාදය මදක් බැහැරින් තබා සිහි නුවණින් යුතු ව නැගිටින සංඥාව මෙනෙහි කොට සිංහ සෙය්‍යාවෙන් සැතැපුණු සේක. එකල්හී ආයුෂ්මත් සාරිපුත්තයන් වහන්සේ "ආයුෂ්මත් මහණෙනි"යි භික්ෂූන් ඇමතූහ. "ආයුෂ්මතුන් වහන්සැ"යි ඒ භික්ෂූහු ආයුෂ්මත් සාරිපුත්තයන් වහන්සේට පිළිවදන් දුන්හ. ආයුෂ්මත් සාරිපුත්තයන් වහන්සේ මෙය වදාළහ.

"ආයුෂ්මත්නි, යම් කිසිවෙකු හට කුසල් දහම් පිළිබඳ ව ශ්‍රද්ධාව නැත්තේ ද, පවට ලැජ්ජාව නැත්තේ ද, පවට භය නැත්තේ ද, වීරියය නැත්තේ ද, ප්‍රඥාව නැත්තේ ද, අවධානයෙන් සවන් දීම නැත්තේ ද, ධර්මය දරාගැනීම නැත්තේ ද, අර්ථ මෙනෙහි කිරීම නැත්තේ ද, ධර්මානුධර්ම ප්‍රතිපදාව නැත්තේ ද, කුසල් දහම් පිළිබඳ ව අප්‍රමාදී බව නැත්තේ ද ඔහුට යම් ම රැයක් හෝ දහවලක් හෝ පැමිණෙයි නම් කුසල් දහම් පිළිබඳ ව පිරිහීම ම කැමති විය යුතු ය. දියුණුව නොවෙයි.

ආයුෂ්මත්නි, එය මෙවැනි දෙයකි. කළුවර පක්ෂයෙහි චන්ද්‍රයාට යම් රැයක් හෝ දහවලක් හෝ පැමිණෙයි නම් ඒ සඳෙහි පැහැය පිරිහෙන්නේ ම ය. වටරවුම පිරිහෙන්නේ ම ය. එළිය පිරිහෙන්නේ ම ය. ආරෝහ පරිණාහය පිරිහෙන්නේ ම ය. එසෙයින් ම ආයුෂ්මත්නි, යම් කිසිවෙකු හට කුසල් දහම් පිළිබඳ ව ශ්‍රද්ධාව නැත්තේ ද, පවට ලැජ්ජාව නැත්තේ ද, පවට භය නැත්තේ ද, වීරියය නැත්තේ ද, ප්‍රඥාව නැත්තේ ද, අවධානයෙන් සවන් දීම නැත්තේ ද, ධර්මය දරා ගැනීම නැත්තේ ද, අර්ථ මෙනෙහි කිරීම නැත්තේ ද, ධර්මානුධර්ම ප්‍රතිපදාව නැත්තේ ද, කුසල් දහම් පිළිබඳ ව අප්‍රමාදී බව නැත්තේ ද ඔහුට යම් ම රැයක් හෝ දහවලක් හෝ පැමිණෙයි නම් කුසල් දහම් පිළිබඳ ව පිරිහීම ම කැමති විය යුතු ය. දියුණුව නොවෙයි.

ආයුෂ්මත්නි, යම් කිසිවෙකු හට කුසල් දහම් පිළිබඳ ව ශ්‍රද්ධාව ඇත්තේ ද, පවට ලැජ්ජාව ඇත්තේ ද, පවට භය ඇත්තේ ද, වීරියය ඇත්තේ ද, ප්‍රඥාව ඇත්තේ ද, අවධානයෙන් සවන් දීම ඇත්තේ ද, ධර්මය දරාගැනීම ඇත්තේ

ද, අර්ථ මෙනෙහි කිරීම ඇත්තේ ද, ධර්මානුධර්ම ප්‍රතිපදාව ඇත්තේ ද, කුසල් දහම් පිළිබඳව අප්‍රමාදී බව ඇත්තේ ද ඔහුට යම් ම රැයක් හෝ දහවලක් හෝ පැමිණෙයි නම් කුසල් දහම් පිළිබඳ ව දියුණුව ම කැමති විය යුතු ය. පිරිහීම නොවෙයි.

ආයුෂ්මත්නි, එය මෙවැනි දෙයකි. මෝරන පක්ෂයෙහි චන්ද්‍රයාට යම් රැයක් හෝ දහවලක් හෝ පැමිණෙයි නම් ඒ සඳෙහි පැහැය වැඩෙන්නේ ම ය. වටරවුම වැඩෙන්නේ ම ය. එළිය වැඩෙන්නේ ම ය. ආරෝහ පරිණාහය වැඩෙන්නේ ම ය. එසෙයින් ම ආයුෂ්මත්නි, යම් කිසිවෙකු හට කුසල් දහම් පිළිබඳ ව ශ්‍රද්ධාව ඇත්තේ ද, ...(පෙ).... කුසල් දහම් පිළිබඳව අප්‍රමාදී බව ඇත්තේ ද ඔහුට යම් ම රැයක් හෝ දහවලක් හෝ පැමිණෙයි නම් කුසල් දහම් පිළිබඳ ව දියුණුව ම කැමති විය යුතු ය. පිරිහීම නොවෙයි.

එකල්හී භාග්‍යවතුන් වහන්සේ සිංහසෙය්‍යාවෙන් නැගිට ආයුෂ්මත් සාරිපුත්තයන් වහන්සේ අමතා වදාළ සේක.

"සාරිපුත්තයෙනි, සාදු! සාදු! සාරිපුත්තයෙනි, යම් කිසිවෙකු හට කුසල් දහම් පිළිබඳ ව ශ්‍රද්ධාව නැත්තේ ද, පවට ලැජ්ජාව නැත්තේ ද, පවට භය නැත්තේ ද, වීර්යය නැත්තේ ද, ප්‍රඥාව නැත්තේ ද, අවධානයෙන් සවන් දීම නැත්තේ ද, ධර්මය දරාගැනීම නැත්තේ ද, අර්ථ මෙනෙහි කිරීම නැත්තේ ද, ධර්මානුධර්ම ප්‍රතිපදාව නැත්තේ ද, කුසල් දහම් පිළිබඳව අප්‍රමාදී බව නැත්තේ ද ඔහුට යම් ම රැයක් හෝ දහවලක් හෝ පැමිණෙයි නම් කුසල් දහම් පිළිබඳ ව පිරිහීම ම කැමති විය යුතු ය. දියුණුව නොවෙයි.

සාරිපුත්තයෙනි, එය මෙවැනි දෙයකි. කළුවර පක්ෂයෙහි චන්ද්‍රයාට යම් රැයක් හෝ දහවලක් හෝ පැමිණෙයි නම් ඒ සඳෙහි පැහැය පිරිහෙන්නේ ම ය. වටරවුම පිරිහෙන්නේ ම ය. එළිය පිරිහෙන්නේ ම ය. ආරෝහ පරිණාහය පිරිහෙන්නේ ම ය. එසෙයින් ම සාරිපුත්තයෙනි, යම් කිසිවෙකු හට කුසල් දහම් පිළිබඳ ව ශ්‍රද්ධාව නැත්තේ ද, ...(පෙ).... කුසල් දහම් පිළිබඳව අප්‍රමාදී බව නැත්තේ ද ඔහුට යම් ම රැයක් හෝ දහවලක් හෝ පැමිණෙයි නම් කුසල් දහම් පිළිබඳ ව පිරිහීම ම කැමති විය යුතු ය. දියුණුව නොවෙයි.

සාරිපුත්තයෙනි, යම් කිසිවෙකු හට කුසල් දහම් පිළිබඳ ව ශ්‍රද්ධාව ඇත්තේ ද, පවට ලැජ්ජාව ඇත්තේ ද, පවට භය ඇත්තේ ද, වීර්යය ඇත්තේ ද, ප්‍රඥාව ඇත්තේ ද, අවධානයෙන් සවන් දීම ඇත්තේ ද, ධර්මය දරාගැනීම ඇත්තේ ද, අර්ථ මෙනෙහි කිරීම ඇත්තේ ද, ධර්මානුධර්ම ප්‍රතිපදාව ඇත්තේ ද, කුසල් දහම් පිළිබඳව අප්‍රමාදී බව ඇත්තේ ද ඔහුට යම් ම රැයක් හෝ දහවලක් හෝ

පැමිණෙයි නම් කුසල් දහම් පිළිබඳ ව දියුණුව ම කැමති විය යුතු ය. පිරිහීම නොවෙයි.

සාරිපුත්තයෙනි, එය මෙවැනි දෙයකි. මෝරන පක්ෂයෙහි චන්ද්‍රයාට යම් රැයක් හෝ දහවලක් හෝ පැමිණෙයි නම් ඒ සඳෙහි පැහැය වැඩෙන්නේ ම ය. වටරවුම වැඩෙන්නේ ම ය. එළිය වැඩෙන්නේ ම ය. ආරෝහ පරිණාහය වැඩෙන්නේ ම ය. එසෙයින් ම සාරිපුත්තයෙනි, යම් කිසිවෙකු හට කුසල් දහම් පිළිබඳ ව ශ්‍රද්ධාව ඇත්තේ ද, ...(පෙ).... කුසල් දහම් පිළිබඳව අප්‍රමාදී බව ඇත්තේ ද ඔහුට යම් ම රැයක් හෝ දහවලක් හෝ පැමිණෙයි නම් කුසල් දහම් පිළිබඳ ව දියුණුව ම කැමති විය යුතු ය. පිරිහීම නොවෙයි."

සාදු! සාදු!! සාදු!!!

දුතිය නළකපාන සූත්‍රය නිමා විය.

10.2.2.9
පඨම කථාවත්ථු සූත්‍රය
කථාවන්ට මුල්වන කරුණු ගැන වදාළ පළමු දෙසුම

එක් සමයක භාග්‍යවතුන් වහන්සේ සැවැත් නුවර ජේතවන නම් අනේපිඬු සිටුහුගේ ආරාමයෙහි වැඩවසන සේක. එකල්හී පසුබත් කාලයෙහි පිණ්ඩපාතයෙන් වැළකී උපස්ථාන ශාලාවෙහි බොහෝ භික්ෂූහු රැස් වූවාහු ය. රැස් ව නොයෙක් නොයෙක් තිරශ්චීන කථාවෙන් කල්ගත කරමින් හුන්නාහු වෙති. ඒ කවර කථාවක් ද යත්; රජුන් පිළිබඳ කථා ය, සොරුන් පිළිබඳ කථා ය, මහාමාත්‍ය පිළිබඳ කථා ය, සේනා පිළිබඳ කථා ය, භය පිළිබඳ කථා ය, යුද්ධ පිළිබඳ කථා ය, ආහාර පිළිබඳ කථා ය, පානය කරන දෑ පිළිබඳ කථා ය, වස්ත්‍ර පිළිබඳ කථා ය, නිදන තැන් පිළිබඳ කථා ය, මල් පිළිබඳ කථා ය, සුවඳ වර්ග පිළිබඳ කථා ය, ඥාතීන් පිළිබඳ කථා ය, වාහන පිළිබඳ කථා ය, ගම් පිළිබඳ කථා ය, නියම්ගම් පිළිබඳ කථා ය, නගර පිළිබඳ කථා ය, ජනපද පිළිබඳ කථා ය, ස්ත්‍රීන් පිළිබඳ කථා ය, වීරයන් පිළිබඳ කථා ය, පාර තොටෙහි ඇති දේ පිළිබඳ කථා ය, නාන තොටේ ඇති වූ කථා ය, පූර්ව ප්‍රේතයන් පිළිබඳ කථා ය, නා නා ආත්මයන් පිළිබඳ කථා ය, ලෝකයෙහි අගමුල පිළිබඳ කථා ය, සමුද්‍රයෙහි අගමුල පිළිබඳ කථා ය, මෙසේ මෙසේ යන කරුණු පිළිබඳ කථා ය මේ ආදී වශයෙනි.

එකල්හී භාග්‍යවතුන් වහන්සේ සවස් වරුවෙහි භාවනාවෙන් නැගිට උපස්ථාන ශාලාව යම් තැනක ඇද්ද, එතැනට වැඩි සේක. වැඩම කොට පණවන ලද අසුනෙහි වැඩහුන් සේක. වැඩහුන් භාග්‍යවතුන් වහන්සේ භික්ෂූන් ඇමතූ සේක.

"මහණෙනි, දැන් ඔබ මෙහි රැස් ව කවර නම් කථාවකින් හුන්නාහු ද? ඔබගේ කවර නම් කථාවක් අඩාල වූයේ ද?"

"ස්වාමීනී, මෙහි අපි පසුබත් කාලයෙහි පිණ්ඩපාතයෙන් වැළකී උපස්ථාන ශාලාවෙහි රැස් වී සිටියෙමු. රැස් ව නොයෙක් නොයෙක් තිරශ්චීන කතාවෙන් කල්ගත කරමින් සිටියෙමු. ඒ කවර කථාවක් ද යත්; රජුන් පිළිබඳ කථා ය, ...(පෙ).... මෙසේ මෙසේ යන කරුණු පිළිබඳ කථා ය මේ ආදී වශයෙනි."

"මහණෙනි, ගිහි ගෙය අත්හැර අනගාරික වූ සසුනෙහි ශ්‍රද්ධාවෙන් පැවිදි වූ කුලපුත්‍රයන් වන ඔබට මෙය කිසිසේත් සුදුසු නැත. ඔබ යම් අනේක ප්‍රකාර වූ තිරශ්චීන කථාවෙන් යුක්ත ව සිටියාහු ද, එනම්; රජුන් පිළිබඳ කථා ය, සොරුන් පිළිබඳ කථා ය, මහාමාත්‍ය පිළිබඳ කථා ය, සේනා පිළිබඳ කථා ය, භය පිළිබඳ කථා ය, යුද්ධ පිළිබඳ කථා ය, ආහාර පිළිබඳ කථා ය, පානය කරන දෑ පිළිබඳ කථා ය, වස්ත්‍ර පිළිබඳ කථා ය, නිදන තැන් පිළිබඳ කථා ය, මල් පිළිබඳ කථා ය, සුවඳ වර්ග පිළිබඳ කථා ය, ඥාතීන් පිළිබඳ කථා ය, වාහන පිළිබඳ කථා ය, ගම් පිළිබඳ කථා ය, නියම්ගම් පිළිබඳ කථා ය, නගර පිළිබඳ කථා ය, ජනපද පිළිබඳ කථා ය, ස්ත්‍රීන් පිළිබඳ කථා ය, වීරයන් පිළිබඳ කථා ය, පාර තොටෙහි ඇති දේ පිළිබඳ කථා ය, නාන තොටේ ඇති වූ කථා ය, පූර්ව ප්‍රේතයන් පිළිබඳ කථා ය, නා නා ආත්මයන් පිළිබඳ කථා ය, ලෝකයෙහි අගමුල පිළිබඳ කථා ය, සමුද්‍රයෙහි අගමුල පිළිබඳ කථා ය, මෙසේ මෙසේ යන කරුණු පිළිබඳ කථා ය මේ ආදී වශයෙනි.

මහණෙනි, කථාවන්ට මුල්වන මේ කරුණු දසයකි. කවර දසයක් ද යත්; අල්පේච්ඡ බව පිළිබඳ කථාව ය, ලද දෙයින් සතුටු වීම පිළිබඳ කථාව ය, හුදෙකලාවෙහි වාසය පිළිබඳ කථාව ය, පිරිස සමඟ නොඇලී සිටීම පිළිබඳ කථාව ය, පටන් ගත් වීරිය පිළිබඳ කථාව ය, සීලය පිළිබඳ කථාව ය, සමාධිය පිළිබඳ කථාව ය, ප්‍රඥාව පිළිබඳ කථාව ය, විමුක්තිය පිළිබඳ කථාව ය, විමුක්ති ඥාන දර්ශනය පිළිබඳ කථාව ය යන මේවා ය. මහණෙනි, මේ කථාවන්ට මුල් වන කරුණු දසය යි.

ඉදින් මහණෙනි, ඔබ මෙබඳු වූ දස කථාවන් නැවත නැවත කතාබස් කරන්නහු නම් මේ සා මහත් ඉර්ධි ඇති මේ සා මහානුභාව සම්පන්න වූ මේ

චන්ද්‍ර සූර්යයාගේ තේජස පවා දහම් තෙදින් යට වී යන්නේ ය. අන්‍ය තීර්ථක වූ පරිබ්‍රාජකයන් ගැන කවර කතා ද?"

සාදු! සාදු!! සාදු!!!

පඨම කථාවත්ථු සූත්‍රය නිමා විය.

10.2.2.10
දුතිය කථාවත්ථු සූත්‍රය
කථාවන්ට මුල්වන කරුණු ගැන වදාළ දෙවෙනි දෙසුම

එක් සමයක භාග්‍යවතුන් වහන්සේ සැවැත් නුවර ජේතවන නම් අනේපිඬු සිටුහුගේ ආරාමයෙහි වැඩවසන සේක. එකල්හී පසුබත් කාලයෙහි පිණ්ඩපාතයෙන් වැළකී උපස්ථාන ශාලාවෙහි බොහෝ භික්ෂූහු රැස් වූවාහු ය. රැස් ව නොයෙක් නොයෙක් තිරශ්චීන කතාවෙන් කල්ගත කරමින් හුන්නාහු වෙති. ඒ කවර කථාවක් ද යත්; රජුන් පිළිබඳ කථා ය, සොරුන් පිළිබඳ කථා ය, ...(පෙ).... මෙසේ මෙසේ යන කරුණු පිළිබඳ කථා ය මේ ආදී වශයෙනි.

"මහණෙනි, ප්‍රශංසාවට බඳුන්වන මේ කරුණු දසයකි. කවර දසයක් ද යත්;

1. මහණෙනි, මෙහිලා භික්ෂුව තමා ද අල්පේච්ඡ වූයේ වෙයි. අල්පේච්ඡතාවය පිළිබඳ ව භික්ෂූන් සමඟ කතා කරන්නේ ද වෙයි. 'අල්පේච්ඡ වූ භික්ෂුව අල්පේච්ඡතාවය පිළිබඳ ව භික්ෂූන් සමඟ කතා කරයි' යනුවෙන් මෙම කරුණ ප්‍රශංසාවට බඳුන් වෙයි.

2. තමා ද ලද දෙයින් සතුටු වූයේ වෙයි. ලද දෙයින් සතුටු වීම පිළිබඳ ව භික්ෂූන් සමඟ කතා කරන්නේ ද වෙයි. 'ලද දෙයින් සතුටු වූ භික්ෂුව ලද දෙයින් සතුටු වීම පිළිබඳ ව භික්ෂූන් සමඟ කතා කරයි' යනුවෙන් මෙම කරුණ ප්‍රශංසාවට බඳුන් වෙයි.

3. තමා ද හුදෙකලා විවේකයෙන් යුතු වූයේ වෙයි. හුදෙකලා විවේකය පිළිබඳ ව භික්ෂූන් සමඟ කතා කරන්නේ ද වෙයි. 'හුදෙකලා විවේකයෙන් යුතු වූ භික්ෂුව හුදෙකලා විවේකය පිළිබඳ ව භික්ෂූන් සමඟ කතා කරයි' යනුවෙන් මෙම කරුණ ප්‍රශංසාවට බඳුන් වෙයි.

4. තමා ද පිරිස සමඟ නොඇලීමෙන් යුතු වූයේ වෙයි. පිරිස සමඟ නොඇලීම පිළිබඳ ව භික්ෂූන් සමඟ කතා කරන්නේ ද වෙයි. 'පිරිස සමඟ නොඇලෙන්නා වූ භික්ෂුව පිරිස සමඟ නොඇලීම පිළිබඳ ව භික්ෂූන් සමඟ කතා කරයි' යනුවෙන් මෙම කරුණ ප්‍රශංසාවට බඳුන් වෙයි.

5. තමා ද පටන් ගත් වීරියෙන් යුතු වූයේ වෙයි. පටන් ගත් වීරිය පිළිබඳ ව භික්ෂූන් සමඟ කතා කරන්නේ ද වෙයි. 'පටන් ගත් වීරියෙන් යුතු වූ භික්ෂුව වීරිය පටන් ගැනීම පිළිබඳ ව භික්ෂූන් සමඟ කතා කරයි' යනුවෙන් මෙම කරුණ ප්‍රශංසාවට බඳුන් වෙයි.

6. තමා ද සිල්වත් වූයේ වෙයි. සීලය පිළිබඳ ව භික්ෂූන් සමඟ කතා කරන්නේ ද වෙයි. 'සිල්වත් වූ භික්ෂුව සීලය පිළිබඳ ව භික්ෂූන් සමඟ කතා කරයි' යනුවෙන් මෙම කරුණ ප්‍රශංසාවට බඳුන් වෙයි.

7. තමා ද සමාධිමත් වූයේ වෙයි. සමාධිය පිළිබඳ ව භික්ෂූන් සමඟ කතා කරන්නේ ද වෙයි. 'සමාධිමත් වූ භික්ෂුව සමාධිය පිළිබඳ ව භික්ෂූන් සමඟ කතා කරයි' යනුවෙන් මෙම කරුණ ප්‍රශංසාවට බඳුන් වෙයි.

8. තමා ද ප්‍රඥාවන්ත වූයේ වෙයි. ප්‍රඥාව පිළිබඳ ව භික්ෂූන් සමඟ කතා කරන්නේ ද වෙයි. 'ප්‍රඥාවන්ත වූ භික්ෂුව ප්‍රඥාව පිළිබඳ ව භික්ෂූන් සමඟ කතා කරයි' යනුවෙන් මෙම කරුණ ප්‍රශංසාවට බඳුන් වෙයි.

9. තමා ද විමුක්තියෙන් යුතු වූයේ වෙයි. විමුක්තිය පිළිබඳ ව භික්ෂූන් සමඟ කතා කරන්නේ ද වෙයි. 'විමුක්තියෙන් යුතු වූ භික්ෂුව විමුක්තිය පිළිබඳ ව භික්ෂූන් සමඟ කතා කරයි' යනුවෙන් මෙම කරුණ ප්‍රශංසාවට බඳුන් වෙයි.

10. තමා ද විමුක්ති ඥානදර්ශනයෙන් යුතු වූයේ වෙයි. විමුක්ති ඥානදර්ශනය පිළිබඳව භික්ෂූන් සමඟ කතා කරන්නේ ද වෙයි. 'විමුක්ති ඥානදර්ශනයෙන් යුතු වූ භික්ෂුව විමුක්ති ඥානදර්ශනය පිළිබඳ ව භික්ෂූන් සමඟ කතා කරයි' යනුවෙන් මෙම කරුණ ප්‍රශංසාවට බඳුන් වෙයි.

මහණෙනි, මේවා වනාහී ප්‍රශංසාවට බඳුන් වන දස කාරණාවෝ ය."

සාදු! සාදු!! සාදු!!!

දුතිය කථාවත්ථු සූත්‍රය නිමා විය.

දෙවෙනි යමක වර්ගය අවසන් විය.

- **එහි පිළිවෙල උද්දානයයි :**

අවිජ්ජා සූත්‍රය, තණ්හා සූත්‍රය, නිට්ඨා සූත්‍රය, අවෙච්චප්පසන්න සූත්‍රය, සුඛ සූත්‍ර දෙක, නළකපාන සූත්‍ර දෙක, කථාවත්ථු සූත්‍ර දෙක වශයෙන් මෙහි සූත්‍ර දසයකි.

3. ආකංඛ වර්ගය

10.2.3.1.

ආකංඛෙය්‍ය සූත්‍රය

'කැමති වන්නේ නම්' යනුවෙන් වදාළ දෙසුම

එක් සමයක භාග්‍යවතුන් වහන්සේ සැවැත් නුවර ජේතවන නම් වූ අනේපිඬු සිටාණන් විසින් කරවන ලද ආරාමයෙහි වැඩ වසන සේක. එකල්හී භාග්‍යවතුන් වහන්සේ 'මහණෙනි' යි කියා භික්ෂූන් ඇමතූ සේක. 'පින්වතුන් වහන්සැ'යි ඒ භික්ෂූහු භාග්‍යවතුන් වහන්සේට පිළිවදන් දුන්හ. භාග්‍යවතුන් වහන්සේ මෙය වදාළ සේක.

"මහණෙනි, සීලයෙන් යුක්ත ව වසව්. ප්‍රාතිමෝක්ෂයෙන් යුක්ත ව වසව්. ප්‍රාතිමෝක්ෂ සංවරයෙන් සංවර ව වසව්. මනා ඇවතුම් පැවතුම් ඇති ව, අණුමාත්‍ර වූ වරදෙහි ත් බිය දකිමින්, ශික්ෂාපදයන් සමාදන් ව හික්මෙව්.

1. ඉදින් මහණෙනි, භික්ෂුවක් 'මම් සබ්‍රහ්මචාරීන් වහන්සේලාට ප්‍රිය වන්නෙක් වෙම්වා! මනාප වන්නෙක් වෙම්වා! ගරු බුහුමන් සහිත වන්නෙක් වෙම්වා!' යි කියා කැමැති වන්නේ ද, ඒ භික්ෂුව විසින් සීලය ම පරිපූර්ණ කරන්නෙක් වන්නේ ය. තමා තුළ චිත්ත සමථය ද ඇති කරගනිමින්, ධ්‍යානයෙන් බැහැර නොවී විදර්ශනාවෙන් ද යුතු ගුණදහම් වඩමින් ජනශූන්‍ය කුටි සෙනසුන් සේවනය කළ යුත්තේ ය.

2. ඉදින් මහණෙනි, භික්ෂුවක් 'මම් සිවුරු, පිණ්ඩපාත, සේනාසන, ගිලන්පස, බෙහෙත් පිරිකර ලබන්නෙක් වෙම්වා!' යි කියා කැමැති වන්නේ ද, ඒ භික්ෂුව විසින් සීලය ම පරිපූර්ණ කරන්නෙක් වන්නේ ය. තමා තුළ චිත්ත සමථය ද ඇති කරගනිමින්, ධ්‍යානයෙන් බැහැර නොවී විදර්ශනාවෙන් ද යුතු ගුණදහම් වඩමින් ජනශූන්‍ය කුටි සෙනසුන් සේවනය කළ යුත්තේ ය.

3. ඉදින් මහණෙනි, භික්ෂුවක් 'මම් යම් දායකයෙකුගෙන් ලැබෙන සිවුරු, පිණ්ඩපාත, සේනාසන, ගිලන්පස, බෙහෙත් පිරිකර ආදිය පරිභරණය කරන්නෙම් ද, ඔවුන්ගේ ඒ සත්කාරයෝ මහත්ඵල මහානිසංස වෙත්වා!' යි කියා කැමැති වන්නේ ද, ඒ භික්ෂුව විසින් සීලය ම පරිපූර්ණ කරන්නෙක් වන්නේ ය. ....(පෙ).... ගුණදහම් වඩමින් ජනශූන්‍ය කුටි සෙනසුන් සේවනය කළ යුත්තේ ය.

4. ඉදින් මහණෙනි, භික්ෂුවක් 'මාගේ යම් ලේ නෑ කෙනෙක් කළුරිය කළාහු වෙත් ද, ඔවුහු පහන් සිතින් සිහි කරත් ද, ඔවුන්ගේ ඒ සිහිකිරීම මහත්ඵල මහානිශංසයක් වේවා!' යි කියා කැමැති වන්නේ ද, ඒ භික්ෂුව විසින් සීලය ම පරිපූර්ණ කරන්නෙක් වන්නේ ය. ....(පෙ).... ගුණදහම් වඩමින් ජනශූන්‍ය කුටි සෙනසුන් සේවනය කළ යුත්තේ ය.

5. ඉදින් මහණෙනි, භික්ෂුවක් 'මම් ලද සිවුරෙකින්, පිණ්ඩපාතයකින්, සෙනසුනකින්, ගිලන්පස බෙහෙත් පිරිකරකින්, ලද ලද දෙයින් සතුටු වන්නෙක් වෙම්වා!' යි කියා කැමැති වන්නේ ද, ඒ භික්ෂුව විසින් සීලය ම පරිපූර්ණ කරන්නෙක් වන්නේ ය. ....(පෙ).... ගුණදහම් වඩමින් ජනශූන්‍ය කුටි සෙනසුන් සේවනය කළ යුත්තේ ය.

6. ඉදින් මහණෙනි, භික්ෂුවක් 'මම් සීතල ද, උෂ්ණය ද, කුසගින්න ද, පිපාසය ද, මැසි මදුරු අව් සුළං සර්පාදීන්ගේ කටුක පහස ද ඉවසන සුළු වෙම්වා! නපුරු කොට කියූ, නපුරු ලෙස පැමිණි දරුණු වචනයන් ද, හටගත්තා වූ දරුණු දුකින් යුතු, රළු වූ, කටුක වූ, අමිහිරි වූ, අමනාප වූ, ප්‍රාණය නිරුද්ධ වන තරම් වූ ශාරීරික වේදනාවන් ඉවසන සුළු කෙනෙක් වෙම්වා!' යි කියා කැමැති වන්නේ ද, ඒ භික්ෂුව විසින් සීලය ම පරිපූර්ණ කරන්නෙක් වන්නේ ය. ....(පෙ).... ගුණදහම් වඩමින් ජනශූන්‍ය කුටි සෙනසුන් සේවනය කළ යුත්තේ ය.

7. ඉදින් මහණෙනි, භික්ෂුවක් 'මම් කුසල් දහම්වල නොඇලෙන ගතිය ත්, කාමයෙහි ඇලෙන ගතිය ත් අභියස දරාගැනීමේ ශක්තිය ඇත්තෙක් වෙම්වා! ඒ කුසල අරතිය හා කාම රතිය මාව යටකරගෙන නොයාවා! හටගත්තා වූ ඒ අරතිය ත්, රතිය ත් මැඬ මැඬ වාසය කරන්නෙක් වෙම්වා!' යි කියා කැමැති වන්නේ ද, ඒ භික්ෂුව විසින් සීලය ම පරිපූර්ණ කරන්නෙක් වන්නේ ය. ....(පෙ).... ගුණදහම් වඩමින් ජනශූන්‍ය කුටි සෙනසුන් සේවනය කළ යුත්තේ ය.

8. ඉදින් මහණෙනි, භික්ෂුවක් 'මම සිත බියට පත් කරවන බිහිසුණු අරමුණු අභියස දරාගත හැකි ශක්තිය ඇත්තෙක් වෙම්වා! සිත බියට පත් කරවන බිහිසුණු

අරමුණු මාව යටකරගෙන නොයාවා! හටගත් සිත බියට පත් කරවන බිහිසුණු අරමුණු මැඩ මැඩ වාසය කරන්නෙක් වෙම්වා!' යි කියා කැමැති වන්නේ ද, ඒ භික්ෂුව විසින් සීලය ම පරිපූර්ණ කරන්නෙක් වන්නේ ය. ....(පෙ).... ගුණදහම් වඩමින් ජනශූන්‍ය කුටි සෙනසුන් සේවනය කළ යුත්තේ ය.

9. ඉදින් මහණෙනි, භික්ෂුවක් 'මම මේ ජීවිතයේ දී පහසු විහරණය ලබන චිත්ත දියුණුවෙන් යුතු සතරක් වූ ධ්‍යානයන් කැමති සේ නිදුකින් ම, සුවසේ ම ලබන සුළු කෙනෙක් වෙම්වා!' යි කියා කැමැති වන්නේ ද, ඒ භික්ෂුව විසින් සීලය ම පරිපූර්ණ කරන්නෙක් වන්නේ ය. ....(පෙ).... ගුණදහම් වඩමින් ජනශූන්‍ය කුටි සෙනසුන් සේවනය කළ යුත්තේ ය.

10. ඉදින් මහණෙනි, භික්ෂුවක් 'මම ආශ්‍රවයන් ක්ෂය කිරීමෙන් අනාශ්‍රව වූ චිත්ත විමුක්තිය ත්, ප්‍රඥා විමුක්තිය ත් මේ ජීවිතයේ දී ම තම විශිෂ්ට නුවණින් ඇත්දැක එය පැමිණ වෙසෙම්වා!' යි කියා කැමැති වන්නේ ද, ඒ භික්ෂුව විසින් සීලය ම පරිපූර්ණ කරන්නෙක් වන්නේ ය. තමා තුළ චිත්ත සමථය ද ඇති කරගනිමින්, ධ්‍යානයෙන් බැහැර නොවී විදර්ශනාවෙන් ද යුතු ගුණදහම් වඩමින් ජනශූන්‍ය කුටි සෙනසුන් සේවනය කළ යුත්තේ ය.

මහණෙනි, සීලයෙන් යුක්ත ව වසව්. ප්‍රාතිමෝක්ෂයෙන් යුක්ත ව වසව්. ප්‍රාතිමෝක්ෂ සංවරයෙන් සංවර ව වසව්. මනා ඇවතුම් පැවතුම් ඇති ව, අණුමාත්‍ර වූ වරදෙහි ත් බිය දකිමින්, ශික්ෂාපදයන් සමාදන් ව හික්මෙව්' වශයෙන් යමක් කියන ලද්දේ ද, එය මෙකරුණ උදෙසා කියන ලද්දේ ය."

සාදු! සාදු!! සාදු!!!

ආකංඛෙය්‍ය සූත්‍රය නිමා විය.

10.2.3.2
කණ්ටක සූත්‍රය
කටුව ගැන වදාළ දෙසුම

එක් සමයක භාග්‍යවතුන් වහන්සේ විශාලා මහනුවර මහා වනයෙහි කූටාගාර ශාලාවෙහි වැඩවාසය කරන සේක. එකල්හී ඉතා ප්‍රසිද්ධ ස්ථවිර ශ්‍රාවකයන් වූ ආයුෂ්මත් චාලයන් ද, ආයුෂ්මත් උපචාලයන් ද, ආයුෂ්මත් කක්කටයන් ද, ආයුෂ්මත් කටිම්බයන් ද, ආයුෂ්මත් කටයන් ද, ආයුෂ්මත් කටිස්සංගයන් ද අන්‍ය

වූ බොහෝ ප්‍රසිද්ධ ප්‍රසිද්ධ ස්ථවිර ශ්‍රාවකයන් වහන්සේලා ද එහි වැඩසිටියහ.

එකල්හී ප්‍රසිද්ධ ප්‍රසිද්ධ වූ බොහෝ ලිච්ඡවීහු සොඳුරු සොඳුරු යානයන්ගෙන් ඉදිරියේ ත්, පසුපස ත් මහ සෙනඟ ඇති ව, උස් හඬින් මහ හඬින් යුතු ව භාග්‍යවතුන් වහන්සේව බැහැදැකීම පිණිස මහා වනයට ඇතුළු වූවාහු ය. එවිට ඒ ආයුෂ්මතුන් වහන්සේලාට මේ අදහස ඇතිවිය.

'මේ ප්‍රසිද්ධ ප්‍රසිද්ධ වූ බොහෝ ලිච්ඡවීහු සොඳුරු සොඳුරු යානයන් ගෙන් ඉදිරියේ ත්, පසුපස ත් මහ සෙනඟ ඇති ව, උස් හඬින් මහ හඬින් යුතු ව භාග්‍යවතුන් වහන්සේව බැහැදැකීම පිණිස මහා වනයට ඇතුළු වූවාහු ය. භාග්‍යවතුන් වහන්සේ විසින් වදාරණ ලද්දේ ධ්‍යානයෝ ශබ්දයෙන් රිදුම් දෙන කටු සහිත වූවාහු යනුවෙනි. එහෙයින් අපි ගෝසිංග සාල වනෝද්‍යානයට එළැඹෙන්නමෝ නම් මැනැව. එහි අපි අල්ප වූ ශබ්ද ඇති හෙයින්, අල්ප වූ ජනයා ඇති හෙයින් පහසුවෙන් වාසය කරන්නෙමු' යි.

එකල්හී ඒ ආයුෂ්මතුන් වහන්සේලා ගෝසිංග සාල වනෝද්‍යානය කරා වැඩියහ. එහි ඒ ආයුෂ්මත්හු අල්ප ශබ්ද ඇති ව, අල්ප ජනයා ඇති ව පහසුවෙන් වාසය කරති.

ඉක්බිති භාග්‍යවතුන් වහන්සේ භික්ෂූන් ඇමතූ සේක. "මහණෙනි, චාලයෝ කොහි ද? උපචාලයෝ කොහි ද? කක්කටයෝ කොහි ද? කටිම්බයෝ කොහි ද? කටයෝ කොහි ද? කටිස්සංගයෝ කොහි ද? මහණෙනි, ඒ ස්ථවිර ශ්‍රාවක භික්ෂූහු කොහි ගියාහු ද?"

"ස්වාමීනී, මෙහිලා ඒ ආයුෂ්මත්වරුන්ට මේ සිත ඇති වූයේ ය. 'මේ ප්‍රසිද්ධ ප්‍රසිද්ධ වූ බොහෝ ලිච්ඡවීහු සොඳුරු සොඳුරු යානයන්ගෙන් ඉදිරියේ ත්, පසුපස ත් මහ සෙනඟ ඇති ව, උස් හඬින් මහ හඬින් යුතු ව භාග්‍යවතුන් වහන්සේව බැහැදැකීම පිණිස මහා වනයට ඇතුළු වූවාහු ය. භාග්‍යවතුන් වහන්සේ විසින් වදාරණ ලද්දේ ධ්‍යානයෝ ශබ්දයෙන් රිදුම් දෙන කටු සහිත වූවාහු යනුවෙනි. එහෙයින් අපි ගෝසිංග සාල වනෝද්‍යානයට එළැඹෙන්නමෝ නම් මැනැව. එහි අපි අල්ප වූ ශබ්ද ඇති හෙයින්, අල්ප වූ ජනයා ඇති හෙයින් පහසුවෙන් වාසය කරන්නෙමු' යි.

එකල්හී ස්වාමීනී, ඒ ආයුෂ්මතුන් වහන්සේලා ගෝසිංග සාල වනෝද්‍යානය කරා වැඩියහ. එහි ඒ ආයුෂ්මත්හු අල්ප ශබ්ද ඇති ව, අල්ප ජනයා ඇති ව පහසුවෙන් වාසය කරති.

"සාදු! සාදු! මහණෙනි, ඒ මහා ශ්‍රාවකයෝ මැනැවින් කියන ලද්දාහු

ය. මහණෙනි, මවිසින් ධ්‍යානයෝ ශබ්දයෙන් රිදුම් දෙන කටු සහිත වූවාහු යැයි පවසන ලදී. මහණෙනි, මේ කටු දසයක් තිබේ. කවර දසයක් ද යත්; හුදෙකලා විවේකයේ ඇළුනහුට පිරිස සමඟ ඇලී සිටීම කටුවකි. අසුභ නිමිත්ත දියුණු කරමින් සිටින කෙනෙකුට සුභ නිමිත්ත ඇතිවීම කටුවකි. ඉන්ද්‍රියයන්හි දොරටු වසාගෙන සිටින්නහුට විකාර දර්ශනයන් පෙනීම කටුවකි. බඹසර සිල් රකින්නහුට ස්ත්‍රියක හා හිතවත් වීම කටුවකි. ප්‍රථම ධ්‍යානයට ශබ්දය කටුවකි. දෙවෙනි ධ්‍යානයට විතර්ක විචාර කටුවකි. තුන්වෙනි ධ්‍යානයට ප්‍රීතිය කටුවකි. හතරවෙනි ධ්‍යානයට ආශ්වාස ප්‍රශ්වාස කටුවකි. සංඥා වේදයිත නිරෝධ සමාපත්තියට සංඥාව ත්, විඳීම ත් කටුවකි. රාගය කටුවකි. ද්වේෂය කටුවකි. මෝහය කටුවකි. මහණෙනි, කටු රහිත ව වාසය කරව්. මහණෙනි, කටුවලින් තොර ව වාසය කරව්. මහණෙනි, රහතන් වහන්සේලා කටු රහිතයෝ ය. මහණෙනි, රහතන් වහන්සේලා කටුවලින් තොර වූවෝ ය. මහණෙනි, රහතන් වහන්සේලා කටු රහිත, කටු වලින් තොර වූවෝ ය."

සාදු! සාදු!! සාදු!!!

කණ්ටක සූත්‍රය නිමා විය.

10.2.3.3
ඉට්ඨධම්ම සූත්‍රය
සිතට ප්‍රිය වූ දෙය ගැන වදාළ දෙසුම

සැවැත් නුවර දී ය ....

මහණෙනි, සිතට ප්‍රිය වූ ත්, කාන්ත වූ ත්, මනාප වූ ත්, ලෝකයෙහි දුර්ලභ වූ ත් කරුණු දසයක් ඇත්තේ ය. ඒ කවර දසයක් ද යත්;

භෝග සම්පත් ඇති බව සිතට ප්‍රිය වූ ත්, කාන්ත වූ ත්, මනාප වූ ත්, ලෝකයෙහි දුර්ලභ වූ ත් කරුණෙකි. මනා පැහැ ඇති බව සිතට ප්‍රිය වූ ත්, කාන්ත වූ ත්, මනාප වූ ත්, ලෝකයෙහි දුර්ලභ වූ ත් කරුණකි. නීරෝග ඇති බව සිතට ප්‍රිය වූ ත්, කාන්ත වූ ත්, මනාප වූ ත්, ලෝකයෙහි දුර්ලභ වූ ත් කරුණකි. සීලය සිතට ප්‍රිය වූ ත්, කාන්ත වූ ත්, මනාප වූ ත්, ලෝකයෙහි දුර්ලභ වූ ත් කරුණකි. බඹසර වාසය සිතට ප්‍රිය වූ ත්, කාන්ත වූ ත්, මනාප වූ ත්, ලෝකයෙහි දුර්ලභ වූ ත් කරුණකි. කළණ මිතුරන් ඇති බව සිතට ප්‍රිය වූ ත්,

කාන්ත වූ ත්, මනාප වූ ත්, ලෝකයෙහි දුර්ලභ වූ ත් කරුණකි. බහුශ්‍රැත බව සිතට ප්‍රිය වූ ත්, කාන්ත වූ ත්, මනාප වූ ත්, ලෝකයෙහි දුර්ලභ වූ ත් කරුණකි. ප්‍රඥාව සිතට ප්‍රිය වූ ත්, කාන්ත වූ ත්, මනාප වූ ත්, ලෝකයෙහි දුර්ලභ වූ ත් කරුණකි. ධර්මය සිතට ප්‍රිය වූ ත්, කාන්ත වූ ත්, මනාප වූ ත්, ලෝකයෙහි දුර්ලභ වූ ත් කරුණකි. ස්වර්ගය සිතට ප්‍රිය වූ ත්, කාන්ත වූ ත්, මනාප වූ ත්, ලෝකයෙහි දුර්ලභ වූ ත් කරුණකි.

මහණෙනි, මේ ධර්මයන් දසය සිතට ප්‍රිය වූ ත්, කාන්ත වූ ත්, මනාප වූ ත්, ලෝකයෙහි දුර්ලභ වූ ත් කරුණු ය.

මහණෙනි, මේ සිතට ප්‍රිය වූ ත්, කාන්ත වූ ත්, මනාප වූ ත්, ලෝකයෙහි දුර්ලභ වූ ත් කරුණු දසයට අනතුරු ඇතිවන කරුණු ද දසයකි.

අලස බව ත්, උත්සාහයෙන් නැගී නොසිටීම ත් භෝග සම්පත්තියට අනතුරකි. නොසැරසීම ත්, ආභරණ නැති බව ත් පැහැපත් බවට අනතුරකි. සෞඛ්‍යයට හිත වූ ක්‍රියාවෙන් තොර වීම නීරෝග බවට අනතුරකි. පාප මිත්‍රයන් ඇති බව සීලයට අනතුරකි. ඉන්ද්‍රිය අසංවරය බඹසරට අනතුරකි. වාද විවාද හටගැනීම මිතුරු බවට අනතුරකි. නිතර සජ්ඣායනා නොකිරීම බහුශ්‍රැත බවට අනතුරකි. මැනැවින් සවන් නොදීම ත්, නොදන්නා දේ නොවිමසීම ත් ප්‍රඥාවට අනතුරකි. භාවිතයෙහි නොයෙදීම ත්, නුවණින් මෙනෙහි නොකිරීම ත් ධර්මයන්ට අනතුරකි. මිථ්‍යා ප්‍රතිපදාව ස්වර්ගයන්ට අනතුරකි.

මහණෙනි, සිතට ප්‍රිය වූ ත්, කාන්ත වූ ත්, මනාප වූ ත්, ලෝකයෙහි දුර්ලභ වූ ත් කරුණු දසයට අනතුරු ඇතිවන දස කරුණු මේවා ය.

මහණෙනි, මේ සිතට ප්‍රිය වූ ත්, කාන්ත වූ ත්, මනාප වූ ත්, ලෝකයෙහි දුර්ලභ වූ ත් කරුණු දසයට උපකාරී වන කරුණු ද දසයකි.

අනලස බව ත්, උත්සාහයෙන් නැගී සිටීම ත් භෝග සම්පත්තියට උපකාරයකි. සැරසීම ත්, ආභරණත් පැහැපත් බවට උපකාරයකි. සෞඛ්‍යයට හිත වූ ක්‍රියාවෙන් යුතු වීම නීරෝග බවට උපකාරයකි. කලණ මිත්‍රයන් ඇති බව සීලයට උපකාරයකි. ඉන්ද්‍රිය සංවරය බඹසරට උපකාරයකි. වාද විවාද නැති බව මිතුරු බවට උපකාරයකි. නිතර සජ්ඣායනා කිරීම බහුශ්‍රැත බවට උපකාරයකි. මැනැවින් සවන් දීම ත්, නොදන්නා දේ විමසීම ත් ප්‍රඥාවට උපකාරයකි. භාවිතයෙහි යෙදීම ත්, නුවණින් මෙනෙහි කිරීම ත් ධර්මයන්ට උපකාරයකි. සම්‍යක් ප්‍රතිපදාව ස්වර්ගයන්ට උපකාරයකි.

මහණෙනි, සිතට ප්‍රිය වූ ත්, කාන්ත වූ ත්, මනාප වූ ත්, ලෝකයෙහි

දුර්ලභ වූ ත් කරුණු දසයට උපකාරී වන කරුණු මේවා ය.

සාදු! සාදු!! සාදු!!!

ඉට්ඨධම්ම සූත්‍රය නිමා විය.

10.2.3.4
වඩ්ඪි සූත්‍රය
දියුණුව ගැන වදාළ දෙසුම

සැවැත් නුවර දී ය ....

මහණෙනි, දස දියුණුවෙකින් දියුණුවට පත් වන ආර්ය ශ්‍රාවකයා ආර්ය වූ දියුණුවෙන් දියුණු වෙයි. සිරුරෙන් ප්‍රයෝජනය ගත්තේ ද වෙයි. උත්තමාර්ථය ගත්තේ ද වෙයි. ඒ කවර කරුණු දසයකින් ද යත්;

කෙත් වතු වලින් දියුණු වෙයි. ධන ධාන්‍යයෙන් දියුණු වෙයි. අඹුදරුවන්ගෙන් දියුණු වෙයි. කම්කරු සේවක පුරුෂයින්ගෙන් දියුණු වෙයි. ගවමහීෂාදීන්ගෙන් දියුණු වෙයි. ශ්‍රද්ධාවෙන් දියුණු වෙයි. සීලයෙන් දියුණු වෙයි. ශ්‍රැතයෙන් දියුණු වෙයි. ත්‍යාගයෙන් දියුණු වෙයි. ප්‍රඥාවෙන් දියුණු වෙයි.

මහණෙනි, දස දියුණුවකින් දියුණුවට පත් වන ආර්ය ශ්‍රාවකයා ආර්ය වූ දියුණුවෙන් දියුණු වෙයි නම්, සිරුරෙන් ප්‍රයෝජනය ගත්තේ ද වෙයි නම්, උත්තමාර්ථය ගත්තේ ද වෙයි නම්, මේ ඒ දස කරුණු ය.

(ගාථා:)

1.   යමෙක් මෙලොවෙහි ධනයෙන් හා ධාන්‍යයෙන් ද, අඹුදරුවන්ගෙන් ද, ගවමහීෂාදීන්ගෙන් ද දියුණු වෙයි නම්, ඥාතීන් විසිනුත්, මිතුරන් විසිනුත්, රජුන් විසිනුත් පුදනු ලබන හේ භෝග සම්පත් ඇති ව කීර්තිමත් ව වසයි.

2.   යමෙක් සීලයෙන් ද, ශ්‍රද්ධාවෙන් ද, ප්‍රඥාවෙන් ද, ත්‍යාගයෙන් ද, ශ්‍රැතයෙන් ද දියුණු වෙයි නම්, එබඳු වූ විචක්ෂණ බුද්ධියෙන් යුතු සත්පුරුෂයා මෙලොවෙහි දී ම ලෞකික ජීවිතය ත්, පරලොව ජීවිතය ත් දියුණුවට පත් කරගන්නේ ය.

සාදු! සාදු!! සාදු!!!

වඩ්ඩි සූත්‍රය නිමා විය.

10.2.3.5
මිගසාලා සූත්‍රය
මිගසාලා උපාසිකාව මුල්කොට වදාළ දෙසුම

එක් සමයක භාග්‍යවතුන් වහන්සේ සැවැත් නුවර ජේතවන නම් වූ අනේපිඬු සිටුහු ගේ ආරාමයෙහි වැඩවසන සේක. එකල්හී ආයුෂ්මත් ආනන්දයන් වහන්සේ පෙරවරුවෙහි සිවුරු හැඳ පොරවාගෙන පාත්‍රය හා සිවුර ගෙන මිගසාලා උපාසිකාවගේ නිවස යම් තැනක ඇද්ද, එතැනට වැඩියහ. වැඩමකොට පණවන ලද අසුනෙහි හිඳගත්හ. එකල්හී මිගසාලා උපාසිකාව ආයුෂ්මත් ආනන්දයන් වහන්සේ වෙත පැමිණියා ය. පැමිණ ආයුෂ්මත් ආනන්දයන් හට සකසා වන්දනා කොට එකත්පස් ව හිඳගත්තා ය. එකත්පස් ව හුන් මිගසාලා උපාසිකාව ආයුෂ්මත් ආනන්දයන් වහන්සේට මෙකරුණ සැළකළා ය.

"ස්වාමීනී, ආනන්දයන් වහන්ස, භාග්‍යවතුන් වහන්සේ විසින් වදාරණ ලද මේ ධර්මය කෙසේ කෙසේ නම් තේරුම් ගන්නේ ද? එනම්, බ්‍රහ්මචාරී කෙනා ත් අබ්‍රහ්මචාරී කෙනා ත් දෙදෙනා ම මරණින් මතු සම සම අයුරින් උපදිත් නම් ඒ කෙසේ ද?

ස්වාමීනී, පූරාණ නම් මපියාණෝ ලාමක දෙයක් වූ මෛථුන සේවනයෙන් වැළකී බ්‍රහ්මචාරී ව වාසය කළෝ ය. භාග්‍යවතුන් වහන්සේ විසින් වදාරණ ලද්දේ හේ සකදාගාමී ව සිටියේ කළුරිය කළේ තුසිත දෙව් නිකායෙහි උපන් බව යි. ස්වාමීනී, මාගේ සුළු පියාණන් වන ඉසිදත්ත තෙමේ සිය බිරිඳ සමඟ සතුටු වෙමින් අබ්‍රහ්මචාරී ව වාසය කළේ ය. භාග්‍යවතුන් වහන්සේ විසින් වදාරණ ලද්දේ හේ ද සකදාගාමී ව සිටියේ කළුරිය කළේ තුසිත දෙව් නිකායෙහි උපන් බව යි. ස්වාමීනී, ආනන්දයන් වහන්ස, භාග්‍යවතුන් වහන්සේ විසින් වදාරණ ලද මේ ධර්මය කෙසේ කෙසේ නම් තේරුම් ගන්නේ ද? එනම්, බ්‍රහ්මචාරී කෙනා ත් අබ්‍රහ්මචාරී කෙනා ත් දෙදෙනා ම මරණින් මතු සම සම අයුරින් උපදිත් නම් ඒ කෙසේ ද?"

"සොයුරිය, භාග්‍යවතුන් වහන්සේ ඔය කරුණ වදාරණ ලද්දේ ද, එය එපරිදි ම වෙයි."

ඉක්බිති ආයුෂ්මත් ආනන්දයන් වහන්සේ මිගසාලා උපාසිකාවගේ නිවසින් පිණ්ඩපාතය ගෙන අසුනෙන් නැගී පිටත් ව ගියහ. එවිට ආයුෂ්මත් ආනන්දයන් වහන්සේ පසුබත් කාලයෙහි පිණ්ඩපාතයෙන් වැළකී භාග්‍යවතුන් වහන්සේ යම් තැනක වැඩසිටි සේක් ද, එතැනට පැමිණියේ ය. පැමිණ භාග්‍යවතුන් වහන්සේට සකසා වන්දනා කොට එකත්පස් ව හිඳගත්හ. එකත්පස් ව හුන් ආයුෂ්මත් ආනන්දයන් වහන්සේ භාග්‍යවතුන් වහන්සේට මෙකරුණ සැළ කළහ.

"ස්වාමීනී, මෙහි මම් පෙරවරුවෙහි සිවුරු හැඳ පොරවාගෙන පාත්‍රය හා සිවුර ගෙන මිගසාලා උපාසිකාවගේ නිවස යම් තැනක ඇද්ද, එතැනට ගියෙමි. ගොස් පණවන ලද අසුනෙහි හිඳගතිමි. ස්වාමීනී, එකල්හී මිගසාලා උපාසිකාව මා වෙත පැමිණියා ය. පැමිණ මා හට සකසා වන්දනා කොට එකත්පස් ව හිඳගත්තා ය. එකත්පස් ව හුන් මිගසාලා උපාසිකාව මට මෙකරුණ සැළකළා ය.

'ස්වාමීනී, ආනන්දයන් වහන්ස, භාග්‍යවතුන් වහන්සේ විසින් වදාරණ ලද මේ ධර්මය කෙසේ කෙසේ නම් තේරුම් ගන්නේ ද? එනම්, බ්‍රහ්මචාරී කෙනා ත් අබ්‍රහ්මචාරී කෙනා ත් දෙදෙනා ම මරණින් මතු සම සම අයුරින් උපදිත් නම් ඒ කෙසේ ද?

ස්වාමීනී, පුරාණ නම් මපියාණෝ ලාමක දෙයක් වූ මෛථුන සේවනයෙන් වැළකී බ්‍රහ්මචාරී ව වාසය කළෝ ය. භාග්‍යවතුන් වහන්සේ විසින් වදාරණ ලද්දේ හේ සකදාගාමී ව සිටියේ කළුරිය කළේ තුසිත දෙව් නිකායෙහි උපන් බව යි. ස්වාමීනී, මාගේ සුළු පියාණන් වන ඉසිදත්ත තෙමේ තම බිරිඳ සමඟ සතුටු වෙමින් අබ්‍රහ්මචාරී ව වාසය කළේ ය. භාග්‍යවතුන් වහන්සේ විසින් වදාරණ ලද්දේ හේ ද සකදාගාමී ව සිටියේ කළුරිය කළේ තුසිත දෙව් නිකායෙහි උපන් බව යි. ස්වාමීනී, ආනන්දයන් වහන්ස, භාග්‍යවතුන් වහන්සේ විසින් වදාරණ ලද මේ ධර්මය කෙසේ කෙසේ නම් තේරුම් ගන්නේ ද? එනම්, බ්‍රහ්මචාරී කෙනා ත් අබ්‍රහ්මචාරී කෙනා ත් දෙදෙනා ම මරණින් මතු සම සම අයුරින් උපදිත් නම් ඒ කෙසේ ද?' යි.

ස්වාමීනි, එසේ කී කල්හී මම මිගසාලා උපාසිකාවට මෙසේ පැවසුවෙමි. 'සොයුරිය, භාග්‍යවතුන් වහන්සේ ඔය කරුණ වදාරණ ලද්දේ ද, එය එපරිදි ම වෙයි."

"ආනන්දය, බාල වූ, අව්‍යක්ත වූ, බොළඳ වූ, බොළඳ ප්‍රඥා ඇති මිගසාලා උපාසිකාව කවුද? පුරුෂ පුද්ගලයන්ගේ ශ්‍රද්ධාදී ඉන්ද්‍රිය ධර්මයන් ක්‍රියාත්මක වන අයුරු දකිනා ඥානයෙන් යුතු තැනැත්තා කවරහුද?

ආනන්දයෙනි, ලෝකයෙහි මේ පුද්ගලයෝ දස දෙනා විද්‍යමාන ව සිටිති. ඒ කවර දස දෙනෙක් ද යත්;

1. ආනන්දයෙනි, මෙහිලා එක්තරා පුද්ගලයෙක් දුසිල් වෙයි. ඒ චිත්ත විමුක්තිය ද, ප්‍රඥා විමුක්තිය ද ඒ වූ සැටියෙන් ම නොදනී. යම් ධර්මයකින් ඔහුගේ ඒ දුසිල් බව ඉතුරු නැති ව නිරුද්ධ වෙයි ද, ඔහු විසින් එය ශ්‍රවණයෙන් නොඅසන ලද්දේ ද වෙයි. බහුශ්‍රැතභාවයකිනුත් නොලැබුවේ වෙයි. දෘෂ්ටියකිනුත් වටහා නොගන්නා ලද්දේ වෙයි. ධර්මය තුළින් ලැබෙන විමුක්තියක් ද නොලබයි. හේ කය බිඳී මරණින් මතු පිරිහීම කරා යයි. විශේෂත්වයක් කරා නොයයි. පිරිහී යන්නෙක් ම වෙයි. විශේෂයක් කරා නොයන්නෙක් වෙයි.

2. ආනන්දයෙනි, මෙහිලා එක්තරා පුද්ගලයෙක් දුසිල් වෙයි. ඒ චිත්ත විමුක්තිය ද, ප්‍රඥා විමුක්තිය ද ඒ වූ සැටියෙන් ම දනියි. යම් ධර්මයකින් ඔහුගේ ඒ දුසිල් බව ඉතුරු නැති ව නිරුද්ධ වෙයි ද, ඔහු විසින් එය ශ්‍රවණයෙන් අසන ලද්දේ ද වෙයි. බහුශ්‍රැතභාවයකිනුත් ලැබුවේ වෙයි. දෘෂ්ටියකිනුත් වටහා ගන්නා ලද්දේ වෙයි. ධර්මය තුළින් ලැබෙන විමුක්තියක් ද ලබයි. හේ කය බිඳී මරණින් මතු විශේෂත්වයක් කරා යයි. පිරිහීමක් කරා නොයයි. විශේෂයක් කරා යන්නෙක් ම වෙයි. පිරිහීමක් කරා නොයන්නෙක් වෙයි.

ආනන්දයෙනි, එහිලා නොයෙක් මිමි වලින් මනින්නෝ මැන බලති. එනම් 'මොහු තුළ ත් ඒ ධර්මයෝ ම තිබෙත්. අනෙකා තුළ ත් එම ධර්මයෝ ම තිබෙත්. කවර කරුණක් නිසා ද ඔවුන් අතුරෙන් කෙනෙක් පහත් වන්නේ? තව කෙනෙක් උසස් වන්නේ?' යි. ආනන්දයෙනි, මේ අයුරින් මනින්නට යෑමෙන් ඔවුන්ට එය බොහෝ කල් අහිත පිණිස ත්, දුක් පිණිස ත් පවතියි.

ආනන්දයෙනි, කලින් පැවසූ දෙදෙනාගෙන් යම් මේ පුද්ගලයෙක් දුසිල් වූයේ ද, ඒ චිත්ත විමුක්තිය ද, ප්‍රඥා විමුක්තිය ද ඒ වූ සැටියෙන් ම දනියි ද, යම් ධර්මයකින් ඔහුගේ ඒ දුසිල් බව ඉතුරු නැති ව නිරුද්ධ වෙයි ද, ඔහු විසින් එය ශ්‍රවණයෙන් ද අසන ලද්දේ, බහුශ්‍රැතභාවයකිනුත් ලැබුවේ ද, දෘෂ්ටියකිනුත් වටහා ගන්නා ලද්දේ ද, ධර්මය තුළින් ලැබෙන විමුක්තියක් ලබයි ද, ආනන්දයෙනි, මේ පුද්ගලයා මුලින් ම පැවසූ පුද්ගලයාට වඩා යහපත් වෙයි. උසස් ද වෙයි. එයට හේතුව කුමක් ද? ආනන්දයෙනි, ධර්ම මාර්ගය විසින් ඒ පුද්ගලයා ව යහපතට පමුණුවන ලද්දේ ය. මොවුන්ගේ වෙනස තථාගතයන්

හැර වෙන කවුරු නම් දනිත් ද?

එහෙයින් ආනන්දයෙනි, පුද්ගලයන් පිළිබඳ ව මනින්නට යාමෙන් වළකිව්. පුද්ගලයන් පිළිබඳ ව මැනීමක් ගන්නට එපා. ආනන්දයෙනි, පුද්ගලයෙක් අන්‍ය පුද්ගලයන් පිළිබඳ ව මැනීමකින් ගන්නට යන විට ඒ පුද්ගලයන්ගේ ගුණ සාරා දමන්නේ ය. ආනන්දයෙනි, මම හෝ පුද්ගලයන් පිළිබඳ ව මිම්මක් ගන්නෙමි. එසේ නැතිනම් මා වැනි වෙනත් කෙනෙකු හෝ කළ යුත්තේ ය.

3. ආනන්දයෙනි, මෙහිලා එක්තරා පුද්ගලයෙක් සිල්වත් වෙයි. ඒ චිත්ත විමුක්තිය ද, ප්‍රඥා විමුක්තිය ද ඒ වූ සැටියෙන් ම නොදනියි. යම් ධර්මයකින් ඒ සිල්වත් බව ඉතුරු නැති ව නිරුද්ධ වෙයි ද, ඔහු විසින් එය ශ්‍රවණයෙන් නොඅසන ලද්දේ වෙයි. බහුශ්‍රැතභාවයකිනුත් නොලැබුවේ වෙයි. දෘෂ්ටියකිනුත් වටහා නොගන්නා ලද්දේ වෙයි. ධර්මය තුළින් ලැබෙන විමුක්තියක් ද නොලබයි. හේ කය බිඳී මරණින් මතු පිරිහීම කරා යයි. විශේෂත්වයක් කරා නොයයි. පිරිහී යන්නෙක් ම වෙයි. විශේෂයක් කරා නොයන්නෙක් වෙයි.

4. ආනන්දයෙනි, මෙහිලා එක්තරා පුද්ගලයෙක් සිල්වත් වෙයි. ඒ චිත්ත විමුක්තිය ද, ප්‍රඥා විමුක්තිය ද ඒ වූ සැටියෙන් ම දනියි. යම් ධර්මයකින් ඔහුගේ ඒ සිල්වත් බව ඉතුරු නැති ව නිරුද්ධ වෙයි ද, ඔහු විසින් එය ශ්‍රවණයෙන් අසන ලද්දේ ද වෙයි. බහුශ්‍රැතභාවයකිනුත් ලැබුවේ වෙයි. දෘෂ්ටියකිනුත් වටහා ගන්නා ලද්දේ වෙයි. ධර්මය තුළින් ලැබෙන විමුක්තියක් ද ලබයි. හේ කය බිඳී මරණින් මතු විශේෂත්වයක් කරා යයි. පිරිහීමක් කරා නොයයි. විශේෂයක් කරා යන්නෙක් ම වෙයි. පිරිහීමක් කරා නොයන්නෙක් වෙයි.

ආනන්දයෙනි, එහිලා නොයෙක් මිම් වලින් මනින්නෝ මැන බලති. ....(පෙ).... ආනන්දයෙනි, මම හෝ පුද්ගලයන් පිළිබඳ ව මිම්මක් ගන්නෙමි. එසේ නැතිනම් මා වැනි වෙනත් කෙනෙකු හෝ කළ යුත්තේ ය.

5. ආනන්දයෙනි, මෙහිලා එක්තරා පුද්ගලයෙක් තියුණු රාග ඇත්තේ වෙයි. ඒ චිත්ත විමුක්තිය ද, ප්‍රඥා විමුක්තිය ද ඒ වූ සැටියෙන් ම නොදනියි. යම් ධර්මයකින් ඔහුගේ ඒ රාගය ඉතුරු නැති ව නිරුද්ධ වෙයි ද, ඔහු විසින් එය ශ්‍රවණයෙන් නොඅසන ලද්දේ ද වෙයි. බහුශ්‍රැතභාවයකිනුත් නොලැබුවේ වෙයි. දෘෂ්ටියකිනුත් වටහා නොගන්නා ලද්දේ වෙයි. ධර්මය තුළින් ලැබෙන විමුක්තියක් ද නොලබයි. හේ කය බිඳී මරණින් මතු පිරිහීම කරා යයි. විශේෂත්වයක් කරා නොයයි. පිරිහී යන්නෙක් ම වෙයි. විශේෂයක් කරා නොයන්නෙක් වෙයි.

6.   ආනන්දයෙනි, මෙහිලා එක්තරා පුද්ගලයෙක් තියුණු රාග ඇත්තේ වෙයි. ඒ චිත්ත විමුක්තිය ද, ප්‍රඥා විමුක්තිය ද ඒ වූ සැටියෙන් ම දනියි. යම් ධර්මයකින් ඔහුගේ ඒ රාගය ඉතුරු නැති ව නිරුද්ධ වෙයි ද, ඔහු විසින් එය ශ්‍රවණයෙන් අසන ලද්දේ ද වෙයි. බහුශ්‍රැතභාවයකිනුත් ලැබුවේ වෙයි. දෘෂ්ටියකිනුත් වටහා ගන්නා ලද්දේ වෙයි. ධර්මය තුළින් ලැබෙන විමුක්තියක් ද ලබයි. හේ කය බිඳී මරණින් මතු විශේෂත්වයක් කරා යයි. පිරිහීමක් කරා නොයයි. විශේෂයක් කරා යන්නෙක් ම වෙයි. පිරිහීමක් කරා නොයන්නෙක් වෙයි.

ආනන්දයෙනි, එහිලා නොයෙක් මිමි වලින් මනින්නෝ මැන බලති. ....(පෙ).... ආනන්දයෙනි, මම හෝ පුද්ගලයන් පිළිබඳ ව මිම්මක් ගන්නෙමි. එසේ නැතිනම් මා වැනි වෙනත් කෙනෙකු හෝ කළ යුත්තේ ය.

7.   ආනන්දයෙනි, මෙහිලා එක්තරා පුද්ගලයෙක් ක්‍රෝධ සිත් ඇත්තේ වෙයි. ඒ චිත්ත විමුක්තිය ද, ප්‍රඥා විමුක්තිය ද ඒ වූ සැටියෙන් ම නොදනියි. යම් ධර්මයකින් ඔහුගේ ඒ ක්‍රෝධය ඉතුරු නැති ව නිරුද්ධ වෙයි ද, ඔහු විසින් එය ශ්‍රවණයෙන් නොඅසන ලද්දේ ද වෙයි. බහුශ්‍රැතභාවයකිනුත් නොලැබුවේ වෙයි. දෘෂ්ටියකිනුත් වටහා නොගන්නා ලද්දේ වෙයි. ධර්මය තුළින් ලැබෙන විමුක්තියක් ද නොලබයි. හේ කය බිඳී මරණින් මතු පිරිහීම කරා යයි. විශේෂත්වයක් කරා නොයයි. පිරිහී යන්නෙක් ම වෙයි. විශේෂයක් කරා නොයන්නෙක් වෙයි.

8.   ආනන්දයෙනි, මෙහිලා එක්තරා පුද්ගලයෙක් ක්‍රෝධ සිත් ඇත්තේ වෙයි. ඒ චිත්ත විමුක්තිය ද, ප්‍රඥා විමුක්තිය ද ඒ වූ සැටියෙන් ම දනියි. යම් ධර්මයකින් ඔහුගේ ඒ ක්‍රෝධය ඉතුරු නැති ව නිරුද්ධ වෙයි ද, ඔහු විසින් එය ශ්‍රවණයෙන් අසන ලද්දේ ද වෙයි. බහුශ්‍රැතභාවයකිනුත් ලැබුවේ වෙයි. දෘෂ්ටියකිනුත් වටහා ගන්නා ලද්දේ වෙයි. ධර්මය තුළින් ලැබෙන විමුක්තියක් ද ලබයි. හේ කය බිඳී මරණින් මතු විශේෂත්වයක් කරා යයි. පිරිහීමක් කරා නොයයි. විශේෂයක් කරා යන්නෙක් ම වෙයි. පිරිහීමක් කරා නොයන්නෙක් වෙයි.

ආනන්දයෙනි, එහිලා නොයෙක් මිමි වලින් මනින්නෝ මැන බලති. ....(පෙ).... ආනන්දයෙනි, මම හෝ පුද්ගලයන් පිළිබඳ ව මිම්මක් ගන්නෙමි. එසේ නැතිනම් මා වැනි වෙනත් කෙනෙකු හෝ කළ යුත්තේ ය.

9.   ආනන්දයෙනි, මෙහිලා එක්තරා පුද්ගලයෙක් නොසංසුන් සිත් ඇත්තේ වෙයි. ඒ චිත්ත විමුක්තිය ද, ප්‍රඥා විමුක්තිය ද ඒ වූ සැටියෙන් ම නොදනියි. යම් ධර්මයකින් ඔහුගේ ඒ නොසංසුන් බව ඉතුරු නැති ව නිරුද්ධ වෙයි ද,

ඔහු විසින් එය ශ්‍රවණයෙන් නොඅසන ලද්දේ ද වෙයි. බහුශ්‍රැතභාවයකිනුත් නොලැබුවේ වෙයි. දෘෂ්ටියකිනුත් වටහා නොගන්නා ලද්දේ වෙයි. ධර්මය තුළින් ලැබෙන විමුක්තියක් ද නොලබයි. හේ කය බිඳී මරණින් මතු පිරිහීම කරා යයි. විශේෂත්වයක් කරා නොයයි. පිරිහී යන්නෙක් ම වෙයි. විශේෂයක් කරා නොයන්නෙක් වෙයි.

10. ආනන්දයෙනි, මෙහිලා එක්තරා පුද්ගලයෙක් නොසංසුන් සිත් ඇත්තේ වෙයි. ඒ චිත්ත විමුක්තිය ද, ප්‍රඥා විමුක්තිය ද ඒ වූ සැටියෙන් ම දනියි. යම් ධර්මයකින් ඔහුගේ ඒ නොසංසුන් බව ඉතුරු නැති ව නිරුද්ධ වෙයි ද, ඔහු විසින් එය ශ්‍රවණයෙන් අසන ලද්දේ ද වෙයි. බහුශ්‍රැතභාවයකිනුත් ලැබුවේ වෙයි. දෘෂ්ටියකිනුත් වටහා ගන්නා ලද්දේ වෙයි. ධර්මය තුළින් ලැබෙන විමුක්තියක් ද ලබයි. හේ කය බිඳී මරණින් මතු විශේෂත්වයක් කරා යයි. පිරිහීමක් කරා නොයයි. විශේෂයක් කරා යන්නෙක් ම වෙයි. පිරිහීමක් කරා නොයන්නෙක් වෙයි.

ආනන්දයෙනි, එහිලා නොයෙක් මිම් වලින් මනින්නෝ මැන බලති. එනම් 'මොහු තුළ ත් ඒ ධර්මයෝ ම තිබෙත්. අනෙකා තුළ ත් එම ධර්මයෝ ම තිබෙත්. කවර කරුණක් නිසා ද ඔවුන් අතුරෙන් කෙනෙක් පහත් වන්නේ? තව කෙනෙක් උසස් වන්නේ?' යි. ආනන්දයෙනි, මේ අයුරින් මනින්නට යෑමෙන් ඔවුන්ට එය බොහෝ කල් අහිත පිණිස ත්, දුක් පිණිස ත් පවතියි.

ආනන්දයෙනි, කලින් පැවසූ දෙදෙනාගෙන් යම් මේ පුද්ගලයෙක් නොසංසුන් සිත් ඇත්තේ වෙයි ද, ඒ චිත්ත විමුක්තිය ද, ප්‍රඥා විමුක්තිය ද ඒ වූ සැටියෙන් ම දනියි ද, යම් ධර්මයකින් ඔහුගේ ඒ නොසංසුන් බව ඉතුරු නැති ව නිරුද්ධ වෙයි ද, ඔහු විසින් එය ශ්‍රවණයෙන් ද අසන ලද්දේ, බහුශ්‍රැතභාවයකිනුත් ලැබුවේ ද, දෘෂ්ටියකිනුත් වටහා ගන්නා ලද්දේ ද, ධර්මය තුළින් ලැබෙන විමුක්තියක් ලබයි ද, ආනන්දයෙනි, මේ පුද්ගලයා මුලින් ම පැවසූ පුද්ගලයාට වඩා යහපත් වෙයි. උසස් ද වෙයි. එයට හේතුව කුමක් ද? ආනන්දයෙනි, ධර්ම මාර්ගය විසින් ඒ පුද්ගලයා ව යහපතට පමුණුවන ලද්දේ ය. මොවුන්ගේ වෙනස තථාගතයන් හැර වෙන කවුරු නම් දනිත් ද?

එහෙයින් ආනන්දයෙනි, පුද්ගලයන් පිළිබඳ ව මනින්නට යාමෙන් වළකිව්. පුද්ගලයන් පිළිබඳ ව මැනීමක් ගන්නට එපා. ආනන්දයෙනි, පුද්ගලයෙක් අන්‍ය පුද්ගලයන් පිළිබඳ ව මැනීමකින් ගන්නට යන විට ඒ පුද්ගලයන්ගේ ගුණ සාරා දමන්නේ ය. ආනන්දයෙනි, මම හෝ පුද්ගලයන් පිළිබඳ ව මිම්මක් ගන්නෙමි. එසේ නැතිනම් මා වැනි වෙනත් කෙනෙකු හෝ කළ යුත්තේ ය.

ආනන්දයෙනි, බාල වූ, අව්‍යක්ත වූ, බොළඳ වූ, බොළඳ ප්‍රඥා ඇති මිගසාලා උපාසිකාව කවුද? පුරුෂ පුද්ගලයන්ගේ ශ්‍රද්ධාදී ඉන්ද්‍රිය ධර්මයන් ක්‍රියාත්මක වන අයුරු දකිනා ඥානයෙන් යුතු තැනැත්තා කවරහුද?

ආනන්දයෙනි, ලෝකයේ විද්‍යමාන වූ දස පුද්ගලයෝ මොවුහු ය. ආනන්දයෙනි, යම්බඳු වූ සීලයකින් පුරාණ තෙමේ සමන්විත වූයේ ද, එබඳු වූ සීලයකින් ඉසිදත්තයන් ද සමන්විත වූයේ නම්, මෙහිලා පුරාණ තෙමේ ඉසිදත්තයන් ගිය මග වත් නොදන්නේ ය. ආනන්දයෙනි, යම්බඳු වූ ප්‍රඥාවකින් ඉසිදත්ත තෙමේ සමන්විත වූයේ ද, එබඳු වූ ප්‍රඥාවකින් පුරාණ ද සමන්විත වූයේ නම්, මෙහිලා ඉසිදත්ත තෙමේ මේ අයුරින් පුරාණයන් ගිය මග වත් නොදන්නේ ය. ආනන්දයෙනි, මේ පුද්ගලයන් දෙදෙනා එක් එක් අංගයකින් දුර්වල ව සිටියහ."

සාදු! සාදු!! සාදු!!!

මිගසාලා සූත්‍රය නිමා විය.

10.2.3.6
තයෝධම්ම සූත්‍රය
ධර්මයන් තුන බැගින් වදාළ දෙසුම

සැවැත් නුවර දී ය ....

මහණෙනි, ලෝකයෙහි මෙම ධර්මයන් තුන දකින්නට නොලැබුණේ නම්, තථාගත අරහත් සම්මා සම්බුදු කෙනෙක් ලොවෙහි පහළ නොවන්නාහු ය. තථාගතයන් වහන්සේ නමක් විසින් පවසනු ලබන ධර්ම විනය ද ලොවෙහි නොබබලන්නේ ය. ඒ කවර ධර්මයන් තුනක් ද යත්; ඉපදීම ත්, ජරාවට පත්වීම ත්, මරණය ත් ය. මහණෙනි, ලෝකයෙහි මෙම ධර්මයන් තුන දකින්නට නොලැබුණේ නම්, තථාගත අරහත් සම්මා සම්බුදු කෙනෙක් ලොවෙහි පහළ නොවන්නාහු ය. තථාගතයන් වහන්සේ නමක් විසින් පවසනු ලබන ධර්ම විනය ද ලොවෙහි නොබබලන්නේ ය.

යම් හෙයකින් මහණෙනි, මේ ත්‍රිවිධ කාරණා ලෝකයෙහි පෙනෙන්නට තිබෙයි ද, එනිසා ම තථාගත අරහත් සම්මා සම්බුදු කෙනෙක් ලෝකයෙහි පහළ වෙති. එනිසා ම තථාගතයන් විසින් දෙසනු ලබන ධර්ම විනය ලොවෙහි

බබලයි.

1. මහණෙනි, මේ ධර්මයන් තුනක් ප්‍රහාණය නොකොට ඉපදීම ප්‍රහාණය කිරීමට, ජරාව ප්‍රහාණය කිරීමට, මරණය ප්‍රහාණය කිරීමට නොහැක්කේ ම ය. ඒ කවර ධර්මයන් තුනක් ද යත්; රාගය ප්‍රහාණය නොකොට, ද්වේෂය ප්‍රහාණය නොකොට, මෝහය ප්‍රහාණය නොකොට ය. මහණෙනි, මේ ධර්මයන් තුන ප්‍රහාණය නොකොට ඉපදීම ප්‍රහාණය කිරීමට, ජරාව ප්‍රහාණය කිරීමට, මරණය ප්‍රහාණය කිරීමට නොහැක්කේ ම ය.

2. මහණෙනි, මේ ධර්මයන් තුනක් ප්‍රහාණය නොකොට රාගය ප්‍රහාණය කිරීමට, ද්වේෂය ප්‍රහාණය කිරීමට, මෝහය ප්‍රහාණය කිරීමට නොහැක්කේ ම ය. ඒ කවර ධර්මයන් තුනක් ද යත්; සක්කාය දිට්ඨිය ප්‍රහාණය නොකොට, විචිකිච්ඡාව ප්‍රහාණය නොකොට, සීලබ්බත පරාමාසය ප්‍රහාණය නොකොට ය. මහණෙනි, මේ ධර්මයන් තුන ප්‍රහාණය නොකොට රාගය ප්‍රහාණය කිරීමට, ද්වේෂය ප්‍රහාණය කිරීමට, මෝහය ප්‍රහාණය කිරීමට නොහැක්කේ ම ය.

3. මහණෙනි, මේ ධර්මයන් තුනක් ප්‍රහාණය නොකොට සක්කාය දිට්ඨිය ප්‍රහාණය කිරීමට, විචිකිච්ඡාව ප්‍රහාණය කිරීමට, සීලබ්බත පරාමාසය ප්‍රහාණය කිරීමට නොහැක්කේ ම ය. ඒ කවර ධර්මයන් තුනක් ද යත්; නුවණින් තොර ව මෙනෙහි කිරීම ප්‍රහාණය නොකොට, නොමග සේවනය කිරීම ප්‍රහාණය නොකොට, සිතෙහි හැකිළුණු බව ප්‍රහාණය නොකොට ය. මහණෙනි, මේ ධර්මයන් තුන ප්‍රහාණය නොකොට සක්කාය දිට්ඨිය ප්‍රහාණය කිරීමට, විචිකිච්ඡාව ප්‍රහාණය කිරීමට, සීලබ්බත පරාමාසය ප්‍රහාණය කිරීමට නොහැක්කේ ම ය.

4. මහණෙනි, මේ ධර්මයන් තුනක් ප්‍රහාණය නොකොට නුවණින් තොර ව මෙනෙහි කිරීම ප්‍රහාණය කිරීමට, නොමග සේවනය කිරීම ප්‍රහාණය කිරීමට, සිතෙහි හැකිළුණු බව ප්‍රහාණය කිරීමට නොහැක්කේ ම ය. ඒ කවර ධර්මයන් තුනක් ද යත්; සිහි මුළා වීම ප්‍රහාණය නොකොට, නුවණ නැතිකම ප්‍රහාණය නොකොට, සිතෙහි කලබලය ප්‍රහාණය නොකොට ය. මහණෙනි, මේ ධර්මයන් තුන ප්‍රහාණය නොකොට නුවණින් තොර ව මෙනෙහි කිරීම ප්‍රහාණය කිරීමට, නොමග සේවනය කිරීම ප්‍රහාණය කිරීමට, සිතෙහි හැකිළුණු බව ප්‍රහාණය කිරීමට නොහැක්කේ ම ය.

5. මහණෙනි, මේ ධර්මයන් තුනක් ප්‍රහාණය නොකොට සිහි මුළා වීම ප්‍රහාණය කිරීමට, නුවණ නැතිකම ප්‍රහාණය කිරීමට, සිතෙහි කලබලය ප්‍රහාණය කිරීමට නොහැක්කේ ම ය. ඒ කවර ධර්මයන් තුනක් ද යත්; ආර්යයන් දැක්මට අකමැති බව ප්‍රහාණය නොකොට, ආර්යයන්ගේ ධර්මය අසනු අකමැති බව

ප්‍රහාණය නොකොට, ගැටී දොස් කියන සිත් ඇති බව ප්‍රහාණය නොකොට ය. මහණෙනි, මේ ධර්මයන් තුන ප්‍රහාණය නොකොට සිහි මුළා වීම ප්‍රහාණය කිරීමට, නුවණ නැතිකම ප්‍රහාණය කිරීමට, සිතෙහි කලබලය ප්‍රහාණය කිරීමට නොහැක්කේ ම ය.

6. මහණෙනි, මේ ධර්මයන් තුනක් ප්‍රහාණය නොකොට ආර්යයන් දැක්මට අකමැති බව ප්‍රහාණය කිරීමට, ආර්යයන්ගේ ධර්මය අසනු අකමැති බව ප්‍රහාණය කිරීමට, ගැටී දොස් කියන සිත් ඇති බව ප්‍රහාණය කිරීමට නොහැක්කේ ම ය. ඒ කවර ධර්මයන් තුනක් ද යත්; සිතෙහි විසිරුණු බව ප්‍රහාණය නොකොට, අසංවර බව ප්‍රහාණය නොකොට, දුස්සීල බව ප්‍රහාණය නොකොට ය. මහණෙනි, මේ ධර්මයන් තුන ප්‍රහාණය නොකොට ආර්යයන් දැක්මට අකමැති බව ප්‍රහාණය කිරීමට, ආර්යයන්ගේ ධර්මය අසනු අකමැති බව ප්‍රහාණය කිරීමට, ගැටී දොස් කියන සිත් ඇති බව ප්‍රහාණය කිරීමට නොහැක්කේ ම ය.

7. මහණෙනි, මේ ධර්මයන් තුනක් ප්‍රහාණය නොකොට සිතෙහි විසිරුණු බව ප්‍රහාණය කිරීමට, අසංවර බව ප්‍රහාණය කිරීමට, දුස්සීල බව ප්‍රහාණය කිරීමට නොහැක්කේ ම ය. ඒ කවර ධර්මයන් තුනක් ද යත්; ශ්‍රද්ධාව නැතිබව ප්‍රහාණය නොකොට, පවසන කරුණෙහි අරුත් නොදන්නා බව ප්‍රහාණය නොකොට, කුසීත බව ප්‍රහාණය නොකොට ය. මහණෙනි, මේ ධර්මයන් තුන ප්‍රහාණය නොකොට සිතෙහි විසිරුණු බව ප්‍රහාණය කිරීමට, අසංවර බව ප්‍රහාණය කිරීමට, දුස්සීල බව ප්‍රහාණය කිරීමට නොහැක්කේ ම ය.

8. මහණෙනි, මේ ධර්මයන් තුනක් ප්‍රහාණය නොකොට අශ්‍රද්ධාව ප්‍රහාණය කිරීමට, පවසන කරුණෙහි අරුත් නොදන්නා බව ප්‍රහාණය කිරීමට, කුසීත බව ප්‍රහාණය කිරීමට නොහැක්කේ ම ය. ඒ කවර ධර්මයන් තුනක් ද යත්; අගෞරවය ප්‍රහාණය නොකොට, අකීකරු බව ප්‍රහාණය නොකොට, පවිටු මිතුරන් ඇසුර ප්‍රහාණය නොකොට ය. මහණෙනි, මේ ධර්මයන් තුන ප්‍රහාණය නොකොට අශ්‍රද්ධාව ප්‍රහාණය කිරීමට, පවසන කරුණෙහි අරුත් නොදන්නා බව ප්‍රහාණය කිරීමට, කුසීත බව ප්‍රහාණය කිරීමට නොහැක්කේ ම ය.

9. මහණෙනි, මේ ධර්මයන් තුනක් ප්‍රහාණය නොකොට අගෞරවය ප්‍රහාණය කිරීමට, අකීකරු බව ප්‍රහාණය කිරීමට, පවිටු මිතුරන් ඇසුර ප්‍රහාණය කිරීමට නොහැක්කේ ම ය. ඒ කවර ධර්මයන් තුනක් ද යත්; පවට ලැජ්ජා නැති බව ප්‍රහාණය නොකොට, පවට භය නැති බව ප්‍රහාණය නොකොට, ප්‍රමාදය ප්‍රහාණය නොකොට ය. මහණෙනි, මේ ධර්මයන් තුන ප්‍රහාණය නොකොට

අගෞරවය ප්‍රහාණය කිරීමට, අකීකරු බව ප්‍රහාණය කිරීමට, පවිටු මිතුරන් ඇසුර ප්‍රහාණය කිරීමට නොහැක්කේ ම ය.

10. මහණෙනි, මේ පවට ලැජ්ජා නැති, පවට භය නැති තැනැත්තා ප්‍රමාද වූයේ වෙයි. ඔහු ප්‍රමාද වූයේ ම අගෞරවය ප්‍රහාණය කිරීමට, අකීකරුකම ප්‍රහාණය කිරීමට, පවිටු මිතුරන් ඇසුර ප්‍රහාණය කිරීමට නොහැක්කේ වෙයි. ඔහු පවිටු මිතුරන් ඇසුර ඇත්තේ ම ශ්‍රද්ධාව නැති බව ප්‍රහාණය කිරීමට, පවසන කරුණෙහි අරුත් නොදන්නා බව ප්‍රහාණය කිරීමට, කුසීත බව ප්‍රහාණය කිරීමට නොහැක්කේ වෙයි. ඔහු කුසීත වූයේ ම සිතෙහි විසිරුණු බව ප්‍රහාණය කිරීමට, අසංවරය ප්‍රහාණය කිරීමට, දුසිල් බව ප්‍රහාණය කිරීමට නොහැක්කේ වෙයි. ඔහු දුස්සීල වූයේ ම ආර්යයන් දැක්මට අකමැති බව ප්‍රහාණය කිරීමට, ආර්යයන්ගේ ධර්මය අසනු අකමැති බව ප්‍රහාණය කිරීමට, ගැටී දොස් කියන සිත් ඇති බව ප්‍රහාණය කිරීමට නොහැකි වූයේ වෙයි. ඔහු ගැටී දොස් කියන සිතින් යුක්ත වූයේ ම සිහි මුලා බව ප්‍රහාණය කිරීමට, නුවණ නැති බව ප්‍රහාණය කිරීමට, සිතෙහි කලබලය ප්‍රහාණය කිරීමට නොහැකි වූයේ වෙයි. ඔහු කලබල වූ සිත් ඇත්තේ ම නුවණින් තොරව මෙනෙහි කිරීම ප්‍රහාණය කිරීමට, නොමග සේවනය කිරීම ප්‍රහාණය කිරීමට, සිතෙහි හැකිළුණු බව ප්‍රහාණය කිරීමට නොහැකි වූයේ වෙයි. ඔහු හැකිළුණු සිතින් යුතු වූයේ ම සක්කාය දිට්ඨිය ප්‍රහාණය කිරීමට, විචිකිච්ඡාව ප්‍රහාණය කිරීමට, සීලබ්බත පරාමාසය ප්‍රහාණය කිරීමට නොහැකි වූයේ වෙයි. ඔහු විචිකිච්ඡාවෙන් යුතු වූයේ ම රාගය ප්‍රහාණය කිරීමට, ද්වේෂය ප්‍රහාණය කිරීමට, මෝහය ප්‍රහාණය කිරීමට නොහැකි වූයේ වෙයි. ඔහු රාගය ප්‍රහාණය නොකොට, ද්වේෂය ප්‍රහාණය නොකොට, මෝහය ප්‍රහාණය නොකොට ඉපදීම ප්‍රහාණය කිරීමට, ජරාව ප්‍රහාණය කිරීමට, මරණය ප්‍රහාණය කිරීමට නොහැකි වූයේ වෙයි.

1. මහණෙනි, මේ ධර්මයන් තුනක් ප්‍රහාණය කොට ඉපදීම ප්‍රහාණය කිරීමට, ජරාව ප්‍රහාණය කිරීමට, මරණය ප්‍රහාණය කිරීමට හැක්කේ ම ය. ඒ කවර ධර්මයන් තුනක් ද යත්; රාගය ප්‍රහාණය කොට, ද්වේෂය ප්‍රහාණය කොට, මෝහය ප්‍රහාණය කොට ය. මහණෙනි, මේ ධර්මයන් තුන ප්‍රහාණය කොට ඉපදීම ප්‍රහාණය කිරීමට, ජරාව ප්‍රහාණය කිරීමට, මරණය ප්‍රහාණය කිරීමට හැක්කේ ම ය.

2. මහණෙනි, මේ ධර්මයන් තුනක් ප්‍රහාණය කොට රාගය ප්‍රහාණය කිරීමට, ද්වේෂය ප්‍රහාණය කිරීමට, මෝහය ප්‍රහාණය කිරීමට හැක්කේ ම ය. ඒ කවර ධර්මයන් තුනක් ද යත්; සක්කාය දිට්ඨිය ප්‍රහාණය කොට, විචිකිච්ඡාව ප්‍රහාණය කොට, සීලබ්බත පරාමාසය ප්‍රහාණය කොට ය. මහණෙනි, මේ ධර්මයන් තුන

ප්‍රහාණය කොට රාගය ප්‍රහාණය කිරීමට, ද්වේෂය ප්‍රහාණය කිරීමට, මෝහය ප්‍රහාණය කිරීමට හැක්කේ ම ය.

3. මහණෙනි, මේ ධර්මයන් තුනක් ප්‍රහාණය කොට සක්කාය දිට්ඨිය ප්‍රහාණය කිරීමට, විචිකිච්ඡාව ප්‍රහාණය කිරීමට, සීලබ්බත පරාමාසය ප්‍රහාණය කිරීමට හැක්කේ ම ය. ඒ කවර ධර්මයන් තුනක් ද යත්; නුවණින් තොර ව මෙනෙහි කිරීම ප්‍රහාණය කොට, නොමග සේවනය කිරීම ප්‍රහාණය කොට, සිතෙහි හැකිළුණු බව ප්‍රහාණය කොට ය. මහණෙනි, මේ ධර්මයන් තුන ප්‍රහාණය කොට සක්කාය දිට්ඨිය ප්‍රහාණය කිරීමට, විචිකිච්ඡාව ප්‍රහාණය කිරීමට, සීලබ්බත පරාමාසය ප්‍රහාණය කිරීමට හැක්කේ ම ය.

4. මහණෙනි, මේ ධර්මයන් තුනක් ප්‍රහාණය කොට නුවණින් තොර ව මෙනෙහි කිරීම ප්‍රහාණය කිරීමට, නොමග සේවනය කිරීම ප්‍රහාණය කිරීමට, සිතෙහි හැකිළුණු බව ප්‍රහාණය කිරීමට හැක්කේ ම ය. ඒ කවර ධර්මයන් තුනක් ද යත්; සිහි මුළා වීම ප්‍රහාණය කොට, නුවණ නැතිකම ප්‍රහාණය කොට, සිතෙහි කලබලය ප්‍රහාණය කොට ය. මහණෙනි, මේ ධර්මයන් තුන ප්‍රහාණය කොට නුවණින් තොර ව මෙනෙහි කිරීම ප්‍රහාණය කිරීමට, නොමග සේවනය කිරීම ප්‍රහාණය කිරීමට, සිතෙහි හැකිළුණු බව ප්‍රහාණය කිරීමට හැක්කේ ම ය.

5. මහණෙනි, මේ ධර්මයන් තුනක් ප්‍රහාණය කොට සිහි මුළා වීම ප්‍රහාණය කිරීමට, නුවණ නැතිකම ප්‍රහාණය කිරීමට, සිතෙහි කලබලය ප්‍රහාණය කිරීමට හැක්කේ ම ය. ඒ කවර ධර්මයන් තුනක් ද යත්; ආර්යයන් දැක්මට අකමැති බව ප්‍රහාණය කොට, ආර්යයන්ගේ ධර්මය අසනු අකමැති බව ප්‍රහාණය කොට, ගැටී දොස් කියන සිත් ඇති බව ප්‍රහාණය කොට ය. මහණෙනි, මේ ධර්මයන් තුන ප්‍රහාණය කොට සිහි මුළා වීම ප්‍රහාණය කිරීමට, නුවණ නැතිකම ප්‍රහාණය කිරීමට, සිතෙහි කලබලය ප්‍රහාණය කිරීමට හැක්කේ ම ය.

6. මහණෙනි, මේ ධර්මයන් තුනක් ප්‍රහාණය කොට ආර්යයන් දැක්මට අකමැති බව ප්‍රහාණය කිරීමට, ආර්යයන්ගේ ධර්මය අසනු අකමැති බව ප්‍රහාණය කිරීමට, ගැටී දොස් කියන සිත් ඇති බව ප්‍රහාණය කිරීමට හැක්කේ ම ය. ඒ කවර ධර්මයන් තුනක් ද යත්; සිතෙහි විසිරුණු බව ප්‍රහාණය කොට, අසංවර බව ප්‍රහාණය කොට, දුස්සීල බව ප්‍රහාණය කොට ය. මහණෙනි, මේ ධර්මයන් තුන ප්‍රහාණය කොට ආර්යයන් දැක්මට අකමැති බව ප්‍රහාණය කිරීමට, ආර්යයන්ගේ ධර්මය අසනු අකමැති බව ප්‍රහාණය කිරීමට, ගැටී දොස් කියන සිත් ඇති බව ප්‍රහාණය කිරීමට හැක්කේ ම ය.

7. මහණෙනි, මේ ධර්මයන් තුනක් ප්‍රහාණය කොට සිතෙහි විසිරුණු බව

ප්‍රහාණය කිරීමට, අසංවර බව ප්‍රහාණය කිරීමට, දුස්සීල බව ප්‍රහාණය කිරීමට හැක්කේ ම ය. ඒ කවර ධර්මයන් තුනක් ද යත්; ශ්‍රද්ධාව නැතිබව ප්‍රහාණය කොට, පවසන කරුණෙහි අරුත් නොදන්නා බව ප්‍රහාණය කොට, කුසීත බව ප්‍රහාණය කොට ය. මහණෙනි, මේ ධර්මයන් තුන ප්‍රහාණය කොට සිතෙහි විසිරුණු බව ප්‍රහාණය කිරීමට, අසංවර බව ප්‍රහාණය කිරීමට, දුස්සීල බව ප්‍රහාණය කිරීමට හැක්කේ ම ය.

8. මහණෙනි, මේ ධර්මයන් තුනක් ප්‍රහාණය කොට අශ්‍රද්ධාව ප්‍රහාණය කිරීමට, පවසන කරුණෙහි අරුත් නොදන්නා බව ප්‍රහාණය කිරීමට, කුසීත බව ප්‍රහාණය කිරීමට හැක්කේ ම ය. ඒ කවර ධර්මයන් තුනක් ද යත්; අගෞරවය ප්‍රහාණය කොට, අකීකරු බව ප්‍රහාණය කොට, පවිටු මිතුරන් ඇසුර ප්‍රහාණය කොට ය. මහණෙනි, මේ ධර්මයන් තුන ප්‍රහාණය කොට අශ්‍රද්ධාව ප්‍රහාණය කිරීමට, පවසන කරුණෙහි අරුත් නොදන්නා බව ප්‍රහාණය කිරීමට, කුසීත බව ප්‍රහාණය කිරීමට හැක්කේ ම ය.

9. මහණෙනි, මේ ධර්මයන් තුනක් ප්‍රහාණය කොට අගෞරවය ප්‍රහාණය කිරීමට, අකීකරු බව ප්‍රහාණය කිරීමට, පවිටු මිතුරන් ඇසුර ප්‍රහාණය කිරීමට හැක්කේ ම ය. ඒ කවර ධර්මයන් තුනක් ද යත්; පවට ලැජ්ජා නැති බව ප්‍රහාණය කොට, පවට භය නැති බව ප්‍රහාණය කොට, ප්‍රමාදය ප්‍රහාණය කොට ය. මහණෙනි, මේ ධර්මයන් තුන ප්‍රහාණය කොට අගෞරවය ප්‍රහාණය කිරීමට, අකීකරු බව ප්‍රහාණය කිරීමට, පවිටු මිතුරන් ඇසුර ප්‍රහාණය කිරීමට හැක්කේ ම ය.

10. මහණෙනි, මේ පවට ලැජ්ජා ඇති, පවට භය ඇති තැනැත්තා අප්‍රමාදී වූයේ වෙයි. ඔහු අප්‍රමාදී වූයේ ම අගෞරවය ප්‍රහාණය කිරීමට, අකීකරුකම ප්‍රහාණය කිරීමට, පවිටු මිතුරන් ඇසුර ප්‍රහාණය කිරීමට හැක්කේ වෙයි. ඔහු කළණ මිතුරු ඇසුර ඇත්තේ ම ශ්‍රද්ධාව නැති බව ප්‍රහාණය කිරීමට, පවසන කරුණෙහි අරුත් නොදන්නා බව ප්‍රහාණය කිරීමට, කුසීත බව ප්‍රහාණය කිරීමට හැක්කේ වෙයි. ඔහු අරඹන ලද වීරිය ඇති වූයේ ම සිතෙහි විසිරුණු බව ප්‍රහාණය කිරීමට, අසංවරය ප්‍රහාණය කිරීමට, දුසිල් බව ප්‍රහාණය කිරීමට හැක්කේ වෙයි. ඔහු සිල්වත් වූයේ ම ආර්යයන් දක්මට අකමැති බව ප්‍රහාණය කිරීමට, ආර්යයන්ගේ ධර්මය අසනු අකමැති බව ප්‍රහාණය කිරීමට, ගැටී දොස් කියන සිත් ඇති බව ප්‍රහාණය කිරීමට හැකි වූයේ වෙයි. ඔහු ගැටී දොස් කියන සිතින් තොර වූයේ ම සිහි මුලා බව ප්‍රහාණය කිරීමට, නුවණ නැති බව ප්‍රහාණය කිරීමට, සිතෙහි කලබලය ප්‍රහාණය කිරීමට හැකි වූයේ වෙයි. ඔහු කලබල නොවූ සිත් ඇත්තේ ම නුවණින් තොර ව මෙනෙහි කිරීම ප්‍රහාණය කිරීමට,

නොමග සේවනය කිරීම ප්‍රහාණය කිරීමට, සිතෙහි හැකිළුණු බව ප්‍රහාණය කිරීමට හැකි වූයේ වෙයි. ඔහු නොහැකිළුණු සිතින් යුතු වූයේ ම සක්කාය දිට්ඨිය ප්‍රහාණය කිරීමට, විචිකිච්ඡාව ප්‍රහාණය කිරීමට, සීලබ්බත පරාමාසය ප්‍රහාණය කිරීමට හැකි වූයේ වෙයි. ඔහු විචිකිච්ඡාවෙන් තොර වූයේ ම රාගය ප්‍රහාණය කිරීමට, ද්වේෂය ප්‍රහාණය කිරීමට, මෝහය ප්‍රහාණය කිරීමට හැකි වූයේ වෙයි. ඔහු රාගය ප්‍රහාණය කොට, ද්වේෂය ප්‍රහාණය කොට, මෝහය ප්‍රහාණය කොට ඉපදීම ප්‍රහාණය කිරීමට, ජරාව ප්‍රහාණය කිරීමට, මරණය ප්‍රහාණය කිරීමට හැකි වූයේ වෙයි.

සාදු! සාදු!! සාදු!!!

තයෝධම්ම සූත්‍රය නිමා විය.

10.2.3.7
කාක සූත්‍රය
කපුටා උපමා කොට වදාළ දෙසුම

සැවැත් නුවර දී ය ....

මහණෙනි, කපුටු තෙමේ දස අසද්ධර්මයකින් යුක්ත වූයේ වෙයි. ඒ කවර දස අසද්ධර්මයකින් ද යත්; ගුණ නසන්නේ ද වෙයි. නොහික්මුණේ ද වෙයි. සැක බහුල වූයේ ද වෙයි. බොහෝ කොට අනුභව කරන්නේ ද වෙයි. රෞද්‍ර වූයේ ද වෙයි. අකාරුණික වූයේ ද වෙයි. බල රහිත වූයේ ද වෙයි. නීච හඬ ඇත්තේ ද වෙයි. සිහි මුලා වූයේ ද වෙයි. රැස් කරන්නේ ද වෙයි. මහණෙනි, මේ දස අධර්මයෙන් කපුටා සමන්විත වූයේ වෙයි.

එසෙයින් ම මහණෙනි, පාපී භික්ෂු තෙමේ දස අධර්මයකින් යුක්ත වූයේ වෙයි. ඒ කවර දස අසද්ධර්මයක් ද යත්; ගුණ නසන්නේ ද වෙයි. නොහික්මුණේ ද වෙයි. සැක බහුල වූයේ ද වෙයි. බොහෝ කොට අනුභව කරන්නේ ද වෙයි. රෞද්‍ර වූයේ ද වෙයි. අකාරුණික වූයේ ද වෙයි. බල රහිත වූයේ ද වෙයි. නීච හඬ ඇත්තේ ද වෙයි. සිහි මුලා වූයේ ද වෙයි. රැස් කරන්නේ ද වෙයි. මහණෙනි, මේ දස අධර්මයෙන් පාපී භික්ෂුව සමන්විත වූයේ වෙයි.

සාදු! සාදු!! සාදු!!!

කාක සූත්‍රය නිමා විය.

10.2.3.8
නිගණ්ඨ සූත්‍රය
නිගණ්ඨයින් ගැන වදාළ දෙසුම

සැවැත් නුවර දී ය ....

මහණෙනි, නිගණ්ඨයෝ දස අසද්ධර්මයකින් යුක්ත වූවාහු වෙති. ඒ කවර දස අසද්ධර්මයකින් ද යත්; මහණෙනි, නිගණ්ඨයෝ ශ්‍රද්ධා නැත්තෝ ය. මහණෙනි, නිගණ්ඨයෝ දුසිල්හු ය. මහණෙනි, නිගණ්ඨයෝ පවට ලැජ්ජා නැත්තෝ ය. මහණෙනි, නිගණ්ඨයෝ පවට භය නැත්තෝ ය. මහණෙනි, නිගණ්ඨයෝ අසත්පුරුෂයන්ට ලැදි ව සිටින්නෝ ය. මහණෙනි, නිගණ්ඨයෝ තමා හුවා දක්වමින් අනුන් හෙළා දකින්නෝ ය. මහණෙනි, නිගණ්ඨයෝ තමන්ගේ දෘෂ්ටිය ම අල්ලා ගෙන, එය ම දැඩි ව ගෙන එය අත්හැරගත නොහැකි ව සිටින්නෝ ය. මහණෙනි, නිගණ්ඨයෝ කුහකයෝ ය. මහණෙනි, නිගණ්ඨයෝ පවිටු ආශා ඇත්තෝ ය. මහණෙනි, නිගණ්ඨයෝ මිසදිටු ගත්තෝ ය. මහණෙනි, මේ දස අධර්මයන් ගෙන් නිගණ්ඨයෝ සමන්විත වූවාහු වෙති.

සාදු! සාදු!! සාදු!!!

නිගණ්ඨ සූත්‍රය නිමා විය.

10.2.3.9
ආඝාත වත්ථු සූත්‍රය
වෛර බැඳ ගැනීමට හේතු වන කාරණා ගැන වදාළ දෙසුම

සැවැත් නුවර දී ය ....

මහණෙනි, මේ වෛර බැඳ ගැනීමට හේතුවන කාරණා දහයකි. ඒ කවර දසයක් ද යත්; මට අයහපත කළේ ය යැයි වෛර බැඳ ගනියි. මට අයහපත කරයි යැයි වෛර බැඳ ගනියි. මට අයහපත කරන්නේ ය යැයි වෛර බැඳ ගනියි. මාගේ ප්‍රිය මනාපයා හට අයහපත කළේ ය යැයි වෛර බැඳ ගනියි.

මාගේ ප්‍රිය මනාපයා හට අයහපත කරයි යැයි වෛර බැඳ ගනියි. මාගේ ප්‍රිය මනාපයා හට අයහපත කරන්නේ ය යැයි වෛර බැඳ ගනියි. මාගේ අප්‍රිය අමනාපයා හට යහපත කළේ ය යැයි වෛර බැඳ ගනියි. මාගේ අප්‍රිය අමනාපයා හට යහපත කරයි යැයි වෛර බැඳ ගනියි. මාගේ අප්‍රිය අමනාපයා හට යහපත කරන්නේ ය යැයි වෛර බැඳ ගනියි. කිසි හේතුවක් නැතුව ද කිපෙන්නේ වෙයි. මහණෙනි, මේවා වනාහී වෛර බැඳ ගැනීමට හේතුවන කරුණු දහය යි.

සාදු! සාදු!! සාදු!!!

ආඝාත වත්ථු සූත්‍රය නිමා විය.

10.2.3.10
ආඝාත පටිවිනය සූත්‍රය
වෛර දුරු කිරීම ගැන වදාළ දෙසුම

සැවැත් නුවර දී ය ....

මහණෙනි, මේ වෛරය දුරු කරගන්නා ආකාරය දසයකි. ඒ කවර දසයක් ද යත්; 'මට අයහපත කළේ ය' යන කරුණ මෙහි කෙසේ නම් ලැබේ ද? කියා වෛරය දුරු කරයි. 'මට අයහපත කරයි' යන කරුණ මෙහි කෙසේ නම් ලැබේ ද? කියා වෛරය දුරු කරයි. 'මට අයහපත කරන්නේ ය' යන කරුණ මෙහි කෙසේ නම් ලැබේ ද? කියා වෛරය දුරු කරයි. 'මාගේ ප්‍රිය මනාපයා හට අයහපත කළේ ය' යන කරුණ මෙහි කෙසේ නම් ලැබේ ද? කියා වෛරය දුරු කරයි. 'මාගේ ප්‍රිය මනාපයා හට අයහපත කරයි' යන කරුණ මෙහි කෙසේ නම් ලැබේ ද? කියා වෛරය දුරු කරයි. 'මාගේ ප්‍රිය මනාපයා හට අයහපත කරන්නේ ය' යන කරුණ මෙහි කෙසේ නම් ලැබේ ද? කියා වෛරය දුරු කරයි. 'මාගේ අප්‍රිය අමනාපයා හට යහපත කළේ ය' යන කරුණ මෙහි කෙසේ නම් ලැබේ ද? කියා වෛරය දුරු කරයි. 'මාගේ අප්‍රිය අමනාපයා හට යහපත කරයි' යන කරුණ මෙහි කෙසේ නම් ලැබේ ද? කියා වෛරය දුරු කරයි. 'මාගේ අප්‍රිය අමනාපයා හට යහපත කරන්නේ ය' යන කරුණ මෙහි කෙසේ නම් ලැබේ ද? කියා වෛරය දුරු කරයි. කිසි හේතුවක් නැති ව නොකිපෙන්නේ වෙයි. මහණෙනි, මේවා වනාහී වෛරය දුරු කරගන්නා ආකාර දහය යි.

සාදු! සාදු!! සාදු!!!

ආඝාත පටිවිනය සූත්‍රය නිමා විය.

තුන්වෙනි ආකංඛ වර්ගය අවසන් විය.

- එහි පිළිවෙල උද්දානයයි :

ආකංඛ සූත්‍රය, කණ්ඨක සූත්‍රය, ඉට්ඨ සූත්‍රය, වඩ්ඪී සූත්‍රය, මිගසාලා සූත්‍රය, අභබ්බ සූත්‍රය, කාක සූත්‍රය, නිගණ්ඨ සූත්‍රය, වත්ථු සූත්‍ර දෙක වශයෙන් මෙහි සූත්‍ර දසයකි.

4. ථේර වර්ගය

10.2.4.1.
බාහුන සූත්‍රය
බාහුන තෙරුන් හට වදාළ දෙසුම

එක් සමයක භාග්‍යවතුන් වහන්සේ චම්පායෙහි ගග්ගරා නම් පොකුණු තෙර වැඩවසන සේක. එකල්හී ආයුෂ්මත් බාහුන තෙරණුවෝ භාග්‍යවතුන් වහන්සේ යම් තැනක වැඩසිටි සේක් ද, එතැනට එළැඹියහ. එළැඹ භාග්‍යවතුන් වහන්සේ හට සකසා වන්දනා කොට එකත්පස් ව හිඳගත්හ. එකත්පස් ව හුන් ආයුෂ්මත් බාහුන තෙරණුවෝ භාග්‍යවතුන් වහන්සේට මෙකරුණ සැළ කළහ.

"ස්වාමීනී, තථාගතයන් වහන්සේ කෙතෙක් ධර්මයන් අත්හැර, එක් නොවී, මැනැවින් නිදහස් වී, කෙලෙස් සීමා බිඳලූ සිතින් වැඩවසන සේක් ද?"

"බාහුනයෙනි, තථාගත තෙමේ දස ධර්මයක් අත්හැර, එක් නොවී, මැනැවින් නිදහස් වී, කෙලෙස් සීමා බිඳලූ සිතින් වැඩවසයි. ඒ කවර දස ධර්මයක් ද යත්; බාහුනයෙනි, තථාගත තෙමේ රූපය අත්හැර, එක් නොවී, මැනැවින් නිදහස් වී, කෙලෙස් සීමා බිඳලූ සිතින් වැඩවසන්නේ ය. බාහුනයෙනි, තථාගත තෙමේ විඳීම අත්හැර, ...(පෙ).... බාහුනයෙනි, තථාගත තෙමේ සංඥාව අත්හැර, ...(පෙ).... බාහුනයෙනි, තථාගත තෙමේ සංස්කාර අත්හැර, ...(පෙ).... බාහුනයෙනි, තථාගත තෙමේ විඤ්ඤාණය අත්හැර, ...(පෙ).... බාහුනයෙනි, තථාගත තෙමේ ඉපදීම අත්හැර, ...(පෙ).... බාහුනයෙනි, තථාගත තෙමේ ජරාව අත්හැර, ...(පෙ).... බාහුනයෙනි, තථාගත තෙමේ මරණය අත්හැර, ...(පෙ).... බාහුනයෙනි, තථාගත තෙමේ දුක්ඛයන් අත්හැර, ...(පෙ).... බාහුනයෙනි, තථාගත තෙමේ කෙලෙසුන් අත්හැර, එක් නොවී, මැනැවින් නිදහස් වී, කෙලෙස් සීමා බිඳලූ සිතින් වැඩවසන්නේ ය.

බාහුනයෙනි, එය මෙබඳු දෙයකි. නිල් මහනෙල් මලක් වේවා, රතු

නෙළුමක් වේවා, සුදු නෙළුමක් වේවා දියෙහි ඉපිද, දියෙහි වැඩී, දියෙන් උඩට නැගී, ඒ දිය හා නොතැවරී තිබෙන්නේ යම් සේ ද, බාහුනයෙනි, ඒ අයුරින් ම තථාගත තෙමේ මෙම කරුණු දහයෙන් වෙන් වී, එක් නොවී, මැනැවින් නිදහස් ව, සිඳලූ කෙලෙස් සීමා ඇති ව වාසය කරයි."

සාදු! සාදු!! සාදු!!!

බාහුන සූත්‍රය නිමා විය.

10.2.4.2
ආනන්ද සූත්‍රය
ආනන්ද තෙරුන් හට වදාළ දෙසුම

සැවැත් නුවර දී ය ....

එකල්හී ආයුෂ්මත් ආනන්දයන් වහන්සේ භාග්‍යවතුන් වහන්සේ යම් තැනක වැඩසිටි සේක් ද, එතැනට පැමිණියහ. පැමිණ භාග්‍යවතුන් වහන්සේට සකසා වන්දනා කොට එකත්පස් ව හිඳගත්හ. එකත්පස් ව හුන් ආයුෂ්මත් ආනන්ද තෙරුන් හට භාග්‍යවතුන් වහන්සේ මෙය වදාළ සේක.

1. ආනන්දයෙනි, ඒකාන්තයෙන් ම ඒ භික්ෂුව ශ්‍රද්ධාව නැති ව සිටිමින් ම, මේ ධර්ම විනයෙහි දියුණුවකට, වැඩීමකට, විපුල බවට පත්වීමකට පැමිණෙන්නේ ය යන මෙකරුණ විද්‍යමාන දෙයක් නොවෙයි.

2. ආනන්දයෙනි, ඒකාන්තයෙන් ම ඒ භික්ෂුව දුස්සීල ව සිටිමින් ම, මේ ධර්ම විනයෙහි දියුණුවකට, වැඩීමකට, විපුල බවට පත්වීමකට පැමිණෙන්නේ ය යන මෙකරුණ විද්‍යමාන දෙයක් නොවෙයි.

3. ආනන්දයෙනි, ඒකාන්තයෙන් ම ඒ භික්ෂුව අල්ප වූ දහම් දැනුමෙන් යුතු ව සිටිමින් ම, මේ ධර්ම විනයෙහි දියුණුවකට, වැඩීමකට, විපුල බවට පත්වීමකට පැමිණෙන්නේ ය යන මෙකරුණ විද්‍යමාන දෙයක් නොවෙයි.

4. ආනන්දයෙනි, ඒකාන්තයෙන් ම ඒ භික්ෂුව අකීකරු ව සිටිමින් ම, මේ ධර්ම විනයෙහි දියුණුවකට, වැඩීමකට, විපුල බවට පත්වීමකට පැමිණෙන්නේ ය යන මෙකරුණ විද්‍යමාන දෙයක් නොවෙයි.

5. ආනන්දයෙනි, ඒකාන්තයෙන් ම ඒ භික්ෂුව පවිටු පුද්ගලයන් හා මිත්‍ර ව සිටිමින් ම, මේ ධර්ම විනයෙහි දියුණුවකට, වැඩීමකට, විපුල බවට පත්වීමකට පැමිණෙන්නේ ය යන මෙකරුණ විද්‍යමාන දෙයක් නොවෙයි.

6. ආනන්දයෙනි, ඒකාන්තයෙන් ම ඒ භික්ෂුව කුසීත ව සිටිමින් ම, මේ ධර්ම විනයෙහි දියුණුවකට, වැඩීමකට, විපුල බවට පත්වීමකට පැමිණෙන්නේ ය යන මෙකරුණ විද්‍යමාන දෙයක් නොවේ.

7. ආනන්දයෙනි, ඒකාන්තයෙන් ම ඒ භික්ෂුව සිහි මුළාව සිටිමින් ම, මේ ධර්ම විනයෙහි දියුණුවකට, වැඩීමකට, විපුල බවට පත්වීමකට පැමිණෙන්නේ ය යන මෙකරුණ විද්‍යමාන දෙයක් නොවෙයි.

8. ආනන්දයෙනි, ඒකාන්තයෙන් ම ඒ භික්ෂුව ලද දෙයින් සතුටු නොවී සිටිමින් ම, මේ ධර්ම විනයෙහි දියුණුවකට, වැඩීමකට, විපුල බවට පත්වීමකට පැමිණෙන්නේ ය යන මෙකරුණ විද්‍යමාන දෙයක් නොවෙයි.

9. ආනන්දයෙනි, ඒකාන්තයෙන් ම ඒ භික්ෂුව පවිටු ආශා ඇතිව සිටිමින් ම, මේ ධර්ම විනයෙහි දියුණුවකට, වැඩීමකට, විපුල බවට පත්වීමකට පැමිණෙන්නේ ය යන මෙකරුණ විද්‍යමාන දෙයක් නොවෙයි.

10. ආනන්දයෙනි, ඒකාන්තයෙන් ම ඒ භික්ෂුව මිසදිටුව සිටිමින් ම, මේ ධර්ම විනයෙහි දියුණුවකට, වැඩීමකට, විපුල බවට පත්වීමකට පැමිණෙන්නේ ය යන මෙකරුණ විද්‍යමාන දෙයක් නොවෙයි.

ආනන්දයෙනි, ඒකාන්තයෙන් ම මේ දස කරුණෙන් සමන්විත වූ ඒ භික්ෂුව මේ ධර්ම විනයෙහි දියුණුවකට, වැඩීමකට, විපුල බවට පත්වීමකට පැමිණෙන්නේ ය යන මෙකරුණ විද්‍යමාන දෙයක් නොවෙයි.

1. ආනන්දයෙනි, ඒකාන්තයෙන් ම ඒ භික්ෂුව ශ්‍රද්ධාව ඇති ව සිටියි නම්, මේ ධර්ම විනයෙහි දියුණුවකට, වැඩීමකට, විපුල බවට පත්වීමකට පැමිණෙන්නේ ය යන මෙකරුණ විද්‍යමාන දෙයකි.

2. ආනන්දයෙනි, ඒකාන්තයෙන් ම ඒ භික්ෂුව සිල්වත් ව සිටියි නම්, මේ ධර්ම විනයෙහි දියුණුවකට, වැඩීමකට, විපුල බවට පත්වීමකට පැමිණෙන්නේ ය යන මෙකරුණ විද්‍යමාන දෙයකි.

3. ආනන්දයෙනි, ඒකාන්තයෙන් ම ඒ භික්ෂුව බහුශ්‍රැත ව, ඇසූ ධර්මයන් මැනැවින් දරා සිටියි නම්, මේ ධර්ම විනයෙහි දියුණුවකට, වැඩීමකට, විපුල බවට පත්වීමකට පැමිණෙන්නේ ය යන මෙකරුණ විද්‍යමාන දෙයකි.

4. ආනන්දයෙනි, ඒකාන්තයෙන් ම ඒ භික්ෂුව කීකරු ව සිටියි නම්, මේ ධර්ම විනයෙහි දියුණුවකට, වැඩීමකට, විපුල බවට පත්වීමකට පැමිණෙන්නේ ය යන මෙකරුණ විද්‍යමාන දෙයකි.

5. ආනන්දයෙනි, ඒකාන්තයෙන් ම ඒ භික්ෂුව සත්පුරුෂ පුද්ගලයන් හා මිත්‍ර ව සිටියි නම්, මේ ධර්ම විනයෙහි දියුණුවකට, වැඩීමකට, විපුල බවට පත්වීමකට පැමිණෙන්නේ ය යන මෙකරුණ විද්‍යමාන දෙයකි.

6. ආනන්දයෙනි, ඒකාන්තයෙන් ම ඒ භික්ෂුව පටන් ගත් වීරියෙන් යුතු ව සිටියි නම්, මේ ධර්ම විනයෙහි දියුණුවකට, වැඩීමකට, විපුල බවට පත්වීමකට පැමිණෙන්නේ ය යන මෙකරුණ විද්‍යමාන දෙයකි.

7. ආනන්දයෙනි, ඒකාන්තයෙන් ම ඒ භික්ෂුව සිහිය පිහිටුවාගෙන සිටියි නම්, මේ ධර්ම විනයෙහි දියුණුවකට, වැඩීමකට, විපුල බවට පත්වීමකට පැමිණෙන්නේ ය යන මෙකරුණ විද්‍යමාන දෙයකි.

8. ආනන්දයෙනි, ඒකාන්තයෙන් ම ඒ භික්ෂුව ලද දෙයින් සතුටු ව සිටියි නම්, මේ ධර්ම විනයෙහි දියුණුවකට, වැඩීමකට, විපුල බවට පත්වීමකට පැමිණෙන්නේ ය යන මෙකරුණ විද්‍යමාන දෙයකි.

9. ආනන්දයෙනි, ඒකාන්තයෙන් ම ඒ භික්ෂුව ආශා අඩු ව සිටියි නම්, මේ ධර්ම විනයෙහි දියුණුවකට, වැඩීමකට, විපුල බවට පත්වීමකට පැමිණෙන්නේ ය යන මෙකරුණ විද්‍යමාන දෙයකි.

10. ආනන්දයෙනි, ඒකාන්තයෙන් ම ඒ භික්ෂුව සම්දිටු ව සිටියි නම්, මේ ධර්ම විනයෙහි දියුණුවකට, වැඩීමකට, විපුල බවට පත්වීමකට පැමිණෙන්නේ ය යන මෙකරුණ විද්‍යමාන දෙයකි.

ආනන්දයෙනි, ඒකාන්තයෙන් ම මේ දස කරුණෙන් සමන්විත වූ ඒ භික්ෂුව මේ ධර්ම විනයෙහි දියුණුවකට, වැඩීමකට, විපුල බවට පත්වීමකට පැමිණෙන්නේ ය යන මෙකරුණ විද්‍යමාන දෙයකි.

සාදු! සාදු!! සාදු!!!

ආනන්ද සූත්‍රය නිමා විය.

10.2.4.3
පුණ්ණිය සූත්‍රය
පුණ්ණිය තෙරුන් හට වදාළ දෙසුම

සැවැත් නුවර දී ය ....

එකල්හී ආයුෂ්මත් පුණ්ණිය තෙරණුවෝ භාග්‍යවතුන් වහන්සේ යම් තැනක වැඩසිටි සේක් ද, එතැනට පැමිණියහ. පැමිණ භාග්‍යවතුන් වහන්සේට සකසා වන්දනා කොට එකත්පස් ව හිඳගත්හ. එකත්පස් ව හුන් ආයුෂ්මත් පුණ්ණිය තෙරණුවෝ භාග්‍යවතුන් වහන්සේ හට මෙය පැවසුවෝ ය.

"ස්වාමීනී, යම් හෙයකින් තථාගතයන් වහන්සේ ඇතැම් අවස්ථාවන් හී දී, ධර්ම දේශනාව පවත්වන සේක් නම්, ඇතැම් අවස්ථාවන්හිදී නොපවත්වන සේක් නම් එයට හේතුව කුමක් ද? ප්‍රත්‍යය කුමක් ද?"

"පුණ්ණිය, භික්ෂුවක් ශ්‍රද්ධාවෙන් යුක්ත වෙයි. හේ තථාගතයන් වෙත නොඑළඹුණේ වේ. ඒ තාක් තථාගතයෝ ධර්ම දේශනාව නොපවත්වති. යම් කලක පුණ්ණිය, භික්ෂුව ශ්‍රද්ධාවන්ත වෙයි ද, තථාගතයන් වෙත එළඹුණේ වෙයි ද, එකල්හී මෙසේ තථාගතයෝ ධර්ම දේශනාව පවත්වති.

පුණ්ණිය, භික්ෂුව ශ්‍රද්ධාවන්ත ද වෙයි, එළඹෙන්නේ ද වෙයි. නමුත් ඇසුරු නොකරයි. ....(පෙ).... ඇසුරු කරන්නේ ද වෙයි. එනමුදු ප්‍රශ්න නොකරයි ....(පෙ).... ප්‍රශ්න කරන්නේ ද වෙයි. එනමුදු මනාව යොමු කළ කන් ඇති ව ධර්මය නොඅසයි. ....(පෙ).... මනාව යොමු කළ කන් ඇති ව ධර්මය ද අසයි. එනමුදු ඇසූ ධර්මය නොදරයි. ....(පෙ).... ඇසූ ධර්මය දරන්නේ ද වෙයි. එනමුදු දරූ ධර්මයේ අර්ථ නොපිරික්සයි. ....(පෙ).... දරූ ධර්මයේ අර්ථ පිරික්සා බලන්නේ ද වෙයි. එනමුදු අර්ථය දැන ධර්මය දැන ධම්මානුධම්ම පටිපදාවට නොපැමිණියේ වෙයි. ....(පෙ).... අර්ථය දැන ධර්මය දැන ධර්මානුධර්ම ප්‍රතිපදාවට පැමිණියේ ද වෙයි. එනමුදු කල්‍යාණ වචන නැත්තේ වෙයි. කල්‍යාණ ව්‍යවහාර ද, වැදගත් වචනයෙන් යුක්ත බව ද, නොවිසිරුණු වචන ඇති බව ද, නිදොස් වචන ඇති බව ද, අර්ථ පැහැදිලි කරන වචන ඇති බව ද නැත්තේ වෙයි. ....(පෙ).... කල්‍යාණ වචන ඇත්තේ ද වෙයි. කල්‍යාණ ව්‍යවහාර ද, වැදගත් වචනයෙන් යුක්ත බව ද, නොවිසිරුණු වචන ඇති බව ද, නිදොස් වචන ඇති බව ද, අර්ථ පැහැදිලි කරන වචන ඇති බව ද ඇත්තේ වෙයි. එනමුදු සබ්‍රහ්මචාරීන් හට

මැනැවින් පෙන්වා නොදෙන්නේ වෙයි. සමාදන් නොකරවන්නේ වෙයි. තෙද නොගන්වන්නේ වෙයි. දහම් සතුටු නූපදවන්නේ වෙයි. ඒ තාක් තථාගතයෝ ධර්ම දේශනාව නොපවත්වති.

යම් කලෙක පුණ්ණිය, භික්ෂුව ශ්‍රද්ධාවන්ත ද වෙයි, එළඹෙන්නේ ද වෙයි. ඇසුරු කරන්නේ ද වෙයි. ප්‍රශ්න කරන්නේ ද වෙයි. මනාව යොමු කළ කන් ඇති ව ධර්මය ද අසයි. ඇසූ ධර්මය දරන්නේ ද වෙයි. දරූ ධර්මයේ අර්ථ පිරික්සා බලන්නේ ද වෙයි. අර්ථය දැන ධර්මය දැන ධර්මානුධර්ම ප්‍රතිපදාවට පැමිණියේ ද වෙයි. කල්‍යාණ වචන ඇත්තේ ද වෙයි. කල්‍යාණ ව්‍යවහාර ද, වැදගත් වචනයෙන් යුක්ත බව ද, නොවිසිරුණු වචන ඇති බව ද, නිදොස් වචන ඇති බව ද, අර්ථ පැහැදිලි කරන වචන ඇති බව ද ඇත්තේ ද වෙයි. සබ්‍රහ්මචාරීන් හට මැනැවින් දක්වන්නේ ද වෙයි. සමාදන් කරවන්නේ ද වෙයි. තෙද ගන්වන්නේ ද වෙයි. දහම් සතුට උපදවන්නේ ද වෙයි. එකල්හී තථාගතයෝ ධර්ම දේශනාව පවත්වති. පුණ්ණිය, තථාගතයන්ගේ මේ කරුණු දසයෙන් සමන්විත වූ ධර්ම දේශනාව ඒකාන්ත ප්‍රතිභානයෙන් යුක්ත වේ.

සාදු! සාදු!! සාදු!!!

පුණ්ණිය සූත්‍රය නිමා විය.

10.2.4.4
බ්‍යාකරණ සූත්‍රය
අරහත්වය ප්‍රකාශ කිරීම ගැන වදාළ දෙසුම

සැවැත් නුවර දී ය ....

එකල්හී ආයුෂ්මත් මහා මොග්ගල්ලානයන් වහන්සේ "ආයුෂ්මත් මහණෙනි" යි භික්ෂූන් ඇමතූහ. "ආයුෂ්මතුන් වහන්සැ"යි ඒ භික්ෂූහු ආයුෂ්මත් මහා මොග්ගල්ලානයන් වහන්සේට පිළිවදන් දුන්හ. ආයුෂ්මත් මහාමොග්ගල්ලානයන් වහන්සේ මෙය වදාළහ.

"ආයුෂ්මත්නි, මෙහිලා භික්ෂුවක් 'ඉපදීම ක්ෂය විය, බඹසර වාසය නිමවන ලද්දේ ය, කළ යුත්ත කරන ලද්දේ ය, මේ සසුනෙහි මත්තෙහි කළ යුතු දෙයක් නැති බව දනිමි'යි යනුවෙන් අරහත්වය ප්‍රකාශ කරයි. එකල්හී තථාගතයන් වහන්සේ වේවා, ධ්‍යාන ඇති සමාපත්තියට සමවැදීමෙහි දක්ෂ

වූ, පරසිත් දැනීමෙහි දක්ෂ වූ, අනුන්ගේ සිත් හි ඇති ස්වභාවය දැකීමට දක්ෂ වූ තථාගත ශ්‍රාවකයෙක් හෝ වේවා ඒ භික්ෂුවගෙන් කරුණු විමසයි. ප්‍රශ්න කරයි. දහම් කථාව කරයි. තථාගතයන් වහන්සේ විසින් හෝ ධ්‍යාන ඇති සමාපත්තියට සමවැදීමෙහි දක්ෂ වූ, පරසිත් දැනීමෙහි දක්ෂ වූ, අනුන්ගේ සිත් හි ඇති ස්වභාවය දැකීමට දක්ෂ වූ තථාගත ශ්‍රාවකයෙකු විසින් හෝ කරුණු විමසන විට, ප්‍රශ්න අසන විට, දහම් කථාව කරන විට ඒ භික්ෂුවගේ ප්‍රකාශය හිස් බවට පත්වෙයි. ගුණ රහිත බවට පත්වෙයි. හානියට පත්වෙයි. කරදරයට පත්වෙයි. වෙනත් කරදරයකට හෝ පත්වෙයි.

තථාගතයන් වහන්සේ හෝ ධ්‍යාන ඇති සමාපත්තියට සමවැදීමෙහි දක්ෂ වූ, පරසිත් දැනීමෙහි දක්ෂ වූ, අනුන්ගේ සිත් හි ඇති ස්වභාවය දැකීමට දක්ෂ වූ තථාගත ශ්‍රාවකයෙක් හෝ මෙසේ ඒ භික්ෂුවගේ සිත තම සිතින් විග්‍රහ කොට මෙනෙහි කරයි.

මේ ආයුෂ්මතුන් කවර කරුණක් මත ද 'ඉපදීම ක්ෂය විය, බඹසර වාසය නිමවන ලද්දේ ය, කළ යුත්ත කරන ලද්දේ ය, මේ සසුනෙහි මත්තෙහි කළ යුතු දෙයක් නැති බව දනිමි'යි යනුවෙන් අරහත්වය ප්‍රකාශ කරන ලද්දේ?

1. තථාගතයන් වහන්සේ හෝ ධ්‍යාන ඇති සමාපත්තියට සමවැදීමෙහි දක්ෂ වූ, පරසිත් දැනීමෙහි දක්ෂ වූ, අනුන්ගේ සිත් හි ඇති ස්වභාවය දැකීමට දක්ෂ වූ තථාගත ශ්‍රාවකයෙක් හෝ මෙසේ ඒ භික්ෂුවගේ සිත තම සිතින් විග්‍රහ කොට දැන ගනියි. 'මේ ආයුෂ්මත් තෙමේ ක්‍රෝධයෙන් යුතු කෙනෙකි. ක්‍රෝධයෙන් යට වූ සිතින් බහුල ව වාසය කරයි. මේ ක්‍රෝධයට යට වී සිටීම වනාහී තථාගතයන් වහන්සේ විසින් දෙසූ ධර්ම විනය තුළ පිරිහීම ඇති කරවන කරුණකි.'

2. 'මේ ආයුෂ්මත් තෙමේ බද්ධ වෛරයෙන් යුතු කෙනෙකි. බද්ධ වෛරයෙන් යට වූ සිතින් බහුල ව වාසය කරයි. මේ බද්ධ වෛරයට යට වී සිටීම තථාගතයන් වහන්සේ විසින් දෙසූ ධර්ම විනය තුළ පිරිහීම ඇති කරවන කරුණකි.

3. 'මේ ආයුෂ්මත් තෙමේ අනුන්ගේ ගුණ නසන කෙනෙකි. ගුණමකු බවට යට වූ සිතින් බහුල ව වාසය කරයි. මේ ගුණමකු බවට යට වූ සිතින් සිටීම වනාහී තථාගතයන් වහන්සේ විසින් දෙසූ ධර්ම විනය තුළ පිරිහීම ඇති කරවන කරුණකි.

4. 'මේ ආයුෂ්මත් තෙමේ එකට එක කරන කෙනෙකි. තරඟයට වැඩකරන සිතින් බහුල ව වාසය කරයි. මේ තරඟයට වැඩකරන සිතින් සිටීම වනාහී

තථාගතයන් වහන්සේ විසින් දෙසූ ධර්ම විනය තුළ පිරිහීම ඇති කරවන කරුණකි.

5. 'මේ ආයුෂ්මත් තෙමේ ඊර්ෂ්‍යාවෙන් යුතු කෙනෙකි. ඊර්ෂ්‍යාවට යට වූ සිතින් බහුල ව වාසය කරයි. මේ ඊර්ෂ්‍යාවට යට වුණු සිතින් සිටීම වනාහී තථාගතයන් විසින් දෙසූ ධර්ම විනය තුළ පිරිහීම ඇති කරවන කරුණකි.

6. 'මේ ආයුෂ්මත් තෙමේ මසුරුකමින් යුතු කෙනෙකි. මසුරු බවින් යට වූ සිතින් බහුල ව වාසය කරයි. මේ මසුරුකමට යට වී සිටීම වනාහී තථාගතයන් වහන්සේ විසින් දෙසූ ධර්ම විනය තුළ පිරිහීම ඇති කරවන කරුණකි.

7. 'මේ ආයුෂ්මත් තෙමේ ශඨකපට කෙනෙකි. වංචාවට යට වූ සිතින් බහුල ව වාසය කරයි. මේ ශඨ කපට බවට යට වී සිටීම වනාහී තථාගතයන් වහන්සේ විසින් දෙසූ ධර්ම විනය තුළ පිරිහීම ඇති කරවන කරුණකි.

8. 'මේ ආයුෂ්මත් තෙමේ ඇත්ත සඟවන මායා ඇති කෙනෙකි. මායාවට යට වූ සිතින් බහුල ව වාසය කරයි. මේ මායාවට යට වී සිටීම වනාහී තථාගතයන් වහන්සේ විසින් දෙසූ ධර්ම විනය තුළ පිරිහීම ඇති කරවන කරුණකි.

9. 'මේ ආයුෂ්මත් තෙමේ පවිටු ආශාවෙන් යුතු කෙනෙකි. පවිටු ආශාවට යට වූ සිතින් බහුල ව වාසය කරයි. මේ පවිටු ආශාවට යට වී සිටීම වනාහී තථාගතයන් වහන්සේ විසින් දෙසූ ධර්ම විනය තුළ පිරිහීම ඇති කරවන කරුණකි.

10. 'මේ ආයුෂ්මත් තෙමේ මුලා වූ සිහියෙන් යුතු කෙනෙකි. තවදුරටත් ධර්මයෙහි කරන්නට කටයුතු තිබෙද්දී ස්වල්ප මාත්‍ර වූ විශේෂ අධිගමයක් නිසා තම කටයුතු නිමා වූ බවට පැමිණියේ ය. සුළු දෙයකින් සම්පූර්ණ වූ බව සිතා ගැනීම තථාගතයන් වහන්සේ විසින් දෙසූ ධර්ම විනය තුළ පිරිහීම ඇති කරවන කරුණකි.

ආයුෂ්මත්නි, ඒකාන්තයෙන් ම ඒ භික්ෂුව මේ දස කරුණ ප්‍රහාණය නොකොට මේ ධර්ම විනයෙහි දියුණුවකට, අභිවෘද්ධියකට, විපුල බවකට පත්වන්නේ ය යන මෙකරුණ නොදැක්ක හැකි දෙයකි. ආයුෂ්මත්නි, ඒකාන්තයෙන් ම ඒ භික්ෂුව මේ දස කරුණ ප්‍රහාණය කොට මේ ධර්ම විනයෙහි දියුණුවකට, අභිවෘද්ධියකට, විපුල බවකට පත්වන්නේ ය යන මෙකරුණ පැහැදිලි ව පෙනෙන දෙයකි.

සාදු! සාදු!! සාදු!!!

බ්‍යාකරණ සූත්‍රය නිමා විය.

10.2.4.5
කත්ථී සූත්‍රය
මහා ඉහලින් කතා කිරීම ගැන වදාළ දෙසුම

එක් සමයක ආයුෂ්මත් මහා චුන්දයන් වහන්සේ චේති ජනපදයෙහි සහජාතියෙහි වැඩවෙසෙති. එකල්හී ආයුෂ්මත් මහා චුන්දයන් වහන්සේ "ආයුෂ්මත් මහණෙනි" යි භික්ෂූන් ඇමතූහ. "ආයුෂ්මතුන් වහන්ස"යි ඒ භික්ෂූහු ආයුෂ්මත් මහා චුන්දයන් වහන්සේට පිළිවදන් දුන්හ. ආයුෂ්මත් මහා චුන්දයන් වහන්සේ මෙය වදාළහ.

"ආයුෂ්මත්නි, මෙහිලා භික්ෂුවක් අධිගමයන් පිළිබඳ ව මහා ඉහලින් කතා කරන්නේ වෙයි. හෙළිදරව් කොට කතා කරන්නේ වෙයි. 'මම පළවෙනි ධ්‍යානයට සමවදින්නෙම් ද වෙමි. එයින් නැගිටින්නෙම් ද වෙමි. මම දෙවෙනි ධ්‍යානයට සමවදින්නෙම් ද වෙමි. එයින් නැගිටින්නෙම් ද වෙමි. මම තුන්වෙනි ධ්‍යානයට සමවදින්නෙම් ද වෙමි. එයින් නැගිටින්නෙම් ද වෙමි. මම සතරවෙනි ධ්‍යානයට සමවදින්නෙම් ද වෙමි. එයින් නැගිටින්නෙම් ද වෙමි. මම ආකාසානඤ්චායතනයට සමවදින්නෙම් ද වෙමි. එයින් නැගිටින්නෙම් ද වෙමි. මම විඤ්ඤාණඤ්චායතනයට සමවදින්නෙම් ද වෙමි. එයින් නැගිටින්නෙම් ද වෙමි. මම ආකිඤ්චඤ්ඤායතනයට සමවදින්නෙම් ද වෙමි. එයින් නැගිටින්නෙම් ද වෙමි. මම නේවසඤ්ඤානාසඤ්ඤායතනයට සමවදින්නෙම් ද වෙමි. එයින් නැගිටින්නෙම් ද වෙමි. මම සඤ්ඤාවේදයිත නිරෝධයට සමවදින්නෙම් ද වෙමි. එයින් නැගිටින්නෙම් ද වෙමි' යි.

එකල්හී තථාගතයන් වහන්සේ වේවා, ධ්‍යාන ඇති සමාපත්තියට සමවැදීමෙහි දක්ෂ වූ, පරසිත් දැනීමෙහි දක්ෂ වූ, අනුන්ගේ සිත් හි ඇති ස්වභාවය දැකීමට දක්ෂ වූ තථාගත ශ්‍රාවකයෙක් හෝ වේවා, අර භික්ෂුවගෙන් කරුණු විමසයි. ප්‍රශ්න කරයි. දහම් කථාව කරයි. තථාගතයන් වහන්සේ විසින් හෝ ධ්‍යාන ඇති සමාපත්තියට සමවැදීමෙහි දක්ෂ වූ, පරසිත් දැනීමෙහි දක්ෂ වූ, අනුන්ගේ සිත් හි ඇති ස්වභාවය දැකීමට දක්ෂ වූ තථාගත ශ්‍රාවකයෙකු විසින් හෝ කරුණු විමසන විට, ප්‍රශ්න අසන විට, දහම් කථාව කරන විට ඒ භික්ෂුවගේ ප්‍රකාශය හිස් බවට පත්වෙයි. ගුණ රහිත බවට පත්වෙයි. හානියට පත්වෙයි. කරදරයට පත්වෙයි. වෙනත් කරදරයකට හෝ පත්වෙයි.

තථාගතයන් වහන්සේ හෝ ධ්‍යාන ඇති සමාපත්තියට සමවැදීමෙහි

දක්ෂ වූ, පරසිත් දැනීමෙහි දක්ෂ වූ, අනුන්ගේ සිත් හි ඇති ස්වභාවය දැකීමට දක්ෂ වූ තථාගත ශ්‍රාවකයෙක් හෝ මෙසේ ඒ භික්ෂුවගේ සිත තම සිතින් විග්‍රහ කොට මෙනෙහි කරයි.

මේ ආයුෂ්මතුන් කවර කරුණක් මත ද අධිගමයන් පිළිබඳ ව මහා ඉහළින් කතා කරන්නේ ? හෙළිදරව් කොට කතා කරන්නේ ? එනම් 'මම පළමුවෙනි ධ්‍යානයට සමවදින්නෙම් ද වෙමි. එයින් නැගිටින්නෙම් ද වෙමි. ....(පෙ).... මම සඤ්ඤාවේදයිත නිරෝධයට සමවදින්නෙම් ද වෙමි. එයින් නැගිටින්නෙම් ද වෙමි' යි යනුවෙනි.

තථාගතයන් වහන්සේ හෝ ධ්‍යාන ඇති සමාපත්තියට සමවැදීමෙහි දක්ෂ වූ, පරසිත් දැනීමෙහි දක්ෂ වූ, අනුන්ගේ සිත් හි ඇති ස්වභාවය දැකීමට දක්ෂ වූ තථාගත ශ්‍රාවකයෙක් හෝ මෙසේ ඒ භික්ෂුවගේ සිත තම සිතින් විග්‍රහ කොට දැනගනියි.

1. මේ ආයුෂ්මත් තෙමේ බොහෝ කලක් තිස්සේ කැඩුණු සිල් ඇත්තේ ය. සිදුරු වූ සිල් ඇත්තේ ය. පැල්ලම් වැදුණු සිල් ඇත්තේ ය. නිතර නොසකසන සිල් ඇත්තේ ය. නිතර නොපවත්වන සිල් ඇත්තේ ය. මේ ආයුෂ්මත් තෙමේ දුසිල් කෙනෙකි. මේ දුස්සීල බව වනාහී තථාගතයන් වහන්සේ විසින් දෙසන ලද ධර්ම විනයෙහි පරිහානියට කරුණකි.

2. මේ ආයුෂ්මත් තෙමේ ශ්‍රද්ධා නැත්තේ ය. මේ ශ්‍රද්ධා නැති බව වනාහී තථාගතයන් වහන්සේ දෙසූ ධර්ම විනයෙහි පිරිහෙන කරුණකි.

3. මේ ආයුෂ්මත් තෙමේ අල්පශ්‍රැත වූ ආචාර රහිත කෙනෙකි. මේ අල්පශ්‍රැත බව වනාහී තථාගතයන් වහන්සේ දෙසූ ධර්ම විනයෙහි පිරිහෙන කරුණකි.

4. මේ ආයුෂ්මත් තෙමේ කීකරු නැත්තේ ය. මේ අකීකරු බව වනාහී තථාගතයන් වහන්සේ දෙසූ ධර්ම විනයෙහි පිරිහෙන කරුණකි.

5. මේ ආයුෂ්මත් තෙමේ පවිටු පුද්ගලයන් හා මිත්‍රත්වය ඇත්තේ ය. මේ පවිටු මිතුරන් ඇසුර වනාහී තථාගතයන් වහන්සේ දෙසූ ධර්ම විනයෙහි පිරිහෙන කරුණකි.

6. මේ ආයුෂ්මත් තෙමේ කුසීත කෙනෙකි. මේ කුසීත බව වනාහී තථාගතයන් වහන්සේ දෙසූ ධර්ම විනයෙහි පිරිහෙන කරුණකි.

7. මේ ආයුෂ්මත් තෙමේ සිහි මුළා වූ කෙනෙකි. මේ සිහි මුළා බව වනාහී තථාගතයන් වහන්සේ දෙසූ ධර්ම විනයෙහි පිරිහෙන කරුණකි.

8. මේ ආයුෂ්මත් තෙමේ කුහක කෙනෙකි. මේ කුහක බව වනාහී තථාගතයන් වහන්සේ දෙසූ ධර්ම විනයෙහි පිරිහෙන කරුණකි.

9. මේ ආයුෂ්මත් තෙමේ පහසුවෙන් පෝෂණය කළ නොහැකි කෙනෙකි. මේ පහසුවෙන් පෝෂණය කළ නොහැකි බව වනාහී තථාගතයන් වහන්සේ දෙසූ ධර්ම විනයෙහි පිරිහෙන කරුණකි.

10. මේ ආයුෂ්මත් තෙමේ ප්‍රඥා රහිත කෙනෙකි. මේ දුෂ්ප්‍රාඥ බව වනාහී තථාගතයන් වහන්සේ දෙසූ ධර්ම විනයෙහි පිරිහෙන කරුණකි.

ආයුෂ්මත්නි, එය මෙබඳු දෙයකි. යහළුවෙක් යහළුවෙකුට මෙසේ කියයි. 'ප්‍රිය මිත්‍රය, යම් කලෙක ඔබට ධනයෙන් කළ යුතු දෙයක් ඇත්නම්, මාගෙන් ධනය ඉල්ලන්න. ඔබට මම් ධනය දෙමි'යි.

එකල්හී ධනයෙන් කළ යුතු කිසියම් කරුණක් ඇති වූ විට අර සහායකයා උදව් වෙන්නට පොරොන්දු වූ සහායකයාට මෙසේ කියයි. 'ප්‍රිය මිත්‍රය, මට ධනයෙන් කළ යුතු දෙයක් ඇත. මට ධනය දෙනු මැනැව'යි. එවිට ඔහු මෙසේ කියයි. 'එසේ වී නම් මිත්‍රය, මෙතන කණිනු මැනැව'යි. ඔහු එහි කණින්නේ කිසිවක් නොලබන්නේ ය.

එවිට ඔහු මෙසේ කියයි. 'යහළුව, මෙතන කණින්නැ'යි කියා නුඹ මට බොරු කීවෙහි ය. යහළුව, නුඹ මට හිස් බසක් කීවෙහි ය. එකල්හී ඔහු මෙසේ කියයි. 'මිත්‍රය, මම නුඹට බොරු නොකීමි. හිස් බසක් නොකීමි. එසේ වී නම් මිත්‍රය, මෙතැන කණින්නැ'යි. එවිට ඔහු එතැනත් කණින්නේ ධනය නොලබන්නේ ය.

එවිට ඔහු මෙසේ කියයි. 'යහළුව, මෙතන කණින්නැ'යි කියා නුඹ මට බොරු කීවෙහි ය. යහළුව, නුඹ මට හිස් බසක් කීවෙහි ය. එකල්හී නැවත ඔහු මෙසේ කියයි. 'මිත්‍රය, මම නුඹට බොරු නොකීමි. හිස් බසක් නොකීමි. එසේ වී නම් මිත්‍රය, මෙතැන කණින්නැ'යි. එවිට ඔහු එතැනත් කණින්නේ ධනය නොලබන්නේ ය.

එවිට නැවත ඔහු මෙසේ කියයි. 'යහළුව, මෙතන කණින්නැ'යි කියා නුඹ මට බොරු කීවෙහි ය. යහළුව, නුඹ මට හිස් බසක් කීවෙහි ය. එකල්හී නැවත ඔහු මෙසේ කියයි. 'මිත්‍රය, මම නුඹට බොරු නොකීමි. හිස් බසක් නොකීමි. එසේ වී නම් මිත්‍රය, මෙතැන කණින්නැ'යි. එවිට ඔහු එතැනත් කණින්නේ ධනය නොලබන්නේ ය.

එවිට නැවත ඔහු මෙසේ කියයි. 'යහළුව, මෙතන කණින්නැ'යි කියා නුඹ මට බොරු කීවෙහි ය. යහළුව, නුඹ මට හිස් බසක් කීවෙහි ය. එකල්හී නැවත ඔහු මෙසේ කියයි. 'මිත්‍රය, මම නුඹට බොරු නොකීමි. හිස් බසක් නොකීමි. එනමුදු මම ම උමතු බවට පත්වීමි. චිත්ත විපර්යාසයට පත්වීමි' යි.

ඒ අයුරින් ම ආයුෂ්මත්නි, භික්ෂුවක් අධිගමයන් පිළිබඳ ව මහා ඉහළින් කතා කරන්නේ වෙයි. හෙළිදරව් කොට කතා කරන්නේ වෙයි. 'මම පළවෙනි ධ්‍යානයට සමවදින්නෙම් ද වෙමි. එයින් නැගිටින්නෙම් ද වෙමි. මම දෙවෙනි ධ්‍යානයට සමවදින්නෙම් ද වෙමි. එයින් නැගිටින්නෙම් ද වෙමි. මම තුන්වෙනි ධ්‍යානයට සමවදින්නෙම් ද වෙමි. එයින් නැගිටින්නෙම් ද වෙමි. මම සතරවෙනි ධ්‍යානයට සමවදින්නෙම් ද වෙමි. එයින් නැගිටින්නෙම් ද වෙමි. මම ආකාසානඤ්චායතනයට සමවදින්නෙම් ද වෙමි. එයින් නැගිටින්නෙම් ද වෙමි. මම විඤ්ඤාණඤ්චායතනයට සමවදින්නෙම් ද වෙමි. එයින් නැගිටින්නෙම් ද වෙමි. මම ආකිඤ්චඤ්ඤායතනයට සමවදින්නෙම් ද වෙමි. එයින් නැගිටින්නෙම් ද වෙමි. මම නේවසඤ්ඤානාසඤ්ඤායතනයට සමවදින්නෙම් ද වෙමි. එයින් නැගිටින්නෙම් ද වෙමි. මම සඤ්ඤාවේදයිත නිරෝධයට සමවදින්නෙම් ද වෙමි. එයින් නැගිටින්නෙම් ද වෙමි'යි යනුවෙනි.

එකල්හී තථාගතයන් වහන්සේ වේවා, ධ්‍යාන ඇති සමාපත්තියට සමවැදීමෙහි දක්ෂ වූ, පරසිත් දැනීමෙහි දක්ෂ වූ, අනුන්ගේ සිත් හි ඇති ස්වභාවය දැකීමට දක්ෂ වූ තථාගත ශ්‍රාවකයෙක් හෝ වේවා, අර භික්ෂුවගෙන් කරුණු විමසයි. ප්‍රශ්න කරයි. දහම් කථාව කරයි. තථාගතයන් වහන්සේ විසින් හෝ ධ්‍යාන ඇති සමාපත්තියට සමවැදීමෙහි දක්ෂ වූ, පරසිත් දැනීමෙහි දක්ෂ වූ, අනුන්ගේ සිත් හි ඇති ස්වභාවය දැකීමට දක්ෂ වූ තථාගත ශ්‍රාවකයෙකු විසින් හෝ කරුණු විමසන විට, ප්‍රශ්න අසන විට, දහම් කථාව කරන විට ඒ භික්ෂුවගේ ප්‍රකාශය හිස් බවට පත්වෙයි. ගුණ රහිත බවට පත්වෙයි. හානියට පත්වෙයි. කරදරයට පත්වෙයි. වෙනත් කරදරයකට හෝ පත්වෙයි.

තථාගතයන් වහන්සේ හෝ ධ්‍යාන ඇති සමාපත්තියට සමවැදීමෙහි දක්ෂ වූ, පරසිත් දැනීමෙහි දක්ෂ වූ, අනුන්ගේ සිත් හි ඇති ස්වභාවය දැකීමට දක්ෂ වූ තථාගත ශ්‍රාවකයෙක් හෝ මෙසේ ඒ භික්ෂුවගේ සිත තම සිතින් විග්‍රහ කොට මෙනෙහි කරයි.

'මේ ආයුෂ්මතුන් කවර කරුණක් මත ද අධිගමයන් පිළිබඳ ව මහා ඉහළින් කතා කරන්නේ ? හෙළිදරව් කොට කතා කරන්නේ ? එනම් 'මම පළවෙනි ධ්‍යානයට සමවදින්නෙම් ද වෙමි. එයින් නැගිටින්නෙම් ද වෙමි.

....(පෙ).... මම සඤ්ඤාවේදයිත නිරෝධයට සමවදින්නෙම් ද වෙමි. එයින් නැගිටින්නෙම් ද වෙමි' යි යනුවෙනි.

තථාගතයන් වහන්සේ හෝ ධ්‍යාන ඇති සමාපත්තියට සමවැදීමෙහි දක්ෂ වූ, පරසිත් දැනීමෙහි දක්ෂ වූ, අනුන්ගේ සිත්හි ඇති ස්වභාවය දැකීමට දක්ෂ වූ තථාගත ශ්‍රාවකයෙක් හෝ මෙසේ ඒ භික්ෂුවගේ සිත තම සිතින් විග්‍රහ කොට දැනගනියි.

1. මේ ආයුෂ්මත් තෙමේ බොහෝ කලක් තිස්සේ කැඩුණු සිල් ඇත්තේ ය. සිදුරු වූ සිල් ඇත්තේ ය. පැල්ලම් වැදුණු සිල් ඇත්තේ ය. නිතර නොසකසන සිල් ඇත්තේ ය. නිතර නොපවත්වන සිල් ඇත්තේ ය. මේ ආයුෂ්මත් තෙමේ දුසිල් කෙනෙකි. දුස්සීල බව යනු තථාගතයන් වහන්සේ විසින් දෙසන ලද ධර්ම විනයෙහි පරිහානියට කරුණකි.

2. මේ ආයුෂ්මත් තෙමේ ශ්‍රද්ධා නැත්තේ ය. මේ ශ්‍රද්ධා නැති බව වනාහී තථාගතයන් වහන්සේ දෙසූ ධර්ම විනයෙහි පිරිහෙන කරුණකි.

3. මේ ආයුෂ්මත් තෙමේ අල්පශ්‍රැත වූ ආචාර රහිත කෙනෙකි. මේ අල්පශ්‍රැත බව වනාහී තථාගතයන් වහන්සේ දෙසූ ධර්ම විනයෙහි පිරිහෙන කරුණකි.

4. මේ ආයුෂ්මත් තෙමේ කීකරු නැත්තේ ය. මේ අකීකරු බව වනාහී තථාගතයන් වහන්සේ දෙසූ ධර්ම විනයෙහි පිරිහෙන කරුණකි.

5. මේ ආයුෂ්මත් තෙමේ පව්ටු පුද්ගලයන් හා මිත්‍රත්වය ඇත්තේ ය. මේ පව්ටු මිතුරන් ඇසුර වනාහී තථාගතයන් වහන්සේ දෙසූ ධර්ම විනයෙහි පිරිහෙන කරුණකි.

6. මේ ආයුෂ්මත් තෙමේ කුසීත කෙනෙකි. මේ කුසීත බව වනාහී තථාගතයන් වහන්සේ දෙසූ ධර්ම විනයෙහි පිරිහෙන කරුණකි.

7. මේ ආයුෂ්මත් තෙමේ සිහි මුළා වූ කෙනෙකි. මේ සිහි මුළා බව වනාහී තථාගතයන් වහන්සේ දෙසූ ධර්ම විනයෙහි පිරිහෙන කරුණකි.

8. මේ ආයුෂ්මත් තෙමේ කුහක කෙනෙකි. මේ කුහක බව වනාහී තථාගතයන් වහන්සේ දෙසූ ධර්ම විනයෙහි පිරිහෙන කරුණකි.

9. මේ ආයුෂ්මත් තෙමේ පහසුවෙන් පෝෂණය කළ නොහැකි කෙනෙකි. මේ පහසුවෙන් පෝෂණය කළ නොහැකි බව වනාහී තථාගතයන් වහන්සේ දෙසූ ධර්ම විනයෙහි පිරිහෙන කරුණකි.

10. මේ ආයුෂ්මත් තෙමේ ප්‍රඥා රහිත කෙනෙකි. මේ දුෂ්ප්‍රාඥ බව වනාහී තථාගතයන් වහන්සේ දෙසූ ධර්ම විනයෙහි පිරිහෙන කරුණකි.

ආයුෂ්මත්නි, ඒකාන්තයෙන් ඒ භික්ෂුව මේ දස කරුණ ප්‍රහාණය නොකොට මේ ධර්ම විනයෙහි දියුණුවකට, අභිවෘද්ධියකට, විපුල බවකට පත්වන්නේ ය යන කරුණ නොදක්ක හැකි දෙයකි. ආයුෂ්මත්නි, ඒකාන්තයෙන් ඒ භික්ෂුව මේ දස කරුණ ප්‍රහාණය කොට මේ ධර්ම විනයෙහි දියුණුවකට, අභිවෘද්ධියකට, විපුල බවකට පත්වන්නේ ය යන කරුණ පැහැදිලි ව පෙනෙන දෙයකි.

සාධු! සාධු!! සාධු!!!

කත්ථි සූත්‍රය නිමා විය.

10.2.4.6
අධිමාන සූත්‍රය
අධිමානය ගැන වදාළ දෙසුම

එක් සමයක ආයුෂ්මත් මහා කස්සපයන් වහන්සේ රජගහනුවර කලන්දක නිවාප නම් වූ වේළුවනයෙහි වැඩවෙසෙති. එකල්හී ආයුෂ්මත් මහා කස්සපයන් වහන්සේ "ආයුෂ්මත් මහණෙනි" යි භික්ෂූන් ඇමතූහ. "ආයුෂ්මතුන් වහන්සැ"යි ඒ භික්ෂූහු ආයුෂ්මත් මහා කස්සපයන් වහන්සේට පිළිවදන් දුන්හ. ආයුෂ්මත් මහා කස්සපයන් වහන්සේ මෙය වදාළහ.

"ආයුෂ්මත්නි, මෙහිලා භික්ෂුවක් 'ඉපදීම ක්ෂය විය, බඹසර වාසය නිමවන ලද්දේ ය, කළ යුත්ත කරන ලද්දේ ය, මේ සසුනෙහි මත්තෙහි කළ යුතු දෙයක් නැති බව දනිමි'යි යනුවෙන් අරහත්වය ප්‍රකාශ කරයි. එකල්හී තථාගතයන් වහන්සේ වේවා, ධ්‍යාන ඇති සමාපත්තියට සමවැදීමෙහි දක්ෂ වූ, පරසිත් දැනීමෙහි දක්ෂ වූ, අනුන්ගේ සිත් හි ඇති ස්වභාවය දැකීමට දක්ෂ වූ තථාගත ශ්‍රාවකයෙක් හෝ වේවා, අර භික්ෂුවගෙන් කරුණු විමසයි. ප්‍රශ්න කරයි. දහම් කථාව කරයි. තථාගතයන් වහන්සේ විසින් හෝ ධ්‍යාන ඇති සමාපත්තියට සමවැදීමෙහි දක්ෂ වූ, පරසිත් දැනීමෙහි දක්ෂ වූ, අනුන්ගේ සිත් හි ඇති ස්වභාවය දැකීමට දක්ෂ වූ තථාගත ශ්‍රාවකයෙකු විසින් හෝ කරුණු විමසන විට, ප්‍රශ්න අසන විට, දහම් කථාව කරන විට ඒ භික්ෂුවගේ ප්‍රකාශය

හිස් බවට පත්වෙයි. ගුණ රහිත බවට පත්වෙයි. හානියට පත්වෙයි. කරදරයට පත්වෙයි. වෙනත් කරදරයකට හෝ පත්වෙයි.

තථාගතයන් වහන්සේ හෝ ධ්‍යාන ඇති සමාපත්තියට සමවැදීමෙහි දක්ෂ වූ, පරසිත් දැනීමෙහි දක්ෂ වූ, අනුන්ගේ සිත් හි ඇති ස්වභාවය දැකීමට දක්ෂ වූ තථාගත ශ්‍රාවකයෙක් හෝ මෙසේ ඒ භික්ෂුවගේ සිත තම සිතින් විග්‍රහ කොට මෙනෙහි කරයි.

මේ ආයුෂ්මතුන් කවර කරුණක් මත ද 'ඉපදීම ක්ෂය විය, බඹසර වාසය නිමවන ලද්දේ ය, කළ යුත්ත කරන ලද්දේ ය, මේ සසුනෙහි මත්තෙහි කළ යුතු දෙයක් නැති බව දනිමි'යි යනුවෙන් අරහත්වය ප්‍රකාශ කරන ලද්දේ?

තථාගතයන් වහන්සේ හෝ ධ්‍යාන ඇති සමාපත්තියට සමවැදීමෙහි දක්ෂ වූ, පරසිත් දැනීමෙහි දක්ෂ වූ, අනුන්ගේ සිත්හි ඇති ස්වභාවය දැකීමට දක්ෂ වූ තථාගත ශ්‍රාවකයෙක් හෝ මෙසේ ඒ භික්ෂුවගේ සිත තම සිතින් විග්‍රහ කොට දැන ගනියි.

'මේ ආයුෂ්මත් තෙමේ අධිමානයන්ට පත් වූ කෙනෙකි. ඒ අධිමානය සත්‍යය යැයි සිතාගත් කෙනෙකි. නොලැබූ ඵලයන් ලැබුවෙමි යි සංඥාවක් ඇති කෙනෙකි. කළ යුතු දේ නොකළේ ම කරන ලද්දේ ය යැයි සංඥාවෙන් යුතු කෙනෙකි. සාක්ෂාත් නොකළ දෙය සාක්ෂාත් කරන ලද්දේ යැයි සංඥාවෙන් යුතු කෙනෙකි. ඒ අධිමානයෙන් ය 'ඉපදීම ක්ෂය විය, බඹසර වාසය නිමවන ලද්දේ ය, කළ යුත්ත කරන ලද්දේ ය, මේ සසුනෙහි මත්තෙහි කළ යුතු දෙයක් නැති බව දනිමි'යි යනුවෙන් අරහත්වය ප්‍රකාශ කරන්නේ.

තථාගතයන් වහන්සේ හෝ ධ්‍යාන ඇති සමාපත්තියට සමවැදීමෙහි දක්ෂ වූ, පරසිත් දැනීමෙහි දක්ෂ වූ, අනුන්ගේ සිත්හි ඇති ස්වභාවය දැකීමට දක්ෂ වූ තථාගත ශ්‍රාවකයෙක් හෝ මෙසේ ඒ භික්ෂුවගේ සිත තම සිතින් විග්‍රහ කොට මෙනෙහි කරයි.

'මේ ආයුෂ්මතුන් කවර කරුණක් මත ද අධිමානයෙන් යුක්ත ව, අධිමානය සත්‍යය යැයි සිතා, නොලැබූ දෙය ලැබුවේ යැයි සිතා, නොකළ දේ කළේ යැයි සිතා, අනධිගතය අධිගතය යැයි සිතා, ඒ අධිමානයෙන් 'ඉපදීම ක්ෂය විය, බඹසර වාසය නිමවන ලද්දේ ය, කළ යුත්ත කරන ලද්දේ ය, මේ සසුනෙහි මත්තෙහි කළ යුතු දෙයක් නැති බව දනිමි'යි යනුවෙන් අරහත්වය ප්‍රකාශ කරන්නේ?

තථාගතයන් වහන්සේ හෝ ධ්‍යාන ඇති සමාපත්තියට සමවැදීමෙහි

දක්ෂ වූ, පරසිත් දැනීමෙහි දක්ෂ වූ, අනුන්ගේ සිත් හි ඇති ස්වභාවය දැකීමට දක්ෂ වූ තථාගත ශ්‍රාවකයෙක් හෝ මෙසේ ඒ භික්ෂුවගේ සිත තම සිතින් විග්‍රහ කොට දැන ගනියි.

මේ ආයුෂ්මත් තෙමේ බහුශ්‍රැත කෙනෙකි. සුතධර, සුත සන්නිචය ඇති කෙනෙකි. යම් මේ ධර්මයන් මුල, මැද, අග කල්‍යාණ වෙත් ද, අර්ථ සහිත, ව්‍යංජන සහිත මුළුමනින් ම පිරිපුන් පිරිසිදු බඹසර පවසත් ද, එබඳු වූ ධර්මයන් පිළිබඳව බහුශ්‍රැත කෙනෙකි. ඇසූ ධර්මය දරා, වචනයෙන් පිරිවහා, මනසින් විමසා නුවණින් වටහාගත් කෙනෙකි. එනිසා ය මේ ආයුෂ්මතුන් අධිමානයෙන් යුක්ත ව, අධිමානය සත්‍යය යැයි සිතා, නොලැබූ දෙය ලැබුවේ යැයි සිතා, නොකළ දේ කළේ යැයි සිතා, අනධිගතය අධිගතය යැයි සිතා, ඒ අධිමානයෙන් 'ඉපදීම ක්ෂය විය, බඹසර වාසය නිමවන ලද්දේ ය, කළ යුත්ත කරන ලද්දේ ය, මේ සසුනෙහි මත්තෙහි කළ යුතු දෙයක් නැති බව දනිමි'යි යනුවෙන් අරහත්වය ප්‍රකාශ කරන්නේ.

තථාගතයන් වහන්සේ හෝ ධ්‍යාන ඇති සමාපත්තියට සමවැදීමෙහි දක්ෂ වූ, පරසිත් දැනීමෙහි දක්ෂ වූ, අනුන්ගේ සිත් හි ඇති ස්වභාවය දැකීමට දක්ෂ වූ තථාගත ශ්‍රාවකයෙක් හෝ මෙසේ ඒ භික්ෂුවගේ සිත තම සිතින් විග්‍රහ කොට දැන ගනියි. 'මේ ආයුෂ්මත් තෙමේ දැඩි ලෝභයෙන් යුතු කෙනෙකි. දැඩි ලෝභයට යට වූ සිතින් බහුල ව වාසය කරයි. මේ ලෝභයට යට වී සිටීම වනාහී තථාගතයන් වහන්සේ විසින් දෙසූ ධර්ම විනය තුළ පිරිහීම ඇති කරවන කරුණකි.'

මේ ආයුෂ්මත් තෙමේ කිපෙන කෙනෙකි. ද්වේෂයෙන් යට වූ සිතින් බහුල ව වාසය කරයි. මේ ද්වේෂයට යට වී සිටීම වනාහී තථාගතයන් වහන්සේ විසින් දෙසූ ධර්ම විනය තුළ පිරිහීම ඇති කරවන කරුණකි.

මේ ආයුෂ්මත් තෙමේ ථීනමිද්ධය ඇති කෙනෙකි. ථීනමිද්ධයට යට වූ සිතින් බහුල ව වාසය කරයි. මේ ථීනමිද්ධයට යට වී සිටීම වනාහී තථාගතයන් වහන්සේ විසින් දෙසූ ධර්ම විනය තුළ පිරිහීම ඇති කරවන කරුණකි.

මේ ආයුෂ්මත් තෙමේ විසිරුණු සිත් ඇති කෙනෙකි. උද්ධච්චයට යට වූ සිතින් බහුල ව වාසය කරයි. මේ උද්ධච්චයට යට වී සිටීම වනාහී තථාගතයන් වහන්සේ විසින් දෙසූ ධර්ම විනය තුළ පිරිහීම ඇති කරවන කරුණකි.

මේ ආයුෂ්මත් තෙමේ සැකය තිබෙන කෙනෙකි. විචිකිච්ඡාවට යට වූ සිතින් බහුල ව වාසය කරයි. මේ විචිකිච්ඡාවට යට වී සිටීම වනාහී තථාගතයන්

වහන්සේ විසින් දෙසූ ධර්ම විනය තුළ පිරිහීම ඇති කරවන කරුණකි.

මේ ආයුෂ්මත් තෙමේ ආරාමික කටයුතු කෙරෙහි ඇළුණේ, ආරාමික කටයුත්තෙහි නියැලී වසන්නේ, ආරාමික කටයුත්තෙහි ම යෙදී සිටින කෙනෙකි. මේ කම්මාරාමතාව වනාහී තථාගතයන් වහන්සේ විසින් දෙසූ ධර්ම විනය තුළ පිරිහීම ඇති කරවන කරුණකි.

මේ ආයුෂ්මත් තෙමේ බොහෝ කතා බහේ ඇළුණේ, කතා බහේ ම නියැලී වසන්නේ, කතා බහේ ම යෙදී සිටින කෙනෙකි. මේ භස්සාරාමතාව වනාහී තථාගතයන් වහන්සේ විසින් දෙසූ ධර්ම විනය තුළ පිරිහීම ඇති කරවන කරුණකි.

මේ ආයුෂ්මත් තෙමේ නින්දෙහි ඇළුණේ, නින්දෙහි නියැලී වසන්නේ, නින්දෙහි ම යෙදී සිටින කෙනෙකි. මේ නිද්දාරාමතාව වනාහී තථාගතයන් වහන්සේ විසින් දෙසූ ධර්ම විනය තුළ පිරිහීම ඇති කරවන කරුණකි.

මේ ආයුෂ්මත් තෙමේ පිරිස් සමඟ ඇළුණේ, පිරිස් සමඟ නියැලී වසන්නේ, පිරිස් සමඟ එකට ම යෙදී සිටින කෙනෙකි. මේ සංගණිකාරාමතාව වනාහී තථාගතයන් වහන්සේ විසින් දෙසූ ධර්ම විනය තුළ පිරිහීම ඇති කරවන කරුණකි.

මේ ආයුෂ්මත් තෙමේ මුළා වූ සිහියෙන් යුතු කෙනෙකි. තවදුරටත් ධර්මයෙහි කරන්නට කටයුතු තිබෙද්දී ස්වල්ප මාත්‍ර වූ විශේෂ අධිගමයක් නිසා තම කටයුතු නිමා වූ බවට පැමිණියේ ය. මේ සුළු දෙයකින් සම්පූර්ණ වූ බව සිතා ගැනීම වනාහී තථාගතයන් වහන්සේ විසින් දෙසූ ධර්ම විනය තුළ පිරිහීම ඇති කරවන කරුණකි.

ආයුෂ්මත්නි, ඒ භික්ෂුව ඒකාන්තයෙන් ම මේ දස කරුණ ප්‍රහාණය නොකොට මේ ධර්ම විනයෙහි දියුණුවකට, අභිවෘද්ධියකට, විපුල බවකට පත්වන්නේ ය යන කරුණ නොදැක්ක හැකි දෙයකි. ආයුෂ්මත්නි, ඒ භික්ෂුව ඒකාන්තයෙන් ම මේ දස කරුණ ප්‍රහාණය කොට මේ ධර්ම විනයෙහි දියුණුවකට, අභිවෘද්ධියකට, විපුල බවකට පත්වන්නේ ය යන කරුණ පැහැදිලි ව පෙනෙන දෙයකි.

සාදු! සාදු!! සාදු!!!

අධිමාන සූත්‍රය නිමා විය.

10.2.4.7
අධිකරණික සූත්‍රය
අර්බුද ඇති කරන භික්ෂුව ගැන වදාළ දෙසුම

සැවැත් නුවර දී ය ....

එකල්හී භාග්‍යවතුන් වහන්සේ කලන්දක භික්ෂුව අරභයා 'මහණෙනි'යි භික්ෂූන් ඇමතූ සේක. 'පින්වතුන් වහන්සැ'යි ඒ භික්ෂූහු භාග්‍යවතුන් වහන්සේට පිළිවදන් දුන්හ. භාග්‍යවතුන් වහන්සේ මෙය වදාළහ.

1. "මහණෙනි, මෙහිලා භික්ෂුව අර්බුද ඇති කරන්නේ වෙයි. අර්බුදයන් සමථයකට පත් කිරීම ගැන වර්ණනා කරන්නෙක් නොවෙයි. යම් හෙයකින් මහණෙනි, භික්ෂුවක් අර්බුද ඇති කරන්නෙක් වෙයි නම්, එම අර්බුද සමථය පිළිබඳ ව වර්ණනා නොකරයි නම් මේ දහම ද ප්‍රිය භාවය පිණිස නොපවතියි. ගෞරවය පිණිස නොපවතියි. දියුණුව පිණිස නොපවතියි. මහණකම පිණිස නොපවතියි. එකමුතු බව පිණිස නොපවතියි.

2. තව ද මහණෙනි, භික්ෂුව ශික්ෂාකාමී නොවෙයි. ශික්ෂාපද සමාදන් වීම ගැන වර්ණනා කරන්නෙක් නොවෙයි. යම් හෙයකින් මහණෙනි, භික්ෂුවක් ශික්ෂාකාමී නොවෙයි නම්, ශික්ෂාපද සමාදන් වීම ගැන වර්ණනා නොකරයි නම් මේ දහම ද ප්‍රිය භාවය පිණිස නොපවතියි. ගෞරවය පිණිස නොපවතියි. දියුණුව පිණිස නොපවතියි. මහණකම පිණිස නොපවතියි. එකමුතු බව පිණිස නොපවතියි.

3. තව ද මහණෙනි, භික්ෂුව පවිටු ආශා ඇත්තේ වෙයි. පවිටු ආශාව දුරු කිරීම ගැන වර්ණනා කරන්නෙක් නොවෙයි. යම් හෙයකින් මහණෙනි, භික්ෂුවක් පවිටු ආශා ඇත්තේ නම්, පවිටු ආශාව දුරු කිරීම ගැන වර්ණනා නොකරයි නම්, මේ දහම ද ප්‍රිය භාවය පිණිස නොපවතියි. ගෞරවය පිණිස නොපවතියි. දියුණුව පිණිස නොපවතියි. මහණකම පිණිස නොපවතියි. එකමුතු බව පිණිස නොපවතියි.

4. තව ද මහණෙනි, භික්ෂුව ක්‍රෝධ සිත් ඇත්තේ වෙයි. ක්‍රෝධය දුරු කිරීම ගැන වර්ණනා කරන්නෙක් නොවෙයි. යම් හෙයකින් මහණෙනි, භික්ෂුවක් ක්‍රෝධ සිත් ඇත්තේ නම්, ක්‍රෝධය දුරු කිරීම ගැන වර්ණනා නොකරයි නම් මේ දහම ද ප්‍රිය භාවය පිණිස ....(පෙ).... එකමුතු බව පිණිස නොපවතියි.

5. තව ද මහණෙනි, භික්ෂුව ගුණමකු වෙයි. ගුණමකු බව දුරු කිරීම ගැන වර්ණනා කරන්නෙක් නොවෙයි. යම් හෙයකින් මහණෙනි, භික්ෂුවක් ගුණමකු වෙයි නම්, ගුණමකු බව දුරු කිරීම ගැන වර්ණනා නොකරයි නම්, මේ දහම ද ප්‍රිය භාවය පිණිස ....(පෙ).... එකමුතු බව පිණිස නොපවතියි.

6. තව ද මහණෙනි, භික්ෂුව ශඨ කපට වෙයි. ශඨ කපට බව දුරු කිරීම ගැන වර්ණනා කරන්නෙක් නොවෙයි. යම් හෙයකින් මහණෙනි, භික්ෂුවක් ශඨ කපට වෙයි නම්, ශඨ කපට බව දුරු කිරීම ගැන වර්ණනා නොකරයි නම් මේ දහම ද ප්‍රිය භාවය පිණිස ....(පෙ).... එකමුතු බව පිණිස නොපවතියි.

7. තව ද මහණෙනි, භික්ෂුව මායා ඇත්තේ වෙයි. මායාව දුරු කිරීම ගැන වර්ණනා කරන්නෙක් නොවෙයි. යම් හෙයකින් මහණෙනි, භික්ෂුවක් මායා ඇත්තේ නම්, මායාව දුරු කිරීම ගැන වර්ණනා නොකරයි නම් මේ දහම ද ප්‍රිය භාවය පිණිස ....(පෙ).... එකමුතු බව පිණිස නොපවතියි.

8. තව ද මහණෙනි, භික්ෂුව තථාගතට ධර්මයට ඇහුන්කම් නොදෙන ස්වභාවය ඇත්තේ වෙයි. ධර්මය අවබෝධ කරගැනීම ගැන වර්ණනා කරන්නෙක් නොවෙයි. යම් හෙයකින් මහණෙනි, භික්ෂුවක් ධර්මයට ඇහුන්කම් නොදෙයි නම්, ධර්මය අවබෝධ කරගැනීම ගැන වර්ණනා නොකරයි නම් මේ දහම ද ප්‍රිය භාවය පිණිස ....(පෙ).... එකමුතු බව පිණිස නොපවතියි.

9. තව ද මහණෙනි, භික්ෂුව භාවනා නොකරන්නෙක් වෙයි. භාවනා කිරීම ගැන වර්ණනා කරන්නෙක් නොවෙයි. යම් හෙයකින් මහණෙනි, භික්ෂුවක් භාවනා නොකරන්නේ නම්, භාවනා කිරීම ගැන වර්ණනා නොකරයි නම් මේ දහම ද ප්‍රිය භාවය පිණිස ....(පෙ).... එකමුතු බව පිණිස නොපවතියි.

10. තව ද මහණෙනි, භික්ෂුව සබ්‍රහ්මචාරීන් වහන්සේලාට මිත්‍රත්වයෙන් සංග්‍රහ කිරීම නැත්තේ වෙයි. සබ්‍රහ්මචාරීන් වහන්සේලාට මිත්‍රත්වයෙන් සංග්‍රහ කිරීම ගැන වර්ණනා කරන්නෙක් නොවෙයි. යම් හෙයකින් මහණෙනි, භික්ෂුවක් සබ්‍රහ්මචාරීන් වහන්සේලාට මිත්‍රත්වයෙන් සංග්‍රහ කිරීම නැත්තේ නම්, සබ්‍රහ්මචාරීන් වහන්සේලාට මිත්‍රත්වයෙන් සංග්‍රහ කිරීම ගැන වර්ණනා නොකරයි නම් මේ දහම ද ප්‍රිය භාවය පිණිස නොපවතියි. ගෞරවය පිණිස නොපවතියි. දියුණුව පිණිස නොපවතියි. මහණකම පිණිස නොපවතියි. එකමුතු බව පිණිස නොපවතියි.

මහණෙනි, මෙබඳු වූ ගතිගුණ ඇති භික්ෂුවකට මෙවැනි ආශාවක් ඉපදුණ ත්, එනම්, 'අහෝ ! ඒකාන්තයෙන් ම සබ්‍රහ්මචාරීන් වහන්සේලා මට ද සත්කාර කරත් නම්, ගරුකාර කරත් නම්, බුහුමන් කරත් නම්, පුදත් නම් කොතරම්

අගනේ දැ'යි කියා. එනමුදු සබ්‍රහ්මචාරීන් වහන්සේලා මෙබඳු භික්ෂුවකට සත්කාර නොකරති. ගරුකාර නොකරති. බුහුමන් නොකරති. නොපුදති. මක් නිසාද යත්, මහණෙනි, නුවණැති සබ්‍රහ්මචාරීන් වහන්සේලා ඒ පවිටු අකුසල් දහම් එම භික්ෂුව තුළ අප්‍රහීණ ව ඇති බව දකිනා හෙයිනි.

මහණෙනි, එය මෙබඳු දෙයකි. බාල වර්ගයේ අශ්වයෙකුට මෙබඳු වූ ආශාවක් උපදින්නේ ය. 'අහෝ! ඒකාන්තයෙන් ම මිනිස්සු මාව ත් ආජානේය අශ්වයෙකුගේ තැන තබන්නාහු නම්, ආජානේය අශ්වයෙකුගේ බොජුන් වලින් මාව ද වළඳවත් නම්, ආජානේ ය අශ්වයෙකුව පිරිමදින අයුරින් මාව ද පිරිමදිත් නම් ඉතා අගනේ ය' කියා. ඒ බාල වර්ගයේ අශ්වයා එසේ සිතුව ද මිනිස්සු ඔහුව ආජානේය අශ්වයාගේ තැන නොතබත් ම ය. ආජානේය අශ්වයාගේ භෝජන නොවළඳවත් ම ය. ආජානේය අශ්වයාට සෙයින් නොපිරිමත් ම ය. එයට හේතුව කිම? මහණෙනි, බුද්ධිමත් මිනිස්සු ඒ අශ්වයාගේ ශඨ බව ත්, කපට බව ත්, ඍජු නැති බව ත්, වංක බව ත්, ප්‍රහීණ නොවී ඇති බව ත් දකිත් ම ය. එහෙයිනි.

එසෙයින් ම මහණෙනි, මෙබඳු වූ ගතිගුණ ඇති භික්ෂුවකට මෙවැනි ආශාවක් ඉපදුණ ත්, එනම්, 'අහෝ! ඒකාන්තයෙන් ම සබ්‍රහ්මචාරීන් වහන්සේලා මට ද සත්කාර කරත් නම්, ගරුකාර කරත් නම්, බුහුමන් කරත් නම්, පුදත් නම් කොතරම් අගනේ දැයි කියා. එනමුදු සබ්‍රහ්මචාරීන් වහන්සේලා මෙබඳු භික්ෂුවකට සත්කාර නොකරති. ගරුකාර නොකරති. බුහුමන් නොකරති. නොපුදති. මක් නිසාද යත්, මහණෙනි, නුවණැති සබ්‍රහ්මචාරීන් වහන්සේලා ඒ පවිටු අකුසල් දහම් එම භික්ෂුව තුළ අප්‍රහීණව ඇති බව දකිනා හෙයිනි.

1. මහණෙනි, මෙහිලා භික්ෂුව අර්බුද ඇති නොකරන්නේ වෙයි. අර්බුදයන් සමථයකට පත් කිරීම ගැන වර්ණනා කරන්නෙක් වෙයි. යම් හෙයකින් මහණෙනි, භික්ෂුවක් අර්බුද ඇති නොකරන්නෙක් වෙයි නම්, එම අර්බුද සමථය පිළිබඳ ව වර්ණනා කරයි නම් මේ දහම ද ප්‍රිය භාවය පිණිස පවතියි. ගෞරවය පිණිස පවතියි. දියුණුව පිණිස පවතියි. මහණකම පිණිස පවතියි. එකමුතු බව පිණිස පවතියි.

2. තව ද මහණෙනි, භික්ෂුව ශික්ෂාකාමී වෙයි. ශික්ෂාපද සමාදන් වීම ගැන වර්ණනා කරන්නෙක් වෙයි. යම් හෙයකින් මහණෙනි, භික්ෂුවක් ශික්ෂාකාමී වෙයි නම්, ශික්ෂාපද සමාදන් වීම ගැන වර්ණනා කරයි නම් මේ දහම ද ප්‍රිය භාවය පිණිස පවතියි. ගෞරවය පිණිස පවතියි. දියුණුව පිණිස පවතියි. මහණකම පිණිස පවතියි. එකමුතු බව පිණිස පවතියි.

3. තව ද මහණෙනි, භික්ෂුව අල්පේච්ඡ වූයේ වෙයි. පව්ටු ආශාව දුරු කිරීම ගැන වර්ණනා කරන්නෙක් වෙයි. යම් හෙයකින් මහණෙනි, භික්ෂුවක් අල්පේච්ඡ වූයේ නම්, පව්ටු ආශාව දුරු කිරීම ගැන වර්ණනා කරයි නම් මේ දහම් ද ප්‍රිය භාවය පිණිස පවතියි. ගෞරවය පිණිස පවතියි. දියුණුව පිණිස පවතියි. මහණකම පිණිස පවතියි. එකමුතු බව පිණිස පවතියි.

4. තව ද මහණෙනි, භික්ෂුව ක්‍රෝධ සිත් නැත්තේ වෙයි. ක්‍රෝධය දුරු කිරීම ගැන වර්ණනා කරන්නෙක් වෙයි. යම් හෙයකින් මහණෙනි, භික්ෂුවක් ක්‍රෝධ සිත් නැත්තේ නම්, ක්‍රෝධය දුරු කිරීම ගැන වර්ණනා කරයි නම් මේ දහම ද ප්‍රිය භාවය පිණිස පවතියි. ගෞරවය පිණිස පවතියි. දියුණුව පිණිස පවතියි. මහණකම පිණිස පවතියි. එකමුතු බව පිණිස පවතියි.

5. තව ද මහණෙනි, භික්ෂුව ගුණමකු නැත්තේ වෙයි. ගුණමකු බව දුරු කිරීම ගැන වර්ණනා කරන්නෙක් වෙයි. යම් හෙයකින් මහණෙනි, භික්ෂුවක් ගුණමකු නැත්තේ නම්, ගුණමකු බව දුරු කිරීම ගැන වර්ණනා කරයි නම් මේ දහම ද ප්‍රිය භාවය පිණිස පවතියි. ගෞරවය පිණිස පවතියි. දියුණුව පිණිස පවතියි. මහණකම පිණිස පවතියි. එකමුතු බව පිණිස පවතියි.

6. තව ද මහණෙනි, භික්ෂුව ශඨ කපට නොවෙයි. ශඨ කපට බව දුරු කිරීම ගැන වර්ණනා කරන්නෙක් වෙයි. යම් හෙයකින් මහණෙනි, භික්ෂුවක් ශඨ කපට නොවෙයි නම්, ශඨ කපට බව දුරු කිරීම ගැන වර්ණනා කරයි නම් මේ දහම ද ප්‍රිය භාවය පිණිස පවතියි. ගෞරවය පිණිස පවතියි. දියුණුව පිණිස පවතියි. මහණකම පිණිස පවතියි. එකමුතු බව පිණිස පවතියි.

7. තව ද මහණෙනි, භික්ෂුව මායා නැත්තේ වෙයි. මායාව දුරු කිරීම ගැන වර්ණනා කරන්නෙක් වෙයි. යම් හෙයකින් මහණෙනි, භික්ෂුවක් මායා නැත්තේ නම්, මායාව දුරු කිරීම ගැන වර්ණනා කරයි නම් මේ දහම ද ප්‍රිය භාවය පිණිස පවතියි. ගෞරවය පිණිස පවතියි. දියුණුව පිණිස පවතියි. මහණකම පිණිස පවතියි. එකමුතු බව පිණිස පවතියි.

8. තව ද මහණෙනි, භික්ෂුව තථාගත ධර්මයට ඇහුන්කම් දෙන ස්වභාවය ඇත්තේ වෙයි. ධර්මය අවබෝධ කරගැනීම ගැන වර්ණනා කරන්නෙක් වෙයි. යම් හෙයකින් මහණෙනි, භික්ෂුවක් තථාගත ධර්මයට ඇහුම්කම් දෙන ස්වභාවය ඇත්තේ නම්, ධර්මය අවබෝධ කරගැනීම ගැන වර්ණනා කරයි නම් මේ දහම ද ප්‍රිය භාවය පිණිස පවතියි. ගෞරවය පිණිස පවතියි. දියුණුව පිණිස පවතියි. මහණකම පිණිස පවතියි. එකමුතු බව පිණිස පවතියි.

9. තව ද මහණෙනි, භික්ෂුව භාවනා කරන්නෙක් වෙයි. භාවනා කිරීම ගැන වර්ණනා කරන්නෙක් වෙයි. යම් හෙයකින් මහණෙනි, භික්ෂුවක් භාවනා කරන්නේ නම්, භාවනා කිරීම ගැන වර්ණනා කරයි නම් මේ දහම ද ප්‍රිය භාවය පිණිස පවතියි. ගෞරවය පිණිස පවතියි. දියුණුව පිණිස පවතියි. මහණකම පිණිස පවතියි. එකමුතු බව පිණිස පවතියි.

10. තව ද මහණෙනි, භික්ෂුව සබ්‍රහ්මචාරීන් වහන්සේලාට මිත්‍රත්වයෙන් සංග්‍රහ කිරීම ඇත්තේ වෙයි. සබ්‍රහ්මචාරීන් වහන්සේලාට මිත්‍රත්වයෙන් සංග්‍රහ කිරීම ගැන වර්ණනා කරන්නෙක් වෙයි. යම් හෙයකින් මහණෙනි, භික්ෂුවක් සබ්‍රහ්මචාරීන් වහන්සේලාට මිත්‍රත්වයෙන් සංග්‍රහ කිරීම ඇත්තේ නම්, සබ්‍රහ්මචාරීන් වහන්සේලාට මිත්‍රත්වයෙන් සංග්‍රහ කිරීම ගැන වර්ණනා කරයි නම් මේ දහම ද ප්‍රිය භාවය පිණිස පවතියි. ගෞරවය පිණිස පවතියි. දියුණුව පිණිස පවතියි. මහණකම පිණිස පවතියි. එකමුතු බව පිණිස පවතියි.

මහණෙනි, මෙබඳු වූ ගතිගුණ ඇති භික්ෂුවකට මෙවැනි ආශාවක් නොඉපදුණ ත්, එනම්, 'අහෝ! ඒකාන්තයෙන් ම සබ්‍රහ්මචාරීන් වහන්සේලා මට ද සත්කාර කරත් නම්, ගරුකාර කරත් නම්, බුහුමන් කරත් නම්, පුදත් නම් කොතරම් අගනේ දැයි කියා. එනමුදු සබ්‍රහ්මචාරීන් වහන්සේලා මෙබඳු භික්ෂුවට සත්කාර කරති. ගරුකාර කරති. බුහුමන් කරති. පුදති. මක් නිසාද යත්, මහණෙනි, නුවණැති සබ්‍රහ්මචාරීන් වහන්සේලා ඒ පවිටු අකුසල් දහම් එම භික්ෂුව තුළ ප්‍රහීණව ඇති බව දකිනා හෙයිනි.

මහණෙනි, එය මෙබඳු දෙයකි. සොඳුරු ආජානේය අශ්වයෙකුට මෙබඳු වූ ආශාවක් නොඋපදින්නේ ය. 'අහෝ! ඒකාන්තයෙන් ම මිනිස්සු මාව ත් ආජානේය අශ්වයෙකුගේ තැන තබන්නාහු නම්, ආජානේය අශ්වයෙකුගේ බොජුන් වලින් මාව ද වළඳවත් නම්, ආජානේ ය අශ්වයෙකුව පිරිමදින අයුරින් මාව ද පිරිමදිත් නම් ඉතා අගනේ ය' කියා. ඒ ආජානේය අශ්වයා එසේ නොසිතුව ද මිනිස්සු ඔහුව ආජානේය අශ්වයාගේ තැන තබත් ම ය. ආජානේය අශ්වයාගේ භෝජන වළඳවත් ම ය. ආජානේය අශ්වයාට සෙයින් පිරිමදිත් ම ය. එයට හේතුව කිම? මහණෙනි, බුද්ධිමත් මිනිස්සු ඒ අශ්වයාගේ ශඨ බව ත්, කපට බව ත්, ඍජු නැති බව ත්, වංක බව ත්, ප්‍රහීණ වී ඇති බව දකිත් ම ය. එහෙයිනි.

එසෙයින් ම මහණෙනි, මෙබඳු වූ ගතිගුණ ඇති භික්ෂුවකට මෙවැනි ආශාවක් නොඉපදුණ ත්, එනම්, 'අහෝ! ඒකාන්තයෙන් ම සබ්‍රහ්මචාරීන් වහන්සේලා මට ද සත්කාර කරත් නම්, ගරුකාර කරත් නම්, බුහුමන් කරත් නම්, පුදත් නම් කොතරම් අගනේ ද'යි කියා. එනමුදු සබ්‍රහ්මචාරීන් වහන්සේලා

මෙබඳු භික්ෂුවට සත්කාර කරති. ගරුකාර කරති. බුහුමන් කරති. පුදති. මක් නිසාද යත්, මහණෙනි, නුවණැති සබ්‍රහ්මචාරීන් වහන්සේලා ඒ පවිටු අකුසල් දහම් එම භික්ෂුව තුළ ප්‍රහීණ ව ඇති බව දකිනා හෙයිනි.

සාදු! සාදු!! සාදු!!!

අධිකරණික සූත්‍රය නිමා විය.

10.2.4.8
අක්කෝසක සූත්‍රය
ආක්‍රෝශ කරන්නා ගැන වදාළ දෙසුම

සැවැත් නුවර දී ය ....

මහණෙනි, යම් මේ භික්ෂුවක් සබ්‍රහ්මචාරීන් වහන්සේලාට ආක්‍රෝශ කරන්නේ වෙයි ද, පරිභව කරන්නේ වෙයි ද, ආර්යෝපවාද කරන්නේ වෙයි ද, යම් හෙයකින් ඒ තැනැත්තා මේ දස විධ විපත්තීන්ගෙන් එක්තරා ව්‍යසනයකට පත්නොවන්නේ ය යන කරුණට හේතුවක් නැත. අවකාශයක් නැත. ඒ කවර දස විපතක් ද යත්;

නොලැබූ මගඵල ආදිය නොලබන්නේ ය. ලබන ලද ධ්‍යාන ආදිය ඇත්නම් පිරිහෙන්නේ ය. සද්ධර්මය තුළ දියුණුවක් නොලබන්නේ ය. සද්ධර්මය තුළ දියුණුවක් ඇතැයි අධිමානයට පත්වන්නේ ය. නිවන් මගෙහි සිත් අලවා වාසය කිරීමක් නැත්තේ ය. යම්කිසි කිළුටු ඇවතකට හෝ පත්වන්නේ ය. දරුණු වූ රෝගපීඩා ආදිය වැළඳෙන්නේ ය. චිත්ත වික්ෂේපය නම් වූ උමතු බවකට හෝ පත්වන්නේ ය. සිහිමුළා ව මරණයට පත්වන්නේ ය. කය බිඳී මරණින් මතු අපාය දුර්ගති විනිපාත නම් වූ නිරයෙහි උපදින්නේ ය.

මහණෙනි, යම් මේ භික්ෂුවක් සබ්‍රහ්මචාරීන් වහන්සේලාට ආක්‍රෝශ කරන්නේ වෙයි ද, පරිභව කරන්නේ වෙයි ද, ආර්යෝපවාද කරන්නේ වෙයි ද, යම් හෙයකින් ඒ තැනැත්තා මේ දස විධ විපත්තීන්ගෙන් එක්තරා ව්‍යසනයකට පත්නොවන්නේ ය යන කරුණට හේතුවක් නැත. අවකාශයක් නැත.

සාදු! සාදු!! සාදු!!!

අක්කෝසක සූත්‍රය නිමා විය.

10.2.4.9
කෝකාලික සූත්‍රය
කෝකාලික භික්ෂුව අරභයා වදාළ දෙසුම

සැවැත් නුවර දී ය ....

එකල්හී කෝකාලික භික්ෂුව යම් තැනක භාග්‍යවතුන් වහන්සේ වැඩසිටි සේක් ද, එතැනට පැමිණියේ ය. පැමිණ භාග්‍යවතුන් වහන්සේට සකසා වන්දනා කොට එකත්පස් ව හිඳගත්තේ ය. එකත්පස් ව හුන් කෝකාලික භික්ෂුව භාග්‍යවතුන් වහන්සේට මෙය පැවසුවේ ය.

"ස්වාමීනී, සාරිපුත්ත මොග්ගල්ලානයෝ පවිටු ආශා ඇත්තෝ ය. පවිටු ආශාවන්ගේ වසඟයට ගියාහු ය" යි.

"කෝකාලික, එසේ කියන්නට එපා! කෝකාලික, එසේ කියන්නට එපා! කෝකාලික, සාරිපුත්ත මොග්ගල්ලානයන් පිළිබඳව සිත පහදා ගනුව. සාරිපුත්ත මොග්ගල්ලානයෝ සුපේශලයෝ ය."

දෙවනුව ද කෝකාලික භික්ෂුව භාග්‍යවතුන් වහන්සේට මෙකරුණ පැවසුවේ ය.

"ස්වාමීනී, භාග්‍යවතුන් වහන්සේ සිත පහදවා ගන්නට යැ'යි, විශ්වාස කරන්නට යැ'යි වදාරණ නමුදු සාරිපුත්ත මොග්ගල්ලානයෝ පවිටු ආශා ඇත්තෝ ය. පවිටු ආශාවන්ගේ වසඟයට ගියාහු ය" යි.

"කෝකාලික, එසේ කියන්නට එපා! කෝකාලික, එසේ කියන්නට එපා! කෝකාලික, සාරිපුත්ත මොග්ගල්ලානයන් පිළිබඳව සිත පහදා ගනුව. සාරිපුත්ත මොග්ගල්ලානයෝ සුපේශලයෝ ය."

තෙවනුව ද කෝකාලික භික්ෂුව භාග්‍යවතුන් වහන්සේට මෙකරුණ පැවසුවේ ය.

"ස්වාමීනී, භාග්‍යවතුන් වහන්සේ සිත පහදවා ගන්නට යැ'යි, විශ්වාස කරන්නට යැ'යි වදාරණ නමුදු සාරිපුත්ත මොග්ගල්ලානයෝ පවිටු ආශා ඇත්තෝ ය. පවිටු ආශාවන්ගේ වසඟයට ගියාහු ය" යි.

"කෝකාලික, එසේ කියන්නට එපා! කෝකාලික, එසේ කියන්නට එපා!

කෝකාලික, සාරිපුත්ත මොග්ගල්ලානයන් පිළිබඳව සිත පහදා ගනුව. සාරිපුත්ත මොග්ගල්ලානයෝ සුපේශලයෝ ය."

ඉක්බිති කෝකාලික භික්ෂුව හුනස්නෙන් නැගිට භාග්‍යවතුන් වහන්සේ සකසා වැඳ පැදකුණු කොට පිටත්ව ගියේ ය. බැහැරට ගිය නොබෝ කලකින් කෝකාලික භික්ෂුවගේ මුළු ශරීරයෙහි අබ ඇට පමණින් බිබිලි පැතිර හටගත්තේ ය. අබ ඇට පමණින් තිබූ ඒ ගෙඩි මුං ඇට පමණ විශාල විය. මුං ඇට පමණින් වූ ඒ ගෙඩි කඩල ඇට පමණට විශාල විය. කඩල ඇට පමණ වූ ඒ ගෙඩි ඩෙබර ගෙඩි තරමට විශාල විය. ඩෙබර තරමේ වූ ඒ ගෙඩි ලොකු නෙල්ලි තරමට විශාල විය. ලොකු නෙල්ලි තරමේ වූ ඒ ගෙඩි බෙලි ගැට තරමට විශාල විය. බෙලි ගැට තරමේ වූ ඒ ගෙඩි බෙලි ගෙඩි තරමට විශාල විය. බෙලි ගෙඩ තරමේ වූ ඒ ගෙඩි පිපිරුණේ ය. ලේ ත්, සැරව ත් වැගිරුණේ ය. විසක් ගිලින ලද මාළුවෙකු මෙන් කෙසෙල් පත් මත වැතිර සිටියේ ය.

එකල්හී තුදු නම් පච්චේක බ්‍රහ්ම තෙමේ කෝකාලික භික්ෂුව යම් තැනක ද, එතැනට පැමිණියේ ය. පැමිණ අහසෙහි සිට කෝකාලික භික්ෂුවට මෙසේ පැවසී ය. "කෝකාලික, සාරිපුත්ත මොග්ගල්ලානයන් පිළිබඳව සිත පහදා ගනුව. සාරිපුත්ත මොග්ගල්ලානයෝ සුපේශලයෝ ය" යි.

"ආයුෂ්මත, නුඹ කවරෙක් වෙහි ද?"

"මම් තුදු නම් පච්චේක බ්‍රහ්මයා වෙමි."

"ආයුෂ්මත, භාග්‍යවතුන් වහන්සේ විසින් පවසන ලද්දේ නුඹ අනාගාමී යැයි කියා නොවේ ද? එසේ ඇති කල්හී කුමකට නම් මෙහි ආයෙහි ද? යම්තාක් මෙය තාගේ අපරාධය වෙයි ද, ඒ තාක් බලව."

එකල්හී තුදු පච්චේක බ්‍රහ්ම තෙමේ කෝකාලික භික්ෂුවට ගාථාවලින් පැවසුවේ ය.

(ගාථා)

1. අඥාන තැනැත්තා පාපී වචනයන්ගෙන් බැණීම නම් වූ යම් ආයුධයකින් තමාව ත් වනසා ගන්නේ ද, ඒ පව්ටු පුද්ගලයා උපදින විට ම ඔහුගේ මුවෙහි දරුණු වචනය නැමැති කෙටේරිය උපදින්නේ ය.

2. යමෙක් නින්දා ලැබිය යුත්තා හට ප්‍රශංසා කරයි ද, එමෙන් ම යමෙක් ප්‍රශංසා ලැබිය යුත්තා හට නින්දා කරයි ද, ඒ තැනැත්තා තම මුවින් පව් රැස් කරන්නේ ය. ඒ පාපයෙන් සැපක් නොවිඳින්නේ ය.

3. සූදු ක්‍රීඩාවෙකින් කෙනෙක් තමන්ගේ සකල ධනය ම පරදින්නේ ද, ඒ පරාජය අල්පමාත්‍ර දෙයකි. එනමුදු යමෙක් සුගතයන් වහන්සේලා පිළිබඳ ව තම සිත දූෂිත කරගනියි නම් මෙය මහත් ම විපත වෙයි.

4. යම් හෙයකින් පව්ටු වූ වචනය ද, මනස ද පිහිටුවාගෙන ආර්යයන් හට ගරහන්නේ වෙයි ද, ඔහු නිරබ්බුද ගණනින් එක්දහස් එකසිය තිස් හයක් ද, අබ්බුද පසක් ද වශයෙන් මෙතෙක් කල් නිරයෙහි පැහෙන්නේ ය."

එකල්හී කෝකාලික භික්ෂුව ඒ රෝගයෙන් ම මරණයට පත් වූයේ ය. මියගිය කෝකාලික භික්ෂුව සාරිපුත්ත මොග්ගල්ලානයන් වහන්සේලා කෙරෙහි වෛර බැඳුණු සිතින් පදුම නිරයෙහි උපන්නේ ය.

එකල්හී සහම්පතී බ්‍රහ්ම තෙමේ මධ්‍යම රාත්‍රියෙහි ඉතා සොඳුරු පැහැයකින් යුතුව මුළු ජේතවනය බබුළුවාගෙන භාග්‍යවතුන් වහන්සේ යම් තැනක වැඩසිටි සේක් ද, එතැනට පැමිණියේ ය. පැමිණ භාග්‍යවතුන් වහන්සේට සකසා වන්දනා කොට එකත්පස් ව සිට ගත්තේ ය. එකත්පස් ව සිටි සහම්පතී බ්‍රහ්මරාජයා භාග්‍යවතුන් වහන්සේට මෙකරුණ සැළ කළේ ය.

"ස්වාමීනී, කෝකාලික භික්ෂුව මැරුණේ ය. ස්වාමීනී, මියගිය කෝකාලික භික්ෂුව සාරිපුත්ත මොග්ගල්ලානයන් වහන්සේලා කෙරෙහි වෛර බැඳුණු සිතින් පදුම නිරයෙහි උපන්නේ ය" යි. සහම්පතී බ්‍රහ්මතෙමේ මෙය පැවසුවේ ය. මෙය පවසා භාග්‍යවතුන් වහන්සේට සකසා වන්දනා කොට, පැදකුණු කොට එහි ම නොපෙනී ගියේ ය.

ඉක්බිති භාග්‍යවතුන් වහන්සේ ඒ රැය ඇවෑමෙන් භික්ෂූන් ඇමතූ සේක.

"මහණෙනි, මේ රෑ සහම්පතී බ්‍රහ්ම තෙමේ මධ්‍යම රාත්‍රියෙහි ඉතා සොඳුරු පැහැයකින් යුතුව මුළු ජේතවනය බබුළුවාගෙන මා යම් තැනක වැඩසිටි සේක් ද, එතැනට පැමිණියේ ය. පැමිණ මා හට සකසා වන්දනා කොට එකත්පස් ව සිට ගත්තේ ය. එකත්පස් ව සිටි සහම්පතී බ්‍රහ්මරාජයා මා හට මෙකරුණ සැළ කළේ ය.

'ස්වාමීනී, කෝකාලික භික්ෂුව මැරුණේ ය. ස්වාමීනී, මියගිය කෝකාලික භික්ෂුව සාරිපුත්ත මොග්ගල්ලානයන් වහන්සේලා කෙරෙහි වෛර බැඳුණු සිතින් පදුම නිරයෙහි උපන්නේ ය' යි. මහණෙනි, සහම්පතී බ්‍රහ්මතෙමේ මෙය පැවසුවේ ය. මෙය පවසා මා හට සකසා වන්දනා කොට, පැදකුණු කොට එහි ම නොපෙනී ගියේ ය."

මෙසේ වදාළ කල්හී එක්තරා භික්ෂුවක් භාග්‍යවතුන් වහන්සේට මෙය පැවසුවේ ය.

"ස්වාමීනී, පදුම නිරයෙහි ආයුෂ ප්‍රමාණය කොතරම් කලක් වෙයි ද?"

"භික්ෂුව, පදුම නිරයෙහි ආයුෂ ප්‍රමාණය ඉතා දීර්ඝ ය. එය මෙපමණ වර්ෂ ගණනක් ඇත්තේ ය. මෙපමණ වර්ෂ සිය ගණනක් ඇත්තේ ය. මෙපමණ වර්ෂ දහස් ගණනක් ඇත්තේ ය. මෙපමණ වර්ෂ සිය දහස් ගණනක් ඇත්තේ ය යැයි ගණන් කරන්නට පහසු නැත."

"ස්වාමීනී, උපමාවක් කළ හැකි සේක් ද?"

"පුළුවනි, භික්ෂුව" යි භාග්‍යවතුන් වහන්සේ වදාළ සේක.

"භික්ෂුව, එය මෙවැනි දෙයකි. කෝසල දේශයෙහි විසි කිරියක් ඇති තල ගැලක් වෙයි ද, වසර සියයක් සියයක් ඇවෑමෙන් පුරුෂයෙක් ඒ ගැලෙන් එක් එක් තල ඇටයක් බැහැර කරන්නේ නම්, භික්ෂුව, විසි කිරියක් ඇති ඒ කෝසොල් රටෙහි තල ඇට පිරුණු ගැල ඔය උපක්‍රමයෙන් වහා අවසානයට යන්නේ ය. එනමුදු එක් 'අබ්බුද' නිරයක ආයුෂ එසේ අවසන් නොවන්නේ ය.

භික්ෂුව, යම් සේ 'අබ්බුද' නිරයන් විස්සක ආයුෂ ඇද්ද, මෙසේ එය එක් 'නිරබ්බුද' නිරයක ආයුෂ වෙයි. භික්ෂුව, යම් සේ 'නිරබ්බුද' නිරයන් විස්සක ආයුෂ ඇද්ද, මෙසේ එය එක් 'අබබ' නිරයක ආයුෂ වෙයි. භික්ෂුව, යම් සේ 'අබබ' නිරයන් විස්සක ආයුෂ ඇද්ද, මෙසේ එය එක් 'අහහ' නිරයක ආයුෂ වෙයි. භික්ෂුව, යම් සේ 'අහහ' නිරයන් විස්සක ආයුෂ ඇද්ද, මෙසේ එය එක් 'අටට' නිරයක ආයුෂ වෙයි. භික්ෂුව, යම් සේ 'අටට' නිරයන් විස්සක ආයුෂ ඇද්ද, මෙසේ එය එක් 'කුමුදු' නිරයක ආයුෂ වෙයි. භික්ෂුව, යම් සේ 'කුමුදු' නිරයන් විස්සක ආයුෂ ඇද්ද, මෙසේ එය එක් 'සෝගන්ධික' නිරයක ආයුෂ වෙයි. භික්ෂුව, යම් සේ 'සෝගන්ධික' නිරයන් විස්සක ආයුෂ ඇද්ද, මෙසේ එය එක් 'උප්පලක' නිරයක ආයුෂ වෙයි. භික්ෂුව, යම් සේ 'උප්පලක' නිරයන් විස්සක ආයුෂ ඇද්ද, මෙසේ එය එක් 'පුණ්ඩරීක' නිරයක ආයුෂ වෙයි. භික්ෂුව, යම් සේ 'පුණ්ඩරීක' නිරයන් විස්සක ආයුෂ ඇද්ද, මෙසේ එය එක් 'පදුම' නිරයක ආයුෂ වෙයි. භික්ෂුව, සාරිපුත්ත මොග්ගල්ලානයන් කෙරෙහි වෛර බැඳගත් සිතින් යුතු කෝකාලික භික්ෂුව ඒ පදුම නිරයෙහි උපන්නේ ය."

භාග්‍යවතුන් වහන්සේ මෙය වදාළ සේක. මෙය වදාළ ශාස්තෘ වූ සුගතයන් වහන්සේ යළි මේ ගාථා වදාළ සේක.

1. අඥාන තැනැත්තා පාපී වචනයන්ගෙන් බැණීම නම් වූ යම් ආයුධයකින් තමාව ත් වනසා ගන්නේ ද, ඒ පව්ටු පුද්ගලයා උපදින විට ම ඔහුගේ මුවෙහි දරුණු වචනය නැමැති කෙටේරිය උපදින්නේ ය.

2. යමෙක් නින්දා ලැබිය යුත්තා හට ප්‍රශංසා කරයි ද, එමෙන් ම යමෙක් ප්‍රශංසා ලැබිය යුත්තා හට නින්දා කරයි ද, ඒ තැනැත්තා තම මුවින් පව් රැස් කරන්නේ ය. ඒ පාපයෙන් සැපක් නොවිඳින්නේ ය.

3. සූදු ක්‍රීඩාවෙකින් කෙනෙක් තමන්ගේ සකල ධනය ම පරදින්නේ ද, ඒ පරාජය අල්පමාත්‍ර දෙයකි. එනමුදු යමෙක් සුගතයන් වහන්සේලා පිළිබඳ ව තම සිත දූෂිත කරගනියි නම් මෙය මහත් ම විපත වෙයි.

4. යම් හෙයකින් පව්ටු වූ වචනය ද, මනස ද පිහිටුවාගෙන ආර්යයන් හට ගරහන්නේ වෙයි ද, ඔහු නිරබ්බුද ගණින් එක්දහස් එකසිය තිස් හයක් ද, අබ්බුද පසක් ද වශයෙන් මෙතෙක් කල් නිරයෙහි පැහෙන්නේ ය.

සාදු! සාදු!! සාදු!!!

කෝකාලික සූත්‍රය නිමා විය.

10.2.4.10
ඛීණාසව බල සූත්‍රය
රහතුන්ගේ බලය ගැන වදාළ දෙසුම

සැවැත් නුවර දී ය ....

එකල්හී ආයුෂ්මත් සාරිපුත්තයන් වහන්සේ භාග්‍යවතුන් වහන්සේ යම් තැනක වැඩසිටි සේක් ද, එතැනට පැමිණියහ. පැමිණ භාග්‍යවතුන් වහන්සේට සකසා වන්දනා කොට එකත්පස් ව හිඳගත්හ. එකත්පස් ව හුන් ආයුෂ්මත් සාරිපුත්තයන් වහන්සේට භාග්‍යවතුන් වහන්සේ මෙය වදාළ සේක.

"සාරිපුත්තය, යම් බලයන්ගෙන් යුක්ත වූ ක්ෂීණාශ්‍රව රහත් භික්ෂුව 'මාගේ ආශ්‍රවයෝ ක්ෂය වී ඇත්තාහ'යි ආශ්‍රව ක්ෂය වීම පිළිබඳ ව ප්‍රතිඥා දෙයි ද, ඒ ක්ෂීණාශ්‍රව භික්ෂුවගේ කොපමණ බල ඇද්ද?"

"ස්වාමීනී, යම් බලයන්ගෙන් යුක්ත වූ ක්ෂීණාශ්‍රව රහත් භික්ෂුව 'මාගේ

ආශ්‍රවයෝ ක්ෂය වී ඇත්තාහ'යි ආශ්‍රව ක්ෂය වීම පිළිබඳ ව ප්‍රතිඥා දෙයි ද, ඒ ක්ෂීණාශ්‍රව භික්ෂුව බල දසයකින් යුක්ත ය. ඒ කවර බල දසයක් ද යත්;

1. ස්වාමීනී, මෙහිලා ක්ෂීණාශ්‍රව රහත් භික්ෂුව විසින් සියලු සංස්කාරයන් අනිත්‍ය වශයෙන් ඒ වූ සැටියෙන් ම දියුණු කළ ප්‍රඥාවෙන් මැනැවින් දකින ලද්දේ වෙයි. ස්වාමීනී, ක්ෂීණාශ්‍රව රහත් භික්ෂුව විසින් සියලු සංස්කාරයන් අනිත්‍ය වශයෙන් ඒ වූ සැටියෙන් ම දියුණු කළ ප්‍රඥාවෙන් මැනැවින් දකින ලද්දේ වෙයි යන යම් කරුණක් ඇද්ද, ස්වාමීනී, යම් බලයකට පැමිණි ක්ෂීණාශ්‍රව භික්ෂුව 'මාගේ ආශ්‍රවයෝ ක්ෂය වී ඇත්තාහ' යැයි ආශ්‍රවයන්ගේ ක්ෂය වීම පිළිබඳ ව ප්‍රතිඥා දෙයි නම්, මෙය ද ක්ෂීණාශ්‍රව භික්ෂුවගේ බලයකි.

2. තව ද ස්වාමීනී, ක්ෂීණාශ්‍රව රහත් භික්ෂුව විසින් කාමයෝ ගිනි අඟුරු වළකට උපමා කොට ඇත්තාහු ය යන්න ඒ වූ සැටියෙන් ම දියුණු කළ ප්‍රඥාවෙන් මැනැවින් දකින ලද්දාහු ය. ස්වාමීනී, ක්ෂීණාශ්‍රව රහත් භික්ෂුව විසින් කාමයෝ ගිනි අඟුරු වළකට උපමා කොට ඇත්තාහු ය යන්න ඒ වූ සැටියෙන් ම දියුණු කළ ප්‍රඥාවෙන් මැනැවින් දකින ලද්දාහු ය යන යම් කරුණක් ඇද්ද, ස්වාමීනී, යම් බලයකට පැමිණි ක්ෂීණාශ්‍රව භික්ෂුව 'මාගේ ආශ්‍රවයෝ ක්ෂය වී ඇත්තාහ' යැයි ආශ්‍රවයන්ගේ ක්ෂය වීම පිළිබඳ ව ප්‍රතිඥා දෙයි නම්, මෙය ද ක්ෂීණාශ්‍රව භික්ෂුවගේ බලයකි.

3. තව ද ස්වාමීනී, ක්ෂීණාශ්‍රව රහත් භික්ෂුව ගේ සිත ආශ්‍රවයන්ට හිත වූ සකල විධ කරුණෙන් දුරු වූයේ, විවේකයට නැඹුරු වූයේ වෙයි. විවේකයෙහි බැසගත්තේ වෙයි. විවේකය වෙත ම ඇදුණේ වෙයි. කෙලෙසුන්ගෙන් දුරු වූයේ වෙයි. නෙක්ඛම්මයෙහි ඇලුණේ වෙයි. ස්වාමීනී, ක්ෂීණාශ්‍රව රහත් භික්ෂුව ගේ සිත ආශ්‍රවයන්ට හිත වූ සකල විධ කරුණෙන් දුරු වූයේ, විවේකයට නැඹුරු වූයේ වෙයි. විවේකයෙහි බැසගත්තේ වෙයි. විවේකය වෙත ම ඇදුණේ වෙයි. කෙලෙසුන්ගෙන් දුරු වූයේ වෙයි. නෙක්ඛම්මයෙහි ඇලුණේ වෙයි යන යම් කරුණක් ඇද්ද, ස්වාමීනී, යම් බලයකට පැමිණි ක්ෂීණාශ්‍රව භික්ෂුව 'මාගේ ආශ්‍රවයෝ ක්ෂය වී ඇත්තාහ යැයි ආශ්‍රවයන්ගේ ක්ෂය වීම පිළිබඳ ව ප්‍රතිඥා දෙයි නම්, මෙය ද ක්ෂීණාශ්‍රව භික්ෂුවගේ බලයකි.

4. තව ද ස්වාමීනී, ක්ෂීණාශ්‍රව රහත් භික්ෂුව විසින් සතර සතිපට්ඨානයන් දියුණු කරන ලද්දේ ය. මැනැවින් දියුණු කරන ලද්දේ ය. ස්වාමීනී, ක්ෂීණාශ්‍රව රහත් භික්ෂුව විසින් සතර සතිපට්ඨානයන් දියුණු කරන ලද්දේ ය. මැනැවින් දියුණු කරන ලද්දේ ය යන යම් කරුණක් ඇද්ද, ස්වාමීනී, යම් බලයකට පැමිණි ක්ෂීණාශ්‍රව භික්ෂුව 'මාගේ ආශ්‍රවයෝ ක්ෂය වී ඇත්තාහ යැයි ආශ්‍රවයන්ගේ

ක්ෂය වීම පිළිබඳ ව ප්‍රතිඥා දෙයි නම්, මෙය ද ක්ෂීණාශ්‍රව භික්ෂුවගේ බලයකි.

5.-10 තව ද ස්වාමීනී, ක්ෂීණාශ්‍රව රහත් භික්ෂුව විසින් සතර සම්‍යක් පධානයන් දියුණු කරන ලද්දේ ය. මැනැවින් දියුණු කරන ලද්දේ ය. ....(පෙ).... සතර ඉර්ධිපාදයන් දියුණු කරන ලද්දේ ය. මැනැවින් දියුණු කරන ලද්දේ ය. ....(පෙ).... පංච ඉන්ද්‍රිය ධර්මයන් දියුණු කරන ලද්දේ ය. මැනැවින් දියුණු කරන ලද්දේ ය. ....(පෙ).... පංච බල ධර්මයන් දියුණු කරන ලද්දේ ය. මැනැවින් දියුණු කරන ලද්දේ ය. ....(පෙ).... සප්ත බොජ්ඣංග ධර්මයන් දියුණු කරන ලද්දේ ය. මැනැවින් දියුණු කරන ලද්දේ ය. ....(පෙ).... තව ද ස්වාමීනී, ක්ෂීණාශ්‍රව රහත් භික්ෂුව විසින් ආර්ය අෂ්ටාංගික මාර්ගය දියුණු කරන ලද්දේ ය. මැනැවින් දියුණු කරන ලද්දේ ය. ස්වාමීනී, ක්ෂීණාශ්‍රව රහත් භික්ෂුව විසින් ආර්ය අෂ්ටාංගික මාර්ගය දියුණු කරන ලද්දේ ය. මැනැවින් දියුණු කරන ලද්දේ ය යන යම් කරුණක් ඇද්ද, ස්වාමීනී, යම් බලයකට පැමිණි ක්ෂීණාශ්‍රව භික්ෂුව 'මාගේ ආශ්‍රවයෝ ක්ෂය වී ඇත්තාහ යැයි ආශ්‍රවයන්ගේ ක්ෂය වීම පිළිබඳ ව ප්‍රතිඥා දෙයි නම්, මෙය ද ක්ෂීණාශ්‍රව භික්ෂුවගේ බලයකි.

ස්වාමීනී, යම් බලයන්ගෙන් යුක්ත වූ ක්ෂීණාශ්‍රව රහත් භික්ෂුව 'මාගේ ආශ්‍රවයෝ ක්ෂය වී ඇත්තාහ'යි ආශ්‍රව ක්ෂය වීම පිළිබඳ ව ප්‍රතිඥා දෙයි ද, ඒ ක්ෂීණාශ්‍රව භික්ෂුව තුළ තිබෙන්නේ මෙම දස බලයන් ය."

සාදු! සාදු!! සාදු!!!

ඛීණාසව බල සූත්‍රය නිමා විය.

සිව්වෙනි ථේර වර්ගය අවසන් විය.

- **එහි පිළිවෙල උද්දානයයි :**

බාහුන සූත්‍රය, ආනන්ද සූත්‍රය, පුණ්ණිය සූත්‍රය, බ්‍යාකරණ සූත්‍රය, කත්ථී සූත්‍රය, අඤ්ඤා සූත්‍රය, අධිමාන සූත්‍රය, අධිකරණ සූත්‍රය, කෝකාලික සූත්‍රය, බල සූත්‍රය ය වශයෙන් මෙහි සූත්‍ර දසයකි.

5. උපාලි වර්ගය

10.2.5.1.
කාමභෝගී සූත්‍රය
කම්සැප අනුභව කිරීම ගැන වදාළ දෙසුම

එක් සමයක භාග්‍යවතුන් වහන්සේ සැවැත් නුවර ජේතවන නම් වූ අනේපිඬු සිටුහුගේ ආරාමයෙහි වැඩවසන සේක. එකල්හී අනාථපිණ්ඩික ගෘහපති තෙමේ භාග්‍යවතුන් වහන්සේ යම් තැනක වැඩසිටි සේක් ද, එතැනට පැමිණියේ ය. පැමිණ භාග්‍යවතුන් වහන්සේට සකසා වන්දනා කොට එකත්පස් ව හිඳ ගත්තේ ය. එකත්පස් ව හුන් අනාථපිණ්ඩික ගෘහපති හට භාග්‍යවතුන් වහන්සේ මෙය වදාළ සේක.

"ගෘහපතිය, කාම සැප අනුභව කරන පුද්ගලයන් දස දෙනෙක් ලෝකයෙහි පැහැදිලි ව දකින්නට ලැබෙයි. ඒ කවර දස දෙනෙක් ද යත්;

1. ගෘහපතිය, මෙහිලා කාම සැප අනුභව කරන එක් පුද්ගලයෙක් අධර්මයෙන් සැහැසි ලෙස භෝග සම්පත් සොයයි. අධර්මයෙන් සැහැසි ලෙස භෝග සම්පත් සොයා තමා ව සුවපත් නොකරයි. නොපිණවයි. බෙදා නොදෙයි. පින් නොකරයි.

2. ගෘහපතිය, මෙහිලා කාම සැප අනුභව කරන එක් පුද්ගලයෙක් අධර්මයෙන් සැහැසි ලෙස භෝග සම්පත් සොයයි. අධර්මයෙන් සැහැසි ලෙස භෝග සම්පත් සොයා තමා ව සුවපත් කරයි. පිණවයි. එනමුදු බෙදා නොදෙයි. පින් නොකරයි.

3. ගෘහපතිය, මෙහිලා කාම සැප අනුභව කරන එක් පුද්ගලයෙක් අධර්මයෙන් සැහැසි ලෙස භෝග සම්පත් සොයයි. අධර්මයෙන් සැහැසි ලෙස භෝග සම්පත් සොයා තමා ව සුවපත් කරයි. පිණවයි. බෙදා දෙයි. පින් කරයි.

4. ගෘහපතිය, මෙහිලා කාම සැප අනුභව කරන එක් පුද්ගලයෙක් ධර්මයෙනුත්, අධර්මයෙනුත් සැහැසි ලෙස ත්, නොසැහැසි ලෙස ත් භෝග සම්පත් සොයයි. ධර්මයෙනුත්, අධර්මයෙනුත්, සැහැසි ලෙසත්, නොසැහැසි ලෙස ත් භෝග සම්පත් සොයා තමා ව සුවපත් නොකරයි. නොපිණවයි. බෙදා නොදෙයි. පින් නොකරයි.

5. ගෘහපතිය, මෙහිලා කාම සැප අනුභව කරන එක් පුද්ගලයෙක් ධර්මයෙනුත්, අධර්මයෙනුත් සැහැසි ලෙස ත්, නොසැහැසි ලෙස ත් භෝග සම්පත් සොයයි. ධර්මයෙනුත්, අධර්මයෙනුත්, සැහැසි ලෙසත්, නොසැහැසි ලෙස ත් භෝග සම්පත් සොයා තමා ව සුවපත් කරයි. පිණවයි. එනමුදු බෙදා නොදෙයි. පින් නොකරයි.

6. ගෘහපතිය, මෙහිලා කාම සැප අනුභව කරන එක් පුද්ගලයෙක් ධර්මයෙනුත්, අධර්මයෙනුත් සැහැසි ලෙස ත්, නොසැහැසි ලෙස ත් භෝග සම්පත් සොයයි. ධර්මයෙනුත්, අධර්මයෙනුත්, සැහැසි ලෙසත්, නොසැහැසි ලෙස ත් භෝග සම්පත් සොයා තමා ව සුවපත් කරයි. පිණවයි. බෙදා දෙයි. පින් කරයි.

7. ගෘහපතිය, මෙහිලා කාම සැප අනුභව කරන එක් පුද්ගලයෙක් ධර්මයෙන්, නොසැහැසි ලෙස භෝග සම්පත් සොයයි. ධර්මයෙන් නොසැහැසි ලෙස භෝග සම්පත් සොයා තමා ව සුවපත් නොකරයි. නොපිණවයි. බෙදා නොදෙයි. පින් නොකරයි.

8. ගෘහපතිය, මෙහිලා කාම සැප අනුභව කරන එක් පුද්ගලයෙක් ධර්මයෙන් නොසැහැසි ලෙස භෝග සම්පත් සොයයි. ධර්මයෙන් නොසැහැසි ලෙස භෝග සම්පත් සොයා තමා ව සුවපත් කරයි. පිණවයි. එනමුදු බෙදා නොදෙයි. පින් නොකරයි.

9. ගෘහපතිය, මෙහිලා කාම සැප අනුභව කරන එක් පුද්ගලයෙක් ධර්මයෙන් නොසැහැසි ලෙස භෝග සම්පත් සොයයි. ධර්මයෙන් නොසැහැසි ලෙස භෝග සම්පත් සොයා තමා ව සුවපත් කරයි. පිණවයි. බෙදා දෙයි. පින් කරයි. එනමුදු ඒ භෝග සම්පත් පිළිබඳ ගිජු වූයේ වෙයි. මත් වූයේ වෙයි. එහි බැසගත්තේ වෙයි. ආදීනව නොදක්නාසුළු වූයේ ඒ ඇල්මෙන් නිදහස් වන ප්‍රඥාව නැති ව ඒ භෝග සම්පත් අනුභව කරයි.

10. ගෘහපතිය, මෙහිලා කාම සැප අනුභව කරන එක් පුද්ගලයෙක් ධර්මයෙන් නොසැහැසි ලෙස භෝග සම්පත් සොයයි. ධර්මයෙන් නොසැහැසි ලෙස භෝග සම්පත් සොයා තමා ව සුවපත් කරයි. පිණවයි. බෙදා දෙයි. පින් කරයි.

ඒ භෝග සම්පත් පිළිබඳ ගිජු නොවූයේ වෙයි. මත් නොවූයේ වෙයි. එහි නොබැසගත්තේ වෙයි. ආදීනව දක්නාසුළු වූයේ ඒ ඇල්මෙන් නිදහස් වන ප්‍රඥාව ඇති ව ඒ භෝග සම්පත් අනුභව කරයි.

1.   ගෘහපතිය, එහිලා යම් මේ කාම සැප අනුභව කරන පුද්ගලයෙක් අධර්මයෙන් සැහැසි ලෙස භෝග සම්පත් සොයයි ද, අධර්මයෙන් සැහැසි ලෙස භෝග සම්පත් සොයා තමා ව සුවපත් නොකරයි ද, නොපිණවයි ද, බෙදා නොදෙයි ද, පින් නොකරයි ද, ගෘහපතිය මේ කාමභෝගී තැනැත්තා තුන් කරුණකින් ගැරහිය යුතුය. එහි ගැරහිය යුතු පළමුවෙනි කරුණ නම් අධර්මයෙන්, සැහැසිකමෙන් භෝග සම්පත් සෙවීමයි. ගැරහිය යුතු දෙවන කරුණ නම් තමා ව සුවපත් නොකිරීමයි, නොපිණවීමයි. ගැරහිය යුතු තුන්වන කරුණ නම් බෙදා නොදීමයි, පින් නොකිරීමයි. ගෘහපතිය, මේ කාමභෝගී තැනැත්තා මෙකී තුන් කරුණෙන් ගැරහුම් ලැබිය යුතුයි.

2.   ගෘහපතිය, එහිලා යම් මේ කාම සැප අනුභව කරන පුද්ගලයෙක් අධර්මයෙන් සැහැසි ලෙස භෝග සම්පත් සොයයි ද, අධර්මයෙන් සැහැසි ලෙස භෝග සම්පත් සොයා තමා ව සුවපත් කරයි ද, පිණවයි ද, එනමුදු බෙදා නොදෙයි ද, පින් නොකරයි ද, ගෘහපතිය, මේ කාමභෝගී තැනැත්තා දෙ කරුණකින් ගැරහිය යුතුය. එක් කරුණකින් පැසසිය යුතුය. එහි ගැරහිය යුතු පළමුවෙනි කරුණ නම් අධර්මයෙන්, සැහැසිකමෙන් භෝග සම්පත් සෙවීම යි. පැසසිය යුතු එක් කරුණ නම් තමා ව සුවපත් කිරීම යි, පිණවීම යි. ගැරහිය යුතු දෙවන කරුණ නම් බෙදා නොදීම යි, පින් නොකිරීම යි. ගෘහපතිය, මේ කාමභෝගී තැනැත්තා මෙකී දෙ කරුණෙන් ගැරහුම් ලැබිය යුතුයි. මෙකී එක් කරුණකින් පැසසුම් ලැබිය යුතුයි.

3.   ගෘහපතිය, එහිලා යම් මේ කාම සැප අනුභව කරන පුද්ගලයෙක් අධර්මයෙන් සැහැසි ලෙස භෝග සම්පත් සොයයි ද, අධර්මයෙන් සැහැසි ලෙස භෝග සම්පත් සොයා තමා ව සුවපත් කරයි ද, පිණවයි ද, බෙදා දෙයි ද, පින් කරයි ද, ගෘහපතිය, මේ කාමභෝගී තැනැත්තා එක් කරුණකින් ගැරහිය යුතුය. දෙ කරුණකින් පැසසිය යුතුය. එහි ගැරහිය යුතු එක් කරුණ නම් අධර්මයෙන්, සැහැසිකමෙන් භෝග සම්පත් සෙවීමයි. පැසසිය යුතු පළමු කරුණ නම් තමාව සුවපත් කිරීම යි, පිණවීම යි. පැසසිය යුතු දෙවන කරුණ නම් බෙදා දීම යි, පින් කිරීම යි. ගෘහපතිය, මේ කාමභෝගී තැනැත්තා මෙකී එක් කරුණෙන් ගැරහුම් ලැබිය යුතුයි. මෙකී දෙ කරුණකින් පැසසුම් ලැබිය යුතුයි.

4.   ගෘහපතිය, එහිලා යම් මේ කාම සැප අනුභව කරන පුද්ගලයෙක් ධර්මයෙනුත්, අධර්මයෙනුත් සැහැසි ලෙස ත්, නොසැහැසි ලෙස ත් භෝග සම්පත් සොයයි ද, ධර්මයෙනුත්, අධර්මයෙනුත්, සැහැසි ලෙසත්, නොසැහැසි ලෙස ත් භෝග සම්පත් සොයා තමා ව සුවපත් නොකරයි ද, නොපිණවයි ද, බෙදා නොදෙයි ද, පින් නොකරයි ද, ගෘහපතිය, මේ කාමභෝගී තැනැත්තා එක් කරුණකින් පැසසිය යුතුය. තුන් කරුණකින් ගැරහිය යුතුය. එහි පැසසිය යුතු එක් කරුණ නම් ධර්මයෙන් ද නොසැහැසි කමෙන් ද භෝග සම්පත් සෙවීම යි. එහි ගැරහිය යුතු පළමු කරුණ නම් අධර්මයෙන්, සැහැසිකමෙන් භෝග සම්පත් සෙවීමයි. එහි ගැරහිය යුතු දෙවෙනි කරුණ නම් තමා සුවපත් නොකිරීමයි, නොපිණවීමයි. ගැරහිය යුතු තුන්වෙනි කරුණ නම් බෙදා නොදීමයි, පින් නොකිරීමයි. ගෘහපතිය, මේ කාමභෝගී තැනැත්තා මෙකී එක් කරුණෙන් පැසසුම් ලැබිය යුතුයි. මෙකී තුන් කරුණකින් ගැරහුම් ලැබිය යුතුයි.

5.   ගෘහපතිය, එහිලා යම් මේ කාම සැප අනුභව කරන පුද්ගලයෙක් ධර්මයෙනුත්, අධර්මයෙනුත් සැහැසි ලෙස ත්, නොසැහැසි ලෙස ත් භෝග සම්පත් සොයයි ද, ධර්මයෙනුත්, අධර්මයෙනුත්, සැහැසි ලෙසත්, නොසැහැසි ලෙස ත් භෝග සම්පත් සොයා තමා ව සුවපත් කරයි ද, පිණවයි ද, එනමුදු බෙදා නොදෙයි ද, පින් නොකරයි ද, ගෘහපතිය, මේ කාමභෝගී තැනැත්තා දෙ කරුණකින් පැසසිය යුතුය. දෙ කරුණකින් ගැරහිය යුතුය. එහි පැසසිය යුතු පළමු කරුණ නම් ධර්මයෙන් ද නොසැහැසි කමෙන් ද භෝග සම්පත් සෙවීම යි. එහි ගැරහිය යුතු පළමු කරුණ නම් අධර්මයෙන්, සැහැසිකමෙන් භෝග සම්පත් සෙවීමයි. එහි පැසසිය යුතු දෙවෙනි කරුණ නම් තමා ව සුවපත් කිරීමයි, පිණවීමයි. ගැරහිය යුතු දෙවෙනි කරුණ නම් බෙදා නොදීමයි, පින් නොකිරීමයි. ගෘහපතිය, මේ කාමභෝගී තැනැත්තා මෙකී දෙ කරුණෙන් පැසසුම් ලැබිය යුතුයි. මෙකී දෙ කරුණකින් ගැරහුම් ලැබිය යුතුයි.

6.   ගෘහපතිය, එහිලා යම් මේ කාම සැප අනුභව කරන පුද්ගලයෙක් ධර්මයෙනුත්, අධර්මයෙනුත් සැහැසි ලෙස ත්, නොසැහැසි ලෙස ත් භෝග සම්පත් සොයයි ද, ධර්මයෙනුත්, අධර්මයෙනුත්, සැහැසි ලෙසත්, නොසැහැසි ලෙස ත් භෝග සම්පත් සොයා තමා ව සුවපත් කරයි ද, පිණවයි ද, බෙදා දෙයි ද, පින් කරයි ද, ගෘහපතිය, මේ කාමභෝගී තැනැත්තා තුන් කරුණකින් පැසසිය යුතුය. එක් කරුණකින් ගැරහිය යුතුය. එහි පැසසිය යුතු පළමු කරුණ නම් ධර්මයෙන් ද නොසැහැසි කමෙන් ද භෝග සම්පත් සෙවීම යි. එහි ගැරහිය යුතු එක් කරුණ නම් අධර්මයෙන්, සැහැසිකමෙන් භෝග සම්පත් සෙවීමයි. එහි පැසසිය යුතු දෙවෙනි කරුණ නම් තමා ව සුවපත් කිරීමයි, පිණවීමයි.

පැසසිය යුතු තුන්වෙනි කරුණ නම් බෙදා දීමයි, පින් කිරීමයි. ගෘහපතිය, මේ කාමභෝගී තැනැත්තා මෙකී තුන් කරුණෙන් පැසසුම් ලැබිය යුතුයි. මෙකී එක් කරුණකින් ගැරහුම් ලැබිය යුතුයි.

7. ගෘහපතිය, එහිලා යම් මේ කාම සැප අනුභව කරන පුද්ගලයෙක් ධර්මයෙන්, නොසැහැසි ලෙස භෝග සම්පත් සොයයි ද, ධර්මයෙන් නොසැහැසි ලෙස භෝග සම්පත් සොයා තමා ව සුවපත් නොකරයි ද, නොපිණවයි ද, බෙදා නොදෙයි ද, පින් නොකරයි ද, ගෘහපතිය, මේ කාමභෝගී තැනැත්තා එක් කරුණකින් පැසසිය යුතුය. දෙ කරුණකින් ගැරහිය යුතුය. එහි පැසසිය යුතු එක් කරුණ නම් ධර්මයෙන් ද නොසැහැසි කමෙන් ද භෝග සම්පත් සෙවීම යි. එහි ගැරහිය යුතු පළමු කරුණ නම් තමා ව සුවපත් නොකිරීමයි, නොපිණවීමයි. ගැරහිය යුතු දෙවෙනි කරුණ නම් බෙදා නොදීමයි, පින් නොකිරීමයි. ගෘහපතිය, මේ කාමභෝගී තැනැත්තා මෙකී එක් කරුණෙන් පැසසුම් ලැබිය යුතුයි. මෙකී දෙ කරුණකින් ගැරහුම් ලැබිය යුතුයි.

8. ගෘහපතිය, එහිලා යම් මේ කාම සැප අනුභව කරන පුද්ගලයෙක් ධර්මයෙන් නොසැහැසි ලෙස භෝග සම්පත් සොයයි ද, ධර්මයෙන් නොසැහැසි ලෙස භෝග සම්පත් සොයා තමා ව සුවපත් කරයි ද, පිණවයි ද, එනමුදු බෙදා නොදෙයි ද, පින් නොකරයි ද, ගෘහපතිය, මේ කාමභෝගී තැනැත්තා දෙ කරුණකින් පැසසිය යුතුය. එක් කරුණකින් ගැරහිය යුතුය. එහි පැසසිය යුතු පළමු කරුණ නම් ධර්මයෙන් ද නොසැහැසිකමෙන් ද භෝග සම්පත් සෙවීම යි. එහි පැසසිය යුතු දෙවෙනි කරුණ නම් තමා ව සුවපත් කිරීමයි, පිණවීමයි. ගැරහිය යුතු එක් කරුණ නම් බෙදා නොදීමයි, පින් නොකිරීමයි. ගෘහපතිය, මේ කාමභෝගී තැනැත්තා මෙකී දෙ කරුණෙන් පැසසුම් ලැබිය යුතුයි. මෙකී එක් කරුණකින් ගැරහුම් ලැබිය යුතුයි.

9. ගෘහපතිය, එහිලා යම් මේ කාම සැප අනුභව කරන පුද්ගලයෙක් ධර්මයෙන් නොසැහැසි ලෙස භෝග සම්පත් සොයයි ද, ධර්මයෙන් නොසැහැසි ලෙස භෝග සම්පත් සොයා තමා ව සුවපත් කරයි ද, පිණවයි ද, බෙදා දෙයි ද, පින් කරයි ද, එනමුදු ඒ භෝග සම්පත් පිළිබඳ ගිජු වූයේ වෙයි ද, මත් වූයේ වෙයි ද, එහි බැසගත්තේ වෙයි ද, ආදීනව නොදක්නාසුළු වූයේ ඒ ඇල්මෙන් නිදහස් වන ප්‍රඥාව නැති ව ඒ භෝග සම්පත් අනුභව කරයි ද, ගෘහපතිය, මේ කාමභෝගී තැනැත්තා තුන් කරුණකින් පැසසිය යුතුය. එක් කරුණකින් ගැරහිය යුතුය. එහි පැසසිය යුතු පළමු කරුණ නම් ධර්මයෙන් ද නොසැහැසි කමෙන් ද භෝග සම්පත් සෙවීම යි. එහි පැසසිය යුතු දෙවෙනි කරුණ නම් තමා සුවපත් කිරීමයි, පිණවීමයි. පැසසිය යුතු තුන්වෙනි කරුණ නම් බෙදා

දීමයි, පින් කිරීමයි. එහි ගැරහිය යුතු එක් කරුණ නම් ඒ භෝග සම්පත් පිළිබඳ ගිජු වීමයි, මත් වීමයි, එහි බැසගෙන සිටීමයි, ආදීනව නොදකීමයි, ඒ ඇල්මෙන් නිදහස් වන ප්‍රඥාව නැතිව ඒ භෝග සම්පත් අනුභව කිරීමයි. ගෘහපතිය, මේ කාමභෝගී තැනැත්තා මෙකී තුන් කරුණෙන් පැසසුම් ලැබිය යුතුයි. මෙකී එක් කරුණකින් ගැරහුම් ලැබිය යුතුයි.

10. ගෘහපතිය, එහිලා යම් මේ කාම සැප අනුභව කරන පුද්ගලයෙක් ධර්මයෙන් නොසැහැසි ලෙස භෝග සම්පත් සොයයි ද, ධර්මයෙන් නොසැහැසි ලෙස භෝග සම්පත් සොයා තමා ව සුවපත් කරයි ද, පිණවයි ද, බෙදා දෙයි ද, පින් කරයි ද, ඒ භෝග සම්පත් පිළිබඳ ගිජු නොවූයේ වෙයි ද, මත් නොවූයේ වෙයි ද, එහි නොබැසගත්තේ වෙයි ද, ආදීනව දක්නාසුළු වූයේ ඒ ඇල්මෙන් නිදහස් වන ප්‍රඥාව ඇතිව ඒ භෝග සම්පත් අනුභව කරයි ද, ගෘහපතිය, මේ කාමභෝගී තැනැත්තා සිව් කරුණකින් පැසසිය යුතුය. එහි පැසසිය යුතු පළමු කරුණ නම් ධර්මයෙන් ද නොසැහැසි කමෙන් ද භෝග සම්පත් සෙවීම යි. එහි පැසසිය යුතු දෙවෙනි කරුණ නම් තමා ව සුවපත් කිරීමයි, පිණවීමයි. පැසසිය යුතු තුන්වෙනි කරුණ නම් බෙදා දීමයි, පින් කිරීමයි. එහි පැසසිය යුතු සිව්වෙනි කරුණ නම් ඒ භෝග සම්පත් පිළිබඳ ගිජු නොවීමයි, මත් නොවීමයි, එහි බැසගෙන නොසිටීමයි, ආදීනව දැකීමයි, ඒ ඇල්මෙන් නිදහස් වන ප්‍රඥාව ඇතිව ඒ භෝග සම්පත් අනුභව කිරීමයි. ගෘහපතිය, මේ කාමභෝගී තැනැත්තා මෙකී සිව් කරුණෙන් පැසසුම් ලැබිය යුතුයි.

ගෘහපතිය, මේ වනාහී ලොවෙහි විද්‍යමානව සිටින කාමභෝගීහු දස දෙනා ය. ගෘහපතිය, මේ දස වැදෑරුම් කාමභෝගීන් අතුරින්, යම් මේ කාම සැප අනුභව කරන පුද්ගලයෙක් ධර්මයෙන් නොසැහැසි ලෙස භෝග සම්පත් සොයයි ද, ධර්මයෙන් නොසැහැසි ලෙස භෝග සම්පත් සොයා තමා ව සුවපත් කරයි ද, පිණවයි ද, බෙදා දෙයි ද, පින් කරයි ද, ඒ භෝග සම්පත් පිළිබඳ ගිජු නොවූයේ වෙයි ද, මත් නොවූයේ වෙයි ද, එහි නොබැසගත්තේ වෙයි ද, ආදීනව දක්නාසුළු වූයේ ඒ ඇල්මෙන් නිදහස් වන ප්‍රඥාව ඇතිව ඒ භෝග සම්පත් අනුභව කරයි ද, මේ තැනැත්තා මේ දස වැදෑරුම් කාම භෝගීන් අතුරින් අග්‍ර වූයේ ත් වෙයි. ශ්‍රේෂ්ඨ වූයේ ත් වෙයි. ප්‍රමුඛ වූයේ ත් වෙයි. උත්තම වූයේ ත් වෙයි. වඩාත් උතුම් වූයේ ත් වෙයි.

ගෘහපතිය, එය මෙබඳු දෙයකි. යම් සේ ගවදෙනගෙන් කිරි ගනියි ද, කිරෙන් දිහි ගනියි ද, දිහියෙන් වෙඬරු ගනියි ද, වෙඬරුවෙන් ගිතෙල් ගනියි ද, ගිතෙලින් ගී මණ්ඩි ගනියි ද, එහිලා අග්‍ර වන්නේ ගී මණ්ඩි ය. එසෙයින් ම ගෘහපතිය, මේ දස වැදෑරුම් කාමභෝගීන් අතුරින්, යම් මේ කාම සැප අනුභව

කරන පුද්ගලයෙක් ධර්මයෙන් නොසැහැසි ලෙස භෝග සම්පත් සොයයි ද, ධර්මයෙන් නොසැහැසි ලෙස භෝග සම්පත් සොයා තමා ව සුවපත් කරයි ද, පිණවයි ද, බෙදා දෙයි ද, පින් කරයි ද, ඒ භෝග සම්පත් පිළිබඳ ගිජු නොවූයේ වෙයි ද, මත් නොවූයේ වෙයි ද, එහි නොබැසගත්තේ වෙයි ද, ආදීනව දක්නාසුළු වූයේ ඒ ඇල්මෙන් නිදහස් වන ප්‍රඥාව ඇතිව ඒ භෝග සම්පත් අනුභව කරයි ද, මේ තැනැත්තා මේ දස වැදෑරුම් කාමභෝගීන් අතුරින් අග්‍ර වූයේ ත් වෙයි. ශ්‍රේෂ්ඨ වූයේ ත් වෙයි. ප්‍රමුඛ වූයේ ත් වෙයි. උත්තම වූයේ ත් වෙයි. වඩාත් උතුම් වූයේ ත් වෙයි.

සාදු! සාදු!! සාදු!!!

කාමභෝගී සූත්‍රය නිමා විය.

10.2.5.2
භය සූත්‍රය
භය ගැන වදාළ දෙසුම

සැවැත් නුවර දී ය ....

එකල්හී අනාථපිණ්ඩික ගෘහපති තෙමේ භාග්‍යවතුන් වහන්සේ යම් තැනක වැඩසිටි සේක් ද, එතැනට පැමිණියේ ය. පැමිණ භාග්‍යවතුන් වහන්සේට සකසා වන්දනා කොට එකත්පස් ව හිඳ ගත්තේ ය. එකත්පස් ව හුන් අනාථපිණ්ඩික ගෘහපති හට භාග්‍යවතුන් වහන්සේ මෙය වදාළ සේක.

ගෘහපතිය, ආර්ය ශ්‍රාවකයා හට යම් විටෙක භය වෛර ඇතිවෙන කරුණු පහ සංසිඳී ඇද්ද, සෝතාපත්ති අංග සතරින් යුක්ත වෙයි ද, ඔහු තුළ ප්‍රඥාවෙන් මැනැවින් දකින ලද, මැනැවින් අවබෝධ කරන ලද ආර්ය න්‍යාය ඇත්තේ ද, ඔහු කැමති නම්, තමා ගැන මෙසේ පැවසිය හැකිය. 'නිරයෙන් මිදුණු කෙනෙක්මි. තිරිසන් අපායෙන් මිදුණු කෙනෙක්මි. ප්‍රේත විෂයෙන් මිදුණු කෙනෙක්මි. අපාය දුර්ගති විනිපාතයෙන් මිදුණු කෙනෙක්මි. අපායට නොවැටෙන සුළු වූයේ, නියත වශයෙන් නිවන පිහිට කොට ඇති සෝවාන් වූ කෙනෙක්මි' යි.

ගෘහපතිය, සංසිඳුණා වූ ඒ භය වෛර ඇතිවන කරුණු පහ මොනවාද?

ගෘහපතිය, යමෙක් ප්‍රාණඝාතය කරන්නේ, ප්‍රාණඝාතය හේතුවෙන් මෙලොව දී ද යම් භයක් හා වෛරයක් උපදවා ගනියි ද, පරලොව දී ද යම් භයක් හා වෛරයක් උපදවා ගනියි ද, සිතින් ද දුක් දොම්නස් විඳියි ද, ප්‍රාණඝාතයෙන් වැළකී සිටින තැනැත්තා ඒ මෙලොව දී ලබන භය හා වෛර නොලබයි. පරලොව දී ලබන භය හා වෛර ත් නොලබයි. මානසික දුක් දොම්නසුත් නොවිඳියි. මේ අයුරින් ප්‍රාණඝාතයෙන් වැළකී සිටින්නහුගේ භය හා වෛර සංසිඳුණේ වෙයි.

ගෘහපතිය, නුදුන් දේ සොරකම් කරනා තැනැත්තා ....(පෙ).... කාමයන්හි අනාචාරී ව හැසිරෙන්නා ....(පෙ).... අසත්‍ය දේ පවසන්නා ....(පෙ).... ගෘහපතිය, යමෙක් මත් වීමට ත්, ප්‍රමාදයට ත් හේතුවෙන සුරාමේරය පානය කරන්නේ, මත් වීමට ත්, ප්‍රමාදයට ත් හේතුවෙන සුරාමේරය හේතුවෙන් මෙලොව දී ද යම් භයක් හා වෛරයක් උපදවා ගනියි ද, පරලොව දී ද යම් භයක් හා වෛරයක් උපදවා ගනියි ද, සිතින් ද දුක් දොම්නස් විඳියි ද, මත් වීමට ත්, ප්‍රමාදයට ත් හේතුවෙන සුරාමේරයෙන් වැළකී සිටින තැනැත්තා ඒ මෙලොව දී ලබන භය හා වෛර නොලබයි. පරලොව දී ලබන භය හා වෛර ත් නොලබයි. මානසික දුක් දොම්නසුත් නොවිඳියි. මේ අයුරින් මත් වීමට ත්, ප්‍රමාදයට ත් හේතුවෙන සුරාමේරයෙන් වැළකී සිටින්නහුගේ භය හා වෛර සංසිඳුණේ වෙයි. මෙම භය වෛර ඇතිවන පස් කරුණ සංසිඳුණේ වෙයි.

කවර වූ සෝතාපත්ති අංග සතරකින් සමන්විත වෙයිද?

ගෘහපතිය, මෙහිලා ආර්ය ශ්‍රාවකයා බුදුරජුන් කෙරෙහි නොසෙල්වෙන ප්‍රසාදයෙන් යුක්ත වෙයි. එනම් 'මේ මේ කරුණින් ඒ භාග්‍යවතුන් වහන්සේ අරහං වන සේක, සම්මා සම්බුද්ධ වන සේක, විජ්ජාචරණ සම්පන්න වන සේක. සුගත වන සේක. ලෝකවිදූ වන සේක, අනුත්තරෝ පුරිසදම්ම සාරථී වන සේක, සත්ථා දේවමනුස්සානං වන සේක, බුද්ධ වන සේක, භගවා වන සේක'යි.

ධර්මය පිළිබඳ ව නොසෙල්වෙන ප්‍රසාදයෙන් යුක්ත වෙයි. එනම් 'භාග්‍යවතුන් වහන්සේ විසින් වදාරණ ලද ධර්මය ස්වාක්ඛාත වන සේක. සන්දිට්ඨික වන සේක. අකාලික වන සේක. ඒහිපස්සික වන සේක. ඕපනයික වන සේක. පච්චත්තං වේදිතබ්බෝ විඤ්ඤූහී වන සේක' යි.

ශ්‍රාවක සංඝයා පිළිබඳ ව ද නොසෙල්වෙන ප්‍රසාදයෙන් යුක්ත වෙයි. එනම් 'භාග්‍යවතුන් වහන්සේගේ ශ්‍රාවක සංඝරත්නය සුපටිපන්න වන සේක. භාග්‍යවතුන් වහන්සේගේ ශ්‍රාවක සංඝරත්නය උජුපටිපන්න වන සේක.

භාග්‍යවතුන් වහන්සේගේ ශ්‍රාවක සංඝරත්නය ඤායපටිපන්න වන සේක. භාග්‍යවතුන් වහන්සේගේ ශ්‍රාවක සංඝරත්නය සාමීචිපටිපන්න වන සේක. පුරුෂ යුගල සතරකින් යුතු වන සේක. පුරුෂ පුද්ගල අට දෙනෙකුගෙන් යුතු වන සේක. ආහුනෙය්‍යය වන සේක. පාහුනෙය්‍යය වන සේක. දක්ඛිණෙය්‍යය වන සේක. අංජලිකරණීය වන සේක. ලොවෙහි අනුත්තර පින්කෙත වන සේක'යි.

ආර්යකාන්ත සීලයෙන් ද යුක්ත වන සේක. එනම්, නොබිඳුණු, සිදුරු රහිත වූ, පැල්ලම් නැති, කැලැල් නැති, ඤාය නැති, නුවණැත්තන් විසින් පසසනු ලබන, මිසදිටු මත ස්පර්ශ නොකළ, සමාධිය පිණිස හිත වූ සීලයකින් යුක්ත වෙයි. මෙම සෝතාපත්ති අංග සතරෙන් සමන්විත වූයේ වෙයි.

ඔහු තුළ ප්‍රඥාවෙන් මැනැවින් දකින ලද, මැනැවින් අවබෝධ කරන ලද කවර නම් ආර්ය න්‍යායක් ඇත්තේ ද? ගෘහපතිය, මෙහිලා ආර්ය ශ්‍රාවකයා මෙසේ නුවණින් මෙනෙහි කරයි. 'මෙය ඇති කල්හී මෙය වෙයි. මෙය උපදින විට මෙය උපදියි. මෙය නැති කල්හී මෙය නොවෙයි. මෙය නිරුද්ධ වන කල්හී මෙය නිරුද්ධ වෙයි' යනුවෙනි. එනම් අවිද්‍යාව හේතුවෙන් සංස්කාර හටගනියි. සංස්කාර හේතුවෙන් විඤ්ඤාණය හටගනියි. විඤ්ඤාණය හේතුවෙන් නාමරූප හටගනියි. නාමරූප හේතුවෙන් ආයතන හය හටගනියි. ආයතන හය හේතුවෙන් ස්පර්ශය හටගනියි. ස්පර්ශය හේතුවෙන් විඳීම් හටගනියි. විඳීම් හේතුවෙන් තෘෂ්ණාව හටගනියි. තෘෂ්ණාව හේතුවෙන් ග්‍රහණය වෙයි. ග්‍රහණය වීම හේතුවෙන් උපතක් පිණිස කර්ම සකස් වෙයි. උපතක් පිණිස කර්ම සකස් වීම හේතුවෙන් උපදියි. ඉපදීම හේතුවෙන් ජරා, මරණ, සෝක, වැළපීම්, දුක්, දොම්නස්, සුසුම් හෙළීම් ආදිය හටගනියි. මේ අයුරින් මුළු මහත් දුක්ඛස්කන්ධය ම හටගන්නේ වෙයි.

අවිද්‍යාව ම ඉතිරියක් නොතබා නොඇල්මෙන් නිරුද්ධ වීමෙන් සංස්කාර නිරුද්ධ වෙයි. සංස්කාර නිරුද්ධ වීමෙන් විඤ්ඤාණය නිරුද්ධ වෙයි. විඤ්ඤාණය නිරුද්ධ වීමෙන් නාමරූප නිරුද්ධ වෙයි. නාමරූප නිරුද්ධ වීමෙන් ආයතන හය නිරුද්ධ වෙයි. ආයතන හය නිරුද්ධ වීමෙන් ස්පර්ශය නිරුද්ධ වෙයි. ස්පර්ශය නිරුද්ධ වීමෙන් විඳීම් නිරුද්ධ වෙයි. විඳීම් නිරුද්ධ වීමෙන් තෘෂ්ණාව නිරුද්ධ වෙයි. තෘෂ්ණාව නිරුද්ධ වීමෙන් ග්‍රහණයට හසුවීම නිරුද්ධ වෙයි. ග්‍රහණයට හසුවීම නිරුද්ධ වීමෙන් උපතක් පිණිස කර්ම සකස් වීම නිරුද්ධ වෙයි. උපතක් පිණිස කර්ම සකස් වීම නිරුද්ධ වීමෙන් ඉපදීම නිරුද්ධ වෙයි. ඉපදීම නිරුද්ධ වීමෙන් ජරා, මරණ, සෝක, වැළපීම්, දුක්, දොම්නස්, සුසුම් හෙළීම් ආදිය නිරුද්ධ වෙයි. මේ අයුරින් මුළු මහත් දුක්ඛස්කන්ධය ම නිරුද්ධ වන්නේ වෙයි. ඔහු තුළ ප්‍රඥාවෙන් දකින ලද, මැනැවින් අවබෝධ

කරන ලද ආර්ය න්‍යාය මෙය යි.

ගෘහපතිය, ආර්ය ශ්‍රාවකයා හට යම් විටෙක භය වෛර ඇතිවෙන මේ කරුණු පහ සංසිඳී ඇද්ද, මේ සෝතාපත්ති අංග සතරින් යුක්ත වෙයි ද, ඔහු තුළ ප්‍රඥාවෙන් මැනැවින් දකින ලද, මැනැවින් අවබෝධ කරන ලද මේ ආර්ය න්‍යාය ඇත්තේ ද, ඔහු කැමති නම්, තමා ගැන මෙසේ පැවසිය හැකිය. 'නිරයෙන් මිදුණු කෙනෙක්මි. තිරිසන් අපායෙන් මිදුණු කෙනෙක්මි. ප්‍රේත විෂයෙන් මිදුණු කෙනෙක්මි. අපාය දුර්ගති විනිපාතයෙන් මිදුණු කෙනෙක්මි. සතර අපායට නොවැටෙන සුළු වූයේ, නියත වශයෙන් නිවන පිහිට කොට ඇති සෝවාන් වූ කෙනෙක්මි' යි.

සාදු! සාදු!! සාදු!!!

භය සූත්‍රය නිමා විය.

10.2.5.3
කිං දිට්ඨික සූත්‍රය
කුමන දෘෂ්ටියක් දැයි යනුවෙන් වදාළ දෙසුම

එක් සමයක භාග්‍යවතුන් වහන්සේ සැවැත් නුවර ජේතවන නම් අනේපිඬු සිටුහුගේ ආරාමයේ වැඩවසන සේක. එකල්හී අනාථ පිණ්ඩික ගෘහපති තෙමේ දහවල් මධ්‍යාහ්නයෙහිදී භාග්‍යවතුන් වහන්සේ බැහැදැකීම පිණිස සැවැත් නුවරින් නික්මුණේ ය. එවිට අනේපිඬු ගෘහපති හට මේ සිත පහළ විය. 'තව ම භාග්‍යවතුන් වහන්සේ දැක්මට කල් නොවෙයි. භාග්‍යවතුන් වහන්සේ භාවනාවෙන් වැඩසිටින සේක. මනෝභාවනීය භික්ෂූන් දැක්මට ද කල් නොවෙයි. මනෝභාවනීය භික්ෂූහු ත් භාවනාවෙන් වැඩසිටිති. එහෙයින් මම් අන්‍ය තීර්ථක පරිබ්‍රාජකයන්ගේ ආරාමය යම් තැනක ද, එතැනට යන්නෙම් නම් මැනැවැ'යි. ඉක්බිති අනේපිඬු සිටු තෙමේ අන්‍යතීර්ථක පරිබ්‍රාජකයන්ගේ ආරාමයට ගියේ ය.

එසමයෙහි අන්‍ය තීර්ථක පරිබ්‍රාජකයෝ එක්රැස් ව මහත් සේ හඬ නගමින් උස් හඬින් යුතුව, මහ හඬින් යුතුව අනේකප්‍රකාර වූ තිරශ්චීන කථා කතා කරමින් හුන්නාහු ය. එකල්හී ඒ අන්‍ය තීර්ථක පිරිවැජියෝ දුරින් ම පැමිණෙන අනාථපිණ්ඩික ගෘහපති දුටුවාහු ය. දැක ඔවුනොවුන් නැවැත්තූහ. 'භවත්හු අල්ප

ශබ්ද ව සිටිත්වා! භවත්හු ශබ්ද නොකරත්වා!' ශ්‍රමණ ගෞතමයන්ගේ ශ්‍රාවක වූ මේ අනාථ පිණ්ඩික ගෘහපති තෙමේ එයි. ශ්‍රමණ ගෞතමයන්ගේ සුදුවත් හඳිනා ගිහි ශ්‍රාවකයෝ යම්තාක් සැවැත් නුවර වසත් ද, මේ අනාථපිණ්ඩික ගෘහපති තෙමේ ඔවුන් අතර කෙනෙකි. ඒ ආයුෂ්මත්හු නිශ්ශබ්දතාවයට කැමැත්තහු ය. නිශ්ශබ්දතාවය පිණිස හික්මී සිටිති. නිශ්ශබ්දතාවයෙහි ගුණ වර්ණනා කරන්නෝ ය. අල්ප ශබ්ද ඇති පිරිස දැන ඔවුන් වෙත පැමිණිය යුතු යැයි හඟින්නේ නම් මැනැවැයි එකල්හී ඒ අන්‍ය තීර්ථක පිරිවැජියෝ නිශ්ශබ්ද වූවාහු ය.

එකල්හී අනාථපිණ්ඩික ගෘහපති තෙමේ ඒ අන්‍ය තීර්ථක පිරිවැජියන් වෙත පැමිණියේ ය. පැමිණ ඒ අන්‍ය තීර්ථක පිරිවැජියන් හා සතුටු විය. සතුටු විය යුතු පිළිසඳර කතා බහේ යෙදී එකත්පස් ව හිඳගත්තේ ය. එකත්පස් ව හුන් අනාථපිණ්ඩික ගෘහපති හට ඒ අන්‍ය තීර්ථක පරිබ්‍රාජකයෝ මෙකරුණ කීහ.

"කියව ගෘහපතිය, ශ්‍රමණ ගෞතම තෙමේ කවර දෘෂ්ටියකින් යුක්ත ද?"

"ස්වාමීනී, මම් භාග්‍යවතුන් වහන්සේගේ සෑම දෘෂ්ටියක් ම නොදනිමි."

"එසේ වී නම් ගෘහපතිය, ඔබ ශ්‍රමණ ගෞතමයන්ගේ සෑම දෘෂ්ටියක් ම නොදන්නෙහි නම්, කියව ගෘහපතිය, භික්ෂූන්ගේ දෘෂ්ටිය කුමක් ද?"

"ස්වාමීනී, මම් භික්ෂූන්ගේ ද සෑම දෘෂ්ටියක් ම නොදනිමි."

"එසේ වී නම් ගෘහපතිය, ඔබ ශ්‍රමණ ගෞතමයන්ගේ සෑම දෘෂ්ටියක් ම නොදන්නෙහි නම්, භික්ෂූන්ගේ ද සෑම දෘෂ්ටියක් ම නොදන්නෙහි නම්, කියව ගෘහපතිය, ඔබ කවර දෘෂ්ටියක් ඇත්තෙහි ද?"

"ස්වාමීනී, අපි කවර දෘෂ්ටියකින් යුක්ත වෙමු ද යන ඔය කරුණ නම් අපට පවසන්නට දුෂ්කර නැත්තේ ය. පළමු ව ආයුෂ්මත්හු තමන්ගේ දෘෂ්ටීහු ගැන පවසත්වා! පසුව අපි කවර දෘෂ්ටියක් ඇත්තමෝ ද යි පවසන්නට අපට දුෂ්කරකමක් නැත්තේ ය."

මෙසේ පැවසූ කල්හී එක්තරා පරිබ්‍රාජකයෙක් අනාථපිණ්ඩික ගෘහපතියාට මෙය පැවසූයේ ය. "ගෘහපතිය, මම 'ලෝකය වනාහී සදාකාලික ය. මෙය ම සත්‍යය වේ. අන් සියල්ල බොරු ය' යන මෙබඳු දෘෂ්ටියක් ඇත්තෙමි." තවත් පරිබ්‍රාජකයෙක් අනාථපිණ්ඩික ගෘහපතියාට මෙය පැවසූයේ ය. "ගෘහපතිය, මම 'ලෝකය වනාහී සදාකාලික නැත. මෙය ම සත්‍යය වේ. අන් සියල්ල බොරු ය' යන මෙබඳු දෘෂ්ටියක් ඇත්තෙමි." තවත් පරිබ්‍රාජකයෙක් අනාථපිණ්ඩික

ගෘහපතියාට මෙය පැවසුයේ ය. "ගෘහපතිය, මම 'ලෝකය වනාහී අන්තවත් ය. ....(පෙ).... ලෝකය අනන්තවත් ය. ....(පෙ).... එය ජීවය යි, එය ශරීරය යි ....(පෙ).... ජීවය අනෙකකි, ශරීරය අනෙකකි ....(පෙ).... තථාගත තෙම මරණින් මතු සිටියි ....(පෙ).... තථාගත තෙම මරණින් මතු නොසිටියි ....(පෙ).... තථාගත තෙම මරණින් මතු සිටියි, නොසිටියි ....(පෙ).... තථාගත තෙම මරණින් මතු නොසිටියි, නොම නොසිටියි. මෙය ම සත්‍යය වේ. අන් සියල්ල බොරු ය' යන මෙබඳු දෘෂ්ටියක් ඇත්තෙමි."

මෙසේ පැවසූ විට අනාථපිණ්ඩික ගෘහපති ඒ පරිබ්‍රාජකයන්ට මෙකරුණ කීවේ ය.

"ස්වාමීනී, යම් ආයුෂ්මත් කෙනෙක් මෙසේ කිව්වේ ද, එනම් 'ගෘහපතිය, මම ලෝකය සදාතනිකය යන මෙය ම සත්‍යය ය. අන් සියල්ල බොරු ය යන දෘෂ්ටිය ඇත්තෙක් වෙමි' යි. මේ ආයුෂ්මතුන්ගේ මෙම දෘෂ්ටිය තමන් නුවණින් තොර ව මෙනෙහි කිරීමෙන් හෝ උපන්නක් විය යුතුයි. නැත්නම් අනුන් ගෙන් අසා ගත් දැනුමෙන් හෝ උපන්නක් විය යුතුයි. ඔය දෘෂ්ටිය හටගත් දෙයකි. සකස් වූ දෙයකි. සිතින් මවා ගත් දෙයකි. හේතූන් නිසා උපන් දෙයකි. යම් කිසිවක් හටගත්තේ වෙයි ද, සකස් වූයේ වෙයි ද, සිතින් මවා ගත්තේ වෙයි ද, හේතූන්ගෙන් හටගත්තේ වෙයි ද, එය අනිත්‍යය ය. යමක් අනිත්‍ය ද, එය දුකකි. දුක් වූ යමක් ඇද්ද, මේ ආයුෂ්මතුන් ඇලී ඇත්තේ එයට ම යි. ඒ ආයුෂ්මතුන් එහි ම බැසගත්තේ ය.

ස්වාමීනී, යම් ආයුෂ්මත් කෙනෙක් මෙසේ කිව්වේ ද, එනම් 'ගෘහපතිය, මම ලෝකය සදාතනික නොවේ යන මෙය ම සත්‍යය ය. අන් සියල්ල බොරු ය යන දෘෂ්ටිය ඇත්තෙක් වෙමි' යි. මේ ආයුෂ්මතුන්ගේ මෙම දෘෂ්ටිය තමන් නුවණින් තොර ව මෙනෙහි කිරීමෙන් හෝ උපන්නක් විය යුතුයි. නැත්නම් අනුන් ගෙන් අසා ගත් දැනුමෙන් හෝ උපන්නක් විය යුතුයි. ඔය දෘෂ්ටිය හටගත් දෙයකි. සකස් වූ දෙයකි. සිතින් මවා ගත් දෙයකි. හේතූන් නිසා උපන් දෙයකි. යම් කිසිවක් හටගත්තේ වෙයි ද, සකස් වූයේ වෙයි ද, සිතින් මවා ගත්තේ වෙයි ද, හේතූන්ගෙන් හටගත්තේ වෙයි ද, එය අනිත්‍යය ය. යමක් අනිත්‍ය ද, එය දුකකි. දුක් වූ යමක් ඇද්ද, මේ ආයුෂ්මතුන් ඇලී ඇත්තේ එයට ම යි. ඒ ආයුෂ්මතුන් එහි ම බැසගත්තේ ය.

ස්වාමීනී, යම් ආයුෂ්මත් කෙනෙක් මෙසේ කිව්වේ ද, එනම් 'ගෘහපතිය, මම ලෝකය අන්තවත් ය ....(පෙ).... ලෝකය අනන්තවත් ය ....(පෙ).... ජීවය ය එය ය, ශරීරය එය ය ....(පෙ).... ජීවය අනිකකි, ශරීරය අනිකකි ....(පෙ).... තථාගත තෙම මරණින් මතු සිටියි ....(පෙ).... තථාගත තෙම මරණින් මතු

නොසිටියි ....(පෙ).... තථාගත තෙම මරණින් මතු සිටියි, නොසිටියි ....(පෙ).... තථාගත තෙම මරණින් මතු නොසිටියි, නොම නොසිටියි' යන මෙය ම සත්‍යය ය. අන් සියල්ල බොරු ය යන දෘෂ්ටිය ඇත්තෙක් වෙමි' යි. මේ ආයුෂ්මතුන්ගේ මෙම දෘෂ්ටිය තමන් නුවණින් නොර ව මෙනෙහි කිරීමෙන් හෝ උපන්නක් විය යුතුයි. නැත්නම් අනුන්ගෙන් අසා ගත් දැනුමෙන් හෝ උපන්නක් විය යුතුයි. ඔය දෘෂ්ටිය හටගත් දෙයකි. සකස් වූ දෙයකි. සිතින් මවා ගත් දෙයකි. හේතූන් නිසා උපන් දෙයකි. යම් කිසිවක් හටගත්තේ වෙයි ද, සකස් වූයේ වෙයි ද, සිතින් මවා ගත්තේ වෙයි ද, හේතූන්ගෙන් හටගත්තේ වෙයි ද, එය අනිත්‍යය ය. යමක් අනිත්‍ය ද, එය දුකකි. දුක් වූ යමක් ඇද්ද, මේ ආයුෂ්මතුන් ඇලී ඇත්තේ එයට ම යි. ඒ ආයුෂ්මතුන් එහි ම බැසගත්තේ ය."

මෙසේ පැවසූ කල්හී ඒ පරිබ්‍රාජකවරු අනාථපිණ්ඩික ගෘහපති හට මෙය කීවෝ ය.

"ගෘහපතිය, අපි සැම දෙනා විසින් ම තම තමන්ගේ දෘෂ්ටීහු පවසන ලද්දාහු ය. කියව, ගෘහපතිය, ඔබ කවර දෘෂ්ටියක් ඇත්තෙහි ද?"

"ස්වාමීනී, යම් කිසිවක් හටගත්තේ වෙයි ද, සකස් වූයේ වෙයි ද, සිතින් මවා ගත්තේ වෙයි ද, හේතූන්ගෙන් හටගත්තේ වෙයි ද, එය අනිත්‍යය ය. යමක් අනිත්‍ය ද, එය දුකකි. දුක් වූ යමක් ඇද්ද, එය 'මගේ නොවෙයි, එය මම නොවෙමි, එය මාගේ ආත්මය නොවේ' යැයි ස්වාමීනී, මම් මෙබඳු දෘෂ්ටියක් ඇත්තෙමි."

"ගෘහපතිය, යම් කිසිවක් හටගත්තේ වෙයි ද, සකස් වූයේ වෙයි ද, සිතින් මවා ගත්තේ වෙයි ද, හේතූන්ගෙන් හටගත්තේ වෙයි ද, එය අනිත්‍යය ය. යමක් අනිත්‍ය ද, එය දුකකි. දුක් වූ යමක් ඇද්ද, ගෘහපතිය, ඔබ එයට ම ඇලුනෙහි ය. ගෘහපතිය, ඔබ එම දෘෂ්ටියෙහි ම බැසගත්තෙහි ය."

"ස්වාමීනී, යම් කිසිවක් හටගත්තේ වෙයි ද, සකස් වූයේ වෙයි ද, සිතින් මවා ගත්තේ වෙයි ද, හේතූන්ගෙන් හටගත්තේ වෙයි ද, එය අනිත්‍යය ය. යමක් අනිත්‍ය ද, එය දුකකි. දුක් වූ යමක් ඇද්ද, එය 'මගේ නොවෙයි, එය මම නොවෙමි, එය මාගේ ආත්මය නොවේ' යැයි මේ අයුරින් මෙය ඇත්ත ඇති සැටියෙන් ම දියුණු කළ ප්‍රඥාවෙන් මැනැවින් දකින ලද්දේ ය. තවදුරටත් එහි නිස්සරණය ද ඇති සැටියෙන් ම දනිමි"යි.

එවිට ඒ පරිබ්‍රාජකයෝ නිශ්ශබ්ද වූවාහුය. තේජස් රහිත වූවාහු ය. ඇඟ පහත් කරගත්තාහු ය. මුව යටට හරවා ගත්තාහු ය. වැටහීම් රහිත ව සිතමින් හුන්නාහු ය. එවිට එසේ නිශ්ශබ්ද ව තේජස් රහිත ව ඇඟ පහත් කරගෙන,

මුව යටට හරවා ගෙන, වැටහීම් රහිත ව, සිතමින් සිටින ඒ පරිබ්‍රාජකයන් දැක අනාථපිණ්ඩික ගෘහපති තෙමේ හුනස්නෙන් නැගිට භාග්‍යවතුන් වහන්සේ කරා එළැඹියේ ය. එළැඹ භාග්‍යවතුන් වහන්සේට සකසා වන්දනා කොට එකත්පස් ව හිඳගත්තේ ය. එකත්පස් ව හුන් අනාථ පිණ්ඩික ගෘහපති තෙමේ ඒ අන්‍ය තීර්ථක පරිබ්‍රාජකයන් හා යම්තාක් කථා සල්ලාපයෙක් වී ද, ඒ තාක් හැම භාග්‍යවතුන් වහන්සේට සැළ කළේ ය.

"ගෘහපතිය, සාදු! සාදු! ගෘහපතිය, ඔය හිස් පුරුෂයෝ කලින් කලට කරුණු සහිත ව ඔය අයුරින් මැනැවින් නිග්‍රහ කොට නිගැනිය යුත්තාහ."

ඉක්බිති භාග්‍යවතුන් වහන්සේ අනාථපිණ්ඩික ගෘහපති හට දැහැමි කථාවෙන් කරුණු දැක්වූහ. සමාදන් කළහ. උත්සාහවත් කළහ. සතුටට පත් කළහ. එවිට අනාථපිණ්ඩික සිටු තෙමේ භාග්‍යවතුන් වහන්සේ විසින් දැහැමි කථාවෙන් කරුණු දක්වන ලදුව, සමාදන් කරවන ලදුව, උත්සාහවත් කරවන ලදුව, සතුටට පත් කරන ලදුව හුනස්නෙන් නැගී භාග්‍යවතුන් වහන්සේට සකසා වන්දනා කොට පැදකුණු කොට නික්ම ගියේ ය.

එකල්හී අනාථපිණ්ඩික ගෘහපති තුමා නික්ම ගිය නොබෝ වේලාවකින් භාග්‍යවතුන් වහන්සේ භික්ෂූන් ඇමතූහ.

"මහණෙනි, යම් භික්ෂුවක් මේ ධර්ම විනයෙහි උපසම්පදාවෙන් සිය වසකින් යුක්ත ව සිටියි නම් ඔහු ද, මේ අනේපිඬු ගෘහපතිහු විසින් කරුණු සහිත ව අන්‍ය තීර්ථක පිරිවැජියන්ගේ දෘෂ්ටීන්ට නිග්‍රහ කරන ලද්දේ යම් සේ ද, ඒ අයුරින් ම කළ යුත්තේ ය."

සාදු! සාදු!! සාදු!!!

කිං දිට්ඨික සූත්‍රය නිමා විය.

10.2.5.4
වජ්ජියමාහිත සූත්‍රය
වජ්ජියමාහිත ගෘහපතියාට වදාළ දෙසුම

එක් සමයක භාග්‍යවතුන් වහන්සේ චම්පායෙහි ගග්ගරා පොකුණු තෙර වැඩවසන සේක. එකල්හී වජ්ජියමාහිත ගෘහපති තෙමේ දහවල් මධ්‍යාහ්නයෙහිදී

භාග්‍යවතුන් වහන්සේ බැහැදකීම පිණිස චම්පායෙන් නික්මුණේ ය. එවිට වජ්ජියමාහිත ගෘහපතිහුට මේ සිත පහළ විය. 'තව ම භාග්‍යවතුන් වහන්සේ දක්මට කල් නොවෙයි. භාග්‍යවතුන් වහන්සේ භාවනාවෙන් වැඩසිටින සේක. මනෝභාවනීය භික්ෂූන් දක්මට ද කල් නොවෙයි. මනෝභාවනීය භික්ෂූහු ත් භාවනාවෙන් වැඩසිටිති. එහෙයින් මම අන්‍ය තීර්ථක පරිබ්‍රාජකයන්ගේ ආරාමය යම් තැනක ද, එතැනට යන්නෙම් නම් මැනැවැ'යි. ඉක්බිති වජ්ජියමාහිත ගෘහපති තෙමේ අන්‍යතීර්ථක පරිබ්‍රාජකයන්ගේ ආරාමයට ගියේ ය.

එසමයෙහි අන්‍ය තීර්ථක පරිබ්‍රාජකයෝ එක්රැස් ව මහත් සේ හඬ නගමින් උස් හඬින් යුතු ව, මහ හඬින් යුතු ව අනේකප්‍රකාර වූ තිරශ්චීන කථා කතා කරමින් හුන්නාහු ය. එකල්හී ඒ අන්‍ය තීර්ථක පිරිවැජියෝ දුරින් ම පැමිණෙන වජ්ජියමාහිත ගෘහපති දුටුවාහු ය. දැක ඔවුනොවුන් නැවැත්තූහ. 'භවත්හු අල්ප ශබ්ද ව සිටිත්වා! භවත්හු ශබ්ද නොකරත්වා!' ශ්‍රමණ ගෞතමයන්ගේ ශ්‍රාවක වූ මේ වජ්ජියමාහිත ගෘහපති තෙමේ එයි. ශ්‍රමණ ගෞතමයන්ගේ සුදු වත් හඳිනා ගිහි ශ්‍රාවකයෝ යම්තාක් චම්පා නුවර වසත් ද, මේ වජ්ජියමාහිත ගෘහපති තෙමේ ඔවුන් අතර කෙනෙකි. ඒ ආයුෂ්මත්හු නිශ්ශබ්දතාවයට කැමැත්තහු ය. නිශ්ශබ්දතාවය පිණිස හික්මී සිටිති. නිශ්ශබ්දතාවයෙහි ගුණ වර්ණනා කරන්නෝ ය. අල්ප ශබ්ද ඇති පිරිස දැන ඔවුන් වෙත පැමිණිය යුතු යැයි හඟින්නේ නම් මැනැවැයි එකල්හී ඒ අන්‍ය තීර්ථක පිරිවැජියෝ නිශ්ශබ්ද වූවාහු ය.

එකල්හී වජ්ජියමාහිත ගෘහපති තෙමේ ඒ අන්‍ය තීර්ථක පිරිවැජියන් වෙත පැමිණියේ ය. පැමිණ ඒ අන්‍ය තීර්ථක පිරිවැජියන් හා සතුටු විය. සතුටු විය යුතු පිළිසඳර කතා බහේ යෙදී එකත්පස් ව හිඳගත්තේ ය. එකත්පස් ව හුන් වජ්ජියමාහිත ගෘහපති හට ඒ අන්‍ය තීර්ථක පරිබ්‍රාජකයෝ මෙකරුණ කීහ.

"සැබෑවක් ද ගෘහපතිය, ශ්‍රමණ ගෞතම තෙමේ සියලු තපසට ගරහන්නේ ද? රූක්ෂ ජීවිකා ඇති දුෂ්කර තවුස් දම් රකින හැමට ඒකාන්තයෙන් නින්දා කරන්නේ ද? දොස් කියන්නේ ද?"

"ස්වාමීනී, භාග්‍යවතුන් වහන්සේ සෑම තපසකට ම නොගරහන සේක. රූක්ෂ ජීවිකා ඇති දුෂ්කර තවුස් දම් රකින සියල්ලන්ට ම ඒකාන්ත කොට නින්දා නොකරන සේක. දොස් නොකියන සේක. ස්වාමීනී, භාග්‍යවතුන් වහන්සේ ගැරහිය යුතු දෙයට ගරහන සේක. පැසසිය යුතු දෙය පසසන සේක. ස්වාමීනී, ගැරහිය යුතු දෙයට ගරහන, පැසසිය යුතු දෙසට පසසන භාග්‍යවතුන් වහන්සේ බෙදා විග්‍රහ කොට කරුණු පවසන සේක. ඒ භාග්‍යවතුන් වහන්සේ මෙහිලා ඒකාන්ත කොට පවසන්නාහු නොවෙති."

මෙසේ පැවසූ කල්හී එක්තරා පිරිවැජියෙක් වජ්ජියමාහිත ගෘහපති හට මෙසේ පැවසී ය.

"ඉවසව ගෘහපතිය, ඔබ යම්බඳු ශ්‍රමණ ගෞතමයන්ගේ ගුණ වර්ණනා කරන්නෙහිද, ඒ ශ්‍රමණ ගෞතම තෙමේ අන්‍යයන් විසින් හික්මවිය යුතු කෙනෙකි. කිසිවක් පැණවීමෙහි සමතෙක් නොවෙයි."

"ස්වාමීනී, මෙහිලා මම ආයුෂ්මත්වරුන්ට කරුණු සහිත ව කියමි. ස්වාමීනී, භාග්‍යවතුන් වහන්සේ විසින් 'මෙය කුසලය' යැයි පණවන ලද්දේ ය. ස්වාමීනී, භාග්‍යවතුන් වහන්සේ විසින් 'මෙය අකුසලය' යැයි පණවන ලද්දේ ය. මේ අයුරින් භාග්‍යවතුන් වහන්සේ කුසල්, අකුසල් පණවන කල්හී භාග්‍යවතුන් වහන්සේ කරුණු පැණවීමෙහි සමර්ථ වන සේක. එනිසා ඒ භාග්‍යවතුන් වහන්සේ ඔබ කියන අයුරින් අනුන් ලවා හික්මවිය යුතුත්, කරුණු පැණවීමෙහි අසමර්ථ බවකුත් නැති සේක."

මෙසේ පැවසූ විට ඒ පරිබ්‍රාජකයෝ නිශ්ශබ්ද වූවාහු ය. තේජස් රහිත වූවාහු ය. ඇඟ පහත් කරගත්තාහු ය. මුව යටට හරවා ගත්තාහු ය. වැටහීම් රහිත ව සිතමින් හුන්නාහු ය. එවිට එසේ නිශ්ශබ්ද ව තේජස් රහිත ව ඇඟ පහත් කරගෙන, මුව යටට හරවා ගෙන, වැටහීම් රහිත ව, සිතමින් සිටින ඒ පරිබ්‍රාජකයන් දැක වජ්ජියමාහිත ගෘහපති තෙමේ හුනස්නෙන් නැගිට භාග්‍යවතුන් වහන්සේ කරා එළැඹියේ ය. එළැඹ භාග්‍යවතුන් වහන්සේට සකසා වන්දනා කොට එකත්පස් ව හිඳගත්තේ ය. එකත්පස් ව හුන් වජ්ජියමාහිත ගෘහපති තෙමේ ඒ අන්‍ය තීර්ථක පරිබ්‍රාජකයන් හා යම්තාක් කථා සල්ලාපයෙක් වී ද, ඒ තාක් හැම භාග්‍යවතුන් වහන්සේට සැළ කළේ ය.

"ගෘහපතිය, සාදු! සාදු! ගෘහපතිය, ඔය හිස් පුරුෂයෝ කලින් කලට කරුණු සහිත ව ඔය අයුරින් මැනැවින් නිග්‍රහ කොට නිගැනිය යුත්තාහ.

ගෘහපතිය, මම හැම තවුස් දහමක් ම තැවිය යුතු යැයි නොකියමි. ගෘහපතිය, මම හැම තවුස් දහමක් ම නොතැවිය යුතු යැයි ද නොකියමි. ගෘහපතිය, මම හැම සමාදානයක් ම සමාදන් විය යුතු යැයි නොකියමි. ගෘහපතිය, මම හැම සමාදානයක් ම සමාදන් නොවිය යුතු යැයි ද නොකියමි. ගෘහපතිය, මම හැම පධන් වීර්යයක් ම වීරිය කළ යුතු යැයි නොකියමි. ගෘහපතිය, මම හැම පධන් වීර්යයක් ම වීරිය නොකළ යුතු යැයි නොකියමි. ගෘහපතිය, මම දුරු කළ යුතු සියල්ල දුරු කළ යුතු යැයි ද නොකියමි. ගෘහපතිය, මම දුරු කළ යුතු සියල්ල දුරු නොකළ යුතු යැයි ද නොකියමි. ගෘහපතිය, මම සියලු විමුක්තියෙන් විමුක්තියට පත් විය යුතු යැයි ද නොකියමි. ගෘහපතිය,

මම සියලු විමුක්තියෙන් විමුක්තියට පත් නොවිය යුතු යැයි ද නොකියමි.

ගෘහපතිය, යම් තපසක් කරන්නහුගේ අකුසල් දහම් වැඩී යයි නම්, කුසල් දහම් පිරිහී යයි නම්, එබඳු වූ තපස නොතැවිය යුතු යැයි කියමි. ගෘහපතිය, යම් තපසක් කරන්නහුගේ කුසල් දහම් වැඩී යයි නම්, අකුසල් දහම් පිරිහී යයි නම්, එබඳු වූ තපස තැවිය යුතු යැයි කියමි.

ගෘහපතිය, යම් සමාදානයක් සමාදන් වන්නහුගේ අකුසල් දහම් වැඩී යයි නම්, කුසල් දහම් පිරිහී යයි නම්, එබඳු වූ සමාදානය සමාදන් නොවිය යුතු යැයි කියමි. ගෘහපතිය, යම් සමාදානයක් සමාදන් වන්නහුගේ කුසල් දහම් වැඩී යයි නම්, අකුසල් පිරිහී යයි නම්, එබඳු වූ සමාදානය සමාදන් විය යුතු යැයි කියමි.

ගෘහපතිය, යම් පධන් වීර්යයක් කරන්නහුගේ අකුසල් දහම් වැඩී යයි නම්, කුසල් දහම් පිරිහී යයි නම්, එබඳු වූ පධන් වීර්යය නොකළ යුතු යැයි කියමි. ගෘහපතිය, යම් පධන් වීර්යයක් කරන්නහුගේ කුසල් දහම් වැඩී යයි නම්, අකුසල් පිරිහී යයි නම්, එබඳු වූ පධන් වීර්යය කළ යුතු යැයි කියමි.

ගෘහපතිය, යම් අත්හැරීමක් කරන්නහුගේ අකුසල් දහම් වැඩී යයි නම්, කුසල් දහම් පිරිහී යයි නම්, එබඳු වූ අත්හැරීම නොකළ යුතු යැයි කියමි. ගෘහපතිය, යම් අත්හැරීමක් කරන්නහුගේ කුසල් දහම් වැඩී යයි නම්, අකුසල් දහම් පිරිහී යයි නම්, එබඳු වූ අත්හැරීම කළ යුතු යැයි කියමි.

ගෘහපතිය, යම් විමුක්තියක් කරන්නහුගේ අකුසල් දහම් වැඩී යයි නම්, කුසල් දහම් පිරිහී යයි නම්, එබඳු වූ විමුක්තියක් නොකළ යුතු යැයි කියමි. ගෘහපතිය, යම් විමුක්තියක් කරන්නහුගේ කුසල් දහම් වැඩී යයි නම්, අකුසල් දහම් පිරිහී යයි නම්, එබඳු වූ විමුක්තියක් කළ යුතු යැයි කියමි.

එවිට වජ්ජියමාහිත ගෘහපති තෙමේ භාග්‍යවතුන් වහන්සේ විසින් දැහැමි කථාවෙන් කරුණු දක්වන ලදුව, සමාදන් කරවන ලදුව, උත්සාහවත් කරවන ලදුව, සතුටට පත් කරන ලදුව හුනස්නෙන් නැගී භාග්‍යවතුන් වහන්සේට සකසා වන්දනා කොට පැදකුණු කොට නික්ම ගියේ ය.

එකල්හී වජ්ජියමාහිත ගෘහපති තුමා නික්ම ගිය නොබෝ වේලාවකින් භාග්‍යවතුන් වහන්සේ භික්ෂූන් ඇමතූහ.

"මහණෙනි, යම් ඒ භික්ෂුවක් මේ ධර්ම විනයෙහි බොහෝ කාලයක් මද කෙලෙස් ඇති ව සිටින්නේ වෙයි ද, මේ වජ්ජියමාහිත ගෘහපතිහු විසින්

කරුණු සහිත ව අන්‍ය තීර්ථක පිරිවැජියන්ට නිග්‍රහ කරන ලද්දේ යම් අයුරින් ද, ඔහු ද ඒ අයුරින් කළ යුත්තේ ය."

සාදු! සාදු!! සාදු!!!

වජ්ජියමාහිත සූත්‍රය නිමා විය.

10.2.5.5
උත්තිය සූත්‍රය
උත්තිය පිරිවැජියාට වදාළ දෙසුම

එකල්හී උත්තිය පිරිවැජි තෙමේ භාග්‍යවතුන් වහන්සේ යම් තැනක වැඩසිටි සේක් ද, එතැනට පැමිණියේ ය. පැමිණ භාග්‍යවතුන් වහන්සේ සමඟ සතුටු විය. සතුටු විය යුතු පිළිසඳර කතා බහේ යෙදී එකත්පස් ව හිඳගත්තේ ය. එකත්පස් ව හුන් උත්තිය පිරිවැජි තෙමේ භාග්‍යවතුන් වහන්සේට මෙකරුණ කීවේ ය.

"කිම? භවත් ගෞතමයෙනි, ලෝකය සදාකාලික ය යන මෙකරුණ ම සත්‍යයයි ද? අන් මත බොරු ද?"

"උත්තිය, ලෝකය සදාකාලික ය යන මෙකරුණ ම සත්‍යයයි. අන් මත බොරු ය යන මෙය මවිසින් ප්‍රකාශ නොකරන ලද්දේ ය."

"කිම? භවත් ගෞතමයෙනි, ලෝකය සදාකාලික නැත ය යන මෙකරුණ ම සත්‍යයයි ද? අන් මත බොරු ද?"

"උත්තිය, ලෝකය සදාකාලික නැත ය යන මෙකරුණ ම සත්‍යයයි. අන් මත බොරු ය යන මෙය ද මවිසින් ප්‍රකාශ නොකරන ලද්දේ ය."

"කිම? භවත් ගෞතමයෙනි, ලෝකය වනාහී අන්තවත් ය. ....(පෙ).... ලෝකය අනන්තවත් ය. ....(පෙ).... එය ජීවය යි, එය ශරීරය යි ....(පෙ).... ජීවය අනෙකකි, ශරීරය අනෙකකි ....(පෙ).... තථාගත තෙම මරණින් මතු සිටියි ....(පෙ).... තථාගත තෙම මරණින් මතු නොසිටියි ....(පෙ).... තථාගත තෙම මරණින් මතු සිටියි, නොසිටියි ....(පෙ).... තථාගත තෙම මරණින් මතු නොසිටියි, නොම නොසිටියි යන මෙකරුණ ම සත්‍යයයි ද? අන් මත බොරු ද?"

"උත්තිය, තථාගත තෙම මරණින් මතු නොසිටියි, නොම නොසිටියි යන මෙකරුණ ම සත්‍යයයි. අන් මත බොරු ය යන මෙය ද මවිසින් ප්‍රකාශ නොකරන ලද්දේ ය."

"කිම? භවත් ගෞතමයෙනි, ලෝකය සදාකාලික ය යන මෙය ම සත්‍යය යි, අන් මත බොරු ද යන කරුණ මා විසින් ඇසූ කල්හී 'උත්තිය, ලෝකය සදාකාලික ය යන මෙකරුණ ම සත්‍යය යි. අන් මත බොරු ය යන මෙය මවිසින් ප්‍රකාශ නොකරන ලද්දේ යැ'යි පැවසූවෙහි ය.

කිම? භවත් ගෞතමයෙනි, ලෝකය සදාකාලික නැත ය යන මෙය ම සත්‍යය යි, අන් මත බොරු ද යන කරුණ මා විසින් ඇසූ කල්හී 'උත්තිය, ලෝකය සදාකාලික නැත ය යන මෙකරුණ ම සත්‍යය යි. අන් මත බොරු ය යන මෙය ද මවිසින් ප්‍රකාශ නොකරන ලද්දේ යැ'යි පැවසූවෙහි ය.

කිම? භවත් ගෞතමයෙනි, ලෝකය වනාහී අන්තවත් ය. ....(පෙ).... ලෝකය අනන්තවත් ය. ....(පෙ).... එය ජීවය යි, එය ශරීරය යි ....(පෙ).... ජීවය අනෙකකි, ශරීරය අනෙකකි ....(පෙ).... තථාගත තෙම මරණින් මතු සිටියි ....(පෙ).... තථාගත තෙම මරණින් මතු නොසිටියි ....(පෙ).... තථාගත තෙම මරණින් මතු සිටියි, නොසිටියි ....(පෙ).... තථාගත තෙම මරණින් මතු නොසිටියි, නොම නොසිටියි යන මෙය ම සත්‍යය යි, අන් මත බොරු ද යන කරුණ මා විසින් ඇසූ කල්හී 'උත්තිය, තථාගත තෙම මරණින් මතු නොසිටියි, නොම නොසිටියි යන මෙකරුණ ම සත්‍යය යි. අන් මත බොරු ය යන මෙය ද මවිසින් ප්‍රකාශ නොකරන ලද්දේ යැ'යි පැවසූවෙහි ය. එසේ නම් භවත් ගෞතමයන් විසින් ප්‍රකාශ කරන ලද්දේ කුමක් ද?"

"උත්තිය, මම විශිෂ්ට ඥානයෙන් අවබෝධ කොට ශ්‍රාවකයන්ට ධර්මය දේශනා කරමි. ඒ සත්වයන්ගේ විශුද්ධිය පිණිස ත්, ශෝක වැළපීම් ඉක්මවා යාම පිණිස ත්, කායික මානසික දුක් නැතිවීම පිණිස ත්, සත්‍යාවබෝධය පිණිස ත්, නිවන අත්දැකීම පිණිස ත් ය."

"ඉදින් භවත් ගෞතම තෙමේ විශිෂ්ට ඥානයෙන් අවබෝධ කොට ශ්‍රාවකයන්ට යම් ධර්මයක් දේශනා කරයි නම්, ඒ සත්වයන්ගේ විශුද්ධිය පිණිස ත්, ශෝක වැළපීම් ඉක්මවා යාම පිණිස ත්, කායික මානසික දුක් නැතිවීම පිණිස ත්, සත්‍යාවබෝධය පිණිස ත්, නිවන අත්දැකීම පිණිස ත් නම් ඒ ධර්මයෙන් සියලු ලෝකයා හෝ ලොවෙන් අඩක් හෝ තුනෙන් පංගුවක් හෝ නිවනට පමුණුවනු ලැබේ ද?"

මෙසේ ඇසූ විට භාග්‍යවතුන් වහන්සේ නිහඬ ව සිටි සේක. එවිට ආයුෂ්මත් ආනන්දයන් හට මේ අදහස ඇතිවිය. 'උත්තිය පරිබ්‍රාජක මෙබඳු පවිටු දෘෂ්ටියක් ඇති නොකර ගනීවා! එනම් 'ඒකාන්ත කොට මා විසින් සියල්ලන්ට ම සාමුක්කංසික දේශනාව කළ යුත්තේ නොවේ ද?' කියා විමසන ලද එම ප්‍රශ්නය ශ්‍රමණ ගෞතමයෝ වළක්වති. නොවිසඳති. නොඉවසති' යනුවෙනි. එය උත්තිය පිරිවැජියා හට බොහෝ කල් අහිත පිණිස, දුක් පිණිස හේතුවනු ඇත.

ඉක්බිති ආයුෂ්මත් ආනන්දයන් වහන්සේ උත්තිය පිරිවැජියාට මෙය පැවසූහ.

"ආයුෂ්මත් උත්තිය, මම ඔබට උපමාවක් කියන්නෙමි. උපමාවෙනුත් මෙහි ඇතැම් නුවණැති මිනිස්සු පවසන ලද කරුණෙහි අර්ථ දැනගනිති. ආයුෂ්මත් උත්තිය, එය මෙබඳු දෙයකි. රජක්හු හට ඈත ප්‍රදේශයක නගරයක් තිබේ. එහි දැඩි පවුරු පදනම් ඇත. දැඩි ප්‍රාකාර තොරණ ඇත. එක් දොරටුවෙක් ඇත්තේ ය. එහි ඉතා නුවණැති ව්‍යක්ත වූ, ප්‍රඥා සම්පන්න වූ දොරටු පාලයෙක් සිටියි. හේ නොදන්නා අය ඇතුළට නොගනියි. දන්නා අය ම ඇතුළට ගනියි. හේ ඒ නගරය වටා ඇති වට මාවතේ ඇවිදිමින් යන විට ප්‍රාකාර හංදියක් හෝ, ප්‍රාකාර විවරයක් හෝ, යටත් පිරිසෙන් බළලෙකු හෝ නික්මෙන ප්‍රමාණයේ සිදුරක් නොදකියි. ඔහුට මෙබඳු ඥානයක් පහළ නොවෙයි. 'මෙපමණ සත්වයෝ මේ නගරයට පිවිසෙති, මේ නගරයෙන් නික්ම යති' යනුවෙනි. එසේ නමුත් ඔහුට මෙබඳු සිතක් පහළ වෙයි. 'යම්කිසි ගොරෝසු සිරුරු ඇති ප්‍රාණීහු වෙත් ද, ඔවුහු මේ නගරයට පිවිසෙත් ද, නික්ම යත් ද, ඒ සියල්ලෝ ම පිවිසෙන්නාහු ත්, නික්මෙන්නාහු ත් මේ දොරටුවෙන් ම ය' යනුවෙනි.

ඒ අයුරින් ම ආයුෂ්මත් උත්තිය, තථාගතයන් වහන්සේට මෙබඳු වූ උත්සාහයක් ඇති නොවෙයි. එනම් 'සකල ලෝකයා ම හෝ ලෝකයාගේ අඩක් හෝ ලෝකයාගෙන් තුනෙන් පංගුවක් හෝ ඒ ධර්මයෙන් එතෙර කරවනු ලැබේ' ය යනුවෙනි. එනමුදු තථාගතයන් වහන්සේට මෙබඳු වූ අදහසක් ඇතිවෙයි. එනම්, 'යම්කිසි කෙනෙක් ලෝකයෙන් නිදහස් ව ගියාහු ද, නිදහස් වී යත් ද, නිදහස් වන්නාහු ද, ඒ සියල්ලෝ ම සිතට උපක්ලේශයන් වන, ප්‍රඥාව දුර්වල කරන, පංච නීවරණයන් ප්‍රහාණය කොට, සතර සතිපට්ඨානයන්හි මැනැවින් සිත පිහිටුවාගෙන, සප්ත බොජ්ඣංගයන් ඒ අයුරින් ම දියුණු කොට මෙලෙසින් ඒ සත්වයෝ ලෝකයෙන් නික්ම ගියාහු ය. නික්ම යත්, නික්ම යන්නාහුය' යි.

ආයුෂ්මත් උත්තිය, ඔබ භාග්‍යවතුන් වහන්සේගෙන් යම් ප්‍රශ්නයක්

ඇසුවේ ද, ඒ ප්‍රශ්නය ම භාග්‍යවතුන් වහන්සේගෙන් අන්‍ය වූ ක්‍රමයකින් ඇසුවේ ය. එනිසා ය භාග්‍යවතුන් වහන්සේ එය ඔබට නොවදාළේ."

සාදු! සාදු!! සාදු!!!

උත්තිය සූත්‍රය නිමා විය.

10.2.5.6
කෝකනද සූත්‍රය
කෝකනද පිරිවැජියාට වදාළ දෙසුම

එක් සමයක ආයුෂ්මත් ආනන්දයන් වහන්සේ රජගහ නුවර තපෝදාරාමයෙහි වැඩවෙසෙති. එකල්හී ආයුෂ්මත් ආනන්දයන් වහන්සේ රාත්‍රියේ පශ්චිම යාමයෙහි නැගිට සිරුර තෙමා ගැනීමට තපෝදා නදියට වැඩියහ. තපෝදා නදියෙන් සිරුර තෙමා ගෙන පෙරලා ගොඩට වැඩම කොට තනි සිවුරෙන් යුතුව සිරුරෙහි තෙත සිඳුවමින් සිටියහ. කෝකනද පිරිවැජියා ද රාත්‍රියේ පශ්චිම යාමයෙහි නැගිට සිරුර තෙමා ගැනීමට තපෝදා නදියට ගියේ ය. කෝකනද පිරිවැජියා දුරින් ම වඩින ආයුෂ්මත් ආනන්දයන් වහන්සේ දුක්කේ ය. දැක ආයුෂ්මත් ආනන්දයන්ට මෙය පැවසුවේ ය.

"ආයුෂ්මත, තෙපි කවරහු ද?"

"ආයුෂ්මත, මම භික්ෂුවක්මි."

"ආයුෂ්මත, කවර වූ භික්ෂු පිරිසක් අතර කෙනෙක් ද?"

"ආයුෂ්මත, ශ්‍රමණ ශාක්‍යපුත්‍රයන් අතර කෙනෙක්මි."

"ඉදින් ආයුෂ්මතුන් ප්‍රශ්නයක් විසඳාගන්නට අවස්ථාව දෙන්නේ නම් අපි ආයුෂ්මතුන්ගෙන් කිසියම් ප්‍රශ්නයක් අසන්නෙමු."

"අසව ආයුෂ්මත. ඇසීමෙන් පසු දැනගන්නෙමු."

"භවත්නි, කිම? ඔබ ලෝකය සදාකාලික ය යන මෙය ම සත්‍ය ය. අන් මත බොරු ය යන දෘෂ්ටිය ඇත්තෙහි ද?"

"ආයුෂ්මත, මම ලෝකය සදාකාලික ය යන මෙය ම සත්‍ය ය. අන් මත

බොරු ය යන දෘෂ්ටිය නැත්තෙමි.”

“භවත්නි, කිම? ඔබ ලෝකය සදාකාලික නැත යන මෙය ම සත්‍ය ය. අන් මත බොරු ය යන දෘෂ්ටිය ඇත්තෙහි ද?”

“ආයුෂ්මත, මම ලෝකය සදාකාලික නැත යන මෙය ම සත්‍ය ය. අන් මත බොරු ය යන දෘෂ්ටිය නැත්තෙමි.”

“භවත්නි, කිම? ඔබ ලෝකය වනාහී අන්තවත් ය. ....(පෙ).... ලෝකය අනන්තවත් ය. ....(පෙ).... එය ජීවය යි, එය ශරීරය යි ....(පෙ).... ජීවය අනෙකකි, ශරීරය අනෙකකි ....(පෙ).... තථාගත තෙම මරණින් මතු සිටියි ....(පෙ).... තථාගත තෙම මරණින් මතු නොසිටියි ....(පෙ).... තථාගත තෙම මරණින් මතු සිටියි, නොසිටියි ....(පෙ).... තථාගත තෙම මරණින් මතු නොසිටියි, නොම නොසිටියි යන මෙය ම සත්‍ය ය. අන් මත බොරු ය යන දෘෂ්ටිය ඇත්තෙහි ද?”

“ආයුෂ්මත, මම තථාගත තෙම මරණින් මතු නොසිටියි, නොම නොසිටියි යන මෙය ම සත්‍ය ය. අන් මත බොරු ය යන දෘෂ්ටිය නැත්තෙමි.”

“එසේ නම් භවතුන් නොදනියි. නොදකියි.”

“ආයුෂ්මත, මම නොදන්නෙක් නොවෙමි. නොදකින්නෙක් නොවෙමි. ආයුෂ්මත, මම දනිමි. දකිමි.”

“භවත්නි, කිම? ඔබ ලෝකය සදාකාලික ය යන මෙය ම සත්‍ය ය. අන් මත බොරු ය යන දෘෂ්ටිය ඇත්තෙහි දැයි මෙසේ ඇසූ කල්හී ‘ආයුෂ්මත, මම ලෝකය සදාකාලික ය යන මෙය ම සත්‍ය ය. අන් මත බොරු ය යන දෘෂ්ටිය නැත්තෙමි’යි පවසන්නෙහි ය. භවත්නි, කිම? ඔබ ලෝකය සදාකාලික නැත ය යන මෙය ම සත්‍යය ය. අන් මත බොරු ය යන දෘෂ්ටිය ඇත්තෙහි දැයි මෙසේ ඇසූ කල්හී ‘ආයුෂ්මත, මම ලෝකය සදාකාලික නැත ය යන මෙය ම සත්‍ය ය. අන් මත බොරු ය යන දෘෂ්ටිය නැත්තෙමි’යි පවසන්නෙහි ය.

භවත්නි, කිම? ඔබ ලෝකය වනාහී අන්තවත් ය. ....(පෙ).... ලෝකය අනන්තවත් ය. ....(පෙ).... එය ජීවය යි, එය ශරීරය යි ....(පෙ).... ජීවය අනෙකකි, ශරීරය අනෙකකි ....(පෙ).... තථාගත තෙම මරණින් මතු සිටියි ....(පෙ).... තථාගත තෙම මරණින් මතු නොසිටියි ....(පෙ).... තථාගත තෙම මරණින් මතු සිටියි, නොසිටියි ....(පෙ).... තථාගත තෙම මරණින් මතු නොසිටියි, නොම නොසිටියි යන මෙය ම සත්‍ය ය. අන් මත බොරු ය යන දෘෂ්ටිය ඇත්තෙහි දැයි මෙසේ ඇසූ කල්හී ‘ආයුෂ්මත, මම තථාගත තෙම මරණින් මතු නොසිටියි, නොම

නොසිටියි යන මෙය ම සත්‍ය ය. අන් මත බොරු ය යන දෘෂ්ටිය නැත්තෙමි'යි පවසන්නෙහි ය.

එසේ නම්, ඔය කාරණය පිළිබඳ ව භවතුන් නොදනියි, නොදකියි යැයි මෙසේ විමසූ කල්හී 'ආයුෂ්මත, මම නොදන්නෙක් ද, නොදකින්නෙක් ද නොවෙමි. ආයුෂ්මත, මම දනිමි. දකිමි' යි පවසන්නෙහි ය. ආයුෂ්මතුන් මේ පැවසූ කරුණෙහි අර්ථය කෙසේ දැනගත යුතු ද?"

"ආයුෂ්මත, ලෝකය සදාකාලික ය, මෙය ම සත්‍යය ය, සෙස්ස බොරු ය යන්න දෘෂ්ඨිගත වූවකි. ලෝකය සදාකාලික නැත, මෙය ම සත්‍යය ය, සෙස්ස බොරු ය යන්න දෘෂ්ඨිගත වූවකි. ලෝකය අන්තවත් ය, මෙය ම සත්‍යය ය, සෙස්ස බොරු ය යන්න දෘෂ්ඨිගත වූවකි. ලෝකය අනන්තවත් ය. ....(පෙ).... එය ජීවය යි, එය ශරීරය යි ....(පෙ).... ජීවය අනෙකකි, ශරීරය අනෙකකි ....(පෙ).... තථාගත තෙම මරණින් මතු සිටියි ....(පෙ).... තථාගත තෙම මරණින් මතු නොසිටියි ....(පෙ).... තථාගත තෙම මරණින් මතු සිටියි, නොසිටියි ....(පෙ).... තථාගත තෙම මරණින් මතු නොසිටියි, නොම නොසිටියි යන මෙය ම සත්‍යය ය, සෙස්ස බොරු ය යන්න දෘෂ්ටිගත වූවකි. ආයුෂ්මත, දෘෂ්ටිගත වූ යම්තාක් දේ ඇද්ද, දෘෂ්ටීන්ට හිත වූ යම්තාක් කරුණු ඇද්ද, යම්තාක් දැඩිව ගත් දෘෂ්ටි ඇද්ද, යම්තාක් දෘෂ්ටීන්ගෙන් නැගී සිටීමක් ඇද්ද, යම්තාක් දෘෂ්ටීන්ගේ හටගැනීමක් ඇද්ද, යම්තාක් දෘෂ්ටි නැසීමක් ඇද්ද, එය මම දනිමි, එය මම දකිමි. එය මම දනිමින්, එය මම දකිමින් කුමක් නිසා නම් නොදනිමි යි, නොදකිමි යි කියන්නෙම් ද? ආයුෂ්මතුනි, මම දනිමි, දකිමි."

"ආයුෂ්මත්හු කවර නම් ඇත්තහුද? සබ්‍රහ්මචාරීහු ආයුෂ්මතුන් ව කොයි අයුරින් දන්නාහු ද?"

"ආයුෂ්මත, ආනන්ද යනු මාගේ නම යි. සබ්‍රහ්මචාරීන් වහන්සේලා මා ගැන ආනන්ද යැයි දනිති."

"ඒකාන්තයෙන් භවත් මහා ආචාර්යයන් සමඟ කතාබස් කරද්දී මේ ආයුෂ්මත් ආනන්දයන් වහන්සේ බව අපි නොදැන සිටියෙමු. ඉදින් අපි මේ ආයුෂ්මත් ආනන්දයෝ යැයි දන්නමෝ නම් මෙපමණකින් වත් අපට කරුණු නොවැටහෙන්නේ ය. ආයුෂ්මත් ආනන්දයෝ මට සමාවෙත්වා!"

සාදු! සාදු!! සාදු!!!

කෝකනද සූත්‍රය නිමා විය.

10.2.5.7
ආහුනෙය්‍ය සූත්‍රය
දන් පැන් පිළිගැනීමට සුදුසු බව ගැන වදාළ දෙසුම

මහණෙනි, දස කරුණෙකින් සමන්විත වූ භික්ෂුව ආහුනෙය්‍ය වෙයි. පාහුනෙය්‍ය වෙයි. දක්ඛිණෙය්‍ය වෙයි. අංජලිකරණීය වෙයි. ලොවෙහි අනුත්තර පින්කෙත වෙයි. ඒ කවර දස කරුණකින් ද යත්;

1. මහණෙනි, මෙහිලා භික්ෂුව සිල්වත් වෙයි. ප්‍රාතිමෝක්ෂ සංවරයෙන් සංවර වූයේ වෙයි. යහපත් ඇවතුම් පැවතුම් ඇති ව වසන්නේ වෙයි. අණුමාත්‍ර වූ වරදෙහි ත් බිය දකින සුළු වැ සමාදන් වූ ශික්ෂාපදයන්හි හික්මෙන්නේ වෙයි.

2. භික්ෂුව ධර්මය බොහෝ සෙයින් අසන ලද්දේ වෙයි. ඒ ඇසූ දහම් දරන්නේ වෙයි. ඒ ඇසූ දහම් සිත්හිලා රැස් කරගන්නේ වෙයි. යම් ඒ ධර්මයෝ කල්‍යාණ වූ පටන් ගැනීමෙකින් යුක්ත වෙත් ද, කල්‍යාණ වූ මැදකින් යුක්ත වෙත් ද, කල්‍යාණ වූ අවසානයෙකින් යුක්ත වෙත් ද, අර්ථ සහිත වෙත් ද, පැහැදිලි වචනයෙන් යුක්ත වෙත් ද, හැම ලෙසින් ම පිරිපුන් පිරිසිදු නිවන් මග පවසත් ද, එබඳු වූ ධර්මයෝ ඔහු විසින් බොහෝ කොට අසන ලද්දාහු ය. ධාරණය කරගන්නා ලද්දාහු ය. වචනයෙන් පිරිවහන ලද්දාහු ය. මනසින් විමසන ලද්දාහු ය. නුවණින් අවබෝධ කරන ලද්දාහු ය.

3. භික්ෂුව කලණ මිතුරන් ඇත්තේ වෙයි. කල්‍යාණ සහායකයන් ඇත්තේ වෙයි. කලණ මිතුරන්ගේ ඇසුරට නැඹුරු වූයේ වෙයි.

4. සම්මා දිට්ඨියෙන් යුක්ත වූයේ වෙයි. නිවැරදි දැක්මෙන් යුතු වූයේ වෙයි.

5. අනේක ප්‍රකාර වූ ඉර්ධි විශේෂයන් කළ හැකි වන්නේ ය. එනම් එක් කෙනෙක් ව සිට බොහෝ අය ලෙස පෙනී සිටියි. බොහෝ අය වී එක් අයෙක් ව පෙනී සිටියි. ප්‍රාකාරය හරහා යයි, බිත්ති හරහා යයි, පර්වත හරහා යයි, අහසින් යන සෙයින් ඒ කිසිවක නොගැටෙමින් යයි. පොළොවෙහි යටට කිමිදෙයි. උඩට මතුවෙයි. ජලයෙහි සේ ය. ජලයෙහි නොගිලෙමින් ඇවිදගෙන යයි. පොළොවෙහි යන සේ ය. පළඟක් බැඳ අහසින් යයි. පක්ෂි ලිහිණියෙකු සේ ය. මෙබඳු මහත් ඉර්ධි ඇති මහත් ආනුභාව ඇති මේ හිරු සඳු දෙක ද අතින් ස්පර්ශ කරයි. පිරිමදියි. බඹලොව සීමා කොට සිය කයින් වසඟයෙහි

පවත්වයි.

6. මිනිස් හැකියාව ඉක්මවා ගිය විශුද්ධ වූ දිව්‍ය ශ්‍රවණයෙන් යුක්ත ව දිව්‍ය වූ ද, මනුෂ්‍ය වූ ද දුර හෝ ළඟ හෝ ඇති දෙආකාර ශබ්දයන් අසන්නේ වේ.

7. අන්‍ය සත්වයන්ගේ, අන්‍ය පුද්ගලයන්ගේ සිත තම සිතින් පිරිසිඳ දන්නේ වෙයි. එනම් සරාගී සිත සරාගී සිත යැයි දන්නේ ය. වීතරාගී සිත වීතරාගී සිත යැයි දන්නේ ය. සදෝසී සිත ....(පෙ).... වීතදෝසී සිත ....(පෙ).... සමෝහී සිත ....(පෙ).... වීතමෝහී සිත ....(පෙ).... හැකිළුණු සිත ....(පෙ).... විසිරුණු සිත ....(පෙ).... අමහග්ගත සිත ....(පෙ).... මහග්ගත සිත ....(පෙ).... සඋත්තර සිත ....(පෙ).... අනුත්තර සිත ....(පෙ).... අසමාහිත සිත ....(පෙ).... සමාහිත සිත ....(පෙ).... නොමිදුණු සිත ....(පෙ).... මිදුණු සිත මිදුණු සිත යැයි දැනගනී.

8. අනේක ප්‍රකාර වූ පෙර විසූ කඳ පිළිවෙල සිහි කරයි. එනම් එක උපතක් වශයෙන් ද, උපත් දෙකක් වශයෙන් ද, උපත් තුනක් වශයෙන් ද, උපත් සතරක් වශයෙන් ද, උපත් පහක් වශයෙන් ද, උපත් දහයක් වශයෙන් ද, උපත් විස්සක් වශයෙන් ද, උපත් තිහක්, උපත් හතළිහක්, උපත් පණහක්, උපත් සියයක්, උපත් දහසක්, උපත් සිය දහසක් වශයෙන් ද අනේක වූ සංවට්ට කල්ප, අනේක වූ විවට්ට කල්ප, අනේක වූ සංවට්ට විවට්ට කල්ප වශයෙන් ද සිහි කරයි. එමෙන් ම 'මම අසවල් තැන සිටියෙමි. මෙබඳු නමින් සිටියෙමි. මෙබඳු ගෝත්‍රයෙන් සිටියෙමි. මෙබඳු පැහැයෙන් සිටියෙමි. මෙබඳු ආහාර ගත්තෙමි. මෙබඳු අයුරින් සැප දුක් වින්දෙමි. මෙබඳු අයුරින් දිවිය අවසන් කළෙමි. එයින් චුත ව ඒ මම අසවල් තැන උපන්නෙමි. එහිදී ද මම් මෙබඳු නමින් සිටියෙමි. මෙබඳු ගෝත්‍ර නමින් සිටියෙමි. මෙබඳු පැහැයෙන් සිටියෙමි. මෙබඳු ආහාර ගත්තෙමි. මෙබඳු සැප දුක් වින්දෙමි. මෙබඳු අයුරින් දිවිය අවසන් කළෙමි. ඒ මම එයින් චුත ව මෙහි උපන්නෙමි' ආදී වශයෙනි. මෙසේ කරුණු සහිත වූ, විස්තර සහිත වූ අනේක ප්‍රකාර වූ පෙර විසූ කඳ පිළිවෙල සිහි කරයි.

9. මිනිස් දැක්ම ඉක්මවා ගිය විශුද්ධ දිව්‍ය නේත්‍රයෙන් චුතවන්නා වූත්, උපදින්නා වූත් සත්වයන් දකියි. ඒ සත්වයන් කර්මානුරූප ව පහත් වූත්, උසස් වූත්, මනා පැහැ ඇත්තා වූත්, විරූපී වූත්, සුගතියේත් දුගතියේත් උපදින අයුරු දනියි. එනම් 'ඒකාන්තයෙන් මේ භවත් සත්වයෝ කාය දුශ්චරිතයෙන් යුක්ත වූවාහු ය. වචී දුශ්චරිතයෙන් යුක්ත වූවාහු ය. මනෝ දුශ්චරිතයෙන් යුක්ත වූවාහු ය. ආර්යයන් හට නින්දා අපහාස කළාහු ය. මිසදිටු ගත්තාහු ය. මිසදිටු ක්‍රියායෙහි යෙදුණාහු ය. ඔවුහු කය බිඳී මරණින් මතු අපාය නම් වූ, දුගතිය නම් වූ යටට වැටෙන නිරයෙහි උපන්නාහු ය. එසේ ම මේ භවත් සත්වයෝ

කාය සුචරිතයෙන් යුක්ත වූවාහු ය. වචී සුචරිතයෙන් යුක්ත වූවාහු ය. මනෝ සුචරිතයෙන් යුක්ත වූවාහු ය. ආර්යයන් හට නින්දා අපහාස නොකළාහු ය. සම්දිටු ගත්තාහු ය. සම්දිටු ක්‍රියායෙහි යෙදුණාහු ය. ඔවුහු කය බිඳී මරණින් මතු සුගති නම් වූ ස්වර්ග ලෝකයෙහි උපන්නාහු ය. මෙසේ මිනිස් දැක්ම ඉක්මවා ගිය විශුද්ධ දිව්‍ය නේත්‍රයෙන් චුතවන්නා වූත්, උපදින්නා වූත් සත්වයන් දකියි. ඒ සත්වයන් කර්මානුරූපව පහත් වූත්, උසස් වූත්, මනා පැහැ ඇත්තා වූත්, විරූපී වූත්, සුගතියේත් දුගතියේත් උපදින අයුරු දනියි.

10. ආශ්‍රවයන් ක්ෂය වීමෙන් අනාශ්‍රව වූ චිත්ත විමුක්තියත්, ප්‍රඥා විමුක්තියත් මේ ජීවිතයේදී ම තම විශිෂ්ට නුවණින් අත්දැක එයට පැමිණ වාසය කරයි.

මහණෙනි, මෙම දස කරුණෙන් සමන්විත වූ භික්ෂුව ආහුනෙය්‍ය වෙයි. පාහුනෙය්‍ය වෙයි. දක්ඛිණෙය්‍ය වෙයි. අංජලිකරණීය වෙයි. ලොවෙහි අනුත්තර පින්කෙත වෙයි.”

සාදු! සාදු!! සාදු!!!

ආහුනෙය්‍ය සූත්‍රය නිමා විය.

10.2.5.8
ථේර සූත්‍රය
ස්ථවිර භික්ෂුව ගැන වදාළ දෙසුම

මහණෙනි, දස කරුණෙකින් සමන්විත වූ ස්ථවිර භික්ෂුව යම් යම් දිශාවක වාසය කරයි නම් පහසුවෙන් ම වසන්නේ ය. ඒ කවර දස කරුණකින් ද යත්;

1. ස්ථවිර භික්ෂුව පැවිදි ව බොහෝ කල් ඇත්තේ, බොහෝ රාත්‍රී ඉකුත් වූයේ වෙයි.

2. සිල්වත් වෙයි ....(පෙ).... සික පදයන් හි සමාදන් ව හික්මෙයි.

3. බහුශ්‍රැත වෙයි. ....(පෙ).... නුවණින් අවබෝධ කළේ ය.

4. ඔහු විසින් භික්ෂු, භික්ෂුණී උභය ප්‍රාතිමෝක්ෂයෝ විස්තර වශයෙන් මැනැවින් ගන්නා ලද්දාහු වෙති. එහිලා සූත්‍ර වශයෙන් ද, අනුව්‍යංජන වශයෙන් ද මැනැවින් බෙදන ලද්දාහු වෙති. මැනැවින් පවත්වන ලද්දාහු වෙති. මැනැවින්

විනිශ්චය කරන ලද්දාහු වෙති.

5. හටගන්නා වූ අර්බුදයන් සංසිඳවීමෙහි දක්ෂ වෙයි.

6. භික්ෂුව ධර්මයට කැමති වූයේ වෙයි. ප්‍රිය වූ බසින් ධර්මය දෙසන්නේ ද වෙයි. ගැඹුරු ධර්මයෙහි ත්, ගැඹුරු විනයෙහි ත් උදාර වූ සතුටක් විඳින්නේ වෙයි.

7. ලද දෙයින් සතුටු වන්නේ වෙයි. ලද සිවුරකින්, පිණ්ඩපාතයකින්, සෙනසුනකින්, ගිලන්පස බෙහෙත් පිරිකරකින් සතුටු වන්නේ වෙයි.

8. ඉදිරියට යද්දී, පෙරලා එද්දී ප්‍රසාදජනක වූ ඉරියව් ඇත්තේ වෙයි. නිවසක් තුළ අසුන් ගෙන සිටිද්දී ද මැනැවින් සංවර ව සිටින්නේ වෙයි.

9. ගැඹුරු චිත්ත දියුණුවෙන් යුතු මෙලොව දී සුවසේ වාසය කළ හැකි සතරක් වූ ධ්‍යානයන් කැමති සේ ලබයි. නිදුකින් ලබයි. පහසුවෙන් ලබයි.

10. ආශ්‍රවයන් ක්ෂය වීමෙන් අනාශ්‍රව වූ චිත්ත විමුක්තියත්, ප්‍රඥා විමුක්තියත් මේ ජීවිතයේදී ම තම විශිෂ්ට නුවණින් අත්දැක එයට පැමිණ වාසය කරයි.

මහණෙනි, මෙම දස කරුණෙන් සමන්විත වූ ස්ථවිර භික්ෂුව යම් යම් දිශාවක වාසය කරයි නම් පහසුවෙන් ම වසන්නේ ය.

සාදු! සාදු!! සාදු!!!

ථේර සූත්‍රය නිමා විය.

10.2.5.9.
උපාලි සූත්‍රය
උපාලි තෙරුන්ට වදාළ දෙසුම

එකල්හී ආයුෂ්මත් උපාලි තෙරණුවෝ භාග්‍යවතුන් වහන්සේ යම් තැනක වැඩසිටි සේක් ද, එතැනට පැමිණියහ. පැමිණ භාග්‍යවතුන් වහන්සේට සකසා වන්දනා කොට එකත්පස්ව හිඳගත්හ. එකත්පස් ව හුන් ආයුෂ්මත් උපාලි තෙරණුවෝ භාග්‍යවතුන් වහන්සේට මෙය සැළකළහ.

"ස්වාමීනී, මම් ආරණ්‍ය, වනාන්තර ආදී ඈත ගැඹුරු වනයෙහි ඇති

සේනාසනයක වාසය කරන්නට කැමති වෙමි."

"උපාලි, ආරණ්‍ය, වනාන්තර ආදී ඈත ගැඹුරු වනයෙහි ඇති සෙනසුනෙහි සිත ඇලවීම දුෂ්කර ය. හුදෙකලා විවේකය ද දුෂ්කර ය. එහි සිත් අලවා වාසය කිරීම ද දුෂ්කර ය. සමාධිය නොලැබ වනයෙහි සිටින භික්ෂුවගේ සිත එකඟ වෙත් ම ඒ වනය විසින් එය පැහැර ගනී යැයි හැඟේ. උපාලි, යමෙක් මෙසේ කියයි නම්, 'මම සමාධිය නොලබන්නෙම් ආරණ්‍ය, වනාන්තර ආදී ඈත ගැඹුරු වනයෙහි සෙනසුනක වාසය කරමි' යි. ඔහු මෙය කැමති විය යුත්තේ ය. එනම්, ගිලෙන්නේ ය හෝ ඉල්පෙන්නේ ය හෝ යන කරුණයි.

උපාලි, එය මෙබඳු දෙයකි. යම් සේ මහා දිය විලක් ඇද්ද, එකල සත් රියන් වේවා, අට රියන් වේවා මහා හස්තිරාජයෙක් එතනට එයි. එවිට ඔහුට මෙසේ සිතෙයි. 'මම් මේ දිය විලට බැස කන් සෝදන ක්‍රීඩාවෙනුත් ක්‍රීඩා කරන්නෙම් නම්, පිට සෝදන ක්‍රීඩාවෙනුත් ක්‍රීඩා කරන්නෙම් නම් අගනේ ය. කන් සෝදන ක්‍රීඩාවෙනුත් ක්‍රීඩා කොට, පිට සෝදන ක්‍රීඩාවෙනුත් ක්‍රීඩා කොට, ස්නානය ද කොට, පැන් පානය ද කොට ගොඩට නැගී කැමති තැනක යන්නේ නම් අගනේ ය' යි. ඉක්බිති හේ ඒ දිය විලට බැස කන් සෝදන ක්‍රීඩාවෙන් ක්‍රීඩා කරන්නේ ය. පිට සෝදන ක්‍රීඩාවෙන් ක්‍රීඩා කරන්නේ ය. කන් සෝදන ක්‍රීඩාවෙනුත් ක්‍රීඩා කොට, පිට සෝදන ක්‍රීඩාවෙනුත් ක්‍රීඩා කොට, ස්නානය ද කොට, පැන් පානය ද කොට ගොඩට නැගී කැමති තැනක යන්නේ ය. එයට හේතුව කුමක්ද? උපාලි, ඔහු විශාල සතෙකි. ඒ ගැඹුරු දියෙහි ප්‍රතිෂ්ඨාවක් ඇත්තේ ය.

ඉක්බිති හාවෙක් හෝ බළලෙක් හෝ එන්නේ ය. ඔහුට ද මෙසේ සිතෙයි. 'මම කවුද? හස්තිරාජයා කවුද? මම ද මේ දිය විලට බැස කන් සෝදන ක්‍රීඩාවෙනුත් ක්‍රීඩා කරන්නෙම් නම්, පිට සෝදන ක්‍රීඩාවෙනුත් ක්‍රීඩා කරන්නෙම් නම් අගනේ ය. කන් සෝදන ක්‍රීඩාවෙනුත් ක්‍රීඩා කොට, පිට සෝදන ක්‍රීඩාවෙනුත් ක්‍රීඩා කොට, ස්නානය ද කොට, පැන් පානය ද කොට ගොඩට නැගී කැමති තැනක යන්නේ නම් අගනේ ය' යි. ඉක්බිති හේ නුවණින් නොවිමසා ඒ මහා දිය විලට සැහැසි ලෙස පනින්නේ ය. ගිලෙන්නේ ය හෝ ඉල්පෙන්නේ ය හෝ යන කරුණ ඔහු කැමති විය යුත්තේ ය. එයට හේතුව කුමක්ද? උපාලි, ඒ සැහැල්ලු වූ ශරීරය ගැඹුරෙහි පිහිටක් නොලබයි.

එසෙයින් ම උපාලි, යමෙක් මෙසේ පවසයි නම්, 'මම සමාධිය නොලබන්නෙම් ආරණ්‍ය, වනාන්තර ආදී ඈත ගැඹුරු වනයෙහි සෙනසුනක වාසය කරමි' යි. ඔහු මෙය කැමති විය යුත්තේ ය. එනම්, ගිලෙන්නේ ය හෝ

ඉල්පෙන්නේ ය හෝ යන කරුණයි.

උපාලි, එය මෙබඳු දෙයකි. සිඟිති බොළඳ ළදරුවෙක් උඩුඅතට සයනය කරන්නේ, ස්වකීය මළමූත්‍රායෙන් ක්‍රීඩා කරයි නම්, උපාලි, ඒ ගැන කුමක් සිතහි ද? එය හැම අතින් ම පිරිපුන් බාල ක්‍රීඩායෙක් නොවෙයි ද?" "එසේ ය, ස්වාමීනී."

"උපාලි, ඒ දරු තෙම පසු කාලයක සිරුර වැඩී ඉන්ද්‍රියයන් මෝරා යෑමෙන් කුඩා දරුවන්ගේ යම් මේ කෙළිබඩු වෙත් ද, එනම්; කුඩා කෙළි නගුල්, කෙළි දඬු, පිනුම් ගැසීම්, හුළං පෙති, කොළ නැලි, කුඩා ක්‍රීඩා රථ, කුඩා දුනු ඊතල ආදියෙන් ක්‍රීඩා කරයි. උපාලි, මේ ගැන කුමක් සිතහි ද? මේ ක්‍රීඩාවන් පළමු ක්‍රීඩාවට වඩා සිත්කළු හා ප්‍රණීත නොවෙයි ද?" එසේ ය, ස්වාමීනී."

"උපාලි, ඒ දරු තෙම තවත් පසු කාලයක තවදුරටත් සිරුර වැඩී ඉන්ද්‍රියයන් මෝරා යාමෙන් පංච කාම ගුණයෙන් සතුටු වෙමින් එය පිරිවරා වාසය කරයි. එනම්, සිතට ප්‍රිය වූ, කාන්ත වූ, මනාප වූ, ප්‍රිය ස්වභාව ඇති, කැමැත්ත ඇති වෙන, කෙලෙස් ඇතිවෙන ඇසින් දක්නා රූපයන්ගෙන් සතුටු වෙයි. කනෙන් අසනා ශබ්දයන්ගෙන් සතුටු වෙයි. නාසයට දැනෙන ගඳසුවඳින් සතුටු වෙයි. දිවට දැනෙන රසයෙන් සතුටු වෙයි. සිතට ප්‍රිය වූ, කාන්ත වූ, මනාප වූ, ප්‍රිය ස්වභාව ඇති, කැමැත්ත ඇති වෙන, කෙලෙස් ඇතිවෙන කයට දැනෙනා පහසින් සතුටු වෙයි. උපාලි, මේ ගැන කුමක් සිතහි ද? මෙම ක්‍රීඩාව පළමු ක්‍රීඩාවන්ට වඩා සොඳුරු වූයේ ත්, ප්‍රණීත වූයේ ත් නොවෙයි ද?" "එසේ ය, ස්වාමීනී"

"උපාලි, මෙහිලා තථාගත තෙමේ ලොවෙහි උපදින්නේ ය. ඒ තථාගතයෝ අරහත්යහ. සම්මා සම්බුද්ධයහ. විජ්ජාචරණ සම්පන්නයහ. සුගතයහ. ලෝකවිදූයහ. අනුත්තරෝ පුරිසදම්ම සාරථීයහ. දෙව් මිනිස්නට ශාස්තෘහු ය. බුද්ධයහ. භගවත්යහ. ඒ තථාගත තෙමේ දෙවියන් සහිත, බඹුන් සහිත, මරුන් සහිත, ශ්‍රමණ බමුණන් සහිත, දෙව්මිනිස් ප්‍රජාවෙන් යුතු ලෝකයෙහි තම විශිෂ්ට ඥානයෙන් අත්දුටු ධර්මය පවසයි. ඒ තථාගත තෙමේ මුල මැද අග කලණ වූ, අර්ථ සහිත වූ, ව්‍යංජන සහිත වූ ධර්මය දේශනා කරයි. සියළු අයුරින් පිරිපුන් පිරිසිදු නිවන් මග පවසයි. එකල්හී ගෘහපතියෙක් හෝ ගෘහපතිපුත්‍රයෙක් හෝ අන්‍ය වූ කුලයක උපන්නෙක් හෝ ඒ ධර්මය අසන්නේ ය. හේ ඒ ධර්මය අසා තථාගතයන්ගේ සම්බුද්ධත්වය පිළිබඳ ශ්‍රද්ධාව ඇති කරගනී. හේ ඒ ශ්‍රද්ධා ලාභයෙන් යුක්ත ව මෙසේ නුවණින් විමසයි. 'ගෘහවාසය කරදර සහිත ය. ක්ලේශ මාර්ගයකි. එනමුදු පැවිද්ද වනාහී අහස් තලය වැනි

ය. ගෘහවාසයෙහි රැඳුනහු විසින් මේ ඒකාන්ත පිරිපුන් පිරිසිදු සංඛයක් වැනි ඒකාන්ත පිරිසිදු නිවන් මගෙහි හැසිරීම පහසු නොවෙයි. මම ද කෙස් රැවුල් බහා කසාවත් පොරොවා ගෘහ වාසයෙන් නික්ම අනගාරික සසුනෙහි පැවිදි වන්නෙම් නම් මැනැවැ'යි. හේ පසුකලෙක අල්ප වූ හෝ භෝග සම්පත් අත්හැර, බොහෝ වූ හෝ භෝග සම්පත් අත්හැර අල්ප වූ හෝ ඥාති පිරිවර අත්හැර, බොහෝ වූ හෝ ඥාති පිරිවර අත්හැර කෙස් රැවුල් බහා කසාවත් පොරොවා ගෘහ වාසයෙන් නික්ම අනගාරික සසුනෙහි පැවිදි වෙයි.

හේ එසේ පැවිදි වූයේ භික්ෂූන් රකින ශික්ෂාපදයන් සමාදන් වූයේ වෙයි. ප්‍රාණඝාතය අත්හැර සතුන් මැරීමෙන් වැළකුණේ වෙයි. දඬු මුගුරු බහා තැබුවේ වෙයි. අවිආයුධ බහා තැබුවේ වෙයි. ලැජ්ජා ඇත්තේ වෙයි. දයාවෙන් යුක්ත වූයේ වෙයි. සියළු ප්‍රාණීන් කෙරෙහි හිතානුකම්පී ව වාසය කරයි.

නුදුන් දේ ගැනීම අත්හැර සොරකමින් වැළකුණේ වෙයි. දුන් දේ පමණක් ගන්නේ වෙයි. දුන් දේ පමණක් ගැනීමට කැමති වෙයි. නොසොර සිතින් යුතු ව පිරිසිදු වූ ජීවිතයකින් වාසය කරයි.

අබ්‍රහ්මචාරී බව අත්හැර බ්‍රහ්මචාරී ව වාසය කරයි. ග්‍රාම්‍ය දෙයක් වන මෛථුනයෙන් වැළකී යහපත් ඇවතුම් පැවැතුම්වලින් වාසය කරයි.

බොරු කීම අත්හැර බොරු කීමෙන් වැළකුණේ වෙයි. සත්‍ය කියන්නේ වෙයි. ඇත්තෙන් ඇත්ත ගලපා කියන්නේ වෙයි. සත්‍ය වූ ධර්මයක් ම කියන්නේ වෙයි. විශ්වසනීය ලෙස වූ ලොව නොරවටන කථා කියන්නේ වෙයි.

කේලාම් කීම අත්හැර කේලාම් වචනයෙන් වළකින්නේ වෙයි. මොවුන් බිඳවීම පිණිස මෙතැනින් අසා ගොස් අසවල් තැන නොකියන්නේ වෙයි. අසවලුන් බිඳවීම පිණිස එතැනින් අසාගෙන විත් මෙතන නොකියන්නේ වෙයි. මෙසේ බිඳුණු අය සමගි කරවීම පිණිස ත්, සමගි වූවන්ට අනුබල දීම පිණිස ත් සමගියෙහි ඇළුණේ වෙයි. සමගියට කැමති වූයේ වෙයි. සමගියෙන් සතුටු වෙයි. සමගිය ඇතිවෙන කරුණු පවසන්නේ වෙයි.

දරුණු වචන අත්හැර, දරුණු වචනයෙන් වැළකුණේ වෙයි. යම් වචනයක් දොස් රහිත වෙයි ද, ශ්‍රවණයට සැප දෙයි ද, දයාව උපදවයි ද, හෘදයාංගම වෙයි ද, වැදගත් වචන වෙයි ද, බොහෝ ජනයාට කාන්ත වෙයි ද, බොහෝ ජනයාට මනාප වෙයි ද, එබඳු වූ බස් ම කියන්නේ වෙයි.

නිසරු බස් හැර දමා නිසරු කථාවෙන් වැළකෙන්නේ වෙයි. කාලානුරූප වූ දෙයක් කියන්නේ වෙයි. සත්‍යයක් කියන්නේ වෙයි. දෙලොවට හිත වූ

දෙයක් කියන්නේ වෙයි. ධර්මය කියන්නේ වෙයි. හික්මෙන දෙයක් කියන්නේ වෙයි. මතකයෙහි දරා ගැනීමට වටිනා දෙයක් කියන්නේ වෙයි. මෙසේ සුදුසු කාලයට කරුණු සහිත ව එහි ද සීමාව දැන අර්ථ සහිත වූ දෙයක් කියන්නේ වෙයි.

හේ ගස් කොළන් සිඳලීමෙන් වැළකී සිටින්නේ වෙයි. රාත්‍රී බොජුනෙන් වැළකුණේ විකල් බොජුනෙන් වැළකුණේ උදේ වරුවෙහි වළඳන්නේ වෙයි. නැටුම්, ගැයුම්, වැයුම් ආදී විසූක දර්ශන නැරඹීමෙන් වැළකුණේ වෙයි. මල් සුවඳ විලවුන් දැරීම්, ඇඟ සැරසීම් ආදියෙන් වැළකුණේ වෙයි. වටිනා සුඛෝපභෝගී ආසන පරිහරණයෙන් වැළකුණේ වෙයි. රන් රිදී පිළිගැනීමෙන් වැළකුණේ වෙයි. අමු ධාන්‍ය පිළිගැනීමෙන් වැළකුණේ වෙයි. අමු මස් පිළිගැනීමෙන් වැළකුණේ වෙයි. ස්ත්‍රීන් හා කුමරියන් පිළිගැනීමෙන් වැළකුණේ වෙයි. දැසි දස්සන් පිළිගැනීමෙන් වැළකුණේ වෙයි. එළු බැටළුවන් පිළිගැනීමෙන් වැළකුණේ වෙයි. කුකුලන් ඌරන් පිළිගැනීමෙන් වැළකුණේ වෙයි. ඇත් අස් ගව වෙළඹ ආදී සතුන් පිළිගැනීමෙන් වැළකුණේ වෙයි. කෙත් වත් පිළිගැනීමෙන් වැළකුණේ වෙයි.

ගිහියන්ගේ පණිවිඩ පණත් ගෙනයාමෙන් වැළකුණේ වෙයි. වෙළඳාමෙන් වැළකුණේ වෙයි. තරාදියෙන් කරන වංචා, කිරීමෙන් කරන වංචා, මැනීමෙන් කරන වංචා ආදියෙන් වැළකුණේ වෙයි. වංචාවෙන් වැරදි විනිශ්චය දීම ආදී කටයුතුවලින් වැළකුණේ වෙයි. අත් පා සිඳීම්, මැරීම්, බන්ධන, මං පැහැරීම්, ගම් පැහැරීම්, සැහැසි ක්‍රියා ආදියෙන් වැළකුණේ වෙයි.

හේ ලද දෙයින් සතුටු වන්නේ වෙයි. කයට යැපෙන සිවුරෙන් ද, කුසට යැපෙන ආහාරයෙන් ද සතුටු වෙයි. හේ යම් මැ දිශාවක යයි නම් ඒ පා සිවුරු පමණක් ම රැගෙන යයි. පක්ෂි ලිහිණියෙක් යම් ම දිශාවක ඉගිල යයි ද, පියාපත් බර ඇතිව පමණක් ඉගිල යන්නේ යම් සේ ද, එසෙයින් ම භික්ෂුව ද කයට යැපෙන සිවුරෙනුත්, කුසට යැපෙන පිණ්ඩපාතයෙනුත් සතුටු වෙයි. යම් ම දිශාවක යයි නම් ඒ පා සිවුරු පමණක් ම රැගෙන යයි. මෙසේ හේ මේ ආර්ය වූ සීලස්කන්ධයෙන් සමන්විත වූයේ ආධ්‍යාත්මයෙහි දොස් රහිත වූ සැපයක් විඳියි.

හේ ඇසින් රූපයක් දැක නිමිති නොගනියි. නිමිත්තකින් කොටසක් හෝ නොගනියි. යම් හෙයකින් ඇස නම් වූ ඉන්ද්‍රිය අසංවර ව වාසය කරන විට දැඩි ලෝභය දොම්නස ආදී පාපී අකුසල් දහම් තමා ව ලුහු බඳියි නම් එයින් සංවර වීමට පිළිපදියි. ඇස නම් වූ ඉන්ද්‍රිය රකියි. ඇස නම් වූ ඉන්ද්‍රියේ

සංවරයට පැමිණෙයි. කනෙන් ශබ්දයක් අසා ....(පෙ).... නාසයෙන් ගඳ සුවඳ දැන ....(පෙ).... දිවෙන් රසයක් විඳ ....(පෙ).... කයෙන් පහස ලබා ....(පෙ).... මනසින් අරමුණක් දැන නිමිති නොගනියි. නිමිත්තකින් කොටසක් හෝ නොගනියි. යම් හෙයකින් මනස නම් වූ ඉන්ද්‍රිය අසංවර ව වාසය කරද්දී දැඩි ලෝභය දොම්නස ආදී පාපී අකුසල් දහම් තමා ව ලුහු බඳියි නම් එයින් සංවර වීමට පිළිපදියි. මනස නම් වූ ඉන්ද්‍රිය රකියි. මනස නම් වූ ඉන්ද්‍රියේ සංවරයට පැමිණෙයි. හේ මේ ආර්ය වූ ඉන්ද්‍රිය සංවරයෙන් සමන්විත වූයේ ආධ්‍යාත්මයෙහි කෙලෙස් නොවැගිරෙන සැපයක් විඳියි.

හේ නුවණ හසුරුවමින් ඉදිරියට යන්නේ ද වෙයි, නැවත හැරී එන්නේ ද වෙයි. නුවණ හසුරුවමින් ඉදිරිය බලන්නේ ද වෙයි, වටපිට බලන්නේ ද වෙයි. නුවණ හසුරුවමින් අත් පා දිගහරින්නේ ද වෙයි, හකුළුවන්නේ ද වෙයි. නුවණ හසුරුවමින් දෙපට සිවුර, පාත්‍ර, තනිපට සිවුරු ආදිය දරන්නේ වෙයි. නුවණ හසුරුවමින් අෂ්ටපානාදිය වළඳන්නේ වෙයි, පැන් පානය කරන්නේ වෙයි, ආහාර වළඳන්නේ වෙයි, කැවිලි ආදිය රස විඳින්නේ වෙයි. නුවණ හසුරුවමින් වැසිකිලි කැසිකිලි කරන්නේ වෙයි. යෑමෙහිදී ද, සිටීමෙහිදී ද, හිඳීමෙහිදී ද, සැතපීමෙහිදී ද, නිදිවරා සිටීමෙහිදී ද, යමක් පැවසීමෙහිදී ද, නිහඬ ව සිටීමෙහිදී ද නුවණ හසුරුවන්නේ වෙයි.

හේ මේ ආර්ය සීලස්කන්ධයෙන් ද සමන්විත ව, මේ ආර්ය ඉන්ද්‍රිය සංවරයෙන් ද සමන්විත ව, මේ ආර්ය සිහිනුවණින් ද සමන්විත ව, ජනයා රහිත සෙනසුන් ඇසුරු කරයි. එනම් අරණ්‍යය, රුක් සෙවණ, පර්වතය, දිය ඇලි, ගිරි ගුහා ය, සොහොන ය, වනපෙත ය, හිස් අවකාශය ය, පිදුරු කුටිය ය යනාදියයි. හේ වනයට ගියේ හෝ රුක් සෙවණට ගියේ හෝ ජනශූන්‍ය තැනකට ගියේ හෝ පළඟක් බැඳ කය ඍජු කොට සිහිය පෙරට ගෙන වාඩි වෙයි.

හේ තම ලොවෙහි ඇති ලෝභය අත්හැර ලෝභ රහිත වූ සිතින් වාසය කරයි. සිත ලෝභයෙන් පිරිසිදු කරයි. ද්වේෂයෙන් සිත දූෂිත වීම අත්හැර ද්වේෂ රහිත සිතින් සියළු ප්‍රාණීන් කෙරෙහි හිතානුකම්පී ව වාසය කරයි. ව්‍යාපාද දෝෂයෙන් සිත පිරිසිදු කරයි. ථීනමිද්ධය අත්හැර ථීනමිද්ධයෙන් තොර ව ආලෝක සංඥී ව සිහිනුවණින් යුතුව වාසය කරයි. ථීනමිද්ධයෙන් සිත පිරිසිදු කරයි. සිතේ විසිරීම ත්, පසුතැවීම ත් අත්හැර නොවිසිරෙන තමා තුළ සංසිඳුණු සිතින් වාසය කරයි. උද්ධච්ච කුක්කුච්චයෙන් සිත පිරිසිදු කරයි. සැකය අත්හැර සැකයෙන් එතෙර වූයේ කුසල් දහම් පිළිබඳ කෙසේද කෙසේද යන සැකයෙන් තොර ව වාසය කරයි. විචිකිච්ඡාවෙන් සිත පිරිසිදු කරයි.

හේ මේ සිතට උපක්ලේශ වූ ප්‍රඥාව දුර්වල කරන පංච නීවරණයන් දුරු කොට කාමයන්ගෙන් වෙන් ව අකුසල් දහමින් වෙන් ව, විතර්ක සහිත, විචාර සහිත විවේකයෙන් හටගත් ප්‍රීති සුඛයෙන් යුතු පළමු ධ්‍යානය උපදවා එයට පැමිණ වාසය කරයි.

උපාලි, මේ ගැන කුමක් හඟින්නෙහි ද? මේ විහරණය කලින් විහරණයන්ට වඩා සොඳුරු වූයේ ත්, ප්‍රණීත වූයේ ත් නොවේ ද?" "එසේ ය, ස්වාමීනී."

උපාලි, මාගේ ශ්‍රාවකයෝ මෙම ධර්මය ද තමා තුළ දකිමින් ආරණ්‍ය, වනපෙත්, ඈත ගැඹුරු වනයෙහි සෙනසුන් සේවනය කරත්. එතෙකුදු වුවත් තවම පිළිවෙලින් පැමිණි අරහත්වයෙන් යුතුව වාසය නොකරති.

තව ද උපාලි, භික්ෂුව විතර්ක විචාරයන් සංසිඳුවීමෙන් ....(පෙ).... දෙවෙනි ධ්‍යානය උපදවා වාසය කරයි.

උපාලි, මේ ගැන කුමක් හඟින්නෙහි ද? මේ විහරණය කලින් විහරණයන්ට වඩා සොඳුරු වූයේ ත්, ප්‍රණීත වූයේ ත් නොවෙයි ද?" "එසේ ය, ස්වාමීනී."

"උපාලි, මාගේ ශ්‍රාවකයෝ මෙම ධර්මය ද තමා තුළ දකිමින් ආරණ්‍ය, වනපෙත්, ඈත ගැඹුරු වනයෙහි සෙනසුන් සේවනය කරත්. එතෙකුදු වුවත් තවම පිළිවෙලින් පැමිණි අරහත්වයෙන් යුතුව වාසය නොකරති.

තව ද උපාලි, භික්ෂුව ප්‍රීතියට ද නොඇල්මෙන් ....(පෙ).... තුන්වෙනි ධ්‍යානය උපදවා වාසය කරයි.

උපාලි, මේ ගැන කුමක් හඟින්නෙහි ද? මේ විහරණය කලින් විහරණයන්ට වඩා සොඳුරු වූයේ ත්, ප්‍රණීත වූයේ ත් නොවෙයි ද?" "එසේ ය, ස්වාමීනී."

"උපාලි, මාගේ ශ්‍රාවකයෝ මෙම ධර්මය ද තමා තුළ දකිමින් ආරණ්‍ය, වනපෙත්, ඈත ගැඹුරු වනයෙහි සෙනසුන් සේවනය කරත්. එතෙකුදු වුවත් තවම පිළිවෙලින් පැමිණි අරහත්වයෙන් යුතුව වාසය නොකරති.

තව ද උපාලි, භික්ෂුව සැපය ද ප්‍රහාණය කොට ....(පෙ).... සිව්වෙනි ධ්‍යානය උපදවා වාසය කරයි.

උපාලි, මේ ගැන කුමක් හඟින්නෙහි ද? මේ විහරණය කලින් විහරණයන්ට වඩා සොඳුරු වූයේ ත්, ප්‍රණීත වූයේ ත් නොවෙයි ද?" "එසේ ය, ස්වාමීනී."

"උපාලි, මාගේ ශ්‍රාවකයෝ මෙම ධර්මය ද තමා තුළ දකිමින් ආරණ්‍ය, වනපෙත්, ඈත ගැඹුරු වනයෙහි සෙනසුන් සේවනය කරත්. එතෙකුදු වුවත්

තවම පිළිවෙලින් පැමිණි අරහත්වයෙන් යුතුව වාසය නොකරති.

තව ද උපාලි, භික්ෂුව සියළු අයුරින් රූප සංඥාවන් ඉක්ම යෑමෙන් ඕළාරික සංඥාවන් නැතිවීමෙන් නා නා සංඥාවන් නොමෙනෙහි කිරීමෙන් 'අනන්ත ආකාසය' යැයි ආකාසානඤ්චායතනය උපදවා වාසය කරයි.

උපාලි, මේ ගැන කුමක් හඟින්නෙහි ද? මේ විහරණය කලින් විහරණයන්ට වඩා සොඳුරු වූයේ ත්, ප්‍රණීත වූයේ ත් නොවෙයි ද?" "එසේ ය, ස්වාමීනී."

"උපාලි, මාගේ ශ්‍රාවකයෝ මෙම ධර්මය ද තමා තුළ දකිමින් ආරණ්‍ය, වනපෙත්, ඈත ගැඹුරු වනයෙහි සෙනසුන් සේවනය කරත්. එතෙකුදු වුවත් තවම පිළිවෙලින් පැමිණි අරහත්වයෙන් යුතුව වාසය නොකරති.

තව ද උපාලි, භික්ෂුව සියළු අයුරින් ආකාසානඤ්චායතනය ඉක්ම යෑමෙන් 'අනන්ත විඤ්ඤාණය' යැයි විඤ්ඤාණඤ්චායතනය උපදවා වාසය කරයි. ....(පෙ).... සියළු අයුරින් විඤ්ඤාණඤ්චායතනය ඉක්ම යෑමෙන් 'කිසිවක් නැත' යැයි ආකිඤ්චඤ්ඤායතනය උපදවා වාසය කරයි. ....(පෙ).... තව ද උපාලි, භික්ෂුව සියළු අයුරින් ආකිඤ්චඤ්ඤායතනය ඉක්ම යෑමෙන් 'මෙය ශාන්ත ය, මෙය ප්‍රණීත ය' යි නේවසඤ්ඤානාසඤ්ඤායතනය උපදවා වාසය කරයි.

උපාලි, මේ ගැන කුමක් හඟින්නෙහි ද? මේ විහරණය කලින් විහරණයන්ට වඩා සොඳුරු වූයේ ත්, ප්‍රණීත වූයේ ත් නොවෙයි ද?" "එසේ ය, ස්වාමීනී."

"උපාලි, මාගේ ශ්‍රාවකයෝ මෙම ධර්මය ද තමා තුළ දකිමින් ආරණ්‍ය, වනපෙත්, ඈත ගැඹුරු වනයෙහි සෙනසුන් සේවනය කරත්. එතෙකුදු වුවත් තවම පිළිවෙලින් පැමිණි අරහත්වයෙන් යුතුව වාසය නොකරති.

තව ද උපාලි, භික්ෂුව සියළු අයුරින් නේවසඤ්ඤානාසඤ්ඤායතනය ඉක්ම යෑමෙන් සඤ්ඤා වේදයිත නිරෝධය උපදවා වාසය කරයි. ප්‍රඥාවෙන් දැක ඔහුගේ ආශ්‍රවයෝ ද ගෙවී ගියාහු වෙති.

උපාලි, මේ ගැන කුමක් හඟින්නෙහි ද? මේ විහරණය කලින් විහරණයන්ට වඩා සොඳුරු වූයේ ත්, ප්‍රණීත වූයේ ත් නොවෙයි ද?" "එසේ ය, ස්වාමීනී."

"උපාලි, මාගේ ශ්‍රාවකයෝ මෙම ධර්මය ද තමා තුළ දකිමින් ආරණ්‍ය, වනපෙත්, ඈත ගැඹුරු වනයෙහි සෙනසුන් සේවනය කරත්. මෙපමණකින් පිළිවෙලින් පැමිණි අරහත්වයෙන් යුතුව වාසය කරති.

උපාලි, එහෙයින් ඔබ සංඝයා අතර වාසය කරව. සංඝයා අතර වාසය කරන ඔබට එය පහසු වන්නේ ය."

සාදු! සාදු!! සාදු!!!

උපාලි සූත්‍රය නිමා විය.

10.2.5.10
හබ්බාහබ්බ සූත්‍රය
හැකි නොහැකි බව ගැන වදාළ දෙසුම

මහණෙනි, මේ දස ධර්මයන් අත්නොහැර අරහත්වය සාක්ෂාත් කිරීමට නොහැකි ය. ඒ කවර දසයක් ද යත්;

රාගය, ද්වේෂය, මෝහය, ක්‍රෝධය, බද්ධවෛරය, ගුණමකුබව, එකට එක කිරීම, ඊර්ෂ්‍යාව, මසුරු බව හා මානයයි. මහණෙනි, ඔය දස ධර්මයන් අත්නොහැර අරහත්වය සාක්ෂාත් කිරීමට නොහැකි ය.

මහණෙනි, මේ දස ධර්මයන් අත්හැර අරහත්වය සාක්ෂාත් කිරීමට හැකි ය. ඒ කවර දසයක් ද යත්;

රාගය, ද්වේෂය, මෝහය, ක්‍රෝධය, බද්ධවෛරය, ගුණමකුබව, එකට එක කිරීම, ඊර්ෂ්‍යාව, මසුරු බව හා මානයයි. මහණෙනි, ඔය දස ධර්මයන් අත්හැර අරහත්වය සාක්ෂාත් කිරීමට හැකි ය.

සාදු! සාදු!! සාදු!!!

හබ්බාහබ්බ සූත්‍රය නිමා විය.

පස්වෙනි උපාලි වර්ගය අවසන් විය.
දෙවෙනි පණ්ණාසකය නිමා විය.

- එහි පිළිවෙල උද්දානයයි :

කාමභෝගී සූත්‍රය, වේර සූත්‍රය, දිට්ඨි සූත්‍රය, වජ්ජියමාහිත සූත්‍රය, උත්තිය සූත්‍රය, කෝකනද සූත්‍රය, ආහුනෙය්‍ය සූත්‍රය, ථේර සූත්‍රය, උපාලි සූත්‍රය සහ අහබ්බ සූත්‍රය වශයෙන් මෙහි සූත්‍ර දසයකි.

තුන්වෙනි පණ්ණාසකය

1. සමණසඤ්ඤා වර්ගය

10.3.1.1.
සමණසඤ්ඤා සූත්‍රය
ශ්‍රමණ සංඥා ගැන වදාළ දෙසුම

"මහණෙනි, මෙම ත්‍රිවිධ ශ්‍රමණ සංඥාව දියුණු කරගත් විට, බහුල ව ප්‍රගුණ කරගත් විට ධර්ම සතක් පිරිපුන් වී යති. කවර තුනක් ද යත්;

1. ගිහි සැරසීමෙන් වෙන් වූ සිවුරු පෙරවීම්, පාත්‍රා පරිහරණය කිරීම් ආදී ශ්‍රමණ පිරිකර සහිත ව විවර්ණ භාවයට පැමිණියේ වෙමි.

2. මාගේ දිවි පැවැත්ම බැඳී තිබෙන්නේ අන්‍යයන් දෙන සිව්පසය මත ය.

3. ගිහියෙකුගේ ආකල්පයෙන් වෙනස් වූ ශ්‍රමණයන්ගේ ආකල්ප මා තුළ ඇති කරගත යුත්තේ ය.

මහණෙනි, මෙම ත්‍රිවිධ ශ්‍රමණ සංඥාව දියුණු කරගත් විට, බහුල ව ප්‍රගුණ කරගත් විට ධර්ම සතක් පිරිපුන් වී යති. ඒ කවර සතක් ද යත්:

1. නිතර සකස් කරන සහ නිතර යහපත් ව පවත්වන සීලයෙන් යුක්ත වේ.

2. දැඩි ලෝභයෙන් තොර ව වාසය කරයි.

3. ද්වේෂයෙන් තොර ව වාසය කරයි.

4. නිහතමානී වෙයි.

5. හික්මෙන්නට කැමති වෙයි.

6. ජීවිත පරිෂ්කාරයන් පිළිබඳ ව ඔහුට 'මෙය ප්‍රමාණවත් ය'යි යන හැඟීම වෙයි.

7. පටන් ගත් වීර්යයෙන් යුක්ත වෙයි.

මහණෙනි, මෙම ත්‍රිවිධ ශ්‍රමණ සංඥාව දියුණු කරගත් විට, බහුල ව ප්‍රගුණ කරගත් විට මෙම ධර්ම සත පිරිපුන් වී යති.

සාදු! සාදු!! සාදු!!!

සමණසඤ්ඤා සූත්‍රය නිමා විය.

10.3.1.2
බොජ්ඣංග සූත්‍රය
බොජ්ඣංග ගැන වදාළ දෙසුම

"මහණෙනි, මෙම සප්ත බොජ්ඣංගයන් දියුණු කරගත් විට, බහුල ව ප්‍රගුණ කරගත් විට, ත්‍රිවිද්‍යාව සම්පූර්ණ වෙයි. ඒ කවර සතක් ද යත්;

සති සම්බොජ්ඣංගය, ධම්මවිචය සම්බොජ්ඣංගය, විරිය සම්බොජ්ඣංගය, පීති සම්බොජ්ඣංගය, පස්සද්ධි සම්බොජ්ඣංගය, සමාධි සම්බොජ්ඣංගය, උපෙක්ඛා සම්බොජ්ඣංගය. මහණෙනි, මෙම සප්ත බොජ්ඣංගයන් දියුණු කරගත් විට, බහුල ව ප්‍රගුණ කරගත් විට, ත්‍රිවිද්‍යාව සම්පූර්ණ වෙයි. ඒ කවර තුනක් ද යත්;

මහණෙනි, මෙහිලා භික්ෂුව නොයෙක් අයුරින් පෙර විසූ කඳ පිළිවෙල සිහි කරයි. එනම්, එක් උපතක් ද, උපත් දෙකක් ද, ...(පෙ).... මෙසේ කරුණු සහිත ව උද්දේස සහිත ව නොයෙක් අයුරින් පෙර විසූ කඳ පිළිවෙල සිහි කරයි.

මිනිස් දැක්ම ඉක්මවා ගිය විශුද්ධ වූ දිව්‍ය නේත්‍රයෙන් ....(පෙ).... කර්මානුරූප ව සත්වයන් මියයන, උපදින අයුරු දකියි.

ආශ්‍රවයන් ක්ෂය වීමෙන් ....(පෙ).... අත්දැක එයට පැමිණ වාසය කරයි.

මහණෙනි, මෙම සප්ත බොජ්ඣංගයන් දියුණු කරගත් විට, බහුල ව ප්‍රගුණ කරගත් විට, මෙම ත්‍රිවිද්‍යාව සම්පූර්ණ වෙයි.

සාදු! සාදු!! සාදු!!!

බොජ්ඣංග සූත්‍රය නිමා විය.

10.3.1.3
මිච්ඡත්ත සූත්‍රය
වැරදි දෙය ගැන වදාළ දෙසුම

"මහණෙනි, වැරදි දෙයකට පැමිණීමෙන් වරදින්නේ ම වෙයි. යහපතක් නොවන්නේ ය. මහණෙනි, වැරදි දෙයකට පැමිණීමෙන් වරදින්නේ කෙසේද? යහපතක් නොවන්නේ කෙසේද?

මහණෙනි, වැරදි දෘෂ්ටියක් ඇති කෙනාට හරියන්නේ වැරදි සංකල්පයයි. වැරදි සංකල්පය ඇති කෙනාට හරියන්නේ වැරදි වචන භාවිතයයි. වැරදි වචන භාවිතය ඇති කෙනාට හරියන්නේ වැරදි කායික ක්‍රියාවන් ය. වැරදි කායික ක්‍රියා ඇති කෙනාට හරියන්නේ වැරදි ජීවිකාවයි. වැරදි ජීවිකාව ඇති කෙනාට හරියන්නේ වැරදි වීර්‍යයයි. වැරදි වීර්‍යය ඇති කෙනාට හරියන්නේ වැරදි සිහියයි. වැරදි සිහිය ඇති කෙනාට හරියන්නේ වැරදි සමාධියයි. වැරදි සමාධිය ඇති කෙනාට හරියන්නේ වැරදි ඥානයයි. වැරදි ඥානය ඇති කෙනාට හරියන්නේ වැරදි විමුක්තියයි. මහණෙනි, මේ අයුරින් වැරදි දෙයකට පැමිණීමෙන් වරදින්නේ ම වෙයි. යහපතක් නොවන්නේ ය.

මහණෙනි, නිවැරදි දෙයකට පැමිණීමෙන් යහපතක් වන්නේ ම වෙයි. වැරැද්දක් නොවන්නේ ය. මහණෙනි, නිවැරදි දෙයකට පැමිණීමෙන් යහපතක් වන්නේ කෙසේද? වැරැද්දක් නොවන්නේ කෙසේද?

මහණෙනි, නිවැරදි දෘෂ්ටියක් ඇති කෙනාට හරියන්නේ නිවැරදි සංකල්පයයි. නිවැරදි සංකල්පය ඇති කෙනාට හරියන්නේ නිවැරදි වචන භාවිතයයි. නිවැරදි වචන භාවිතය ඇති කෙනාට හරියන්නේ නිවැරදි කායික ක්‍රියාවන් ය. නිවැරදි කායික ක්‍රියා ඇති කෙනාට හරියන්නේ නිවැරදි ජීවිකාවයි. නිවැරදි ජීවිකාව ඇති කෙනාට හරියන්නේ නිවැරදි වීර්‍යයයි. නිවැරදි වීර්‍යය ඇති කෙනාට හරියන්නේ නිවැරදි සිහියයි. නිවැරදි සිහිය ඇති කෙනාට හරියන්නේ නිවැරදි සමාධියයි. නිවැරදි සමාධිය ඇති කෙනාට හරියන්නේ නිවැරදි ඥානයයි. නිවැරදි ඥානය ඇති කෙනාට හරියන්නේ නිවැරදි විමුක්තියයි. මහණෙනි, මේ අයුරින් නිවැරදි දෙයකට පැමිණීමෙන් යහපතක් වන්නේ ම වෙයි. වැරැද්දක් නොවන්නේ ය.

සාදු! සාදු!! සාදු!!!

මිච්ඡත්ත සූත්‍රය නිමා විය.

10.3.1.4
බීජ සූත්‍රය
පැළවෙන දේ ගැන වදාළ දෙසුම

"මහණෙනි, වැරදි දෘෂ්ටිය ඇති, වැරදි සංකල්ප ඇති, වැරදි වචන භාවිතය ඇති, වැරදි කායික ක්‍රියා ඇති, වැරදි ජීවිකාව ඇති, වැරදි උත්සාහය ඇති, වැරදි සිහිය ඇති, වැරදි සමාධිය ඇති, වැරදි ඥානය ඇති, වැරදි විමුක්තිය ඇති පුද්ගලයා විසින් ඔහු ගත් දෘෂ්ටිය අනුව යම් මැ කායික ක්‍රියාවක් කරනු ලබයි ද, පවත්වනු ලබයි ද, ඔහු ගත් දෘෂ්ටිය අනුව යම් මැ වචන භාවිතයක් කරනු ලබයි ද, පවත්වනු ලබයි ද, ඔහු ගත් දෘෂ්ටිය අනුව යම් මැ මානසික ක්‍රියාවක් කරනු ලබයි ද, පවත්වනු ලබයි ද, යම් චේතනාවක්, යම් ප්‍රාර්ථනාවක් යම් අධිෂ්ඨානයක්, යම් සංස්කාරයක් පවත්වනු ලබයි ද, ඒ සෑම දෙයක් ම අනිෂ්ට වූ, අකාන්ත වූ, අමනාප වූ, අයහපත වූ, දුක් පිණිස ම පවතින්නේ ය. එයට හේතුව කුමක් ද? මහණෙනි, දෘෂ්ටිය පවිටු වූ නිසා ය.

මහණෙනි, එය මෙබඳු දෙයකි. යම් සේ කොහොඹ බීජයක් හෝ තිත්ත වැටකොළු බීජයක් හෝ තිත්ත ලබු බීජයක් හෝ තෙත් පොළොවෙහි රෝපණය කළ විට යම් මැ පොළෝ රසයක් ඇද්ද එය ද උරාගනියි. යම් මැ තෙත් බවෙක් ඇද්ද එය ද උරාගනියි. ඒ සියල්ල තිත්ත බව පිණිස, කටුක බව පිණිස, අමිහිරි බව පිණිස ම පවතින්නේ ය. මක්නිසාද යත්, මහණෙනි, එම බීජය පවිටු නිසා ය.

මහණෙනි, එසෙයින් ම වැරදි දෘෂ්ටිය ඇති, වැරදි සංකල්ප ඇති, වැරදි වචන භාවිතය ඇති, වැරදි කායික ක්‍රියා ඇති, වැරදි ජීවිකාව ඇති, වැරදි උත්සාහය ඇති, වැරදි සිහිය ඇති, වැරදි සමාධිය ඇති, වැරදි ඥානය ඇති, වැරදි විමුක්තිය ඇති පුද්ගලයා විසින් ඔහු ගත් දෘෂ්ටිය අනුව යම් මැ කායික ක්‍රියාවක් කරනු ලබයි ද, පවත්වනු ලබයි ද, ඔහු ගත් දෘෂ්ටිය අනුව යම් ම වචන භාවිතයක් කරනු ලබයි ද, පවත්වනු ලබයි ද, ඔහු ගත් දෘෂ්ටිය අනුව යම් මැ මානසික ක්‍රියාවක් කරනු ලබයි ද, පවත්වනු ලබයි ද, යම් චේතනාවක්, යම් ප්‍රාර්ථනාවක් යම් අධිෂ්ඨානයක්, යම් සංස්කාරයක් පවත්වනු ලබයි ද, ඒ සෑම දෙයක් ම අනිෂ්ට වූ, අකාන්ත වූ, අමනාප වූ, අයහපත වූ, දුක් පිණිස ම පවතින්නේ ය. එයට හේතුව කුමක් ද? මහණෙනි, දෘෂ්ටිය පවිටු වූ නිසා ය.

මහණෙනි, නිවැරදි දෘෂ්ටිය ඇති, නිවැරදි සංකල්ප ඇති, නිවැරදි වචන

භාවිතය ඇති, නිවැරදි කායික ක්‍රියා ඇති, නිවැරදි ජීවිකාව ඇති, නිවැරදි උත්සාහය ඇති, නිවැරදි සිහිය ඇති, නිවැරදි සමාධිය ඇති, නිවැරදි ඥානය ඇති, නිවැරදි විමුක්තිය ඇති පුද්ගලයා විසින් ඔහු ගත් දෘෂ්ටිය අනුව යම් මැ කායික ක්‍රියාවක් කරනු ලබයි ද, පවත්වනු ලබයි ද, ඔහු ගත් දෘෂ්ටිය අනුව යම් මැ වචන භාවිතයක් කරනු ලබයි ද, පවත්වනු ලබයි ද, ඔහු ගත් දෘෂ්ටිය අනුව යම් මැ මානසික ක්‍රියාවක් කරනු ලබයි ද, පවත්වනු ලබයි ද, යම් චේතනාවක්, යම් ප්‍රාර්ථනාවක් යම් අධිෂ්ඨානයක්, යම් සංස්කාරයක් පවත්වනු ලබයි ද, ඒ සෑම දෙයක් ම සිතට ප්‍රිය වූ, කාන්ත වූ, මනාප වූ, යහපත වූ, සැප පිණිස ම පවතින්නේ ය. එයට හේතුව කුමක් ද? මහණෙනි, දෘෂ්ටිය සොඳුරු වූ නිසා ය.

මහණෙනි, එය මෙබඳු දෙයකි. යම් සේ පැළවෙන උක් ගසක් හෝ හැල් බීජයක් හෝ මිදි බීජයක් හෝ තෙත් පොළොවෙහි රෝපණය කළ විට යම් මැ පොළෝ රසයක් ඇද්ද එය ද උරාගනියි. යම් මැ තෙත් බවෙක් ඇද්ද එය ද උරාගනියි. ඒ සියල්ල මිහිරි බව පිණිස, මධුර බව පිණිස, ඉතා රසවත් බව පිණිස ම පවතින්නේ ය. මක්නිසාද යත්, මහණෙනි, එම බීජය සොඳුරු නිසා ය.

මහණෙනි, එසෙයින් ම නිවැරදි දෘෂ්ටිය ඇති, නිවැරදි සංකල්ප ඇති, නිවැරදි වචන භාවිතය ඇති, නිවැරදි කායික ක්‍රියා ඇති, නිවැරදි ජීවිකාව ඇති, නිවැරදි උත්සාහය ඇති, නිවැරදි සිහිය ඇති, නිවැරදි සමාධිය ඇති, නිවැරදි ඥානය ඇති, නිවැරදි විමුක්තිය ඇති පුද්ගලයා විසින් ඔහු ගත් දෘෂ්ටිය අනුව යම් මැ කායික ක්‍රියාවක් කරනු ලබයි ද, පවත්වනු ලබයි ද, ඔහු ගත් දෘෂ්ටිය අනුව යම් මැ වචන භාවිතයක් කරනු ලබයි ද, පවත්වනු ලබයි ද, ඔහු ගත් දෘෂ්ටිය අනුව යම් මැ මානසික ක්‍රියාවක් කරනු ලබයි ද, පවත්වනු ලබයි ද, යම් චේතනාවක්, යම් ප්‍රාර්ථනාවක් යම් අධිෂ්ඨානයක්, යම් සංස්කාරයක් පවත්වනු ලබයි ද, ඒ සෑම දෙයක් ම සිතට ප්‍රිය වූ, කාන්ත වූ, මනාප වූ, යහපත වූ, සැප පිණිස ම පවතින්නේ ය. එයට හේතුව කුමක් ද? මහණෙනි, දෘෂ්ටිය සොඳුරු වූ නිසා ය.

සාදු! සාදු!! සාදු!!!

බීජ සූත්‍රය නිමා විය.

10.3.1.5
විජ්ජා සූත්‍රය
විද්‍යාව ගැන වදාළ දෙසුම

"මහණෙනි, පාපය කෙරෙහි ලැජ්ජා නැති බවත්, භය නැති බවත් එකතු වී ඇති අකුසල ධර්මයන්ගේ පැවැත්මට මුල් කරුණ වන්නේ අවිද්‍යාවයි. අවිද්‍යාවෙන් යුක්ත වූවහුට අවිද්‍යාව තුළින් දකින්නහුට වැරදි දෘෂ්ටිය හටගනියි. වැරදි දෘෂ්ටියෙන් යුක්ත වූවහුට වැරදි සංකල්පනා හටගනියි. වැරදි සංකල්පනා ඇතියහුට වැරදි වචන හටගනියි. වැරදි වචන ඇතියහුට වැරදි කායික ක්‍රියා හටගනියි. වැරදි කායික ක්‍රියා ඇත්තහුට වැරදි ජීවිකාව හටගනියි. වැරදි ජීවිකාව ඇත්තහුට වැරදි වීර්යය හටගනියි. වැරදි වීර්යය ඇත්තහුට වැරදි සිහිය හටගනියි. වැරදි සිහිය ඇත්තහුට වැරදි චිත්තේකාග්‍රතාව හටගනියි. වැරදි චිත්තේකාග්‍රතාවය ඇත්තහුට වැරදි නුවණ හටගනියි. වැරදි නුවණ ඇත්තහුට වැරදි විමුක්තිය හටගනියි.

මහණෙනි, පාපය කෙරෙහි ඇති ලැජ්ජාවත්, භයත් එකතු වී ඇති කුසල ධර්මයන්ගේ පැවැත්මට මුල් කරුණ වන්නේ විද්‍යාවයි. විද්‍යාවෙන් යුක්ත වූවහුට විද්‍යාව තුළින් දකින්නහුට නිවැරදි දෘෂ්ටිය හටගනියි. නිවැරදි දෘෂ්ටියෙන් යුක්ත වූවහුට නිවැරදි සංකල්පනා හටගනියි. නිවැරදි සංකල්පනා ඇතියහුට නිවැරදි වචන හටගනියි. නිවැරදි වචන ඇතියහුට නිවැරදි කායික ක්‍රියා හටගනියි. නිවැරදි කායික ක්‍රියා ඇත්තහුට නිවැරදි ජීවිකාව හටගනියි. නිවැරදි ජීවිකාව ඇත්තහුට නිවැරදි වීර්යය හටගනියි. නිවැරදි වීර්යය ඇත්තහුට නිවැරදි සිහිය හටගනියි. නිවැරදි සිහිය ඇත්තහුට නිවැරදි චිත්තේකාග්‍රතාව හටගනියි. නිවැරදි චිත්තේකාග්‍රතාවය ඇත්තහුට නිවැරදි නුවණ හටගනියි. නිවැරදි නුවණ ඇත්තහුට නිවැරදි විමුක්තිය හටගනියි "

සාදු! සාදු!! සාදු!!!

විජ්ජා සූත්‍රය නිමා විය.

10.3.1.6
නිජ්ජර සූත්‍රය
විනාශ කරවන දේ ගැන වදාළ දෙසුම

"මහණෙනි, මේ අකුසල් විනාශ කරවන කරුණු දසයෙකි. කවර දසයක්
ද යත්;

1.   මහණෙනි, නිවැරදි දෘෂ්ටිය ඇත්තහුගේ වැරදි දෘෂ්ටිය විනාශ වූයේ
වෙයි. වැරදි දෘෂ්ටිය නිසාවෙන් හටගන්නා අනේක වූ යම් පාපී අකුසල් දහම්
ඇද්ද, ඔහු තුළ ඒවා ද විනාශ වූයේ වෙයි. නිවැරදි දෘෂ්ටිය නිසාවෙන් අනේක
වූ කුසල් දහම් ද දියුණු වීමෙන් පරිපූර්ණත්වයට යයි.

2.   මහණෙනි, නිවැරදි සංකල්ප ඇත්තහුගේ වැරදි සංකල්ප විනාශ වූයේ
වෙයි. වැරදි සංකල්ප නිසාවෙන් හටගන්නා අනේක වූ යම් පාපී අකුසල් දහම්
ඇද්ද, ඔහු තුළ ඒවා ද විනාශ වූයේ වෙයි. නිවැරදි සංකල්ප නිසාවෙන් අනේක
වූ කුසල් දහම් ද දියුණු වීමෙන් පරිපූර්ණත්වයට යයි.

3.   මහණෙනි, නිවැරදි වචන භාවිතය ඇත්තහුගේ වැරදි වචන භාවිතය
විනාශ වූයේ වෙයි. වැරදි වචන භාවිතය නිසාවෙන් හටගන්නා අනේක වූ යම්
පාපී අකුසල් දහම් ඇද්ද, ඔහු තුළ ඒවා ද විනාශ වූයේ වෙයි. නිවැරදි වචන
භාවිතය නිසාවෙන් අනේක වූ කුසල් දහම් ද දියුණු වීමෙන් පරිපූර්ණත්වයට
යයි.

4.   මහණෙනි, නිවැරදි කායික ක්‍රියා ඇත්තහුගේ වැරදි කායික ක්‍රියා විනාශ
වූයේ වෙයි. වැරදි කායික ක්‍රියා නිසාවෙන් හටගන්නා අනේක වූ යම් පාපී
අකුසල් දහම් ඇද්ද, ඔහු තුළ ඒවා ද විනාශ වූයේ වෙයි. නිවැරදි කායික ක්‍රියා
නිසාවෙන් අනේක වූ කුසල් දහම් ද දියුණු වීමෙන් පරිපූර්ණත්වයට යයි.

5.   මහණෙනි, නිවැරදි ජීවිකාව ඇත්තහුගේ වැරදි ජීවිකාව විනාශ වූයේ
වෙයි. වැරදි ජීවිකාව නිසාවෙන් හටගන්නා අනේක වූ යම් පාපී අකුසල් දහම්
ඇද්ද, ඔහු තුළ ඒවා ද විනාශ වූයේ වෙයි. නිවැරදි ජීවිකාව නිසාවෙන් අනේක
වූ කුසල් දහම් ද දියුණු වීමෙන් පරිපූර්ණත්වයට යයි.

6.   මහණෙනි, නිවැරදි උත්සාහය ඇත්තහුගේ වැරදි උත්සාහය විනාශ වූයේ
වෙයි. වැරදි උත්සාහය නිසාවෙන් හටගන්නා අනේක වූ යම් පාපී අකුසල්

දහම් ඇද්ද, ඔහු තුළ ඒවා ද විනාශ වූයේ වෙයි. නිවැරදි උත්සාහය නිසාවෙන් අනේක වූ කුසල් දහම් ද දියුණු වීමෙන් පරිපූර්ණත්වයට යයි.

7. මහණෙනි, නිවැරදි සිහිය ඇත්තහුගේ වැරදි සිහිය විනාශ වූයේ වෙයි. වැරදි සිහිය නිසාවෙන් හටගන්නා අනේක වූ යම් පාපී අකුසල් දහම් ඇද්ද, ඔහු තුළ ඒවා ද විනාශ වූයේ වෙයි. නිවැරදි සිහිය නිසාවෙන් අනේක වූ කුසල් දහම් ද දියුණු වීමෙන් පරිපූර්ණත්වයට යයි.

8. මහණෙනි, නිවැරදි චිත්තේකාග්‍රතාව ඇත්තහුගේ වැරදි චිත්තේකාග්‍රතාව විනාශ වූයේ වෙයි. වැරදි චිත්තේකාග්‍රතාව නිසාවෙන් හටගන්නා අනේක වූ යම් පාපී අකුසල් දහම් ඇද්ද, ඔහු තුළ ඒවා ද විනාශ වූයේ වෙයි. නිවැරදි චිත්තේකාග්‍රතාව නිසාවෙන් අනේක වූ කුසල් දහම් ද දියුණු වීමෙන් පරිපූර්ණත්වයට යයි.

9. මහණෙනි, නිවැරදි ඥානය ඇත්තහුගේ වැරදි ඥානය විනාශ වූයේ වෙයි. වැරදි ඥානය නිසාවෙන් හටගන්නා අනේක වූ යම් පාපී අකුසල් දහම් ඇද්ද, ඔහු තුළ ඒවා ද විනාශ වූයේ වෙයි. නිවැරදි ඥානය නිසාවෙන් අනේක වූ කුසල් දහම් ද දියුණු වීමෙන් පරිපූර්ණත්වයට යයි.

10. මහණෙනි, නිවැරදි විමුක්තිය ඇත්තහුගේ වැරදි විමුක්තිය විනාශ වූයේ වෙයි. වැරදි විමුක්තිය නිසාවෙන් හටගන්නා අනේක වූ යම් පාපී අකුසල් දහම් ඇද්ද, ඔහු තුළ ඒවා ද විනාශ වූයේ වෙයි. නිවැරදි විමුක්තිය නිසාවෙන් අනේක වූ කුසල් දහම් ද දියුණු වීමෙන් පරිපූර්ණත්වයට යයි.

මහණෙනි, මේවා වනාහී කෙලෙස් විනාශ වී යන කරුණු දසයයි.

සාදු! සාදු!! සාදු!!!

නිජ්ජර සූත්‍රය නිමා විය.

10.3.1.7
ධෝවන සූත්‍රය
සේදීම ගැන වදාළ දෙසුම

සැවැත් නුවර දී ය ....

"මහණෙනි, දකුණු රටෙහි ධෝවන නමින් නැකත් කෙළියෙක් ඇත්තේ ය. එහිදී ආහාර ආදිය ත්, පානය කරන දෑ ත්, කෑ යුතු දේ ත්, බිදිය යුතු දේ ත්, ලෙවිය යුතු දේ ත්, බොන දේ ත්, නැටුනුත්, ගැයුනුත්, වාදනත් ලැබෙන්නේ ය. මහණෙනි, මෙම සේදීම ද ඇතැයි කියමි. මෙය නැතැයි නොකියමි. එනමුදු මහණෙනි, මෙම සේදීම වනාහී පහත් වූ ත්, මෝඩ වූ ත්, පෘථග්ජන පක්ෂයෙහි තිබෙන්නා වූ ත්, අනාර්ය වූ ත්, අනර්ථය පිණිස පවතින්නා වූ ත් දෙයකි. අවබෝධයෙන් එපා වීම පිණිස නොපවතින දෙයකි. නොඇල්ම පිණිස නොපවතින දෙයකි. ඇල්ම නිරුද්ධ වීම පිණිස නොපවතින දෙයකි. කෙලෙස් සංසිඳුවීම පිණිස නොපවතින දෙයකි. විශිෂ්ට ඥානය පිණිස නොපවතින දෙයකි. සත්‍යාවබෝධය පිණිස නොපවතින දෙයකි. නිවන පිණිස නොපවතින දෙයකි.

මහණෙනි, මම් ද ආර්ය වූ සේදීමක් ගැන දේශනා කරන්නෙමි. යම් සේදීමක් ඒකාන්ත කොට අවබෝධයෙන් එපා වීම පිණිස පවතියි ද, නොඇල්ම පිණිස පවතියි ද, ඇල්ම නිරුද්ධ වීම පිණිස පවතියි ද, කෙලෙස් සංසිඳුවීම පිණිස පවතියි ද, විශිෂ්ට ඥානය පිණිස පවතියි ද, සත්‍යාවබෝධය පිණිස පවතියි ද, නිවන පිණිස පවතියි ද, එමෙන් ම යම් සේදීමකට පැමිණ ඉපදීම උරුම කරගත් සත්වයෝ ඉපදීමෙන් මිදෙත් ද, ජරාව උරුම කරගත් සත්වයෝ ජරාවෙන් මිදෙත් ද, මරණය උරුම කරගත් සත්වයෝ මරණයෙන් මිදෙත් ද, ශෝක, වැළපීම්, දුක්, දොම්නස්, සුසුම් හෙළීම් උරුම කරගත් සත්වයෝ ඒ ශෝක, වැළපීම්, දුක්, දොම්නස්, සුසුම් හෙළීම් වලින් මිදෙත් ද, එම සේදීම ගැන අසව්. මැනැවින් මෙනෙහි කරව්. පවසන්නෙමි." "එසේය ස්වාමීනී" යි ඒ භික්ෂූහු භාග්‍යවතුන් වහන්සේට පිළිවදන් දුන්හ. භාග්‍යවතුන් වහන්සේ මෙය වදාළ සේක.

"මහණෙනි, යම් සේදීමක් ඒකාන්ත කොට අවබෝධයෙන් එපා වීම පිණිස පවතියි ද, නොඇල්ම පිණිස පවතියි ද, ඇල්ම නිරුද්ධ වීම පිණිස පවතියි ද, කෙලෙස් සංසිඳුවීම පිණිස පවතියි ද, විශිෂ්ට ඥානය පිණිස පවතියි

ද, සත්‍යාවබෝධය පිණිස පවතියි ද, නිවන පිණිස පවතියි ද, එමෙන් ම යම් සේදීමකට පැමිණ ඉපදීම උරුම කරගත් සත්වයෝ ඉපදීමෙන් මිදෙත් ද, ජරාව උරුම කරගත් සත්වයෝ ජරාවෙන් මිදෙත් ද, මරණය උරුම කරගත් සත්වයෝ මරණයෙන් මිදෙත් ද, ශෝක, වැළපීම්, දුක්, දොම්නස්, සුසුම් හෙළීම් උරුම කරගත් සත්වයෝ ඒ ශෝක, වැළපීම්, දුක්, දොම්නස්, සුසුම් හෙළීම් වලින් මිදෙත් ද, එම ආර්ය වූ සේදීම යනු කුමක්ද?

මහණෙනි, නිවැරදි දෘෂ්ටිය ඇත්තහු විසින් වැරදි දෘෂ්ටිය ඉතිරි නොකොට සෝදන ලද්දේ වෙයි. වැරදි දෘෂ්ටිය නිසාවෙන් හටගන්නා අනේක වූ යම් පාපී අකුසල් දහම් ඇද්ද, ඔහු විසින් ඒවා ද ඉතිරි නොකොට සෝදන ලද්දේ වෙයි. නිවැරදි දෘෂ්ටිය නිසාවෙන් අනේක වූ කුසල් දහම් ද දියුණු වීමෙන් පරිපූර්ණත්වයට යයි.

මහණෙනි, නිවැරදි සංකල්ප ඇත්තහු විසින් වැරදි සංකල්ප ඉතිරි නොකොට සෝදන ලද්දේ වෙයි. ....(පෙ).... මහණෙනි, නිවැරදි වචන භාවිතය ඇත්තහු විසින් වැරදි වචන භාවිතය ඉතිරි නොකොට සෝදන ලද්දේ වෙයි. ....(පෙ).... මහණෙනි, නිවැරදි කායික ක්‍රියා ඇත්තහු විසින් වැරදි කායික ක්‍රියා ඉතිරි නොකොට සෝදන ලද්දේ වෙයි. ....(පෙ).... මහණෙනි, නිවැරදි ජීවිකාව ඇත්තහු විසින් වැරදි ජීවිකාව ඉතිරි නොකොට සෝදන ලද්දේ වෙයි. ....(පෙ).... මහණෙනි, නිවැරදි උත්සාහය ඇත්තහු විසින් වැරදි උත්සාහය ඉතිරි නොකොට සෝදන ලද්දේ වෙයි. ....(පෙ).... මහණෙනි, නිවැරදි සිහිය ඇත්තහු විසින් වැරදි සිහිය ඉතිරි නොකොට සෝදන ලද්දේ වෙයි. ....(පෙ).... මහණෙනි, නිවැරදි චිත්තේකාග්‍රතාව ඇත්තහු විසින් වැරදි චිත්තේකාග්‍රතාව ඉතිරි නොකොට සෝදන ලද්දේ වෙයි. ....(පෙ).... මහණෙනි, නිවැරදි ඥානය ඇත්තහු විසින් වැරදි ඥානය ඉතිරි නොකොට සෝදන ලද්දේ වෙයි. ....(පෙ).... මහණෙනි, නිවැරදි විමුක්තිය ඇත්තහු විසින් වැරදි විමුක්තිය ඉතිරි නොකොට සෝදන ලද්දේ වෙයි. වැරදි විමුක්තිය නිසාවෙන් හටගන්නා අනේක වූ යම් පාපී අකුසල් දහම් ඇද්ද, ඔහු විසින් ඒවා ද ඉතිරි නොකොට සෝදන ලද්දේ වෙයි. නිවැරදි විමුක්තිය නිසාවෙන් අනේක වූ කුසල් දහම් ද දියුණු වීමෙන් පරිපූර්ණත්වයට යයි.

මහණෙනි, යම් සේදීමක් ඒකාන්ත කොට අවබෝධයෙන් එපා වීම පිණිස පවතියි ද, නොඇල්ම පිණිස පවතියි ද, ඇල්ම නිරුද්ධ වීම පිණිස පවතියි ද, කෙලෙස් සංසිඳුවීම පිණිස පවතියි ද, විශිෂ්ට ඥානය පිණිස පවතියි ද, සත්‍යාවබෝධය පිණිස පවතියි ද, නිවන පිණිස පවතියි ද, එමෙන් ම යම් සේදීමකට පැමිණ ඉපදීම උරුම කරගත් සත්වයෝ ඉපදීමෙන් මිදෙත් ද, ජරාව

උරුම කරගත් සත්වයෝ ජරාවෙන් මිදෙත් ද, මරණය උරුම කරගත් සත්වයෝ මරණයෙන් මිදෙත් ද, ශෝක, වැළපීම්, දුක්, දොම්නස්, සුසුම් හෙළීම් උරුම කරගත් සත්වයෝ ඒ ශෝක, වැළපීම්, දුක්, දොම්නස්, සුසුම් හෙළීම් වලින් මිදෙත් ද, එම ආර්ය වූ සේදීම යනු මෙයයි."

සාදු! සාදු!! සාදු!!!

ධෝවන සූත්‍රය නිමා විය.

10.3.1.8
තිකිච්ඡක සූත්‍රය
වෛද්‍යවරයා ගැන වදාළ දෙසුම

"මහණෙනි, වෛද්‍යවරු විරේක බෙහෙත් දෙති. ඒ පිතෙන් හටගත් ආබාධයන් ද නැසීම පිණිස ය. සෙමෙන් හටගත් ආබාධයන් ද නැසීම පිණිස ය. වාතයෙන් හටගත් ආබාධයන් ද නැසීම පිණිස ය. මහණෙනි, මෙම විරේකය ඇත්තේ ය. මෙය නැතැයි නොකියමි. එනමුදු මහණෙනි, මෙම විරේකය සාර්ථක හෝ වෙයි. අසාර්ථක හෝ වෙයි.

මහණෙනි, මම් ද ආර්ය වූ විරේකයක් ගැන දේශනා කරන්නෙමි. යම් විරේකයක් සාර්ථක ම වන්නේ ද, අසාර්ථක නොවන්නේ ද, යම් විරේකයක් කරවාගෙන ඉපදීම උරුම කරගත් සත්වයෝ ඉපදීමෙන් මිදෙත් ද, ජරාව උරුම කරගත් සත්වයෝ ජරාවෙන් මිදෙත් ද, මරණය උරුම කරගත් සත්වයෝ මරණයෙන් මිදෙත් ද, ශෝක, වැළපීම්, දුක්, දොම්නස්, සුසුම් හෙළීම් උරුම කරගත් සත්වයෝ ඒ ශෝක, වැළපීම්, දුක්, දොම්නස්, සුසුම් හෙළීම් වලින් මිදෙත් ද, එම විරේකය ගැන අසව්. මැනැවින් මෙනෙහි කරව්. පවසන්නෙමි." "එසේය ස්වාමීනී" යි ඒ භික්ෂූහු භාග්‍යවතුන් වහන්සේට පිළිවදන් දුන්හ. භාග්‍යවතුන් වහන්සේ මෙය වදාළ සේක.

"මහණෙනි, යම් විරේකයක් සාර්ථක ම වන්නේ ද, අසාර්ථක නොවන්නේ ද, යම් විරේකයක් කරවාගෙන ඉපදීම උරුම කරගත් සත්වයෝ ඉපදීමෙන් මිදෙත් ද, ජරාව උරුම කරගත් සත්වයෝ ජරාවෙන් මිදෙත් ද, මරණය උරුම කරගත් සත්වයෝ මරණයෙන් මිදෙත් ද, ශෝක, වැළපීම්, දුක්, දොම්නස්, සුසුම් හෙළීම් උරුම කරගත් සත්වයෝ ඒ ශෝක, වැළපීම්, දුක්, දොම්නස්, සුසුම්

හෙළීම් වලින් මිදෙත් ද, එම ආර්ය වූ විරේකය යනු කුමක්ද?

මහණෙනි, නිවැරදි දෘෂ්ටිය ඇත්තහු විසින් වැරදි දෘෂ්ටිය විරේක කරන ලද්දේ වෙයි. වැරදි දෘෂ්ටිය නිසාවෙන් හටගන්නා අනේක වූ යම් පාපී අකුසල් දහම් ඇද්ද, ඔහු විසින් ඒවා ද විරේක කරන ලද්දේ වෙයි. නිවැරදි දෘෂ්ටිය නිසාවෙන් අනේක වූ කුසල් දහම් ද දියුණු වීමෙන් පරිපූර්ණත්වයට යයි.

මහණෙනි, නිවැරදි සංකල්ප ඇත්තහු විසින් වැරදි සංකල්ප විරේක කරන ලද්දේ වෙයි. ....(පෙ).... මහණෙනි, නිවැරදි වචන භාවිතය ඇත්තහු විසින් වැරදි වචන භාවිතය විරේක කරන ලද්දේ වෙයි. ....(පෙ).... මහණෙනි, නිවැරදි කායික ක්‍රියා ඇත්තහු විසින් වැරදි කායික ක්‍රියා විරේක කරන ලද්දේ වෙයි. ....(පෙ).... මහණෙනි, නිවැරදි ජීවිකාව ඇත්තහු විසින් වැරදි ජීවිකාව විරේක කරන ලද්දේ වෙයි. ....(පෙ).... මහණෙනි, නිවැරදි උත්සාහය ඇත්තහු විසින් වැරදි උත්සාහය විරේක කරන ලද්දේ වෙයි. ....(පෙ).... මහණෙනි, නිවැරදි සිහිය ඇත්තහු විසින් වැරදි සිහිය විරේක කරන ලද්දේ වෙයි. ....(පෙ).... මහණෙනි, නිවැරදි චිත්තේකාග්‍රතාව ඇත්තහු විසින් වැරදි චිත්තේකාග්‍රතාව විරේක කරන ලද්දේ වෙයි. ....(පෙ).... මහණෙනි, නිවැරදි ඥානය ඇත්තහු විසින් වැරදි ඥානය විරේක කරන ලද්දේ වෙයි. ....(පෙ).... මහණෙනි, නිවැරදි විමුක්තිය ඇත්තහු විසින් වැරදි විමුක්තිය විරේක කරන ලද්දේ වෙයි. වැරදි විමුක්තිය නිසාවෙන් හටගන්නා අනේක වූ යම් පාපී අකුසල් දහම් ඇද්ද, ඔහු විසින් ඒවා ද විරේක කරන ලද්දේ වෙයි. නිවැරදි විමුක්තිය නිසාවෙන් අනේක වූ කුසල් දහම් ද දියුණු වීමෙන් පරිපූර්ණත්වයට යයි.

මහණෙනි, යම් විරේකයක් සාර්ථක ම වන්නේ ද, අසාර්ථක නොවන්නේ ද, යම් විරේකයක් කරවාගෙන ඉපදීම උරුම කරගත් සත්වයෝ ඉපදීමෙන් මිදෙත් ද, ජරාව උරුම කරගත් සත්වයෝ ජරාවෙන් මිදෙත් ද, මරණය උරුම කරගත් සත්වයෝ මරණයෙන් මිදෙත් ද, ශෝක, වැළපීම්, දුක්, දොම්නස්, සුසුම් හෙළීම් උරුම කරගත් සත්වයෝ ඒ ශෝක, වැළපීම්, දුක්, දොම්නස්, සුසුම් හෙළීම් වලින් මිදෙත් ද, එම ආර්ය වූ විරේකය යනු මෙයයි.”

සාදු! සාදු!! සාදු!!!

තිකිච්ඡක සූත්‍රය නිමා විය.

10.3.1.9
වමන සූත්‍රය
වමන බෙහෙත් ගැන වදාළ දෙසුම

"මහණෙනි, වෛද්‍යවරු වමන බෙහෙත් දෙති. ඒ පිතෙන් හටගත් ආබාධයන් ද නැසීම පිණිස ය. සෙමෙන් හටගත් ආබාධයන් ද නැසීම පිණිස ය. වාතයෙන් හටගත් ආබාධයන් ද නැසීම පිණිස ය. මහණෙනි, මෙම වමන ඇත්තේ ය. මෙය නැතැයි නොකියමි. එනමුදු මහණෙනි, මෙම වමන සාර්ථක හෝ වෙයි. අසාර්ථක හෝ වෙයි.

මහණෙනි, මම් ද ආර්ය වූ වමනයක් ගැන දේශනා කරන්නෙමි. යම් වමනයක් සාර්ථක ම වන්නේ ද, අසාර්ථක නොවන්නේ ද, යම් වමනයක් කරවාගෙන ඉපදීම උරුම කරගත් සත්වයෝ ඉපදීමෙන් මිදෙත් ද, ජරාව උරුම කරගත් සත්වයෝ ජරාවෙන් මිදෙත් ද, මරණය උරුම කරගත් සත්වයෝ මරණයෙන් මිදෙත් ද, ශෝක, වැළපීම්, දුක්, දොම්නස්, සුසුම් හෙළීම් උරුම කරගත් සත්වයෝ ඒ ශෝක, වැළපීම්, දුක්, දොම්නස්, සුසුම් හෙළීම් වලින් මිදෙත් ද, එම වමනය ගැන අසව්. මැනැවින් මෙනෙහි කරව්. පවසන්නෙමි." "එසේය ස්වාමීනී" යි ඒ භික්ෂූහු භාග්‍යවතුන් වහන්සේට පිළිවදන් දුන්හ. භාග්‍යවතුන් වහන්සේ මෙය වදාළ සේක.

"මහණෙනි, යම් වමනයක් සාර්ථක ම වන්නේ ද, අසාර්ථක නොවන්නේ ද, යම් වමනයක් කරවාගෙන ඉපදීම උරුම කරගත් සත්වයෝ ඉපදීමෙන් මිදෙත් ද, ජරාව උරුම කරගත් සත්වයෝ ජරාවෙන් මිදෙත් ද, ...(පෙ).... ඒ ශෝක, වැළපීම්, දුක්, දොම්නස්, සුසුම් හෙළීම් වලින් මිදෙත් ද, එම ආර්ය වූ වමනය යනු කුමක්ද?

මහණෙනි, නිවැරදි දෘෂ්ටිය ඇත්තහු විසින් වැරදි දෘෂ්ටිය වමනය කරන ලද්දේ වෙයි. වැරදි දෘෂ්ටිය නිසාවෙන් හටගන්නා අනේක වූ යම් පාපී අකුසල් දහම් ඇද්ද, ඔහු විසින් ඒවා ද වමනය කරන ලද්දේ වෙයි. නිවැරදි දෘෂ්ටිය නිසාවෙන් අනේක වූ කුසල් දහම් ද දියුණු වීමෙන් පරිපූර්ණත්වයට යයි.

මහණෙනි, නිවැරදි සංකල්ප ඇත්තහු විසින් වැරදි සංකල්ප වමනය කරන ලද්දේ වෙයි. ....(පෙ).... මහණෙනි, නිවැරදි වචන භාවිතය ඇත්තහු විසින් වැරදි වචන භාවිතය වමනය කරන ලද්දේ වෙයි. ....(පෙ).... මහණෙනි, නිවැරදි

කායික ක්‍රියා ඇත්තහු විසින් වැරදි කායික ක්‍රියා වමනය කරන ලද්දේ වෙයි. ....(පෙ).... මහණෙනි, නිවැරදි ජීවිකාව ඇත්තහු විසින් වැරදි ජීවිකාව වමනය කරන ලද්දේ වෙයි. ....(පෙ).... මහණෙනි, නිවැරදි උත්සාහය ඇත්තහු විසින් වැරදි උත්සාහය වමනය කරන ලද්දේ වෙයි. ....(පෙ).... මහණෙනි, නිවැරදි සිහිය ඇත්තහු විසින් වැරදි සිහිය වමනය කරන ලද්දේ වෙයි. ....(පෙ).... මහණෙනි, නිවැරදි චිත්තේකාග්‍රතාව ඇත්තහු විසින් වැරදි චිත්තේකාග්‍රතාව වමනය කරන ලද්දේ වෙයි. ....(පෙ).... මහණෙනි, නිවැරදි ඥානය ඇත්තහු විසින් වැරදි ඥානය වමනය කරන ලද්දේ වෙයි. ....(පෙ).... මහණෙනි, නිවැරදි විමුක්තිය ඇත්තහු විසින් වැරදි විමුක්තිය වමනය කරන ලද්දේ වෙයි. වැරදි විමුක්තිය නිසාවෙන් හටගන්නා අනේක වූ යම් පාපී අකුසල් දහම් ඇද්ද, ඔහු විසින් ඒවා ද වමනය කරන ලද්දේ වෙයි. නිවැරදි විමුක්තිය නිසාවෙන් අනේක වූ කුසල් දහම් ද දියුණු වීමෙන් පරිපූර්ණත්වයට යයි.

මහණෙනි, යම් වමනයක් සාර්ථක ම වන්නේ ද, අසාර්ථක නොවන්නේ ද, යම් වමනයක් කරවාගෙන ඉපදීම උරුම කරගත් සත්වයෝ ඉපදීමෙන් මිදෙත් ද, ජරාව උරුම කරගත් සත්වයෝ ජරාවෙන් මිදෙත් ද, මරණය උරුම කරගත් සත්වයෝ මරණයෙන් මිදෙත් ද, ශෝක, වැළපීම්, දුක්, දොම්නස්, සුසුම් හෙළීම් උරුම කරගත් සත්වයෝ ඒ ශෝක, වැළපීම්, දුක්, දොම්නස්, සුසුම් හෙළීම් වලින් මිදෙත් ද, එම ආර්ය වූ වමනය යනු මෙයයි.”

සාදු! සාදු!! සාදු!!!

වමන සූත්‍රය නිමා විය.

10.3.1.10
නිද්ධමනිය සූත්‍රය
කසල පිටකිරීම ගැන වදාළ දෙසුම

මහණෙනි, මේ කසළ පිටකිරීම් දහයකි. ඒ කවර දසයක් ද යත්;

මහණෙනි, නිවැරදි දෘෂ්ටිය ඇත්තහු විසින් වැරදි දෘෂ්ටිය නම් කසළ පිට කරන ලද්දේ වෙයි. වැරදි දෘෂ්ටිය නිසාවෙන් හටගන්නා අනේක වූ යම් පාපී අකුසල් දහම් ඇද්ද, ඔහු විසින් ඒවා ද පිට කරන ලද්දේ වෙයි. නිවැරදි දෘෂ්ටිය නිසාවෙන් අනේක වූ කුසල් දහම් ද දියුණු වීමෙන් පරිපූර්ණත්වයට

යයි.

මහණෙනි, නිවැරදි සංකල්ප ඇත්තහු විසින් වැරදි සංකල්ප නම් කසළ පිට කරන ලද්දේ වෙයි. ....(පෙ).... මහණෙනි, නිවැරදි වචන භාවිතය ඇත්තහු විසින් වැරදි වචන භාවිතය නම් කසළ පිට කරන ලද්දේ වෙයි. ....(පෙ).... මහණෙනි, නිවැරදි කායික ක්‍රියා ඇත්තහු විසින් වැරදි කායික ක්‍රියා නම් කසළ පිට කරන ලද්දේ වෙයි. ....(පෙ).... මහණෙනි, නිවැරදි ජීවිකාව ඇත්තහු විසින් වැරදි ජීවිකාව නම් කසළ පිට කරන ලද්දේ වෙයි. ....(පෙ).... මහණෙනි, නිවැරදි උත්සාහය ඇත්තහු විසින් වැරදි උත්සාහය නම් කසළ පිට කරන ලද්දේ වෙයි. ....(පෙ).... මහණෙනි, නිවැරදි සිහිය ඇත්තහු විසින් වැරදි සිහිය නම් කසළ පිට කරන ලද්දේ වෙයි. ....(පෙ).... මහණෙනි, නිවැරදි චිත්තේකාග්‍රතාව ඇත්තහු විසින් වැරදි චිත්තේකාග්‍රතාව නම් කසළ පිට කරන ලද්දේ වෙයි. ....(පෙ).... මහණෙනි, නිවැරදි ඥානය ඇත්තහු විසින් වැරදි ඥානය නම් කසළ පිට කරන ලද්දේ වෙයි. ....(පෙ).... මහණෙනි, නිවැරදි විමුක්තිය ඇත්තහු විසින් වැරදි විමුක්තිය නම් කසළ පිට කරන ලද්දේ වෙයි. වැරදි විමුක්තිය නිසාවෙන් හටගන්නා අනේක වූ යම් පාපී අකුසල් දහම් ඇද්ද, ඔහු විසින් ඒවා ද පිට කරන ලද්දේ වෙයි. නිවැරදි විමුක්තිය නිසාවෙන් අනේක වූ කුසල් දහම් ද දියුණු වීමෙන් පරිපූර්ණත්වයට යයි.

මහණෙනි, මේවා වනාහී කසළ පිටකිරීම් දසය යි."

සාදු! සාදු!! සාදු!!!

නිද්ධමනිය සූත්‍රය නිමා විය.

10.3.1.11
අසේඛ සූත්‍රය
අසේඛ භික්ෂුව ගැන වදාළ දෙසුම

එකල්හී එක්තරා භික්ෂුවක් භාග්‍යවතුන් වහන්සේ යම් තැනක වැඩසිටි සේක් ද, එතැනට පැමිණියේ ය. පැමිණ භාග්‍යවතුන් වහන්සේට සකසා වන්දනා කොට එකත්පස්ව හිඳගත්තේ ය. එකත්පස් ව හුන් ඒ භික්ෂුව භාග්‍යවතුන් වහන්සේට මෙය පැවසුවේ ය.

"ස්වාමීනී, 'අසේඛ, අසේඛ' යැයි කියනු ලැබේ. ස්වාමීනී, භික්ෂුවක්

අසේඛ වන්නේ කිනම් කරුණු මත ද?"

"භික්ෂුව, මෙහිලා භික්ෂුවක් හික්මීම අවසන් කරන ලද නිවැරදි දෘෂ්ටියෙන් යුක්ත වෙයි ද, හික්මීම අවසන් කරන ලද නිවැරදි සංකල්පයෙන් යුක්ත වෙයි ද, හික්මීම අවසන් කරන ලද නිවැරදි වචන භාවිතයෙන් යුක්ත වෙයි ද, හික්මීම අවසන් කරන ලද නිවැරදි කායික ක්‍රියායෙන් යුක්ත වෙයි ද, හික්මීම අවසන් කරන ලද නිවැරදි ජීවිකාවෙන් යුක්ත වෙයි ද, හික්මීම අවසන් කරන ලද නිවැරදි වීර්යයෙන් යුක්ත වෙයි ද, හික්මීම අවසන් කරන ලද නිවැරදි සිහියෙන් යුක්ත වෙයි ද, හික්මීම අවසන් කරන ලද නිවැරදි චිත්තේකාග්‍රතාවයෙන් යුක්ත වෙයි ද, හික්මීම අවසන් කරන ලද නිවැරදි ඥානයෙන් යුක්ත වෙයි ද, හික්මීම අවසන් කරන ලද නිවැරදි විමුක්තියෙන් යුක්ත වෙයි ද, භික්ෂුව, මේ අයුරින් ය භික්ෂුවක් අසේඛ වන්නේ."

සාදු! සාදු!! සාදු!!!

අසේඛ සූත්‍රය නිමා විය.

10.3.1.12
අසේඛියධම්ම සූත්‍රය
අසේඛ භික්ෂුවකට අයත් ධර්ම ගැන වදාළ දෙසුම

"මහණෙනි, මෙම දස ධර්මයන් අසේඛ භික්ෂුවකට අයත් ය. ඒ කවර දස ධර්මයක් ද යත්;

හික්මීම අවසන් කරන ලද නිවැරදි දෘෂ්ටිය ය, හික්මීම අවසන් කරන ලද නිවැරදි සංකල්පය ය, හික්මීම අවසන් කරන ලද නිවැරදි වචන භාවිතය ය, හික්මීම අවසන් කරන ලද නිවැරදි කායික ක්‍රියා ය, හික්මීම අවසන් කරන ලද නිවැරදි ජීවිකාව ය, හික්මීම අවසන් කරන ලද නිවැරදි වීර්යය ය, හික්මීම අවසන් කරන ලද නිවැරදි සිහිය ය, හික්මීම අවසන් කරන ලද නිවැරදි චිත්තේකාග්‍රතාවය ය, හික්මීම අවසන් කරන ලද නිවැරදි ඥානය ය, හික්මීම අවසන් කරන නිවැරදි විමුක්තිය ය. මහණෙනි, මෙම දස ධර්මයන් අසේඛ භික්ෂුවකට අයත් ය."

සාදු! සාදු!! සාදු!!!

අසේඛිය ධම්ම සූත්‍රය නිමා විය.

පළමුවෙනි සමණසඤ්ඤා වර්ගය අවසන් විය.

- එහි පිළිවෙල උද්දානයයි :

සංඥා සූත්‍රය, බොජ්ඣංග සූත්‍රය, මිච්ඡත්ත සූත්‍රය, බීජ සූත්‍රය, විජ්ජා සූත්‍රය, නිජ්ජරා සූත්‍රය, ධෝවන සූත්‍රය, තිකිච්ඡා සූත්‍ර දෙක, නිද්ධමන සූත්‍රය, අසේඛ සූත්‍ර දෙක වශයෙන් මෙහි සූත්‍ර දොළොසකි.

2. පච්චෝරෝහණී වර්ගය

10.3.2.1.
පඨම අධම්ම සූත්‍රය
අධර්මය ගැන වදාළ පළමු දෙසුම

"මහණෙනි, අධර්මය ත්, අයහපත ත් දත යුත්තේ ය. ධර්මය ත්, යහපත ත් දත යුත්තේ ය. අධර්මය ත්, අයහපත ත් දැන, ධර්මය ත්, යහපත ත් දැන යම් සේ ධර්මය වෙයි ද, යම් සේ යහපත වෙයි ද එසේ පිළිපැදිය යුත්තේ ය.

මහණෙනි, අධර්මය ත්, අයහපත ත් යනු කුමක්ද? එනම් වැරදි දෘෂ්ටිය ය, වැරදි සංකල්පනා ය, වැරදි වචන භාවිතය ය, වැරදි කායික ක්‍රියා ය, වැරදි ජීවිකාව ය, වැරදි උත්සාහය ය, වැරදි සිහිය ය, වැරදි චිත්තේකාග්‍රතාවය ය, වැරදි ඥානය ය, වැරදි විමුක්තිය ය. මහණෙනි, මෙය අධර්මය ත්, අයහපත ත් යැයි කියනු ලැබේ.

මහණෙනි, ධර්මය ත්, යහපත ත් යනු කුමක්ද? එනම් නිවැරදි දෘෂ්ටිය ය, නිවැරදි සංකල්පනා ය, නිවැරදි වචන භාවිතය ය, නිවැරදි කායික ක්‍රියා ය, නිවැරදි ජීවිකාව ය, නිවැරදි උත්සාහය ය, නිවැරදි සිහිය ය, නිවැරදි චිත්තේකාග්‍රතාවය ය, නිවැරදි ඥානය ය, නිවැරදි විමුක්තිය ය. මහණෙනි, මෙය ධර්මය ත්, යහපත ත් යැයි කියනු ලැබේ.

මහණෙනි, අධර්මය ත්, අයහපත ත් දත යුත්තේ ය. ධර්මය ත්, යහපත ත් දත යුත්තේ ය. අධර්මය ත්, අයහපත ත් දැන, ධර්මය ත්, යහපත ත් දැන යම් සේ ධර්මය වෙයි ද, යම් සේ යහපත වෙයි ද එසේ පිළිපැදිය යුත්තේ ය වශයෙන් යමක් කියන ලද්දේ ද, එය කියන ලද්දේ මෙකරුණ සඳහා ය."

සාදු! සාදු!! සාදු!!!

පඨම අධම්ම සූත්‍රය නිමා විය.

10.3.2.2.
දුතිය අධම්ම සූත්‍රය
අධර්මය ගැන වදාළ දෙවෙනි දෙසුම

"මහණෙනි, අධර්මය ත්, ධර්මය ත් දත යුත්තේ ය. අයහපත ත්, යහපත ත් දත යුත්තේ ය. අධර්මය ත්, ධර්මය ත් දැන, අයහපත ත්, යහපත ත් දැන යම් සේ ධර්මය වෙයි ද, යම් සේ යහපත වෙයි ද එය පිළිපැදිය යුත්තේ ය.

මහණෙනි, අධර්මය කුමක්ද? ධර්මය කුමක්ද? අයහපත කුමක්ද? යහපත කුමක්ද?

1.   මහණෙනි, වැරදි දෘෂ්ටිය අධර්මය යි. නිවැරදි දෘෂ්ටිය ධර්මය යි. වැරදි දෘෂ්ටිය නිසාවෙන් අනේක වූ යම් පාපී අකුසල් දහම් හටගනියි ද මෙය අයහපත යි. නිවැරදි දෘෂ්ටිය නිසාවෙන් අනේක වූ කුසල් දහම් දියුණුවීමෙන් පිරිපුන් ව යයි ද මෙය යහපත යි.

2.   මහණෙනි, වැරදි සංකල්පනා අධර්මය යි. නිවැරදි සංකල්පනා ධර්මය යි. වැරදි සංකල්පනා නිසාවෙන් අනේක වූ යම් පාපී අකුසල් දහම් හටගනියි ද මෙය අයහපත යි. නිවැරදි සංකල්පනා නිසාවෙන් අනේක වූ කුසල් දහම් දියුණුවීමෙන් පිරිපුන් ව යයි ද මෙය යහපත යි.

3.   මහණෙනි, වැරදි වචන භාවිතය අධර්මය යි. නිවැරදි වචන භාවිතය ධර්මය යි. වැරදි වචන භාවිතය නිසාවෙන් අනේක වූ යම් පාපී අකුසල් දහම් හටගනියි ද මෙය අයහපත යි. නිවැරදි වචන භාවිතය නිසාවෙන් අනේක වූ කුසල් දහම් දියුණුවීමෙන් පිරිපුන් ව යයි ද මෙය යහපත යි.

4.   මහණෙනි, වැරදි කායික ක්‍රියා අධර්මය යි. නිවැරදි කායික ක්‍රියා ධර්මය යි. වැරදි කායික ක්‍රියා නිසාවෙන් අනේක වූ යම් පාපී අකුසල් දහම් හටගනියි ද මෙය අයහපත යි. නිවැරදි කායික ක්‍රියා නිසාවෙන් අනේක වූ කුසල් දහම් දියුණුවීමෙන් පිරිපුන් ව යයි ද මෙය යහපත යි.

5.   මහණෙනි, වැරදි ජීවිකාව අධර්මය යි. නිවැරදි ජීවිකාව ධර්මය යි. වැරදි ජීවිකාව නිසාවෙන් අනේක වූ යම් පාපී අකුසල් දහම් හටගනියි ද මෙය අයහපත යි. නිවැරදි ජීවිකාව නිසාවෙන් අනේක වූ කුසල් දහම් දියුණුවීමෙන්

පිරිපුන් ව යයි ද මෙය යහපත යි.

6. මහණෙනි, වැරදි උත්සාහය අධර්මය යි. නිවැරදි උත්සාහය ධර්මය යි. වැරදි උත්සාහය නිසාවෙන් අනේක වූ යම් පාපී අකුසල් දහම් හටගනියි ද මෙය අයහපත යි. නිවැරදි උත්සාහය නිසාවෙන් අනේක වූ කුසල් දහම් දියුණුවීමෙන් පිරිපුන් ව යයි ද මෙය යහපත යි.

7. මහණෙනි, වැරදි සිහිය අධර්මය යි. නිවැරදි සිහිය ධර්මය යි. වැරදි සිහිය නිසාවෙන් අනේක වූ යම් පාපී අකුසල් දහම් හටගනියි ද මෙය අයහපත යි. නිවැරදි සිහිය නිසාවෙන් අනේක වූ කුසල් දහම් දියුණුවීමෙන් පිරිපුන් ව යයි ද මෙය යහපත යි.

8. මහණෙනි, වැරදි චිත්තේකාග්‍රතාව අධර්මය යි. නිවැරදි චිත්තේකාග්‍රතාව ධර්මය යි. වැරදි චිත්තේකාග්‍රතාව නිසාවෙන් අනේක වූ යම් පාපී අකුසල් දහම් හටගනියි ද මෙය අයහපත යි. නිවැරදි චිත්තේකාග්‍රතාව නිසාවෙන් අනේක වූ කුසල් දහම් දියුණුවීමෙන් පිරිපුන් ව යයි ද මෙය යහපත යි.

9. මහණෙනි, වැරදි ඥානය අධර්මය යි. නිවැරදි ඥානය ධර්මය යි. වැරදි ඥානය නිසාවෙන් අනේක වූ යම් පාපී අකුසල් දහම් හටගනියි ද මෙය අයහපත යි. නිවැරදි ඥානය නිසාවෙන් අනේක වූ කුසල් දහම් දියුණුවීමෙන් පිරිපුන් ව යයි ද මෙය යහපත යි.

10. මහණෙනි, වැරදි විමුක්තිය අධර්මය යි. නිවැරදි විමුක්තිය ධර්මය යි. වැරදි විමුක්තිය නිසාවෙන් අනේක වූ යම් පාපී අකුසල් දහම් හටගනියි ද මෙය අයහපත යි. නිවැරදි විමුක්තිය නිසාවෙන් අනේක වූ කුසල් දහම් දියුණුවීමෙන් පිරිපුන් ව යයි ද මෙය යහපත යි.

මහණෙනි, අධර්මය ත්, ධර්මය ත් දත යුත්තේ ය. අයහපත ත්, යහපත ත් දත යුත්තේ ය. අධර්මය ත්, ධර්මය ත් දැන, අයහපත ත්, යහපත ත් දැන යම් සේ ධර්මය වෙයි ද, යම් සේ යහපත වෙයි ද එය පිළිපැදිය යුත්තේ ය වශයෙන් යමක් කියන ලද්දේ ද, එය කියන ලද්දේ මෙකරුණ සඳහා ය.”

සාදු! සාදු!! සාදු!!!

දුතිය අධම්ම සූත්‍රය නිමා විය.

10.3.2.3.
තතිය අධම්ම සූත්‍රය
අධර්මය ගැන වදාළ තුන්වෙනි දෙසුම

"මහණෙනි, අධර්මය ත්, ධර්මය ත් දත යුත්තේ ය. අයහපත ත්, යහපත ත් දත යුත්තේ ය. අධර්මය ත්, ධර්මය ත් දැන, අයහපත ත්, යහපත ත් දැන යම් සේ ධර්මය වෙයි ද, යම් සේ යහපත වෙයි ද එය පිළිපැදිය යුත්තේ ය."

භාග්‍යවතුන් වහන්සේ මෙය වදාළ සේක. මෙය වදාළ සුගතයන් වහන්සේ හුනස්නෙන් නැගිට විහාරයට වැඩි සේක. එකල්හී භාග්‍යවතුන් වහන්සේ වැඩම කොට නොබෝ කල්හී ඒ භික්ෂූන්ට මේ අදහස ඇතිවිය. 'ආයුෂ්මත්නි, භාග්‍යවතුන් වහන්සේ අප හට සංක්ෂේප වශයෙන් මෙම දහම් කරුණ වදාරා එහි විස්තර විභාග නොවදාරා හුනස්නෙන් නැගිට විහාරයට වැඩි සේක. එනම් 'මහණෙනි, අධර්මය ත්, ධර්මය ත් දත යුත්තේ ය. අයහපත ත්, යහපත ත් දත යුත්තේ ය. අධර්මය ත්, ධර්මය ත් දැන, අයහපත ත්, යහපත ත් දැන යම් සේ ධර්මය වෙයි ද, යම් සේ යහපත වෙයි ද එසේ පිළිපැදිය යුත්තේ ය' වශයෙනි. භාග්‍යවතුන් වහන්සේ විසින් සංක්ෂේපයෙන් වදාරණ ලද, විස්තර වශයෙන් අරුත් විග්‍රහ නොකරන ලද මෙකරුණෙහි අර්ථ විග්‍රහය කවරෙක් නම් කරන්නේ ද?'

එකල්හී ඒ භික්ෂූන්ට මේ අදහස ඇතිවිය. 'මේ ආයුෂ්මත් ආනන්ද තෙරණුවෝ ශාස්තෘන් වහන්සේ විසින් ද වර්ණනා කරන ලද්දාහු ය. නුවණැති සබ්‍රහ්මචාරීන් වහන්සේලා විසින් ද සම්භාවනා කරන ලද්දාහු ය. භාග්‍යවතුන් වහන්සේ විසින් සැකෙවින් වදාරණ ලද, විස්තර විභාග වශයෙන් නොවදාරණ ලද මේ ධර්මයෙහි අර්ථ විග්‍රහ කොට පෙන්වන්නට ආයුෂ්මත් අනඳ තෙරණුවෝ සමර්ථයහ. එහෙයින් අපි ආයුෂ්මත් අනඳ තෙරුන් කරා එළඹෙන්නමෝ නම්, එළැඹ ආයුෂ්මත් අනඳ තෙරුන්ගෙන් මෙකරුණ විමසන්නමෝ නම්, ආයුෂ්මත් අනඳ තෙරණුවෝ යම් පරිද්දෙකින් අපට පවසත් ද, එපරිද්දෙන් එය දරා ගන්නමෝ නම් අගනේ ය' යි.

එකල්හී ඒ භික්ෂූහු ආයුෂ්මත් ආනන්ද තෙරුන් කරා ගියහ. ගොස් ආයුෂ්මත් අනඳ තෙරුන් සමඟ සතුටු වූහ. සතුටු විය යුතු පිළිසඳර කථාව නිමවා එකත්පස් ව හිඳගත්හ. එකත්පස් ව හුන් ඒ භික්ෂූහු ආයුෂ්මත් අනඳ තෙරුන් හට මෙය පැවසූහ.

"ආයුෂ්මත් ආනන්දය, භාග්‍යවතුන් වහන්සේ අපට 'මහණෙනි, අධර්මය ත්, ධර්මය ත් දත යුත්තේ ය. අයහපත ත්, යහපත ත් දත යුත්තේ ය. අධර්මය ත්, ධර්මය ත් දැන, අයහපත ත්, යහපත ත් දැන යම් සේ ධර්මය වෙයි ද, යම් සේ යහපත වෙයි ද එසේ පිළිපැදිය යුත්තේ ය' යනුවෙන් සංක්ෂේප වශයෙන් මෙම දහම් කරුණ වදාරා එහි විස්තර විභාග නොවදාරා හුනස්නෙන් නැගිට විහාරයට වැඩි සේක.

එකල්හී භාග්‍යවතුන් වහන්සේ වැඩම කොට නොබෝ කල්හී ඒ අපට මේ අදහස ඇතිවිය. භාග්‍යවතුන් වහන්සේ විසින් 'මහණෙනි, අධර්මය ත්, ධර්මය ත් දත යුත්තේ ය. අයහපත ත්, යහපත ත් දත යුත්තේ ය. අධර්මය ත්, ධර්මය ත් දැන, අයහපත ත්, යහපත ත් දැන යම් සේ ධර්මය වෙයි ද, යම් සේ යහපත වෙයි ද එසේ පිළිපැදිය යුත්තේ ය' වශයෙන් සංක්ෂේපයෙන් වදාරණ ලද, විස්තර වශයෙන් විග්‍රහ නොකරන ලද මෙකරුණෙහි අර්ථ විග්‍රහය කවරෙක් නම් කරන්නේ ද?'

එකල්හී ආයුෂ්මතුනි, ඒ අපට මේ අදහස ඇතිවිය. 'මේ ආයුෂ්මත් ආනන්ද තෙරණුවෝ ශාස්තෘන් වහන්සේ විසින් ද වර්ණනා කරන ලද්දාහු ය. නුවණැති සබ්‍රහ්මචාරීන් වහන්සේලා විසින් ද සම්භාවනා කරන ලද්දාහු ය. භාග්‍යවතුන් වහන්සේ විසින් සැකෙවින් වදාරණ ලද, විස්තර විභාග වශයෙන් නොවදාරණ ලද මේ ධර්මයෙහි අර්ථ විග්‍රහ කොට පෙන්වන්නට ආයුෂ්මත් අනඳ තෙරණුවෝ සමර්ථයහ. එහෙයින් අපි ආයුෂ්මත් අනඳ තෙරුන් කරා එළඹෙන්නමෝ නම්, එළැඹ ආයුෂ්මත් අනඳ තෙරුන්ගෙන් මෙකරුණ විමසන්නමෝ නම්, ආයුෂ්මත් අනඳ තෙරණුවෝ යම් පරිද්දෙකින් අපට පවසත් ද එපරිද්දෙන් එය දරා ගන්නමෝ නම් අගනේ ය' යි.

ආයුෂ්මත් ආනන්දයන් මෙය අපට විග්‍රහ කොට දෙත්වා!"

"ආයුෂ්මත්නි, එය මෙබඳු දෙයකි. අරටුවකින් වැඩ ඇති පුරුෂයෙක් අරටුවක් සොයන්නේ, අරටුවක් විමසමින් යන්නේ ඉතා හොඳ අරටුවක් ඇති මහා වෘක්ෂයක් හමුවෙයි. ඔහු එහි මුල අත්හැර, කඳ අත්හැර, අතු කොළවල අරටුව සෙවීමට සිතන්නේ ය. මෙය ද එබඳු උපමාවෙකින් යුතු දෙයකි. ආයුෂ්මතුන් හට ශාස්තෘන් වහන්සේ මුණගැසී තිබියදී ත්, ඒ භාග්‍යවතුන් වහන්සේ මගහැර මෙකරුණ අපගෙන් ඇසිය යුතු යැයි සිතුවාහු ය. ආයුෂ්මත්නි, ඒ භාග්‍යවතුන් වහන්සේ ම දැනගත යුත්ත දන්නා සේක. දැකගත යුත්ත දක්නා සේක. හටගත් දහම් ඇස් ඇති සේක. හටගත් නුවණ ඇති සේක. හටගත් ධර්මය ඇති සේක. හටගත් ශ්‍රේෂ්ඨත්වය ඇති සේක. මැනැවින් පවසන සේක.

ප්‍රවර්තනය කරන සේක. අර්ථ මතු කිරීමෙහි නේතෘ වන සේක. අමෘතය දෙන සේක. ධර්මස්වාමී වන සේක. තථාගත වන සේක. ඔය කරුණ සඳහා ඒ කාලය තිබුණේ ය. එහෙයින් ඔබ ඒ භාග්‍යවතුන් වහන්සේ වෙත ම එළැඹ ඔය කරුණ අසනු මැනැව. භාග්‍යවතුන් වහන්සේ ඔබට යම් සේ වදාරණ සේක් ද ඒ අයුරින් එය දරාගනු මැනැව."

"ආයුෂ්මත් ආනන්දය, ඒකාන්ත වශයෙන් ම ඒ භාග්‍යවතුන් වහන්සේ ම දැනගත යුත්ත දන්නා සේක. දැකගත යුත්ත දක්නා සේක. හටගත් දහම් ඇස් ඇති සේක. හටගත් නුවණ ඇති සේක. හටගත් ධර්මය ඇති සේක. හටගත් ශ්‍රේෂ්ඨත්වය ඇති සේක. මැනැවින් පවසන සේක. ප්‍රවර්තනය කරන සේක. අර්ථ මතු කිරීමෙහි නේතෘ වන සේක. අමෘතය දෙන සේක. ධර්මස්වාමී වන සේක. තථාගත වන සේක. ඔය කරුණ සඳහා ඒ කාලය තිබුණේ ය. යම් හෙයකින් අපි ඒ භාග්‍යවතුන් වහන්සේ වෙත ම එළැඹ ඔය කරුණ අසන්නමෝ නම්, භාග්‍යවතුන් වහන්සේ අපට යම් සේ වදාරණ සේක් ද ඒ අයුරින් එය දරාග න්නමෝ වෙමු. එනමුදු ආයුෂ්මත් ආනන්ද තෙරණුවෝ ද ශාස්තෘන් වහන්සේ විසින් ද වර්ණනා කරන ලද්දාහු ය. නුවණැති සබ්‍රහ්මචාරීන් වහන්සේලා විසින් ද සම්භාවනා කරන ලද්දාහු ය. භාග්‍යවතුන් වහන්සේ විසින් සැකෙවින් වදාරණ ලද, විස්තර විභාග වශයෙන් නොවදාරණ ලද මේ ධර්මයෙහි අර්ථ විග්‍රහ කොට පෙන්වන්නට ආයුෂ්මත් අනඳ තෙරණුවෝ සමර්ථයහ. ආයුෂ්මත් අනඳ තෙරණුවෝ මෙය බරෙක් වශයෙන් නොගෙන විග්‍රහ කරත්වා!"

"එසේ වී නම් ආයුෂ්මත්නි, අසනු මැනැව. මැනැවින් මෙනෙහි කළ මැනැව. පවසන්නෙමි."

"එසේ ය, ආයුෂ්මතුනි"යි ඒ භික්ෂූහු ආයුෂ්මත් ආනන්දයන් වහන්සේට පිළිවදන් දුන්හ. ආයුෂ්මත් අනඳ තෙරණුවෝ මෙය වදාළහ.

"ආයුෂ්මත්නි, භාග්‍යවතුන් වහන්සේ අපට 'මහණෙනි, අධර්මය ත්, ධර්මය ත් දත යුත්තේ ය. අයහපත ත්, යහපත ත් දත යුත්තේ ය. අධර්මය ත්, ධර්මය ත් දැන, අයහපත ත්, යහපත ත් දැන යම් සේ ධර්මය වෙයි ද, යම් සේ යහපත වෙයි ද එසේ පිළිපැදිය යුත්තේ ය' වශයෙන් සංක්ෂේප වශයෙන් යම් දහම් කරුණ වදාරා එහි විස්තර විභාග නොවදාරා හුනස්නෙන් නැගිට විහාරයට වැඩි සේක් ද, ආයුෂ්මත්නි, එහි අධර්මය කුමක්ද? ධර්මය කුමක්ද? අයහපත කුමක්ද? යහපත කුමක්ද?

ආයුෂ්මත්නි, වැරදි දෘෂ්ටිය අධර්මය යි. නිවැරදි දෘෂ්ටිය ධර්මය යි. වැරදි දෘෂ්ටිය නිසාවෙන් අනේක වූ යම් පාපී අකුසල් දහම් හටගනියි ද මෙය

අයහපත යි. නිවැරදි දෘෂ්ටිය නිසාවෙන් අනේක වූ කුසල් දහම් දියුණුවීමෙන් පිරිපුන් ව යයි ද මෙය යහපත යි.

ආයුෂ්මත්නි, වැරදි සංකල්පනා අධර්මය යි. නිවැරදි සංකල්පනා ධර්මය යි. ....(පෙ).... ආයුෂ්මත්නි, වැරදි වචන භාවිතය අධර්මය යි. නිවැරදි වචන භාවිතය ධර්මය යි. ....(පෙ).... ආයුෂ්මත්නි, වැරදි කායික ක්‍රියා අධර්මය යි. නිවැරදි කායික ක්‍රියා ධර්මය යි. ....(පෙ).... ආයුෂ්මත්නි, වැරදි ජීවිකාව අධර්මය යි. නිවැරදි ජීවිකාව ධර්මය යි. ....(පෙ).... ආයුෂ්මත්නි, වැරදි උත්සාහය අධර්මය යි. නිවැරදි උත්සාහය ධර්මය යි. ....(පෙ).... ආයුෂ්මත්නි, වැරදි සිහිය අධර්මය යි. නිවැරදි සිහිය ධර්මය යි. ....(පෙ).... ආයුෂ්මත්නි, වැරදි චිත්තේකාග්‍රතාව අධර්මය යි. නිවැරදි චිත්තේකාග්‍රතාව ධර්මය යි. ....(පෙ).... ආයුෂ්මත්නි, වැරදි ඥානය අධර්මය යි. නිවැරදි ඥානය ධර්මය යි. ....(පෙ).... ආයුෂ්මත්නි, වැරදි විමුක්තිය අධර්මය යි. නිවැරදි විමුක්තිය ධර්මය යි. වැරදි විමුක්තිය නිසාවෙන් අනේක වූ යම් පාපී අකුසල් දහම් හටගනියි ද මෙය අයහපත යි. නිවැරදි විමුක්තිය නිසාවෙන් අනේක වූ කුසල් දහම් දියුණුවීමෙන් පිරිපුන් ව යයි ද මෙය යහපත යි.

ආයුෂ්මත්නි, භාග්‍යවතුන් වහන්සේ අපට 'මහණෙනි, අධර්මය ත්, ධර්මය ත් දත යුත්තේ ය. අයහපත ත්, යහපත ත් දත යුත්තේ ය. අධර්මය ත්, ධර්මය ත් දැන, අයහපත ත්, යහපත ත් දැන යම් සේ ධර්මය වෙයි ද, යම් සේ යහපත වෙයි ද එසේ පිළිපැදිය යුත්තේ ය' යනුවෙන් සංක්ෂේප වශයෙන් යම් දහම් කරුණක් වදාරා එහි විස්තර විභාග නොවදාරා හුනස්නෙන් නැගිට විහාරයට වැඩි සේක් ද, ආයුෂ්මත්නි, භාග්‍යවතුන් වහන්සේ විසින් සංක්ෂේපයෙන් වදාරන ලද, විස්තර විභාග වශයෙන් නොවදාරණ ලද මෙකරුණෙහි අර්ථය ඔය අයුරින් විස්තර වශයෙන් මම දනිමි. ඉදින් ආයුෂ්මත්නි, ඔබ කැමති නම් භාග්‍යවතුන් වහන්සේ කරා ම එළැඹ මෙකරුණ අසනු මැනැවි. භාග්‍යවතුන් වහන්සේ යම් සේ වදාරණ සේක් ද එලෙසින් ම එය දරාගත මැනැවි."

"එසේය, ආයුෂ්මත" කියා ඒ භික්ෂූහු ආයුෂ්මත් ආනන්දයන්ගේ භාෂිතය සතුටින් පිළිගෙන අනුමෝදන් ව හුනස්නෙන් නැගී භාග්‍යවතුන් වහන්සේ කරා එළැඹියහ. එළැඹ භාග්‍යවතුන් වහන්සේ සකසා වැඳ එකත්පස් ව හුන්හ. එකත්පස්ව හුන් ඒ භික්ෂූහු භාග්‍යවතුන් වහන්සේට මෙකරුණ සැළ කළහ.

"ස්වාමීනී, භාග්‍යවතුන් වහන්සේ අප හට සංක්ෂේප වශයෙන් මෙම දහම් කරුණ වදාරා එහි විස්තර විභාග නොවදාරා හුනස්නෙන් නැගිට විහාරයට වැඩි සේක. එනම් 'මහණෙනි, අධර්මය ත්, ධර්මය ත් දත යුත්තේ ය. අයහපත

ත්, යහපත ත් දත යුත්තේ ය. අධර්මය ත්, ධර්මය ත් දැන, අයහපත ත්, යහපත ත් දැන යම් සේ ධර්මය වෙයි ද, යම් සේ යහපත වෙයි ද එසේ පිළිපැදිය යුත්තේ ය' වශයෙනි. ස්වාමීනී, භාග්‍යවතුන් වහන්සේ විහාරයට වැඩම කොට නොබෝ වේලාවකින් ඒ අපට මේ අදහස ඇතිවිය. 'ආයුෂ්මත්නි, භාග්‍යවතුන් වහන්සේ අප හට සංක්ෂේප වශයෙන් මෙම දහම් කරුණ වදාරා එහි විස්තර විභාග නොවදාරා හුනස්නෙන් නැගිට විහාරයට වැඩි සේක. එනම් 'මහණෙනි, අධර්මය ත්, ධර්මය ත් දත යුත්තේ ය. අයහපත ත්, යහපත ත් දත යුත්තේ ය. අධර්මය ත්, ධර්මය ත් දැන, අයහපත ත්, යහපත ත් දැන යම් සේ ධර්මය වෙයි ද, යම් සේ යහපත වෙයි ද එසේ පිළිපැදිය යුත්තේ ය' වශයෙනි. භාග්‍යවතුන් වහන්සේ විසින් සංක්ෂේපයෙන් වදාරණ ලද, විස්තර වශයෙන් විග්‍රහ නොකරන ලද මෙකරුණෙහි අර්ථ විග්‍රහය කවරෙක් නම් කරන්නේ දැ'යි.

එකල්හී ස්වාමීනී, අපට මේ අදහස ඇතිවිය. 'මේ ආයුෂ්මත් ආනන්ද තෙරණුවෝ ශාස්තෘන් වහන්සේ විසින් ද වර්ණනා කරන ලද්දාහු ය. නුවණැති සබ්‍රහ්මචාරීන් වහන්සේලා විසින් ද සම්භාවනා කරන ලද්දාහු ය. භාග්‍යවතුන් වහන්සේ විසින් සැකෙවින් වදාරණ ලද, විස්තර විභාග වශයෙන් නොවදාරණ ලද මේ ධර්මයෙහි අර්ථ විග්‍රහ කොට පෙන්වන්නට ආයුෂ්මත් අනඳ තෙරණුවෝ සමර්ථයහ. එහෙයින් අපි ආයුෂ්මත් අනඳ තෙරුන් කරා එළඹෙන්නමෝ නම්, එළැඹ ආයුෂ්මත් අනඳ තෙරුන්ගෙන් මෙකරුණ විමසන්නමෝ නම්, ආයුෂ්මත් අනඳ තෙරණුවෝ යම් පරිද්දෙකින් අපට පවසත් ද එපරිද්දෙන්, එය දරා ගන්නමෝ නම් අගනේ ය' යි.

එකල්හී ස්වාමීනී, අපි ආයුෂ්මත් අනඳ තෙරුන් කරා ගියෙමු. ගොස් ආයුෂ්මත් අනඳ තෙරුන්ගෙන් මෙකරුණ විමසුවෙමු. ස්වාමීනී, ඒ අපට ආයුෂ්මත් ආනන්ද තෙරුන් විසින් මේ අයුරින්, මේ පදයන්ගෙන්, මේ ව්‍යංජනයන්ගෙන්, අර්ථය මැනැවින් විග්‍රහ කරන ලද්දේ ය."

"මහණෙනි, සාදු! සාදු! මහණෙනි, ආනන්දයෝ පණ්ඩිතයහ. මහණෙනි, ආනන්දයෝ මහා ප්‍රාඥයහ. මහණෙනි, ඉදින් ඔබ මා කරා ද අවුත් මෙකරුණ විමසන්නහු නම්, මම් ද ආනන්දයන් විසින් මෙකරුණ යම් පරිදි විග්‍රහ කරන ලද්දේ ද එපරිදි විග්‍රහ කරමි. මෙකරුණෙහි අර්ථය මෙය ම ය. එය එපරිද්දෙන් ම දරව්."

සාදු! සාදු!! සාදු!!!

තතිය අධම්ම සූත්‍රය නිමා විය.

10.3.2.4
අජිත සූත්‍රය
අජිත පිරිවැජියාට වදාළ දෙසුම

එකල්හී අජිත පිරිවැජි තෙමේ භාග්‍යවතුන් වහන්සේ යම් තැනක වැඩසිටි සේක් ද, එතැනට පැමිණියේ ය. පැමිණ භාග්‍යවතුන් වහන්සේ සමඟ සතුටු විය. සතුටු විය යුතු පිළිසඳර කථාව නිමවා එකත්පස්ව හිඳගත්තේ ය. එකත්පස්ව හුන් අජිත පරිබ්‍රාජකයා භාග්‍යවතුන් වහන්සේට මෙය පැවසුවේ ය.

"භවත් ගෞතමයෙනි, අපගේ පණ්ඩිත නම් සබ්‍රහ්මචාරී කෙනෙක් සිටියි. ඔහු විසින් පන්සියයක් පමණ චින්තාවෝ සිතන ලද්දාහු ය. ඒ තුළින් අන්‍ය තීර්ථකයෝ නිග්‍රහ කරන ලද්දාහු ය. ඔවුන් නිග්‍රහ ලැබූ බව ද අපි දනිමු."

එවිට භාග්‍යවතුන් වහන්සේ භික්ෂූන් ඇමතූ සේක. "මහණෙනි, ඔබ පණ්ඩිතයෙකු වන කරුණු දරා සිටින්නහු ද?"

"භාග්‍යවතුන් වහන්ස, මේ එයට කාලය යි. සුගතයන් වහන්ස, මේ එයට කාලය යි. භාග්‍යවතුන් වහන්සේ මේ පිළිබඳ ව යමක් වදාරණ සේක් ද, භාග්‍යවතුන් වහන්සේගෙන් අසා භික්ෂූහු දරා ගන්නාහු ය."

"එසේ වී නම් මහණෙනි, අසව්. මැනැවින් මෙනෙහි කරව්. පවසන්නෙමි."

'එසේ ය, ස්වාමීනී' යි ඒ භික්ෂූහු භාග්‍යවතුන් වහන්සේට පිළිවදන් දුන්හ. භාග්‍යවතුන් වහන්සේ මෙය වදාළ සේක.

"මහණෙනි, මෙහිලා ඇතැම් කෙනෙක් අධාර්මික වාදයෙන් අධාර්මික වාදය දැඩි නිග්‍රහයකට ලක් කරයි. බලවත් ව පෙළයි. එකරුණෙන් අධාර්මික පිරිස සතුටු කරවයි. එකරුණෙන් ඒ අධාර්මික පිරිස උස් හඬින්, මහ හඬින් මෙසේ කියයි. 'භවත්නි, සැබැවින් ම පණ්ඩිතයෙක් නොවැ. භවත්නි, සැබැවින් ම පණ්ඩිතයෙක් නොවැ' යනුවෙනි.

මහණෙනි, මෙහිලා ඇතැම් කෙනෙක් අධාර්මික වාදයෙන් ධාර්මික වාදය දැඩි නිග්‍රහයකට ලක් කරයි. බලවත් ව පෙළයි. එකරුණෙන් අධාර්මික පිරිස සතුටු කරවයි. එකරුණෙන් ඒ අධාර්මික පිරිස උස් හඬින්, මහ හඬින් මෙසේ කියයි. 'භවත්නි, සැබැවින් ම පණ්ඩිතයෙක් නොවැ. භවත්නි, සැබැවින් ම පණ්ඩිතයෙක් නොවැ' යනුවෙනි.

මහණෙනි, මෙහිලා ඇතැම් කෙනෙක් අධාර්මික වාදයෙන් ධාර්මික වාදය ත්, අධාර්මික වාදය ත් දැඩි නිග්‍රහයකට ලක් කරයි. බලවත් ව පෙළයි. එකරුණෙන් අධාර්මික පිරිස සතුටු කරවයි. එකරුණෙන් ඒ අධාර්මික පිරිස උස් හඬින්, මහ හඬින් මෙසේ කියයි. 'භවත්නි, සැබැවින් ම පණ්ඩිතයෙක් නොවැ. භවත්නි, සැබැවින් ම පණ්ඩිතයෙක් නොවැ' යනුවෙනි.

මහණෙනි, මෙහිලා ඇතැම් කෙනෙක් ධාර්මික වාදයෙන් ධාර්මික වාදය ත්, අධාර්මික වාදය ත් දැඩි නිග්‍රහයකට ලක් කරයි. බලවත් ව පෙළයි. එකරුණෙන් අධාර්මික පිරිස සතුටු කරවයි. එකරුණෙන් ඒ අධාර්මික පිරිස උස් හඬින්, මහ හඬින් මෙසේ කියයි. 'භවත්නි, සැබැවින් ම පණ්ඩිතයෙක් නොවැ. භවත්නි, සැබැවින් ම පණ්ඩිතයෙක් නොවැ' යනුවෙනි.

මහණෙනි, මෙහිලා ඇතැම් කෙනෙක් ධාර්මික වාදයෙන් ධාර්මික වාදය දැඩි නිග්‍රහයකට ලක් කරයි. බලවත් ව පෙළයි. එකරුණෙන් ධාර්මික පිරිස සතුටු කරවයි. එකරුණෙන් ඒ ධාර්මික පිරිස උස් හඬින්, මහ හඬින් මෙසේ කියයි. 'භවත්නි, සැබැවින් ම පණ්ඩිතයෙක් නොවැ. භවත්නි, සැබැවින් ම පණ්ඩිතයෙක් නොවැ' යනුවෙනි.

"'මහණෙනි, අධර්මය ත්, ධර්මය ත් දත යුත්තේ ය. අයහපත ත්, යහපත ත් දත යුත්තේ ය. අධර්මය ත්, ධර්මය ත් දැන, අයහපත ත්, යහපත ත් දැන යම් සේ ධර්මය වෙයි ද, යම් සේ යහපත වෙයි ද එසේ පිළිපැදිය යුත්තේ ය'

මහණෙනි, අධර්මය කුමක්ද? ධර්මය කුමක්ද? අයහපත කුමක්ද? යහපත කුමක්ද?

මහණෙනි, වැරදි දෘෂ්ටිය අධර්මය යි. නිවැරදි දෘෂ්ටිය ධර්මය යි. වැරදි දෘෂ්ටිය නිසාවෙන් අනේක වූ යම් පාපී අකුසල් දහම් හටගනියි ද මෙය අයහපත යි. නිවැරදි දෘෂ්ටිය නිසාවෙන් අනේක වූ කුසල් දහම් දියුණුවීමෙන් පිරිපුන් ව යයි ද මෙය යහපත යි.

මහණෙනි, වැරදි සංකල්පනා අධර්මය යි. නිවැරදි සංකල්පනා ධර්මය යි. ....(පෙ).... මහණෙනි, වැරදි වචන භාවිතය අධර්මය යි. නිවැරදි වචන භාවිතය ධර්මය යි. ....(පෙ).... මහණෙනි, වැරදි කායික ක්‍රියා අධර්මය යි. නිවැරදි කායික ක්‍රියා ධර්මය යි. ....(පෙ).... මහණෙනි, වැරදි ජීවිකාව අධර්මය යි. නිවැරදි ජීවිකාව ධර්මය යි. ....(පෙ).... මහණෙනි, වැරදි උත්සාහය අධර්මය යි. නිවැරදි උත්සාහය ධර්මය යි. ....(පෙ).... මහණෙනි, වැරදි සිහිය අධර්මය යි. නිවැරදි සිහිය ධර්මය යි. ....(පෙ).... මහණෙනි, වැරදි චිත්තේකාග්‍රතාව අධර්මය

යි. නිවැරදි චිත්තේකාග්‍රතාව ධර්මය යි. ....(පෙ).... මහණෙනි, වැරදි ඥානය අධර්මය යි. නිවැරදි ඥානය ධර්මය යි. ....(පෙ).... මහණෙනි, වැරදි විමුක්තිය අධර්මය යි. නිවැරදි විමුක්තිය ධර්මය යි. වැරදි විමුක්තිය නිසාවෙන් අනේක වූ යම් පාපී අකුසල් දහම් හටගනියි ද මෙය අයහපත යි. නිවැරදි විමුක්තිය නිසාවෙන් අනේක වූ කුසල් දහම් දියුණුවීමෙන් පිරිපුන් ව යයි ද මෙය යහපත යි.

'මහණෙනි, අධර්මය ත්, ධර්මය ත් දත යුත්තේ ය. අයහපත ත්, යහපත ත් දත යුත්තේ ය. අධර්මය ත්, ධර්මය ත් දැන, අයහපත ත්, යහපත ත් දැන යම් සේ ධර්මය වෙයි ද, යම් සේ යහපත වෙයි ද එසේ පිළිපැදිය යුත්තේ ය' වශයෙන් යමක් කියන ලද්දේ ද, එය කියන ලද්දේ මෙකරුණ සඳහා ය."

සාදු! සාදු!! සාදු!!!

අජිත සූත්‍රය නිමා විය.

10.3.2.5
සංගාරව සූත්‍රය
සංගාරව බ්‍රාහ්මණයාට වදාළ දෙසුම

එකල්හී සංගාරව බ්‍රාහ්මණයා භාග්‍යවතුන් වහන්සේ යම් තැනක වැඩසිටි සේක් ද, එතැනට පැමිණියේ ය. පැමිණ භාග්‍යවතුන් වහන්සේ සමඟ සතුටු විය. සතුටු විය යුතු පිළිසඳර කථාව නිමවා එකත්පස්ව හිඳගත්තේ ය. එකත්පස්ව හුන් සංගාරව බ්‍රාහ්මණයා භාග්‍යවතුන් වහන්සේට මෙය පැවසුවේ ය.

"භවත් ගෞතමයෙනි, මෙතෙර යනු කුමක්ද? එතෙර යනු කුමක්ද?"

"බ්‍රාහ්මණය, මෙතෙර යනු වැරදි දෘෂ්ටිය ය. එතෙර යනු නිවැරදි දෘෂ්ටිය ය. මෙතෙර යනු වැරදි සංකල්පනා ය. එතෙර යනු නිවැරදි සංකල්පනා ය. මෙතෙර යනු වැරදි වචන භාවිතය ය. එතෙර යනු නිවැරදි වචන භාවිතය ය. මෙතෙර යනු වැරදි කායික ක්‍රියා ය. එතෙර යනු නිවැරදි කායික ක්‍රියා ය. මෙතෙර යනු වැරදි ජීවිකාව ය. එතෙර යනු නිවැරදි ජීවිකාව ය. මෙතෙර යනු වැරදි උත්සාහය ය. එතෙර යනු නිවැරදි උත්සාහය ය. මෙතෙර යනු වැරදි සිහිය ය. එතෙර යනු නිවැරදි සිහිය ය. මෙතෙර යනු වැරදි චිත්තේකාග්‍රතාවය ය. එතෙර යනු නිවැරදි චිත්තේකාග්‍රතාවය ය. මෙතෙර යනු වැරදි ඥානය ය.

එතෙර යනු නිවැරදි ඥානය ය. මෙතෙර යනු වැරදි විමුක්තිය ය. එතෙර යනු නිවැරදි විමුක්තිය ය. බ්‍රාහ්මණය, මෙය වනාහී මෙතෙර ය. මෙය එතෙර ය.

(ගාථා)

1. මිනිසුන් අතුරින් යම් කෙනෙක් එතෙර වූ නිවනට යන්නෝ වෙත් ද, ඔවුහු ස්වල්පයහ. එනමුදු මේ අවශේෂ මහා ජනයා සසර නම් වූ මෙතෙර ම ඔබ මොබ දිව යති.

2. යම් කෙනෙක් මැනැවින් වදාරණ ලද ධර්මය කෙරෙහි ධර්මානුකූලව හැසිරෙත් ද, ඒ ජනයෝ එතෙර නම් වූ නිවනට යති. මාරයාගේ බලප්‍රදේශය තරණය කොට එතෙර වීම ලෙහෙසි නැත.

3. නුවණැත්තා පාපී අකුසල් දහම් අත්හැර කුසල් දහම් දියුණු කළ යුත්තේ ය. ගිහි ගෙයින් නික්මී ගොස් නිකෙලෙස් බඹසරට පැමිණ යම් කාය චිත්ත විවේකයක් ඇද්ද ඒ කෙරෙහි වෙහෙසී සිත් ඇලවිය යුත්තේ ය.

4. පංච කාමයන් අත්හැර පලිබෝධ රහිත ව සිටිමින් නුවණැත්තා නිවන කෙරෙහි ඇල්ම කැමති විය යුත්තේ ය. කෙලෙසුන්ගෙන් තම සිත පිරිසිදු කළ යුත්තේ ය.

5. යමෙකුගේ සිත සම්බෝධි අංගයන් තුළ මැනැවින් දියුණුවට පත්වෙයි ද, උපාදානයන් දුරු කොට, උපාදාන රහිත වූ යම් නිවනක් ඇද්ද, එහි ඇලී සිටින නුවණින් බබලන යම් රහත්හු වෙත් ද, ඔවුහු ලෝකයෙහි පිරිනිවීමට පත්වූවාහු වෙති.

සාදු! සාදු!! සාදු!!!

සංගාරව සූත්‍රය නිමා විය.

10.3.2.6
ඕරිමතීර සූත්‍රය
මෙතෙර ගැන වදාළ දෙසුම

"මහණෙනි, ඔබට මෙතෙර ගැන ත්, එතෙර ගැන ත් පවසන්නෙමි. එය අසව්. මැනැවින් මෙනෙහි කරව්. පවසන්නෙමි"

"එසේය ස්වාමීනී" යි ඒ භික්ෂූහු භාග්‍යවතුන් වහන්සේට පිළිවදන් දුන්හ. භාග්‍යවතුන් වහන්සේ මෙය වදාළ සේක.

"මහණෙනි, මෙතෙර යනු කුමක්ද? එතෙර යනු කුමක්ද?"

මහණෙනි, මෙතෙර යනු වැරදි දෘෂ්ටිය ය. එතෙර යනු නිවැරදි දෘෂ්ටිය ය. ....(පෙ)..... මෙතෙර යනු වැරදි විමුක්තිය ය. එතෙර යනු නිවැරදි විමුක්තිය ය. මහණෙනි, මෙය වනාහී මෙතෙර ය. මෙය එතෙර ය.

(ගාථා)

1. මිනිසුන් අතුරින් යම් කෙනෙක් එතෙර වූ නිවනට යන්නෝ වෙත් ද, ඔවුහු ස්වල්පයහ. එනමුදු මේ අවශේෂ මහා ජනයා සසර නම් වූ මෙතෙර ම ඔබ මොබ දිව යති.

2. යම් කෙනෙක් මැනැවින් වදාරණ ලද ධර්මය කෙරෙහි ධර්මානුකූලව හැසිරෙත් ද, ඒ ජනයෝ එතෙර නම් වූ නිවනට යති. මාරයාගේ බලප්‍රදේශය තරණය කොට එතෙර වීම ලෙහෙසි නැත.

3. නුවණැත්තා පාපී අකුසල් දහම් අත්හැර කුසල් දහම් දියුණු කළ යුත්තේ ය. ගිහි ගෙයින් නික්මී ගොස් නිකෙලෙස් බඹසරට පැමිණ යම් කාය චිත්ත විවේකයක් ඇද්ද ඒ කෙරෙහි වෙහෙසී සිත් ඇලවිය යුත්තේ ය.

4. පංච කාමයන් අත්හැර පලිබෝධ රහිත ව සිටිමින් නුවණැත්තා නිවන කෙරෙහි ඇල්ම කැමති විය යුත්තේ ය. කෙලෙසුන්ගෙන් තම සිත පිරිසිදු කළ යුත්තේ ය.

5. යමෙකුගේ සිත සම්බෝධි අංගයන් තුළ මැනැවින් දියුණුවට පත්වෙයි ද, උපාදානයන් දුරු කොට, උපාදාන රහිත වූ යම් නිවනක් ඇද්ද, එහි ඇලී සිටින නුවණින් බබලන යම් රහත්හු වෙත් ද, ඔවුහු ලෝකයෙහි පිරිනිවීමට පත්වූවාහු වෙති.

සාදු! සාදු!! සාදු!!!

ඕරිමතීර සූත්‍රය නිමා විය.

10.3.2.7
පඨම පච්චෝරෝහණී සූත්‍රය
පව් සේදීම ගැන වදාළ පළමු දෙසුම

එසමයෙහි ජාණුස්සෝණි බ්‍රාහ්මණ තෙමේ ඒ පොහෝ දිනයෙහි හිස පමණක් ස්නානය කොට අළුත් පට වස්ත්‍ර යුගලක් හැඳ අමු කුස තණ මිටක් අතට ගෙන භාග්‍යවතුන් වහන්සේට නුදුරින් එකත්පස් ව සිටියේ වෙයි. භාග්‍යවතුන් වහන්සේ ඒ පොහෝ දිනයෙහි හිස පමණක් ස්නානය කොට අළුත් පට වස්ත්‍ර යුගලක් හැඳ අමු කුස තණ මිටක් අතට ගෙන නුදුරින් එකත්පස් ව සිටි ජාණුස්සෝණි බ්‍රාහ්මණයා ව දුටු සේක. දැක ජාණුස්සෝණි බ්‍රාහ්මණයාට මෙය වදාළ සේක.

"කිම? බ්‍රාහ්මණය, ඔබ ඒ පොහෝ දිනයෙහි හිස පමණක් ස්නානය කොට අළුත් පට වස්ත්‍ර යුගලක් හැඳ අමු කුස තණ මිටක් අතට ගෙන එකත්පස් ව සිටින්නෙහි? අද බ්‍රාහ්මණ කුලයට කිසිවක් ඇද්ද?"

"භවත් ගෞතමයෙනි, අද බ්‍රාහ්මණ කුලයට පව් සේදීමේ දිනය නොවැ."

"බ්‍රාහ්මණය, බ්‍රාහ්මණයන්ගේ පව් සේදීම සිදුවන්නේ කොයි අයුරින් ද?"

"භවත් ගෞතමයෙනි, මෙහිලා බ්‍රාහ්මණවරු ඒ පොහෝ දිනයෙහි හිස පමණක් ස්නානය කොට අළුත් පට වස්ත්‍ර යුගලක් හැඳ පොළොවෙහි අමු ගොම ගා අළුත් හීතණ ඒ මත අතුරා වැලි රුසට හා ගිනිහල් ගෙට අතර සැතපීම කරත්. ඔවුහු ඒ රාත්‍රියෙහි තුන් වරක් නැගිට දෑත් බැඳ 'භවත් ගින්නට අපි පව් සෝදා හරිම්හ. භවත් ගින්නට අපි පව් සෝදා හරිම්හ'යි ගින්නට නමදිත්. බොහෝ වූ ගිතෙලින් ද, වෙඬරුවෙන් ද, ඒ ගින්න පිනවත්. ඒ රාත්‍රිය ඇවෑමෙන් ප්‍රණීත වූ ඛාද්‍ය භෝජ්‍ය ගෙන එයින් බ්‍රාහ්මණයන් ව පිනවත්. භවත් ගෞතමයෙනි, බ්‍රාහ්මණයන්ගේ පව් සේදීම වන්නේ ඔය අයුරිනි."

"බ්‍රාහ්මණය, බ්‍රාහ්මණයන්ගේ පව් සේදීම අන් අයුරු නොවැ. ආර්ය විනයෙහි පව් සේදීම වෙනත් අයුරකින් නොවැ."

"භවත් ගෞතමයෙනි, ආර්ය විනයෙහි පව් සේදීම වන්නේ කවර අයුරින් ද? භවත් ගෞතමයාණෝ යම් සේ ආර්ය විනයෙහි පව් සේදීම වෙයි ද, ඒ අයුරින් දැනගැනීමට මට දහම් දෙසන සේක්වා!"

"එසේ වී නම් බ්‍රාහ්මණය, අසව. නුවණින් මෙනෙහි කරව. පවසන්නෙමි."

"එසේ ය, භවත්නි" යි ජාණුස්සෝණි බ්‍රාහ්මණයා භාග්‍යවතුන් වහන්සේට පිළිතුරු දුන්නේ ය. භාග්‍යවතුන් වහන්සේ මෙය වදාළහ.

"බ්‍රාහ්මණය, මෙහිලා ආර්ය ශ්‍රාවකයා මෙසේ නුවණින් විමසයි. වැරදි දෘෂ්ටිය නිසා මෙලොවදී ත්, පරලොවදී ත් පවිටු විපාක ලැබෙයි යනුවෙන් මෙසේ හේ නුවණින් විමසා වැරදි දෘෂ්ටිය අත්හරී. එවිට වැරදි දෘෂ්ටිය නම් වූ පව සෝදා හළේ වෙයි.

වැරදි සංකල්පය නිසා මෙලොවදී ත්, පරලොවදී ත් පවිටු විපාක ලැබෙයි යනුවෙන් මෙසේ හේ නුවණින් විමසා වැරදි සංකල්පය අත්හරී. එවිට වැරදි සංකල්පය නම් වූ පව සෝදා හළේ වෙයි.

වැරදි වචන භාවිතය නිසා මෙලොවදී ත්, පරලොවදී ත් පවිටු විපාක ලැබෙයි යනුවෙන් මෙසේ හේ නුවණින් විමසා වැරදි වචන භාවිතය අත්හරී. එවිට වැරදි වචන භාවිතය නම් වූ පව සෝදා හළේ වෙයි.

වැරදි කායික ක්‍රියා නිසා මෙලොවදී ත්, පරලොවදී ත් පවිටු විපාක ලැබෙයි යනුවෙන් මෙසේ හේ නුවණින් විමසා වැරදි කායික ක්‍රියා අත්හරී. එවිට වැරදි කායික ක්‍රියා නම් වූ පව සෝදා හළේ වෙයි.

වැරදි ජීවිකාව නිසා මෙලොවදී ත්, පරලොවදී ත් පවිටු විපාක ලැබෙයි යනුවෙන් මෙසේ හේ නුවණින් විමසා වැරදි ජීවිකාව අත්හරී. එවිට වැරදි ජීවිකාව නම් වූ පව සෝදා හළේ වෙයි.

වැරදි උත්සාහය නිසා මෙලොවදී ත්, පරලොවදී ත් පවිටු විපාක ලැබෙයි යනුවෙන් මෙසේ හේ නුවණින් විමසා වැරදි උත්සාහය අත්හරී. එවිට වැරදි උත්සාහය නම් වූ පව සෝදා හළේ වෙයි.

වැරදි සිහිය නිසා මෙලොවදී ත්, පරලොවදී ත් පවිටු විපාක ලැබෙයි යනුවෙන් මෙසේ හේ නුවණින් විමසා වැරදි සිහිය අත්හරී. එවිට වැරදි සිහිය නම් වූ පව සෝදා හළේ වෙයි.

වැරදි චිත්තේකාග්‍රතාව නිසා මෙලොවදී ත්, පරලොවදී ත් පවිටු විපාක ලැබෙයි යනුවෙන් මෙසේ හේ නුවණින් විමසා වැරදි චිත්තේකාග්‍රතාව අත්හරී. එවිට වැරදි චිත්තේකාග්‍රතාව නම් වූ පව සෝදා හළේ වෙයි.

වැරදි ඥානය නිසා මෙලොවදී ත්, පරලොවදී ත් පවිටු විපාක ලැබෙයි

යනුවෙන් මෙසේ හේ නුවණින් විමසා වැරදි ඥානය අත්හරී. එවිට වැරදි ඥානය නම් වූ පව සෝදා හළේ වෙයි.

වැරදි විමුක්තිය නිසා මෙලොවදී ත්, පරලොවදී ත් පවිටු විපාක ලැබෙයි යනුවෙන් මෙසේ හේ නුවණින් විමසා වැරදි විමුක්තිය අත්හරී. එවිට වැරදි විමුක්තිය නම් වූ පව සෝදා හළේ වෙයි.

බ්‍රාහ්මණය, ආර්ය විනයෙහි පව් සේදීම වන්නේ ඔය අයුරිනි."

"භවත් ගෞතමයෙනි, බ්‍රාහ්මණයන්ගේ පව් සේදීම අන් අයුරකිනි. ආර්ය විනයෙහි පව් සේදීම වෙනත් අයුරකිනි. භවත් ගෞතමයනි, මින් බ්‍රාහ්මණයන්ගේ පව් සේදීම මේ ආර්ය විනයෙහි පව් සේදීම සමඟ සලකා බලද්දී සොළොස් කලාවෙන් එක් කලාවක් වත් නොවටියි.

භවත් ගෞතමයෙනි, ඉතා මනහර ය. ....(පෙ).... භවත් ගෞතමයන් වහන්සේ අද පටන් දිවි හිමියෙන් තෙරුවන් සරණ ගිය උපාසකයෙකු ලෙස මාව පිළිගන්නා සේක්වා!

සාදු! සාදු!! සාදු!!!

පඨම පච්චෝරෝහණී සූත්‍රය නිමා විය.

10.3.2.8

දුතිය පච්චෝරෝහණී සූත්‍රය

පව් සේදීම ගැන වදාළ දෙවෙනි දෙසුම

"මහණෙනි, ආර්ය වූ පව් සේදීම ගැන දෙසන්නෙමි. එය අසව්. ....(පෙ).... මහණෙනි, ආර්ය වූ පව් සේදීම යනු කුමක්ද?

මහණෙනි, මෙහිලා ආර්ය ශ්‍රාවකයා මෙසේ නුවණින් විමසයි. වැරදි දෘෂ්ටිය නිසා මෙලොවදී ත්, පරලොවදී ත් පවිටු විපාක ලැබෙයි යනුවෙන් මෙසේ හේ නුවණින් විමසා වැරදි දෘෂ්ටිය අත්හරී. එවිට වැරදි දෘෂ්ටිය නම් වූ පව සෝදා හළේ වෙයි.

වැරදි සංකල්පය නිසා මෙලොවදී ත්, පරලොවදී ත් පවිටු විපාක ලැබෙයි ....(පෙ).... වැරදි වචන භාවිතය නිසා මෙලොවදී ත්, පරලොවදී ත් පවිටු විපාක

ලැබෙයි ....(පෙ).... වැරදි කායික ක්‍රියා නිසා මෙලොවදී ත්, පරලොවදී ත් පව්ටු විපාක ලැබෙයි ....(පෙ).... වැරදි ජීවිකාව නිසා මෙලොවදී ත්, පරලොවදී ත් පව්ටු විපාක ලැබෙයි ....(පෙ).... වැරදි උත්සාහය නිසා මෙලොවදී ත්, පරලොවදී ත් පව්ටු විපාක ලැබෙයි ....(පෙ).... වැරදි සිහිය නිසා මෙලොවදී ත්, පරලොවදී ත් පව්ටු විපාක ලැබෙයි ....(පෙ).... වැරදි චිත්තේකාග්‍රතාව නිසා මෙලොවදී ත්, පරලොවදී ත් පව්ටු විපාක ලැබෙයි ....(පෙ).... වැරදි ඥානය නිසා මෙලොවදී ත්, පරලොවදී ත් පව්ටු විපාක ලැබෙයි ....(පෙ).... වැරදි විමුක්තිය නිසා මෙලොවදී ත්, පරලොවදී ත් පව්ටු විපාක ලැබෙයි යනුවෙන් මෙසේ හේ නුවණින් විමසා වැරදි විමුක්තිය අත්හරී. එවිට වැරදි විමුක්තිය නම් වූ පව සෝදා හළේ වෙයි.

මහණෙනි, මෙය ආර්ය වූ පව් සේදීම යැයි කියනු ලැබේ.”

සාදු! සාදු!! සාදු!!!

දුතිය පච්චෝරෝහණී සූත්‍රය නිමා විය.

10.3.2.9
පුබ්බංගම සූත්‍රය
පූර්ව අංගය ගැන වදාළ දෙසුම

“මහණෙනි, උදාවන සූර්යයා හට මෙය මුලින් ම ඇති අංගය යි. මෙය මුල්ම නිමිත්ත යි. එනම් අරුණ උදාවීම යි. එසෙයින් ම මහණෙනි, කුසල් දහම්වලට මෙය මුල් ම අංගය යි. මෙය මුල් ම නිමිත්තයි. එනම් නිවැරදි දෘෂ්ටිය යි. මහණෙනි, නිවැරදි දෘෂ්ටිය ඇත්තහුට නිවැරදි සංකල්පනා ඇතිවෙයි. නිවැරදි සංකල්පනා ඇත්තහුට නිවැරදි වචන භාවිතය ඇතිවෙයි. නිවැරදි වචන භාවිතය ඇත්තහුට නිවැරදි කායික ක්‍රියා ඇතිවෙයි. නිවැරදි කායික ක්‍රියා ඇත්තහුට නිවැරදි ජීවිකාව ඇතිවෙයි. නිවැරදි ජීවිකාව ඇත්තහුට නිවැරදි උත්සාහය ඇතිවෙයි. නිවැරදි උත්සාහය ඇත්තහුට නිවැරදි සිහිය ඇතිවෙයි. නිවැරදි සිහිය ඇත්තහුට නිවැරදි චිත්තේකාග්‍රතාවය ඇතිවෙයි. නිවැරදි චිත්තේකාග්‍රතාවය ඇත්තහුට නිවැරදි ඥානය ඇතිවෙයි. නිවැරදි ඥානය ඇත්තහුට නිවැරදි විමුක්තිය ඇතිවෙයි.”

සාදු! සාදු!! සාදු!!!

පුබ්බංගම සූත්‍රය නිමා විය.

10.3.2.10
ආසවක්ඛය සූත්‍රය
ආශ්‍රවයන් ක්ෂය වීම ගැන වදාළ දෙසුම

"මහණෙනි, මේ දස ධර්මයන් දියුණු කරගත් විට, බහුල ව ප්‍රගුණ කරගත් විට ආශ්‍රවයන්ගේ ක්ෂය වීම පිණිස හේතු වෙයි. ඒ කවර දසයක් ද යත්;

නිවැරදි දෘෂ්ටිය ය, නිවැරදි සංකල්පය ය, නිවැරදි වචන භාවිතය ය, නිවැරදි කායික ක්‍රියා ය, නිවැරදි ජීවිකාව ය, නිවැරදි උත්සාහය ය, නිවැරදි සිහිය ය, නිවැරදි චිත්තේකාග්‍රතාවය ය, නිවැරදි ඥානය ය, නිවැරදි විමුක්තිය ය.

මහණෙනි, මේ දස ධර්මයන් දියුණු කරගත් විට, බහුල ව ප්‍රගුණ කරගත් විට ආශ්‍රවයන්ගේ ක්ෂය වීම පිණිස හේතු වෙයි."

සාදු! සාදු!! සාදු!!!

ආසවක්ඛය සූත්‍රය නිමා විය.

දෙවෙනි පච්චෝරෝහණී වර්ගය අවසන් විය.

- **එහි පිළිවෙල උද්දානයයි :**

අධර්ම සූත්‍ර තුන, අජිත සූත්‍රය, සංගාරව සූත්‍රය, ඕරිම සූත්‍රය, පච්චෝරෝහණී සූත්‍ර දෙක, පුබ්බංගම සූත්‍රය, ආසව සූත්‍රය වශයෙන් මෙහි සූත්‍ර දශයෙකි.

3. පරිසුද්ධ වර්ගය

10.3.3.1.
පඨම සූත්‍රය
පළමු දෙසුම

"මහණෙනි, සුගත විනය නම් වූ බුදුසසුනෙහි හැර මේ දස ධර්මයන් අන් කිසි තැනක පිරිසිදු ව නොබබල යි. ඒ කවර දසයක් ද යත්;

නිවැරදි දෘෂ්ටිය ය, නිවැරදි සංකල්පය ය, නිවැරදි වචනය භාවිතය ය, නිවැරදි කායික ක්‍රියා ය, නිවැරදි ජීවිකාව ය, නිවැරදි උත්සාහය ය, නිවැරදි සිහිය ය, නිවැරදි චිත්තේකාග්‍රතාවය ය, නිවැරදි ඥානය ය, නිවැරදි විමුක්තිය ය.

මහණෙනි, සුගත විනය නම් වූ බුදුසසුනෙහි හැර මේ දස ධර්මයන් අන් කිසි තැනක පිරිසිදු ව නොබබල යි."

සාදු! සාදු!! සාදු!!!

පඨම සූත්‍රය නිමා විය.

10.3.3.2.
දුතිය සූත්‍රය
දෙවෙනි දෙසුම

"මහණෙනි, සුගත විනය නම් වූ බුදුසසුනෙහි හැර නූපන්නා වූ මේ දස ධර්මයෝ අන් කිසි තැනක නූපදිති. ඒ කවර දසයක් ද යත්;

නිවැරදි දෘෂ්ටිය ය, නිවැරදි සංකල්පය ය, නිවැරදි වචන භාවිතය ය, නිවැරදි කායික ක්‍රියා ය, නිවැරදි ජීවිකාව ය, නිවැරදි උත්සාහය ය, නිවැරදි සිහිය ය, නිවැරදි චිත්තේකාග්‍රතාවය ය, නිවැරදි ඥානය ය, නිවැරදි විමුක්තිය ය.

මහණෙනි, සුගත විනය නම් වූ බුදුසසුනෙහි හැර නූපන්නා වූ මේ දස ධර්මයෝ අන් කිසි තැනක නූපදිති."

සාදු! සාදු!! සාදු!!!

දුතිය සූත්‍රය නිමා විය.

10.3.3.3.
තතිය සූත්‍රය
තෙවෙනි දෙසුම

"මහණෙනි, සුගත විනය නම් වූ බුදුසසුනෙහි හැර මහත්ඵල මහානිසංස ලැබ දෙන මේ දස ධර්මයන් අන් කිසි තැනක ඇති නොවේ. ඒ කවර දසයක් ද යත්;

නිවැරදි දෘෂ්ටිය ය, නිවැරදි සංකල්පය ය, නිවැරදි වචන භාවිතය ය, නිවැරදි කායික ක්‍රියා ය, නිවැරදි ජීවිකාව ය, නිවැරදි උත්සාහය ය, නිවැරදි සිහිය ය, නිවැරදි චිත්තේකාග්‍රතාවය ය, නිවැරදි ඥානය ය, නිවැරදි විමුක්තිය ය.

මහණෙනි, සුගත විනය නම් වූ බුදුසසුනෙහි හැර මහත්ඵල මහානිසංස ලැබ දෙන මේ දස ධර්මයන් අන් කිසි තැනක ඇති නොවේ."

සාදු! සාදු!! සාදු!!!

තතිය සූත්‍රය නිමා විය.

10.3.3.4.
චතුත්ථ සූත්‍රය
සිව්වෙනි දෙසුම

"මහණෙනි, සුගත විනය නම් වූ බුදුසසුනෙහි හැර රාගය නැති වන තෙක් හික්මවන, ද්වේෂය නැති වන තෙක් හික්මවන, මෝහය නැති වන තෙක් හික්මවන මේ දස ධර්මයන් අන් කිසි තැනක ඇති නොවේ. ඒ කවර දසයක් ද යත්;

නිවැරදි දෘෂ්ටිය ය, නිවැරදි සංකල්පය ය, නිවැරදි වචන භාවිතය ය, නිවැරදි කායික ක්‍රියා ය, නිවැරදි ජීවිකාව ය, නිවැරදි උත්සාහය ය, නිවැරදි සිහිය ය, නිවැරදි චිත්තේකාග්‍රතාවය ය, නිවැරදි ඥානය ය, නිවැරදි විමුක්තිය ය.

මහණෙනි, සුගත විනය නම් වූ බුදුසසුනෙහි හැර රාගය නැති වන තෙක් හික්මවන, ද්වේෂය නැති වන තෙක් හික්මවන, මෝහය නැති වන තෙක් හික්මවන මේ දස ධර්මයන් අන් කිසි තැනක ඇති නොවේ."

සාදු! සාදු!! සාදු!!!

චතුත්ථ සූත්‍රය නිමා විය.

10.3.3.5.
පඤ්චම සූත්‍රය
පස්වෙනි දෙසුම

"මහණෙනි, සුගත විනය නම් වූ බුදුසසුනෙහි හැර ඒකාන්තයෙන් ම අවබෝධයෙන් එපාවීම පිණිස ත්, නොඇල්ම පිණිස ත්, තෘෂ්ණා නිරෝධය පිණිස ත්, සංසිඳීම පිණිසත්, විශිෂ්ට ඥානය පිණිස ත්, සත්‍යාවබෝධය පිණිස ත්, නිවන පිණිස ත් පවතින මේ දස ධර්මයන් අන් කිසි තැනක ඇති නොවේ. ඒ කවර දසයක් ද යත්;

නිවැරදි දෘෂ්ටිය ය, නිවැරදි සංකල්පය ය, නිවැරදි වචන භාවිතය ය, නිවැරදි කායික ක්‍රියා ය, නිවැරදි ජීවිකාව ය, නිවැරදි උත්සාහය ය, නිවැරදි සිහිය ය, නිවැරදි චිත්තේකාග්‍රතාවය ය, නිවැරදි ඥානය ය, නිවැරදි විමුක්තිය ය.

මහණෙනි, සුගත විනය නම් වූ බුදුසසුනෙහි හැර ඒකාන්තයෙන් ම අවබෝධයෙන් එපාවීම පිණිස ත්, නොඇල්ම පිණිස ත්, තෘෂ්ණා නිරෝධය පිණිස ත්, සංසිඳීම පිණිසත්, විශිෂ්ට ඥානය පිණිස ත්, සත්‍යාවබෝධය පිණිස ත්, නිවන පිණිස ත් පවතින මේ දස ධර්මයන් අන් කිසි තැනක ඇති නොවේ.”

සාදු! සාදු!! සාදු!!!

පඤ්චම සූත්‍රය නිමා විය.

10.3.3.6.
ඡට්ඨම සූත්‍රය
සවෙනි දෙසුම

“මහණෙනි, සුගත විනය නම් වූ බුදුසසුනෙහි හැර දියුණු කර ගැනීමට, බහුලව ප්‍රගුණ කර ගැනීමට නූපන්නා වූ මේ දස ධර්මයෝ අන් කිසි තැනක නූපදිති. ඒ කවර දසයක් ද යත්;

නිවැරදි දෘෂ්ටිය ය, නිවැරදි සංකල්පය ය, නිවැරදි වචන භාවිතය ය, නිවැරදි කායික ක්‍රියා ය, නිවැරදි ජීවිකාව ය, නිවැරදි උත්සාහය ය, නිවැරදි සිහිය ය, නිවැරදි චිත්තේකාග්‍රතාවය ය, නිවැරදි ඥානය ය, නිවැරදි විමුක්තිය ය.

මහණෙනි, සුගත විනය නම් වූ බුදුසසුනෙහි හැර දියුණු කර ගැනීමට, බහුලව ප්‍රගුණ කර ගැනීමට නූපන්නා වූ මේ දස ධර්මයෝ අන් කිසි තැනක නූපදිති.”

සාදු! සාදු!! සාදු!!!

ඡට්ඨම සූත්‍රය නිමා විය.

10.3.3.7.
සත්තම සූත්‍රය
සත්වෙනි දෙසුම

"මහණෙනි, සුගත විනය නම් වූ බුදුසසුනෙහි හැර දියුණු කර ගත් විට, බහුලව ප්‍රගුණ කර ගත් විට මහත්ඵල මහානිසංස ලැබදෙන මේ දස ධර්මයන් අන් කිසි තැනක ඇති නොවේ. ඒ කවර දසයක් ද යත්;

නිවැරදි දෘෂ්ටිය ය, නිවැරදි සංකල්පය ය, නිවැරදි වචන භාවිතය ය, නිවැරදි කායික ක්‍රියා ය, නිවැරදි ජීවිකාව ය, නිවැරදි උත්සාහය ය, නිවැරදි සිහිය ය, නිවැරදි චිත්තේකාග්‍රතාවය ය, නිවැරදි ඥානය ය, නිවැරදි විමුක්තිය ය.

මහණෙනි, සුගත විනය නම් වූ බුදුසසුනෙහි හැර දියුණු කර ගත් විට, බහුලව ප්‍රගුණ කර ගත් විට මහත්ඵල මහානිසංස ලැබදෙන මේ දස ධර්මයන් අන් කිසි තැනක ඇති නොවේ."

සාදු! සාදු!! සාදු!!!

සත්තම සූත්‍රය නිමා විය.

10.3.3.8.
අට්ඨම සූත්‍රය
අටවෙනි දෙසුම

"මහණෙනි, සුගත විනය නම් වූ බුදුසසුනෙහි හැර දියුණු කර ගත් විට, බහුලව ප්‍රගුණ කර ගත් විට, රාගය නැති වන තෙක් හික්මවන, ද්වේෂය නැති වන තෙක් හික්මවන, මෝහය නැති වන තෙක් හික්මවන මේ දස ධර්මයන් අන් කිසි තැනක ඇති නොවේ. ඒ කවර දසයක් ද යත්;

නිවැරදි දෘෂ්ටිය ය, නිවැරදි සංකල්පය ය, නිවැරදි වචන භාවිතය ය, නිවැරදි කායික ක්‍රියා ය, නිවැරදි ජීවිකාව ය, නිවැරදි උත්සාහය ය, නිවැරදි

සිහිය ය, නිවැරදි චිත්තේකාග්‍රතාවය ය, නිවැරදි ඥානය ය, නිවැරදි විමුක්තිය ය.

මහණෙනි, සුගත විනය නම් වූ බුදුසසුනෙහි හැර දියුණු කර ගත් විට, බහුලව ප්‍රගුණ කර ගත් විට, රාගය නැති වන තෙක් හික්මවන, ද්වේෂය නැති වන තෙක් හික්මවන, මෝහය නැති වන තෙක් හික්මවන මේ දස ධර්මයන් අන් කිසි තැනක ඇති නොවේ.”

සාදු! සාදු!! සාදු!!!

අට්ඨම සූත්‍රය නිමා විය.

10.3.3.9.
නවම සූත්‍රය
නවවෙනි දෙසුම

“මහණෙනි, සුගත විනය නම් වූ බුදුසසුනෙහි හැර දියුණු කර ගත් විට, බහුලව ප්‍රගුණ කර ගත් විට, ඒකාන්තයෙන් ම අවබෝධයෙන් එපාවීම පිණිස ත්, නොඇල්ම පිණිස ත්, තෘෂ්ණා නිරෝධය පිණිස ත්, සංසිඳීම පිණිසත්, විශිෂ්ට ඥානය පිණිස ත්, සත්‍යාවබෝධය පිණිස ත්, නිවන පිණිස ත්, පවතින මේ දස ධර්මයන් අන් කිසි තැනක ඇති නොවේ. ඒ කවර දසයක් ද යත්;

නිවැරදි දෘෂ්ටිය ය, නිවැරදි සංකල්පය ය, නිවැරදි වචන භාවිතය ය, නිවැරදි කායික ක්‍රියා ය, නිවැරදි ජීවිකාව ය, නිවැරදි උත්සාහය ය, නිවැරදි සිහිය ය, නිවැරදි චිත්තේකාග්‍රතාවය ය, නිවැරදි ඥානය ය, නිවැරදි විමුක්තිය ය.

මහණෙනි, සුගත විනය නම් වූ බුදුසසුනෙහි හැර දියුණු කර ගත් විට, බහුලව ප්‍රගුණ කර ගත් විට, ඒකාන්තයෙන් ම අවබෝධයෙන් එපාවීම පිණිස ත්, නොඇල්ම පිණිස ත්, තෘෂ්ණා නිරෝධය පිණිස ත්, සංසිඳීම පිණිසත්, විශිෂ්ට ඥානය පිණිස ත්, සත්‍යාවබෝධය පිණිස ත්, නිවන පිණිස ත් පවතින මේ දස ධර්මයන් අන් කිසි තැනක ඇති නොවේ.”

සාදු! සාදු!! සාදු!!!

නවම සූත්‍රය නිමා විය.

10.3.3.10.
දසම සූත්‍රය
දසවෙනි දෙසුම

"මහණෙනි, මේ දස වැදෑරුම් වැරදි දේ ය. ඒ කවර දසයක් ද යත්;

වැරදි දෘෂ්ටිය ය, වැරදි සංකල්පය ය, වැරදි වචන භාවිතය ය, වැරදි කායික ක්‍රියා ය, වැරදි ජීවිකාව ය, වැරදි උත්සාහය ය, වැරදි සිහිය ය, වැරදි චිත්තේකාග්‍රතාවය ය, වැරදි ඥානය ය, වැරදි විමුක්තිය ය.

මහණෙනි, මේ වනාහී දස වැදෑරුම් වැරදි දේ ය"

සාදු! සාදු!! සාදු!!!

දසම සූත්‍රය නිමා විය.

10.3.3.11.
ඒකාදසම සූත්‍රය
එකළොස්වෙනි දෙසුම

"මහණෙනි, මේ දස වැදෑරුම් නිවැරදි දේ ය. ඒ කවර දසයක් ද යත්;

නිවැරදි දෘෂ්ටිය ය, නිවැරදි සංකල්පය ය, නිවැරදි වචන භාවිතය ය, නිවැරදි කායික ක්‍රියා ය, නිවැරදි ජීවිකාව ය, නිවැරදි උත්සාහය ය, නිවැරදි සිහිය ය, නිවැරදි චිත්තේකාග්‍රතාවය ය, නිවැරදි ඥානය ය, නිවැරදි විමුක්තිය ය.

මහණෙනි, මේ වනාහී දස වැදෑරුම් නිවැරදි දේ ය"

සාදු! සාදු!! සාදු!!!

ඒකාදසම සූත්‍රය නිමා විය.

තෙවෙනි පරිසුද්ධ වර්ගය අවසන් විය.

4. සාධු වර්ගය

10.3.4.1.
සාධු සූත්‍රය
යහපත් ධර්මය ගැන වදාළ දෙසුම

"මහණෙනි, ඔබට යහපත් ධර්මය ත්, අයහපත් ධර්මය ත් ගැන දෙසන්නෙමි. එය අසව්. මැනැවින් මෙනෙහි කරව්. පවසන්නෙමි." "එසේය ස්වාමීනී"යි ඒ භික්ෂූහු භාග්‍යවතුන් වහන්සේට පිළිවදන් දුන්හ. භාග්‍යවතුන් වහන්සේ මෙය වදාළ සේක.

"මහණෙනි, අයහපත් ධර්මය යනු කුමක්ද?

වැරදි දෘෂ්ටිය ය, වැරදි සංකල්පය ය, වැරදි වචන භාවිතය ය, වැරදි කායික ක්‍රියා ය, වැරදි ජීවිකාව ය, වැරදි උත්සාහය ය, වැරදි සිහිය ය, වැරදි චිත්තේකාග්‍රතාවය ය, වැරදි ඥානය ය, වැරදි විමුක්තිය ය. මහණෙනි, මෙය අයහපත් ධර්මය යැයි කියනු ලැබේ.

මහණෙනි, යහපත් ධර්මය යනු කුමක්ද?

නිවැරදි දෘෂ්ටිය ය, නිවැරදි සංකල්පය ය, නිවැරදි වචනය භාවිතය ය, නිවැරදි කායික ක්‍රියා ය, නිවැරදි ජීවිකාව ය, නිවැරදි උත්සාහය ය, නිවැරදි සිහිය ය, නිවැරදි චිත්තේකාග්‍රතාවය ය, නිවැරදි ඥානය ය, නිවැරදි විමුක්තිය ය. මහණෙනි, මෙය යහපත් ධර්මය යැයි කියනු ලැබේ. "

සාදු! සාදු!! සාදු!!!

සාධු සූත්‍රය නිමා විය.

10.3.4.2.
අරියධම්ම සූත්‍රය
ආර්‍ය ධර්මය ගැන වදාළ දෙසුම

"මහණෙනි, ඔබට ආර්‍ය ධර්මය ත්, අනාර්‍ය ධර්මය ත් ගැන දෙසන්නෙමි. එය අසව්. මැනැවින් මෙනෙහි කරව්. ....(පෙ).... මහණෙනි, අනාර්‍ය ධර්මය යනු කුමක්ද? වැරදි දෘෂ්ටිය ය, ...(පෙ).... වැරදි විමුක්තිය ය. මහණෙනි, මෙය අනාර්‍ය ධර්මය යැයි කියනු ලැබේ.

මහණෙනි, ආර්‍ය ධර්මය යනු කුමක්ද? නිවැරදි දෘෂ්ටිය ය, ...(පෙ).... නිවැරදි විමුක්තිය ය. මහණෙනි, මෙය ආර්‍ය ධර්මය යැයි කියනු ලැබේ. "

සාදු! සාදු!! සාදු!!!

අරියධම්ම සූත්‍රය නිමා විය.

10.3.4.3.
කුසල සූත්‍රය
කුසලය ගැන වදාළ දෙසුම

"මහණෙනි, ඔබට කුසලය ත්, අකුසලය ත් ගැන දෙසන්නෙමි. එය අසව්. මැනැවින් මෙනෙහි කරව්. ....(පෙ).... මහණෙනි, අකුසලය යනු කුමක්ද? වැරදි දෘෂ්ටිය ය, ...(පෙ).... වැරදි විමුක්තිය ය. මහණෙනි, මෙය අකුසලය යැයි කියනු ලැබේ.

මහණෙනි, කුසලය යනු කුමක්ද? නිවැරදි දෘෂ්ටිය ය, ...(පෙ).... නිවැරදි විමුක්තිය ය. මහණෙනි, මෙය කුසලය යැයි කියනු ලැබේ. "

සාදු! සාදු!! සාදු!!!

කුසල සූත්‍රය නිමා විය.

10.3.4.4.
අත්ථ සූත්‍රය
යහපත ගැන වදාළ දෙසුම

"මහණෙනි, ඔබට යහපත ත්, අයහපත ත් ගැන දෙසන්නෙමි. එය අසව්. මැනැවින් මෙනෙහි කරව්. ....(පෙ).... මහණෙනි, අයහපත යනු කුමක්ද? වැරදි දෘෂ්ටිය ය, ...(පෙ).... වැරදි විමුක්තිය ය. මහණෙනි, මෙය අයහපත යැයි කියනු ලැබේ.

මහණෙනි, යහපත යනු කුමක්ද? නිවැරදි දෘෂ්ටිය ය, ...(පෙ).... නිවැරදි විමුක්තිය ය. මහණෙනි, මෙය යහපත යැයි කියනු ලැබේ. "

සාදු! සාදු!! සාදු!!!

අත්ථ සූත්‍රය නිමා විය.

10.3.4.5.
ධම්ම සූත්‍රය
ධර්මය ගැන වදාළ දෙසුම

"මහණෙනි, ඔබට ධර්මය ත්, අධර්මය ත් ගැන දෙසන්නෙමි. එය අසව්. මැනැවින් මෙනෙහි කරව්. ....(පෙ).... මහණෙනි, අධර්මය යනු කුමක්ද? වැරදි දෘෂ්ටිය ය, ...(පෙ).... වැරදි විමුක්තිය ය. මහණෙනි, මෙය අධර්මය යැයි කියනු ලැබේ.

මහණෙනි, ධර්මය යනු කුමක්ද? නිවැරදි දෘෂ්ටිය ය, ...(පෙ).... නිවැරදි විමුක්තිය ය. මහණෙනි, මෙය ධර්මය යැයි කියනු ලැබේ. "

සාදු! සාදු!! සාදු!!!

ධම්ම සූත්‍රය නිමා විය.

10.3.4.6.

සාසව සූත්‍රය

ආශ්‍රව සහිත බව ගැන වදාළ දෙසුම

"මහණෙනි, ඔබට ආශ්‍රව සහිත වූ ධර්මය ත්, අනාශ්‍රව ධර්මය ත් ගැන දෙසන්නෙමි. එය අසව්. මැනැවින් මෙනෙහි කරව්. ....(පෙ).... මහණෙනි, ආශ්‍රව සහිත ධර්මය යනු කුමක්ද? වැරදි දෘෂ්ටිය ය, ...(පෙ).... වැරදි විමුක්තිය ය. මහණෙනි, මෙය ආශ්‍රව සහිත ධර්මය යැයි කියනු ලැබේ.

මහණෙනි, අනාශ්‍රව ධර්මය යනු කුමක්ද? නිවැරදි දෘෂ්ටිය ය, ...(පෙ).... නිවැරදි විමුක්තිය ය. මහණෙනි, මෙය අනාශ්‍රව ධර්මය යැයි කියනු ලැබේ. "

සාදු! සාදු!! සාදු!!!

සාසව සූත්‍රය නිමා විය.

10.3.4.7.

සාවජ්ජ සූත්‍රය

සාවද්‍ය ධර්මය ගැන වදාළ දෙසුම

"මහණෙනි, ඔබට සාවද්‍ය ධර්මය ත්, අනවද්‍ය ධර්මය ත් ගැන දෙසන්නෙමි. එය අසව්. මැනැවින් මෙනෙහි කරව්. ....(පෙ).... මහණෙනි, සාවද්‍ය ධර්මය යනු කුමක්ද? වැරදි දෘෂ්ටිය ය, ...(පෙ).... වැරදි විමුක්තිය ය. මහණෙනි, මෙය සාවද්‍ය ධර්මය යැයි කියනු ලැබේ.

මහණෙනි, අනවද්‍ය ධර්මය යනු කුමක්ද? නිවැරදි දෘෂ්ටිය ය, ...(පෙ).... නිවැරදි විමුක්තිය ය. මහණෙනි, මෙය අනවද්‍ය ධර්මය යැයි කියනු ලැබේ. "

සාදු! සාදු!! සාදු!!!

සාවජ්ජ සූත්‍රය නිමා විය.

10.3.4.8.
තපනීය සූත්‍රය
පසුතැවිලි උපදවන ධර්මය ගැන වදාළ දෙසුම

"මහණෙනි, ඔබට පසුතැවිලි උපදවන ධර්මය ත්, පසුතැවිලි නූපදවන ධර්මය ත් ගැන දෙසන්නෙමි. එය අසව්. මැනැවින් මෙනෙහි කරව්. ....(පෙ).... මහණෙනි, පසුතැවිලි උපදවන ධර්මය යනු කුමක්ද? වැරදි දෘෂ්ටිය ය, ...(පෙ).... වැරදි විමුක්තිය ය. මහණෙනි, මෙය පසුතැවිලි උපදවන ධර්මය යැයි කියනු ලැබේ.

මහණෙනි, පසුතැවිලි නූපදවන ධර්මය යනු කුමක්ද? නිවැරදි දෘෂ්ටිය ය, ...(පෙ).... නිවැරදි විමුක්තිය ය. මහණෙනි, මෙය පසුතැවිලි නූපදවන ධර්මය යැයි කියනු ලැබේ. "

සාදු! සාදු!! සාදු!!!

තපනීය සූත්‍රය නිමා විය.

10.3.4.9.
ආචයගාමී සූත්‍රය
දුක් රැස් කරවන ධර්මය ගැන වදාළ දෙසුම

"මහණෙනි, ඔබට දුක් රැස් කරවන ධර්මය ත්, දුක් ගෙවීයන ධර්මය ත් ගැන දෙසන්නෙමි. එය අසව්. මැනැවින් මෙනෙහි කරව්. ....(පෙ).... මහණෙනි, දුක් රැස් කරවන ධර්මය යනු කුමක්ද? වැරදි දෘෂ්ටිය ය, ...(පෙ).... වැරදි විමුක්තිය ය. මහණෙනි, මෙය දුක් රැස් කරවන ධර්මය යැයි කියනු ලැබේ.

මහණෙනි, දුක් ගෙවී යන ධර්මය යනු කුමක්ද? නිවැරදි දෘෂ්ටිය ය, ...(පෙ).... නිවැරදි විමුක්තිය ය. මහණෙනි, මෙය දුක් ගෙවී යන ධර්මය යැයි කියනු ලැබේ. "

සාදු! සාදු!! සාදු!!!

ආචයගාමී සූත්‍රය නිමා විය.

10.3.4.10.
දුක්ඛුද්‍රය සූත්‍රය
දුක් උදාකරන ධර්මය ගැන වදාළ දෙසුම

"මහණෙනි, ඔබට දුක් උදාකරන ධර්මය ත්, සැප උදාකරන ධර්මය ත් ගැන දෙසන්නෙමි. එය අසව්. මැනැවින් මෙනෙහි කරව්. ....(පෙ).... මහණෙනි, දුක් උදාකරන ධර්මය යනු කුමක්ද? වැරදි දෘෂ්ටිය ය, ...(පෙ).... වැරදි විමුක්තිය ය. මහණෙනි, මෙය දුක් උදාකරන ධර්මය යැයි කියනු ලැබේ.

මහණෙනි, සැප උදාකරන ධර්මය යනු කුමක්ද? නිවැරදි දෘෂ්ටිය ය, ...(පෙ).... නිවැරදි විමුක්තිය ය. මහණෙනි, මෙය සැප උදාකරන ධර්මය යැයි කියනු ලැබේ. "

සාදු! සාදු!! සාදු!!!

දුක්ඛුද්‍රය සූත්‍රය නිමා විය.

10.3.4.11.
දුක්ඛවිපාක සූත්‍රය
දුක් විපාක දෙන ධර්මය ගැන වදාළ දෙසුම

"මහණෙනි, ඔබට දුක් විපාක දෙන ධර්මය ත්, සැප විපාක දෙන ධර්මය ත් ගැන දෙසන්නෙමි. එය අසව්. මැනැවින් මෙනෙහි කරව්. ....(පෙ).... මහණෙනි, දුක් විපාක දෙන ධර්මය යනු කුමක්ද? වැරදි දෘෂ්ටිය ය, ...(පෙ).... වැරදි විමුක්තිය ය. මහණෙනි, මෙය දුක් විපාක දෙන ධර්මය යැයි කියනු ලැබේ.

මහණෙනි, සැප විපාක දෙන ධර්මය යනු කුමක්ද? නිවැරදි දෘෂ්ටිය ය, ...(පෙ).... නිවැරදි විමුක්තිය ය. මහණෙනි, මෙය සැප විපාක දෙන ධර්මය යැයි කියනු ලැබේ. "

සාදු! සාදු!! සාදු!!!

දුක්ඛවිපාක සූත්‍රය නිමා විය.

සිව්වෙනි සාධු වර්ගය අවසන් විය.

5. අරිය වර්ගය

10.3.5.1.
අරියමග්ග සූත්‍රය
ආර්‍ය මාර්ගය ගැන වදාළ දෙසුම

"මහණෙනි, ඔබට ආර්‍ය මාර්ගය ත්, අනාර්‍ය මාර්ගය ත් ගැන දෙසන්නෙමි. එය අසව්. මැනැවින් මෙනෙහි කරව්. ....(පෙ).... මහණෙනි, අනාර්‍ය මාර්ගය යනු කුමක්ද? වැරදි දෘෂ්ටිය ය, ...(පෙ).... වැරදි විමුක්තිය ය. මහණෙනි, මෙය අනාර්‍ය මාර්ගය යැයි කියනු ලැබේ.

මහණෙනි, ආර්‍ය මාර්ගය යනු කුමක්ද? නිවැරදි දෘෂ්ටිය ය, ...(පෙ).... නිවැරදි විමුක්තිය ය. මහණෙනි, මෙය ආර්‍ය මාර්ගය යැයි කියනු ලැබේ. "

සාදු! සාදු!! සාදු!!!

අරියමග්ග සූත්‍රය නිමා විය.

10.3.5.2.
සුක්කමග්ග සූත්‍රය
කුසල මාර්ගය ගැන වදාළ දෙසුම

"මහණෙනි, ඔබට කුසල මාර්ගය ත්, අකුසල මාර්ගය ත් ගැන දෙසන්නෙමි. එය අසව්. මැනැවින් මෙනෙහි කරව්. ....(පෙ).... මහණෙනි, අකුසල මාර්ගය යනු කුමක්ද? වැරදි දෘෂ්ටිය ය, ...(පෙ).... වැරදි විමුක්තිය ය.

මහණෙනි, මෙය අකුසල මාර්ගය යැයි කියනු ලැබේ.

මහණෙනි, කුසල මාර්ගය යනු කුමක්ද? නිවැරදි දෘෂ්ටිය ය, ...(පෙ).... නිවැරදි විමුක්තිය ය. මහණෙනි, මෙය කුසල මාර්ගය යැයි කියනු ලැබේ. ”

සාදු! සාදු!! සාදු!!!

සුක්කමග්ග සූත්‍රය නිමා විය.

10.3.5.3.
සද්ධම්ම සූත්‍රය
සද්ධර්මය ගැන වදාළ දෙසුම

“මහණෙනි, ඔබට සද්ධර්මය ත්, අසද්ධර්මය ත් ගැන දෙසන්නෙමි. එය අසව්. මැනැවින් මෙනෙහි කරව්. ....(පෙ).... මහණෙනි, අසද්ධර්මය යනු කුමක්ද? වැරදි දෘෂ්ටිය ය, ...(පෙ).... වැරදි විමුක්තිය ය. මහණෙනි, මෙය අසද්ධර්මය යැයි කියනු ලැබේ.

මහණෙනි, සද්ධර්මය යනු කුමක්ද? නිවැරදි දෘෂ්ටිය ය, ...(පෙ).... නිවැරදි විමුක්තිය ය. මහණෙනි, මෙය සද්ධර්මය යැයි කියනු ලැබේ. ”

සාදු! සාදු!! සාදු!!!

සද්ධම්ම සූත්‍රය නිමා විය.

10.3.5.4.
සප්පුරිසධම්ම සූත්‍රය
සත්පුරුෂ ධර්මය ගැන වදාළ දෙසුම

“මහණෙනි, ඔබට සත්පුරුෂ ධර්මය ත්, අසත්පුරුෂ ධර්මය ත් ගැන දෙසන්නෙමි. එය අසව්. මැනැවින් මෙනෙහි කරව්. ....(පෙ).... මහණෙනි, අසත්පුරුෂ ධර්මය යනු කුමක්ද? වැරදි දෘෂ්ටිය ය, ...(පෙ).... වැරදි විමුක්තිය ය. මහණෙනි, මෙය අසත්පුරුෂ ධර්මය යැයි කියනු ලැබේ.

මහණෙනි, සත්පුරුෂ ධර්මය යනු කුමක්ද? නිවැරදි දෘෂ්ටිය ය, ...(පෙ).... නිවැරදි විමුක්තිය ය. මහණෙනි, මෙය සත්පුරුෂ ධර්මය යැයි කියනු ලැබේ. "

සාදු! සාදු!! සාදු!!!

සප්පුරිස ධම්ම සූත්‍රය නිමා විය.

10.3.5.5.
උප්පාදේතබ්බ සූත්‍රය
ඉපිදවිය යුතු ධර්මය ගැන වදාළ දෙසුම

"මහණෙනි, ඔබට ඉපිද විය යුතු ධර්මය ත්, නොඉපදවිය යුතු ධර්මය ත් ගැන දෙසන්නෙමි. එය අසව්. මැනැවින් මෙනෙහි කරව්. ....(පෙ).... මහණෙනි, නොඉපදවිය යුතු ධර්මය යනු කුමක්ද? වැරදි දෘෂ්ටිය ය, ...(පෙ).... වැරදි විමුක්තිය ය. මහණෙනි, මෙය නොඉපදවිය යුතු ධර්මය යැයි කියනු ලැබේ.

මහණෙනි, ඉපිදවිය යුතු ධර්මය යනු කුමක්ද? නිවැරදි දෘෂ්ටිය ය, ...(පෙ).... නිවැරදි විමුක්තිය ය. මහණෙනි, මෙය ඉපිදවිය යුතු ධර්මය යැයි කියනු ලැබේ. "

සාදු! සාදු!! සාදු!!!

උප්පාදේතබ්බ සූත්‍රය නිමා විය.

10.3.5.6.
ආසේවිතබ්බ සූත්‍රය
සේවනය කළ යුතු ධර්මය ගැන වදාළ දෙසුම

"මහණෙනි, ඔබට සේවනය කළ යුතු ධර්මය ත්, සේවනය නොකළ යුතු ධර්මය ත් ගැන දෙසන්නෙමි. එය අසව්. මැනැවින් මෙනෙහි කරව්. ....(පෙ).... මහණෙනි, සේවනය නොකළ යුතු ධර්මය යනු කුමක්ද? වැරදි දෘෂ්ටිය ය,

....(පෙ).... වැරදි විමුක්තිය ය. මහණෙනි, මෙය සේවනය නොකළ යුතු ධර්මය යැයි කියනු ලැබේ.

මහණෙනි, සේවනය කළ යුතු ධර්මය යනු කුමක්ද? නිවැරදි දෘෂ්ටිය ය, ...(පෙ).... නිවැරදි විමුක්තිය ය. මහණෙනි, මෙය සේවනය කළ යුතු ධර්මය යැයි කියනු ලැබේ. ”

සාදු! සාදු!! සාදු!!!

ආසේවිතබ්බ සූත්‍රය නිමා විය.

10.3.5.7.
භාවේතබ්බ සූත්‍රය
දියුණු කළ යුතු ධර්මය ගැන වදාළ දෙසුම

”මහණෙනි, ඔබට දියුණු කළ යුතු ධර්මය ත්, දියුණු නොකළ යුතු ධර්මය ත් ගැන දෙසන්නෙමි. එය අසව්. මැනැවින් මෙනෙහි කරව්. ....(පෙ).... මහණෙනි, දියුණු නොකළ යුතු ධර්මය යනු කුමක්ද? වැරදි දෘෂ්ටිය ය, ...(පෙ).... වැරදි විමුක්තිය ය. මහණෙනි, මෙය දියුණු නොකළ යුතු ධර්මය යැයි කියනු ලැබේ.

මහණෙනි, දියුණු කළ යුතු ධර්මය යනු කුමක්ද? නිවැරදි දෘෂ්ටිය ය, ...(පෙ).... නිවැරදි විමුක්තිය ය. මහණෙනි, මෙය දියුණු කළ යුතු ධර්මය යැයි කියනු ලැබේ. ”

සාදු! සාදු!! සාදු!!!

භාවේතබ්බ සූත්‍රය නිමා විය.

10.3.5.8.
බහුලීකත්තබ්බ සූත්‍රය
බහුලව ප්‍රගුණ කළ යුතු ධර්මය ගැන වදාළ දෙසුම

"මහණෙනි, ඔබට බහුල ව ප්‍රගුණ කළ යුතු ධර්මය ත්, බහුල ව ප්‍රගුණ නොකළ යුතු ධර්මය ත් ගැන දෙසන්නෙමි. එය අසව්. මැනැවින් මෙනෙහි කරව්. ....(පෙ).... මහණෙනි, ප්‍රගුණ නොකළ යුතු ධර්මය යනු කුමක්ද? වැරදි දෘෂ්ටිය ය, ...(පෙ).... වැරදි විමුක්තිය ය. මහණෙනි, මෙය බහුල ව ප්‍රගුණ නොකළ යුතු ධර්මය යැයි කියනු ලැබේ.

මහණෙනි, බහුල ව ප්‍රගුණ කළ යුතු ධර්මය යනු කුමක්ද? නිවැරදි දෘෂ්ටිය ය, ...(පෙ).... නිවැරදි විමුක්තිය ය. මහණෙනි, මෙය බහුල ව ප්‍රගුණ කළ යුතු ධර්මය යැයි කියනු ලැබේ. "

සාදු! සාදු!! සාදු!!!

බහුලීකත්තබ්බ සූත්‍රය නිමා විය.

10.3.5.9.
අනුස්සරිතබ්බ සූත්‍රය
සිහි කළ යුතු ධර්මය ගැන වදාළ දෙසුම

"මහණෙනි, ඔබට සිහි කළ යුතු ධර්මය ත්, සිහි නොකළ යුතු ධර්මය ත් ගැන දෙසන්නෙමි. එය අසව්. මැනැවින් මෙනෙහි කරව්. ....(පෙ).... මහණෙනි, සිහි නොකළ යුතු ධර්මය යනු කුමක්ද? වැරදි දෘෂ්ටිය ය, ...(පෙ).... වැරදි විමුක්තිය ය. මහණෙනි, මෙය සිහි නොකළ යුතු ධර්මය යැයි කියනු ලැබේ.

මහණෙනි, සිහි කළ යුතු ධර්මය යනු කුමක්ද? නිවැරදි දෘෂ්ටිය ය, ...(පෙ).... නිවැරදි විමුක්තිය ය. මහණෙනි, මෙය සිහි කළ යුතු ධර්මය යැයි කියනු ලැබේ. "

සාදු! සාදු!! සාදු!!!

අනුස්සරිතබ්බ සූත්‍රය නිමා විය.

10.3.5.10.
සච්ඡිකාතබ්බ සූත්‍රය
අත්දැකිය යුතු ධර්මය ගැන වදාළ දෙසුම

"මහණෙනි, ඔබට අත්දැකිය යුතු ධර්මය ත්, නොඅත්දැකිය යුතු ධර්මය ත් ගැන දෙසන්නෙමි. එය අසව්. මැනැවින් මෙනෙහි කරව්. ....(පෙ).... මහණෙනි, නොඅත්දැකිය යුතු ධර්මය යනු කුමක්ද? වැරදි දෘෂ්ටිය ය, ...(පෙ).... වැරදි විමුක්තිය ය. මහණෙනි, මෙය නොඅත්දැකිය යුතු ධර්මය යැයි කියනු ලැබේ.

මහණෙනි, අත්දැකිය යුතු ධර්මය යනු කුමක්ද? නිවැරදි දෘෂ්ටිය ය, ...(පෙ).... නිවැරදි විමුක්තිය ය. මහණෙනි, මෙය අත්දැකිය යුතු ධර්මය යැයි කියනු ලැබේ. "

සාදු! සාදු!! සාදු!!!

සච්ඡිකාතබ්බ සූත්‍රය නිමා විය.

පස්වෙනි අරිය වර්ගය අවසන් විය.
තෙවෙනි පණ්ණාසකය නිමා විය.

සිව්වෙනි පණ්ණාසකය

1. පුග්ගල වර්ගය

10.4.1.1.
සේවිතබ්බ සූත්‍රය
ඇසුරු කළ යුතු පුද්ගලයා ගැන වදාළ දෙසුම

"මහණෙනි, කරුණු දහයකින් සමන්විත පුද්ගලයා ඇසුරු නොකළ යුත්තේ ය. ඒ කවර කරුණු දහයකින් ද යත්; වැරදි දෘෂ්ටියෙන් යුක්ත වූයේ වෙයි. වැරදි සංකල්පනාවෙන් යුක්ත වූයේ වෙයි. වැරදි වචන භාවිතයෙන් යුක්ත වූයේ වෙයි. වැරදි කායික ක්‍රියාවෙන් යුක්ත වූයේ වෙයි. වැරදි ජීවිකාවෙන් යුක්ත වූයේ වෙයි. වැරදි උත්සාහයෙන් යුක්ත වූයේ වෙයි. වැරදි සිහියෙන් යුක්ත වූයේ වෙයි. වැරදි චිත්තේකාග්‍රතාවයෙන් යුක්ත වූයේ වෙයි. වැරදි ඥානයෙන් යුක්ත වූයේ වෙයි. වැරදි විමුක්තියෙන් යුක්ත වූයේ වෙයි. මහණෙනි, මෙම කරුණු දහයෙන් සමන්විත පුද්ගලයා ඇසුරු නොකළ යුත්තේ ය.

මහණෙනි, කරුණු දහයකින් සමන්විත පුද්ගලයා ඇසුරු කළ යුත්තේ ය. ඒ කවර කරුණු දහයකින් ද යත්; නිවැරදි දෘෂ්ටියෙන් යුක්ත වූයේ වෙයි. නිවැරදි සංකල්පනාවෙන් යුක්ත වූයේ වෙයි. නිවැරදි වචන භාවිතයෙන් යුක්ත වූයේ වෙයි. නිවැරදි කායික ක්‍රියාවෙන් යුක්ත වූයේ වෙයි. නිවැරදි ජීවිකාවෙන් යුක්ත වූයේ වෙයි. නිවැරදි උත්සාහයෙන් යුක්ත වූයේ වෙයි. නිවැරදි සිහියෙන් යුක්ත වූයේ වෙයි. නිවැරදි චිත්තේකාග්‍රතාවයෙන් යුක්ත වූයේ වෙයි. නිවැරදි ඥානයෙන් යුක්ත වූයේ වෙයි. නිවැරදි විමුක්තියෙන් යුක්ත වූයේ වෙයි. මහණෙනි, මෙම කරුණු දහයෙන් සමන්විත පුද්ගලයා ඇසුරු කළ යුත්තේ ය.

සාදු! සාදු!! සාදු!!!

සේවිතබ්බ සූත්‍රය නිමා විය.

10.4.1.2.-12
හජිතබ්බාදී සූත්‍රයෝ
ඇසුරු කළ යුතු පුද්ගලයා ආදිය ගැන වදාළ දෙසුම්

2. මහණෙනි, මෙම කරුණු දහයකින් සමන්විත පුද්ගලයා ඇසුරු නොකළ යුත්තේ ය. ....(පෙ).... පුද්ගලයා ඇසුරු කළ යුත්තේ ය.

3. ඇසුරු කිරීම නොකළ යුත්තේ ය. ....(පෙ).... පුද්ගලයා ඇසුරු කිරීම කළ යුත්තේ ය.

4. නොපිදිය යුත්තේ ය. ....(පෙ).... පුද්ගලයා පිදිය යුත්තේ ය.

5. නොපැසසිය යුත්තේ ය. ....(පෙ).... පුද්ගලයා පැසසිය යුත්තේ ය.

6. ගෞරව නැත්තේ වෙයි ....(පෙ).... පුද්ගලයා ගෞරව ඇත්තේ වෙයි.

7. යටහත් පැවැතුම් නැත්තේ වෙයි ....(පෙ).... පුද්ගලයා යටහත් පැවැතුම් ඇත්තේ වෙයි.

8. වැරදි ලෙස ගන්නේ වෙයි ....(පෙ).... පුද්ගලයා හරි ලෙස ගන්නේ වෙයි.

9. පිරිසිදු නොවෙයි ....(පෙ).... පුද්ගලයා පිරිසිදු වෙයි.

10. මාන්නයට යට වෙන්නේ වෙයි ....(පෙ).... පුද්ගලයා මාන්නයට යට නොවෙයි.

11. ප්‍රඥාවෙන් නොවැඩෙයි ....(පෙ).... පුද්ගලයා ප්‍රඥාවෙන් වැඩෙයි.

12. බොහෝ පව් උපදවයි ....(පෙ).... පුද්ගලයා බොහෝ පින් උපදවයි. ඒ කවර කරුණු දහයකින් ද යත්; නිවැරදි දෘෂ්ටියෙන් යුක්ත වූයේ වෙයි. නිවැරදි සංකල්පනාවෙන් යුක්ත වූයේ වෙයි. නිවැරදි වචන භාවිතයෙන් යුක්ත වූයේ වෙයි. නිවැරදි කායික ක්‍රියාවෙන් යුක්ත වූයේ වෙයි. නිවැරදි ජීවිකාවෙන් යුක්ත වූයේ වෙයි. නිවැරදි උත්සාහයෙන් යුක්ත වූයේ වෙයි. නිවැරදි සිහියෙන් යුක්ත වූයේ වෙයි. නිවැරදි චිත්තේකාග්‍රතාවයෙන් යුක්ත වූයේ වෙයි. නිවැරදි ඥානයෙන් යුක්ත වූයේ වෙයි. නිවැරදි විමුක්තියෙන් යුක්ත වූයේ වෙයි. මහණෙනි, මෙම කරුණු දහයෙන් සමන්විත පුද්ගලයා බොහෝ පින් උපදවයි.

සාදු! සාදු!! සාදු!!!

පළමුවෙනි පුග්ගල වර්ගය අවසන් විය.

2. ජාණුස්සෝණි වර්ගය

10.4.2.1.
බ්‍රාහ්මණ පච්චෝරෝහණී සූත්‍රය
පව් සෝදන බ්‍රාහ්මණයා ගැන වදාළ දෙසුම

එසමයෙහි ජාණුස්සෝණි බ්‍රාහ්මණ තෙමේ ඒ පොහෝ දිනයෙහි හිස පමණක් ස්නානය කොට අළුත් පට වස්ත්‍ර යුගලක් හැඳ අමු කුස තණ මිටක් අතට ගෙන භාග්‍යවතුන් වහන්සේට නුදුරින් එකත්පස් ව සිටියේ වෙයි. භාග්‍යවතුන් වහන්සේ ඒ පොහෝ දිනයෙහි හිස පමණක් ස්නානය කොට අළුත් පට වස්ත්‍ර යුගලක් හැඳ අමු කුස තණ මිටක් අතට ගෙන නුදුරින් එකත්පස් ව සිටි ජාණුස්සෝණි බ්‍රාහ්මණයා දුටු සේක. දැක ජාණුස්සෝණි බ්‍රාහ්මණයාට මෙය වදාළ සේක.

"කිම? බ්‍රාහ්මණය, ඔබ ඒ පොහෝ දිනයෙහි හිස පමණක් ස්නානය කොට අළුත් පට වස්ත්‍ර යුගලක් හැඳ අමු කුස තණ මිටක් අතට ගෙන එකත්පස් ව සිටින්නෙහි? බ්‍රාහ්මණය, අද බ්‍රාහ්මණ කුලයට කිසිවක් ඇද්ද?"

"භවත් ගෞතමයෙනි, අද බ්‍රාහ්මණ කුලයට පව් සේදීමේ දිනය නොවැ."

"බ්‍රාහ්මණය, බ්‍රාහ්මණයන්ගේ පව් සේදීම සිදුවන්නේ කොයි අයුරින් ද?"

"භවත් ගෞතමයෙනි, මෙහිලා බ්‍රාහ්මණවරු ඒ පොහෝ දිනයෙහි හිස පමණක් ස්නානය කොට අළුත් පට වස්ත්‍ර යුගලක් හැඳ පොළොවෙහි අමු ගොම ගා අළුත් හීතණ ඒ මත අතුරා වැලි රැසට හා ගිනිහල් ගෙට අතර සැතපීම කරත්. ඔවුහු ඒ රාත්‍රියෙහි තුන් වරක් නැගිට දෑත් බැඳ 'භවත් ගින්නට අපි පව් සෝදා හරිම්හ. භවත් ගින්නට අපි පව් සෝදා හරිම්හ' ගින්නට නමදිත්. බොහෝ වූ ගිතෙලින් ද, වෙඬරුවෙන් ද, ඒ ගින්න පිනවත්. ඒ රාත්‍රිය ඇවෑමෙන් ප්‍රණීත වූ ඛාද්‍ය භෝජ්‍ය ගෙන එයින් බ්‍රාහ්මණයන් ව පිනවත්. භවත් ගෞතමයෙනි,

බ්‍රාහ්මණයන්ගේ පච් සේදීම වන්නේ ඔය අයුරිනි.”

“බ්‍රාහ්මණය, බ්‍රාහ්මණයන්ගේ පච් සේදීම අන් අයුරු නොවැ. ආර්ය විනයෙහි පච් සේදීම වෙනත් අයුරකින් නොවැ.”

“භවත් ගෞතමයෙනි, ආර්ය විනයෙහි පච් සේදීම වන්නේ කවර අයුරින් ද? භවත් ගෞතමයාණෝ යම් සේ ආර්ය විනයෙහි පච් සේදීම වෙයි ද, ඒ අයුරින් දැනගැනීමට මට දහම් දෙසන සේක්වා!”

“එසේ වී නම් බ්‍රාහ්මණය, අසව. නුවණින් මෙනෙහි කරව. පවසන්නෙමි.”

“එසේ ය, භවත්නි” යි ජාණුස්සෝණි බ්‍රාහ්මණයා භාග්‍යවතුන් වහන්සේට පිළිතුරු දුන්නේ ය. භාග්‍යවතුන් වහන්සේ මෙය වදාළහ.

“බ්‍රාහ්මණය, මෙහිලා ආර්ය ශ්‍රාවකයා මෙසේ නුවණින් විමසයි. ප්‍රාණඝාතය හේතුවෙන් මෙලොවදී ත්, පරලොවදී ත් පවිටු විපාක ලැබෙයි යනුවෙන් මෙසේ හේ නුවණින් විමසා ප්‍රාණඝාතය අත්හරී. එවිට ප්‍රාණඝාතය නම් වූ පව සෝදා හළේ වෙයි.

සොරකම හේතුවෙන් මෙලොවදී ත්, පරලොවදී ත් පවිටු විපාක ලැබෙයි යනුවෙන් මෙසේ හේ නුවණින් විමසා සොරකම අත්හරී. එවිට සොරකම නම් වූ පව සෝදා හළේ වෙයි.

වැරදි කාම සේවනය හේතුවෙන් මෙලොවදී ත්, පරලොවදී ත් පවිටු විපාක ලැබෙයි යනුවෙන් මෙසේ හේ නුවණින් විමසා වැරදි කාම සේවනය අත්හරී. එවිට වැරදි කාම සේවනය නම් වූ පව සෝදා හළේ වෙයි.

බොරු කීම හේතුවෙන් මෙලොවදී ත්, පරලොවදී ත් පවිටු විපාක ලැබෙයි යනුවෙන් මෙසේ හේ නුවණින් විමසා බොරු කීම අත්හරී. එවිට බොරු කීම නම් වූ පව සෝදා හළේ වෙයි.

කේළාම් කීම හේතුවෙන් මෙලොවදී ත්, පරලොවදී ත් පවිටු විපාක ලැබෙයි යනුවෙන් මෙසේ හේ නුවණින් විමසා කේළාම් කීම අත්හරී. එවිට කේළාම් කීම නම් වූ පව සෝදා හළේ වෙයි.

දරුණු වචන කීම හේතුවෙන් මෙලොවදී ත්, පරලොවදී ත් පවිටු විපාක ලැබෙයි යනුවෙන් මෙසේ හේ නුවණින් විමසා දරුණු වචන භාවිතය අත්හරී. එවිට දරුණු වචන භාවිතය නම් වූ පව සෝදා හළේ වෙයි.

නිසරු දේ පැවසීම හේතුවෙන් මෙලොවදී ත්, පරලොවදී ත් පවිටු විපාක

ලැබෙයි යනුවෙන් මෙසේ හේ නුවණින් විමසා නිසරු දේ පැවසීම අත්හරී. එවිට නිසරු දේ පැවසීම නම් වූ පව සෝදා හළේ වෙයි.

අනුන් සතු දේට ආසා කිරීම හේතුවෙන් මෙලොවදී ත්, පරලොවදී ත් පව්ටු විපාක ලැබෙයි යනුවෙන් මෙසේ හේ නුවණින් විමසා අනුන් සතු දේට ආසා කිරීම අත්හරී. එවිට අනුන් සතු දේට ආසා කිරීම නම් වූ පව සෝදා හළේ වෙයි.

ද්වේෂය හේතුවෙන් මෙලොවදී ත්, පරලොවදී ත් පව්ටු විපාක ලැබෙයි යනුවෙන් මෙසේ හේ නුවණින් විමසා ද්වේෂය අත්හරී. එවිට ද්වේෂය නම් වූ පව සෝදා හළේ වෙයි.

වැරදි දෘෂ්ටිය හේතුවෙන් මෙලොවදී ත්, පරලොවදී ත් පව්ටු විපාක ලැබෙයි යනුවෙන් මෙසේ හේ නුවණින් විමසා වැරදි දෘෂ්ටිය අත්හරී. එවිට වැරදි දෘෂ්ටිය නම් වූ පව සෝදා හළේ වෙයි.

බ්‍රාහ්මණය, ආර්ය විනයෙහි පව් සේදීම වන්නේ ඔය අයුරිනි."

"භවත් ගෞතමයෙනි, බ්‍රාහ්මණයන්ගේ පව් සේදීම අන් අයුරකිනි. ආර්ය විනයෙහි පව් සේදීම වෙනත් අයුරකිනි. භවත් ගෞතමයනි, මින් බ්‍රාහ්මණයන්ගේ පව් සේදීම මේ ආර්ය විනයෙහි පව් සේදීම සමඟ සලකා බලද්දී සොළොස් කලාවෙන් එක් කලාවක් වත් නොවටියි.

භවත් ගෞතමයෙනි, ඉතා මනහර ය. ....(පෙ).... භවත් ගෞතමයන් වහන්සේ අද පටන් දිවි හිමියෙන් තෙරුවන් සරණ ගිය උපාසකයෙකු ලෙස මාව පිළිගන්නා සේක්වා!

සාදු! සාදු!! සාදු!!!

බ්‍රාහ්මණ පච්චෝරෝහණී සූත්‍රය නිමා විය.

10.4.2.2.
අරිය පච්චෝරෝහණී සූත්‍රය
ආර්ය වූ පව් සේදීම ගැන වදාළ දෙසුම

"මහණෙනි, ආර්ය වූ පව් සේදීම ගැන ඔබට දෙසන්නෙමි. එය අසව්

....(පෙ).... භාග්‍යවතුන් වහන්සේ මෙය වදාළ සේක.

"මහණෙනි, මෙහිලා ආර්ය ශ්‍රාවකයා මෙසේ නුවණින් විමසයි. ප්‍රාණඝාතය හේතුවෙන් මෙලොවදී ත්, පරලොවදී ත් පවිටු විපාක ලැබෙයි යනුවෙන් මෙසේ හේ නුවණින් විමසා ප්‍රාණඝාතය අත්හරී. එවිට ප්‍රාණඝාතය නම් වූ පව සෝදා හළේ වෙයි. ....(පෙ).... වැරදි දෘෂ්ටිය හේතුවෙන් මෙලොවදී ත්, පරලොවදී ත් පවිටු විපාක ලැබෙයි යනුවෙන් මෙසේ හේ නුවණින් විමසා වැරදි දෘෂ්ටිය අත්හරී. එවිට වැරදි දෘෂ්ටියනම් වූ පව සෝදා හළේ වෙයි.

මහණෙනි, මෙය ආර්ය වූ පව් සේදීම යැයි කියනු ලැබේ."

සාදු! සාදු!! සාදු!!!

අරිය පච්චෝරෝහණී සූත්‍රය නිමා විය.

10.4.2.3
සංගාරව සූත්‍රය
සංගාරව බ්‍රාහ්මණයාට වදාළ දෙසුම

එකල්හී සංගාරව බ්‍රාහ්මණයා භාග්‍යවතුන් වහන්සේ යම් තැනක වැඩසිටි සේක් ද, එතැනට පැමිණියේ ය. පැමිණ භාග්‍යවතුන් වහන්සේ සමඟ සතුටු විය. සතුටු විය යුතු පිළිසඳර කථාව නිමවා එකත්පස්ව හිඳගත්තේ ය. එකත්පස්ව හුන් සංගාරව බ්‍රාහ්මණයා භාග්‍යවතුන් වහන්සේට මෙය පැවසුවේ ය.

"භවත් ගෞතමයෙනි, මෙතෙර යනු කුමක්ද? එතෙර යනු කුමක්ද?"

"බ්‍රාහ්මණය, මෙතෙර යනු ප්‍රාණඝාතය යි. එතෙර යනු ප්‍රාණඝාතයෙන් වැළකීම යි. මෙතෙර යනු සොරකම යි. එතෙර යනු සොරකමින් වැළකීම යි. මෙතෙර යනු වැරදි කාම සේවනය යි. එතෙර යනු වැරදි කාම සේවනයෙන් වැළකීම යි. මෙතෙර යනු බොරු කීම යි. එතෙර යනු බොරු කීමෙන් වැළකීම යි. මෙතෙර යනු කේළාම් කීම යි. එතෙර යනු කේළාම් කීමෙන් වැළකීම යි. මෙතෙර යනු දරුණු වචන භාවිතය යි. එතෙර යනු දරුණු වචන භාවිතයෙන් වැළකීම යි. මෙතෙර යනු නිසරු දේ පැවසීම යි. එතෙර යනු නිසරු දේ පැවසීමෙන් වැළකීම යි. මෙතෙර යනු අන් සතු දෙයට ආසා කිරීම යි. එතෙර යනු අන් සතු දෙයට ආසා නොකිරීම යි. මෙතෙර යනු ද්වේෂය යි. එතෙර

යනු ද්වේෂ රහිත බව යි. මෙතෙර යනු වැරදි දෘෂ්ටිය යි. එතෙර යනු නිවැරදි දෘෂ්ටිය යි. බ්‍රාහ්මණය, මෙය වනාහී මෙතෙර ය. මෙය එතෙර ය.

(ගාථා)

1. මිනිසුන් අතුරින් යම් කෙනෙක් එතෙර වූ නිවනට යන්නෝ වෙත් ද, ඔවුහු ස්වල්පයහ. එනමුදු මේ අවශේෂ මහා ජනයා සසර නම් වූ මෙතෙර ම ඔබ මොබ දිව යති.

2. යම් කෙනෙක් මැනැවින් වදාරණ ලද ධර්මය කෙරෙහි ධර්මානුකූලව හැසිරෙත් ද, ඒ ජනයෝ එතෙර නම් වූ නිවනට යති. මාරයාගේ බලප්‍රදේශය තරණය කොට එතෙර වීම ලෙහෙසි නැත.

3. නුවණැත්තා පාපී අකුසල් දහම් අත්හැර කුසල් දහම් දියුණු කළ යුත්තේ ය. ගිහි ගෙයින් නික්මී ගොස් නිකෙලෙස් බඹසරට පැමිණ යම් කාය චිත්ත විවේකයක් ඇද්ද ඒ කෙරෙහි වෙහෙසී සිත් ඇලවිය යුත්තේ ය.

4. පංච කාමයන් අත්හැර පලිබෝධ රහිත ව සිටිමින් නුවණැත්තා නිවන කෙරෙහි ඇල්ම කැමති විය යුත්තේ ය. කෙලෙසුන්ගෙන් තම සිත පිරිසිදු කළ යුත්තේ ය.

5. යමෙකුගේ සිත සම්බෝධි අංගයන් තුළ මැනැවින් දියුණුවට පත්වෙයි ද, උපාදානයන් දුරු කොට, උපාදාන රහිත වූ යම් නිවනක් ඇද්ද, එහි ඇලී සිටින නුවණින් බබලන යම් රහත්හු වෙත් ද, ඔවුහු ලෝකයෙහි පිරිනිවීමට පත්වූවාහු වෙති.

සාදු! සාදු!! සාදු!!!

සංගාරව සූත්‍රය නිමා විය.

10.4.2.4
ඕරිමතීර සූත්‍රය
මෙතෙර ගැන වදාළ දෙසුම

"මහණෙනි, ඔබට මෙතෙර ගැන ත්, එතෙර ගැන ත් පවසන්නෙමි. එය අසව්. ....(පෙ)....

"මහණෙනි, මෙතෙර යනු කුමක්ද? එතෙර යනු කුමක්ද?"

මහණෙනි, මෙතෙර යනු ප්‍රාණඝාතය යි. එතෙර යනු ප්‍රාණඝාතයෙන් වැළකීම යි. මෙතෙර යනු සොරකම යි. එතෙර යනු සොරකමින් වැළකීම යි. මෙතෙර යනු වැරදි කාම සේවනය යි. එතෙර යනු වැරදි කාම සේවනයෙන් වැළකීම යි. මෙතෙර යනු බොරු කීම යි. එතෙර යනු බොරු කීමෙන් වැළකීම යි. මෙතෙර යනු කේලාම් කීම යි. එතෙර යනු කේලාම් කීමෙන් වැළකීම යි. මෙතෙර යනු දරුණු වචන භාවිතය යි. එතෙර යනු දරුණු වචන භාවිතයෙන් වැළකීම යි. මෙතෙර යනු නිසරු දේ පැවසීම යි. එතෙර යනු නිසරු දේ පැවසීමෙන් වැළකීම යි. මෙතෙර යනු අන් සතු දෙයට ආසා කිරීම යි. එතෙර යනු අන් සතු දෙයට ආසා නොකිරීම යි. මෙතෙර යනු ද්වේෂය යි. එතෙර යනු ද්වේෂ රහිත බව යි. මෙතෙර යනු වැරදි දෘෂ්ටිය යි. එතෙර යනු නිවැරදි දෘෂ්ටිය යි. මහණෙනි, මෙය වනාහී මෙතෙර ය. මෙය එතෙර ය.

(ගාථා)

1. මිනිසුන් අතුරින් යම් කෙනෙක් එතෙර වූ නිවනට යන්නෝ වෙත් ද, ඔවුහු ස්වල්පයහ. එනමුදු මේ අවශේෂ මහා ජනයා සසර නම් වූ මෙතෙර ම ඔබ මොබ දිව යති.

2. යම් කෙනෙක් මැනැවින් වදාරණ ලද ධර්මය කෙරෙහි ධර්මානුකූලව හැසිරෙත් ද, ඒ ජනයෝ එතෙර නම් වූ නිවනට යති. මාරයාගේ බලප්‍රදේශය තරණය කොට එතෙර වීම ලෙහෙසි නැත.

3. නුවණැත්තා පාපී අකුසල් දහම් අත්හැර කුසල් දහම් දියුණු කළ යුත්තේ ය. ගිහි ගෙයින් නික්මී ගොස් නිකෙලෙස් බඹසරට පැමිණ යම් කාය චිත්ත විවේකයක් ඇද්ද ඒ කෙරෙහි වෙහෙසී සිත් ඇලවිය යුත්තේ ය.

4. පංච කාමයන් අත්හැර පලිබෝධ රහිත ව සිටිමින් නුවණැත්තා නිවන කෙරෙහි ඇල්ම කැමති විය යුත්තේ ය. කෙලෙසුන්ගෙන් තම සිත පිරිසිදු කළ යුත්තේ ය.

5. යමෙකුගේ සිත සම්බෝධි අංගයන් තුළ මැනැවින් දියුණුවට පත්වෙයි ද, උපාදානයන් දුරු කොට, උපාදාන රහිත වූ යම් නිවනක් ඇද්ද, එහි ඇලී සිටින නුවණින් බබලන යම් රහත්හු වෙත් ද, ඔවුහු ලෝකයෙහි පිරිනිවීමට පත්වූවාහු වෙති.

සාදු! සාදු!! සාදු!!!

ඕරිමතීර සූත්‍රය නිමා විය.

10.4.2.5.
පඨම අධම්ම සූත්‍රය
අධර්මය ගැන වදාළ පළමු දෙසුම

"මහණෙනි, අධර්මය ත්, අයහපත ත් දත යුත්තේ ය. ධර්මය ත්, යහපත ත් දත යුත්තේ ය. අධර්මය ත්, අයහපත ත් දැන, ධර්මය ත්, යහපත ත් දැන යම් සේ ධර්මය වෙයි ද, යම් සේ යහපත වෙයි ද එසේ පිළිපැදිය යුත්තේ ය.

මහණෙනි, අධර්මය ත්, අයහපත ත් කුමක්ද? ප්‍රාණඝාතය ය, සොරකම ය, වැරදි කාම සේවනය ය, බොරු කීම ය, කේලාම් කීම ය, දරුණු වචන කීම ය, නිසරු දේ කීම ය, අන් සතු දේට ආසා කිරීම ය, ද්වේෂය ය, වැරදි දෘෂ්ටිය ය. මහණෙනි, මෙය අධර්මය ද, අයහපත ද යැයි කියනු ලැබේ.

මහණෙනි, ධර්මය ත්, යහපත ත් කුමක්ද? ප්‍රාණඝාතයෙන් වැළකීම ය, සොරකමෙන් වැළකීම ය, වැරදි කාම සේවනයෙන් වැළකීම ය, බොරු කීමෙන් වැළකීම ය, කේලාම් කීමෙන් වැළකීම ය, දරුණු වචන කීමෙන් වැළකීම ය, නිසරු දේ කීමෙන් වැළකීම ය, අන් සතු දේට ආසා නැතිකම ය, අද්වේෂය ය, නිවැරදි දෘෂ්ටිය ය. මහණෙනි, මෙය ධර්මය ද, යහපත ද යැයි කියනු ලැබේ.

මහණෙනි, අධර්මය ත්, අයහපත ත් දත යුත්තේ ය. ධර්මය ත්, යහපත ත් දත යුත්තේ ය. අධර්මය ත්, අයහපත ත් දැන, ධර්මය ත්, යහපත ත් දැන යම් සේ ධර්මය වෙයි ද, යම් සේ යහපත වෙයි ද එසේ පිළිපැදිය යුත්තේ යැයි යමක් පවසන ලද්දේ ද එය කියන ලද්දේ මේ සඳහා ය.

සාදු! සාදු!! සාදු!!!

පඨම අධම්ම සූත්‍රය නිමා විය.

10.4.2.6.
දුතිය අධම්ම සූත්‍රය
අධර්මය ගැන වදාළ දෙවෙනි දෙසුම

"මහණෙනි, අධර්මය ත්, ධර්මය ත් දත යුත්තේ ය. අයහපත ත්, යහපත ත් දත යුත්තේ ය. අධර්මය ත්, ධර්මය ත් දැන, අයහපත ත්, යහපත ත් දැන යම් සේ ධර්මය වෙයි ද, යම් සේ යහපත වෙයි ද එසේ පිළිපැදිය යුත්තේ ය."

භාග්‍යවතුන් වහන්සේ මෙය වදාළ සේක. මෙය වදාළ සුගතයන් වහන්සේ හුනස්නෙන් නැගිට විහාරයට වැඩි සේක. එකල්හී භාග්‍යවතුන් වහන්සේ වැඩම කොට නොබෝ කල්හී ඒ භික්ෂූන්ට මේ අදහස ඇතිවිය. 'ආයුෂ්මත්නි, භාග්‍යවතුන් වහන්සේ අප හට සංක්ෂේප වශයෙන් මෙම දහම් කරුණ වදාරා එහි විස්තර විභාග නොවදාරා හුනස්නෙන් නැගිට විහාරයට වැඩි සේක. එනම් 'මහණෙනි, අධර්මය ත්, ධර්මය ත් දත යුත්තේ ය. අයහපත ත්, යහපත ත් දත යුත්තේ ය. අධර්මය ත්, ධර්මය ත් දැන, අයහපත ත්, යහපත ත් දැන යම් සේ ධර්මය වෙයි ද, යම් සේ යහපත වෙයි ද එසේ පිළිපැදිය යුත්තේ ය' වශයෙනි. භාග්‍යවතුන් වහන්සේ විසින් සංක්ෂේපයෙන් වදාරණ ලද, විස්තර වශයෙන් විග්‍රහ නොකරන ලද මෙකරුණෙහි අර්ථ විග්‍රහය කවරෙක් නම් කරන්නේ ද?'

එකල්හී ඒ භික්ෂූන්ට මේ අදහස ඇතිවිය. 'මේ ආයුෂ්මත් මහා කච්චාන තෙරණුවෝ ශාස්තෲන් වහන්සේ විසින් ද වර්ණනා කරන ලද්දාහු ය. නුවණැති සබ්‍රහ්මචාරීන් වහන්සේලා විසින් ද සම්භාවනා කරන ලද්දාහු ය. භාග්‍යවතුන් වහන්සේ විසින් සැකෙවින් වදාරණ ලද, විස්තර විභාග වශයෙන් නොවදාරණ ලද මේ ධර්මයෙහි අර්ථ විග්‍රහ කොට පෙන්වන්නට ආයුෂ්මත් මහා කච්චාන තෙරණුවෝ සමර්ථයහ. එහෙයින් අපි ආයුෂ්මත් මහා කච්චාන තෙරුන් කරා එළඹෙන්නමෝ නම්, එළැඹ ආයුෂ්මත් මහා කච්චාන තෙරුන්ගෙන් මෙකරුණ විමසන්නමෝ නම්, ආයුෂ්මත් මහා කච්චාන තෙරණුවෝ යම් පරිද්දෙකින් අපට පවසත් ද, එපරිද්දෙන් එය දරාගන්නමෝ නම් අගනේ ය' යි.

එකල්හී ඒ භික්ෂූහු ආයුෂ්මත් මහා කච්චාන තෙරුන් කරා ගියහ. ගොස් ආයුෂ්මත් මහා කච්චාන තෙරුන් සමඟ සතුටු වූහ. සතුටු විය යුතු පිළිසඳර කථාව නිමවා එකත්පස් ව හිඳගත්හ. එකත්පස් ව හුන් ඒ භික්ෂූහු ආයුෂ්මත් මහා කච්චාන තෙරුන් හට මෙය පැවසූහ.

"ආයුෂ්මත් කච්චානය, භාග්‍යවතුන් වහන්සේ අපට 'මහණෙනි, අධර්මය ත්, ධර්මය ත් දත යුත්තේ ය. අයහපත ත්, යහපත ත් දත යුත්තේ ය. අධර්මය ත්, ධර්මය ත් දැන, අයහපත ත්, යහපත ත් දැන යම් සේ ධර්මය වෙයි ද, යම් සේ යහපත වෙයි ද එසේ පිළිපැදිය යුත්තේ ය' යනුවෙන් සංක්ෂේප වශයෙන් මෙම දහම් කරුණ වදාරා එහි විස්තර විභාග නොවදාරා හුනස්නෙන් නැගිට විහාරයට වැඩි සේක.

එකල්හී ආයුෂ්මතුනි, භාග්‍යවතුන් වහන්සේ වැඩම කොට නොබෝ කල්හී ඒ අපට මේ අදහස ඇතිවිය. ආයුෂ්මතුනි, භාග්‍යවතුන් වහන්සේ විසින් 'මහණෙනි, අධර්මය ත්, ධර්මය ත් දත යුත්තේ ය. අයහපත ත්, යහපත ත් දත යුත්තේ ය. අධර්මය ත්, ධර්මය ත් දැන, අයහපත ත්, යහපත ත් දැන යම් සේ ධර්මය වෙයි ද, යම් සේ යහපත වෙයි ද එසේ පිළිපැදිය යුත්තේ ය' වශයෙන් සංක්ෂේපයෙන් වදාරණ ලද, විස්තර වශයෙන් විග්‍රහ නොකරන ලද මෙකරුණෙහි අර්ථ විග්‍රහය කවරෙක් නම් කරන්නේ ද?'

එකල්හී ආයුෂ්මතුනි, ඒ අපට මේ අදහස ඇතිවිය. 'මේ ආයුෂ්මත් මහා කච්චාන තෙරණුවෝ ශාස්තෘන් වහන්සේ විසින් ද වර්ණනා කරන ලද්දාහු ය. නුවණැති සබ්‍රහ්මචාරීන් වහන්සේලා විසින් ද සම්භාවනා කරන ලද්දාහු ය. භාග්‍යවතුන් වහන්සේ විසින් සැකෙවින් වදාරණ ලද, විස්තර විභාග වශයෙන් නොවදාරණ ලද මේ ධර්මයෙහි අර්ථ විග්‍රහ කොට පෙන්වන්නට ආයුෂ්මත් මහා කච්චාන තෙරණුවෝ සමර්ථයහ. එහෙයින් අපි ආයුෂ්මත් මහා කච්චාන තෙරුන් කරා එළඹෙන්නමෝ නම්, එළැඹ ආයුෂ්මත් මහා කච්චාන තෙරුන්ගෙන් මෙකරුණ විමසන්නමෝ නම්, ආයුෂ්මත් මහා කච්චාන තෙරණුවෝ යම් පරිද්දෙකින් අපට පවසත් ද, එපරිද්දෙන් එය දරාගන්නමෝ නම් අගනේ ය' යි.

ආයුෂ්මත් මහා කච්චානයෝ මෙය අපට විග්‍රහ කොට දෙත්වා!"

"ආයුෂ්මත්නි, එය මෙබඳු දෙයකි. අරටුවකින් වැඩ ඇති පුරුෂයෙක් අරටුවක් සොයන්නේ, අරටුවක් විමසමින් යන්නේ ඉතා හොඳ අරටුවක් ඇති මහා වෘක්ෂයක් හමුවෙයි. ඔහු එහි මුල අත්හැර, කඳ අත්හැර, අතු කොළවල අරටුව සෙවීමට සිතන්නේ ය. මෙය ද එබඳු උපමාවෙකින් යුතු දෙයකි. ආයුෂ්මතුන් හට ශාස්තෘන් වහන්සේ මුණගැසී තිබියදී ත්, ඒ භාග්‍යවතුන් වහන්සේ මගහැර මෙකරුණ අපගෙන් ඇසිය යුතු යැයි සිතුවාහු ය. ආයුෂ්මත්නි, ඒ භාග්‍යවතුන් වහන්සේ ම දැනගත යුත්ත දන්නා සේක. දැකගත යුත්ත දක්නා සේක. හටගත් දහම් ඇස් ඇති සේක. හටගත් නුවණ ඇති සේක. හටගත්

ධර්මය ඇති සේක. හටගත් ශ්‍රේෂ්ඨත්වය ඇති සේක. මැනැවින් පවසන සේක. ප්‍රවර්තනය කරන සේක. අර්ථ මතු කිරීමෙහි නේතෘ වන සේක. අමෘතය දෙන සේක. ධර්මස්වාමී වන සේක. තථාගත වන සේක. ඔය කරුණ සඳහා ඒ කාලය තිබුණේ ය. එහෙයින් ඔබ ඒ භාග්‍යවතුන් වහන්සේ වෙත ම එළැඹ ඔය කරුණ අසනු මැනැව. භාග්‍යවතුන් වහන්සේ ඔබට යම් සේ වදාරණ සේක් ද එය ඒ අයුරින් දරාගනු මැනැව."

"ආයුෂ්මත් කච්චානයෙනි, ඒකාන්ත වශයෙන් ම ඒ භාග්‍යවතුන් වහන්සේ ම දැනගත යුත්ත දන්නා සේක. දැකගත යුත්ත දක්නා සේක. හටගත් දහම් ඇස් ඇති සේක. හටගත් නුවණ ඇති සේක. හටගත් ධර්මය ඇති සේක. හටගත් ශ්‍රේෂ්ඨත්වය ඇති සේක. මැනැවින් පවසන සේක. ප්‍රවර්තනය කරන සේක. අර්ථ මතු කිරීමෙහි නේතෘ වන සේක. අමෘතය දෙන සේක. ධර්මස්වාමී වන සේක. තථාගත වන සේක. ඔය කරුණ සඳහා ඒ කාලය තිබුණේ ය. යම් හෙයකින් අපි ඒ භාග්‍යවතුන් වහන්සේ වෙත ම එළැඹ ඔය කරුණ අසන්නමෝ නම්, භාග්‍යවතුන් වහන්සේ අපට යම් සේ වදාරණ සේක් ද ඒ අයුරින් එය දරාගන්නමෝ වෙමු. එනමුදු ආයුෂ්මත් මහා කච්චාන තෙරණුවෝ ද ශාස්තෘන් වහන්සේ විසින් ද වර්ණනා කරන ලද්දාහු ය. නුවණැති සබ්‍රහ්මචාරීන් වහන්සේලා විසින් ද සම්භාවනා කරන ලද්දාහු ය. භාග්‍යවතුන් වහන්සේ විසින් සැකෙවින් වදාරණ ලද, විස්තර විභාග වශයෙන් නොවදාරණ ලද මේ ධර්මයෙහි අර්ථ විග්‍රහ කොට පෙන්වන්නට ආයුෂ්මත් මහා කච්චාන තෙරණුවෝ සමර්ථයහ. ආයුෂ්මත් මහා කච්චාන තෙරණුවෝ මෙය බරෙක් වශයෙන් නොගෙන විග්‍රහ කරත්වා!"

"එසේ වී නම් ආයුෂ්මත්නි, අසනු මැනැව. මැනැවින් මෙනෙහි කළ මැනැව. පවසන්නෙමි."

"එසේ ය, ආයුෂ්මතුනි"යි ඒ භික්ෂූහු ආයුෂ්මත් මහා කච්චානයන් වහන්සේට පිළිවදන් දුන්හ. ආයුෂ්මත් මහා කච්චාන තෙරණුවෝ මෙය වදාළහ.

"ආයුෂ්මත්නි, භාග්‍යවතුන් වහන්සේ අපට 'මහණෙනි, අධර්මය ත්, ධර්මය ත් දත යුත්තේ ය. අයහපත ත්, යහපත ත් දත යුත්තේ ය. අධර්මය ත්, ධර්මය ත් දැන, අයහපත ත්, යහපත ත් දැන යම් සේ ධර්මය වෙයි ද, යම් සේ යහපත වෙයි ද එසේ පිළිපැදිය යුත්තේ ය' යනුවෙන් සංක්ෂේප වශයෙන් යම් දහම් කරුණක් වදාරා එහි විස්තර විභාග නොවදාරා හුනස්නෙන් නැගිට විහාරයට වැඩි සේක් ද, ආයුෂ්මත්නි, එහි අධර්මය කුමක්ද? ධර්මය කුමක්ද? අයහපත කුමක්ද? යහපත කුමක්ද?

ආයුෂ්මත්නි, ප්‍රාණඝාතය අධර්මය යි. ප්‍රාණඝාතයෙන් වැළකීම ධර්මය යි. ප්‍රාණඝාතය නිසාවෙන් අනේක වූ යම් පාපී අකුසල් දහම් හටගනියි ද මෙය අයහපත යි. ප්‍රාණඝාතයෙන් වැළකීම නිසාවෙන් අනේක වූ කුසල් දහම් දියුණුවීමෙන් පිරිපුන් ව යයි ද මෙය යහපත යි.

ආයුෂ්මත්නි, සොරකම අධර්මය යි. සොරකමින් වැළකීම ධර්මය යි. සොරකම නිසාවෙන් අනේක වූ යම් පාපී අකුසල් දහම් හටගනියි ද මෙය අයහපත යි. සොරකමින් වැළකීම නිසාවෙන් අනේක වූ කුසල් දහම් දියුණුවීමෙන් පිරිපුන් ව යයි ද මෙය යහපත යි.

ආයුෂ්මත්නි, වැරදි කාම සේවනය අධර්මය යි. වැරදි කාම සේවනයෙන් වැළකීම ධර්මය යි. වැරදි කාම සේවනය නිසාවෙන් අනේක වූ යම් පාපී අකුසල් දහම් හටගනියි ද මෙය අයහපත යි. වැරදි කාම සේවනයෙන් වැළකීම නිසාවෙන් අනේක වූ කුසල් දහම් දියුණුවීමෙන් පිරිපුන් ව යයි ද මෙය යහපත යි.

ආයුෂ්මත්නි, බොරු කීම අධර්මය යි. බොරු කීමෙන් වැළකීම ධර්මය යි. බොරු කීම නිසාවෙන් අනේක වූ යම් පාපී අකුසල් දහම් හටගනියි ද මෙය අයහපත යි. බොරු කීමෙන් වැළකීම නිසාවෙන් අනේක වූ කුසල් දහම් දියුණුවීමෙන් පිරිපුන් ව යයි ද මෙය යහපත යි.

ආයුෂ්මත්නි, කේළාම් කීම අධර්මය යි. කේළාම් කීමෙන් වැළකීම ධර්මය යි. කේළාම් කීම නිසාවෙන් අනේක වූ යම් පාපී අකුසල් දහම් හටගනියි ද මෙය අයහපත යි. කේළාම් කීමෙන් වැළකීම නිසාවෙන් අනේක වූ කුසල් දහම් දියුණුවීමෙන් පිරිපුන් ව යයි ද මෙය යහපත යි.

ආයුෂ්මත්නි, දරුණු වචන භාවිතය අධර්මය යි. දරුණු වචන භාවිතයෙන් වැළකීම ධර්මය යි. දරුණු වචන භාවිතය නිසාවෙන් අනේක වූ යම් පාපී අකුසල් දහම් හටගනියි ද මෙය අයහපත යි. දරුණු වචන භාවිතයෙන් වැළකීම නිසාවෙන් අනේක වූ කුසල් දහම් දියුණුවීමෙන් පිරිපුන් ව යයි ද මෙය යහපත යි.

ආයුෂ්මත්නි, නිසරු දේ පැවසීම අධර්මය යි. නිසරු දේ පැවසීමෙන් වැළකීම ධර්මය යි. නිසරු දේ පැවසීම නිසාවෙන් අනේක වූ යම් පාපී අකුසල් දහම් හටගනියි ද මෙය අයහපත යි. නිසරු දේ පැවසීමෙන් වැළකීම නිසාවෙන් අනේක වූ කුසල් දහම් දියුණුවීමෙන් පිරිපුන් ව යයි ද මෙය යහපත යි.

ආයුෂ්මත්නි, අන් සතු දේට ආශා කිරීම අධර්මය යි. අන් සතු දේට

ආශා නොකිරීම ධර්මය යි. අන් සතු දේට ආශා කිරීම නිසාවෙන් අනේක වූ යම් පාපී අකුසල් දහම් හටගනියි ද මෙය අයහපත යි. අන් සතු දේට ආශා නොකිරීම නිසාවෙන් අනේක වූ කුසල් දහම් දියුණුවීමෙන් පිරිපුන් ව යයි ද මෙය යහපත යි.

ආයුෂ්මත්නි, ද්වේෂය අධර්මය යි. අද්වේෂය ධර්මය යි. ද්වේෂය නිසාවෙන් අනේක වූ යම් පාපී අකුසල් දහම් හටගනියි ද මෙය අයහපත යි. අද්වේෂය නිසාවෙන් අනේක වූ කුසල් දහම් දියුණුවීමෙන් පිරිපුන් ව යයි ද මෙය යහපත යි.

ආයුෂ්මත්නි, වැරදි දෘෂ්ටිය අධර්මය යි. නිවැරදි දෘෂ්ටිය ධර්මය යි. වැරදි දෘෂ්ටිය නිසාවෙන් අනේක වූ යම් පාපී අකුසල් දහම් හටගනියි ද මෙය අයහපත යි. නිවැරදි දෘෂ්ටිය නිසාවෙන් අනේක වූ කුසල් දහම් දියුණුවීමෙන් පිරිපුන් ව යයි ද මෙය යහපත යි.

ආයුෂ්මත්නි, භාග්‍යවතුන් වහන්සේ අපට 'මහණෙනි, අධර්මය ත්, ධර්මය ත් දත යුත්තේ ය. අයහපත ත්, යහපත ත් දත යුත්තේ ය. අධර්මය ත්, ධර්මය ත් දැන, අයහපත ත්, යහපත ත් දැන යම් සේ ධර්මය වෙයි ද, යම් සේ යහපත වෙයි ද එසේ පිළිපැදිය යුත්තේ ය' යනුවෙන් සංක්ෂේප වශයෙන් යම් දහම් කරුණක් වදාරා එහි විස්තර විභාග නොවදාරා හුනස්නෙන් නැගිට විහාරයට වැඩි සේක් ද, ආයුෂ්මත්නි, භාග්‍යවතුන් වහන්සේ විසින් සංක්ෂේපයෙන් වදාරන ලද, විස්තර විභාග වශයෙන් නොවදාරණ ලද මෙකරුණෙහි අර්ථය ඔය අයුරින් විස්තර වශයෙන් මම දනිමි. ඉදින් ආයුෂ්මතුනි, ඔබ කැමති නම් භාග්‍යවතුන් වහන්සේ කරා ම එළැඹ මෙකරුණ අසනු මැනැවි. භාග්‍යවතුන් වහන්සේ යම් සේ වදාරණ සේක් ද එලෙසින් ම එය දරාගත මැනැවි."

"එසේය, ආයුෂ්මත" කියා ඒ භික්ෂූහු ආයුෂ්මත් මහා කච්චානයන්ගේ භාෂිතය සතුටින් පිළිගෙන අනුමෝදන් ව හුනස්නෙන් නැගී භාග්‍යවතුන් වහන්සේ කරා එළැඹියහ. එළැඹ භාග්‍යවතුන් වහන්සේ සකසා වැඳ එකත්පස් ව හුන්හ. එකත්පස්ව හුන් ඒ භික්ෂූහු භාග්‍යවතුන් වහන්සේට මෙකරුණ සැළ කළහ.

"ස්වාමීනී, භාග්‍යවතුන් වහන්සේ අප හට සංක්ෂේප වශයෙන් මෙම දහම් කරුණ වදාරා එහි විස්තර විභාග නොවදාරා හුනස්නෙන් නැගිට විහාරයට වැඩි සේක. එනම් 'මහණෙනි, අධර්මය ත්, ධර්මය ත් දත යුත්තේ ය. අයහපත ත්, යහපත ත් දත යුත්තේ ය. අධර්මය ත්, ධර්මය ත් දැන, අයහපත ත්, යහපත ත් දැන යම් සේ ධර්මය වෙයි ද, යම් සේ යහපත වෙයි ද එසේ පිළිපැදිය

යුත්තේ ය' වශයෙනි. ස්වාමීනී, භාග්‍යවතුන් වහන්සේ විහාරයට වැඩම කොට නොබෝ වේලාවකින් ඒ අපට මේ අදහස ඇතිවිය. ආයුෂ්මතුනි, භාග්‍යවතුන් වහන්සේ අප හට සංක්ෂේප වශයෙන් මෙම දහම් කරුණ වදාරා එහි විස්තර විභාග නොවදාරා හුනස්නෙන් නැගිට විහාරයට වැඩි සේක. එනම් 'මහණෙනි, අධර්මය ත්, ධර්මය ත් දත යුත්තේ ය. අයහපත ත්, යහපත ත් දත යුත්තේ ය. අධර්මය ත්, ධර්මය ත් දැන, අයහපත ත්, යහපත ත් දැන යම් සේ ධර්මය වෙයි ද, යම් සේ යහපත වෙයි ද එසේ පිළිපැදිය යුත්තේ ය' වශයෙනි. භාග්‍යවතුන් වහන්සේ විසින් සංක්ෂේපයෙන් වදාරණ ලද, විස්තර වශයෙන් විග්‍රහ නොකරන ලද මෙකරුණෙහි අර්ථ විග්‍රහය කවරෙක් නම් කරන්නේ දැ'යි.

එකල්හී ස්වාමීනී, අපට මේ අදහස ඇතිවිය. 'මේ ආයුෂ්මත් මහා කච්චාන තෙරණුවෝ ශාස්තෘන් වහන්සේ විසින් ද වර්ණනා කරන ලද්දාහු ය. නුවණැති සබ්‍රහ්මචාරීන් වහන්සේලා විසින් ද සම්භාවනා කරන ලද්දාහු ය. භාග්‍යවතුන් වහන්සේ විසින් සැකෙවින් වදාරණ ලද, විස්තර විභාග වශයෙන් නොවදාරණ ලද මේ ධර්මයෙහි අර්ථ විග්‍රහ කොට පෙන්වන්නට ආයුෂ්මත් මහා කච්චාන තෙරණුවෝ සමර්ථයහ. එහෙයින් අපි ආයුෂ්මත් මහා කච්චාන තෙරුන් කරා එළඹෙන්නමෝ නම්, එළැඹ ආයුෂ්මත් මහා කච්චාන තෙරුන්ගෙන් මෙකරුණ විමසන්නමෝ නම්, ආයුෂ්මත් මහා කච්චාන තෙරණුවෝ යම් පරිද්දෙකින් අපට පවසත් ද, එපරිද්දෙන් එය දරාගන්නමෝ නම් අගනේ ය' යි.

එකල්හී ස්වාමීනී, අපි ආයුෂ්මත් මහා කච්චාන තෙරුන් කරා ගියෙමු. ගොස් ආයුෂ්මත් මහා කච්චාන තෙරුන්ගෙන් මෙකරුණ විමසුවෙමු. ස්වාමීනී, ඒ අපට ආයුෂ්මත් මහා කච්චාන තෙරුන් විසින් මේ අයුරින්, මේ පදයන්ගෙන්, මේ ව්‍යංජනයන්ගෙන්, අර්ථය මැනැවින් විග්‍රහ කරන ලද්දේ ය."

"මහණෙනි, සාදු! සාදු! මහණෙනි, මහා කච්චානයෝ පණ්ඩිතයහ. මහණෙනි, මහා කච්චානයෝ මහා ප්‍රාඥයහ. මහණෙනි, ඉදින් ඔබ මා කරා ද අවුත් මෙකරුණ විමසන්නහු නම්, මම් ද මහා කච්චානයන් විසින් යම් පරිදි විග්‍රහ කරන ලද්දේ ද එපරිදි ම විග්‍රහ කරමි. මෙකරුණෙහි අර්ථය මෙය ම ය. එය එපරිද්දෙන් ම දරව්."

සාදු! සාදු!! සාදු!!!

දුතිය අධම්ම සූත්‍රය නිමා විය.

10.4.2.7.
තතිය අධම්ම සූත්‍රය
අධර්මය ගැන වදාළ තෙවන දෙසුම

"මහණෙනි, අධර්මය ත්, ධර්මය ත් දත යුත්තේ ය. අයහපත ත්, යහපත ත් දත යුත්තේ ය. අධර්මය ත්, ධර්මය ත් දැන, අයහපත ත්, යහපත ත් දැන යම් සේ ධර්මය වෙයි ද, යම් සේ යහපත වෙයි ද එසේ පිළිපැදිය යුත්තේ ය.

මහණෙනි, අධර්මය කුමක් ද? ධර්මය කුමක්ද? අයහපත කුමක්ද? යහපත කුමක් ද?

මහණෙනි, ප්‍රාණඝාතය අධර්මය යි. ප්‍රාණඝාතයෙන් වැළකීම ධර්මය යි. ප්‍රාණඝාතය නිසාවෙන් අනේක වූ යම් පාපී අකුසල් දහම් හටගනියි ද මෙය අයහපත යි. ප්‍රාණඝාතයෙන් වැළකීම නිසාවෙන් අනේක වූ කුසල් දහම් දියුණුවීමෙන් පිරිපුන් ව යයි ද මෙය යහපත යි.

මහණෙනි, සොරකම අධර්මය යි. සොරකමින් වැළකීම ධර්මය යි. ....(පෙ).... මහණෙනි, වැරදි කාම සේවනය අධර්මය යි. වැරදි කාම සේවනයෙන් වැළකීම ධර්මය යි. ....(පෙ).... මහණෙනි, බොරු කීම අධර්මය යි. බොරු කීමෙන් වැළකීම ධර්මය යි. ....(පෙ).... මහණෙනි, කේළාම් කීම අධර්මය යි. කේළාම් කීමෙන් වැළකීම ධර්මය යි. ....(පෙ).... මහණෙනි, දරුණු වචන භාවිතය අධර්මය යි. දරුණු වචන භාවිතයෙන් වැළකීම ධර්මය යි. ....(පෙ).... මහණෙනි, නිසරු දේ පැවසීම අධර්මය යි. නිසරු දේ පැවසීමෙන් වැළකීම ධර්මය යි. ....(පෙ).... මහණෙනි, අන් සතු දේට ආශා කිරීම අධර්මය යි. අන් සතු දේට ආශා නොකිරීම ධර්මය යි. ....(පෙ).... මහණෙනි, ද්වේෂය අධර්මය යි. අද්වේෂය ධර්මය යි. ....(පෙ).... මහණෙනි, වැරදි දෘෂ්ටිය අධර්මය යි. නිවැරදි දෘෂ්ටිය ධර්මය යි. වැරදි දෘෂ්ටිය නිසාවෙන් අනේක වූ යම් පාපී අකුසල් දහම් හටගනියි ද මෙය අයහපත යි. නිවැරදි දෘෂ්ටිය නිසාවෙන් අනේක වූ කුසල් දහම් දියුණුවීමෙන් පිරිපුන් ව යයි ද මෙය යහපත යි.

මහණෙනි, අධර්මය ත්, ධර්මය ත් දත යුත්තේ ය. අයහපත ත්, යහපත ත් දත යුත්තේ ය. අධර්මය ත්, ධර්මය ත් දැන, අයහපත ත්, යහපත ත් දැන යම් සේ ධර්මය වෙයි ද, යම් සේ යහපත වෙයි ද එසේ පිළිපැදිය යුත්තේ ය යනුවෙන් යමක් කියන ලද්දේ ද, එය කියන ලද්දේ මෙය සඳහා ය.

සාදු! සාදු!! සාදු!!!

තතිය අධම්ම සූත්‍රය නිමා විය.

10.4.2.8.
කම්ම නිදාන සූත්‍රය
පාප කර්මයන්ගේ හේතුව ගැන වදාළ දෙසුම

"මහණෙනි, මම ප්‍රාණඝාතය ද තුන් ආකාර යැයි කියමි. එනම් ලෝභය නිසා ත් ප්‍රාණඝාත කරයි. ද්වේෂය නිසා ත් ප්‍රාණඝාත කරයි. මෝහය නිසා ත් ප්‍රාණඝාත කරයි.

මහණෙනි, මම සොරකම ද තුන් ආකාර යැයි කියමි. එනම් ලෝභය නිසා ත් සොරකම් කරයි. ද්වේෂය නිසා ත් සොරකම් කරයි. මෝහය නිසා ත් සොරකම් කරයි.

මහණෙනි, මම වැරදි කාම සේවනය ද තුන් ආකාර යැයි කියමි. එනම් ලෝභය නිසා ත් වැරදි කාම සේවනය කරයි. ද්වේෂය නිසා ත් වැරදි කාම සේවනය කරයි. මෝහය නිසා ත් වැරදි කාම සේවනය කරයි.

මහණෙනි, මම බොරු කීම ද තුන් ආකාර යැයි කියමි. එනම් ලෝභය නිසා ත් බොරු කියයි. ද්වේෂය නිසා ත් බොරු කියයි. මෝහය නිසා ත් බොරු කියයි.

මහණෙනි, මම කේළාම් කීම ද තුන් ආකාර යැයි කියමි. එනම් ලෝභය නිසා ත් කේළාම් කියයි. ද්වේෂය නිසා ත් කේළාම් කියයි. මෝහය නිසා ත් කේළාම් කියයි.

මහණෙනි, මම දරුණු වචන කීම ද තුන් ආකාර යැයි කියමි. එනම් ලෝභය නිසා ත් දරුණු වචන කියයි. ද්වේෂය නිසා ත් දරුණු වචන කියයි. මෝහය නිසා ත් දරුණු වචන කියයි.

මහණෙනි, මම නිසරු දේ කීම ද තුන් ආකාර යැයි කියමි. එනම් ලෝභය නිසා ත් නිසරු දේ කියයි. ද්වේෂය නිසා ත් නිසරු දේ කියයි. මෝහය නිසා ත් නිසරු දේ කියයි.

මහණෙනි, මම අන් සතු දේට ආශා කිරීම ද තුන් ආකාර යැයි කියමි. එනම් ලෝභය නිසා ත් අන් සතු දේට ආශා කරයි. ද්වේෂය නිසා ත් අන් සතු දේට ආශා කරයි. මෝහය නිසා ත් අන් සතු දේට ආශා කරයි.

මහණෙනි, මම ද්වේෂය ද තුන් ආකාර යැයි කියමි. එනම් ලෝභය නිසා ත් ද්වේෂ කරයි. ද්වේෂය නිසා ත් ද්වේෂ කරයි. මෝහය නිසා ත් ද්වේෂ කරයි.

මහණෙනි, මම වැරදි දෘෂ්ටිය ද තුන් ආකාර යැයි කියමි. එනම් ලෝභය නිසා ත් වැරදි දෘෂ්ටියට පැමිණෙයි. ද්වේෂය නිසා ත් වැරදි දෘෂ්ටියට පැමිණෙයි. මෝහය නිසා ත් වැරදි දෘෂ්ටියට පැමිණෙයි.

මෙසේ මහණෙනි, ලෝභය යනු පාප කර්මයාගේ හේතුවේ සම්භවයයි. ද්වේෂය යනු පාප කර්මයාගේ හේතුවේ සම්භවයයි. මෝහය යනු පාප කර්මයාගේ හේතුවේ සම්භවයයි. ලෝභය ක්ෂය වීමෙන් පාප කර්මයේ හේතු නැති වී යයි. ද්වේෂය ක්ෂය වීමෙන් පාප කර්මයේ හේතු නැති වී යයි. මෝහය ක්ෂය වීමෙන් පාප කර්මයේ හේතු නැති වී යයි.

සාදු! සාදු!! සාදු!!!

කම්ම නිදාන සූත්‍රය නිමා විය.

10.4.2.9
සපරික්කමන සූත්‍රය
අත්හැරීම් සහිත දේ ගැන වදාළ දෙසුම

"මහණෙනි, මේ ධර්මය යහපත අත්හැරීම් සහිත යි. මේ ධර්මය යහපත අත්හැරීම් රහිත නොවේ. මහණෙනි, මේ ධර්මය යහපත අත්හැරීම් සහිත වන්නේ කෙසේද? යහපත අත්හැරීම් රහිත නොවෙන්නේ කෙසේද?

මහණෙනි, ප්‍රාණඝාතයෙහි යෙදෙන්නා හට ප්‍රාණඝාතයෙන් වෙන් වීම නම් යහපත අත්හැරුණේ වෙයි. මහණෙනි, සොරකමෙහි යෙදෙන්නා හට සොරකමින් වෙන් වීම නම් යහපත අත්හැරුණේ වෙයි. මහණෙනි, වැරදි කාමසේවනයෙහි යෙදෙන්නා හට වැරදි කාම සේවනයෙන් වෙන් වීම නම් යහපත අත්හැරුණේ වෙයි. මහණෙනි, බොරු කියන්නා හට බොරු කීමෙන් වෙන් වීම නම් යහපත අත්හැරුණේ වෙයි. මහණෙනි, කේළාම් කියන්නා හට

කේළාම් කීමෙන් වෙන් වීම නම් යහපත අත්හැරුණේ වෙයි. මහණෙනි, දරුණු වචන කියන්නා හට දරුණු වචනයෙන් වෙන් වීම නම් යහපත අත්හැරුණේ වෙයි. මහණෙනි, නිසරු දේ කියන්නා හට නිසරු දේ කීමෙන් වෙන් වීම නම් යහපත අත්හැරුණේ වෙයි. මහණෙනි, අන් සතු දෙයට ආශා කරන්නා හට අන් සතු දෙයට ආශා නොකිරීම නම් යහපත අත්හැරුණේ වෙයි. මහණෙනි, ද්වේෂ කරන්නා හට ද්වේෂ නොකිරීම නම් යහපත අත්හැරුණේ වෙයි. මහණෙනි, වැරදි දෘෂ්ටිය ගත්තහුට නිවැරදි දෘෂ්ටිය නම් යහපත අත්හැරුණේ වෙයි.

මහණෙනි, මෙසේ මේ ධර්මය යහපත අත්හැරීම් සහිත යි. මේ ධර්මය යහපත අත්හැරීම් රහිත නොවේ.

සාදු! සාදු!! සාදු!!!

සපරික්කමන සූත්‍රය නිමා විය.

10.4.2.10
චුන්ද සූත්‍රය
චුන්ද කම්මාරපුත්තට වදාළ දෙසුම

මා විසින් මෙසේ අසන ලදී. එක් කලෙක භාග්‍යවතුන් වහන්සේ පාවා නුවර චුන්ද කම්මාර පුත්‍රගේ අඹවනයෙහි වැඩවෙසෙන සේක. එකල්හී චුන්ද කම්මාර පුත්‍ර තෙමේ භාග්‍යවතුන් වහන්සේ වෙත පැමිණියේ ය. පැමිණ භාග්‍යවතුන් වහන්සේට සකසා වන්දනා කොට එකත්පස් ව හිඳ ගත්තේ ය. එකත්පස් ව හුන් චුන්ද කම්මාර පුත්‍ර හට භාග්‍යවතුන් වහන්සේ මෙය වදාළ සේක.

"චුන්දය, ඔබ කවර කෙනෙකුන්ගේ පිරිසිදු බව රුචි කරන්නෙහි ද?"

"ස්වාමීනී, බටහිර ප්‍රදේශවාසී පැන් කෙණ්ඩි ඇති, සෙවෙල් මල් දරණ, ගිනි පුදන, දියෙහි බැස පව් සෝදන බ්‍රාහ්මණයෝ පිරිසිදු බව ගැන කියති. ඔවුන්ගේ ඒ පිරිසිදු බවට මම රුචි වෙමි."

"චුන්දය, ඒ බටහිර ප්‍රදේශවාසී පැන් කෙණ්ඩි ඇති, සෙවෙල් මල් දරණ, ගිනි පුදන, දියෙහි බැස පව් සෝදන බ්‍රාහ්මණයෝ කොයි අයුරින් පිරිසිදු බව පණවත් ද?"

"ස්වාමීනී, ඒ බටහිර ප්‍රදේශවාසී පැන් කෙණ්ඩි ඇති, සෙවෙල් මල් දරණ, ගිනි පුදන, දියෙහි බැස පව් සෝදන බ්‍රාහ්මණයෝ තම ශ්‍රාවකයන් ව මේ අයුරින් සමාදන් කරවති. 'එම්බා පුරුෂය, මෙහි එව. පාන්දරින් ම යහනින් නැගිට පොළොව අතින් පිරිමදව. ඉදින් පොළොව අතින් නොපිරිමදින්නේ නම් අමුගෙ ාම පිරිමදව. ඉදින් අමු ගොම අතින් නොපිරිමදනේ නම් අලුත් තණ කොළ පිරිමදව. ඉදින් අලුත් තණකොළ අතින් නොපිරිමදින්නේ නම් අග්නිපූජාව කරව. ඉදින් අග්නි පූජා නොකරන්නෙහි නම් ඇඳිලි බැඳ සූර්ය නමස්කාරයෙහි යෙදෙව. ඉදින් ඇඳිලි බැඳ සූර්ය නමස්කාරයෙහි නොයෙදෙන්නෙහි නම් සවස තෙවෙනි කොට දියෙහි බැස පව් සෝදව. ස්වාමීනී, ඒ බටහිර ප්‍රදේශවාසී පැන් කෙණ්ඩි ඇති, සෙවෙල් මල් දරණ, ගිනි පුදන, දියෙහි බැස පව් සෝදන බ්‍රාහ්මණයෝ මේ අයුරින් පිරිසිදු බව පණවත්. ඔවුන්ගේ ඒ පිරිසිදු බව මම රුචි කරමි."

"චුන්දය, ඒ බටහිර ප්‍රදේශවාසී පැන් කෙණ්ඩි ඇති, සෙවෙල් මල් දරණ, ගිනි පුදන, දියෙහි බැස පව් සෝදන බ්‍රාහ්මණයෝ පිරිසිදු බව අන් අයුරකින් පණවත් නොවැ. ආර්ය විනයෙහි වෙනත් අයුරකින් පිරිසිදු බව පණවන්නේ නොවැ."

"ස්වාමීනී, ආර්ය විනයෙහි පිරිසිදු බව කෙසේ වන්නේ ද? ස්වාමීනී, ආර්ය විනයෙහි යම් අයුරකින් පිරිසිදු බව වෙයි නම්, ඒ අයුරින් දැනගැනීම පිණිස මා හට භාග්‍යවතුන් වහන්සේ ධර්ම දේශනා කරන සේක් නම් මැනැවි."

"චුන්දය, එසේ වී නම් අසව. මැනැවින් මෙනෙහි කරව. පවසන්නෙමි."

"එසේ ය ස්වාමීනී" යි චුන්ද කම්මාරපුත්‍ර තෙමේ භාග්‍යවතුන් වහන්සේට පිළිවදන් දුනි. භාග්‍යවතුන් වහන්සේ මෙසේ වදාළ සේක.

"චුන්දය, තුන් අයුරකින් කයෙන් අපිරිසිදු භාවය ඇතිවෙයි. සිව් අයුරකින් වචනයෙන් අපිරිසිදු බව ඇතිවෙයි. තුන් අයුරකින් මනසින් අපිරිසිදු බව ඇතිවෙයි.

චුන්දය, කයින් අපිරිසිදු බව ඇතිවෙන තුන් ආකාරය මොනවාද?

1. චුන්දය, මෙහිලා ඇතැමෙක් සතුන් මරන්නේ වෙයි. හේ රෞද්‍ර ය. ලේ වැකුණු අත් ඇත්තේ ය. වැනසීම්, පැහැර ගැනීම් වලින් යුක්ත වූයේ ය. සියළු ප්‍රාණභූතයන් කෙරෙහි දයා නැත්තේ ය.

2. සොරකම් කරන්නේ වෙයි. ගමෙහි වේවා, වනයෙහි වේවා, අන් අය

සතු යම් වස්තු උපකරණ ආදියක් ඇද්ද, ඒ නුදුන් දේ සොර සිතින් පැහැර ගන්නේ වෙයි.

3. වැරදි කාම සේවනයෙන් යුතු වූයේ වෙයි. එනම් මව විසින් රකිනු ලබන, පියා විසින් රකිනු ලබන, මා පියන් විසින් රකිනු ලබන, සොයුරා විසින් රකිනු ලබන, සොයුරිය විසින් රකිනු ලබන, නෑයා විසින් රකිනු ලබන, ගුණධර්ම විසින් රකිනු ලබන, යම් ස්ත්‍රීහු සිටිත් ද, එමෙන් ම ස්වාමියා සහිත වූ, විවාහය පිණිස යටත් පිරිසෙන් මල් මාලයකින් හෝ අවුරන ලද යම් ස්ත්‍රීහු වෙත් ද, එබඳු වූ ස්ත්‍රීන් කෙරෙහි වරදෙහි බැඳෙන්නේ වෙයි.

චුන්දය, කයෙන් තුන් අයුරු වූ අපිරිසිදු බව ඇතිවන්නේ ඔය අයුරිනි.

චුන්දය, වචනයෙන් අපිරිසිදු බව ඇතිවෙන සිව් ආකාරය මොනවාද?

4. චුන්දය, මෙහිලා කෙනෙක් බොරු කියයි. සභාවකට ගියේ වේවා, පිරිසක් මැදට ගියේ වේවා, නෑයන් මැදට ගියේ වේවා, ජන සමූහයක් මැදට ගියේ වේවා, රජය මැදට ගියේ වේවා, ඔහු ඉදිරියට කැඳවා සාක්ෂි විමසන්නේ නම් 'එම්බා පුරුෂය, මෙහි එව. යමක් දන්නෙහි නම් එය පවසව'යි. එවිට හේ නොදන්නේ ම 'දනිමි' යි කියන්නේ ය. දන්නේ ම 'නොදනිමි' යි කියන්නේ ය. නුදුටුවේ ම 'දකිමි' යි කියන්නේ ය. දුටුවේ ම 'නොදකිමි' යි කියන්නේ ය. මෙසේ තමා උදෙසා හෝ අනුන් උදෙසා හෝ කිසියම් ලාභයක් උදෙසා හෝ දැන දැන බොරු කියන්නේ වෙයි.

5. කේළාම් කියන්නෙක් වෙයි. මෙතන සිටින්නවුන් බිඳවීම පිණිස මෙතනින් අසා ගොස් අසවල් තැන කියන්නේ වෙයි. ඔවුන් බිඳවීම පිණිස එතනින් අසා විත් මෙතන කියන්නේ වෙයි. මෙසේ සමඟි වූවන් බිඳින්නේ වෙයි. අසමඟි වූවන්ගේ අසමඟිය වැඩි කරන්නේ වෙයි. පිරිස වෙන් කිරීමෙහි ඇළුණේ වෙයි. පිරිස වෙන් කිරීමෙහි යෙදුණේ වෙයි. පිරිස වෙන් කිරීමෙහි සතුටු වන්නේ වෙයි. එබඳු බස් පවසන්නේ වෙයි.

6. දරුණු වචන කියන්නේ වෙයි. යම් වචනයක් දරුණු වෙයි ද, කර්කශ වෙයි ද, කටුක වෙයි ද, අනුන් කිපෙනසුළු වෙයි ද, ක්‍රෝධය ඇති කරන්නේ වෙයි ද, සිතේ සංසිඳීම නැති කරන්නේ වෙයි ද, එබඳු වූ බස් කියන්නේ වෙයි.

7. නිසරු දේ කියන්නේ වෙයි. කාලානුරූප නොවන දේ කියන්නේ වෙයි. අසත්‍ය කියන්නේ වෙයි. අයහපත් දේ කියන්නේ වෙයි. අධර්මය කියන්නේ වෙයි. හික්මීම නැතිවෙන දේ කියන්නේ වෙයි. මතක තබා ගැනීමට නුසුදුසු දේ කියෙන්නේ වෙයි. මෙසේ නොකල්හී හේතු රහිත ව සීමා රහිත ව අයහපත්

වචන කියන්නේ වෙයි.

චුන්දය, මෙසේ සිව් අයුරින් වචනයෙන් අපිරිසිදු වෙයි.

චුන්දය, මනසින් අපිරිසිදු බව ඇතිවෙන තුන් ආකාරය මොනවාද?

8. චුන්දය, මෙහිලා කෙනෙක් අන්සතු දෙයට ආසා කරයි. අනුන්ගේ ඒ අන්සතු යම් වස්තු උපකරණ ආදියක් ඇද්ද, ඒ කෙරෙහි ගිජු වූයේ වෙයි. 'අහෝ! සැබැවින් ම ඔවුන් අයත් දෙය මා සතු වේවා' යි සිතන්නේ වෙයි.

9. ද්වේෂ සිතින් යුතු වූයේ වෙයි. දූෂිත වූ සිතුවිලි ඇත්තේ වෙයි. 'මේ සත්වයෝ වැනසෙත්වා! සිරගත වෙත්වා! මුළින් ම නැසෙත්වා! විනාශයට පත්වෙත්වා! නොවෙත්වා! යි මෙසේ සිතන්නේ වෙයි.

10. වැරදි දෘෂ්ටියක් ගත්තේ වෙයි. විපරීත දැක්මකින් යුතු වූයේ වෙයි. 'දෙන ලද්දෙහි විපාක නැත්තේ ය. පුදන ලද්දෙහි විපාක නැත්තේ ය. සේවායෙහි විපාක නැත්තේ ය. හොඳ නරක කර්මයන්ගේ විපාක නැත්තේ ය. මෙලොවක් නැත්තේ ය. පරලොවක් නැත්තේ ය. මවක් නැත්තේ ය. පියෙක් නැත්තේ ය. ඕපපාතික සත්වයෝ නැත්තාහ. ලොවෙහි නිවැරදි මගට පිළිපන්, නිවැරදි මගෙහි ගිය මෙලොව පරලොව පිළිබඳ සිය විශිෂ්ට ඥානයෙන් අත්දැක යමක් පවසත් නම්, එබඳු වූ ශ්‍රමණ බ්‍රාහ්මණයෝ නැත්තාහු යැ'යි. මෙබඳු දෙයක් සිතට ගත්තේ වෙයි.

චුන්දය, මෙය තුන් අයුරකින් සිතින් අපිරිසිදු වීමයි.

චුන්දය, මේවා දස වැදෑරුම් වූ අකුසල කර්මයන්ගේ මාර්ගයෝ ය. චුන්දය, මේ දස අකුසල කර්ම මාර්ගයෙහි යෙදී සිටින්නහු විසින් හිමිදිරියේ ම යහනින් නැගිට අතින් පොළොව පිරිමැද්දේ නමුත් අපිරිසිදු වූයේ ම වෙයි. ඉදින් අතින් පොළොව නොපිරිමැද්දේ ද, අපිරිසිදු වූයේ ම වෙයි. ඉදින් අතින් අමු ගොම පිරිමැද්දේ නමුත් අපිරිසිදු වූයේ ම වෙයි. ඉදින් අතින් අමු ගොම නොපිරිමැද්දේ නමුත් අපිරිසිදු වූයේ ම වෙයි. ඉදින් අතින් අමු තණකොළ පිරිමැද්දේ නමුත් අපිරිසිදු වූයේ ම වෙයි. ඉදින් අතින් අමු තණකොළ නොපිරිමැද්දේ නමුත් අපිරිසිදු වූයේ ම වෙයි. ඉදින් ගිනි පිදුවේ නමුත් අපිරිසිදු වූයේ ම වෙයි. ඉදින් ගිනි නොපිදුවේ නමුත් අපිරිසිදු වූයේ ම වෙයි. ඇඳිලි බැඳ සූර්ය නමස්කාර කළේ නමුත් අපිරිසිදු වූයේ ම වෙයි. ඉදින් ඇඳිලි බැඳ සූර්ය නමස්කාර නොකළේ නමුත් අපිරිසිදු වූයේ ම වෙයි. සවස තුන්වෙනි කොට දියට බැස්සේ නමුත් අපිරිසිදු වූයේ ම වෙයි. ඉදින් සවස තුන්වෙනි කොට දියට නොබැස්සේ නමුත් අපිරිසිදු වූයේ ම වෙයි. එයට හේතුව කුමක්ද?

චුන්දය, මේ දස අකුසල කර්ම මාර්ගයෝ අපිරිසිදු වූවාහු ම වෙති. අන්‍යයන් ව ද අපිරිසිදු කරති. චුන්දය, මෙම දස අකුසල කර්ම මාර්ගයෙහි ගමන් කිරීම හේතුවෙන් නිරය පැණවෙයි. තිරිසන් යෝනිය පැණවෙයි. ප්‍රේත විෂය පැණවෙයි. එබඳු යම්කිසි අන්‍ය වූ දුගතීන් ඇද්ද, ඒවා ද පැණවෙයි.

චුන්දය, තුන් අයුරකින් කයෙන් පිරිසිදු භාවය ඇතිවෙයි. සිව් අයුරකින් වචනයෙන් පිරිසිදු බව ඇතිවෙයි. තුන් අයුරකින් මනසින් පිරිසිදු බව ඇතිවෙයි.

චුන්දය, කයින් පිරිසිදු බව ඇතිවෙන තුන් ආකාරය මොනවාද?

1. චුන්දය, මෙහිලා ඇතැමෙක් සතුන් මැරීම අත්හැර සතුන් මැරීමෙන් වැළකුණේ වෙයි. දඬු මුගුරු අත්හැරියේ වෙයි. අවි ආයුධ අත්හැරියේ වෙයි. ලැජ්ජාවෙන් යුතු වෙයි. දයාවෙන් යුතුවෙයි. සියළු සත්ව වර්ගයා කෙරෙහි හිතානුකම්පී ව වාසය කරයි.

2. සොරකම අත්හැර සොරකමින් වැළකුණේ වෙයි. ගමෙහි වේවා, වනයෙහි වේවා, අන් අය සතු යම් වස්තු උපකරණ ආදියක් ඇද්ද, ඒ නුදුන් දේ සොර සිතින් පැහැර නොගන්නේ වෙයි.

3. වැරදි කාම සේවනය අත්හැර, වැරදි කාම සේවනයෙන් වැළකුණේ වෙයි. එනම් මව විසින් රකිනු ලබන, පියා විසින් රකිනු ලබන, මා පියන් විසින් රකිනු ලබන, සොයුරා විසින් රකිනු ලබන, සොයුරිය විසින් රකිනු ලබන, නෑයා විසින් රකිනු ලබන, ගුණධර්ම විසින් රකිනු ලබන, යම් ස්ත්‍රීහු සිටිත් ද, එමෙන් ම ස්වාමියා සහිත වූ, විවාහය පිණිස යටත් පිරිසෙන් මල් මාලයකින් හෝ අවුරන ලද යම් ස්ත්‍රීහු වෙත් ද, එබඳු වූ ස්ත්‍රීන් කෙරෙහි වරදෙහි නොබැඳෙන්නේ වෙයි.

චුන්දය, කයෙන් තුන් අයුරකින් පිරිසිදු බව ඇතිවන්නේ ඔය අයුරිනි.

චුන්දය, වචනයෙන් පිරිසිදු බව ඇතිවෙන සිව් ආකාරය මොනවාද?

4. චුන්දය, මෙහිලා කෙනෙක් බොරු කීම අත්හැර, බොරු කීමෙන් වැළකුණේ වෙයි. සභාවකට ගියේ වේවා, පිරිසක් මැදට ගියේ වේවා, නෑයන් මැදට ගියේ වේවා, ජන සමූහයක් මැදට ගියේ වේවා, රජය මැදට ගියේ වේවා, ඔහු ඉදිරියට කැඳවා සාක්ෂි විමසන්නේ නම් 'එම්බා පුරුෂය, මෙහි එව. යමක් දන්නෙහි නම් එය පවසව'යි. එවිට හේ නොදන්නේ ම 'නොදනිමි' යි කියන්නේ ය. දන්නේ ම 'දනිමි' යි කියන්නේ ය. නුදුටුවේ ම 'නොදකිමි' යි කියන්නේ ය. දුටුවේ ම 'දකිමි' යි කියන්නේ ය. මෙසේ තමා උදෙසා හෝ අනුන් උදෙසා

හෝ කිසියම් ලාභයක් උදෙසා හෝ දැන දැන බොරු නොකියන්නේ වෙයි.

5. කේළාම් කීම අත්හැර, කේළාම් කීමෙන් වැළකුණේ වෙයි. මෙතන සිටින්නවුන් බිඳවීම පිණිස මෙතනින් අසා ගොස් අසවල් තැන නොකියන්නේ වෙයි. ඔවුන් බිඳවීම පිණිස එතනින් අසා විත් මෙතන නොකියන්නේ වෙයි. මෙසේ බිඳුණු අය සමගි කරන්නේ වෙයි. සමඟි වූවන්ගේ සමඟිය වැඩි කරන්නේ වෙයි. පිරිස සමඟි කිරීමෙහි ඇළුණේ වෙයි. පිරිස සමඟි කිරීමෙහි යෙදුණේ වෙයි. පිරිස සමඟි කිරීමෙහි සතුටු වන්නේ වෙයි. එබඳු බස් පවසන්නේ වෙයි.

6. දරුණු වචන අත්හැර, දරුණු වචනයෙන් වැළකුණේ වෙයි. යම් වචනයක් දොස් රහිත වේ ද, ශ්‍රවණයට සැප එළවයි ද, දයාව ඇති කරවයි ද, හෘදයාංගම වෙයි ද, වැදගත් වෙයි ද, බොහෝ ජනයා කැමති වෙයි ද, බොහෝ ජනයා මනාප වෙයි ද, එබඳු වූ බස් කියන්නේ වෙයි.

7. නිසරු දේ කීම අත්හැර නිසරු දේ පැවසීමෙන් වැළකුණේ වෙයි. කාලානුරූප වන දේ කියන්නේ වෙයි. සත්‍ය කියන්නේ වෙයි. යහපත් දේ කියන්නේ වෙයි. ධර්මය කියන්නේ වෙයි. හික්මීම ඇතිවෙන දේ කියන්නේ වෙයි. මතක තබා ගැනීමට සුදුසු දේ කියෙන්නේ වෙයි. මෙසේ සුදුසු කල්හී හේතු සහිත ව සීමා සහිත ව යහපත් වචන කියන්නේ වෙයි.

චුන්දය, මේ සිව් අයුරින් වචනයෙන් පිරිසිදු වෙයි.

චුන්දය, මනසින් පිරිසිදු බව ඇතිවෙන තුන් ආකාරය මොනවාද?

8. චුන්දය, මෙහිලා කෙනෙක් අන්සතු දෙයට ආසා නොකරයි. අනුන්ගේ ඒ අන්සතු යම් වස්තු උපකරණ ආදියක් ඇද්ද, ඒ කෙරෙහි ගිජු නොවූයේ වෙයි. 'අහෝ! සැබැවින් ම ඔවුන් අයත් දෙය මා සතු වේවා' යි නොසිතන්නේ වෙයි.

9. ද්වේෂ නැති සිතින් යුතු වූයේ වෙයි. දූෂිත වූ සිතුවිලි නැත්තේ වෙයි. 'මේ සත්වයෝ වෛර නැත්තෝ වෙත්වා! තරහ නැත්තෝ වෙත්වා! දුක් පීඩා නැත්තෝ වෙත්වා! සුවසේ ජීවත් වෙත්වා!' යි මෙසේ සිතන්නේ වෙයි.

10. නිවැරදි දෘෂ්ටියක් ගත්තේ වෙයි. අවිපරීත දැක්මකින් යුතු වූයේ වෙයි. 'දෙන ලද්දෙහි විපාක ඇත්තේ ය. පුදන ලද්දෙහි විපාක ඇත්තේ ය. සේවායෙහි විපාක ඇත්තේ ය. හොඳ නරක කර්මයන්ගේ විපාක ඇත්තේ ය. මෙලොවක් ඇත්තේ ය. පරලොවක් ඇත්තේ ය. මවක් ඇත්තේ ය. පියෙක් ඇත්තේ ය. ඕපපාතික සත්වයෝ ඇත්තාහ. ලොවෙහි නිවැරදි මගට පිළිපන්, නිවැරදි මගෙහි ගිය මෙලොව පරලොව පිළිබඳ සිය විශිෂ්ට ඥානයෙන් අත්දැක යමක්

පවසත් නම්, එබඳු වූ ශ්‍රමණ බ්‍රාහ්මණයෝ ඇත්තාහු යැ'යි. මෙබඳු දෙයක් සිතට ගත්තේ වෙයි.

චුන්දය, මෙය තුන් අයුරකින් සිතින් පිරිසිදු වීමයි.

චුන්දය, මේවා දස වැදෑරුම් වූ කුසල කර්මයන්ගේ මාර්ගයෝ ය. චුන්දය, මේ දස කුසල කර්ම මාර්ගයෙහි යෙදී සිටින්නහු විසින් හිමිදිරියේ ම යහනින් නැගිට අතින් පොළොව පිරිමැද්දේ නමුත් පිරිසිදු වූයේ ම වෙයි. ඉදින් අතින් පොළොව නොපිරිමැද්දේ ද, පිරිසිදු වූයේ ම වෙයි. ඉදින් අතින් අමු ගොම පිරිමැද්දේ නමුත් පිරිසිදු වූයේ ම වෙයි. ඉදින් අතින් අමු ගොම නොපිරිමැද්දේ නමුත් පිරිසිදු වූයේ ම වෙයි. ඉදින් අතින් අමු තණකොළ පිරිමැද්දේ නමුත් පිරිසිදු වූයේ ම වෙයි. ඉදින් අතින් අමු තණකොළ නොපිරිමැද්දේ නමුත් පිරිසිදු වූයේ ම වෙයි. ඉදින් ගිනි පිදුවේ නමුත් පිරිසිදු වූයේ ම වෙයි. ඉදින් ගිනි නොපිදුවේ නමුත් පිරිසිදු වූයේ ම වෙයි. ඇඳිලි බැඳ සූර්ය නමස්කාර කළේ නමුත් පිරිසිදු වූයේ ම වෙයි. ඉදින් ඇඳිලි බැඳ සූර්ය නමස්කාර නොකළේ නමුත් පිරිසිදු වූයේ ම වෙයි. සවස තුන්වෙනි කොට දියට බැස්සේ නමුත් පිරිසිදු වූයේ ම වෙයි. ඉදින් සවස තුන්වෙනි කොට දියට නොබැස්සේ නමුත් පිරිසිදු වූයේ ම වෙයි. එයට හේතුව කුමක්ද?

චුන්දය, මේ දස කුසල කර්ම මාර්ගයෝ පිරිසිදු වූවාහු ම වෙති. අන්‍යයන් ව ද පිරිසිදු කරති. චුන්දය, මෙම දස කුසල කර්ම මාර්ගයෙහි ගමන් කිරීම හේතුවෙන් දෙවියෝ පැණවෙති. මිනිස්සු පැණවෙති. එබඳු වූ යම්කිසි අන්‍ය වූ සුගතීහු ඇත්නම් ඒවා ද පැණවෙති."

මෙසේ වදාළ කල්හී චුන්ද කම්මාර පුත්‍ර තෙමේ භාග්‍යවතුන් වහන්සේට මෙය පැවසුවේ ය.

"ස්වාමීනී, ඉතා මනහර ය ....(පෙ).... ස්වාමීනී, භාග්‍යවතුන් වහන්සේ අද පටන් මා දිවි හිමියෙන් තෙරුවන් සරණ ගිය උපාසකයෙකු වශයෙන් පිළිග න්නා සේක්වා!"

සාදු! සාදු!! සාදු!!!

චුන්ද සූත්‍රය නිමා විය.

10.4.2.11
ජාණුස්සෝණි සූත්‍රය
ජාණුස්සෝණි බ්‍රාහ්මණයාට වදාළ දෙසුම

එකල්හී ජාණුස්සෝණි බ්‍රාහ්මණයා භාග්‍යවතුන් වහන්සේ යම් තැනක වැඩසිටි සේක් ද, එතැනට පැමිණියේ ය. පැමිණ භාග්‍යවතුන් වහන්සේ සමඟ සතුටු විය. සතුටු විය යුතු පිළිසඳර කථාව නිමවා එකත්පස්ව හිඳගත්තේ ය. එකත්පස්ව හුන් ජාණුස්සොණි බ්‍රාහ්මණයා භාග්‍යවතුන් වහන්සේට මෙය පැවසුවේ ය.

"භවත් ගෞතමයෙනි, අපි බ්‍රාහ්මණයෝ නම් වෙමු. 'මේ දානය මිය පරලොව ගිය ලේ ඥාතීන් වෙත පැමිණේවා! මේ දානය ඒ පරලොව ගිය ලේ ඥාතීහු අනුභව කරත්වා!' යි දන් දෙමු. මළවුන් උදෙසා දන් දෙමු. කිම? භවත් ගෞතමයෙනි, එම දානය මියගිය ලේ ඥාතීන් වෙත පැමිණෙන්නේ ද? කිම? ඒ මියගිය ලේ ඥාතීහු ඒ දානය අනුභව කරත් ද?"

"බ්‍රාහ්මණය, අදාළ තැනට පැමිණෙන්නේ ය. නොඅදාළ තැනට නොපැමිණෙන්නේය."

"භවත් ගෞතමයන් වහන්ස, ඒ අදාළ තැන කුමක්ද? නොඅදාළ තැන කුමක්ද?"

"බ්‍රාහ්මණය, මෙහිලා ඇතැමෙක් ප්‍රාණඝාතයෙහි යෙදෙයි. සොරකම් කරයි. වැරදි කාම සේවනයෙහි යෙදෙයි. බොරු කියයි. කේළාම් කියයි. දරුණු වචන කියයි. නිසරු දේ කියයි. අන් සතු දෙයට ආශා කරයි. ද්වේෂ සිතින් යුතු වෙයි. වැරදි දෘෂ්ටියක් ගත්තේ වෙයි. හේ කය බිඳී මරණින් මතු නිරයෙහි උපදියි. එවිට නිරි සතුන්ගේ යම් ආහාරයක් ඇද්ද, එහිදී හේ එයින් යැපෙයි. එයින් හේ එහි සිටියි. බ්‍රාහ්මණය, යම් තැනක සිටියහු වෙත එම දානය නොපැමිණෙයි නම්, මෙය ද එබඳු අදාළ නැති තැනකි.

බ්‍රාහ්මණය, මෙහිලා ඇතැමෙක් ප්‍රාණඝාතයෙහි යෙදෙයි. ....(පෙ).... වැරදි දෘෂ්ටියක් ගත්තේ වෙයි. හේ කය බිඳී මරණින් මතු තිරිසන් යෝනියෙහි උපදියි. එවිට තිරිසන් සතුන්ගේ යම් ආහාරයක් ඇද්ද, එහිදී හේ එයින් යැපෙයි. එයින් හේ එහි සිටියි. බ්‍රාහ්මණය, යම් තැනක සිටියහු වෙත එම දානය නොපැමිණෙයි නම්, මෙය ද එබඳු අදාළ නැති තැනකි.

බ්‍රාහ්මණය, මෙහිලා ඇතැමෙක් ප්‍රාණඝාතයෙන් වැළකුණේ වෙයි. සොරකමෙන් වැළකුණේ වෙයි. වැරදි කාම සේවනයෙන් වැළකුණේ වෙයි. බොරු කීමෙන් වැළකුණේ වෙයි. කේළාම් කීමෙන් වැළකුණේ වෙයි. දරුණු වචන කීමෙන් වැළකුණේ වෙයි. නිසරු දේ කීමෙන් වැළකුණේ වෙයි. අන් සතු දෙයට ආශා නොකරන්නේ වෙයි. අද්වේෂ සිතින් යුතු වෙයි. නිවැරදි දෘෂ්ටියක් ගත්තේ වෙයි. හේ කය බිඳී මරණින් මතු මිනිසුන්ගේ ලෝකයට පැමිණෙයි. එවිට මිනිසුන්ගේ යම් ආහාරයක් ඇද්ද, එහිදී හේ එයින් යැපෙයි. එයින් හේ එහි සිටියි. බ්‍රාහ්මණය, යම් තැනක සිටියහු වෙත එම දානය නොපැමිණෙයි නම්, මෙය ද එබඳු අදාළ නැති තැනකි.

බ්‍රාහ්මණය, මෙහිලා ඇතැමෙක් ප්‍රාණඝාතයෙන් වැළකුණේ වෙයි ....(පෙ).... නිවැරදි දෘෂ්ටියක් ගත්තේ වෙයි. හේ කය බිඳී මරණින් මතු දෙවියන් අතර උපදියි. එවිට දෙවියන්ගේ යම් ආහාරයක් ඇද්ද, එහිදී හේ එයින් යැපෙයි. එයින් හේ එහි සිටියි. බ්‍රාහ්මණය, යම් තැනක සිටියහු වෙත එම දානය නොපැමිණෙයි නම්, මෙය ද එබඳු අදාළ නැති තැනකි.

බ්‍රාහ්මණය, මෙහිලා ඇතැමෙක් ප්‍රාණඝාතයෙහි යෙදෙයි. ....(පෙ).... වැරදි දෘෂ්ටියක් ගත්තේ වෙයි. හේ කය බිඳී මරණින් මතු ප්‍රේත විෂයෙහි උපදියි. එවිට ප්‍රේත විෂයට අයත් සතුන්ගේ යම් ආහාරයක් ඇද්ද, එහිදී හේ එයින් යැපෙයි. එයින් හේ එහි සිටියි. යම් කලෙක ඔහුගේ මිත්‍රයෝ වෙත්වා, යාළුවෝ වෙත්වා, ඥාතීහු වෙත්වා, ලේ ඥාතීහු වෙත්වා යමෙක් යම් දානයක් දෙයි නම් හේ එහි එයින් යැපෙයි. හේ එහි ඒ ආහාරයෙන් සිටියි. බ්‍රාහ්මණය, යම් තැනක සිටියහු වෙත එම දානය පැමිණෙයි නම්, මේ වනාහී ඒ තැනයි.”

“භවත් ගෞතමයෙනි, ඉදින් ඒ පරලෝකප්‍රාප්ත ඥාතියා හෝ ලේ නෑයා ඒ තැනට නොපැමිණියේ නම්, ඒ දානය කවරෙක් අනුභව කරයි ද?”

“බ්‍රාහ්මණය, පරලොව ගිය අන්‍ය වූ ඥාතීහු, ලේ ඥාතීහු සිටිති. ඔවුහු එතැනට පැමිණියාහු වෙති. ඔවුහු ඒ දානය අනුභව කරති.”

“භවත් ගෞතමයෙනි, ඉදින් ඒ පරලෝකප්‍රාප්ත ඥාතියා හෝ ලේ නෑයා ඒ තැනට නොපැමිණියේ නම්, පරලොව ගිය අන්‍ය වූ ඥාතීහු, ලේ ඥාතීහු සිටිත් ද, ඔවුහු ද එතැනට නො පැමිණියාහු නම්, ඒ දානය කවරෙක් අනුභව කරත් ද?”

“බ්‍රාහ්මණය, යම් හෙයකින් මේ සා දීර්ඝ සසරෙහි මිය පරලොව ගිය ඥාතීන්ගෙන් හෝ ලේ නෑයන්ගෙන් හෝ ඒ තැන හිස් වන්නේ ය යන කරුණ

නොසිදුවෙන දෙයකි. අවකාශ රහිත දෙයකි. බ්‍රාහ්මණය, එනමුදු දන් දෙන තැනැත්තාට එහි ඵලය හිමි වේ.”

“භවත් ගෞතමයන් නොතැන්හිදී ත් දානයාගේ ඵලය වදාරණ සේක් ද?”

“බ්‍රාහ්මණය, මම් නොතැන්හිදී ත් දානයාගේ ඵලය ඇතැයි කියමි.?

බ්‍රාහ්මණය, මෙහිලා ඇතැමෙක් ප්‍රාණඝාතයෙහි යෙදෙයි. සොරකම් කරයි. වැරදි කාම සේවනයෙහි යෙදෙයි. බොරු කියයි. කේලාම් කියයි. දරුණු වචන කියයි. නිසරු දේ කියයි. අන් සතු දෙයට ආශා කරයි. ද්වේෂ සිතින් යුතු වෙයි. වැරදි දෘෂ්ටියක් ගත්තේ වෙයි. හෙතෙමේ ශ්‍රමණයෙකුට වේවා, බ්‍රාහ්මණයෙකුට වේවා ආහාර පාන, වස්ත්‍ර, පාවහන්, මල් සුවඳ විලවුන්, සයනාසන, ආවාස, පහන් දල්වන උපකරණ ආදිය දෙන්නේ වෙයි. හේ කය බිඳී මරණින් මතු හස්ති යෝනියෙහි උපදින්නේ ය. හේ එහිදී ආහාර පාන, මාල, නා නා අලංකාරයන් ලබන සුළු වෙයි.

බ්‍රාහ්මණය, යම් හෙයකින් ඇතැමෙක් මෙලොව දී ප්‍රාණඝාතයෙහි යෙදෙයි ද, සොරකම් කරයි ද, වැරදි කාම සේවනයෙහි යෙදෙයි ද, බොරු කියයි ද, කේලාම් කියයි ද, දරුණු වචන කියයි ද, නිසරු දේ කියයි ද, අන් සතු දෙයට ආශා කරයි ද, ද්වේෂ සිතින් යුතු වෙයි ද, වැරදි දෘෂ්ටියක් ගත්තේ වෙයි ද, ඒ හේතුවෙන් ඔහු කය බිඳී මරණින් මතු හස්ති යෝනියෙහි ඉපදුනේ වෙයි. යම් හෙයකින් හෙතෙමේ ශ්‍රමණයෙකුට වේවා, බ්‍රාහ්මණයෙකුට වේවා ආහාර පාන, වස්ත්‍ර, පාවහන්, මල් සුවඳ විලවුන්, සයනාසන, ආවාස, පහන් දල්වන උපකරණ ආදිය දුන්නේ වෙයිද, ඒ හේතුවෙන් හේ එහිදී ආහාර පාන, මාල, නා නා අලංකාරයන් ලබන සුළු වෙයි.

බ්‍රාහ්මණය, මෙහිලා ඇතැමෙක් ප්‍රාණඝාතයෙහි යෙදෙයි. සොරකම් කරයි. වැරදි කාම සේවනයෙහි යෙදෙයි. බොරු කියයි. කේලාම් කියයි. දරුණු වචන කියයි. නිසරු දේ කියයි. අන් සතු දෙයට ආශා කරයි. ද්වේෂ සිතින් යුතු වෙයි. වැරදි දෘෂ්ටියක් ගත්තේ වෙයි. හෙතෙමේ ශ්‍රමණයෙකුට වේවා, බ්‍රාහ්මණයෙකුට වේවා ආහාර පාන, වස්ත්‍ර, පාවහන්, මල් සුවඳ විලවුන්, සයනාසන, ආවාස, පහන් දල්වන උපකරණ ආදිය දෙන්නේ වෙයි. හේ කය බිඳී මරණින් මතු අශ්ව යෝනියෙහි උපදින්නේ ය. ....(පෙ).... ගව යෝනියෙහි උපදින්නේ ය. ....(පෙ).... සුනඛ යෝනියෙහි උපදින්නේ ය. හේ එහිදී ආහාර පාන, මාල, නා නා අලංකාරයන් ලබන සුළු වෙයි.

බ්‍රාහ්මණය, යම් හෙයකින් ඇතැමෙක් මෙලොව දී ප්‍රාණඝාතයෙහි යෙදෙයි ද, ...(පෙ).... වැරදි දෘෂ්ටියක් ගත්තේ වෙයි ද, ඒ හේතුවෙන් ඔහු කය බිඳී මරණින් මතු සුනඛ යෝනියෙහි ඉපදුනේ වෙයි. යම් හෙයකින් හෙතෙමේ ශ්‍රමණයෙකුට වේවා, බ්‍රාහ්මණයෙකුට වේවා ආහාර පාන, වස්ත්‍ර, පාවහන්, මල් සුවඳ විලවුන්, සයනාසන, ආවාස, පහන් දල්වන උපකරණ ආදිය දුන්නේ වෙයිද, ඒ හේතුවෙන් හේ එහිදී ආහාර පාන, මාල, නා නා අලංකාරයන් ලබන සුළු වෙයි.

බ්‍රාහ්මණය, මෙහිලා ඇතැමෙක් ප්‍රාණඝාතයෙන් වැළකුණේ වෙයි. සොරකමින් වැළකුණේ වෙයි. වැරදි කාම සේවනයෙන් වැළකුණේ වෙයි. බොරු කීමෙන් වැළකුණේ වෙයි. කේළාම් කීමෙන් වැළකුණේ වෙයි. දරුණු වචන කීමෙන් වැළකුණේ වෙයි. නිසරු දේ කීමෙන් වැළකුණේ වෙයි. අන් සතු දෙයට ආශා නොකරන්නේ වෙයි. අද්වේෂ සිතින් යුතු වෙයි. නිවැරදි දෘෂ්ටියක් ගත්තේ වෙයි. හෙතෙමේ ශ්‍රමණයෙකුට වේවා, බ්‍රාහ්මණයෙකුට වේවා ආහාර පාන, වස්ත්‍ර, පාවහන්, මල් සුවඳ විලවුන්, සයනාසන, ආවාස, පහන් දල්වන උපකරණ ආදිය දෙන්නේ වෙයි. හේ කය බිඳී මරණින් මතු මිනිස් ලොවෙහි උපදින්නේ ය. හේ එහිදී මිනිසුන්ට අයත් පංච කාම ගුණයන් ලබන සුළු වෙයි.

බ්‍රාහ්මණය, යම් හෙයකින් ඇතැමෙක් මෙලොව දී ප්‍රාණඝාතයෙන් වැළකුණේ වෙයි ද ....(පෙ).... නිවැරදි දෘෂ්ටියක් ගත්තේ වෙයි ද, ඒ හේතුවෙන් ඔහු කය බිඳී මරණින් මතු මිනිස් ලොවෙහි උපදින්නේ ය. යම් හෙයකින් හෙතෙමේ ශ්‍රමණයෙකුට වේවා, බ්‍රාහ්මණයෙකුට වේවා ආහාර පාන, වස්ත්‍ර, පාවහන්, මල් සුවඳ විලවුන්, සයනාසන, ආවාස, පහන් දල්වන උපකරණ ආදිය දුන්නේ වෙයි ද, ඒ හේතුවෙන් හේ එහිදී මිනිසුන්ට අයත් පංච කාම ගුණයන් ලබන සුළු වෙයි.

බ්‍රාහ්මණය, මෙහිලා ඇතැමෙක් ප්‍රාණඝාතයෙන් වැළකුණේ වෙයි. ....(පෙ).... නිවැරදි දෘෂ්ටියක් ගත්තේ වෙයි. හෙතෙමේ ශ්‍රමණයෙකුට වේවා, බ්‍රාහ්මණයෙකුට වේවා ආහාර පාන, වස්ත්‍ර, පාවහන්, මල් සුවඳ විලවුන්, සයනාසන, ආවාස, පහන් දල්වන උපකරණ ආදිය දෙන්නේ වෙයි. හේ කය බිඳී මරණින් මතු දෙව් ලොවෙහි උපදින්නේ ය. හේ එහිදී දෙවියන්ට අයත් පංච කාම ගුණයන් ලබන සුළු වෙයි.

බ්‍රාහ්මණය, යම් හෙයකින් ඇතැමෙක් මෙලොව දී ප්‍රාණඝාතයෙන් වැළකුණේ වෙයි ද ....(පෙ).... නිවැරදි දෘෂ්ටියක් ගත්තේ වෙයි ද, ඒ හේතුවෙන් ඔහු කය බිඳී මරණින් මතු දෙව් ලොවෙහි උපදින්නේ ය. යම් හෙයකින්

හෙතෙමේ ශ්‍රමණයෙකුට වේවා, බ්‍රාහ්මණයෙකුට වේවා ආහාර පාන, වස්ත්‍ර, පාවහන්, මල් සුවඳ විලවුන්, සයනාසන, ආවාස, පහන් දල්වන උපකරණ ආදිය දුන්නේ වෙයි ද, ඒ හේතුවෙන් හේ එහිදී දෙවියන්ට අයත් පංච කාම ගුණයන් ලබන සුළු වෙයි. මෙසේ බ්‍රාහ්මණය, දානය දුන් තැනැත්තාට ද ඵල රහිත නොවේ."

"භවත් ගෞතමයනි, අසිරිමත් ය! භවත් ගෞතමයෙනි, අද්භූත ය! භවත් ගෞතමයෙනි, යම් දානයක දී දුන් තැනැත්තාට ද එය ඵල රහිත නොවෙයි ද, ඒ දන් දීම කළ යුතු ම දෙයකි. මළවුන් උදෙසා දන් දීම කළ යුතුම දෙයකි."

"එකරුණ එසේ ම ය බ්‍රාහ්මණය, එකරුණ එසේ ම ය බ්‍රාහ්මණය. බ්‍රාහ්මණය, දන් දුන් තැනැත්තාට ද එය ඵල රහිත නොවේ ම ය."

"භවත් ගෞතමයන් වහන්ස, ඉතා මනහර ය ....(පෙ).... භවත් ගෞතමයන් වහන්සේ අද පටන් මා දිවි හිමියෙන් තෙරුවන් සරණ ගිය උපාසකයෙකු වශයෙන් පිළිගන්නා සේක්වා!"

සාදු! සාදු!! සාදු!!!

ජාණුස්සෝණි සූත්‍රය නිමා විය.

දෙවෙනි ජාණුස්සෝණි වර්ගය අවසන් විය.

3. සාධු වර්ගය

10.4.3.1.
සාධු සූත්‍රය
යහපත් ධර්මය ගැන වදාළ දෙසුම

"මහණෙනි, ඔබට යහපත් ධර්මය ත්, අයහපත් ධර්මය ත් ගැන දෙසන්නෙමි. එය අසව්. මැනැවින් මෙනෙහි කරව්. පවසන්නෙමි." "එසේය ස්වාමීනී"යි ඒ භික්ෂූහු භාග්‍යවතුන් වහන්සේට පිළිවදන් දුන්හ. භාග්‍යවතුන් වහන්සේ මෙය වදාළ සේක.

"මහණෙනි, අයහපත් ධර්මය යනු කුමක්ද?

ප්‍රාණඝාතය ය, සොරකම ය, වැරදි කාම සේවනය ය, බොරු කීම ය, කේලාම් කීම ය, දරුණු වචන කීම ය, නිසරු දේ කීම ය, අන් සතු දේට ආසා කිරීම ය, ද්වේෂය ය, වැරදි දෘෂ්ටිය ය. මහණෙනි, මෙය අයහපත් ධර්මය යැයි කියනු ලැබේ.

මහණෙනි, යහපත් ධර්මය යනු කුමක්ද?

ප්‍රාණඝාතයෙන් වැළකීම ය, සොරකමෙන් වැළකීම ය, වැරදි කාම සේවනයෙන් වැළකීම ය, බොරු කීමෙන් වැළකීම ය, කේලාම් කීමෙන් වැළකීම ය, දරුණු වචන කීමෙන් වැළකීම ය, නිසරු දේ කීමෙන් වැළකීම ය, අන් සතු දේට ආසා නැතිකම ය, අද්වේෂය ය, නිවැරදි දෘෂ්ටිය ය. මහණෙනි, මෙය යහපත් ධර්මය යැයි කියනු ලැබේ."

සාදු! සාදු!! සාදු!!!

සාධු සූත්‍රය නිමා විය.

10.4.3.2.
අරියධම්ම සූත්‍රය
ආර්ය ධර්මය ගැන වදාළ දෙසුම

"මහණෙනි, ඔබට ආර්ය ධර්මය ත්, අනාර්ය ධර්මය ත් ගැන දෙසන්නෙමි. එය අසව්. ....(පෙ).... මහණෙනි, අනාර්ය ධර්මය යනු කුමක්ද? ප්‍රාණඝාත ය, ...(පෙ).... වැරදි දෘෂ්ටි ය. මහණෙනි, මෙය අනාර්ය ධර්මය යැයි කියනු ලැබේ.

මහණෙනි, ආර්ය ධර්මය යනු කුමක්ද? ප්‍රාණඝාතයෙන් වැළකීම ය, ...(පෙ).... නිවැරදි දෘෂ්ටිය ය. මහණෙනි, මෙය ආර්ය ධර්මය යැයි කියනු ලැබේ. "

සාදු! සාදු!! සාදු!!!

අරියධම්ම සූත්‍රය නිමා විය.

10.4.3.3.
කුසල සූත්‍රය
කුසලය ගැන වදාළ දෙසුම

"මහණෙනි, ඔබට කුසලය ත්, අකුසලය ත් ගැන දෙසන්නෙමි. එය අසව්. මැනැවින් මෙනෙහි කරව්. ....(පෙ).... මහණෙනි, අකුසලය යනු කුමක්ද? ප්‍රාණඝාත ය, ...(පෙ).... වැරදි දෘෂ්ටි ය. මහණෙනි, මෙය අකුසලය යැයි කියනු ලැබේ.

මහණෙනි, කුසලය යනු කුමක්ද? ප්‍රාණඝාතයෙන් වැළකීම ය, ...(පෙ).... නිවැරදි දෘෂ්ටිය ය. මහණෙනි, මෙය කුසලය යැයි කියනු ලැබේ."

සාදු! සාදු!! සාදු!!!

කුසල සූත්‍රය නිමා විය.

10.4.3.4.
අත්ථ සූත්‍රය
යහපත ගැන වදාළ දෙසුම

"මහණෙනි, ඔබට යහපත ත්, අයහපත ත් ගැන දෙසන්නෙමි. එය අසව්. මැනැවින් මෙනෙහි කරව්. ....(පෙ).... මහණෙනි, අයහපත යනු කුමක්ද? ප්‍රාණඝාත ය, ...(පෙ).... වැරදි දෘෂ්ටි ය. මෙය මහණෙනි, අයහපත යැයි කියනු ලැබේ.

මහණෙනි, යහපත යනු කුමක්ද? ප්‍රාණඝාතයෙන් වැළකීම ය, ...(පෙ).... නිවැරදි දෘෂ්ටිය ය. මහණෙනි, මෙය යහපත යැයි කියනු ලැබේ."

සාදු! සාදු!! සාදු!!!

අත්ථ සූත්‍රය නිමා විය.

10.4.3.5.
ධම්ම සූත්‍රය
ධර්මය ගැන වදාළ දෙසුම

"මහණෙනි, ඔබට ධර්මය ත්, අධර්මය ත් ගැන දෙසන්නෙමි. එය අසව්. මැනැවින් මෙනෙහි කරව්. ....(පෙ).... මහණෙනි, අධර්මය යනු කුමක්ද? ප්‍රාණඝාත ය, ...(පෙ).... වැරදි දෘෂ්ටි ය. මහණෙනි, මෙය අධර්මය යැයි කියනු ලැබේ.

මහණෙනි, ධර්මය යනු කුමක්ද? ප්‍රාණඝාතයෙන් වැළකීම ය, ...(පෙ).... නිවැරදි දෘෂ්ටිය ය. මහණෙනි, මෙය ධර්මය යැයි කියනු ලැබේ."

සාදු! සාදු!! සාදු!!!

ධම්ම සූත්‍රය නිමා විය.

10.4.3.6.
සාසව ධම්ම සූත්‍රය
ආශ්‍රව සහිත ධර්මය ගැන වදාළ දෙසුම

"මහණෙනි, ඔබට ආශ්‍රව සහිත වූ ධර්මය ත්, අනාශ්‍රව ධර්මය ත් ගැන දෙසන්නෙමි. එය අසව්. මැනැවින් මෙනෙහි කරව්. ....(පෙ).... මහණෙනි, ආශ්‍රව සහිත ධර්මය යනු කුමක්ද? ප්‍රාණඝාත ය, ...(පෙ).... වැරදි දෘෂ්ටි ය. මහණෙනි, මෙය ආශ්‍රව සහිත ධර්මය යැයි කියනු ලැබේ.

මහණෙනි, අනාශ්‍රව ධර්මය යනු කුමක්ද? ප්‍රාණඝාතයෙන් වැළකීම ය, ...(පෙ).... නිවැරදි දෘෂ්ටිය ය. මහණෙනි, මෙය අනාශ්‍රව ධර්මය යැයි කියනු ලැබේ."

සාදු! සාදු!! සාදු!!!

සාසව ධම්ම සූත්‍රය නිමා විය.

10.4.3.7.
සාවජ්ජ සූත්‍රය
සාවද්‍ය ධර්මය ගැන වදාළ දෙසුම

"මහණෙනි, ඔබට සාවද්‍ය ධර්මය ත්, අනවද්‍ය ධර්මය ත් ගැන දෙසන්නෙමි. එය අසව්. මැනැවින් මෙනෙහි කරව්. ....(පෙ).... මහණෙනි, සාවද්‍ය ධර්මය යනු කුමක්ද? ප්‍රාණඝාත ය, ...(පෙ).... වැරදි දෘෂ්ටි ය. මහණෙනි, මෙය සාවද්‍ය ධර්මය යැයි කියනු ලැබේ.

මහණෙනි, අනවද්‍ය ධර්මය යනු කුමක්ද? ප්‍රාණඝාතයෙන් වැළකීම ය, ...(පෙ).... නිවැරදි දෘෂ්ටිය ය. මහණෙනි, මෙය අනවද්‍ය ධර්මය යැයි කියනු ලැබේ."

සාදු! සාදු!! සාදු!!!

සාවජ්ජ සූත්‍රය නිමා විය.

10.3.4.8.
තපනීය සූත්‍රය
පසුතැවිලි උපදවන ධර්මය ගැන වදාළ දෙසුම

"මහණෙනි, ඔබට පසුතැවිලි උපදවන ධර්මය ත්, පසුතැවිලි නූපදවන ධර්මය ත් ගැන දෙසන්නෙමි. එය අසව්. මැනැවින් මෙනෙහි කරව්. ....(පෙ).... මහණෙනි, පසුතැවිලි උපදවන ධර්මය යනු කුමක්ද? ප්‍රාණඝාත ය, ...(පෙ).... වැරදි දෘෂ්ටි ය. මහණෙනි, මෙය පසුතැවිලි උපදවන ධර්මය යැයි කියනු ලැබේ.

මහණෙනි, පසුතැවිලි නූපදවන ධර්මය යනු කුමක්ද? ප්‍රාණඝාතයෙන් වැළකීම ය, ...(පෙ).... නිවැරදි දෘෂ්ටිය ය. මහණෙනි, මෙය පසුතැවිලි නූපදවන ධර්මය යැයි කියනු ලැබේ."

සාදු! සාදු!! සාදු!!!

තපනීය සූත්‍රය නිමා විය.

10.4.3.9.
ආචයගාමී සූත්‍රය
දුක් රැස් කරවන ධර්මය ගැන වදාළ දෙසුම

"මහණෙනි, ඔබට දුක් රැස් කරවන ධර්මය ත්, දුක් ගෙවීයන ධර්මය ත් ගැන දෙසන්නෙමි. එය අසව්. මැනැවින් මෙනෙහි කරව්. ....(පෙ).... මහණෙනි, දුක් රැස් කරවන ධර්මය යනු කුමක්ද? ප්‍රාණඝාත ය, ...(පෙ).... වැරදි දෘෂ්ටි ය. මහණෙනි, මෙය දුක් රැස් කරවන ධර්මය යැයි කියනු ලැබේ.

මහණෙනි, දුක් ගෙවී යන ධර්මය යනු කුමක්ද? ප්‍රාණඝාතයෙන් වැළකීම ය, ...(පෙ).... නිවැරදි දෘෂ්ටිය ය. මහණෙනි, මෙය දුක් ගෙවී යන ධර්මය යැයි කියනු ලැබේ."

සාදු! සාදු!! සාදු!!!

ආචයගාමී සූත්‍රය නිමා විය.

10.4.3.10.
දුක්බුද්‍රය සූත්‍රය
දුක් උදාකරන ධර්මය ගැන වදාළ දෙසුම

"මහණෙනි, ඔබට දුක් උදාකරන ධර්මය ත්, සැප උදාකරන ධර්මය ත් ගැන දෙසන්නෙමි. එය අසව්. මැනැවින් මෙනෙහි කරව්. ....(පෙ).... මහණෙනි, දුක් උදාකරන ධර්මය යනු කුමක්ද? ප්‍රාණඝාත ය, ...(පෙ).... වැරදි දෘෂ්ටි ය. ය. මහණෙනි, මෙය දුක් උදාකරන ධර්මය යැයි කියනු ලැබේ.

මහණෙනි, සැප උදාකරන ධර්මය යනු කුමක්ද? ප්‍රාණඝාතයෙන් වැළකීම ය, ...(පෙ).... නිවැරදි දෘෂ්ටිය ය. මහණෙනි, මෙය සැප උදාකරන ධර්මය යැයි කියනු ලැබේ."

සාදු! සාදු!! සාදු!!!

දුක්බුද්‍රය සූත්‍රය නිමා විය.

10.4.3.11.
දුක්ඛවිපාක සූත්‍රය
දුක් විපාක දෙන ධර්මය ගැන වදාළ දෙසුම

"මහණෙනි, ඔබට දුක් විපාක දෙන ධර්මය ත්, සැප විපාක දෙන ධර්මය ත් ගැන දෙසන්නෙමි. එය අසව්. මැනැවින් මෙනෙහි කරව්. ....(පෙ).... මහණෙනි, දුක් විපාක දෙන ධර්මය යනු කුමක්ද? ප්‍රාණඝාත ය, ...(පෙ).... වැරදි දෘෂ්ටි ය. මහණෙනි, මෙය දුක් විපාක දෙන ධර්මය යැයි කියනු ලැබේ.

මහණෙනි, සැප විපාක දෙන ධර්මය යනු කුමක්ද? ප්‍රාණඝාතයෙන් වැළකීම ය, ...(පෙ).... නිවැරදි දෘෂ්ටිය ය. මහණෙනි, මෙය සැප විපාක දෙන ධර්මය යැයි කියනු ලැබේ. "

සාදු! සාදු!! සාදු!!!

දුක්ඛවිපාක සූත්‍රය නිමා විය.

තුන්වෙනි සාධු වර්ගය අවසන් විය.

4. අරියමග්ග වර්ගය

10.4.4.1.
අරියමග්ග සූත්‍රය
ආර්ය මාර්ගය ගැන වදාළ දෙසුම

"මහණෙනි, ඔබට ආර්ය මාර්ගය ත්, අනාර්ය මාර්ගය ත් ගැන දෙසන්නෙමි. එය අසව්. මැනැවින් මෙනෙහි කරව්. ....(පෙ).... මහණෙනි, අනාර්ය මාර්ගය යනු කුමක්ද? ප්‍රාණඝාත ය, ...(පෙ).... වැරදි දෘෂ්ටි ය. මෙය මහණෙනි, අනාර්ය මාර්ගය යැයි කියනු ලැබේ.

මහණෙනි, ආර්ය මාර්ගය යනු කුමක්ද? ප්‍රාණඝාතයෙන් වැළකීම ය, ...(පෙ).... නිවැරදි දෘෂ්ටිය ය. මහණෙනි, මෙය ආර්ය මාර්ගය යැයි කියනු ලැබේ."

සාදු! සාදු!! සාදු!!!

අරියමග්ග සූත්‍රය නිමා විය.

10.4.4.2.
කණ්හමග්ග සූත්‍රය
අකුසල මාර්ගය ගැන වදාළ දෙසුම

"මහණෙනි, ඔබට අකුසල මාර්ගය ත්, කුසල මාර්ගය ත් ගැන දෙසන්නෙමි. එය අසව්. මැනැවින් මෙනෙහි කරව්. ....(පෙ).... මහණෙනි, අකුසල මාර්ගය යනු කුමක්ද? ප්‍රාණඝාත ය, ...(පෙ).... වැරදි දෘෂ්ටි ය. මහණෙනි, මෙය අකුසල

මාර්ගය යැයි කියනු ලැබේ.

මහණෙනි, කුසල මාර්ගය යනු කුමක්ද? ප්‍රාණඝාතයෙන් වැළකීම ය, ...(පෙ).... නිවැරදි දෘෂ්ටිය ය. මහණෙනි, මෙය කුසල මාර්ගය යැයි කියනු ලැබේ. ”

සාදු! සාදු!! සාදු!!!

කණ්හමග්ග සූත්‍රය නිමා විය.

10.4.4.3.
සද්ධම්ම සූත්‍රය
සද්ධර්මය ගැන වදාළ දෙසුම

"මහණෙනි, ඔබට සද්ධර්මය ත්, අසද්ධර්මය ත් ගැන දෙසන්නෙමි. එය අසව්. මැනැවින් මෙනෙහි කරව්. ....(පෙ).... මහණෙනි, අසද්ධර්මය යනු කුමක්ද? ප්‍රාණඝාත ය, ...(පෙ).... වැරදි දෘෂ්ටි ය. මහණෙනි, මෙය අසද්ධර්මය යැයි කියනු ලැබේ.

මහණෙනි, සදධර්මය යනු කුමක්ද? ප්‍රාණඝාතයෙන් වැළකීම ය, ...(පෙ).... නිවැරදි දෘෂ්ටිය ය. මහණෙනි, මෙය සද්ධර්මය යැයි කියනු ලැබේ."

සාදු! සාදු!! සාදු!!!

සද්ධම්ම සූත්‍රය නිමා විය.

10.4.4.4.
සප්පුරිසධම්ම සූත්‍රය
සත්පුරුෂ ධර්මය ගැන වදාළ දෙසුම

"මහණෙනි, ඔබට සත්පුරුෂ ධර්මය ත්, අසත්පුරුෂ ධර්මය ත් ගැන දෙසන්නෙමි. එය අසව්. මැනැවින් මෙනෙහි කරව්. ....(පෙ).... මහණෙනි, අසත්පුරුෂ ධර්මය යනු කුමක්ද? ප්‍රාණඝාත ය, ...(පෙ).... වැරදි දෘෂ්ටි ය.

මහණෙනි, මෙය අසත්පුරුෂ ධර්මය යැයි කියනු ලැබේ.

මහණෙනි, සත්පුරුෂ ධර්මය යනු කුමක්ද? ප්‍රාණඝාතයෙන් වැළකීම ය, ...(පෙ).... නිවැරදි දෘෂ්ටිය ය. මහණෙනි, මෙය සත්පුරුෂ ධර්මය යැයි කියනු ලැබේ.”

සාදු! සාදු!! සාදු!!!

සප්පුරිස ධම්ම සූත්‍රය නිමා විය.

<h1 style="text-align:center">10.4.4.5.
උප්පාදේතබ්බ ධම්ම සූත්‍රය
ඉපිදවිය යුතු ධර්මය ගැන වදාළ දෙසුම</h1>

“මහණෙනි, ඔබට ඉපිද විය යුතු ධර්මය ත්, නොඉපදවිය යුතු ධර්මය ත් ගැන දෙසන්නෙමි. එය අසව්. මැනැවින් මෙනෙහි කරව්. ....(පෙ).... මහණෙනි, නොඉපදවිය යුතු ධර්මය යනු කුමක්ද? ප්‍රාණඝාත ය, ...(පෙ).... වැරදි දෘෂ්ටි ය. මහණෙනි, මෙය නොඉපදවිය යුතු ධර්මය යැයි කියනු ලැබේ.

මහණෙනි, ඉපිදවිය යුතු ධර්මය යනු කුමක්ද? ප්‍රාණඝාතයෙන් වැළකීම ය, ...(පෙ).... නිවැරදි දෘෂ්ටිය ය. මහණෙනි, මෙය ඉපිදවිය යුතු ධර්මය යැයි කියනු ලැබේ.”

සාදු! සාදු!! සාදු!!!

උප්පාදේතබ්බ ධම්ම සූත්‍රය නිමා විය.

<h1 style="text-align:center">10.4.4.6.
ආසේවිතබ්බ ධම්ම සූත්‍රය
සේවනය කළ යුතු ධර්මය ගැන වදාළ දෙසුම</h1>

“මහණෙනි, ඔබට සේවනය කළ යුතු ධර්මය ත්, සේවනය නොකළ යුතු ධර්මය ත් ගැන දෙසන්නෙමි. එය අසව්. මැනැවින් මෙනෙහි කරව්. ....(පෙ)....

මහණෙනි, සේවනය නොකළ යුතු ධර්මය යනු කුමක්ද? ප්‍රාණඝාත ය, ...(පෙ).... වැරදි දෘෂ්ටි ය. මහණෙනි, මෙය සේවනය නොකළ යුතු ධර්මය යැයි කියනු ලැබේ.

මහණෙනි, සේවනය කළ යුතු ධර්මය යනු කුමක්ද? ප්‍රාණඝාතයෙන් වැළකීම ය, ...(පෙ).... නිවැරදි දෘෂ්ටිය ය. මහණෙනි, මෙය සේවනය කළ යුතු ධර්මය යැයි කියනු ලැබේ."

සාදු! සාදු!! සාදු!!!

ආසේවිතබ්බ ධම්ම සූත්‍රය නිමා විය.

10.4.4.7.
භාවිතබ්බ ධම්ම සූත්‍රය
දියුණු කළ යුතු ධර්මය ගැන වදාළ දෙසුම

"මහණෙනි, ඔබට දියුණු කළ යුතු ධර්මය ත්, දියුණු නොකළ යුතු ධර්මය ත් ගැන දෙසන්නෙමි. එය අසව්. මැනැවින් මෙනෙහි කරව්. ....(පෙ).... මහණෙනි, දියුණු නොකළ යුතු ධර්මය යනු කුමක්ද? ප්‍රාණඝාත ය, ...(පෙ).... වැරදි දෘෂ්ටි ය. මහණෙනි, මෙය දියුණු නොකළ යුතු ධර්මය යැයි කියනු ලැබේ.

මහණෙනි, දියුණු කළ යුතු ධර්මය යනු කුමක්ද? ප්‍රාණඝාතයෙන් වැළකීම ය, ...(පෙ).... නිවැරදි දෘෂ්ටිය ය. මහණෙනි, මෙය දියුණු කළ යුතු ධර්මය යැයි කියනු ලැබේ."

සාදු! සාදු!! සාදු!!!

භාවිතබ්බ ධම්ම සූත්‍රය නිමා විය.

10.4.4.8.
බහුලීකත්තබ්බ ධම්ම සූත්‍රය
බහුලව ප්‍රගුණ කළ යුතු ධර්මය ගැන වදාළ දෙසුම

"මහණෙනි, ඔබට බහුල ව ප්‍රගුණ කළ යුතු ධර්මය ත්, ප්‍රගුණ නොකළ යුතු ධර්මය ත් ගැන දෙසන්නෙමි. එය අසව්. මැනැවින් මෙනෙහි කරව්. ....(පෙ).... මහණෙනි, ප්‍රගුණ නොකළ යුතු ධර්මය යනු කුමක්ද? ප්‍රාණඝාත ය, ...(පෙ).... වැරදි දෘෂ්ටි ය. මහණෙනි, මෙය ප්‍රගුණ නොකළ යුතු ධර්මය යැයි කියනු ලැබේ.

මහණෙනි, බහුල ව ප්‍රගුණ කළ යුතු ධර්මය යනු කුමක්ද? ප්‍රාණඝාතයෙන් වැළකීම ය, ...(පෙ).... නිවැරදි දෘෂ්ටිය ය. මහණෙනි, මෙය බහුල ව ප්‍රගුණ කළ යුතු ධර්මය යැයි කියනු ලැබේ."

සාදු! සාදු!! සාදු!!!

බහුලීකත්තබ්බ ධම්ම සූත්‍රය නිමා විය.

10.4.4.9.
අනුස්සරිතබ්බ ධම්ම සූත්‍රය
සිහි කළ යුතු ධර්මය ගැන වදාළ දෙසුම

"මහණෙනි, ඔබට සිහි කළ යුතු ධර්මය ත්, සිහි නොකළ යුතු ධර්මය ත් ගැන දෙසන්නෙමි. එය අසව්. මැනැවින් මෙනෙහි කරව්. ....(පෙ).... මහණෙනි, සිහි නොකළ යුතු ධර්මය යනු කුමක්ද? ප්‍රාණඝාත ය, ...(පෙ).... වැරදි දෘෂ්ටි ය. මහණෙනි, මෙය සිහි නොකළ යුතු ධර්මය යැයි කියනු ලැබේ.

මහණෙනි, සිහි කළ යුතු ධර්මය යනු කුමක්ද? ප්‍රාණඝාතයෙන් වැළකීම ය, ...(පෙ).... නිවැරදි දෘෂ්ටිය ය. මහණෙනි, මෙය සිහි කළ යුතු ධර්මය යැයි කියනු ලැබේ."

සාදු! සාදු!! සාදු!!!

අනුස්සරිතබ්බ ධම්ම සූත්‍රය නිමා විය.

10.4.4.10.
සච්ඡිකාතබ්බ ධම්ම සූත්‍රය
අත්දැකිය යුතු ධර්මය ගැන වදාළ දෙසුම

"මහණෙනි, ඔබට අත්දැකිය යුතු ධර්මය ත්, නොඅත්දැකිය යුතු ධර්මය ත් ගැන දෙසන්නෙමි. එය අසව්. මැනැවින් මෙනෙහි කරව්. ....(පෙ).... මහණෙනි, නොඅත්දැකිය යුතු ධර්මය යනු කුමක්ද? ප්‍රාණඝාත ය, ...(පෙ).... වැරදි දෘෂ්ටි ය. මහණෙනි, මෙය නොඅත්දැකිය යුතු ධර්මය යැයි කියනු ලැබේ.

මහණෙනි, අත්දැකිය යුතු ධර්මය යනු කුමක්ද? ප්‍රාණඝාතයෙන් වැළකීම ය, ...(පෙ).... නිවැරදි දෘෂ්ටිය ය. මහණෙනි, මෙය අත්දැකිය යුතු ධර්මය යැයි කියනු ලැබේ"

සාදු! සාදු!! සාදු!!!

සච්ඡිකාතබ්බ ධම්ම සූත්‍රය නිමා විය.

සිව්වෙනි අරියමග්ග වර්ගය අවසන් විය.

5. අපරපුග්ගල වර්ගය

10.4.5.1.-12.
සේවිතබ්බාදි ද්වාදස සුත්තානි
ඇසුරු කළ යුතු පුද්ගලයා ගැන වදාළ දෙසුම ආදී දොළොස් සූත්‍රයන්

1. "මහණෙනි, කරුණු දහයකින් සමන්විත පුද්ගලයා ඇසුරු නොකළ යුත්තේ ය. ඒ කවර කරුණු දහයකින් ද යත්;

ප්‍රාණඝාතය කරන්නේ වෙයි, සොරකම් කරන්නේ වෙයි, වැරදි කාම සේවනය කරන්නේ වෙයි, බොරු කියන්නේ වෙයි, කේලාම් කියන්නේ වෙයි, දරුණු වචන කියන්නේ වෙයි, නිසරු දේ කියන්නේ වෙයි, අන් සතු දේට ආසා කරන්නේ වෙයි, ද්වේෂ කරන්නේ වෙයි, වැරදි දෘෂ්ටියෙන් යුක්ත වූයේ වෙයි.

මහණෙනි, මෙම කරුණු දහයෙන් සමන්විත පුද්ගලයා ඇසුරු නොකළ යුත්තේ ය.

මහණෙනි, කරුණු දහයකින් සමන්විත පුද්ගලයා ඇසුරු කළ යුත්තේ ය. ඒ කවර කරුණු දහයකින් ද යත්;

ප්‍රාණඝාතයෙන් වැළකුණේ වෙයි, සොරකමෙන් වැළකුණේ වෙයි, වැරදි කාම සේවනයෙන් වැළකුණේ වෙයි, බොරු කීමෙන් වැළකුණේ වෙයි, කේලාම් කීමෙන් වැළකුණේ වෙයි, දරුණු වචන කීමෙන් වැළකුණේ වෙයි, නිසරු දේ කීමෙන් වැළකුණේ වෙයි, අන් සතු දේට ආසා නොකරන්නේ වෙයි, අද්වේෂය ඇත්තේ වෙයි, නිවැරදි දෘෂ්ටියෙන් යුක්ත වූයේ වෙයි.

මහණෙනි, මෙම කරුණු දහයෙන් සමන්විත පුද්ගලයා ඇසුරු කළ යුත්තේ ය.

2. මහණෙනි, කරුණු දහයකින් සමන්විත පුද්ගලයා ඇසුරු නොකළ යුත්තේ ය. ....(පෙ).... පුද්ගලයා ඇසුරු කළ යුත්තේ ය.

3. ඇසුරු කිරීම නොකළ යුත්තේ ය. ....(පෙ).... පුද්ගලයා ඇසුරු කිරීම කළ යුත්තේ ය.

4. නොපිදිය යුත්තේ ය. ....(පෙ).... පුද්ගලයා පිදිය යුත්තේ ය.

5. නොපැසසිය යුත්තේ ය. ....(පෙ).... පුද්ගලයා පැසසිය යුත්තේ ය.

6. ගෞරව නැත්තේ වෙයි ....(පෙ).... පුද්ගලයා ගෞරව ඇත්තේ වෙයි.

7. යටහත් පැවතුම් නැත්තේ වෙයි ....(පෙ).... පුද්ගලයා යටහත් පැවතුම් ඇත්තේ වෙයි.

8. වැරදි ලෙස ගත්තේ වෙයි ....(පෙ).... පුද්ගලයා හරි ලෙස ගත්තේ වෙයි.

9. පිරිසිදු නොවෙයි ....(පෙ).... පුද්ගලයා පිරිසිදු වෙයි.

10. මාන්නයට යට වෙන්නේ වෙයි ....(පෙ).... පුද්ගලයා මාන්නයට යට නොවෙයි.

11. ප්‍රඥාව නොවැඩෙයි ....(පෙ).... පුද්ගලයා ප්‍රඥාවෙන් වැඩෙයි.

12. බොහෝ පව් උපදවයි ....(පෙ).... පුද්ගලයා බොහෝ පින් උපදවයි. ඒ කවර කරුණු දහයකින් ද යත්;

ප්‍රාණඝාතයෙන් වැළකුණේ වෙයි, සොරකමෙන් වැළකුණේ වෙයි, වැරදි කාම සේවනයෙන් වැළකුණේ වෙයි, බොරු කීමෙන් වැළකුණේ වෙයි, කේලාම් කීමෙන් වැළකුණේ වෙයි, දරුණු වචන කීමෙන් වැළකුණේ වෙයි, නිසරු දේ කීමෙන් වැළකුණේ වෙයි, අන් සතු දේට ආසා නොකරන්නේ වෙයි, අද්වේෂය ඇත්තේ වෙයි, නිවැරදි දෘෂ්ටියෙන් යුක්ත වූයේ වෙයි.

මහණෙනි, මෙම කරුණු දහයෙන් සමන්විත පුද්ගලයා බොහෝ පින් උපදවයි.

සාදු! සාදු!! සාදු!!!

පස්වෙනි පුග්ගල වර්ගය අවසන් විය.
සිව්වෙනි පණ්ණාසකය නිමා විය.

පණහකට වැඩි සූත්‍රයෝ ය

1. කරජකාය වර්ගය

10.5.1.1.
පඨම නිරය සූත්‍රය
නිරය ගැන වදාළ පළමු දෙසුම

සැවැත් නුවර දී ය ......

මහණෙනි, දස කරුණකින් සමන්විත තැනැත්තා ඔසොවාගෙන පැමිණි බරක් බිම තබන්නේ යම් සේ ද, එසෙයින් ම නිරයෙහි උපදියි. ඒ කවර කරුණු දසයකින් ද යත්;

1.   මහණෙනි, මෙහිලා ඇතැමෙක් සතුන් මරන්නේ වෙයි. හේ රෞද්‍ර ය. ලේ වැකුණු අත් ඇත්තේ ය. වැනසීම්, පැහැර ගැනීම් වලින් යුක්ත වූයේ ය. සියළු ප්‍රාණභූතයන් කෙරෙහි දයා නැත්තේ ය.

2.   සොරකම් කරන්නේ වෙයි. ගමෙහි වේවා, වනයෙහි වේවා, අන් අය සතු යම් වස්තු උපකරණ ආදියක් ඇද්ද, ඒ නුදුන් දේ සොර සිතින් පැහැර ගන්නේ වෙයි.

3.   වැරදි කාම සේවනයෙන් යුතු වූයේ වෙයි. එනම් මව විසින් රකිනු ලබන, පියා විසින් රකිනු ලබන, මා පියන් විසින් රකිනු ලබන, සොයුරා විසින් රකිනු ලබන, සොයුරිය විසින් රකිනු ලබන, නෑයා විසින් රකිනු ලබන, ගෝත්‍රය විසින් රකිනු ලබන, ගුණධර්ම විසින් රකිනු ලබන, යම් ස්ත්‍රීහු සිටිත් ද, එමෙන් ම ස්වාමියා සහිත වූ, විවාහය පිණිස යටත් පිරිසෙයින් මල් මාලයකින් හෝ අවුරන ලද යම් ස්ත්‍රීහු වෙත් ද, එබදු වූ ස්ත්‍රීන් කෙරෙහි වරදෙහි බැදෙන්නේ වෙයි.

4.   බොරු කියන්නේ වෙයි. සභාවකට ගියේ වේවා, පිරිසක් මැදට ගියේ

වේවා, නෑයන් මැදට ගියේ වේවා, ජන සමූහයක් මැදට ගියේ වේවා, රජය මැදට ගියේ වේවා, ඔහු ඉදිරියට කැඳවා සාක්ෂි විමසන්නේ නම් 'එම්බා පුරුෂය, මෙහි එව. යමක් දන්නෙහි නම් එය පවසව'යි. එවිට හේ නොදන්නේ ම 'දනිමි' යි කියන්නේ ය. දන්නේ ම 'නොදනිමි' යි කියන්නේ ය. නුදුටුවේ ම 'දකිමි' යි කියන්නේ ය. දුටුවේ ම 'නොදකිමි' යි කියන්නේ ය. මෙසේ තමා උදෙසා හෝ අනුන් උදෙසා හෝ කිසියම් ලාභයක් උදෙසා හෝ දැන දැන බොරු කියන්නේ වෙයි.

5. කේළාම් කියන්නෙක් වෙයි. මෙතන සිටින්නවුන් බිඳවීම පිණිස මෙතනින් අසා ගොස් අසවල් තැන කියන්නේ වෙයි. ඔවුන් බිඳවීම පිණිස එතනින් අසා විත් මෙතන කියන්නේ වෙයි. මෙසේ සමගි වූවන් බිඳින්නේ වෙයි. අසමගි වූවන්ගේ අසමගිය වැඩි කරන්නේ වෙයි. පිරිස වෙන් කිරීමෙහි ඇළුණේ වෙයි. පිරිස වෙන් කිරීමෙහි යෙදුණේ වෙයි. පිරිස වෙන් කිරීමෙහි සතුටු වන්නේ වෙයි. එබඳු බස් පවසන්නේ වෙයි.

6. දරුණු වචන කියන්නේ වෙයි. යම් වචනයක් දරුණු වෙයි ද, කර්කශ වෙයි ද, කටුක වෙයි ද, අනුන් කිපෙනසුළු වෙයි ද, ක්‍රෝධය ඇති කරන්නේ වෙයි ද, සිතේ සංසිඳීම නැති කරන්නේ වෙයි ද, එබඳු වූ බස් කියන්නේ වෙයි.

7. නිසරු දේ කියන්නේ වෙයි. කාලානුරූප නොවන දේ කියන්නේ වෙයි. අසත්‍ය කියන්නේ වෙයි. අයහපත් දේ කියන්නේ වෙයි. අධර්මය කියන්නේ වෙයි. හික්මීම නැතිවෙන දේ කියන්නේ වෙයි. මතක තබා ගැනීමට නුසුදුසු දේ කියෙන්නේ වෙයි. මෙසේ නොකල්හී හේතු රහිත ව සීමා රහිත ව අයහපත් වචන කියන්නේ වෙයි.

8. අන්සතු දෙයට ආසා කරයි. අනුන්ගේ ඒ අන්සතු යම් වස්තු උපකරණ ආදියක් ඇද්ද, ඒ කෙරෙහි ගිජු වූයේ වෙයි. 'අහෝ! සැබැවින් ම ඔවුන් අයත් දෙය මා සතු වේවා' යි සිතන්නේ වෙයි.

9. ද්වේෂ සිතින් යුතු වූයේ වෙයි. දූෂිත වූ සිතුවිලි ඇත්තේ වෙයි. 'මේ සත්වයෝ වැනසෙත්වා! සිරගත වෙත්වා! මුළින් ම නැසෙත්වා! විනාශයට පත්වෙත්වා! නොවෙත්වා! යි මෙසේ සිතන්නේ වෙයි.

10. වැරදි දෘෂ්ටියක් ගත්තේ වෙයි. විපරීත දැක්මකින් යුතු වූයේ වෙයි. 'දෙන ලද්දෙහි විපාක නැත්තේ ය. පුදන ලද්දෙහි විපාක නැත්තේ ය. සේවායෙහි විපාක නැත්තේ ය. හොඳ නරක කර්මයන්ගේ විපාක නැත්තේ ය. මෙලොවක් නැත්තේ ය. පරලොවක් නැත්තේ ය. මවක් නැත්තේ ය. පියෙක් නැත්තේ ය.

ඕපපාතික සත්වයෝ නැත්තාහ. ලොවෙහි නිවැරදි මගට පිළිපන්, නිවැරදි මගෙහි ගිය මෙලොව පරලොව පිළිබඳ සිය විශිෂ්ට ඥානයෙන් අත්දැක යමක් පවසත් නම්, එබඳු වූ ශ්‍රමණ බ්‍රාහ්මණයෝ නැත්තාහු යැ'යි. මෙබඳු දෙයක් සිතට ගත්තේ වෙයි.

මහණෙනි, මෙම දස කරුණෙන් සමන්විත තැනැත්තා ඔසොවාගෙන පැමිණි බරක් බිම තබන්නේ යම් සේ ද, එසෙයින් ම නිරයෙහි උපදියි.

මහණෙනි, මෙම දස කරුණෙකින් සමන්විත තැනැත්තා ඔසොවාගෙන පැමිණි බරක් බිම තබන්නේ යම් සේ ද, එසෙයින් ම සුගතියෙහි උපදියි. ඒ කවර කරුණු දසයකින් ද යත්;

1. මහණෙනි, මෙහිලා ඇතැමෙක් සතුන් මැරීම අත්හැර සතුන් මැරීමෙන් වැළකුණේ වෙයි. දඬු මුගුරු අත්හැරියේ වෙයි. අවි ආයුධ අත්හැරියේ වෙයි. ලැජ්ජාවෙන් යුතු වෙයි. දයාවෙන් යුතුවෙයි. සියළු සත්ව වර්ගයා කෙරෙහි හිතානුකම්පී ව වාසය කරයි.

2. සොරකම අත්හැර සොරකමින් වැළකුණේ වෙයි. ගමෙහි වේවා, වනයෙහි වේවා, අන් අය සතු යම් වස්තු උපකරණ ආදියක් ඇද්ද, ඒ නුදුන් දේ සොර සිතින් පැහැර නොගන්නේ වෙයි.

3. වැරදි කාමසේවනය අත්හැර වැරදි කාම සේවනයෙන් වැළකුණේ වෙයි. එනම් මව විසින් රකිනු ලබන, පියා විසින් රකිනු ලබන, මා පියන් විසින් රකිනු ලබන, සොයුරා විසින් රකිනු ලබන, සොයුරිය විසින් රකිනු ලබන, ශ්‍රෝතය විසින් රකිනු ලබන, නෑයා විසින් රකිනු ලබන, ගුණධර්ම විසින් රකිනු ලබන, යම් ස්ත්‍රීහු සිටිත් ද, එමෙන් ම ස්වාමියා සහිත වූ, විවාහය පිණිස යටත් පිරිසෙයින් මල් මාලයකින් හෝ අවුරන ලද යම් ස්ත්‍රීහු වෙත් ද, එබඳු වූ ස්ත්‍රීන් කෙරෙහි වරදෙහි නොබැඳෙන්නේ වෙයි.

4. බොරු කීම අත්හැර, බොරු කීමෙන් වැළකුණේ වෙයි. සභාවකට ගියේ වේවා, පිරිසක් මැදට ගියේ වේවා, නෑයන් මැදට ගියේ වේවා, ජන සමූහයක් මැදට ගියේ වේවා, රජය මැදට ගියේ වේවා, ඔහු ඉදිරියට කැඳවා සාක්ෂි විමසන්නේ නම් 'එම්බා පුරුෂය, මෙහි එව. යමක් දන්නෙහි නම් එය පවසව'යි. එවිට හේ නොදන්නේ ම 'නොදනිමි' යි කියන්නේ ය. දන්නේ ම 'දනිමි' යි කියන්නේ ය. නුදුටුවේ ම 'නොදකිමි' යි කියන්නේ ය. දුටුවේ ම 'දකිමි' යි කියන්නේ ය. මෙසේ තමා උදෙසා හෝ අනුන් උදෙසා හෝ කිසියම් ලාභයක් උදෙසා හෝ දැන දැන බොරු නොකියන්නේ වෙයි.

5. කේලාම් කීම අත්හැර, කේලාම් කීමෙන් වැළකුණේ වෙයි. මෙතන සිටින්නවුන් බිඳවීම පිණිස මෙතනින් අසා ගොස් අසවල් තැන නොකියන්නේ වෙයි. ඔවුන් බිඳවීම පිණිස එතනින් අසා විත් මෙතන නොකියන්නේ වෙයි. මෙසේ බිඳුණු අය සමගි කරන්නේ වෙයි. සමඟි වූවන්ගේ සමඟිය වැඩි කරන්නේ වෙයි. පිරිස සමඟි කිරීමෙහි ඇළුණේ වෙයි. පිරිස සමඟි කිරීමෙහි යෙදුණේ වෙයි. පිරිස සමඟි කිරීමෙහි සතුටු වන්නේ වෙයි. එබඳු බස් පවසන්නේ වෙයි.

6. දරුණු වචන අත්හැර, දරුණු වචනයෙන් වැළකුණේ වෙයි. යම් වචනයක් දොස් රහිත වේ ද, ශ්‍රවණයට සැප එළවයි ද, දයාව ඇති කරවයි ද, හෘදයාංගම වෙයි ද, වැදගත් වෙයි ද, බොහෝ ජනයා කැමති වෙයි ද, බොහෝ ජනයා මනාප වෙයි ද, එබඳු වූ බස් කියන්නේ වෙයි.

7. නිසරු දේ කීම අත්හැර නිසරු දේ පැවසීමෙන් වැළකුණේ වෙයි. කාලානුරූප වන දේ කියන්නේ වෙයි. සත්‍ය කියන්නේ වෙයි. යහපත් දේ කියන්නේ වෙයි. ධර්මය කියන්නේ වෙයි. හික්මීම ඇතිවෙන දේ කියන්නේ වෙයි. මතක තබා ගැනීමට සුදුසු දේ කියෙන්නේ වෙයි. මෙසේ සුදුසු කල්හී හේතු සහිත ව සීමා සහිත ව යහපත් වචන කියන්නේ වෙයි.

8. අන්සතු දෙයට ආසා නොකරයි. අනුන්ගේ ඒ අන්සතු යම් වස්තු උපකරණ ආදියක් ඇද්ද, ඒ කෙරෙහි ගිජු නොවූයේ වෙයි. 'අහෝ! සැබැවින් ම ඔවුන් අයත් දෙය මා සතු වේවා' යි නොසිතන්නේ වෙයි.

9. ද්වේෂ නැති සිතින් යුතු වූයේ වෙයි. දූෂිත වූ සිතුවිලි නැත්තේ වෙයි. 'මේ සත්වයෝ වෛර නැත්තෝ වෙත්වා! තරහ නැත්තෝ වෙත්වා! දුක් පීඩා නැත්තෝ වෙත්වා! සුවසේ ජීවත් වෙත්වා!' යි මෙසේ සිතන්නේ වෙයි.

10. නිවැරදි දෘෂ්ටියක් ගත්තේ වෙයි. අවිපරීත දැක්මකින් යුතු වූයේ වෙයි. 'දෙන ලද්දෙහි විපාක ඇත්තේ ය. පුදන ලද්දෙහි විපාක ඇත්තේ ය. සේවායෙහි විපාක ඇත්තේ ය. හොඳ නරක කර්මයන්ගේ විපාක ඇත්තේ ය. මෙලොවක් ඇත්තේ ය. පරලොවක් ඇත්තේ ය. මවක් ඇත්තේ ය. පියෙක් ඇත්තේ ය. ඕපපාතික සත්වයෝ ඇත්තාහ. ලොවෙහි නිවැරදි මගට පිළිපන්, නිවැරදි මගෙහි ගිය මෙලොව පරලොව පිළිබඳ සිය විශිෂ්ට ඥානයෙන් අත්දැක යමක් පවසත් නම්, එබඳු වූ ශ්‍රමණ බ්‍රාහ්මණයෝ ඇත්තාහු යැ'යි. මෙබඳු දෙයක් සිතට ගත්තේ වෙයි.

මහණෙනි, මෙම දස කරුණෙන් සමන්විත තැනැත්තා ඔසොවාගෙන පැමිණි බරක් බිම තබන්නේ යම් සේ ද, එසෙයින් ම සුගතියෙහි උපදියි.

සාදු! සාදු!! සාදු!!!

පඨම නිරය සූත්‍රය නිමා විය.

10.5.1.2
දුතිය නිරය සූත්‍රය
නිරය ගැන වදාළ දෙවෙනි දෙසුම

මහණෙනි, දස කරුණකින් සමන්විත තැනැත්තා ඔසොවාගෙන පැමිණි බරක් බිම තබන්නේ යම් සේ ද, එසෙයින් ම නිරයෙහි උපදියි. ඒ කවර කරුණු දසයකින් ද යත්;

මහණෙනි, මෙහිලා ඇතැමෙක් සතුන් මරන්නේ වෙයි. හේ රෞද්‍ර ය. ලේ වැකුණු අත් ඇත්තේ ය. වැනසීම්, පැහැර ගැනීම් වලින් යුක්ත වූයේ ය. සියළු ප්‍රාණභූතයන් කෙරෙහි දයා නැත්තේ ය. සොරකම් කරන්නේ වෙයි. ....(පෙ).... වැරදි කාම සේවනයෙන් යුතු වූයේ වෙයි. ....(පෙ).... බොරු කියන්නේ වෙයි. ....(පෙ).... කේලාම් කියන්නෙක් වෙයි. ....(පෙ).... දරුණු වචන කියන්නේ වෙයි. ....(පෙ).... නිසරු දේ කියන්නේ වෙයි. ....(පෙ).... අන්සතු දෙයට ආසා කරයි. ....(පෙ).... ද්වේෂ සිතින් යුතු වූයේ වෙයි. ....(පෙ).... වැරදි දෘෂ්ටියක් ගත්තේ වෙයි. විපරීත දැක්මකින් යුතු වූයේ වෙයි. 'දෙන ලද්දෙහි විපාක නැත්තේ ය. පුදන ලද්දෙහි විපාක නැත්තේ ය. සේවායෙහි විපාක නැත්තේ ය. හොඳ නරක කර්මයන්ගේ විපාක නැත්තේ ය. මෙලොවක් නැත්තේ ය. පරලොවක් නැත්තේ ය. මවක් නැත්තේ ය. පියෙක් නැත්තේ ය. ඕපපාතික සත්වයෝ නැත්තාහ. ලොවෙහි නිවැරදි මගට පිළිපන්, නිවැරදි මගෙහි ගිය මෙලොව පරලොව පිළිබඳ සිය විශිෂ්ට ඥානයෙන් අත්දැක යමක් පවසත් නම්, එබඳු වූ ශ්‍රමණ බ්‍රාහ්මණයෝ නැත්තාහු යැ'යි. මෙබඳු දෙයක් සිතට ගත්තේ වෙයි.

මහණෙනි, මෙම දස කරුණෙන් සමන්විත තැනැත්තා ඔසොවාගෙන පැමිණි බරක් බිම තබන්නේ යම් සේ ද, එසෙයින් ම නිරයෙහි උපදියි.

මහණෙනි, දස කරුණකින් සමන්විත තැනැත්තා ඔසොවාගෙන පැමිණි බරක් බිම තබන්නේ යම් සේ ද, එසෙයින් ම සුගතියෙහි උපදියි. ඒ කවර කරුණු දසයකින් ද යත්;

මහණෙනි, මෙහිලා ඇතැමෙක් සතුන් මැරීම අත්හැර සතුන් මැරීමෙන්

වැළකුණේ වෙයි. දඬු මුගුරු අත්හැරියේ වෙයි. අවි ආයුධ අත්හැරියේ වෙයි. ලැජ්ජාවෙන් යුතු වෙයි. දයාවෙන් යුතුවෙයි. සියළු සත්ව වර්ගයා කෙරෙහි හිතානුකම්පී ව වාසය කරයි. ....(පෙ).... සොරකම අත්හැර සොරකමින් වැළකුණේ වෙයි. ....(පෙ).... වැරදි කාම සේවනය අත්හැර, වැරදි කාම සේවනයෙන් වැළකුණේ වෙයි. ....(පෙ).... බොරු කීම අත්හැර, බොරු කීමෙන් වැළකුණේ වෙයි. ....(පෙ).... කේළාම් කීම අත්හැර, කේළාම් කීමෙන් වැළකුණේ වෙයි. ....(පෙ).... දරුණු වචන අත්හැර, දරුණු වචනයෙන් වැළකුණේ වෙයි. ....(පෙ).... නිසරු දේ කීම අත්හැර නිසරු දේ පැවසීමෙන් වැළකුණේ වෙයි. ....(පෙ).... අන්සතු දෙයට ආසා නොකරයි. ....(පෙ).... ද්වේෂ නැති සිතින් යුතු වූයේ වෙයි. ....(පෙ).... නිවැරදි දෘෂ්ටියක් ගත්තේ වෙයි. අවිපරීත දැක්මකින් යුතු වූයේ වෙයි. 'දෙන ලද්දෙහි විපාක ඇත්තේ ය. පුදන ලද්දෙහි විපාක ඇත්තේ ය. සේවායෙහි විපාක ඇත්තේ ය. හොඳ නරක කර්මයන්ගේ විපාක ඇත්තේ ය. මෙලොවක් ඇත්තේ ය. පරලොවක් ඇත්තේ ය. මවක් ඇත්තේ ය. පියෙක් ඇත්තේ ය. ඕපපාතික සත්වයෝ ඇත්තාහ. ලොවෙහි නිවැරදි මගට පිළිපන්, නිවැරදි මගෙහි ගිය මෙලොව පරලොව පිළිබඳ සිය විශිෂ්ට ඥානයෙන් අත්දැක යමක් පවසත් නම්, එබඳු වූ ශ්‍රමණ බ්‍රාහ්මණයෝ ඇත්තාහු යැ'යි. මෙබඳු දෙයක් සිතට ගත්තේ වෙයි.

මහණෙනි, මෙම දස කරුණෙන් සමන්විත තැනැත්තා ඔසොවාගෙන පැමිණි බරක් බිම තබන්නේ යම් සේ ද, එසෙයින් ම සුගතියෙහි උපදියි.

සාදු! සාදු!! සාදු!!!

දුතිය නිරය සූත්‍රය නිමා විය.

10.5.1.3
මාතුගාම සූත්‍රය
ස්ත්‍රිය ගැන වදාළ දෙසුම

"මහණෙනි, කරුණු දහයකින් සමන්විත ස්ත්‍රිය ඔසොවාගෙන පැමිණි බරක් බිම තබන්නේ යම් සේ ද, එසෙයින් ම නිරයෙහි උපදින්නීය. ඒ කවර කරුණු දහයකින් ද යත්;

ප්‍රාණඝාතය කරන්නී වෙයි, සොරකම් කරන්නී වෙයි, වැරදි කාම

සේවනය කරන්නී වෙයි, බොරු කියන්නී වෙයි, කේලාම් කියන්නී වෙයි, දරුණු වචන කියන්නී වෙයි, නිසරු දේ කියන්නී වෙයි, අන් සතු දේට ආසා කරන්නී වෙයි, ද්වේෂ කරන්නී වෙයි, වැරදි දෘෂ්ටියෙන් යුක්ත වන්නී වෙයි.

මහණෙනි, මෙම කරුණු දහයෙන් සමන්විත ස්ත්‍රිය ඔසොවාගෙන පැමිණි බරක් බිම තබන්නේ යම් සේ ද, එසෙයින් ම නිරයෙහි උපදින්නීය.

මහණෙනි, කරුණු දහයකින් සමන්විත ස්ත්‍රිය ඔසොවාගෙන පැමිණි බරක් බිම තබන්නේ යම් සේ ද, එසෙයින් ම සුගතියෙහි උපදින්නීය. ඒ කවර කරුණු දහයකින් ද යත්;

ප්‍රාණඝාතයෙන් වැළකුණා වෙයි, සොරකමෙන් වැළකුණා වෙයි, වැරදි කාම සේවනයෙන් වැළකුණා වෙයි, බොරු කීමෙන් වැළකුණා වෙයි, කේලාම් කීමෙන් වැළකුණා වෙයි, දරුණු වචන කීමෙන් වැළකුණා වෙයි, නිසරු දේ කීමෙන් වැළකුණා වෙයි, අන් සතු දේට ආසා නොකරන්නී වෙයි, අද්වේෂය ඇත්තී වෙයි, නිවැරදි දෘෂ්ටියෙන් යුක්ත වූවා වෙයි.

මහණෙනි, මෙම කරුණු දහයෙන් සමන්විත ස්ත්‍රිය ඔසොවාගෙන පැමිණි බරක් බිම තබන්නේ යම් සේ ද, එසෙයින් ම සුගතියෙහි උපදින්නීය.

සාදු! සාදු!! සාදු!!!

මාතුගාම සූත්‍රය නිමා විය.

10.5.1.4
උපාසිකා සූත්‍රය
උපාසිකාව ගැන වදාළ දෙසුම

"මහණෙනි, කරුණු දහයකින් සමන්විත උපාසිකාව ඔසොවාගෙන පැමිණි බරක් බිම තබන්නේ යම් සේ ද, එසෙයින් ම නිරයෙහි උපදින්නීය. ඒ කවර කරුණු දහයකින් ද යත්;

ප්‍රාණඝාතය කරන්නී වෙයි, සොරකම් කරන්නී වෙයි, වැරදි කාම සේවනය කරන්නී වෙයි, බොරු කියන්නී වෙයි, කේලාම් කියන්නී වෙයි, දරුණු වචන කියන්නී වෙයි, නිසරු දේ කියන්නී වෙයි, අන් සතු දේට ආසා කරන්නී වෙයි, ද්වේෂ කරන්නී වෙයි, වැරදි දෘෂ්ටියෙන් යුක්ත වන්නී වෙයි.

මෙම කරුණු දහයෙන් සමන්විත උපාසිකාව ඔසොවාගෙන පැමිණි බරක් බිම තබන්නේ යම් සේ ද, එසෙයින් ම නිරයෙහි උපදින්නීය.

මෙම කරුණු දහයෙන් සමන්විත උපාසිකාව ඔසොවාගෙන පැමිණි බරක් බිම තබන්නේ යම් සේ ද, එසෙයින් ම සුගතියෙහි උපදින්නීය. ඒ කවර කරුණු දහයකින් ද යත්;

ප්‍රාණඝාතයෙන් වැළකුණා වෙයි, ...(පෙ).... නිවැරදි දෘෂ්ටියෙන් යුක්ත වූවා වෙයි.

මහණෙනි, මෙම කරුණු දහයෙන් සමන්විත උපාසිකාව ඔසොවාගෙන පැමිණි බරක් බිම තබන්නේ යම් සේ ද, එසෙයින් ම සුගතියෙහි උපදින්නීය.

සාදු! සාදු!! සාදු!!!

උපාසිකා සූත්‍රය නිමා විය.

10.5.1.5
විසාරද සූත්‍රය
විශාරද උපාසිකාව ගැන වදාළ දෙසුම

"මහණෙනි, මෙම කරුණු දහයෙන් සමන්විත උපාසිකාව අවිශාරද ව ගිහි ගෙදර වසන්නී ය. ඒ කවර කරුණු දහයකින් ද යත්;

ප්‍රාණඝාතය කරන්නී වෙයි, සොරකම් කරන්නී වෙයි, වැරදි කාම සේවනය කරන්නී වෙයි, බොරු කියන්නී වෙයි, කේලාම් කියන්නී වෙයි, දරුණු වචන කියන්නී වෙයි, නිසරු දේ කියන්නී වෙයි, අන් සතු දේට ආසා කරන්නී වෙයි, ද්වේෂ කරන්නී වෙයි, වැරදි දෘෂ්ටියෙන් යුක්ත වන්නී වෙයි.

මෙම කරුණු දහයෙන් සමන්විත උපාසිකාව අවිශාරද ව ගිහි ගෙදර වසන්නී ය.

මෙම කරුණු දහයෙන් සමන්විත උපාසිකාව විශාරද ව ගිහි ගෙදර වසන්නී ය. ඒ කවර කරුණු දහයකින් ද යත්;

ප්‍රාණඝාතයෙන් වැළකුණා වෙයි, සොරකමෙන් වැළකුණා වෙයි, වැරදි කාම සේවනයෙන් වැළකුණා වෙයි, බොරු කීමෙන් වැළකුණා වෙයි, කේලාම්

කීමෙන් වැළකුණා වෙයි, දරුණු වචන කීමෙන් වැළකුණා වෙයි, නිසරු දේ කීමෙන් වැළකුණා වෙයි, අන් සතු දේට ආසා නොකරන්නී වෙයි, අද්වේෂය ඇත්තී වෙයි, නිවැරදි දෘෂ්ටියෙන් යුක්ත වූවා වෙයි.

මෙම කරුණු දහයෙන් සමන්විත උපාසිකාව විශාරද ව ගිහි ගෙදර වසන්නී ය.

සාදු! සාදු!! සාදු!!!

විසාරද සූත්‍රය නිමා විය.

10.5.1.6
සංසප්පනීය පරියාය සූත්‍රය
කැරකී සැඟවී යන ඉරණම ගැන වදාළ දෙසුම

"මහණෙනි, ඔබට කැරකී සැඟවී යන ඉරණම ගැන දේශනා කරන්නෙමි. එය අසව්. මැනැවින් මෙනෙහි කරව්. පවසන්නෙමි."

"එසේය ස්වාමීනී" යි ඒ භික්ෂූහු භාග්‍යවතුන් වහන්සේට පිළිවදන් දුන්හ. භාග්‍යවතුන් වහන්සේ මෙය වදාළ සේක.

"මහණෙනි, කැරකී සැඟවී යන ඉරණම පිළිබඳ වූ ඒ ධර්ම ක්‍රමය කිමෙක් ද?

මහණෙනි, සත්වයෝ තමා කරන ලද දෙයින් ඇතිවන විපාකය තමා සතු ව සිටින්නෝ ය. තමා කරන ක්‍රියාව ම දායාදය කොට සිටින්නෝ ය. තමාගේ ක්‍රියාව තමා උපදින තැන තීරණය කරන ස්වභාවයෙන් යුත්තෝ ය. තමාගේ ක්‍රියාව ම ඥාතියා කොට වසන්නෝ ය. කර්මය පිළිසරණ කොට වසන්නෝ ය. කල්‍යාණ වූ හෝ පාපී වූ හෝ යම් ක්‍රියාවක් කරන්නෝ ද, එහි ඵලය දායාදය කරගන්නෝ ය.

මහණෙනි, මෙහිලා ඇතැමෙක් සතුන් මරන්නේ වෙයි. හේ රෞද්‍ර ය. ලේ වැකුණු අත් ඇත්තේ ය. වැනසීම්, පැහැර ගැනීම් වලින් යුක්ත වූයේ ය. සියළු ප්‍රාණභූතයන් කෙරෙහි දයා නැත්තේ ය. ඔහු කයින් කැරකී යන කර්මයක් කරන්නේ ය. වචනයෙන් කැරකී යන කර්මයක් කරන්නේ ය. මනසින් කැරකී යන කර්මයක් කරන්නේ ය. ඔහුගේ කාය කර්මය වක්‍ර වූයේ වෙයි. වචී කර්මය වක්‍ර වූයේ වෙයි. මනෝ කර්මය වක්‍ර වූයේ වෙයි. ඔහුගේ ගිය ගමන වක්‍ර වූයේ

වෙයි. ඔහුගේ උපත වක්‍ර වූයේ වෙයි. මහණෙනි, මම මෙසේ වක්‍ර ගමනක යෙදුණු, වක්‍ර උපතක් ඇති කෙනෙකුට යම්බඳු ඒකාන්තයෙන් දුක්ඛිත වූ නිරයෝ ඇද්ද, එහි හෝ යම්බඳු කැරකී සැඟවී යන ස්වභාව ඇති තිරිසන් යෝනි ඇද්ද මේ දෙගතියෙන් එක්තරා උපතක් උරුම් කරගන්නේ යැයි කියමි.

මහණෙනි, කැරකී සැඟවී යන ස්වභාව ඇති ඒ තිරිසන් යෝනි මොනවාද? සර්පයෝ ය. ගෝනුස්සෝ ය. පත්තෑයෝ ය. මුගටියෝ ය. බළල්ලු ය. මීයෝ ය. බකමූණෝ ය. මෙබඳු වූ අන්‍ය තිරිසන් යෝනිවල උපන් සතුන් ඇද්ද, ඔවුහු මිනිසුන් දැක කැරකී සැඟවී යති. මහණෙනි, මෙසේ සත්වයාගේ කර්මය සත්වයාගේ උපත වෙයි. යමක් කරයි නම්, ඒ හේතුවෙන් උපදියි. උපන්නහු ඒ කර්ම විපාක ස්පර්ශයෝ ස්පර්ශ කරති. මහණෙනි, මේ අයුරින් ද මම සත්වයෝ කර්මය දායාද කරගත්තෝ යැයි කියමි.

මහණෙනි, මෙහිලා කෙනෙක් සොරකම් කරන්නේ වෙයි. ....(පෙ).... වැරදි කාම සේවනයෙන් යුතු වූයේ වෙයි. ....(පෙ).... බොරු කියන්නේ වෙයි. ....(පෙ).... කේළාම් කියන්නෙක් වෙයි. ....(පෙ).... දරුණු වචන කියන්නේ වෙයි. ....(පෙ).... නිසරු දේ කියන්නේ වෙයි. ....(පෙ).... අන්සතු දෙයට ආසා කරයි. ....(පෙ).... ද්වේෂ සිතින් යුතු වූයේ වෙයි. ....(පෙ).... වැරදි දෘෂ්ටියක් ගත්තේ වෙයි. විපරීත දැක්මකින් යුතු වූයේ වෙයි. 'දෙන ලද්දෙහි විපාක නැත්තේ ය. ....(පෙ).... ලොවෙහි නිවැරදි මගට පිළිපන්, නිවැරදි මගෙහි ගිය මෙලොව පරලොව පිළිබඳ සිය විශිෂ්ට ඥානයෙන් අත්දැක යමක් පවසත් නම්, එබඳු වූ ශ්‍රමණ බ්‍රාහ්මණයෝ නැත්තාහු යැ'යි.

ඔහු කයින් කැරකී යන කර්මයක් කරන්නේ ය. වචනයෙන් කැරකී යන කර්මයක් කරන්නේ ය. මනසින් කැරකී යන කර්මයක් කරන්නේ ය. ඔහුගේ කාය කර්මය වක්‍ර වූයේ වෙයි. වචී කර්මය වක්‍ර වූයේ වෙයි. මනෝ කර්මය වක්‍ර වූයේ වෙයි. ඔහුගේ ගිය ගමන වක්‍ර වූයේ වෙයි. ඔහුගේ උපත වක්‍ර වූයේ වෙයි. මහණෙනි, මම මෙසේ වක්‍ර ගමනක යෙදුණු, වක්‍ර උපතක් ඇති කෙනෙකුට යම්බඳු ඒකාන්තයෙන් දුක්ඛිත වූ නිරයෝ ඇද්ද, එහි හෝ යම්බඳු කැරකී සැඟවී යන ස්වභාව ඇති තිරිසන් යෝනි ඇද්ද මේ දෙගතියෙන් එක්තරා උපතක් උරුම කරගන්නේ යැයි කියමි.

මහණෙනි, කැරකී සැඟවී යන ස්වභාව ඇති ඒ තිරිසන් යෝනි මොනවාද? සර්පයෝ ය. ගෝනුස්සෝ ය. පත්තෑයෝ ය. මුගටියෝ ය. බළල්ලු ය. මීයෝ ය. බකමූණෝ ය. මෙබඳු වූ අන්‍ය තිරිසන් යෝනිවල උපන් සතුන් ඇද්ද, ඔවුහු මිනිසුන් දැක කැරකී සැඟවී යති. මහණෙනි, මෙසේ සත්වයාගේ

කර්මය සත්වයාගේ උපත වෙයි. යමක් කරයි නම්, ඒ හේතුවෙන් උපදියි. උපන්නහු ඒ කර්ම විපාක ස්පර්ශයෝ ස්පර්ශ කරති. මහණෙනි, මේ අයුරින් ද මම සත්වයෝ කර්මය දායාද කරගත්තෝ යැයි කියමි.

මහණෙනි, සත්වයෝ තමා කරන ලද දෙයින් ඇතිවන විපාකය තමා සතු ව සිටින්නෝ ය. තමා කරන ක්‍රියාව ම දායාදය කොට සිටින්නෝ ය. තමාගේ ක්‍රියාව තමා උපදින තැන තීරණය කරන ස්වභාවයෙන් යුත්තෝ ය. තමාගේ ක්‍රියාව ම ඥාතියා කොට වසන්නෝ ය. කර්මය පිළිසරණ කොට වසන්නෝ ය. කල්‍යාණ වූ හෝ පාපී වූ හෝ යම් ක්‍රියාවක් කරන්නෝ ද, එහි ඵලය දායාදය කරගන්නෝ ය.

මහණෙනි, මෙහිලා ඇතැමෙක් සතුන් මැරීම අත්හැර සතුන් මැරීමෙන් වැළකුණේ වෙයි. දඬු මුගුරු අත්හැරියේ වෙයි. අවි ආයුධ අත්හැරියේ වෙයි. ලැජ්ජාවෙන් යුතු වෙයි. දයාවෙන් යුතුවෙයි. සියළු සත්ව වර්ගයා කෙරෙහි හිතානුකම්පී ව වාසය කරයි.

ඔහු කයින් කැරකී යන කර්මයක් නොකරන්නේ ය. වචනයෙන් කැරකී යන කර්මයක් නොකරන්නේ ය. මනසින් කැරකී යන කර්මයක් නොකරන්නේ ය. ඔහුගේ කාය කර්මය ඍජු වූයේ වෙයි. වචී කර්මය ඍජු වූයේ වෙයි. මනෝ කර්මය ඍජු වූයේ වෙයි. ඔහුගේ ගිය ගමන ඍජු වූයේ වෙයි. ඔහුගේ උපත ඍජු වූයේ වෙයි. මහණෙනි, මම මෙසේ ඍජු ගමනක යෙදුණු, ඍජු උපතක් ඇති කෙනෙකුට යම්බඳු ඒකාන්ත සුඛ ස්වර්ගයෝ ඇද්ද, එහි හෝ යම්බඳු ක්ෂත්‍රීය මහාසාර කුලයක හෝ වේවා, බ්‍රාහ්මණ මහාසාර කුලයක හෝ වේවා, ගෘහපති මහාසාර කුලයක හෝ වේවා, ආඪ්‍ය වූ, මහා ධනය ඇති, මහා භෝග ඇති, බොහෝ රන් රිදී ඇති, බොහෝ සැප සම්පත් ඇති, බොහෝ ධන ධාන්‍ය ඇති උසස් කුලයෝ වෙත් නම් මේ දෙගතියෙන් එක්තරා උපතක් උරුම කරගන්නේ යැයි කියමි.

මහණෙනි, මෙසේ සත්වයාගේ කර්මය සත්වයාගේ උපත වෙයි. යමක් කරයි නම්, ඒ හේතුවෙන් උපදියි. උපන්නහු ඒ කර්ම විපාක ස්පර්ශයෝ ස්පර්ශ කරති. මහණෙනි, මේ අයුරින් ද මම සත්වයෝ කර්මය දායාද කරගත්තෝ යැයි කියමි.

මහණෙනි, මෙහිලා කෙනෙක් සොරකම අත්හැර සොරකමින් වැළකුණේ වෙයි. ....(පෙ).... වැරදි කාම සේවනය අත්හැර, වැරදි කාම සේවනයෙන් වැළකුණේ වෙයි. ....(පෙ).... බොරු කීම අත්හැර, බොරු කීමෙන් වැළකුණේ වෙයි. ....(පෙ).... කේළාම් කීම අත්හැර, කේළාම් කීමෙන් වැළකුණේ වෙයි.

....(පෙ).... දරුණු වචන අත්හැර, දරුණු වචනයෙන් වැළකුණේ වෙයි. ....(පෙ).... නිසරු දේ කීම අත්හැර නිසරු දේ පැවසීමෙන් වැළකුණේ වෙයි. ....(පෙ).... අන්සතු දෙයට ආසා නොකරයි. ....(පෙ).... ද්වේෂ නැති සිතින් යුතු වූයේ වෙයි. ....(පෙ).... නිවැරදි දෘෂ්ටියක් ගත්තේ වෙයි. අවිපරීත දැක්මකින් යුතු වූයේ වෙයි. 'දෙන ලද්දෙහි විපාක ඇත්තේ ය. පුදන ලද්දෙහි විපාක ඇත්තේ ය. සේවායෙහි විපාක ඇත්තේ ය. හොඳ නරක කර්මයන්ගේ විපාක ඇත්තේ ය. මෙලොවක් ඇත්තේ ය. පරලොවක් ඇත්තේ ය. මවක් ඇත්තේ ය. පියෙක් ඇත්තේ ය. ඕපපාතික සත්වයෝ ඇත්තාහ. ලොවෙහි නිවැරදි මගට පිළිපන්, නිවැරදි මගෙහි ගිය මෙලොව පරලොව පිළිබඳ සිය විශිෂ්ට ඥානයෙන් අත්දැක යමක් පවසත් නම්, එබඳු වූ ශ්‍රමණ බ්‍රාහ්මණයෝ ඇත්තාහු යැ'යි. මෙබඳු දෙයක් සිතට ගත්තේ වෙයි.

ඔහු කයින් කැරකී යන කර්මයක් නොකරන්නේ ය. වචනයෙන් කැරකී යන කර්මයක් නොකරන්නේ ය. මනසින් කැරකී යන කර්මයක් නොකරන්නේ ය. ඔහුගේ කාය කර්මය ඍජු වූයේ වෙයි. වචී කර්මය ඍජු වූයේ වෙයි. මනෝ කර්මය ඍජු වූයේ වෙයි. ඔහුගේ ගිය ගමන ඍජු වූයේ වෙයි. ඔහුගේ උපත ඍජු වූයේ වෙයි. මහණෙනි, මම මෙසේ ඍජු ගමනක යෙදුණු, ඍජු උපතක් ඇති කෙනෙකුට යම්බඳු ඒකාන්ත සුඛ ස්වර්ගයෝ ඇද්ද, එහි හෝ යම්බඳු ක්ෂත්‍රිය මහාසාර කුලයක හෝ වේවා, බ්‍රාහ්මණ මහාසාර කුලයක හෝ වේවා, ගෘහපති මහාසාර කුලයක හෝ වේවා, ආඪ්‍ය වූ, මහා ධනය ඇති, මහා භෝග ඇති, බොහෝ රන් රිදී ඇති, බොහෝ සැප සම්පත් ඇති, බොහෝ ධන ධාන්‍ය ඇති උසස් කුලයෝ වෙත් නම් මේ දෙගතියෙන් එක්තරා උපතක් උරුම කරගන්නේ යැයි කියමි.

මහණෙනි, මෙසේ සත්වයාගේ කර්මය සත්වයාගේ උපත වෙයි. යමක් කරයි නම්, ඒ හේතුවෙන් උපදියි. උපන්නහු ඒ කර්ම විපාක ස්පර්ශයෝ ස්පර්ශ කරති. මහණෙනි, මේ අයුරින් මම සත්වයෝ කර්මය දායාද කරගත්තෝ යැයි කියමි.

මහණෙනි, සත්වයෝ කර්මය තමාගේ දෙය කොට ඇත්තාහු ය. කර්මය දායාද කොට ඇත්තාහු ය. කර්මය උප්පත්ති ස්ථානය කොට ඇත්තාහු ය. කර්මය ඥාතියා කොට ඇත්තාහු ය. කර්මය පිළිසරණ කොට ඇත්තාහු ය. කල්‍යාණ වේවා, පවිටු වේවා යම් කර්මයක් කරත් ද, එය ඔහුගේ දායාදය වන්නේ ය.

මහණෙනි, මෙය වනාහී කැරකී සැඟවී යන ඉරණම නම් වූ ධර්ම පරියාය වේ.

සාදු! සාදු!! සාදු!!!

සංසප්පනීය පරියාය සූත්‍රය නිමා විය.

10.5.1.7.
පඨම සංචේතනික සූත්‍රය
දැන දැන කරන කර්මය ගැන වදාළ පළමු දෙසුම

මහණෙනි, මම දැන දැන කරන ලද, රැස්කරන ලද කර්මයන්ගේ විපාක නොවිඳ එය නැති වී යන බවක් නොකියමි. ඒ විපාකය වනාහී මේ ජීවිතයේදී හෝ ඊළඟ ජීවිතයේදී හෝ අනාගත සසරෙහි කිනම් අවස්ථාවක හෝ විපාක දෙන්නේ ය. මහණෙනි, මම දැන දැන කරන ලද, රැස්කරන ලද කර්මයන්ගේ විපාක නොවිඳ, දුක් අවසන් කිරීමක් ගැන නොකියමි.

මහණෙනි, එහිලා අකුසල් චේතනා පහළ කොට දුක් උපදවන, දුක් විපාක දෙන, තුන් ආකාර වූ කායික ක්‍රියා දෝෂයක් ඇත්තේ ය. අකුසල් චේතනා පහළ කොට දුක් උපදවන, දුක් විපාක දෙන, සිව් ආකාර වූ වාචසික ක්‍රියා දෝෂයක් ඇත්තේ ය. අකුසල් චේතනා පහළ කොට දුක් උපදවන, දුක් විපාක දෙන, තුන් ආකාර වූ මානසික ක්‍රියා දෝෂයක් ඇත්තේ ය.

මහණෙනි, අකුසල් චේතනා පහළ කොට දුක් උපදවන, දුක් විපාක දෙන, තුන් ආකාර කායික ක්‍රියා දෝෂය ඇති වන්නේ කෙසේද?

1. මහණෙනි, මෙහිලා ඇතැමෙක් සතුන් මරන්නේ වෙයි. හේ රෞද්‍ර ය. ලේ වැකුණු අත් ඇත්තේ ය. වැනසීම්, පැහැර ගැනීම් වලින් යුක්ත වූයේ ය. සියළු ප්‍රාණභූතයන් කෙරෙහි දයා නැත්තේ ය.

2. සොරකම් කරන්නේ වෙයි. ගමෙහි චේවා, වනයෙහි චේවා, අන් අය සතු යම් වස්තු උපකරණ ආදියක් ඇද්ද, ඒ නුදුන් දේ සොර සිතින් පැහැර ගන්නේ වෙයි.

3. වැරදි කාම සේවනයෙන් යුතු වූයේ වෙයි. එනම් මව විසින් රකිනු ලබන, ...(පෙ).... විවාහය පිණිස යටත් පිරිසෙයින් මල් මාලයකින් හෝ අවුරන ලද යම් ස්ත්‍රීහු වෙත් ද, එබඳු වූ ස්ත්‍රීන් කෙරෙහි වරදෙහි බැඳෙන්නේ වෙයි.

මහණෙනි, අකුසල් චේතනා පහළ කොට දුක් උපදවන, දුක් විපාක

දෙන, තුන් ආකාර කායික ක්‍රියා දෝෂය ඇති වන්නේ මේ අයුරිනි.

මහණෙනි, අකුසල් චේතනා පහළ කොට දුක් උපදවන, දුක් විපාක දෙන, සිව් ආකාර වාචසික ක්‍රියා දෝෂය ඇති වන්නේ කෙසේද?

4. මහණෙනි, මෙහිලා කෙනෙක් බොරු කියයි. සභාවකට ගියේ වේවා, පිරිසක් මැදට ගියේ වේවා, නෑයන් මැදට ගියේ වේවා, ජන සමූහයක් මැදට ගියේ වේවා, රජය මැදට ගියේ වේවා, ඔහු ඉදිරියට කැඳවා සාක්ෂි විමසන්නේ නම් 'එම්බා පුරුෂය, මෙහි එව. යමක් දන්නෙහි නම් එය පවසව'යි. එවිට හේ නොදන්නේ ම 'දනිමි' යි කියන්නේ ය. දන්නේ ම 'නොදනිමි' යි කියන්නේ ය. නුදුටුවේ ම 'දකිමි' යි කියන්නේ ය. දුටුවේ ම 'නොදකිමි' යි කියන්නේ ය. මෙසේ තමා උදෙසා හෝ අනුන් උදෙසා හෝ කිසියම් ලාභයක් උදෙසා හෝ දැන දැන බොරු කියන්නේ වෙයි.

5. කේළාම් කියන්නෙක් වෙයි. මෙතන සිටින්නවුන් බිඳවීම පිණිස මෙතනින් අසා ගොස් අසවල් තැන කියන්නේ වෙයි. ඔවුන් බිඳවීම පිණිස එතනින් අසා විත් මෙතන කියන්නේ වෙයි. මෙසේ සමගි වූවන් බිඳින්නේ වෙයි. අසමගි වූවන්ගේ අසමගිය වැඩි කරන්නේ වෙයි. පිරිස වෙන් කිරීමෙහි ඇළුණේ වෙයි. පිරිස වෙන් කිරීමෙහි යෙදුණේ වෙයි. පිරිස වෙන් කිරීමෙහි සතුටු වන්නේ වෙයි. එබඳු බස් පවසන්නේ වෙයි.

6. දරුණු වචන කියන්නේ වෙයි. යම් වචනයක් දරුණු වෙයි ද, කර්කශ වෙයි ද, කටුක වෙයි ද, අනුන් කිපෙනසුළු වෙයි ද, ක්‍රෝධය ඇති කරන්නේ වෙයි ද, සිතේ සංසිඳීම නැති කරන්නේ වෙයි ද, එබඳු වූ බස් කියන්නේ වෙයි.

7. නිසරු දේ කියන්නේ වෙයි. කාලානුරූප නොවන දේ කියන්නේ වෙයි. අසත්‍ය කියන්නේ වෙයි. අයහපත් දේ කියන්නේ වෙයි. අධර්මය කියන්නේ වෙයි. හික්මීම නැතිවෙන දේ කියන්නේ වෙයි. මතක තබා ගැනීමට නුසුදුසු දේ කියෙන්නේ වෙයි. මෙසේ නොකල්හී හේතු රහිත ව සීමා රහිත ව අයහපත් වචන කියන්නේ වෙයි.

මහණෙනි, අකුසල් චේතනා පහළ කොට දුක් උපදවන, දුක් විපාක දෙන, සිව් ආකාර වූ වාචසික ක්‍රියා දෝෂය ඇති වන්නේ මේ අයුරිනි.

මහණෙනි, අකුසල් චේතනා පහළ කොට දුක් උපදවන, දුක් විපාක දෙන, තුන් ආකාර වූ මානසික ක්‍රියා දෝෂය ඇති වන්නේ කෙසේද?

8. මහණෙනි, මෙහිලා කෙනෙක් අන්සතු දෙයට ආසා කරයි. එනම්,

අනුන්ගේ ඒ අන්සතු යම් වස්තු උපකරණ ආදියක් ඇද්ද, ඒ කෙරෙහි ගිජු වූයේ වෙයි. 'අහෝ! සැබැවින් ම ඔවුන් අයත් දෙය මා සතු වේවා' යි සිතන්නේ වෙයි.

9. ද්වේෂ සිතින් යුතු වූයේ වෙයි. දූෂිත වූ සිතුවිලි ඇත්තේ වෙයි. 'මේ සත්වයෝ වැනසෙත්වා! සිරගත වෙත්වා! මුළින් ම නැසෙත්වා! විනාශයට පත්වෙත්වා! නොවෙත්වා! යි මෙසේ සිතන්නේ වෙයි.

10. වැරදි දෘෂ්ටියක් ගත්තේ වෙයි. විපරීත දැක්මකින් යුතු වූයේ වෙයි. 'දෙන ලද්දෙහි විපාක නැත්තේ ය. පුදන ලද්දෙහි විපාක නැත්තේ ය. සේවායෙහි විපාක නැත්තේ ය. හොඳ නරක කර්මයන්ගේ විපාක නැත්තේ ය. මෙලොවක් නැත්තේ ය. පරලොවක් නැත්තේ ය. මවක් නැත්තේ ය. පියෙක් නැත්තේ ය. ඕපපාතික සත්වයෝ නැත්තාහ. ලොවෙහි නිවැරදි මගට පිළිපන්, නිවැරදි මගෙහි ගිය මෙලොව පරලොව පිළිබඳ සිය විශිෂ්ට ඥානයෙන් අත්දැක යමක් පවසත් නම්, එබඳු වූ ශ්‍රමණ බ්‍රාහ්මණයෝ නැත්තාහු යැ'යි. මෙබඳු දෙයක් සිතට ගත්තේ වෙයි.

මහණෙනි, අකුසල් චේතනා පහළ කොට දුක් උපදවන, දුක් විපාක දෙන, තුන් ආකාර වූ මානසික ක්‍රියා දෝෂය ඇති වන්නේ මේ අයුරිනි.

මහණෙනි, තුන් ආකාරයෙන් යුතු කායික ක්‍රියා දෝෂයන් ලබාදෙන අකුසල් චේතනා හේතුවෙන් සත්වයෝ කය බිඳී මරණින් මතු අපාය දුර්ගති විනිපාත නම් වූ නිරයෙහි උපදින්නාහ. මහණෙනි, සිව් ආකාරයෙන් යුතු වාචසික ක්‍රියා දෝෂයන් ලබාදෙන අකුසල් චේතනා හේතුවෙන් සත්වයෝ කය බිඳී මරණින් මතු අපාය දුර්ගති විනිපාත නම් වූ නිරයෙහි උපදින්නාහ. මහණෙනි, තුන් ආකාරයෙන් යුතු මානසික ක්‍රියා දෝෂයන් ලබාදෙන අකුසල් චේතනා හේතුවෙන් සත්වයෝ කය බිඳී මරණින් මතු අපාය දුර්ගති විනිපාත නම් වූ නිරයෙහි උපදින්නාහ.

මහණෙනි, එය මෙබඳු දෙයකි. යම් සේ හරි හතරැස් මැණිකක් උඩට දැමූ විට එය බිම වැටෙද්දී යම් යම් අතකින් පිහිටද්දී මැනැවින් ම පිහිටයි ද, එසෙයින් ම මහණෙනි, තුන් ආකාරයෙන් යුතු කායික ක්‍රියා දෝෂයන් ලබාදෙන අකුසල් චේතනා හේතුවෙන් සත්වයෝ කය බිඳී මරණින් මතු අපාය දුර්ගති විනිපාත නම් වූ නිරයෙහි උපදින්නාහ. සිව් ආකාරයෙන් යුතු වාචසික ක්‍රියා දෝෂයන් ලබාදෙන අකුසල් චේතනා හේතුවෙන් සත්වයෝ මරණින් මතු අපාය දුර්ගති විනිපාත නම් වූ නිරයෙහි උපදින්නාහ. තුන් ආකාරයෙන් යුතු මානසික ක්‍රියා දෝෂයන් ලබාදෙන අකුසල් චේතනා හේතුවෙන් සත්වයෝ

මරණින් මතු අපාය දුර්ගති විනිපාත නම් වූ නිරයෙහි උපදින්නාහ.

මහණෙනි, මම දැන දැන කරන ලද, රැස්කරන ලද කර්මයන්ගේ විපාක නොවිඳ එය නැති වී යන බවක් නොකියමි. ඒ විපාකය වනාහී මේ ජීවිතයේදී හෝ ඊළඟ ජීවිතයේදී හෝ අනාගත සසරෙහි කිනම් අවස්ථාවක හෝ විපාක දෙන්නේ ය. මහණෙනි, මම දැන දැන කරන ලද, රැස්කරන ලද කර්මයන්ගේ විපාක නොවිඳ දුක අවසන් කිරීමක් ගැන නොකියමි.

මහණෙනි, එහිලා කුසල් චේතනා පහළ කොට සැප උපදවන, සැප විපාක දෙන, තුන් ආකාර කායික ක්‍රියා සම්පතක් ඇත්තේ ය. කුසල් චේතනා පහළ කොට සැප උපදවන, සැප විපාක දෙන, සිව් ආකාර වාචසික ක්‍රියා සම්පතක් ඇත්තේ ය. කුසල් චේතනා පහළ කොට සැප උපදවන, සැප විපාක දෙන, තුන් ආකාර මානසික ක්‍රියා සම්පතක් ඇත්තේ ය.

මහණෙනි, කුසල් චේතනා පහළ කොට සැප උපදවන, සැප විපාක දෙන, තුන් ආකාර කායික ක්‍රියා සම්පතක් ඇත්තේ කෙසේද?

1.   මහණෙනි, මෙහිලා ඇතැමෙක් සතුන් මැරීම අත්හැර සතුන් මැරීමෙන් වැළකුණේ වෙයි. දඬු මුගුරු අත්හැරියේ වෙයි. අවි ආයුධ අත්හැරියේ වෙයි. ලැජ්ජාවෙන් යුතු වෙයි. දයාවෙන් යුතුවෙයි. සියළු සත්ව වර්ගයා කෙරෙහි හිතානුකම්පී ව වාසය කරයි.

2.   සොරකම අත්හැර සොරකමින් වැළකුණේ වෙයි. ගමෙහි වේවා, වනයෙහි වේවා, අන් අය සතු යම් වස්තු උපකරණ ආදියක් ඇද්ද, ඒ නුදුන් දේ සොර සිතින් පැහැර නොගන්නේ වෙයි.

3.   වැරදි කාම සේවනය අත්හැර, වැරදි කාම සේවනයෙන් වැළකුණේ වෙයි. එනම් මව විසින් රකිනු ලබන, ...(පෙ).... විවාහය පිණිස යටත් පිරිසෙයින් මල් මාලයකින් හෝ අවුරන ලද යම් ස්ත්‍රීහු වෙත් ද, එබඳු වූ ස්ත්‍රීන් කෙරෙහි වරදෙහි නොබැදෙන්නේ වෙයි.

මහණෙනි, කුසල් චේතනා පහළ කොට සැප උපදවන, සැප විපාක දෙන, තුන් ආකාර කායික ක්‍රියා සම්පතක් ඇත්තේ මේ අයුරිනි.

මහණෙනි, කුසල් චේතනා පහළ කොට සැප උපදවන, සැප විපාක දෙන, සිව් ආකාර වාචසික ක්‍රියා සම්පතක් ඇත්තේ කෙසේද?

4.   මහණෙනි, මෙහිලා කෙනෙක් බොරු කීම අත්හැර, බොරු කීමෙන් වැළකුණේ වෙයි. සභාවකට ගියේ වේවා, පිරිසක් මැදට ගියේ වේවා, නෑයන්

මැදට ගියේ වේවා, ජන සමූහයක් මැදට ගියේ වේවා, රජය මැදට ගියේ වේවා, ඔහු ඉදිරියට කැඳවා සාක්ෂි විමසන්නේ නම් 'එම්බා පුරුෂය, මෙහි එව. යමක් දන්නෙහි නම් එය පවසව'යි. එවිට හේ නොදන්නේ ම 'නොදනිමි' යි කියන්නේ ය. දන්නේ ම 'දනිමි' යි කියන්නේ ය. නුදුටුවේ ම 'නොදකිමි' යි කියන්නේ ය. දුටුවේ ම 'දකිමි' යි කියන්නේ ය. මෙසේ තමා උදෙසා හෝ අනුන් උදෙසා හෝ කිසියම් ලාභයක් උදෙසා හෝ දැන දැන බොරු නොකියන්නේ වෙයි.

5. කේලාම් කීම අත්හැර, කේලාම් කීමෙන් වැළකුණේ වෙයි. මෙතන සිටින්නවුන් බිඳවීම පිණිස මෙතනින් අසා ගොස් අසවල් තැන නොකියන්නේ වෙයි. ඔවුන් බිඳවීම පිණිස එතනින් අසා විත් මෙතන නොකියන්නේ වෙයි. මෙසේ බිඳුණු අය සමගි කරන්නේ වෙයි. සමගි වූවන්ගේ සමඟිය වැඩි කරන්නේ වෙයි. පිරිස සමඟි කිරීමෙහි ඇළුණේ වෙයි. පිරිස සමඟි කිරීමෙහි යෙදුණේ වෙයි. පිරිස සමඟි කිරීමෙහි සතුටු වන්නේ වෙයි. එබඳු බස් පවසන්නේ වෙයි.

6. දරුණු වචන අත්හැර, දරුණු වචනයෙන් වැළකුණේ වෙයි. යම් වචනයක් දොස් රහිත වේ ද, ශ්‍රවණයට සැප එළවයි ද, දයාව ඇති කරවයි ද, හෘදයාංගම වෙයි ද, වැදගත් වෙයි ද, බොහෝ ජනයා කැමති වෙයි ද, බොහෝ ජනයා මනාප වෙයි ද, එබඳු වූ බස් කියන්නේ වෙයි.

7. නිසරු දේ කීම අත්හැර නිසරු දේ පැවසීමෙන් වැළකුණේ වෙයි. කාලානුරූප වන දේ කියන්නේ වෙයි. සත්‍ය කියන්නේ වෙයි. යහපත් දේ කියන්නේ වෙයි. ධර්මය කියන්නේ වෙයි. හික්මීම ඇතිවෙන දේ කියන්නේ වෙයි. මතක තබා ගැනීමට සුදුසු දේ කියෙන්නේ වෙයි. මෙසේ සුදුසු කල්හී හේතු සහිත ව සීමා සහිත ව යහපත් වචන කියන්නේ වෙයි.

මහණෙනි, කුසල් චේතනා පහළ කොට සැප උපදවන, සැප විපාක දෙන, සිව් ආකාර වාචසික ක්‍රියා සම්පතක් ඇත්තේ මේ අයුරිනි.

මහණෙනි, කුසල් චේතනා පහළ කොට සැප උපදවන, සැප විපාක දෙන, තුන් ආකාර මානසික ක්‍රියා සම්පතක් ඇත්තේ කෙසේද?

8. මහණෙනි, මෙහිලා කෙනෙක් අන්සතු දෙයට ආසා නොකරයි. අනුන්ගේ ඒ අන්සතු යම් වස්තු උපකරණ ආදියක් ඇද්ද, ඒ කෙරෙහි ගිජු නොවූයේ වෙයි. 'අහෝ! සැබැවින් ම ඔවුන් අයත් දෙය මා සතු වේවා' යි නොසිතන්නේ වෙයි.

9. ද්වේෂ නැති සිතින් යුතු වූයේ වෙයි. දූෂිත වූ සිතුවිලි නැත්තේ වෙයි. 'මේ සත්වයෝ වෛර නැත්තෝ වෙත්වා! තරහ නැත්තෝ වෙත්වා! දුක් පීඩා නැත්තෝ වෙත්වා! සුවසේ ජීවත් වෙත්වා!' යි මෙසේ සිතන්නේ වෙයි.

10. නිවැරදි දෘෂ්ටියක් ගත්තේ වෙයි. අවිපරීත දැක්මකින් යුතු වූයේ වෙයි. 'දෙන ලද්දෙහි විපාක ඇත්තේ ය. පුදන ලද්දෙහි විපාක ඇත්තේ ය. සේවායෙහි විපාක ඇත්තේ ය. ....(පෙ).... ලොවෙහි නිවැරදි මගට පිළිපන්, නිවැරදි මගෙහි ගිය මෙලොව් පරලොව් පිළිබඳ සිය විශිෂ්ට ඥානයෙන් අත්දැක යමක් පවසත් නම්, එබඳු වූ ශ්‍රමණ බ්‍රාහ්මණයෝ ඇත්තාහු යැ'යි. මෙබඳු දෙයක් සිතට ගත්තේ වෙයි.

මහණෙනි, කුසල් චේතනා පහළ කොට සැප උපදවන, සැප විපාක දෙන, තුන් ආකාර මානසික ක්‍රියා සම්පතක් ඇත්තේ මේ අයුරිනි.

මහණෙනි, තුන් ආකාරයෙන් යුතු කායික ක්‍රියා සම්පත්තිය ලබා දෙන කුසල් චේතනා හේතුවෙන් සත්වයෝ කය බිඳී මරණින් මතු සුගති සංඛ්‍යාත ස්වර්ගයෙහි උපදින්නාහ. මහණෙනි, සිව් ආකාරයෙන් යුතු වාචසික ක්‍රියා සම්පත්තිය ලබා දෙන කුසල් චේතනා හේතුවෙන් සත්වයෝ කය බිඳී මරණින් මතු සුගති සංඛ්‍යාත ස්වර්ගයෙහි උපදින්නාහ. මහණෙනි, තුන් ආකාරයෙන් යුතු මානසික ක්‍රියා සම්පත්තිය ලබා දෙන කුසල් චේතනා හේතුවෙන් සත්වයෝ කය බිඳී මරණින් මතු සුගති සංඛ්‍යාත ස්වර්ගයෙහි උපදින්නාහ.

මහණෙනි, එය මෙබඳු දෙයකි. යම් සේ හරි හතරැස් මැණිකක් උඩට දැමූ විට එය බිම වැටෙද්දී යම් යම් අතකින් පිහිටද්දී මැනැවින් ම පිහිටයි ද, එසෙයින් ම මහණෙනි, තුන් ආකාරයෙන් යුතු කායික ක්‍රියා සම්පත්තිය ලබා දෙන කුසල් චේතනා හේතුවෙන් සත්වයෝ කය බිඳී මරණින් මතු සුගති සංඛ්‍යාත ස්වර්ග යෙහි උපදින්නාහ. සිව් ආකාරයෙන් යුතු වාචසික ක්‍රියා සම්පත්තිය ලබා දෙන කුසල් චේතනා හේතුවෙන් සත්වයෝ කය බිඳී මරණින් මතු සුගති සංඛ්‍යාත ස්වර්ගයෙහි උපදින්නාහ. තුන් ආකාරයෙන් යුතු මානසික ක්‍රියා සම්පත්තිය ලබා දෙන කුසල් චේතනා හේතුවෙන් සත්වයෝ මරණින් මතු සුගති සංඛ්‍යාත ස්වර්ගයෙහි උපදින්නාහ.

මහණෙනි, මම දැන දැන කරන ලද, රැස්කරන ලද කර්මයන්ගේ විපාක නොවිඳ එය නැති වී යන බවක් නොකියමි. ඒ විපාකය වනාහී මේ ජීවිතයේදී හෝ ඊළඟ ජීවිතයේදී හෝ අනාගත සසරෙහි කිනම් අවස්ථාවක හෝ විපාක දෙන්නේ ය. මහණෙනි, මම දැන දැන කරන ලද, රැස්කරන ලද කර්මයන්ගේ විපාක නොවිඳ එහි විපාක දුක අවසන් කිරීමක් ගැන නොකියමි.

සාදු! සාදු!! සාදු!!!

පඨම සඤ්චේතනික සූත්‍රය නිමා විය.

10.5.1.8.
දුතිය සඤ්චේතනික සූත්‍රය
දැන දැන කරන කර්මය ගැන වදාළ දෙවෙනි දෙසුම

මහණෙනි, මම දැන දැන කරන ලද, රැස්කරන ලද කර්මයන්ගේ විපාක නොවිඳ එය නැති වී යන බවක් නොකියමි. ඒ විපාකය වනාහී මේ ජීවිතයේදී හෝ ඊළඟ ජීවිතයේදී හෝ අනාගත සසරෙහි කිනම් අවස්ථාවක හෝ විපාක දෙන්නේ ය. මහණෙනි, මම දැන දැන කරන ලද, රැස්කරන ලද කර්මයන්ගේ විපාක නොවිඳ දුක අවසන් කිරීමක් ගැන නොකියමි.

මහණෙනි, එහිලා අකුසල් චේතනා පහළ කොට දුක් උපදවන, දුක් විපාක දෙන, තුන් ආකාර වූ කායික ක්‍රියා දෝෂයක් ඇත්තේ ය. අකුසල් චේතනා පහළ කොට දුක් උපදවන, දුක් විපාක දෙන, සිව් ආකාර වූ වාචසික ක්‍රියා දෝෂයක් ඇත්තේ ය. අකුසල් චේතනා පහළ කොට දුක් උපදවන, දුක් විපාක දෙන, තුන් ආකාර වූ මානසික ක්‍රියා දෝෂයක් ඇත්තේ ය.

මහණෙනි, අකුසල් චේතනා පහළ කොට දුක් උපදවන, දුක් විපාක දෙන, තුන් ආකාර කායික ක්‍රියා දෝෂය ඇති වන්නේ කෙසේද? ....(පෙ).... මහණෙනි, අකුසල් චේතනා පහළ කොට දුක් උපදවන, දුක් විපාක දෙන, තුන් ආකාර කායික ක්‍රියා දෝෂය ඇති වන්නේ මේ අයුරිනි.

මහණෙනි, අකුසල් චේතනා පහළ කොට දුක් උපදවන, දුක් විපාක දෙන, සිව් ආකාර වාචසික ක්‍රියා දෝෂය ඇති වන්නේ කෙසේද? ....(පෙ).... මහණෙනි, අකුසල් චේතනා පහළ කොට දුක් උපදවන, දුක් විපාක දෙන, සිව් ආකාර වූ වාචසික ක්‍රියා දෝෂය ඇති වන්නේ මේ අයුරිනි.

මහණෙනි, අකුසල් චේතනා පහළ කොට දුක් උපදවන, දුක් විපාක දෙන, තුන් ආකාර වූ මානසික ක්‍රියා දෝෂය ඇති වන්නේ කෙසේද? ....(පෙ).... මහණෙනි, අකුසල් චේතනා පහළ කොට දුක් උපදවන, දුක් විපාක දෙන, තුන් ආකාර වූ මානසික ක්‍රියා දෝෂය ඇති වන්නේ මේ අයුරිනි.

මහණෙනි, තුන් ආකාරයෙන් යුතු කායික ක්‍රියා දෝෂයන් ලබාදෙන අකුසල් චේතනා හේතුවෙන් සත්වයෝ කය බිඳී මරණින් මතු අපාය දුර්ගති විනිපාත නම් වූ නිරයෙහි උපදින්නාහ. මහණෙනි, සිව් ආකාරයෙන් යුතු

වාචසික ක්‍රියා ....(පෙ).... මහණෙනි, තුන් ආකාරයෙන් යුතු මානසික ක්‍රියා දෝෂයන් ලබාදෙන අකුසල් චේතනා හේතුවෙන් සත්වයෝ කය බිඳී මරණින් මතු අපාය දුර්ගති විනිපාත නම් වූ නිරයෙහි උපදින්නාහ.

මහණෙනි, මම දැන දැන කරන ලද, රැස්කරන ලද කර්මයන්ගේ විපාක නොවිඳ එය නැති වී යන බවක් නොකියමි. ඒ විපාකය වනාහී මේ ජීවිතයේදී හෝ ඊළඟ ජීවිතයේදී හෝ අනාගත සසරෙහි කිනම් අවස්ථාවක හෝ විපාක දෙන්නේ ය. මහණෙනි, මම දැන දැන කරන ලද, රැස්කරන ලද කර්මයන්ගේ විපාක නොවිඳ එහි විපාක දුක අවසන් කිරීමක් ගැන නොකියමි.

මහණෙනි, එහිලා කුසල් චේතනා පහළ කොට සැප උපදවන, සැප විපාක දෙන, තුන් ආකාර කායික ක්‍රියා සම්පතක් ඇත්තේ ය. කුසල් චේතනා පහළ කොට සැප උපදවන, සැප විපාක දෙන, සිව් ආකාර වාචසික ක්‍රියා සම්පතක් ඇත්තේ ය. කුසල් චේතනා පහළ කොට සැප උපදවන, සැප විපාක දෙන, තුන් ආකාර මානසික ක්‍රියා සම්පතක් ඇත්තේ ය.

මහණෙනි, කුසල් චේතනා පහළ කොට සැප උපදවන, සැප විපාක දෙන, තුන් ආකාර කායික ක්‍රියා සම්පතක් ඇත්තේ කෙසේද? ....(පෙ).... මහණෙනි, කුසල් චේතනා පහළ කොට සැප උපදවන, සැප විපාක දෙන, තුන් ආකාර කායික ක්‍රියා සම්පතක් ඇත්තේ මේ අයුරිනි.

මහණෙනි, කුසල් චේතනා පහළ කොට සැප උපදවන, සැප විපාක දෙන, සිව් ආකාර වාචසික ක්‍රියා සම්පතක් ඇත්තේ කෙසේද? ....(පෙ).... මහණෙනි, කුසල් චේතනා පහළ කොට සැප උපදවන, සැප විපාක දෙන, සිව් ආකාර වාචසික ක්‍රියා සම්පතක් ඇත්තේ මේ අයුරිනි.

මහණෙනි, කුසල් චේතනා පහළ කොට සැප උපදවන, සැප විපාක දෙන, තුන් ආකාර මානසික ක්‍රියා සම්පතක් ඇත්තේ කෙසේද? ....(පෙ).... මහණෙනි, කුසල් චේතනා පහළ කොට සැප උපදවන, සැප විපාක දෙන, තුන් ආකාර මානසික ක්‍රියා සම්පතක් ඇත්තේ මේ අයුරිනි.

මහණෙනි, තුන් ආකාරයෙන් යුතු කායික ක්‍රියා සම්පත්තිය ලබා දෙන කුසල් චේතනා හේතුවෙන් සත්වයෝ මරණින් මතු සුගති සංඛ්‍යාත ස්වර්ග යෙහි උපදින්නාහ. මහණෙනි, සිව් ආකාරයෙන් යුතු වාචසික ක්‍රියා ....(පෙ).... තුන් ආකාරයෙන් යුතු මානසික ක්‍රියා සම්පත්තිය ලබා දෙන කුසල් චේතනා හේතුවෙන් සත්වයෝ මරණින් මතු සුගති සංඛ්‍යාත ස්වර්ගයෙහි උපදින්නාහ.

මහණෙනි, මම දැන දැන කරන ලද, රැස්කරන ලද කර්මයන්ගේ විපාක

නොවිඳ එය නැති වී යන බවක් නොකියමි. ඒ විපාකය වනාහී මේ ජීවිතයේදී හෝ ඊළඟ ජීවිතයේදී හෝ අනාගත සසරෙහි කිනම් අවස්ථාවක හෝ විපාක දෙන්නේ ය. මහණෙනි, මම දැන දැන කරන ලද, රැස්කරන ලද කර්මයන්ගේ විපාක නොවිඳ දුක අවසන් කිරීමක් ගැන නොකියමි.

සාදු! සාදු!! සාදු!!!

දුතිය සඤ්චේතනික සූත්‍රය නිමා විය.

10.5.1.9
කරජකාය සූත්‍රය
කරජකාය ගැන වදාළ දෙසුම

"මහණෙනි, මම දැන දැන කරන ලද, රැස්කරන ලද කර්මයන්ගේ විපාක නොවිඳ එය නැති වී යන බවක් නොකියමි. ඒ විපාකය වනාහී මේ ජීවිතයේදී හෝ ඊළඟ ජීවිතයේදී හෝ අනාගත සසරෙහි කිනම් අවස්ථාවක හෝ විපාක දෙන්නේ ය. මහණෙනි, මම දැන දැන කරන ලද, රැස්කරන ලද කර්මයන්ගේ විපාක නොවිඳ දුක අවසන් කිරීමක් ගැන නොකියමි.

මහණෙනි, ඒ මේ ආර්ය ශ්‍රාවක තෙමේ මෙසේ පහ වූ ලෝභයෙන් යුතුව, පහ වූ ද්වේෂයෙන් යුතුව, නොමුළා සිහි ඇතිව, මනා නුවණින් යුතුව, එළඹසිටි සිහි ඇතිව, මෛත්‍රී සහගත සිතින් එක් දිශාවක් පතුරුවා වාසය කරයි. දෙවන දිශාව ද එසේ ය. තුන්වෙනි දිශාව ද එසේ ය. සිව්වන දිශාව ද එසේ ය. මෙසේ උඩ යට සරස සෑම තැනක් කෙරෙහි ම, සෑම තැනකට ම එක අයුරින්, සියළු ලොවට විපුල වූ, මහග්ගත වූ, අප්පමාණ වූ, අවෛරී වූ, අව්‍යාපාද වූ, මෛත්‍රී සහගත සිතින් පතුරුවා වසයි.

ඔහු මෙසේ දැනගනියි. 'කලින් මෙත් සිත දියුණු නොකළ මාගේ මේ සිත පටු වූයේ ය. එනමුදු දැන් වනාහී මෙත් සිත මැනැවින් දියුණු කළ මාගේ මේ සිත ප්‍රමාණ රහිත ය. යම්කිසි කර්මයක් මා විසින් ප්‍රමාණ කොට කරන ලද්දේ ද, එය මේ අප්‍රමාණ මෙත් සිත තුළ ඉතිරි නොවන්නේ ය. එය එහි නොසිටින්නේ ය' යනුවෙනි.

මහණෙනි, මේ ගැන කුමක් සිතව් ද? ළදරු අවධියේ සිට ඉදින් මේ දරු තෙමේ මෛත්‍රී චිත්ත විමුක්තිය දියුණු කරන්නේ නම්, ඔහු පව්කමක් කරන්නේ

ද?" "ස්වාමීනී, එය නොවේ ම ය."

"පව්කමක් නොකරන කල්හී දුක් විපාක ස්පර්ශ කරන්නේ ද?" "ස්වාමීනී, එය නොවන්නේ ම ය. ස්වාමීනී, පව් නොකරන කල්හී කෙසේ නම් දුක් විපාක ස්පර්ශ කරන්නේ ද?"

"මහණෙනි, මේ මෛත්‍රී චිත්ත විමුක්තිය ස්ත්‍රියක විසින් වේවා, පුරුෂයෙකු විසින් වේවා දියුණු කරගත යුතු ම ය. මහණෙනි, ස්ත්‍රියකගේ වේවා, පුරුෂයෙකුගේ වේවා මේ කය පරලොව ගෙන යා නොහැක්කේ ම ය. මහණෙනි, මේ මනුෂ්‍යයා චිත්තක්ෂණයක පැවැත්මක් ඇත්තෙකි. ඔහු මෙසේ දන්නේ ය. 'මවිසින් මෙහි කලින් මේ කරජකයෙන් යම් කිසි පාප කර්මයක් කරන ලද්දේ ද, ඒ සියල්ල මෙහි වින්ද යුත්තේ ය. එය අනුව යන්නක් නොවන්නේ ය' යනුවෙනි. මහණෙනි, මෙසේ දියුණු කරන ලද මෛත්‍රී චිත්ත විමුක්තිය මෙහි නැණවත් භික්ෂුවකට මත්තෙහි අරහත්වය සාක්ෂාත් කරගත නොහැකි වුවහොත් අනාගාමී බව පිණිස පවතින්නේ ය.

කරුණා සහගත සිතින් ....(පෙ).... මුදිතා සහගත සිතින් ....(පෙ).... උපෙක්ෂා සහගත සිතින් එක් දිශාවක් පතුරුවා වාසය කරයි. දෙවන දිශාව ද එසේ ය. තුන්වෙනි දිශාව ද එසේ ය. සිව්වන දිශාව ද එසේ ය. මෙසේ උඩ යට සරස සෑම තැනක් කෙරෙහි ම, සෑම තැනකට ම එක අයුරින්, සියළු ලොවට විපුල වූ, මහග්ගත වූ, අප්පමාණ වූ, අවෛරී වූ, අව්‍යාපාද වූ, උපේක්ෂා සහගත සිතින් පතුරුවා වසයි.

ඔහු මෙසේ දැනගනියි. 'කලින් උපේක්ෂා සිත දියුණු නොකළ මාගේ මේ සිත පටු වූයේ ය. එනමුදු දැන් වනාහී උපේක්ෂා සිත මැනැවින් දියුණු කළ මාගේ මේ සිත ප්‍රමාණ රහිත ය. යම්කිසි කර්මයක් මා විසින් ප්‍රමාණ කොට කරන ලද්දේ ද, එය මේ අප්‍රමාණ උපේක්ෂා සිත තුළ ඉතිරි නොවන්නේ ය. එය එහි නොසිටින්නේ ය' යනුවෙනි.

මහණෙනි, මේ ගැන කුමක් සිතව් ද? ළදරු අවධියේ සිට ඉදින් මේ දරු තෙමේ උපේක්ෂා චිත්ත විමුක්තිය දියුණු කරන්නේ නම්, ඔහු පව්කමක් කරන්නේ ද?" "ස්වාමීනී, එය නොවේ ම ය."

"පව්කමක් නොකරන කල්හී දුක් විපාක ස්පර්ශ කරන්නේ ද?" "ස්වාමීනී, එය නොවන්නේ ම ය. ස්වාමීනී, පව් නොකරන කල්හී කෙසේ නම් දුක් විපාක ස්පර්ශ කරන්නේ ද?"

"මහණෙනි, මේ උපේක්ෂා චිත්ත විමුක්තිය ස්ත්‍රියක විසින් වේවා, පුරුෂයෙකු විසින් වේවා දියුණු කරගත යුතු ම ය. මහණෙනි, ස්ත්‍රියකගේ

වේවා, පුරුෂයෙකුගේ වේවා මේ කය පරලොව ගෙන යා නොහැක්කේ ම ය. මහණෙනි, මේ මනුෂ්‍යයා චිත්තක්ෂණයක පැවැත්මක් ඇත්තෙකි. ඔහු මෙසේ දන්නේ ය. 'මවිසින් මෙහි කලින් මේ කරජකයෙන් යම් කිසි පාප කර්මයක් කරන ලද්දේ ද, ඒ සියල්ල මෙහි වින්ද යුත්තේ ය. එය අනුව යන්නක් නොවන්නේ ය' යනුවෙනි. මහණෙනි, මෙසේ දියුණු කරන ලද උපේක්ෂා චිත්ත විමුක්තිය මෙහි නැණවත් භික්ෂුවකට මත්තෙහි අරහත්වය සාක්ෂාත් කරගත නොහැකි වුවහොත් අනාගාමී බව පිණිස පවතින්නේ ය.

සාදු! සාදු!! සාදු!!!

කරජකාය සූත්‍රය නිමා විය.

10.5.1.10
අධම්මචරියා සූත්‍රය
අධර්මචරියාව ගැන වදාළ දෙසුම

එකල්හී එක්තරා බ්‍රාහ්මණයෙක් භාග්‍යවතුන් වහන්සේ යම් තැනක වැඩසිටි සේක් ද, එතැනට පැමිණියේ ය. පැමිණ භාග්‍යවතුන් වහන්සේ සමඟ සතුටු විය. සතුටු විය යුතු පිළිසඳර කථාව නිමවා එකත්පස්ව හිඳගත්තේ ය. එකත්පස්ව හුන් ඒ බ්‍රාහ්මණයා භාග්‍යවතුන් වහන්සේට මෙය පැවසුවේ ය.

"භවත් ගෞතමයෙනි, යම් කරුණෙකින් මෙහි ඇතැම් සත්වයෝ කය බිඳී මරණින් මතු අපාය දුර්ගති විනිපාත නිරයෙහි උපදින්නාහු නම් එයට හේතුව කුමක්ද? එයට ප්‍රත්‍යය කුමක්ද?"

"බ්‍රාහ්මණය, අධර්මචරියාව විෂමචරියාව හේතුවෙන් මෙසේ මෙහි ඇතැම් සත්වයෝ කය බිඳී මරණින් මතු අපාය දුර්ගති විනිපාත නිරයෙහි උපදින්නාහු ය."

"භවත් ගෞතමයෙනි, යම් කරුණෙකින් මෙහි මෙසේ ඇතැම් සත්වයෝ කය බිඳී මරණින් මතු සුගතිය නම් වූ ස්වර්ග ලෝකයෙහි උපදින්නාහු නම් එයට හේතුව කුමක්ද? එයට ප්‍රත්‍යය කුමක්ද?"

"බ්‍රාහ්මණය, ධර්මචරියාව සමචරියාව හේතුවෙන් මෙහි ඇතැම් සත්වයෝ කය බිඳී මරණින් මතු සුගතිය නම් වූ ස්වර්ග ලෝකයෙහි උපදින්නාහු ය."

"භවත් ගෞතමයන් වහන්සේ විසින් සැකෙවින් දෙසූ මේ ධර්මයෙහි අර්ථ විස්තර වශයෙන් මම නොදනිමි. යම් අයුරකින් මම් භවත් ගෞතමයන් විසින් සැකෙවින් දෙසූ මෙම ධර්මයෙහි විස්තරාර්ථ දැනගන්නෙම් නම් ඒ අයුරින් භවත් ගෞතමයන් වහන්සේ මට ධර්මය දේශනා කරන සේක්වා!"

"එසේ වී නම් බ්‍රාහ්මණය, අසව. මැනැවින් මෙනෙහි කරව. පවසන්නෙමි."

"එසේය, භවත්නි"යි ඒ බ්‍රාහ්මණයා භාග්‍යවතුන් වහන්සේට පිළිවදන් දුන්නේ ය. භාග්‍යවතුන් වහන්සේ මෙය වදාළ සේක.

"බ්‍රාහ්මණය, කය මුල්කොට තුන් අයුරකින් අධර්මචරියාව, විෂමචරියාව වෙයි. වචනය මුල්කොට සිව් අයුරකින් අධර්මචරියාව, විෂමචරියාව වෙයි. මනස මුල්කොට තුන් අයුරකින් අධර්මචරියාව, විෂමචරියාව වෙයි.

බ්‍රාහ්මණය, කය මුල්කොට අධර්මචරියාව, විෂමචරියාව තුන් අයුරකින් වන්නේ කෙසේද? ....(පෙ).... බ්‍රාහ්මණය, කය මුල්කොට අධර්මචරියාව, විෂමචරියාව තුන් අයුරකින් වන්නේ ඔය අයුරිනි.

බ්‍රාහ්මණය, වචනය මුල්කොට අධර්මචරියාව, විෂමචරියාව සිව් අයුරකින් වන්නේ කෙසේද? ....(පෙ).... බ්‍රාහ්මණය, වචනය මුල්කොට අධර්මචරියාව, විෂමචරියාව සිව් අයුරකින් වන්නේ ඔය අයුරිනි.

බ්‍රාහ්මණය, මනස මුල්කොට අධර්මචරියාව, විෂමචරියාව තුන් අයුරකින් වන්නේ කෙසේද? ....(පෙ).... බ්‍රාහ්මණය, මනස මුල්කොට අධර්මචරියාව, විෂමචරියාව තුන් අයුරකින් වන්නේ ඔය අයුරිනි.

බ්‍රාහ්මණය, මේ අයුරින් අධර්මචරියාව, විෂමචරියාව හේතුවෙන් මෙසේ මෙහි ඇතැම් සත්වයෝ කය බිඳී මරණින් මතු අපාය දුර්ගති විනිපාත නිරයෙහි උපදින්නාහු ය.

බ්‍රාහ්මණය, කය මුල්කොට තුන් අයුරකින් ධර්මචරියාව, සමචරියාව වෙයි. වචනය මුල්කොට සිව් අයුරකින් ධර්මචරියාව, සමචරියාව වෙයි. මනස මුල්කොට තුන් අයුරකින් ධර්මචරියාව, සමචරියාව වෙයි.

බ්‍රාහ්මණය, කය මුල්කොට ධර්මචරියාව, සමචරියාව තුන් අයුරකින් වන්නේ කෙසේද? ....(පෙ).... බ්‍රාහ්මණය, කය මුල්කොට ධර්මචරියාව, සමචරියාව තුන් අයුරකින් වන්නේ ඔය අයුරිනි.

බ්‍රාහ්මණය, වචනය මුල්කොට ධර්මචරියාව, සමචරියාව සිව් අයුරකින්

වන්නේ කෙසේද? ....(පෙ).... බ්‍රාහ්මණය, වචනය මුල්කොට ධර්මචරියාව, සමචරියාව සිව් අයුරකින් වන්නේ මය අයුරිනි.

බ්‍රාහ්මණය, මනස මුල්කොට ධර්මචරියාව, සමචරියාව තුන් අයුරකින් වන්නේ කෙසේද? ....(පෙ).... බ්‍රාහ්මණය, මනස මුල්කොට ධර්මචරියාව, සමචරියාව තුන් අයුරකින් වන්නේ මය අයුරිනි.

බ්‍රාහ්මණය, මේ අයුරින් ධර්මචරියාව, සමචරියාව හේතුවෙන් මෙසේ මෙහි ඇතැම් සත්වයෝ කය බිඳී මරණින් මතු සුගතිය නම් වූ ස්වර්ග ලෝකයෙහි උපදින්නාහු ය."

"භවත් ගෞතමයන් වහන්ස, ඉතා මනහර ය ....(පෙ).... භවත් ගෞතමයන් වහන්සේ අද පටන් මා දිවි හිමියෙන් තෙරුවන් සරණ ගිය උපාසකයෙකු වශයෙන් පිළිගන්නා සේක්වා!"

සාදු! සාදු!! සාදු!!!

අධම්මචරිය සූත්‍රය නිමා විය.

පළමුවෙනි කරජකාය වර්ගය අවසන් විය.

2. සාමඤ්ඤ වර්ගය

10.5.2.1.
පඨම සූත්‍රය
පළමු දෙසුම

"මහණෙනි, කරුණු දහයකින් සමන්විත පුද්ගලයා ඔසොවාගෙන පැමිණි බරක් බිම තබන්නේ යම් සේ ද, එසෙයින් ම නිරයෙහි උපදින්නේ ය. ඒ කවර කරුණු දහයකින් ද යත්;

ප්‍රාණඝාතය කරන්නේ වෙයි, සොරකම් කරන්නේ වෙයි, වැරදි කාම සේවනය කරන්නේ වෙයි, බොරු කියන්නේ වෙයි, කේලාම් කියන්නේ වෙයි, දරුණු වචන කියන්නේ වෙයි, නිසරු දේ කියන්නේ වෙයි, අන් සතු දේට ආසා කරන්නේ වෙයි, ද්වේෂ කරන්නේ වෙයි, වැරදි දෘෂ්ටියෙන් යුක්ත වූයේ වෙයි.

මහණෙනි, මෙම කරුණු දහයෙන් සමන්විත පුද්ගලයා ඔසොවාගෙන පැමිණි බරක් බිම තබන්නේ යම් සේ ද, එසෙයින් ම නිරයෙහි උපදින්නේ ය.

මහණෙනි, කරුණු දහයකින් සමන්විත පුද්ගලයා ඔසොවාගෙන පැමිණි බරක් බිම තබන්නේ යම් සේ ද, එසෙයින් ම සුගතියෙහි උපදින්නේ ය. ඒ කවර කරුණු දහයකින් ද යත්;

ප්‍රාණඝාතයෙන් වැළකුණේ වෙයි, සොරකමෙන් වැළකුණේ වෙයි, වැරදි කාම සේවනයෙන් වැළකුණේ වෙයි, බොරු කීමෙන් වැළකුණේ වෙයි, කේලාම් කීමෙන් වැළකුණේ වෙයි, දරුණු වචන කීමෙන් වැළකුණේ වෙයි, නිසරු දේ කීමෙන් වැළකුණේ වෙයි, අන් සතු දේට ආසා නොකරන්නේ වෙයි, අද්වේෂය ඇත්තේ වෙයි, නිවැරදි දෘෂ්ටියෙන් යුක්ත වූයේ වෙයි.

මහණෙනි, මෙම කරුණු දහයෙන් සමන්විත පුද්ගලයා ඔසොවාගෙන

පැමිණි බරක් බිම තබන්නේ යම් සේ ද, එසෙයින් ම සුගතියෙහි උපදින්නේ ය.

සාදු! සාදු!! සාදු!!!

පඨම සූත්‍රය නිමා විය.

10.5.2.2.
දුතිය සූත්‍රය
දෙවෙනි දෙසුම

"මහණෙනි, කරුණු විස්සකින් සමන්විත පුද්ගලයා ඔසොවාගෙන පැමිණි බරක් බිම තබන්නේ යම් සේ ද, එසෙයින් ම නිරයෙහි උපදින්නේ ය. ඒ කවර කරුණු විස්සකින් ද යත්;

තමා ත් ප්‍රාණඝාතය කරන්නේ වෙයි, අනුන් ද ප්‍රාණඝාතයෙහි සමාදන් කරවයි. තමා ත් සොරකම් කරන්නේ වෙයි, අනුන් ද සොරකමෙහි සමාදන් කරවයි. තමා ත් වැරදි කාම සේවනය කරන්නේ වෙයි, අනුන් ද වැරදි කාම සේවනයෙහි සමාදන් කරවයි. තමා ත් බොරු කියන්නේ වෙයි, අනුන් ද බොරු කීමෙහි සමාදන් කරවයි. තමා ත් කේලාම් කියන්නේ වෙයි, අනුන් ද කේලාම් කීමෙහි සමාදන් කරවයි. තමා ත් දරුණු වචන කියන්නේ වෙයි, අනුන් ද දරුණු වචන කීමෙහි සමාදන් කරවයි. තමා ත් නිසරු දේ කියන්නේ වෙයි, අනුන් ද නිසරු දේ කීමෙහි සමාදන් කරවයි. තමා ත් අන් සතු දේට ආසා කරන්නේ වෙයි, අනුන් ද අන් සතු දේට ආසා කිරීමෙහි සාමාදන් කරවයි. තමා ත් ද්වේෂ කරන්නේ වෙයි, අනුන් ද ද්වේෂයෙහි සමාදන් කරවයි. තමා ත් වැරදි දෘෂ්ටියෙන් යුක්ත වූයේ වෙයි. අනුන් ද වැරදි දෘෂ්ටියෙහි සමාදන් කරවයි.

මහණෙනි, මෙම කරුණු විස්සෙන් සමන්විත පුද්ගලයා ඔසොවාගෙන පැමිණි බරක් බිම තබන්නේ යම් සේ ද, එසෙයින් ම නිරයෙහි උපදින්නේ ය.

මහණෙනි, කරුණු විස්සකින් සමන්විත පුද්ගලයා ඔසොවාගෙන පැමිණි බරක් බිම තබන්නේ යම් සේ ද, එසෙයින් ම සුගතියෙහි උපදින්නේ ය. ඒ කවර කරුණු විස්සකින් ද යත්;

තමා ත් ප්‍රාණඝාතයෙන් වැළකුණේ වෙයි, අනුන් ද ප්‍රාණඝාතයෙන් වැළකීමෙහි සමාදන් කරවයි. තමාත් සොරකමෙන් වැළකුණේ වෙයි, අනුන් ද සොරකමින් වැළකීමෙහි සමාදන් කරවයි. තමා ත් වැරදි කාම සේවනයෙන් වැළකුණේ වෙයි, අනුන් ද වැරදි කාම සේවනයෙන් වැළකීමෙහි සමාදන් කරවයි. තමා ත් බොරු කීමෙන් වැළකුණේ වෙයි, අනුන් ද බොරු කීමෙන් වැළකීමෙහි සමාදන් කරවයි. තමා ත් කේලාම් කීමෙන් වැළකුණේ වෙයි, අනුන් ද කේලාම් කීමෙන් වැළකීමෙහි සමාදන් කරවයි. තමා ත් දරුණු වචන කීමෙන් වැළකුණේ වෙයි, අනුන් ද දරුණු වචන කීමෙන් වැළකීමෙහි සමාදන් කරවයි. තමා ත් නිසරු දේ කීමෙන් වැළකුණේ වෙයි, අනුන් ද නිසරු දේ කීමෙන් වැළකීමෙහි සමාදන් කරවයි. තමා ත් අන් සතු දේට ආසා නොකරන්නේ වෙයි, අනුන් ද අන් සතු දේට ආසා නොකිරීමෙහි සමාදන් කරවයි. තමා ත් අද්වේෂය ඇත්තේ වෙයි, අනුන් ද අද්වේෂයෙහි සමාදන් කරවයි. තමාත් නිවැරදි දෘෂ්ටියෙන් යුක්ත වූයේ වෙයි. අනුන් ද නිවැරදි දෘෂ්ටියෙහි සමාදන් කරවයි.

මහණෙනි, මෙම කරුණු විස්සෙන් සමන්විත පුද්ගලයා ඔසොවාගෙන පැමිණි බරක් බිම තබන්නේ යම් සේ ද, එසෙයින් ම සුගතියෙහි උපදින්නේ ය.

සාදු! සාදු!! සාදු!!!

දුතිය සූත්‍රය නිමා විය.

10.5.2.3.
තතිය සූත්‍රය
තෙවෙනි දෙසුම

"මහණෙනි, තිස් කරුණෙකින් සමන්විත පුද්ගලයා ඔසොවාගෙන පැමිණි බරක් බිම තබන්නේ යම් සේ ද, එසෙයින් ම නිරයෙහි උපදින්නේ ය. ඒ කවර තිස් කරුණකින් ද යත්;

තමා ත් ප්‍රාණඝාතය කරන්නේ වෙයි, අනුන් ද ප්‍රාණඝාතයෙහි සමාදන් කරවයි, ප්‍රාණඝාතය අනුමත කරන්නේ ද වෙයි.

තමා ත් සොරකම් කරන්නේ වෙයි, අනුන් ද සොරකමෙහි සමාදන්

කරවයි, සොරකම අනුමත කරන්නේ ද වෙයි.

තමා ත් වැරදි කාම සේවනය කරන්නේ වෙයි, අනුන් ද වැරදි කාම සේවනයෙහි සමාදන් කරවයි, වැරදි කාම සේවනය අනුමත කරන්නේ ද වෙයි.

තමා ත් බොරු කියන්නේ වෙයි, අනුන් ද බොරු කීමෙහි සමාදන් කරවයි, බොරු කීම අනුමත කරන්නේ ද වෙයි.

තමා ත් කේලාම් කියන්නේ වෙයි, අනුන් ද කේලාම් කීමෙහි සමාදන් කරවයි, කේලාම් කීම අනුමත කරන්නේ ද වෙයි.

තමා ත් දරුණු වචන කියන්නේ වෙයි, අනුන් ද දරුණු වචන කීමෙහි සමාදන් කරවයි, දරුණු වචන කීම අනුමත කරන්නේ ද වෙයි.

තමා ත් නිසරු දේ කියන්නේ වෙයි, අනුන් ද නිසරු දේ කීමෙහි සමාදන් කරවයි, නිසරු දේ කීම අනුමත කරන්නේ ද වෙයි.

තමා ත් අන් සතු දේට ආසා කරන්නේ වෙයි, අනුන් ද අන් සතු දේට ආසා කිරීමෙහි සමාදන් කරවයි, අන් සතු දේට ආසා කිරීම අනුමත කරන්නේ ද වෙයි.

තමා ත් ද්වේෂ කරන්නේ වෙයි, අනුන් ද ද්වේෂයෙහි සමාදන් කරවයි, ද්වේෂ කිරීම අනුමත කරන්නේ ද වෙයි.

තමා ත් වැරදි දෘෂ්ටියෙන් යුක්ත වූයේ වෙයි. අනුන් ද වැරදි දෘෂ්ටියෙහි සමාදන් කරවයි, වැරදි දෘෂ්ටිය අනුමත කරන්නේ ද වෙයි.

මහණෙනි, මෙම තිස් කරුණෙන් සමන්විත පුද්ගලයා ඔසොවාගෙන පැමිණි බරක් බිම තබන්නේ යම් සේ ද, එසෙයින් ම නිරයෙහි උපදින්නේ ය.

මහණෙනි, තිස් කරුණෙකින් සමන්විත පුද්ගලයා ඔසොවාගෙන පැමිණි බරක් බිම තබන්නේ යම් සේ ද, එසෙයින් ම සුගතියෙහි උපදින්නේ ය. ඒ කවර තිස් කරුණකින් ද යත්;

තමා ත් ප්‍රාණඝාතයෙන් වැළකුණේ වෙයි, අනුන් ද ප්‍රාණඝාතයෙන් වැළකීමෙහි සමාදන් කරවයි, ප්‍රාණඝාතයෙන් වැළකීම අනුමත කරන්නේ ද වෙයි.

තමාත් සොරකමෙන් වැළකුණේ වෙයි, අනුන් ද සොරකමින් වැළකීමෙහි සමාදන් කරවයි, සොරකමින් වැළකීම අනුමත කරන්නේ ද වෙයි.

තමා ත් වැරදි කාම සේවනයෙන් වැළකුණේ වෙයි, අනුන් ද වැරදි කාම සේවනයෙන් වැළකීමෙහි සමාදන් කරවයි, වැරදි කාම සේවනයෙන් වැළකීම අනුමත කරන්නේ ද වෙයි.

තමා ත් බොරු කීමෙන් වැළකුණේ වෙයි, අනුන් ද බොරු කීමෙන් වැළකීමෙහි සමාදන් කරවයි, බොරු කීමෙන් වැළකීම අනුමත කරන්නේ ද වෙයි.

තමා ත් කේලාම් කීමෙන් වැළකුණේ වෙයි, අනුන් ද කේලාම් කීමෙන් වැළකීමෙහි සමාදන් කරවයි. කේලාම් කීමෙන් වැළකීම අනුමත කරන්නේ ද වෙයි.

තමා ත් දරුණු වචන කීමෙන් වැළකුණේ වෙයි, අනුන් ද දරුණු වචන කීමෙන් වැළකීමෙහි සමාදන් කරවයි, දරුණු වචන කීමෙන් වැළකීම අනුමත කරන්නේ ද වෙයි.

තමා ත් නිසරු දේ කීමෙන් වැළකුණේ වෙයි, අනුන් ද නිසරු දේ කීමෙන් වැළකීමෙහි සමාදන් කරවයි. නිසරු දේ කීමෙන් වැළකීම අනුමත කරන්නේ ද වෙයි.

තමා ත් අන් සතු දේට ආසා නොකරන්නේ වෙයි, අනුන් ද අන් සතු දේට ආසා නොකිරීමෙහි සමාදන් කරවයි. අන් සතු දේට ආසා නොකිරීම අනුමත කරන්නේ ද වෙයි.

තමා ත් අද්වේෂය ඇත්තේ වෙයි, අනුන් ද අද්වේෂයෙහි සමාදන් කරවයි, ද්වේෂ නොකිරීම අනුමත කරන්නේ ද වෙයි.

තමාත් නිවැරදි දෘෂ්ටියෙන් යුක්ත වූයේ වෙයි. අනුන් ද නිවැරදි දෘෂ්ටියෙහි සමාදන් කරවයි, නිවැරදි දෘෂ්ටිය අනුමත කරන්නේ ද වෙයි.

මහණෙනි, මෙම තිස් කරුණෙන් සමන්විත පුද්ගලයා ඔසොවාගෙන පැමිණි බරක් බිම තබන්නේ යම් සේ ද, එසෙයින් ම සුගතියෙහි උපදින්නේ ය.

සාදු! සාදු!! සාදු!!!

තතිය සූත්‍රය නිමා විය.

10.5.2.4.
චතුත්ථ සූත්‍රය
සිව්වෙනි දෙසුම

"මහණෙනි, සතළිස් කරුණෙකින් සමන්විත පුද්ගලයා ඔසොවාගෙන පැමිණි බරක් බිම තබන්නේ යම් සේ ද, එසෙයින් ම නිරයෙහි උපදින්නේ ය. ඒ කවර හතළිස් කරුණකින් ද යත්;

තමා ත් ප්‍රාණඝාතය කරන්නේ වෙයි, අනුන් ද ප්‍රාණඝාතයෙහි සමාදන් කරවයි, ප්‍රාණඝාතය අනුමත කරන්නේ ද වෙයි, ප්‍රාණඝාතයෙහි ගුණ ද කියයි.

තමා ත් සොරකම් කරන්නේ වෙයි, අනුන් ද සොරකමෙහි සමාදන් කරවයි, සොරකම අනුමත කරන්නේ ද වෙයි, සොරකමෙහි ගුණ ද කියයි.

තමා ත් වැරදි කාම සේවනය කරන්නේ වෙයි, අනුන් ද වැරදි කාම සේවනයෙහි සමාදන් කරවයි, වැරදි කාම සේවනය අනුමත කරන්නේ ද වෙයි, වැරදි කාම සේවනයෙහි ගුණ ද කියයි.

තමා ත් බොරු කියන්නේ වෙයි, අනුන් ද බොරු කීමෙහි සමාදන් කරවයි, බොරු කීම අනුමත කරන්නේ ද වෙයි, බොරු කීමෙහි ගුණ ද කියයි.

තමා ත් කේලාම් කියන්නේ වෙයි, අනුන් ද කේලාම් කීමෙහි සමාදන් කරවයි, කේලාම් කීම අනුමත කරන්නේ ද වෙයි, කේලාම් කීමෙහි ගුණ ද කියයි.

තමා ත් දරුණු වචන කියන්නේ වෙයි, අනුන් ද දරුණු වචන කීමෙහි සමාදන් කරවයි, දරුණු වචන කීම අනුමත කරන්නේ ද වෙයි, දරුණු වචන කීමෙහි ගුණ ද කියයි.

තමා ත් නිසරු දේ කියන්නේ වෙයි, අනුන් ද නිසරු දේ කීමෙහි සමාදන් කරවයි, නිසරු දේ කීම අනුමත කරන්නේ ද වෙයි, නිසරු දේ කීමෙහි ගුණ ද කියයි.

තමා ත් අන් සතු දේට ආසා කරන්නේ වෙයි, අනුන් ද අන් සතු දේට ආසා කිරීමෙහි සමාදන් කරවයි, අන් සතු දේට ආසා කිරීම අනුමත කරන්නේ ද වෙයි, අන්සතු දේට ආසා කිරීමෙහි ගුණ ද කියයි.

තමා ත් ද්වේෂ කරන්නේ වෙයි, අනුන් ද ද්වේෂයෙහි සමාදන් කරවයි,

ද්වේෂ කිරීම අනුමත කරන්නේ ද වෙයි, ද්වේෂ කිරීමෙහි ගුණ ද කියයි.

තමා ත් වැරදි දෘෂ්ටියෙන් යුක්ත වූයේ වෙයි. අනුන් ද වැරදි දෘෂ්ටියෙහි සමාදන් කරවයි, වැරදි දෘෂ්ටිය අනුමත කරන්නේ ද වෙයි, වැරදි දෘෂ්ටියෙහි ගුණ ද කියයි.

මහණෙනි, මෙම සතළිස් කරුණෙන් සමන්විත පුද්ගලයා ඔසොවාගෙන පැමිණි බරක් බිම තබන්නේ යම් සේ ද, එසෙයින් ම නිරයෙහි උපදින්නේ ය.

මහණෙනි, සතළිස් කරුණෙකින් සමන්විත පුද්ගලයා ඔසොවාගෙන පැමිණි බරක් බිම තබන්නේ යම් සේ ද, එසෙයින් ම සුගතියෙහි උපදින්නේ ය. ඒ කවර හතළිස් කරුණකින් ද යත්;

තමා ත් ප්‍රාණඝතයෙන් වැළකුණේ වෙයි, අනුන් ද ප්‍රාණඝාතයෙන් වැළකීමෙහි සමාදන් කරවයි, ප්‍රාණඝාතයෙන් වැළකීම අනුමත කරන්නේ ද වෙයි, ප්‍රාණඝාතයෙන් වැළකීමෙහි ගුණ කියයි.

තමාත් සොරකමෙන් වැළකුණේ වෙයි, අනුන් ද සොරකමින් වැළකීමෙහි සමාදන් කරවයි, සොරකමින් වැළකීම අනුමත කරන්නේ ද වෙයි, සොරකමින් වැළකීමෙහි ගුණ කියයි.

තමා ත් වැරදි කාම සේවනයෙන් වැළකුණේ වෙයි, අනුන් ද වැරදි කාම සේවනයෙන් වැළකීමෙහි සමාදන් කරවයි, වැරදි කාම සේවනයෙන් වැළකීම අනුමත කරන්නේ ද වෙයි, වැරදි කාම සේවනයෙන් වැළකීමෙහි ගුණ ද කියයි.

තමා ත් බොරු කීමෙන් වැළකුණේ වෙයි, අනුන් ද බොරු කීමෙන් වැළකීමෙහි සමාදන් කරවයි, බොරු කීමෙන් වැළකීම අනුමත කරන්නේ ද වෙයි, බොරු කීමෙන් වැළකීමෙහි ගුණ ද කියයි.

තමා ත් කේලාම් කීමෙන් වැළකුණේ වෙයි, අනුන් ද කේලාම් කීමෙන් වැළකීමෙහි සමාදන් කරවයි. කේලාම් කීමෙන් වැළකීම අනුමත කරන්නේ ද වෙයි, කේළාම් කීමෙන් වැළකීමෙහි ගුණ ද කියයි.

තමා ත් දරුණු වචන කීමෙන් වැළකුණේ වෙයි, අනුන් ද දරුණු වචන කීමෙන් වැළකීමෙහි සමාදන් කරවයි, දරුණු වචන කීමෙන් වැළකීම අනුමත කරන්නේ ද වෙයි, දරුණු වචන කීමෙන් වැළකීමෙහි ගුණ ද කියයි.

තමා ත් නිසරු දේ කීමෙන් වැළකුණේ වෙයි, අනුන් ද නිසරු දේ කීමෙන් වැළකීමෙහි සමාදන් කරවයි. නිසරු දේ කීමෙන් වැළකීම අනුමත කරන්නේ

ද වෙයි, නිසරු දේ කීමෙන් වැළකීමෙහි ගුණ ද කියයි.

තමා ත් අන් සතු දේට ආසා නොකරන්නේ වෙයි, අනුන් ද අන් සතු දේට ආසා නොකිරීමෙහි සමාදන් කරවයි. අන් සතු දේට ආසා නොකිරීම අනුමත කරන්නේ ද වෙයි, අන් සතු දෙයට ආසා නොකිරීමෙහි ගුණ ද කියයි.

තමා ත් අද්වේෂය ඇත්තේ වෙයි, අනුන් ද අද්වේෂයෙහි සමාදන් කරවයි, ද්වේෂ නොකිරීම අනුමත කරන්නේ ද වෙයි. ද්වේෂ නොකිරීමෙහි ගුණ ද කියයි.

තමාත් නිවැරදි දෘෂ්ටියෙන් යුක්ත වූයේ වෙයි. අනුන් ද නිවැරදි දෘෂ්ටියෙහි සමාදන් කරවයි, නිවැරදි දෘෂ්ටිය අනුමත කරන්නේ ද වෙයි. නිවැරදි දෘෂ්ටියෙහි ගුණ ද කියයි.

මහණෙනි, මෙම සතළිස් කරුණෙන් සමන්විත පුද්ගලයා ඔසොවාගෙන පැමිණි බරක් බිම තබන්නේ යම් සේ ද, එසෙයින් ම සුගතියෙහි උපදින්නේ ය.

සාදු! සාදු!! සාදු!!!

චතුත්ථ සූත්‍රය නිමා විය.

10.5.2.5
පඤ්චමාදි සුත්තානි
පස්වැනි ආදී කොට ඇති දෙසුමන්

මහණෙනි, දස කරුණෙකින් සමන්විත වූ තැනැත්තා තම ගුණ සාරා ගත්, තම ගුණ නසා ගත් ජීවිතයක් පරිහරණය කරයි ....(පෙ).... ගුණ සාරා නොගත්, නසා නොගත් ජීවිතයක් පරිහණය කරයි ....(පෙ)....

10.5.2.6

මහණෙනි, විසි කරුණෙකින් සමන්විත වූ තැනැත්තා ....(පෙ)....

10.5.2.7

මහණෙනි, තිස් කරුණෙකින් සමන්විත වූ තැනැත්තා ....(පෙ)....

10.5.2.8

මහණෙනි, සතළිස් කරුණෙකින් සමන්විත වූ තැනැත්තා තම ගුණ සාරා ගත්, තම ගුණ නසා ගත් ජීවිතයක් පරිහරණය කරයි ....(පෙ).... ගුණ සාරා නොගත්, නසා නොගත් ජීවිතයක් පරිහරණය කරයි ....(පෙ)....

10.5.2.9

මහණෙනි, දස කරුණෙකින් සමන්විත වූ මෙහි ඇතැම් කෙනෙක් කය බිඳී මරණින් මතු අපාය දුර්ගති විනිපාත නිරයෙහි උපදින්නේ ය. ....(පෙ).... මෙහි ඇතැම් කෙනෙක් කය බිඳී මරණින් මතු සුගතිය නම් වූ ස්වර්ග ලෝකයෙහි උපදින්නේ ය. ....(පෙ)....

10.5.2.10

මහණෙනි, විසි කරුණෙකින් සමන්විත වූ තැනැත්තා ....(පෙ)....

10.5.2.11

මහණෙනි, තිස් කරුණෙකින් සමන්විත වූ තැනැත්තා ....(පෙ)....

10.5.2.12

මහණෙනි, සතළිස් කරුණෙකින් සමන්විත වූ මෙහි ඇතැම් කෙනෙක් කය බිඳී මරණින් මතු අපාය දුර්ගති විනිපාත නිරයෙහි උපදින්නේ ය. ....(පෙ).... මෙහි ඇතැම් කෙනෙක් කය බිඳී මරණින් මතු සුගතිය නම් වූ ස්වර්ග ලෝකයෙහි උපදින්නේ ය. ....(පෙ)....

10.5.2.13

මහණෙනි, දස කරුණෙකින් සමන්විත වූ බාලයා දත යුත්තේ ය. ....(පෙ).... නුවණැත්තා දත යුත්තේ ය ....(පෙ)....

10.5.2.14

මහණෙනි, විසි කරුණෙකින් සමන්විත වූ ....(පෙ)....

10.5.2.15

මහණෙනි, තිස් කරුණෙකින් සමන්විත වූ ....(පෙ)....

10.5.2.16

මහණෙනි, සතළිස් කරුණෙකින් සමන්විත වූ බාලයා දත යුත්තේ ය. ....(පෙ).... නුවණැත්තා දත යුත්තේ ය ....(පෙ).... මහණෙනි, මෙම සතළිස් කරුණින් සමන්විත වූ නුවණැත්තා දත යුත්තේ ය.

දෙවෙනි සාමඤ්ඤ වර්ගය අවසන් විය.

3. රාගාදී පෙය්‍යාලය

10.5.3.1.

"මහණෙනි, විශිෂ්ට නුවණින් රාගය පිළිබඳ ව අවබෝධ කිරීම පිණිස දස ධර්මයක් දියුණු කළ යුත්තේ ය. ඒ කවර දසයක් ද යත්;

අසුභ සංඥාව ය, මරණ සංඥාව ය, ආහාරයෙහි පිළිකුල් සංඥාව ය, සියලු ලෝකයෙහි නොඇලෙන සංඥාව ය, අනිත්‍ය සංඥාව ය, අනිත්‍යයෙහි දුක්ඛ සංඥාව ය, දුක්ඛයෙහි අනාත්ම සංඥාව ය, ප්‍රහාණ සංඥාව ය, විරාග සංඥාව ය, නිරෝධ සංඥාව ය.

මහණෙනි, විශිෂ්ට නුවණින් රාගය පිළිබඳ ව අවබෝධ කිරීම පිණිස මෙම දස ධර්මය දියුණු කළ යුත්තේ ය.

10.5.3.2.

"මහණෙනි, විශිෂ්ට නුවණින් රාගය පිළිබඳ ව අවබෝධ කිරීම පිණිස දස ධර්මයක් දියුණු කළ යුත්තේ ය. ඒ කවර දසයක් ද යත්;

අනිත්‍ය සංඥාව ය, අනාත්ම සංඥාව ය, ආහාරයෙහි පිළිකුල් සංඥාව ය, සියළු ලෝකයෙහි නොඇලෙන සංඥාව ය, අට්ඨික සංඥාව ය, පුලවක සංඥාව ය, විනීලක සංඥාව ය, විපුබ්බක සංඥාව ය, විච්ඡිද්දක සංඥාව ය, උද්ධුමාතක සංඥාව ය.

මහණෙනි, විශිෂ්ට නුවණින් රාගය පිළිබඳ ව අවබෝධ කිරීම පිණිස මෙම දස ධර්මය දියුණු කළ යුත්තේ ය.

10.5.3.3.

"මහණෙනි, විශිෂ්ට නුවණින් රාගය පිළිබඳ ව අවබෝධ කිරීම පිණිස දස ධර්මයක් දියුණු කළ යුත්තේ ය. ඒ කවර දසයක් ද යත්;

නිවැරදි දෘෂ්ටිය ය, නිවැරදි සංකල්පනා ය, නිවැරදි වචන භාවිතය ය, නිවැරදි කායික ක්‍රියා ය, නිවැරදි ජීවිකාව ය, නිවැරදි වීර්ය ය, නිවැරදි සිහිය ය, නිවැරදි චිත්තේකාග්‍රතාවය ය, නිවැරදි ඥානය ය, නිවැරදි විමුක්තිය ය.

මහණෙනි, විශිෂ්ට නුවණින් රාගය පිළිබඳ ව අවබෝධ කිරීම පිණිස මෙම දස ධර්මය දියුණු කළ යුත්තේ ය.

10.5.3.4.-6.

මහණෙනි, රාගය පිරිසිඳ දැනීම පිණිස ....(පෙ)....

10.5.3.7.-9.

මහණෙනි, රාගය ගෙවී යාම පිණිස ....(පෙ)....

10.5.3.10.-12.

මහණෙනි, රාගය ප්‍රහාණය පිණිස ....(පෙ)....

10.5.3.13.-15.

මහණෙනි, රාගය ක්ෂය වීම පිණිස ....(පෙ)....

10.5.3.16.-18.

මහණෙනි, රාගය නැතිවීම පිණිස ....(පෙ)....

10.5.3.19.-21.

මහණෙනි, රාග විරාගය පිණිස ....(පෙ)....

10.5.3.22.-24.

මහණෙනි, රාග නිරෝධය පිණිස ....(පෙ)....

10.5.3.25.-27.

මහණෙනි, රාගය අත්හැරීම පිණිස ....(පෙ)....

10.5.3.28.-30.

මහණෙනි, රාගය දුරුලීම පිණිස ....(පෙ).... මේ දස ධර්මයෝ වැඩිය

යුත්තාහු ය.

10.5.3.31.-60.

මහණෙනි, ද්වේෂයාගේ ....(පෙ)....

10.5.3.61.-90.

මහණෙනි, මෝහයාගේ ....(පෙ)....

10.5.3.91.-120.

මහණෙනි, ක්‍රෝධයාගේ ....(පෙ)....

10.5.3.121.-150.

මහණෙනි, බද්ධ වෛරයේ ....(පෙ)....

10.5.3.151.-180.

මහණෙනි, ගුණමකු බව ....(පෙ)....

10.5.3.181.-210.

මහණෙනි, අනුන්ට දොස් කීම ....(පෙ)....

10.5.3.211.-240.

මහණෙනි, ඊර්ෂ්‍යාව....(පෙ)....

10.5.3.241.-270.

මහණෙනි, මසුරුකම ....(පෙ)....

10.5.3.271.-300.

මහණෙනි, මායාව ....(පෙ)....

10.5.3.301.-330.

මහණෙනි, ශඨ කපට බව ....(පෙ)....

10.5.3.331.-360.

මහණෙනි, අවවාදයට නොනැමෙන බව ....(පෙ)....

10.5.3.361.-390.

මහණෙනි, එකට එක කිරීම ....(පෙ)....

10.5.3.391.-420.

මහණෙනි, මානය ....(පෙ)....

10.5.3.421.-450.

මහණෙනි, අතිමානය ....(පෙ)....

10.5.3.451.-480.

මහණෙනි, මත්වීම ....(පෙ)....

10.5.3.481.-510.

මහණෙනි, ප්‍රමාදය විශිෂ්ට ඥානයෙන් අවබෝධ කිරීම පිණිස ....(පෙ).... පිරිසිඳ දැනීම පිණිස ....(පෙ).... ගෙවා දැමීම පිණිස ....(පෙ).... ප්‍රහාණය පිණිස ....(පෙ).... ක්ෂය කිරීම පිණිස ....(පෙ).... නැති කිරීම පිණිස ....(පෙ).... විරාගය ....(පෙ).... නිරෝධය පිණිස ....(පෙ).... සංසිඳීම පිණිස ....(පෙ).... අත්හැරීම පිණිස ....(පෙ).... දුරලීම පිණිස මෙම දස ධර්මයෝ වැඩිය යුත්තාහු ය.

රාගාදි පෙය්‍යාලය අවසන් විය.

දසක නිපාතය අවසන් විය.

නමෝ තස්ස භගවතෝ අරහතෝ සම්මාසම්බුද්ධස්ස
ඒ භාග්‍යවත් අරහත් සම්මා සම්බුදුරජාණන් වහන්සේට නමස්කාර වේවා!

සූත්‍ර පිටකයට අයත්

අංගුත්තර නිකාය
ඒකාදසක නිපාතය

1. නිස්සය වර්ගය

11.1.1
කිමත්ථිය සූත්‍රය
කවර යහපතක් සඳහා දැයි වදාළ දෙසුම

මා විසින් මෙසේ අසන ලදී. එක් සමයක භාග්‍යවතුන් වහන්සේ සැවැත් නුවර ජේතවන නම් වූ අනේපිඬු සිටාණන් විසින් කරවන ලද ආරාමයෙහි වැඩ වසන සේක. එකල්හී ආයුෂ්මත් ආනන්දයන් වහන්සේ භාග්‍යවතුන් වහන්සේ යම් තැනෙක වැඩසිටි සේක් ද, එතැනට පැමිණියහ. පැමිණ භාග්‍යවතුන් වහන්සේට සකසා වන්දනා කොට එකත්පස්ව හිඳගත්හ. එකත්පස්ව හුන් ආයුෂ්මත් ආනන්දයන් වහන්සේ භාග්‍යවතුන් වහන්සේට මෙය පැවසූහ.

"ස්වාමීනී, කුසල්සිල්වලින් ලැබෙන යහපත කුමක්ද? ආනිශංසය කුමක්ද?"

"ආනන්දයෙනි, කුසල්සිල්වලින් ලැබෙන යහපත නම්, ආනිශංසය නම් පසුතැවිල්ල නැතිකමයි."

"ස්වාමීනී, පසුතැවිල්ල නැතිකමින් ලැබෙන යහපත කුමක්ද? ආනිශංසය කුමක්ද?"

"ආනන්දයෙනි, පසුතැවිල්ල නැතිකමින් ලැබෙන යහපත නම්, ආනිශංසය නම් ප්‍රමුදිතබවයි."

"ස්වාමීනී, ප්‍රමුදිත බවින් ලැබෙන යහපත කුමක්ද? ආනිශංසය කුමක්ද?"

"ආනන්දයෙනි, ප්‍රමුදිතබවින් ලැබෙන යහපත නම්, ආනිශංසය නම් ප්‍රීතිය යි."

"ස්වාමීනී, ප්‍රීතියෙන් ලැබෙන යහපත කුමක්ද? ආනිශංසය කුමක්ද?"

"ආනන්දයෙනි, ප්‍රීතියෙන් ලැබෙන යහපත නම්, ආනිශංසය නම් කය සංසිඳී ගොස් සැහැල්ලුවට පත්වීම යි."

"ස්වාමීනී, කය සංසිඳී ගොස් සැහැල්ලු වීමෙන් ලැබෙන යහපත කුමක්ද? ආනිශංසය කුමක්ද?"

"ආනන්දයෙනි, කය සංසිඳී ගොස් සැහැල්ලුවීමෙන් ලැබෙන යහපත නම්, ආනිශංසය නම් සැපය යි."

"ස්වාමීනී, සැපයෙන් ලැබෙන යහපත කුමක්ද? ආනිශංසය කුමක්ද?"

"ආනන්දයෙනි, සැපයෙන් ලැබෙන යහපත නම්, ආනිශංසය නම් සිත එකඟ ව සමාධියට පත්වීම යි."

"ස්වාමීනී, සිත එකඟ ව සමාධිමත් වීමෙන් ලැබෙන යහපත කුමක්ද? ආනිශංසය කුමක්ද?"

"ආනන්දයෙනි, සිත එකඟ ව සමාධිමත් වීමෙන් ලැබෙන යහපත නම්, ආනිශංසය නම් ඇත්ත ඇති සැටියෙන් මැ දන්නා නුවණ ලැබීම යි."

"ස්වාමීනී, ඇත්ත ඇති සැටියෙන් මැ දන්නා නුවණින් ලැබෙන යහපත කුමක්ද? ආනිශංසය කුමක්ද?"

"ආනන්දයෙනි, ඇත්ත ඇති සැටියෙන් මැ දන්නා නුවණින් ලැබෙන යහපත නම්, ආනිශංසය නම් අවබෝධයෙන් මැ එපා වීම යි."

"ස්වාමීනී, අවබෝධයෙන් මැ එපා වීමෙන් ලැබෙන යහපත කුමක්ද? ආනිශංසය කුමක්ද?"

"ආනන්දයෙනි, අවබෝධයෙන් මැ එපා වීමෙන් ලැබෙන යහපත නම්, ආනිශංසය නම් නොඇල්මට පත් වීම යි."

"ස්වාමීනී, නොඇල්මට පත් වීමෙන් ලැබෙන යහපත කුමක්ද? ආනිශංසය කුමක්ද?"

"ආනන්දයෙනි, නොඇල්මට පත් වීමෙන් ලැබෙන යහපත නම්, ආනිශංසය නම් ඒ නොඇලුණු දෙයින් තමා සදහට ම නිදහස් වැ ගිය බව දන්නා නුවණ ලැබීම යි.

ආනන්දයෙනි, මේ අයුරින් පසුතැවිල්ල නැති බව නම් වූ යහපත, පසුතැවිල්ල නැති බව නම් වූ ආනිශංසය ලැබෙන්නේ කුසල්සිල් වලිනි. ප්‍රමුදිත බව නම් වූ යහපත, ප්‍රමුදිත බව නම් වූ ආනිශංසය ලැබෙන්නේ පසුතැවිල්ල නැතිකමිනි. ප්‍රීතිය නම් වූ යහපත, ප්‍රීතිය නම් වූ ආනිශංසය ලැබෙන්නේ ප්‍රමුදිත භාවයෙනි. කය සංසිඳී ගොස් සැහැල්ලු වීම නම් වූ යහපත, කය සංසිඳී ගොස් සැහැල්ලු වීම නම් වූ ආනිශංසය ලැබෙන්නේ ප්‍රීතියෙනි. සැපය නම් වූ යහපත, සැපය නම් වූ ආනිශංසය ලැබෙන්නේ කය සංසිඳී ගොස් සැහැල්ලු වීමෙනි. සිත එකඟ වැ සමාධිමත් වීම නම් වූ යහපත, සිත එකඟ වැ සමාධිමත් වීම නම් වූ ආනිශංසය ලැබෙන්නේ සැපයෙනි. ඇත්ත ඇති සැටියෙන් මැ දන්නා නුවණ නම් වූ යහපත, ඇත්ත ඇති සැටියෙන් මැ දන්නා නුවණ නම් වූ ආනිශංසය ලැබෙන්නේ සමාධියෙනි. අවබෝධයෙන් මැ එපා වීම නම් වූ යහපත, අවබෝධයෙන් මැ එපා වීම නම් වූ ආනිශංසය ලැබෙන්නේ ඇත්ත ඇති සැටියෙන් මැ දන්නා නුවණින් ය. නොඇල්මට පත් වීම නම් වූ යහපත, නොඇල්මට පත් වීම නම් වූ ආනිසංසය ලැබෙන්නේ අවබෝධයෙන් ම එපා වීමෙනි. නොඇල්මට පත් වූ දෙයින් තමා සදහට ම නිදහස් වැ ගිය බව දන්නා නුවණ නම් වූ යහපත, නොඇල්මට පත් වූ දෙයින් තමා සදහට ම නිදහස් වැ ගිය බව දන්නා නුවණ නම් වූ ආනිශංසය ලැබෙන්නේ නොඇල්මට පත් වී ගිය නිසා ය.

මෙසේ ආනන්දයෙනි, කුසල්සිල් වලින් පිළිවෙලින් අරහත්වය නම් වූ මුදුනට මැ යන්නේ ඔය අයුරිනි."

සාදු! සාදු!! සාදු!!!

කිමත්ථිය සූත්‍රය නිමා විය.

11.1.2.
න චේතනා කරණීය සූත්‍රය
චේතනා පහළ නොකිරීම ගැන වදාළ දෙසුම

"මහණෙනි, සීලයෙන් යුක්ත වූ සිල්වතා හට 'පසුතැවිලි නැති බව මා තුළ පහළ වේවා'යි අමුතුයෙන් චේතනා පහළ කළ යුතු නැත්තේ ය. මහණෙනි, සීලයෙන් යුක්ත වූ සීලවන්තයා තුළ 'පසුතැවිල්ල නැති බව' උපදින්නේ ය යන මෙය ධර්මතාවකි.

මහණෙනි, පසුතැවිලි නැත්තහුට 'ප්‍රමුදිත බව මා තුළ පහළ වේවා'යි අමුතුයෙන් චේතනා පහළ කළ යුතු නැත්තේ ය. මහණෙනි, පසුතැවිලි නැති තැනැත්තා තුළ 'ප්‍රමුදිත බව ඉපදීම' යන මෙය ධර්මතාවකි.

මහණෙනි, ප්‍රමුදිතවූවහුට 'මා තුළ ප්‍රීතිය උපදීවා'යි අමුතුයෙන් චේතනා පහළ කළ යුතු නැත්තේ ය. මහණෙනි, ප්‍රමුදිත වැ සිටින්නහු තුළ 'ප්‍රීතිය ඉපදීම' යන මෙය ධර්මතාවකි.

මහණෙනි, ප්‍රීති සිත් ඇත්තහුට 'මාගේ කය සංසිඳී සැහැල්ලු වේවා'යි අමුතුයෙන් චේතනා පහළ කළ යුතු නැත්තේ ය. මහණෙනි, ප්‍රීතිමත් සිත් ඇති ව සිටින්නහු තුළ 'කය සංසිඳී සැහැල්ලු වීම' යන මෙය ධර්මතාවකි.

මහණෙනි, සංසිඳී සැහැල්ලු වී ගිය කය ඇත්තහුට 'සැප විඳින්නෙක් වෙම්වා'යි අමුතුයෙන් චේතනා පහළ කළ යුතු නැත්තේ ය. මහණෙනි, සංසිඳී ගිය සැහැල්ලු වී ගිය කය ඇති තැනැත්තා තුළ 'සැප උපදින්නේ ය' යන මෙය ධර්මතාවකි.

මහණෙනි, සැපයෙන් වසන්නහුට 'මාගේ සිත සමාධිමත් වේවා'යි අමුතුයෙන් චේතනා පහළ කළ යුතු නැත්තේ ය. මහණෙනි, සැප ඇත්තහුගේ සිත 'සමාධියට පත්වන්නේ' ය යන මෙය ධර්මතාවෙකි.

මහණෙනි, සමාධිමත් සිත් ඇත්තහුට 'ඇත්ත ඇති සැටියෙන් මැ දනිම්වා යි, දකිම්වා 'යි අමුතුයෙන් චේතනා පහළ කළ යුතු නැත්තේ ය. මහණෙනි, චිත්ත සමාධියෙන් යුතු තැනැත්තා 'ඇත්ත ඇති සැටියෙන් මැ දැනගන්නේ ය,

දැකගන්නේ ය' යන මෙය ධර්මතාවකි.

මහණෙනි, ඇත්ත ඇති සැටියෙන් මැ දන්නහුට, දක්නහුට 'අවබෝධයෙන් මැ එපා වූයෙක් වෙම්වා'යි අමුතුයෙන් චේතනා පහළ කළ යුතු නැත්තේ ය. මහණෙනි, ඇත්ත ඇති සැටියෙන් මැ දැනගත් කෙනාට, දැකගත් කෙනාට 'අවබෝධයෙන්ම එපා වන්නේ ය' යන මෙය ධර්මතාවකි.

මහණෙනි, අවබෝධයෙන් ම එපා වූවහුට 'නොඇල්මට පත්වෙම්වා'යි අමුතුයෙන් චේතනා පහළ කළ යුතු නැත්තේ ය. මහණෙනි, අවබෝධයෙන් ම එපා වූ කෙනා 'නොඇල්මට පත් වන්නේ ය' යන මෙය ධර්මතාවකි.

මහණෙනි, නොඇල්මට පත්වූවහුට 'මෙයින් සදහට මැ නිදහස් වැ ගිය බව දන්නා නුවණ අත්දකිම්වා'යි අමුතුයෙන් චේතනා පහළ කළ යුතු නැත්තේ ය. මහණෙනි, නොඇල්මට පත් වූ තැනැත්තා 'තමා සදහට මැ එයින් නිදහස් වැ ගිය බව දන්නා නුවණ අත්දකින්නේ ය' යන මෙය ධර්මතාවකි.

මේ අයුරින් මහණෙනි, තමා සදහට මැ නිදහස් වී ගිය බව දන්නා නුවණ නම් වූ යහපත, තමා සදහට මැ නිදහස් වී ගිය බව දන්නා නුවණ නම් වූ ආනිශංසය ලැබෙන්නේ නොඇල්මට පත් වීමෙනි. නොඇල්මට පත් වීම නම් වූ යහපත, නොඇල්මට පත් වීම නම් වූ ආනිශංසය ලැබෙන්නේ අවබෝධයෙන් මැ එපා වීමෙනි. අවබෝධයෙන් මැ එපා වීම නම් වූ යහපත, අවබෝධයෙන් මැ එපා වීම නම් වූ ආනිශංසය ලැබෙන්නේ ඇත්ත ඇති සැටියෙන් මැ දන්නා නුවණිනි. ඇත්ත ඇති සැටියෙන් මැ දන්නා නුවණ නම් වූ යහපත, ඇත්ත ඇති සැටියෙන් මැ දන්නා නුවණ නම් වූ ආනිශංසය ලැබෙන්නේ සමාධියෙනි. සමාධිය නම් වූ යහපත, සමාධිය නම් වූ ආනිශංසය ලැබෙන්නේ සැපයෙනි. සැපය නම් වූ යහපත, සැපය නම් වූ ආනිශංසය ලැබෙන්නේ කය සංසිඳී සැහැල්ලු වීමෙනි. කය සංසිඳී සැහැල්ලු වීම නම් වූ යහපත, කය සංසිඳී සැහැල්ලු වීම නම් වූ ආනිශංසය ලැබෙන්නේ ප්‍රීතියෙනි. ප්‍රීතිය නම් වූ යහපත, ප්‍රීතිය නම් වූ ආනිශංසය ලැබෙන්නේ ප්‍රමුදිත භාවයෙනි. ප්‍රමුදිත භාවය නම් වූ යහපත, ප්‍රමුදිත භාවය නම් වූ ආනිශංසය ලැබෙන්නේ පසුතැවිල්ල නැති නිසාවෙනි. පසුතැවිලි නැති බව නම් වූ යහපත, පසුතැවිලි නැති බව නම් වූ ආනිශංසය ලැබෙන්නේ කුසල් සිල්වලිනි.

මහණෙනි, සසර නම් වූ මෙතෙර අත්හැර කෙලෙස් සැඩපහර තරණය කොට එතෙර නම් වූ නිවන තෙක් යෑම පිණිස ඔය අයුරින් ධර්මයෝ මැ අනුපිළිවෙලින් ධර්මයන් දියුණුවට ගෙන යති. ධර්මයෝ මැ අනුපිළිවෙලින් ධර්මයන් පිරිපුන් බවට පත්කෙරෙති.

සාදු! සාදු!! සාදු!!!

න චේතනා කරණීය සූත්‍රය නිමා විය.

11.1.3.
පඨම උපනිස සූත්‍රය
හේතුව ගැන වදාළ පළමු දෙසුම

මහණෙනි, වැනැසුණු සිල් ඇති දුසිල් තැනැත්තා හට 'පසුතැවිල්ල නැති බව' යනු නැසී ගිය හේතු සම්පත් ඇති දෙයකි. පසුතැවිලි නැති බව නැති කල්හී 'පසුතැවිලි නැති බව' අහිමි වූ තැනැත්තාට ප්‍රමුදිත බව යනු නැසී ගිය හේතු සම්පත් ඇති දෙයකි. ප්‍රමුදිත බව නැති කල්හී 'ප්‍රමුදිත බව' අහිමි වූ තැනැත්තාට ප්‍රීතිය යනු නැසී ගිය හේතු සම්පත් ඇති දෙයකි. ප්‍රීතිය නැති කල්හී 'ප්‍රීතිමත් බව' අහිමි වූ තැනැත්තාට කය සංසිඳී සැහැල්ලු වීම යනු නැසී ගිය හේතු සම්පත් ඇති දෙයකි. කායික සැහැල්ලුව නැති කල්හී 'කායික සැහැල්ලු බව' අහිමි වූ තැනැත්තාට සැපය යනු නැසී ගිය හේතු සම්පත් ඇති දෙයකි. සැපය නැති කල්හී 'සැපයෙන් තොරව' වසන්නහුට සම්මා සමාධිය යනු නැසී ගිය හේතු සම්පත් ඇති දෙයකි. සම්මා සමාධිය නැති කල්හී 'සම්මා සමාධියෙන් තොරව වසන්නහුට ඇත්ත ඇති සැටියෙන් මැ දන්නා නුවණ යනු නැසී ගිය හේතු සම්පත් ඇති දෙයකි. ඇත්ත ඇති සැටියෙන් මැ දන්නා නුවණ නැති කල්හී ඇත්ත ඇති සැටියෙන් ම දන්නා නුවණින් තොරව වසන්නහුට අවබෝධයෙන්ම එපා වීම යනු නැසී ගිය හේතු සම්පත් ඇති දෙයකි. අවබෝධයෙන් ම එපා වීම නැති කල්හී, එපා වීමකින් තොරව වසන්නහුට නොඇල්ම යනු නැසී ගිය හේතු සම්පත් ඇති දෙයකි. නොඇල්ම නැති කල්හී නොඇල්මෙන් තොරව වසන්නහුට තමා සදහට මැ නිදහස් වී ගිය බව දන්නා නුවණ යනු නැසී ගිය හේතු සම්පත් ඇති දෙයකි.

මහණෙනි, එය මෙබඳු දෙයකි. ගිලිහී ගිය අතුඉති ඇති, ගිලිහී ගිය කොළ ඇති රුකෙක් ඇත්තේ ය. ඒ රුකෙහි ගැලවුණු පොතු ත් වැඩී පිරිපුන් බවට නොයයි. ඇතුල් සිවිය ත්, එළය ත්, අරටුව ත් වැඩී පිරිපුන් බවට නොයයි. එසෙයින් මැ මහණෙනි, ගිලිහී ගිය සිල් ඇති දුසිල් තැනැත්තා හට පසුතැවිල්ල නැති බව යනු නැසී ගිය හේතු සම්පත් ඇති දෙයකි. පසුතැවිලි නැති බව නැති කල්හී, පසුතැවිලි නැති බව අහිමි වූ තැනැත්තා හට ප්‍රමුදිත බව යනු

නැසී ගිය හේතු සම්පත් ඇති දෙයකි. ....(පෙ).... විමුක්ති ඥාන දර්ශනය යනු නැසී ගිය හේතු සම්පත් ඇති දෙයකි.

මහණෙනි, සීලයෙන් යුක්ත වූ සිල්වත් තැනැත්තා හට 'පසුතැවිල්ල නැති බව' යනු හේතු සම්පත් ඇති දෙයකි. පසුතැවිලි නැති බව ඇති කල්හී 'පසුතැවිලි නැති බවෙන් යුක්ත තැනැත්තා හට ප්‍රමුදිත බව යනු හේතු සම්පත් ඇති දෙයකි. ප්‍රමුදිත බව ඇති කල්හී 'ප්‍රමුදිත බවින් යුතු තැනැත්තා හට ප්‍රීතිය යනු හේතු සම්පත් ඇති දෙයකි. ප්‍රීතිය ඇති කල්හී 'ප්‍රීතිමත් බවින් යුතු තැනැත්තා හට කය සංසිඳී සැහැල්ලු වීම යනු හේතු සම්පත් ඇති දෙයකි. කායික සැහැල්ලුව ඇති කල්හී 'කායික සැහැල්ලුවෙන් යුතු තැනැත්තා හට සැපය යනු හේතු සම්පත් ඇති දෙයකි. සැපය ඇති කල්හී සැප සේ වසන්නහුට සම්මා සමාධිය යනු හේතු සම්පත් ඇති දෙයකි. සම්මා සමාධිය ඇති කල්හී 'සම්මා සමාධියෙන් යුක්ත ව වසන්නහුට ඇත්ත ඇති සැටියෙන් මැ දන්නා නුවණ යනු හේතු සම්පත් ඇති දෙයකි. ඇත්ත ඇති සැටියෙන් මැ දන්නා නුවණ ඇති කල්හී ඇත්ත ඇති සැටියෙන් මැ දන්නා නුවණින් යුක්ත ව වසන්නහුට අවබෝධයෙන්ම එපා වීම යනු හේතු සම්පත් ඇති දෙයකි. අවබෝධයෙන් ම එපා වීම ඇති කල්හී, අවබෝධයෙන් එපාවීමෙන් යුක්තව වසන්නහුට නොඇල්මට පත්වන බව යනු හේතු සම්පත් ඇති දෙයකි. නොඇල්මට පත්වීම ඇති කල්හී, නොඇල්මෙන් යුක්ත ව වසන්නහුට තමා සදහට මැ නිදහස් වී ගිය බව දන්නා නුවණ යනු හේතු සම්පත් ඇති දෙයකි.

මහණෙනි, එය මෙබඳු දෙයකි. මැනැවින් වැඩී ගිය අතුඉති ඇති, මැනැවින් වැඩී ගිය කොළ ඇති රුකෙක් ඇත්තේ ය. ඒ රුකෙහි පිට පොතු ත් වැඩී පිරිපුන් බවට යයි. ඇතුල් සිවිය ත්, එළය ත්, අරටුව ත් වැඩී පිරිපුන් බවට යයි. එසෙයින් මැ මහණෙනි, සීලයෙන් යුතු සිල්වත් තැනැත්තා හට පසුතැවිල්ල නැති බව යනු හේතු සම්පත් ඇති දෙයකි. පසුතැවිලි නැති බව ඇති කල්හී, පසුතැවිලි නැති තැනැත්තා හට ප්‍රමුදිත බව යනු හේතු සම්පත් ඇති දෙයකි. ....(පෙ).... විමුක්ති ඥාන දර්ශනය යනු යනු හේතු සම්පත් ඇති දෙයකි.

සාදු! සාදු!! සාදු!!!

පඨම උපනිස සූත්‍රය නිමා විය.

11.1.4.
දුතිය උපනිස සූත්‍රය
හේතුව ගැන වදාළ දෙවන දෙසුම

එකල්හී ආයුෂ්මත් සාරිපුත්තයන් වහන්සේ "ආයුෂ්මත් මහණෙනි" යි කියා භික්ෂූන් ඇමතූහ. "ආයුෂ්මතුන් වහන්සැ"යි ඒ භික්ෂූහු ආයුෂ්මත් සාරිපුත්තයන් වහන්සේට පිළිවදන් දුන්හ. ආයුෂ්මත් සාරිපුත්තයන් වහන්සේ මෙය වදාළහ.

"ආයුෂ්මත්නි, වැනැසුණු සිල් ඇති දුසිල් තැනැත්තා හට 'පසුතැවිල්ල නැති බව' යනු නැසී ගිය හේතු සම්පත් ඇති දෙයකි. පසුතැවිලි නැති බව නැති කල්හී 'පසුතැවිලි නැති බව' අහිමි වූ තැනැත්තාට ප්‍රමුදිත බව යනු නැසී ගිය හේතු සම්පත් ඇති දෙයකි. ප්‍රමුදිත බව නැති කල්හී 'ප්‍රමුදිත බව' අහිමි වූ තැනැත්තාට ප්‍රීතිය යනු නැසී ගිය හේතු සම්පත් ඇති දෙයකි. ප්‍රීතිය නැති කල්හී 'ප්‍රීතිමත් බව' අහිමි වූ තැනැත්තාට කය සංසිඳී සැහැල්ලු වීම යනු නැසී ගිය හේතු සම්පත් ඇති දෙයකි. කායික සැහැල්ලුව නැති කල්හී 'කායික සැහැල්ලු බව' අහිමි වූ තැනැත්තාට සැපය යනු නැසී ගිය හේතු සම්පත් ඇති දෙයකි. සැපය නැති කල්හී 'සැපයෙන් තොරව' වසන්නහුට සම්මා සමාධිය යනු නැසී ගිය හේතු සම්පත් ඇති දෙයකි. සම්මා සමාධිය නැති කල්හී 'සම්මා සමාධියෙන් තොරව වසන්නහුට ඇත්ත ඇති සැටියෙන් මැ දන්නා නුවණ යනු නැසී ගිය හේතු සම්පත් ඇති දෙයකි. ඇත්ත ඇති සැටියෙන් මැ දන්නා නුවණ නැති කල්හී ඇත්ත ඇති සැටියෙන් මැ දන්නා නුවණින් තොරව වසන්නහුට අවබෝධයෙන්ම එපා වීම යනු නැසී ගිය හේතු සම්පත් ඇති දෙයකි. අවබෝධයෙන් ම එපා වීම නැති කල්හී, එපා වීමකින් තොරව වසන්නහුට නොඇල්ම යනු නැසී ගිය හේතු සම්පත් ඇති දෙයකි. නොඇල්ම නැති කල්හී නොඇල්මෙන් තොරව වසන්නහුට තමා සදහට මැ නිදහස් වී ගිය බව දන්නා නුවණ යනු නැසී ගිය හේතු සම්පත් ඇති දෙයකි.

ආයුෂ්මත්නි, එය මෙබඳු දෙයකි. ගිලිහී ගිය අතුඉති ඇති, ගිලිහී ගිය කොළ ඇති රුකෙක් ඇත්තේ ය. ඒ රුකෙහි ගැලවුණු පොතු ත් වැඩී පිරිපුන් බවට නොයයි. ඇතුල් සිවිය ත්, එළය ත්, අරටුව ත් වැඩී පිරිපුන් බවට නොයයි. එසෙයින් මැ මහණෙනි, ගිලිහී ගිය සිල් ඇති දුසිල් තැනැත්තා හට පසුතැවිල්ල නැති බව යනු නැසී ගිය හේතු සම්පත් ඇති දෙයකි. පසුතැවිලි නැති බව

නැති කල්හී, පසුතැවිලි නැති බව අභිමි වූ තැනැත්තා හට ප්‍රමුදිත බව යනු නැසී ගිය හේතු සම්පත් ඇති දෙයකි. ....(පෙ).... විමුක්ති ඥාන දර්ශනය යනු නැසී ගිය හේතු සම්පත් ඇති දෙයකි.

ආයුෂ්මත්නි, සීලයෙන් යුක්ත වූ සිල්වත් තැනැත්තා හට 'පසුතැවිල්ල නැති බව' යනු හේතු සම්පත් ඇති දෙයකි. පසුතැවිලි නැති බව ඇති කල්හී 'පසුතැවිලි නැති බවෙන් යුක්ත තැනැත්තා හට ප්‍රමුදිත බව යනු හේතු සම්පත් ඇති දෙයකි. ප්‍රමුදිත බව ඇති කල්හී 'ප්‍රමුදිත බවින් යුතු තැනැත්තා හට ප්‍රීතිය යනු හේතු සම්පත් ඇති දෙයකි. ප්‍රීතිය ඇති කල්හී 'ප්‍රීතිමත් බවින් යුතු තැනැත්තා හට කය සංසිඳී සැහැල්ලු වීම යනු හේතු සම්පත් ඇති දෙයකි. කායික සැහැල්ලුව ඇති කල්හී 'කායික සැහැල්ලුවෙන් යුතු තැනැත්තා හට සැපය යනු හේතු සම්පත් ඇති දෙයකි. සැපය ඇති කල්හී සැප සේ වසන්නහුට සම්මා සමාධිය යනු හේතු සම්පත් ඇති දෙයකි. සම්මා සමාධිය ඇති කල්හී 'සම්මා සමාධියෙන් වසන්නහුට ඇත්ත ඇති සැටියෙන් මැ දන්නා නුවණ යනු හේතු සම්පත් ඇති දෙයකි. ඇත්ත ඇති සැටියෙන් මැ දන්නා නුවණ ඇති කල්හී ඇත්ත ඇති සැටියෙන් මැ දන්නා නුවණින් වසන්නහුට අවබෝධයෙන්ම එපා වීමට පත්වන බව යනු හේතු සම්පත් ඇති දෙයකි. අවබෝධයෙන් ම එපා වීම ඇති කල්හී, අවබෝධයෙන් ම එපාවීමෙන් යුක්ත ව වසන්නහුට නොඇල්මට පත්වන බව යනු හේතු සම්පත් ඇති දෙයකි. නොඇල්මට පත්වීම ඇති කල්හී, නොඇල්මෙන් යුක්ත ව වසන්නහුට තමා සදහට මැ නිදහස් වී ගිය බව දන්නා නුවණ යනු හේතු සම්පත් ඇති දෙයකි.

ආයුෂ්මත්නි, එය මෙබඳු දෙයකි. මැනැවින් වැඩී ගිය අතුඉති ඇති, මැනැවින් වැඩී ගිය කොළ ඇති රුකෙක් ඇත්තේ ය. ඒ රුකෙහි පිට පොතු ත් වැඩී පිරිපුන් බවට යයි. ඇතුල් සිවිය ත්, එළය ත්, අරටුව ත් වැඩී පිරිපුන් බවට යයි. එසෙයින් මැ ආයුෂ්මතුනි, සීලයෙන් යුක්ත වූ සිල්වත් තැනැත්තා හට 'පසුතැවිල්ල නැති බව' යනු හේතු සම්පත් ඇති දෙයකි. පසුතැවිලි නැති බව ඇති කල්හී 'පසුතැවිලි නැති බවෙන් යුක්ත තැනැත්තා ප්‍රමුදිත බව යනු හේතු සම්පත් ඇති දෙයකි. ප්‍රමුදිත බව ඇති කල්හී 'ප්‍රමුදිත බවින් යුතු තැනැත්තා ප්‍රීතිය යනු හේතු සම්පත් ඇති දෙයකි. ....(පෙ).... විමුක්ති ඥාන දර්ශනය යනු හේතු සම්පත් ඇති දෙයකි.

සාදු! සාදු!! සාදු!!!

දුතිය උපනිස සූත්‍රය නිමා විය.

11.1.1.5.
තතිය උපනිස සූත්‍රය
හේතුව ගැන වදාළ තෙවෙනි දෙසුම

එකල්හී ආයුෂ්මත් ආනන්දයන් වහන්සේ භික්ෂූන් ඇමතූහ. ....(පෙ)....

"ආයුෂ්මත්නි, වැනැසුණු සිල් ඇති දුසිල් තැනැත්තා හට 'පසුතැවිල්ල නැති බව' යනු නැසීගිය හේතු සම්පත් ඇති දෙයකි. පසුතැවිලි නැති බව නැති කල්හී 'පසුතැවිලි නැති බව' අහිමි වූ තැනැත්තාට ප්‍රමුදිත බව යනු නැසීගිය හේතු සම්පත් ඇති දෙයකි. ප්‍රමුදිත බව නැති කල්හී 'ප්‍රමුදිත බව' අහිමි වූ තැනැත්තාට ප්‍රීතිය යනු නැසීගිය හේතු සම්පත් ඇති දෙයකි. ප්‍රීතිය නැති කල්හී 'ප්‍රීතිමත් බව' අහිමි වූ තැනැත්තාට කය සංසිඳී සැහැල්ලු වීම යනු නැසීගිය හේතු සම්පත් ඇති දෙයකි. කායික සැහැල්ලුව නැති කල්හී 'කායික සැහැල්ලු බව' අහිමි වූ තැනැත්තාට සැපය යනු නැසීගිය හේතු සම්පත් ඇති දෙයකි. සැපය නැති කල්හී 'සැපයෙන් තොරව' වසන්නහුට සම්මා සමාධිය යනු නැසීගිය හේතු සම්පත් ඇති දෙයකි. සම්මා සමාධිය නැති කල්හී 'සම්මා සමාධියෙන් තොරව වසන්නහුට ඇත්ත ඇති සැටියෙන් මැ දන්නා නුවණ යනු නැසීගිය හේතු සම්පත් ඇති දෙයකි. ඇත්ත ඇති සැටියෙන් මැ දන්නා නුවණ නැති කල්හී ඇත්ත ඇති සැටියෙන් මැ දන්නා නුවණින් තොරව වසන්නහුට අවබෝධයෙන්ම එපා වීම යනු නැසීගිය හේතු සම්පත් ඇති දෙයකි. අවබෝධයෙන් ම එපා වීම නැති කල්හී, එපා වීමකින් තොරව වසන්නහුට නොඇල්ම නම් වූ යනු නැසීගිය හේතු සම්පත් ඇති දෙයකි. නොඇල්ම නැති කල්හී නොඇල්මෙන් තොරව වසන්නහුට තමා සදහට මැ නිදහස් වී ගිය බව දන්නා නුවණ යනු නැසීගිය හේතු සම්පත් ඇති දෙයකි.

ආයුෂ්මත්නි, එය මෙබඳු දෙයකි. ගිලිහී ගිය අතුඉති ඇති, ගිලිහී ගිය කොළ ඇති රුකෙක් ඇත්තේ ය. ඒ රුකෙහි ගැලවුණු පොතු ත් වැඩී පිරිපුන් බවට නොයයි. ඇතුල් සිවිය ත්, එළය ත්, අරටුව ත් වැඩී පිරිපුන් බවට නොයයි. එසෙයින් මැ ආයුෂ්මත්නි, ගිලිහී ගිය සිල් ඇති දුසිල් තැනැත්තා හට පසුතැවිල්ල නැති බව යනු නැසී ගිය හේතු සම්පත් ඇති දෙයකි. පසුතැවිලි නැති බව නැති කල්හී, පසුතැවිලි නැති බව අහිමි වූ තැනැත්තා හට ප්‍රමුදිත බව යනු නැසී ගිය හේතු සම්පත් ඇති දෙයකි. ....(පෙ).... විමුක්ති ඥාන දර්ශනය යනු නැසී ගිය හේතු සම්පත් ඇති දෙයකි.

ආයුෂ්මත්නි, සීලයෙන් යුක්ත වූ සිල්වත් තැනැත්තා හට 'පසුතැවිල්ල නැති බව' යනු හේතු සම්පත් ඇති දෙයකි. පසුතැවිලි නැති බව ඇති කල්හී 'පසුතැවිලි නැති බවෙන් යුක්ත තැනැත්තා හට ප්‍රමුදිත බව යනු හේතු සම්පත් ඇති දෙයකි. ප්‍රමුදිත බව ඇති කල්හී 'ප්‍රමුදිත බවින් යුතු තැනැත්තා ප්‍රීතිය යනු හේතු සම්පත් ඇති දෙයකි. ප්‍රීතිය ඇති කල්හී 'ප්‍රීතිමත් බවින් යුතු තැනැත්තා හට කය සංසිඳී සැහැල්ලු වීම යනු හේතු සම්පත් ඇති දෙයකි. කායික සැහැල්ලුව ඇති කල්හී 'කායික සැහැල්ලුවෙන් යුතු තැනැත්තා හට සැපය යනු හේතු සම්පත් ඇති දෙයකි. සැපය ඇති කල්හී සැප සේ වසන්නහුට සම්මා සමාධිය යනු හේතු සම්පත් ඇති දෙයකි. සම්මා සමාධිය ඇති කල්හී 'සම්මා සමාධියෙන් වසන්නහුට ඇත්ත ඇති සැටියෙන් මැ දන්නා නුවණ යනු හේතු සම්පත් ඇති දෙයකි. ඇත්ත ඇති සැටියෙන් මැ දන්නා නුවණ ඇති කල්හී ඇත්ත ඇති සැටියෙන් මැ දන්නා නුවණින් වසන්නහුට අවබෝධයෙන්ම එපා වීමට පත්වන බව යනු හේතු සම්පත් ඇති දෙයකි. අවබෝධයෙන් ම එපා වීම ඇති කල්හී, අවබෝධයෙන් ම එපා වීමෙන් යුක්ත ව වසන්නහුට නොඇල්මට පත්වන බව යනු හේතු සම්පත් ඇති දෙයකි. නොඇල්මට පත්වීම ඇති කල්හී, නොඇල්මෙන් වසන්නහුට තමා සදහට මැ නිදහස් වී ගිය බව දන්නා නුවණ යනු හේතු සම්පත් ඇති දෙයකි.

ආයුෂ්මත්නි, එය මෙබඳු දෙයකි. මැනැවින් වැඩී ගිය අතුඉති ඇති, මැනැවින් වැඩී ගිය කොළ ඇති රුකෙක් ඇත්තේ ය. ඒ රුකෙහි පිට පොතු ත් වැඩී පිරිපුන් බවට යයි. ඇතුල් සිවිය ත්, එළය ත්, අරටුව ත් වැඩී පිරිපුන් බවට යයි. එසෙයින් මැ ආයුෂ්මතුනි, සීලයෙන් යුක්ත වූ සිල්වත් තැනැත්තා හට 'පසුතැවිල්ල නැති බව' යනු හේතු සම්පත් ඇති දෙයකි. පසුතැවිලි නැති බව ඇති කල්හී 'පසුතැවිලි නැති බවෙන් යුක්ත තැනැත්තා ප්‍රමුදිත බව යනු හේතු සම්පත් ඇති දෙයකි. ප්‍රමුදිත බව ඇති කල්හී 'ප්‍රමුදිත බවින් යුතු තැනැත්තා ප්‍රීතිය යනු හේතු සම්පත් ඇති දෙයකි. ....(පෙ).... විමුක්ති ඥාන දර්ශනය යනු හේතු සම්පත් ඇති දෙයකි.

සාදු! සාදු!! සාදු!!!

තතිය උපනිස සූත්‍රය නිමා විය.

11.1.6
ව්‍යසන සූත්‍රය
විපතට පත් වීම ගැන වදාළ දෙසුම

"මහණෙනි, යම් මේ භික්ෂුවක් සබ්‍රහ්මචාරීන් වහන්සේලාට ආක්‍රෝශ කරන්නේ වෙයි ද, පරිභව කරන්නේ වෙයි ද, ආර්යෝපවාද කරන්නේ වෙයි ද, යම් හෙයකින් ඒ තැනැත්තා මේ එකොළොස් විධ විපත්තීන්ගෙන් එක්තරා ව්‍යසනයකට පත්නොවන්නේ ය යන කරුණට හේතුවක් නැත. අවකාශයක් නැත. ඒ කවර එකොළොස් විපතෙක් ද යත්;

නොලැබූ මගඵල ආදිය නොලබන්නේ ය. ලබන ලද ධ්‍යාන ආදිය ඇත්නම් පිරිහෙන්නේ ය. සද්ධර්මය තුළ දියුණුවක් නොලබන්නේ ය. සද්ධර්මය තුළ දියුණුවක් ඇතැයි අධිමානයට පත්වන්නේ ය. නිවන් මගෙහි සිත් අලවා වාසය කිරීමක් නැත්තේ ය. යම්කිසි කිළුටු ඇවතකට හෝ පත්වන්නේ ය. ශික්ෂාව ප්‍රතික්ෂේප කොට සිවුරු හැර ගිහි බවට හෝ පත්වන්නේ ය. දරුණු වූ රෝගපීඩා ආදිය වැළදෙන්නේ ය. චිත්ත වික්ෂේපය නම් වූ උමතු බවකට හෝ පත්වන්නේ ය. සිහිමුළා ව මරණයට පත්වන්නේ ය. කය බිඳී මරණින් මතු අපාය දුර්ගති විනිපාත නම් වූ නිරයෙහි උපදින්නේ ය.

මහණෙනි, යම් මේ භික්ෂුවක් සබ්‍රහ්මචාරීන් වහන්සේලාට ආක්‍රෝශ කරන්නේ වෙයි ද, පරිභව කරන්නේ වෙයි ද, ආර්යෝපවාද කරන්නේ වෙයි ද, යම් හෙයකින් ඒ තැනැත්තා මේ එකොළොස් විධ විපත්තීන්ගෙන් එක්තරා ව්‍යසනයකට පත්නොවන්නේ ය යන කරුණට හේතුවක් නැත. අවකාශයක් නැත.

සාධු! සාධු!! සාධු!!!

ව්‍යසන සූත්‍රය නිමා විය.

11.1.7.
පඨම සඤ්ඤා සූත්‍රය
සංඥාව ගැන වදාළ පළමු දෙසුම

එකල්හී ආයුෂ්මත් ආනන්දයන් වහන්සේ භාග්‍යවතුන් වහන්සේ යම් තැනෙක වැඩවෙසෙන සේක් ද, එතැනට පැමිණියහ. පැමිණ භාග්‍යවතුන් වහන්සේ සකසා වන්දනා කොට එකත්පස්ව හිඳගත් සේක. එකත්පස්ව හුන් ආයුෂ්මත් ආනන්දයන් වහන්සේ භාග්‍යවතුන් වහන්සේට මෙය පැවසූහ.

"ස්වාමීනී, භික්ෂුවකට මෙබඳු වූ සමාධියක් ලැබිය හැකිද? එනම් යම් සේ පඨවී ධාතුවෙහි පඨවී යන හැඳිනීමෙක් ඇති නොවෙයි ද, ආපෝ ධාතුවෙහි ආපෝ යන හැඳිනීමෙක් ඇති නොවෙයි ද, තේජෝ ධාතුවෙහි තේජෝ යන හැඳිනීමෙක් ඇති නොවෙයි ද, වායෝ ධාතුවෙහි වායෝ යන හැඳිනීමෙක් ඇති නොවෙයි ද, ආකාසානඤ්චායතනයෙහි ආකාසානඤ්චායතනය යන හැඳිනීමෙක් ඇති නොවෙයි ද, විඤ්ඤාණඤ්චායතනයෙහි විඤ්ඤාණඤ්චායතනය යන හැඳිනීමෙක් ඇති නොවෙයි ද, ආකිඤ්චඤ්ඤායතනයෙහි ආකිඤ්චඤ්ඤායතනය යන හැඳිනීමෙක් ඇති නොවෙයි ද, නේවසඤ්ඤානාසඤ්ඤායතනයෙහි නේවසඤ්ඤානාසඤ්ඤායතනය යන හැඳිනීමෙක් ඇති නොවෙයි ද, මේ ලෝකයෙහි මේ ලෝකය යන හැඳිනීමෙක් ඇති නොවෙයි ද, පරලොවෙහි පරලොව යන හැඳිනීමෙක් ඇති නොවෙයි ද, යම් හෙයකින් දකින ලද යමක් ඇද්ද, අසන ලද යමක් ඇද්ද, ආඝ්‍රාණය කරන ලද යමක් ඇද්ද, රස විඳින ලද යමක් ඇද්ද, පහස ලබන ලද යමක් ඇද්ද, දූනගත් යමක් ඇද්ද, ලැබුණු යමක් ඇද්ද, සොයන ලද යමක් ඇද්ද, මනසින් විමසන ලද යමක් ඇද්ද, එහිලා ද ඔහුට හැඳිනීමෙක් නැත්තේ නම්, එසේ නමුත් හැඳිනීමෙකින් ද යුක්ත වැ සිටින්නේ නම්, එබඳු වූ සමාධි ප්‍රතිලාභයක් භික්ෂුවකට ලැබිය හැකිද?"

"එසේ ය ආනන්දයෙනි, යම් සේ පඨවී ධාතුවෙහි පඨවී යන හැඳිනීමෙක් ඇති නොවෙයි ද, ආපෝ ධාතුවෙහි ආපෝ යන හැඳිනීමෙක් ඇති නොවෙයි ද, තේජෝ ධාතුවෙහි තේජෝ යන හැඳිනීමෙක් ඇති නොවෙයි ද, වායෝ ධාතුවෙහි වායෝ යන හැඳිනීමෙක් ඇති නොවෙයි ද, ආකාසානඤ්චායතනයෙහි ආකාසානඤ්චායතනය යන හැඳිනීමෙක් ඇති නොවෙයි ද, විඤ්ඤාණඤ්චායතනයෙහි විඤ්ඤාණඤ්චායතනය යන හැඳිනීමෙක් ඇති නොවෙයි ද, ආකිඤ්චඤ්ඤායතනයෙහි ආකිඤ්චඤ්ඤායතනය

යන හැඳිනීමෙක් ඇති නොවෙයි ද, නේවසඤ්ඤානාසඤ්ඤායතනයෙහි නේවසඤ්ඤානාසඤ්ඤායතනය යන හැඳිනීමෙක් ඇති නොවෙයි ද, මේ ලෝකයෙහි මේ ලෝකය යන හැඳිනීමෙක් ඇති නොවෙයි ද, පරලොවෙහි පරලොව යන හැඳිනීමෙක් ඇති නොවෙයි ද, යම් හෙයකින් දකින ලද යමක් ඇද්ද, අසන ලද යමක් ඇද්ද, ආඝ්‍රාණය කරන ලද යමක් ඇද්ද, රස විඳින ලද යමක් ඇද්ද, පහස ලබන ලද යමක් ඇද්ද, දැනගත් යමක් ඇද්ද, ලැබුණු යමක් ඇද්ද, සොයන ලද යමක් ඇද්ද, මනසින් විමසන ලද යමක් ඇද්ද, එහිලා ද ඔහුට හැඳිනීමෙක් නැත්තේ නම්, එසේ නමුත් හැඳිනීමෙකින් ද යුක්ත වැ සිටින්නේ නම්, එබඳු වූ සමාධි ප්‍රතිලාභයක් භික්ෂුවකට ලැබිය හැකිය."

"ස්වාමීනී, කෙසේ නම් භික්ෂුවකට එබඳු සමාධියක් ලැබිය හැකිද? එනම් යම් සේ පඨවී ධාතුවෙහි පඨවී යන හැඳිනීමෙක් ඇති නොවෙයි ද, ආපෝ ධාතුවෙහි ආපෝ යන හැඳිනීමෙක් ඇති නොවෙයි ද, තේජෝ ධාතුවෙහි තේජෝ යන හැඳිනීමෙක් ඇති නොවෙයි ද, වායෝ ධාතුවෙහි වායෝ යන හැඳිනීමෙක් ඇති නොවෙයි ද, ආකාසානඤ්චායතනයෙහි ආකාසානඤ්චායතනය යන හැඳිනීමෙක් ඇති නොවෙයි ද, විඤ්ඤාණඤ්චායතනයෙහි විඤ්ඤාණඤ්චායතනය යන හැඳිනීමෙක් ඇති නොවෙයි ද, ආකිඤ්චඤ්ඤායතනයෙහි ආකිඤ්චඤ්ඤායතනය යන හැඳිනීමෙක් ඇති නොවෙයි ද, නේවසඤ්ඤානාසඤ්ඤායතනයෙහි නේවසඤ්ඤානාසඤ්ඤායතනය යන හැඳිනීමෙක් ඇති නොවෙයි ද, මේ ලෝකයෙහි මේ ලෝකය යන හැඳිනීමෙක් ඇති නොවෙයි ද, පරලොවෙහි පරලොව යන හැඳිනීමෙක් ඇති නොවෙයි ද, යම් හෙයකින් දකින ලද යමක් ඇද්ද, අසන ලද යමක් ඇද්ද, ආඝ්‍රාණය කරන ලද යමක් ඇද්ද, රස විඳින ලද යමක් ඇද්ද, පහස ලබන ලද යමක් ඇද්ද, දැනගත් යමක් ඇද්ද, ලැබුණු යමක් ඇද්ද, සොයන ලද යමක් ඇද්ද, මනසින් විමසන ලද යමක් ඇද්ද, එහිලා ද ඔහුට හැඳිනීමෙක් නැත්තේ නම්, එසේ නමුත් හැඳිනීමෙකින් ද යුක්ත වැ සිටින්නේ නම්, කෙසේ නම් එබඳු වූ සමාධි ප්‍රතිලාභයක් භික්ෂුවකට ලැබිය හැකිද?"

"ආනන්දය, මෙහිලා භික්ෂුව මෙබඳු වූ හැඳිනීමෙකින් යුක්ත වූයේ වෙයි. 'මෙම සමාධිය ශාන්ත වූ දෙයකි. මෙම සමාධිය ඉතා ප්‍රණීත දෙයකි. එනම්, සකස් වූ සියළු දෙයෙහි සංසිඳී ගිය බවෙක් ඇද්ද, යළි උපතකට හේතු වන සියල්ල දුරුලූ බවෙක් ඇද්ද, තෘෂ්ණාවෙහි නැසී ගිය බවෙක් ඇද්ද, නොඇල්මට පත් වූ බවෙක් ඇද්ද, භවය නිරුද්ධ වූ බවෙක් ඇද්ද, නිර්වාණයක් ඇද්ද, එයයි.'

ආනන්දය, මෙබඳු වූ සමාධි ප්‍රතිලාභයෙකි භික්ෂුවකට ලැබෙන්නේ. එනම්, යම් සේ පඨවී ධාතුවෙහි පඨවී යන හැඳිනීමෙක් ඇති නොවෙයි ද, ආපෝ

ධාතුවෙහි ආපෝ යන හැඟීමෙක් ඇති නොවෙයි ද, තේජෝ ධාතුවෙහි තේජෝ යන හැඟීමෙක් ඇති නොවෙයි ද, වායෝ ධාතුවෙහි වායෝ යන හැඟීමෙක් ඇති නොවෙයි ද, ආකාසානඤ්චායතනයෙහි ආකාසානඤ්චායතනය යන හැඟීමෙක් ඇති නොවෙයි ද, විඤ්ඤාණඤ්චායතනයෙහි විඤ්ඤාණඤ්චායතනය යන හැඟීමෙක් ඇති නොවෙයි ද, ආකිඤ්චඤ්ඤායතනයෙහි ආකිඤ්චඤ්ඤායතනය යන හැඟීමෙක් ඇති නොවෙයි ද, නේවසඤ්ඤානාසඤ්ඤායතනයෙහි නේවසඤ්ඤානාසඤ්ඤායතනය යන හැඟීමෙක් ඇති නොවෙයි ද, මේ ලෝකයෙහි මේ ලෝකය යන හැඟීමෙක් ඇති නොවෙයි ද, පරලොවෙහි පරලොව යන හැඟීමෙක් ඇති නොවෙයි ද, යම් හෙයකින් දකින ලද යමක් ඇද්ද, අසන ලද යමක් ඇද්ද, ආඝ්‍රාණය කරන ලද යමක් ඇද්ද, රස විඳින ලද යමක් ඇද්ද, පහස ලබන ලද යමක් ඇද්ද, දැනගත් යමක් ඇද්ද, ලැබුණු යමක් ඇද්ද, සොයන ලද යමක් ඇද්ද, මනසින් විමසන ලද යමක් ඇද්ද, එහිලා ද ඔහුට හැඟීමෙක් නැත්තේ නම්, එසේ නමුත් හැඟීමෙකින් ද යුක්ත වැ සිටින්නේ නම්, එබඳු වූ සමාධි ප්‍රතිලාභයක් භික්ෂුවකට ලැබෙන්නේ මේ අයුරිනි.

එකල්හී ආයුෂ්මත් ආනන්දයන් වහන්සේ භාග්‍යවතුන් වහන්සේගේ භාෂිතය සතුටින් පිළිගෙන අනුමෝදන් ව හුනස්නෙන් නැගිට භාග්‍යවතුන් වහන්සේ සකසා වන්දනා කොට පැදකුණු කොට ආයුෂ්මත් සාරිපුත්තයන් වහන්සේ වෙත එළැඹියහ. එළැඹ ආයුෂ්මත් සාරිපුත්තයන් වහන්සේ සමඟ සතුටු වූහ. සතුටු විය යුතු පිළිසඳර කතා බහ නිමවා එකත්පස් ව හිඳගත්හ. එකත්පස් ව හුන් ආයුෂ්මත් ආනන්දයන් වහන්සේ ආයුෂ්මත් සාරිපුත්තයන් වහන්සේට මෙය පැවසූහ.

"ආයුෂ්මත් සාරිපුත්තයෙනි, භික්ෂුවකට මෙබඳු වූ සමාධියක් ලැබිය හැකිද? එනම් යම් සේ පඨවී ධාතුවෙහි පඨවී යන හැඟීමෙක් ඇති නොවෙයි ද, ...(පෙ).... යම් හෙයකින් දකින ලද යමක් ඇද්ද, අසන ලද යමක් ඇද්ද, ආඝ්‍රාණය කරන ලද යමක් ඇද්ද, රස විඳින ලද යමක් ඇද්ද, පහස ලබන ලද යමක් ඇද්ද, දැනගත් යමක් ඇද්ද, ලැබුණු යමක් ඇද්ද, සොයන ලද යමක් ඇද්ද, මනසින් විමසන ලද යමක් ඇද්ද, එහිලා ද ඔහුට හැඟීමෙක් නැත්තේ නම්, එසේ නමුත් හැඟීමෙකින් ද යුක්ත වැ සිටින්නේ නම්, එබඳු වූ සමාධි ප්‍රතිලාභයක් භික්ෂුවකට ලැබිය හැකිද?"

"එසේ ය ආයුෂ්මත් ආනන්දයෙනි, යම් සේ පඨවී ධාතුවෙහි පඨවී යන හැඟීමෙක් ඇති නොවෙයි ද, ...(පෙ).... යම් හෙයකින් දකින ලද යමක් ඇද්ද, අසන ලද යමක් ඇද්ද, ආඝ්‍රාණය කරන ලද යමක් ඇද්ද, රස විඳින ලද යමක් ඇද්ද, පහස ලබන ලද යමක් ඇද්ද, දැනගත් යමක් ඇද්ද, ලැබුණු යමක් ඇද්ද,

සොයන ලද යමක් ඇද්ද, මනසින් විමසන ලද යමක් ඇද්ද, එහිලා ද ඔහුට හැඳිනීමෙක් නැත්තේ නම්, එසේ නමුත් හැඳිනීමෙකින් ද යුක්ත වැ සිටින්නේ නම්, එබඳු වූ සමාධි ප්‍රතිලාභයක් භික්ෂුවකට ලැබිය හැකිය."

"ආයුෂ්මත් සාරිපුත්තයෙනි, කෙසේ නම් භික්ෂුවකට එබඳු සමාධියක් ලැබිය හැකිද? එනම් යම් සේ පඨවී ධාතුවෙහි පඨවී යන හැඳිනීමෙක් ඇති නොවෙයි ද, ...(පෙ).... යම් හෙයකින් දකින ලද යමක් ඇද්ද, අසන ලද යමක් ඇද්ද, ආඝ්‍රාණය කරන ලද යමක් ඇද්ද, රස විඳින ලද යමක් ඇද්ද, පහස ලබන ලද යමක් ඇද්ද, දැනගත් යමක් ඇද්ද, ලැබුණු යමක් ඇද්ද, සොයන ලද යමක් ඇද්ද, මනසින් විමසන ලද යමක් ඇද්ද, එහිලා ද ඔහුට හැඳිනීමෙක් නැත්තේ නම්, එසේ නමුත් හැඳිනීමෙකින් ද යුක්ත වැ සිටින්නේ නම්, කෙසේ නම් එබඳු වූ සමාධි ප්‍රතිලාභයක් භික්ෂුවකට ලැබිය හැකිද?"

"ආයුෂ්මත් ආනන්දය, මෙහිලා භික්ෂුව මෙබඳු වූ හැඳිනීමෙකින් යුක්ත වූයේ වෙයි. 'මෙම සමාධිය ශාන්ත වූ දෙයකි. මෙම සමාධිය ඉතා ප්‍රණීත දෙයකි. එනම්, සකස් වූ සියළු දෙයෙහි සංසිඳී ගිය බවෙක් ඇද්ද, යළි උපතකට හේතු වන සියල්ල දුරලූ බවෙක් ඇද්ද, තෘෂ්ණාවෙහි නැසී ගිය බවෙක් ඇද්ද, නොඇල්මට පත් වූ බවෙක් ඇද්ද, භවය නිරුද්ධ වූ බවෙක් ඇද්ද, නිර්වාණයක් ඇද්ද, එයයි.'

ආයුෂ්මත් ආනන්දය, මෙබඳු වූ සමාධි ප්‍රතිලාභයෙකි භික්ෂුවකට ලැබෙන්නේ. එනම්, යම් සේ පඨවී ධාතුවෙහි පඨවී යන හැඳිනීමෙක් ඇති නොවෙයි ද, ...(පෙ).... යම් හෙයකින් දකින ලද යමක් ඇද්ද, අසන ලද යමක් ඇද්ද, ආඝ්‍රාණය කරන ලද යමක් ඇද්ද, රස විඳින ලද යමක් ඇද්ද, පහස ලබන ලද යමක් ඇද්ද, දැනගත් යමක් ඇද්ද, ලැබුණු යමක් ඇද්ද, සොයන ලද යමක් ඇද්ද, මනසින් විමසන ලද යමක් ඇද්ද, එහිලා ද ඔහුට හැඳිනීමෙක් නැත්තේ නම්, එසේ නමුත් හැඳිනීමෙකින් ද යුක්ත වැ සිටින්නේ නම්, එබඳු වූ සමාධි ප්‍රතිලාභයක් භික්ෂුවකට ලැබෙන්නේ මේ අයුරිනි."

"ආයුෂ්මත්නි, ආශ්චර්ය ය. ආයුෂ්මත්නි, අද්භූත ය. යම් කරුණෙක්හිලා ශාස්තෲන් වහන්සේගේ ත්, ශ්‍රාවකයන් වහන්සේගේ ත් අග්‍ර වූ ධර්මය පිළිබඳ ව අර්ථයෙන් අර්ථය, ප්‍රකාශනයෙන් ප්‍රකාශනය සැසඳෙන්නේ ම ය. සමවන්නේ ම ය. නොගැටෙන්නේ ම ය. ආයුෂ්මත් සාරිපුත්තයෙනි, මම දැන් භාග්‍යවතුන් වහන්සේ වෙත එළැඹ මෙකරුණ විමසුවෙමි. භාග්‍යවතුන් වහන්සේ ද මට මේ පදයන්ගෙන් ම, මේ ප්‍රකාශනයන්ගෙන් ම එම අර්ථය ආයුෂ්මත් සාරිපුත්තයන් වහන්සේ පරිද්දෙන් වදාළ සේක.

ආයුෂ්මත්නි, ආශ්චර්ය ය. ආයුෂ්මත්නි, අද්භූත ය. යම් කරුණෙක්හිලා ශාස්තෘන් වහන්සේගේ ත්, ශ්‍රාවකයන් වහන්සේගේ ත් අග්‍ර වූ ධර්මය පිළිබඳ ව අර්ථයෙන් අර්ථය, ව්‍යංජනයෙන් ව්‍යංජනය සැසඳෙන්නේ ම ය. සමවන්නේ ම ය. නොගැටෙන්නේ ම ය."

සාදු! සාදු!! සාදු!!!

පඨම සඤ්ඤා සූත්‍රය නිමා විය.

11.1.8.
මනසිකාර සූත්‍රය
මෙනෙහි කිරීම ගැන වදාළ දෙසුම

එකල්හී ආයුෂ්මත් ආනන්දයන් වහන්සේ භාග්‍යවතුන් වහන්සේ යම් තැනෙක වැඩවෙසෙන සේක් ද, එතැනට පැමිණියහ. පැමිණ භාග්‍යවතුන් වහන්සේ සකසා වන්දනා කොට එකත්පස්ව හිඳගත් සේක. එකත්පස්ව හුන් ආයුෂ්මත් ආනන්දයන් වහන්සේ භාග්‍යවතුන් වහන්සේට මෙය පැවසූහ.

"ස්වාමීනී, භික්ෂුවකට මෙබඳු වූ සමාධියක් ලැබිය හැකිද? යම් සේ ඇස මෙනෙහි නොකරයි ද, රූපය මෙනෙහි නොකරයි ද, කන මෙනෙහි නොකරයි ද, ශබ්දය මෙනෙහි නොකරයි ද, නාසය මෙනෙහි නොකරයි ද, ගඳසුවඳ මෙනෙහි නොකරයි ද, දිව මෙනෙහි නොකරයි ද, රසය මෙනෙහි නොකරයි ද, කය මෙනෙහි නොකරයි ද, පහස මෙනෙහි නොකරයි ද, පඨවි ධාතුව මෙනෙහි නොකරයි ද, ආපෝ ධාතුව මෙනෙහි නොකරයි ද, තේජෝ ධාතුව මෙනෙහි නොකරයි ද, වායෝ ධාතුව මෙනෙහි නොකරයි ද, ආකාසානඤ්චායතනය මෙනෙහි නොකරයි ද, විඤ්ඤාණඤ්චායතනය මෙනෙහි නොකරයි ද, ආකිඤ්චඤ්ඤායතනය මෙනෙහි නොකරයි ද, නේවසඤ්ඤානාසඤ්ඤායතනය මෙනෙහි නොකරයි ද, මේ ලෝකය මෙනෙහි නොකරයි ද, පරලොව මෙනෙහි නොකරයි ද, යම් හෙයකින් දකින ලද යමක් ඇද්ද, අසන ලද යමක් ඇද්ද, ආඝ්‍රාණය කරන ලද යමක් ඇද්ද, රස විඳින ලද යමක් ඇද්ද, පහස ලබන ලද යමක් ඇද්ද, දැනගත් යමක් ඇද්ද, ලැබුණු යමක් ඇද්ද, සොයන ලද යමක් ඇද්ද, මනසින් විමසන ලද යමක් ඇද්ද, එය ද ඔහු මෙනෙහි නොකරයි ද, එසේ නමුත් මෙනෙහි කිරීමෙකින් යුක්ත වැ සිටින්නේ නම්, එබඳු වූ සමාධි ප්‍රතිලාභයක් භික්ෂුවකට ලැබිය හැකිද?"

"ආනන්දයෙනි, භික්ෂුවකට මෙබඳු වූ සමාධියක් ලැබිය හැක්කේ ය. යම් සේ ඇස මෙනෙහි නොකරයි නම්, රූපය මෙනෙහි නොකරයි නම්, කන මෙනෙහි නොකරයි නම්, ශබ්දය මෙනෙහි නොකරයි නම්, නාසය මෙනෙහි නොකරයි නම්, ගඳසුවඳ මෙනෙහි නොකරයි නම්, දිව මෙනෙහි නොකරයි නම්, රසය මෙනෙහි නොකරයි නම්, කය මෙනෙහි නොකරයි නම්, පහස මෙනෙහි නොකරයි නම්, පඨවි ධාතුව මෙනෙහි නොකරයි නම්, ආපෝ ධාතුව මෙනෙහි නොකරයි නම්, තේජෝ ධාතුව මෙනෙහි නොකරයි නම්, වායෝ ධාතුව මෙනෙහි නොකරයි නම්, ආකාසානඤ්චායතනය මෙනෙහි නොකරයි නම්, විඤ්ඤාණඤ්චායතනය මෙනෙහි නොකරයි නම්, ආකිඤ්චඤ්ඤායතනය මෙනෙහි නොකරයි නම්, නේවසඤ්ඤානාසඤ්ඤායතනය මෙනෙහි නොකරයි නම්, මේ ලෝකය මෙනෙහි නොකරයි නම්, පරලොව මෙනෙහි නොකරයි නම්, යම් හෙයකින් දකින ලද යමක් ඇද්ද, අසන ලද යමක් ඇද්ද, ආඝ්‍රාණය කරන ලද යමක් ඇද්ද, රස විඳින ලද යමක් ඇද්ද, පහස ලබන ලද යමක් ඇද්ද, දැනගත් යමක් ඇද්ද, ලැබුණු යමක් ඇද්ද, සොයන ලද යමක් ඇද්ද, මනසින් විමසන ලද යමක් ඇද්ද, එය ද ඔහු මෙනෙහි නොකරයි නම් එසේ නමුත් මෙනෙහි කිරීමෙකින් යුක්ත වැ සිටින්නේ නම්, එබඳු වූ සමාධි ප්‍රතිලාභයක් භික්ෂුවකට ලැබිය හැක්කේ ය."

"ස්වාමීනී, කෙසේ නම් භික්ෂුවකට මෙබඳු වූ සමාධියක් ලැබිය හැක්කේ ද? එනම් යම් සේ ඇස මෙනෙහි නොකරයි නම්, ...(පෙ).... යම් හෙයකින් දකින ලද යමක් ඇද්ද, අසන ලද යමක් ඇද්ද, ආඝ්‍රාණය කරන ලද යමක් ඇද්ද, රස විඳින ලද යමක් ඇද්ද, පහස ලබන ලද යමක් ඇද්ද, දැනගත් යමක් ඇද්ද, ලැබුණු යමක් ඇද්ද, සොයන ලද යමක් ඇද්ද, මනසින් විමසන ලද යමක් ඇද්ද, එය ද ඔහු මෙනෙහි නොකරයි නම් එසේ නමුත් මෙනෙහි කිරීමෙකින් යුක්ත වැ සිටින්නේ නම්, එබඳු වූ සමාධි ප්‍රතිලාභයක් භික්ෂුවකට ලැබිය හැක්කේ කෙසේද?"

"ආනන්දයෙනි, මෙහිලා භික්ෂුව මෙසේ මෙනෙහි කරයි. 'මෙම සමාධිය ශාන්ත වූ දෙයකි. මෙම සමාධිය ඉතා ප්‍රණීත දෙයකි. එනම්, සකස් වූ සියළු දෙයෙහි සංසිඳී ගිය බවෙක් ඇද්ද, යළි උපතකට හේතු වන සියල්ල දුරලූ බවෙක් ඇද්ද, තෘෂ්ණාවෙහි නැසී ගිය බවෙක් ඇද්ද, නොඇල්මට පත් වූ බවෙක් ඇද්ද, භවය නිරුද්ධ වූ බවෙක් ඇද්ද, නිර්වාණයක් ඇද්ද, එයයි.'

ආනන්දයෙනි, භික්ෂුවකට මෙබඳු වූ සමාධියක් ලැබිය හැක්කේ ය. යම් සේ ඇස මෙනෙහි නොකරයි නම්, රූපය මෙනෙහි නොකරයි නම්, කන මෙනෙහි නොකරයි නම්, ශබ්දය මෙනෙහි නොකරයි නම්, නාසය මෙනෙහි

නොකරයි නම්, ගඳසුවඳ මෙනෙහි නොකරයි නම්, දිව මෙනෙහි නොකරයි නම්, රසය මෙනෙහි නොකරයි නම්, කය මෙනෙහි නොකරයි නම්, පහස මෙනෙහි නොකරයි නම්, පඨවි ධාතුව මෙනෙහි නොකරයි නම්, ආපෝ ධාතුව මෙනෙහි නොකරයි නම්, තේජෝ ධාතුව මෙනෙහි නොකරයි නම්, වායෝ ධාතුව මෙනෙහි නොකරයි නම්, ආකාසානඤ්චායතනය මෙනෙහි නොකරයි නම්, විඤ්ඤාණඤ්චායතනය මෙනෙහි නොකරයි නම්, ආකිඤ්චඤ්ඤායතනය මෙනෙහි නොකරයි නම්, නේවසඤ්ඤානාසඤ්ඤායතනය මෙනෙහි නොකරයි නම්, මේ ලෝකය මෙනෙහි නොකරයි නම්, පරලොව මෙනෙහි නොකරයි නම්, යම් හෙයකින් දකින ලද යමක් ඇද්ද, අසන ලද යමක් ඇද්ද, ආඝ්‍රාණය කරන ලද යමක් ඇද්ද, රස විඳින ලද යමක් ඇද්ද, පහස ලබන ලද යමක් ඇද්ද, දැනගත් යමක් ඇද්ද, ලැබුණු යමක් ඇද්ද, සොයන ලද යමක් ඇද්ද, මනසින් විමසන ලද යමක් ඇද්ද, එය ද ඔහු මෙනෙහි නොකරයි නම් එසේ නමුත් මෙනෙහි කිරීමෙකින් යුක්ත වැ සිටින්නේ නම්, එබඳු වූ සමාධි ප්‍රතිලාභයක් භික්ෂුවකට ලැබිය හැක්කේ මේ අයුරින් ය."

සාදු! සාදු!! සාදු!!!

මනසිකාර සූත්‍රය නිමා විය.

11.1.9
සන්ධ සූත්‍රය
සන්ධ තෙරුන්ට වදාළ දෙසුම

එක් සමයෙක භාග්‍යවතුන් වහන්සේ නාදික නගරයෙහි ගිඤ්ජකාවසථයෙහි වැඩවසන සේක. එකල්හී ආයුෂ්මත් සන්ධ තෙරණුවෝ භාග්‍යවතුන් වහන්සේ යම් තැනක වැඩසිටි සේක් ද, එතැනට පැමිණියහ. පැමිණ භාග්‍යවතුන් වහන්සේට සකසා වන්දනා කොට එකත්පස් ව හිඳගත්හ. එකත්පස් ව හුන් ආයුෂ්මත් සන්ධ තෙරුන්ට භාග්‍යවතුන් වහන්සේ මෙය වදාළ සේක.

"සන්ධයෙනි, ආජානේය අශ්වයෙකු ලෙස සිතිය යුත්තේ ය. බාල වර්ගයේ අශ්වයෙකු ලෙසින් සිතන්නට එපා. බාල වර්ගයේ අශ්වයෙකු සිතන්නේ කෙසේද?

සන්ධයෙනි, අශ්ව ආහාර දමන භාජනය සමීපයෙහි බඳිනා ලද බාල

වර්ගයේ අශ්වයා වනාහී 'යව ඇත්තේ නොවැ. යව ඇත්තේ නොවැ' යි සිතමින් ඉන්නේ ය. ඒ කවර හෙයින් ද යත්, අශ්ව ආහාර දමන භාජනය සමීපයේ බඳිනා ලද ඒ බාල වර්ගයේ අශ්වයාට මෙසේ නොසිතෙනා හෙයිනි. එනම් 'කිම? අද අශ්ව දම්ම සාරථී තෙමේ මා ලවා කවර නම් වැඩක් කරවන්නේ ද? මම් අද ඔහුට කුමන වූ අනුග්‍රහයක් දක්වන්නෙම් දැ'යි. එනිසා හේ අශ්ව ආහාර දමන භාජනය සමීපයේ බඳිනා ලද්දේ 'යව ඇත්තේ නොවැ. යව ඇත්තේ නොවැ' යි සිතමින් සිටියි.

මේ අයුරින් ම සන්ධයෙනි, මෙහිලා ඇතැම් බාල වර්ගයේ පුරුෂයෙක් අරණ්‍යයට ගියේ වේවා, රුක් සෙවණකට ගියේ වේවා, ජනශූන්‍ය තැනකට ගියේ වේවා කාමරාගයට යටවුණු සිතින්, කාමරාගය විසින් පැහැරගත් සිතින් වාසය කරයි. උපන් කාමරාගයෙන් නිදහස් වන්නේ කෙසේදැයි ඒ වූ සැටියෙන් නොදනියි. ඔහු ඒ කාමරාගය ම සිත තුළ රඳවා ගෙන ධ්‍යාන කරයි. යළි යළි ත් ධ්‍යාන කරයි. එය ම සිතයි. එහි ම බැසගෙන සිතයි.

ද්වේෂයට යටවුණු සිතින් වාසය කරයි ....(පෙ).... ථීනමිද්ධයට යටවුණු සිතින් වාසය කරයි ....(පෙ).... උද්ධච්ච කුක්කුච්චයට යටවුණු සිතින් වාසය කරයි ....(පෙ).... විචිකිච්ඡාවට යටවුණු සිතින්, විචිකිච්ඡාව විසින් පැහැරගත් සිතින් වාසය කරයි. උපන් විචිකිච්ඡාවෙන් නිදහස් වන්නේ කෙසේදැයි ඒ වූ සැටියෙන් නොදනියි. ඔහු ඒ විචිකිච්ඡාව ම සිත තුළ රඳවා ගෙන ධ්‍යාන කරයි. යළි යළි ත් ධ්‍යාන කරයි. එය ම සිතයි. එහි ම බැසගෙන සිතයි.

ඔහු පඨවි ධාතුව ත් ඇසුරු කොට ධ්‍යාන කරයි. ආපෝ ධාතුව ත් ඇසුරු කොට ධ්‍යාන කරයි. තේජෝ ධාතුව ත් ඇසුරු කොට ධ්‍යාන කරයි. වායෝ ධාතුව ත් ඇසුරු කොට ධ්‍යාන කරයි. ආකාසානඤ්චායතනය ත් ඇසුරු කොට ධ්‍යාන කරයි. විඤ්ඤාණඤ්චායතනය ත් ඇසුරු කොට ධ්‍යාන කරයි. ආකිඤ්චඤ්ඤායතනය ත් ඇසුරු කොට ධ්‍යාන කරයි. නේවසඤ්ඤානාසඤ්ඤා යතනය ත් ඇසුරු කොට ධ්‍යාන කරයි. මෙලොව ත් ඇසුරු කොට ධ්‍යාන කරයි. පරලොව ත් ඇසුරු කොට ධ්‍යාන කරයි. දකින ලද, අසන ලද, ආඝ්‍රාණය කරන ලද, රස විඳින ලද, පහස ලබන ලද, දැනගන්නා ලද, ලබන ලද, සොයන ලද, මනසින් විමසන ලද යමක් ඇද්ද, එය ත් ඇසුරු කොට ධ්‍යාන කරයි. සන්ධයෙනි, බාල වර්ගයේ පුරුෂයා ධ්‍යාන කරන්නේ ඔය අයුරිනි.

සන්ධයෙනි, ආජානේය වර්ගයේ අශ්වයෙකු සිතන්නේ කෙසේද?

සන්ධයෙනි, අශ්ව ආහාර දමන භාජනය සමීපයෙහි බඳිනා ලද ආජානේය වර්ගයේ සොඳුරු අශ්වයා වනාහී 'යව ඇත්තේ නොවැ. යව ඇත්තේ

නොවැ' යි නොසිතමින් ඉන්නේ ය. ඒ කවර හෙයින් ද යත්, අශ්ව ආහාර දමන භාජනය සමීපයේ බඳිනා ලද ඒ ආජානේය වර්ගයේ අශ්වයාට මෙසේ සිතෙනා හෙයිනි. එනම් 'කිම? අද අශ්ව දම්ම සාරථී තෙමේ මා ලවා කවර නම් වැඩක් කරවන්නේ ද? මම් අද ඔහුට කුමන වූ අනුග්‍රහයක් දක්වන්නෙම් ද'යි. එනිසා හේ අශ්ව ආහාර දමන භාජනය සමීපයේ බඳිනා ලද්දේ 'යව ඇත්තේ නොවැ. යව ඇත්තේ නොවැ' යි නොසිතමින් සිටියි. සන්ධයෙනි, ආජානීය වර්ගයේ සොඳුරු අශ්වයා ණය යම් සේ ද, බන්ධනය යම් සේ ද, හානිය යම් සේ ද, වරද යම් සේ ද, එසෙයින් කෙවිට ගත් තැනැත්තාගේ දඬුවමකට ලක් වූවෙකු සේ දකියි.

මේ අයුරින් ම සන්ධයෙනි, මෙහිලා ඇතැම් ආජානේය වර්ගයේ පුරුෂයෙක් අරණ්‍යයට ගියේ වේවා, රුක් සෙවණකට ගියේ වේවා, ජනශූන්‍ය තැනකට ගියේ වේවා කාමරාගයට යට නොවුණු සිතින්, කාමරාගය විසින් නොපැහැරගත් සිතින් වාසය කරයි. උපන් කාමරාගයෙන් නිදහස් වන්නේ කෙසේදැයි ඒ වූ සැටියෙන් දනියි.

ද්වේෂයට යට නොවුණු සිතින් වාසය කරයි ....(පෙ).... ථීනමිද්ධයට යට නොවුණු සිතින් වාසය කරයි ....(පෙ).... උද්ධච්ච කුක්කුච්චයට යට නොවුණු සිතින් වාසය කරයි ....(පෙ).... විචිකිච්ඡාවට යට නොවුණු සිතින්, විචිකිච්ඡාව විසින් නොපැහැරගත් සිතින් වාසය කරයි. උපන් විචිකිච්ඡාවෙන් නිදහස් වන්නේ කෙසේදැයි ඒ වූ සැටියෙන් දනියි.

ඔහු පඨවි ධාතුවඇසුරු කොට ධ්‍යාන නොකරයි. ආපෝ ධාතුව ඇසුරු කොට ධ්‍යාන නොකරයි. තේජෝ ධාතුව ඇසුරු කොට ධ්‍යාන නොකරයි. වායෝ ධාතුව ඇසුරු කොට ධ්‍යාන නොකරයි. ආකාසානඤ්චායතනය ඇසුරු කොට ධ්‍යාන නොකරයි. විඤ්ඤාණඤ්චායතනය ඇසුරු කොට ධ්‍යාන නොකරයි. ආකිඤ්චඤ්ඤායතනය ඇසුරු කොට ධ්‍යාන නොකරයි. නේවසඤ්ඤානාසඤ්ඤායතනය ඇසුරු කොට ධ්‍යාන නොකරයි. මෙලොව ඇසුරු කොට ධ්‍යාන නොකරයි. පරලොව ඇසුරු කොට ධ්‍යාන නොකරයි. දකින ලද, අසන ලද, ආඝ්‍රාණය කරන ලද, රස විඳින ලද, පහස ලබන ලද, දැනගන්නා ලද, ලබන ලද, සොයන ලද, මනසින් විමසන ලද යමක් ඇද්ද, එය ත් ඇසුරු කොට ධ්‍යාන නොකරයි. එසේ නමුදු හේ ධ්‍යාන කරයි. සන්ධයෙනි, ආජානේය වර්ගයේ ඒ සොඳුරු පුරුෂයා මෙසේ ධ්‍යාන කරන කල්හී සක් දෙවිඳුන් සහිත බ්‍රහ්ම රාජයා සහිත ප්‍රජාපතී සහිත දෙවියෝ දුර ඈත සිට ම නමස්කාර කරති.

'නමෝ තේ පුරිසාජඤ්ඤ - නමෝ තේ පුරිසුත්තම
යස්ස තේ නාභිජානාම - යම්පි නිස්සාය ඣායසී'ති

'යම් අරමුණක් ඇසුරු කොට ඔබ ධ්‍යාන කරහු නම් ඒ ඔබගේ අරමුණ අපට දැනගත නොහැකි ය. ආජානේය පුරුෂයාණෙනි, ඔබට නමස්කාර වේවා! පුරුෂෝත්තමයාණෙනි, ඔබට නමස්කාර වේවා!'යි.

මෙසේ වදාළ කල්හී ආයුෂ්මත් සන්ධ තෙරණුවෝ භාග්‍යවතුන් වහන්සේට මෙය පැවසුවේ ය.

"ස්වාමීනී, ඒ සොඳුරු ආජානේය පුරුෂයා කෙසේ නම් ධ්‍යාන කරන්නේ ද? එනම් හේ පඨවි ධාතුව ඇසුරු කොට ධ්‍යාන නොකරයි නම්, ආපෝ ධාතුව ඇසුරු කොට ධ්‍යාන නොකරයි නම්, තේජෝ ධාතුව ඇසුරු කොට ධ්‍යාන නොකරයි නම්, වායෝ ධාතුව ඇසුරු කොට ධ්‍යාන නොකරයි නම්, ආකාසානඤ්චායතනය ඇසුරු කොට ධ්‍යාන නොකරයි නම්, විඤ්ඤාණඤ්චායතනය ඇසුරු කොට ධ්‍යාන නොකරයි නම්, ආකිඤ්චඤ්ඤායතනය ඇසුරු කොට ධ්‍යාන නොකරයි නම්, නේවසඤ්ඤානාසඤ්ඤායතනය ඇසුරු කොට ධ්‍යාන නොකරයි නම්, මෙලොව ඇසුරු කොට ධ්‍යාන නොකරයි නම්, පරලොව ඇසුරු කොට ධ්‍යාන නොකරයි නම්, දකින ලද, අසන ලද, ආඝ්‍රාණය කරන ලද, රස විඳින ලද, පහස ලබන ලද, දැනගන්නා ලද, ලබන ලද, සොයන ලද, මනසින් විමසන ලද යමක් ඇද්ද, එය ඇසුරු කොට ධ්‍යාන නොකරයි නම්, එසේ නමුදු හේ ධ්‍යාන කරයි නම්, ස්වාමීනී, ආජානේය වර්ගයේ ඒ සොඳුරු පුරුෂයා කෙසේ ධ්‍යාන කරන කල්හී සක් දෙවිඳුන් සහිත බ්‍රහ්ම රාජයා සහිත ප්‍රජාපතී සහිත දෙවියෝ දුර ඈත සිට ම නමස්කාර කරන්නාහුද?

නමෝ තේ පුරිසාජඤ්ඤ - නමෝ තේ පුරිසුත්තම
යස්ස තේ නාභිජානාම - යම්පි නිස්සාය ඣායසී'ති

යම් අරමුණක් ඇසුරු කොට ඔබ ධ්‍යාන කරහු නම් ඒ ඔබගේ අරමුණ අපට දැනගත නොහැකි ය. ආජානේය පුරුෂයාණෙනි, ඔබට නමස්කාර වේවා! පුරුෂෝත්තමයාණෙනි, ඔබට නමස්කාර වේවා'යි."

"සන්ධයෙනි, මෙහිලා ආජානේය වූ සොඳුරු පුරුෂයා හට පඨවි ධාතුව පිළිබඳ ව පඨවී සංඥාව ප්‍රකට වෙයි. ආපෝ ධාතුව පිළිබඳව ආපෝ සංඥාව ප්‍රකට වෙයි. තේජෝ ධාතුව පිළිබඳ ව තේජෝ සංඥාව ප්‍රකට වෙයි. වායෝ ධාතුව පිළිබඳ ව වායෝ සංඥාව ප්‍රකට වෙයි. ආකාසානඤ්චායතනය පිළිබඳ ව ආකාසානඤ්චායතන සංඥාව ප්‍රකට වෙයි. විඤ්ඤාණඤ්චායතනය පිළිබඳ

ව විඤ්ඤාණඤ්චායතන සංඥාව ප්‍රකට වෙයි. ආකිඤ්චඤ්ඤායතනය පිළිබඳ ව ආකිඤ්චඤ්ඤායතන සංඥාව ප්‍රකට වෙයි. නේවසඤ්ඤානාසඤ්ඤායතනය පිළිබඳ ව නේවසඤ්ඤානාසඤ්ඤායතන සංඥාව ප්‍රකට වෙයි. මෙලොව පිළිබඳ ව මෙලොව සංඥාව ප්‍රකට වෙයි. පරලොව පිළිබඳ ව පරලොව සංඥාව ප්‍රකට වෙයි. දකින ලද, අසන ලද, ආඝ්‍රාණය කරන ලද, රස විඳින ලද, පහස ලබන ලද, දැනගන්නා ලද, ලබන ලද, සොයන ලද, මනසින් විමසන ලද යමක් ඇද්ද, ඒ පිළිබඳ ව ද සංඥාව ප්‍රකට වෙයි.

එසේ නමුදු සන්ධයෙනි, ඒ සොඳුරු වූ ආජානේය පුරුෂයා මේ අයුරින් ධ්‍යාන කරන්නේ වෙයි. එනම් හේ පඨවි ධාතුව ඇසුරු කොට ධ්‍යාන නොකරයි. ආපෝ ධාතුව ඇසුරු කොට ධ්‍යාන නොකරයි. තේජෝ ධාතුව ඇසුරු කොට ධ්‍යාන නොකරයි. වායෝ ධාතුව ඇසුරු කොට ධ්‍යාන නොකරයි. ආකාසානාඤ්චායතනය ඇසුරු කොට ධ්‍යාන නොකරයි. විඤ්ඤාණඤ්චායතනය ඇසුරු කොට ධ්‍යාන නොකරයි. ආකිඤ්චඤ්ඤායතනය ඇසුරු කොට ධ්‍යාන නොකරයි. නේවසඤ්ඤානාසඤ්ඤායතනය ඇසුරු කොට ධ්‍යාන නොකරයි. මෙලොව ඇසුරු කොට ධ්‍යාන නොකරයි. පරලොව ඇසුරු කොට ධ්‍යාන නොකරයි. දකින ලද, අසන ලද, ආඝ්‍රාණය කරන ලද, රස විඳින ලද, පහස ලබන ලද, දැනගන්නා ලද, ලබන ලද, සොයන ලද, මනසින් විමසන ලද යමක් ඇද්ද, එය ඇසුරු කොට ධ්‍යාන නොකරයි. එසේ නමුදු හේ ධ්‍යාන කරයි. සන්ධයෙනි, ආජානේය වර්ගයේ ඒ සොඳුරු පුරුෂයා මෙසේ ධ්‍යාන කරන කල්හී සක් දෙවිඳුන් සහිත බ්‍රහ්ම රාජයා සහිත ප්‍රජාපතී සහිත දෙවියෝ දුර ඇත සිට ම නමස්කාර කරති.

නමෝ තේ පුරිසාජඤ්ඤ - නමෝ තේ පුරිසුත්තම
යස්ස තේ නාභිජානාම - යම්පි නිස්සාය ඣායසී'ති

යම් අරමුණක් ඇසුරු කොට ඔබ ධ්‍යාන කරහු නම් ඒ ඔබගේ අරමුණ අපට දැනගත නොහැකි ය. ආජානේය පුරුෂයාණෙනි, ඔබට නමස්කාර වේවා! පුරුෂෝත්තමයාණෙනි, ඔබට නමස්කාර වේවා!' යනුවෙනි.

සාදු! සාදු!! සාදු!!!

සන්ධ සූත්‍රය නිමා විය.

11.1.10
මෝරනිවාප සූත්‍රය
මොණරුන්ගේ අභයභූමියේදී වදාළ දෙසුම

එක් සමයෙක භාග්‍යවතුන් වහන්සේ රජගහ නුවර මෝර නිවාප නම් පරිබ්‍රාජක ආරාමයෙහි වැඩවසන සේක. එකල්හී භාග්‍යවතුන් වහන්සේ " මහණෙනි" යි භික්ෂූන් ඇමතූ සේක. "පින්වතුන් වහන්සැ"යි ඒ භික්ෂූහු භාග්‍යවතුන් වහන්සේට පිළිවදන් දුන්හ. භාග්‍යවතුන් වහන්සේ මෙය වදාළ සේක.

"මහණෙනි, තුන් ධර්මයෙකින් සමන්විත වූ භික්ෂුව අත්‍යන්තයෙන් ම නිෂ්ඨාවට පැමිණියේ වෙයි. අත්‍යන්තයෙන් ම කෙලෙස් භය රහිත වූයේ වෙයි. අත්‍යන්තයෙන් ම බඹසර ඇත්තේ වෙයි. අත්‍යන්තයෙන් ම නිවන් මගෙහි අවසානයට ගියේ වෙයි. දෙවි මිනිසුන් හට ශ්‍රේෂ්ඨ වූයේ වෙයි. ඒ කවර තුන් ධර්මයකින් ද යත්; හික්මීම අවසන් කරන ලද සීල ස්කන්ධයෙන් ද, හික්මීම අවසන් කරන ලද සමාධි ස්කන්ධයෙන් ද, හික්මීම අවසන් කරන ලද ප්‍රඥා ස්කන්ධයෙන් ද වශයෙනි. මහණෙනි, මෙම තුන් ධර්මයෙන් සමන්විත වූ භික්ෂුව අත්‍යන්තයෙන් ම නිෂ්ඨාවට පැමිණියේ වෙයි. අත්‍යන්තයෙන් ම කෙලෙස් භය රහිත වූයේ වෙයි. අත්‍යන්තයෙන් ම බඹසර ඇත්තේ වෙයි. අත්‍යන්තයෙන් ම නිවන් මගෙහි අවසානයට ගියේ වෙයි. දෙවි මිනිසුන් හට ශ්‍රේෂ්ඨ වූයේ වෙයි.

මහණෙනි, අන්‍ය වූ තුන් ධර්මයෙකින් ද සමන්විත වූ භික්ෂුව අත්‍යන්තයෙන් ම නිෂ්ඨාවට පැමිණියේ වෙයි. අත්‍යන්තයෙන් ම කෙලෙස් භය රහිත වූයේ වෙයි. අත්‍යන්තයෙන් ම බඹසර ඇත්තේ වෙයි. අත්‍යන්තයෙන් ම නිවන් මගෙහි අවසානයට ගියේ වෙයි. දෙවි මිනිසුන් හට ශ්‍රේෂ්ඨ වූයේ වෙයි. ඒ කවර තුන් ධර්මයෙකින් ද යත්; ඉර්ධි ප්‍රාතිහාර්යයෙන් ද, ආදේශනා ප්‍රාතිහාර්යයෙන් ද, අනුශාසනී ප්‍රාතිහාර්යයෙන් ද වශයෙනි. මහණෙනි, මේ තුන් ධර්මයෙන් සමන්විත වූ භික්ෂුව අත්‍යන්තයෙන් ම නිෂ්ඨාවට පැමිණියේ වෙයි. අත්‍යන්තයෙන් ම කෙලෙස් භය රහිත වූයේ වෙයි. අත්‍යන්තයෙන් ම බඹසර ඇත්තේ වෙයි. අත්‍යන්තයෙන් ම නිවන් මගෙහි අවසානයට ගියේ වෙයි. දෙවි මිනිසුන් හට ශ්‍රේෂ්ඨ වූයේ වෙයි.

මහණෙනි, අන්‍ය වූ තුන් ධර්මයෙකින් ද සමන්විත වූ භික්ෂුව අත්‍යන්තයෙන් ම නිෂ්ඨාවට පැමිණියේ වෙයි. අත්‍යන්තයෙන් ම කෙලෙස් භය

රහිත වූයේ වෙයි. අත්‍යන්තයෙන් ම බඹසර ඇත්තේ වෙයි. අත්‍යන්තයෙන් ම නිවන් මගෙහි අවසානයට ගියේ වෙයි. දෙව් මිනිසුන් හට ශ්‍රේෂ්ඨ වූයේ වෙයි. ඒ කවර තුන් ධර්මයෙකින් ද යත්; නිවැරදි දෘෂ්ටියෙන් ද, නිවැරදි ඥානයෙන් ද, නිවැරදි විමුක්තියෙන් ද වශයෙනි. මහණෙනි, මේ තුන් ධර්මයෙන් සමන්විත වූ භික්ෂුව අත්‍යන්තයෙන් ම නිෂ්ඨාවට පැමිණියේ වෙයි. අත්‍යන්තයෙන් ම කෙලෙස් භය රහිත වූයේ වෙයි. අත්‍යන්තයෙන් ම බඹසර ඇත්තේ වෙයි. අත්‍යන්තයෙන් ම නිවන් මගෙහි අවසානයට ගියේ වෙයි. දෙව් මිනිසුන් හට ශ්‍රේෂ්ඨ වූයේ වෙයි.

මහණෙනි, ධර්ම දෙකකින් සමන්විත වූ භික්ෂුව අත්‍යන්තයෙන් ම නිෂ්ඨාවට පැමිණියේ වෙයි. අත්‍යන්තයෙන් ම කෙලෙස් භය රහිත වූයේ වෙයි. අත්‍යන්තයෙන් ම බඹසර ඇත්තේ වෙයි. අත්‍යන්තයෙන් ම නිවන් මගෙහි අවසානයට ගියේ වෙයි. දෙව් මිනිසුන් හට ශ්‍රේෂ්ඨ වූයේ වෙයි. ඒ කවර ධර්ම දෙකකින් ද යත්; විද්‍යාවෙන් ද, චරණයෙන් ද වශයෙනි. මහණෙනි, මේ ධර්ම දෙකෙන් සමන්විත වූ භික්ෂුව අත්‍යන්තයෙන් ම නිෂ්ඨාවට පැමිණියේ වෙයි. අත්‍යන්තයෙන් ම කෙලෙස් භය රහිත වූයේ වෙයි. අත්‍යන්තයෙන් ම බඹසර ඇත්තේ වෙයි. අත්‍යන්තයෙන් ම නිවන් මගෙහි අවසානයට ගියේ වෙයි. දෙව් මිනිසුන් හට ශ්‍රේෂ්ඨ වූයේ වෙයි.

මහණෙනි, සනංකුමාර බ්‍රහ්ම රාජයා විසින් ද, මෙම ගාථාව පවසන ලද්දේ ය.

"යමෙක් උපන් ගෝත්‍ර අනුසාරයෙන් විමසා බලත් නම්, මහජනයා අතර ක්ෂත්‍රිය තෙමේ ශ්‍රේෂ්ඨ වෙයි. යමෙක් විද්‍යාවෙන් හා චරණයෙන් යුක්ත වූයේ වෙයි ද, ඒ ක්ෂීණාශ්‍රව තෙමේ දෙව් මිනිසුන් අතර ශ්‍රේෂ්ඨ වෙයි"යි යනුවෙනි.

මහණෙනි, සනංකුමාර බ්‍රහ්මරාජයා විසින් ඒ ගාථා තොමෝ මැනැවින් පවසන ලද්දී ය. නොමැනැවින් නොවේ. සුභාෂිතයක් ම ය. දුර්භාෂිතයක් නොවේ. අර්ථ සහිත වූ දෙයකි. අනර්ථ සහිත වූවක් නොවේ. මවිසින් ද එය අනුමත කරන ලද්දේ ය. මහණෙනි, මම් ද මේ අයුරින් පවසමි.

"යමෙක් උපන් ගෝත්‍ර අනුසාරයෙන් විමසා බලත් නම්, මහජනයා අතර ක්ෂත්‍රිය තෙමේ ශ්‍රේෂ්ඨ වෙයි. යමෙක් විද්‍යාවෙන් හා චරණයෙන් යුක්ත වූයේ වෙයි ද, ඒ ක්ෂීණාශ්‍රව තෙමේ දෙව් මිනිසුන් අතර ශ්‍රේෂ්ඨ වෙයි"යි යනුවෙනි.

සාදු! සාදු!! සාදු!!!

මෝරනිවාප සූත්‍රය නිමා විය.

පළමුවෙනි නිස්සය වර්ගය අවසන් විය.

- එහි පිළිවෙල උද්දානයයි :

කිමත්ථිය සූත්‍රය ය, චේතනා සූත්‍රය ය, උපනිස සූත්‍ර තුන ය, ව්‍යසන සූත්‍රය ය, සඤ්ඤා සූත්‍රය ය, මනසිකාර සූත්‍රය ය, සන්ධ සූත්‍රය ය සහ මෝරනිවාප සූත්‍රය ය වශයෙන් මෙහි සූත්‍ර දශයෙකි.

2. අනුස්සති වර්ගය

11.2.1
මහානාම සූත්‍රය
මහානාම ශාක්‍ය රජුට වදාළ දෙසුම

එක් සමයක භාග්‍යවතුන් වහන්සේ ශාක්‍ය රාජධානියෙහි කපිලවස්තුවෙහි නිග්‍රෝධාරාමයෙහි වැඩ වසන සේක. එසමයෙහි බොහෝ භික්ෂූහු භාග්‍යවතුන් වහන්සේගේ සිවුර සකසන්නාහ. එනම් 'නිමවන ලද සිවුර ඇති භාග්‍යවතුන් වහන්සේ තුන් මාසය ඇවෑමෙන් චාරිකායෙහි නික්ම වඩිනා සේකැ'යි. මහානාම ශාක්‍ය තෙමේ මෙය ඇසුවේ ය. බොහෝ භික්ෂූහු භාග්‍යවතුන් වහන්සේගේ සිවුර සකසන්නාහ. 'නිමවන ලද සිවුර ඇති භාග්‍යවතුන් වහන්සේ තුන් මාසය ඇවෑමෙන් චාරිකායෙහි නික්ම වඩිනා සේකැ'යි. එකල්හී මහානාම ශාක්‍ය තෙමේ භාග්‍යවතුන් වහන්සේ කරා පැමිණියේ ය. පැමිණ භාග්‍යවතුන් වහන්සේට සකසා වන්දනා කොට එකත්පස්ව හිඳගත්තේ ය. එකත්පස්ව හුන් මහානාම ශාක්‍ය තෙමේ භාග්‍යවතුන් වහන්සේට මෙය පැවසීය.

"ස්වාමීනී, මවිසින් මෙය අසන ලදි. එනම් බොහෝ භික්ෂූහු භාග්‍යවතුන් වහන්සේගේ සිවුර සකසන්නාහ. එනම් 'නිමවන ලද සිවුර ඇති භාග්‍යවතුන් වහන්සේ තුන් මාසය ඇවෑමෙන් චාරිකායෙහි නික්ම වඩිනා සේකැ'යි. ස්වාමීනී, නා නා කටයුත්තෙහි යෙදී වසන අප විසින් කවර වූ විහරණයකින් වාසය කළ යුත්තේ ද?"

"මහානාමය, සාදු! සාදු! මහානාමය, ඔබ වැනි කුලපුත්‍රයන් හට තථාගතයන් කරා එළැඹ, 'ස්වාමීනී, නා නා කටයුත්තෙහි යෙදී වසන අප විසින් කවර වූ විහරණයකින් වාසය කළ යුත්තේ දැ'යි යන්න මෙසේ විමසන්නහු නම් ඉතා සුදුසු දෙයකි.

මහානාමය, ශ්‍රද්ධා ඇත්තේ ම යහපත උදා කරගන්නේ වෙයි. ශ්‍රද්ධා නැත්තහුට නොවේ. අරඹන ලද වීර්යය ඇත්තේ ම යහපත උදා කරගන්නේ වෙයි. කුසීතහුට නොවේ. එළැඹ සිටි සිහි ඇත්තේ ම යහපත උදා කරගන්නේ වෙයි. සිහි මුළාවූවහුට නොවේ. එකග වූ සිත් ඇත්තේ ම යහපත උදා කරගන්නේ වෙයි. අසමාහිත තැනැත්තහුට නොවේ. ප්‍රඥාව ඇත්තේ ම යහපත උදා කරගන්නේ වෙයි. දුෂ්ප්‍රාඥහුට නොවේ.

මහානාමය, ඔබ මේ පංච ධර්මය මත පිහිටා තවදුරටත් කරුණු සයක් වැඩිය යුත්තෙහි ය.

මහානාම, මෙහිලා ඔබ තථාගතයන් සිහි කළ යුත්තෙහි ය. එනම් 'මේ මේ කරුණෙන් ඒ භාග්‍යවතුන් වහන්සේ අරහං වන සේක, සම්මා සම්බුද්ධ වන සේක, විජ්ජාචරණ සම්පන්න වන සේක, සුගත වන සේක, ලෝකවිදූ වන සේක, අනුත්තරෝ පුරිසදම්ම සාරථී වන සේක, සත්ථා දේවමනුස්සානං වන සේක, බුද්ධ වන සේක, භගවා වන සේක' වශයෙනි.

මහානාමය, යම් කලෙක ආර්ය ශ්‍රාවකයා තථාගතයන් ව සිහි කරයි ද, එකල ඔහුගේ සිත රාගයට යටවන්නේ නොවෙයි. ද්වේෂයට යට වූ සිත් ඇත්තේ නොවෙයි. මෝහයට යට වූ සිත් ඇත්තේ නොවෙයි. එකල ඔහුගේ සිත තථාගතයන් අරභයා ඍජුව පවතින්නේ ය. මහානාම, ඍජු වූ සිත් ඇති ආර්ය ශ්‍රාවකයා යහපතෙහි සතුට ලබයි. ධර්මයෙහි සතුට ලබයි. ධර්මයෙන් යුතු වූ ප්‍රමුදිත බව ලබයි. ප්‍රමුදිත බව ඇත්තහුට ප්‍රීතිය උපදියි. ප්‍රීති සිත් ඇත්තහුගේ කය සංසිඳෙයි. සංසිඳුණු කය ඇත්තේ සැපයක් විඳියි. සැප ඇත්තහුගේ සිත සමාධිමත් වෙයි. මහානාමය, මෙම ආර්ය ශ්‍රාවකයා විසමගත සමාජය තුළ සම බවට පැමිණ වසන්නේ යැයි කියනු ලැබේ. දුක සේ වසන සමාජයෙහි නිදුක් ව වසන්නේ යැයි කියනු ලැබේ. දහම් මගට පැමිණියේ බුද්ධානුස්සතිය දියුණු කරන්නේ යැයි කියනු ලැබේ.

තව ද මහානාම, ඔබ ධර්මය සිහි කළ යුත්තෙහි ය. එනම් 'භාග්‍යවතුන් වහන්සේ විසින් මනාකොට වදාරණ ලද ධර්මය ස්වාක්ඛාත ය, සන්දිට්ඨික ය, අකාලික ය, ඒහිපස්සික ය, ඕපනයික ය, නැණවතුන් විසින් තම තමන් තුළ දියුණු කොට දැනගත යුත්තේ ය' වශයෙනි.

මහානාමය, යම් කලෙක ආර්ය ශ්‍රාවකයා ධර්මය සිහි කරයි ද, එකල ඔහුගේ සිත රාගයට යටවන්නේ නොවෙයි. ද්වේෂයට යට වූ සිත් ඇත්තේ නොවෙයි. මෝහයට යට වූ සිත් ඇත්තේ නොවෙයි. එකල ඔහුගේ සිත ධර්මය අරභයා ඍජුව පවතින්නේ ය. මහානාම, ඍජු වූ සිත් ඇති ආර්ය ශ්‍රාවකයා

යහපතෙහි සතුට ලබයි. ධර්මයෙහි සතුට ලබයි. ධර්මයෙන් යුතු වූ ප්‍රමුදිත බව ලබයි. ප්‍රමුදිත බව ඇත්තහුට ප්‍රීතිය උපදියි. ප්‍රීති සිත් ඇත්තහුගේ කය සංසිඳෙයි. සංසිඳුණු කය ඇත්තේ සැපයක් විඳියි. සැප ඇත්තහුගේ සිත සමාධිමත් වෙයි. මහානාමය, මෙම ආර්ය ශ්‍රාවකයා විසමගත සමාජයෙහි සම බවට පැමිණ වසන්නේ යැයි කියනු ලැබේ. දුක සේ වසන සමාජයෙහි නිදුක් ව වසන්නේ යැයි කියනු ලැබේ. දහම් මගට පැමිණියේ ධම්මානුස්සතිය දියුණු කරන්නේ යැයි කියනු ලැබේ.

තව ද මහානාම, ඔබ සංඝයා සිහි කළ යුත්තෙහි ය. එනම් 'භාග්‍යවතුන් වහන්සේගේ ශ්‍රාවක සංඝයා සුපටිපන්න වන සේක, භාග්‍යවතුන් වහන්සේගේ ශ්‍රාවක සංඝයා උජුපටිපන්න වන සේක, භාග්‍යවතුන් වහන්සේගේ ශ්‍රාවක සංඝයා ඤායපටිපන්න වන සේක, භාග්‍යවතුන් වහන්සේගේ ශ්‍රාවක සංඝයා සාමීචිපටිපන්න වන සේක, මාර්ගඵල යුගල වශයෙන් සතරක් ද, මාර්ගඵල පුද්ගල වශයෙන් අට දෙනෙක් ද වන සේක, ආහුනෙය්‍ය වන සේක, පාහුනෙය්‍ය වන සේක, දක්ඛිණෙය්‍ය වන සේක, අංජලිකරණීය වන සේක, ලොවෙහි උතුම් පින්කෙත වන සේක' වශයෙනි.

මහානාමය, යම් කලෙක ආර්ය ශ්‍රාවකයා සංඝයා සිහි කරයි ද, එකල ඔහුගේ සිත රාගයට යටවන්නේ නොවෙයි. ද්වේෂයට යට වූ සිත් ඇත්තේ නොවෙයි. මෝහයට යට වූ සිත් ඇත්තේ නොවෙයි. එකල ඔහුගේ සිත සංඝයා අරභයා ඍජුව පවතින්නේ ය. මහානාම, ඍජු වූ සිත් ඇති ආර්ය ශ්‍රාවකයා යහපතෙහි සතුට ලබයි. ධර්මයෙහි සතුට ලබයි. ධර්මයෙන් යුතු වූ ප්‍රමුදිත බව ලබයි. ප්‍රමුදිත බව ඇත්තහුට ප්‍රීතිය උපදියි. ප්‍රීති සිත් ඇත්තහුගේ කය සංසිඳෙයි. සංසිඳුණු කය ඇත්තේ සැපයක් විඳියි. සැප ඇත්තහුගේ සිත සමාධිමත් වෙයි. මහානාමය, මෙම ආර්ය ශ්‍රාවකයා විසමගත සමාජයයෙහි සම බවට පැමිණ වසන්නේ යැයි කියනු ලැබේ. දුක සේ වසන සමාජයෙහි නිදුක් ව වසන්නේ යැයි කියනු ලැබේ. දහම් මගට පැමිණියේ සංඝානුස්සතිය දියුණු කරන්නේ යැයි කියනු ලැබේ.

තව ද මහානාම, ඔබ තමාගේ සීලය සිහි කළ යුත්තෙහි ය. එනම් 'මේ සිල්පදයෝ නොකැඩුණාහු ය, සිදුරු නැත්තාහු ය, පැල්ලම් නැත්තාහු ය, කැලැල් නැත්තාහු ය, ණය නැත්තාහු ය, නැණවතුන් පැසසුම් කරන්නාහු ය, තෘෂ්ණා දෘෂ්ටි වශයෙන් නොබැසගත්තාහු ය, චිත්ත සමාධිය පිණිස පවතින්නාහු ය' වශයෙනි.

මහානාමය, යම් කලෙක ආර්ය ශ්‍රාවකයා සීලය සිහි කරයි ද, එකල ඔහුගේ සිත රාගයට යටවන්නේ නොවෙයි. ද්වේෂයට යට වූ සිත් ඇත්තේ

නොවෙයි. මෝහයට යට වූ සිත් ඇත්තේ නොවෙයි. එකල ඔහුගේ සිත සීලය අරභයා ඍජුව පවතින්නේ ය. මහානාම, ඍජු වූ සිත් ඇති ආර්ය ශ්‍රාවකයා යහපතෙහි සතුට ලබයි. ධර්මයෙහි සතුට ලබයි. ධර්මයෙන් යුතු වූ ප්‍රමුදිත බව ලබයි. ප්‍රමුදිත බව ඇත්තහුට ප්‍රීතිය උපදියි. ප්‍රීති සිත් ඇත්තහුගේ කය සංසිඳෙයි. සංසිඳුණු කය ඇත්තේ සැපයක් විඳියි. සැප ඇත්තහුගේ සිත සමාධිමත් වෙයි. මහානාමය, මෙම ආර්ය ශ්‍රාවකයා විසමගත සමාජයෙහි සම බවට පැමිණ වසන්නේ යැයි කියනු ලැබේ. දුක සේ වසන සමාජයෙහි නිදුක් ව වසන්නේ යැයි කියනු ලැබේ. දහම් මගට පැමිණියේ සීලානුස්සතිය දියුණු කරන්නේ යැයි කියනු ලැබේ.

තව ද මහානාම, ඔබ තමන්ගේ දන් දීමේ හැකියාව සිහි කළ යුත්තෙහි ය. එනම් 'ඒකාන්තයෙන් ම මට ලාභයෙකි, ඒකාන්තයෙන් ම මට මනා වූ ලැබීමෙකි, ඒ මම් මසුරුමල නම් කිළුටෙන් යට වූ සිත් ඇති සමාජයෙහි ඒ මසුරු කිළුට බැහැර කළ සිතින් ගිහි ගෙදර වසමි, ඒ මම් දන් දීම පිණිස සිතින් අත්හැර සිටින්නෙකි, අත් සෝදා සිටින්නෙකි, දීමෙහි ඇලී සිටින්නෙකි, මාගෙන් ඉල්ලන්නට සුදුස්සෙක් වෙමි, දන් බෙදීමට ඇළුම් කරන්නෙක්මි' වශයෙනි.

මහානාමය, යම් කලෙක ආර්ය ශ්‍රාවකයා ත්‍යාගය සිහි කරයි ද, එකල ඔහුගේ සිත රාගයට යටවන්නේ නොවෙයි. ද්වේෂයට යට වූ සිත් ඇත්තේ නොවෙයි. මෝහයට යට වූ සිත් ඇත්තේ නොවෙයි. එකල ඔහුගේ සිත ත්‍යාගය අරභයා ඍජුව පවතින්නේ ය. මහානාම, ඍජු වූ සිත් ඇති ආර්ය ශ්‍රාවකයා යහපතෙහි සතුට ලබයි. ධර්මයෙහි සතුට ලබයි. ධර්මයෙන් යුතු වූ ප්‍රමුදිත බව ලබයි. ප්‍රමුදිත බව ඇත්තහුට ප්‍රීතිය උපදියි. ප්‍රීති සිත් ඇත්තහුගේ කය සංසිඳෙයි. සංසිඳුණු කය ඇත්තේ සැපයක් විඳියි. සැප ඇත්තහුගේ සිත සමාධිමත් වෙයි. මහානාමය, මෙම ආර්ය ශ්‍රාවකයා විසමගත සමාජයෙහි සම බවට පැමිණ වසන්නේ යැයි කියනු ලැබේ. දුක සේ වසන සමාජයෙහි නිදුක් ව වසන්නේ යැයි කියනු ලැබේ. දහම් මගට පැමිණියේ චාගානුස්සතිය දියුණු කරන්නේ යැයි කියනු ලැබේ.

තව ද මහානාම, ඔබ දෙවිවරුන් ගැන සිහි කළ යුත්තෙහි ය. එනම් 'චාතුම්මහාරාජික දෙවියෝ සිටිති, තව්තිසාවැසි දෙවියෝ සිටිති, යාම දෙවියෝ සිටිති, තුසිත දෙවියෝ සිටිති, නිම්මාණරතී දෙවියෝ සිටිති, පරනිම්මිත වසවර්තී දෙවියෝ සිටිති, බ්‍රහ්මකායික දෙවියෝ සිටිති, එමෙන් ම එයට ඉහළ ලෝකවලත් තව දෙවියෝ සිටිති. යම්බඳු වූ ශ්‍රද්ධාවකින් යුක්ත වූ ඒ දෙවිවරු මෙලොවින් චුත ව ඒ දෙව්ලොව උපන්නාහු ද, මා තුළ ද එබඳු වූ ශ්‍රද්ධාවක් පැහැදිලි ව පෙනෙයි. යම්බඳු වූ සීලයකින් යුක්ත වූ ඒ දෙවිවරු මෙලොවින්

චුත ව ඒ දෙව්ලොව උපන්නාහු ද, මා තුළ ද එබඳු වූ සීලයක් පැහැදිලි ව පෙනෙයි. යම්බඳු වූ ශ්‍රැතයකින් යුක්ත වූ ඒ දෙවිවරු මෙලොවින් චුත ව ඒ දෙව්ලොව උපන්නාහු ද, මා තුළ ද එබඳු වූ ශ්‍රැතයක් පැහැදිලි ව පෙනෙයි. යම්බඳු වූ ත්‍යාගයකින් යුක්ත වූ ඒ දෙවිවරු මෙලොවින් චුත ව ඒ දෙව්ලොව උපන්නාහු ද, මා තුළ ද එබඳු වූ ත්‍යාගයක් පැහැදිලි ව පෙනෙයි. යම්බඳු වූ ප්‍රඥාවකින් යුක්ත වූ ඒ දෙවිවරු මෙලොවින් චුත ව ඒ දෙව්ලොව උපන්නාහු ද, මා තුළ ද එබඳු වූ ප්‍රඥාවක් පැහැදිලි ව පෙනෙයි' වශයෙනි.

මහානාමය, යම් කලෙක ආර්ය ශ්‍රාවකයා තමාගේ ත්, ඒ දෙවිවරුන්ගේ ත් ශ්‍රද්ධාව ද, සීලය ද, ශ්‍රැතය ද, ත්‍යාගය ද, ප්‍රඥාව ද සිහි කරයි නම්, එකල ඔහුගේ සිත රාගයට යටවන්නේ නොවෙයි. ද්වේෂයට යට වූ සිත් ඇත්තේ නොවෙයි. මෝහයට යට වූ සිත් ඇත්තේ නොවෙයි. එකල ඔහුගේ සිත දෙවිවරුන් අරභයා ඍජුව පවතින්නේ ය. මහානාම, ඍජු වූ සිත් ඇති ආර්ය ශ්‍රාවකයා යහපතෙහි සතුට ලබයි. ධර්මයෙහි සතුට ලබයි. ධර්මයෙන් යුතු වූ ප්‍රමුදිත බව ලබයි. ප්‍රමුදිත බව ඇත්තහුට ප්‍රීතිය උපදියි. ප්‍රීති සිත් ඇත්තහුගේ කය සංසිඳෙයි. සංසිඳුණු කය ඇත්තේ සැපයක් විඳියි. සැප ඇත්තහුගේ සිත සමාධිමත් වෙයි. මහානාමය, මෙම ආර්ය ශ්‍රාවකයා විසමගත සමාජයෙහි සම බවට පැමිණ වසන්නේ යැයි කියනු ලැබේ. දුක සේ වසන සමාජයෙහි නිදුක් ව වසන්නේ යැයි කියනු ලැබේ. දහම් මගට පැමිණියේ දේවතානුස්සතිය දියුණු කරන්නේ යැයි කියනු ලැබේ."

සාදු! සාදු!! සාදු!!!

මහානාම සූත්‍රය නිමා විය.

11.2.2
දුතිය මහානාම සූත්‍රය
මහානාම ශාක්‍ය රජුට වදාළ දෙවෙනි දෙසුම

එක් සමයක භාග්‍යවතුන් වහන්සේ ශාක්‍ය රාජධානියෙහි කපිලවස්තුවෙහි නිග්‍රෝධාරාමයෙහි වැඩ වසන සේක. එකල්හී මහානාම ශාක්‍ය තෙමේ රෝගාතුර බවින් නැගිට, ගිලන් බවින් නැගිට වැඩි කලක් නොවී ය. එසමයෙහි බොහෝ භික්ෂූහු භාග්‍යවතුන් වහන්සේගේ සිවුර සකසන්නාහ. එනම් 'නිමවන ලද සිවුර ඇති භාග්‍යවතුන් වහන්සේ තුන් මාසය ඇවෑමෙන් චාරිකායෙහි

නික්ම වඩිනා සේකැ'යි. මහානාම ශාක්‍ය තෙමේ මෙය ඇසුවේ ය. බොහෝ භික්ෂූහු භාග්‍යවතුන් වහන්සේගේ සිවුර සකසන්නාහ. 'නිමවන ලද සිවුර ඇති භාග්‍යවතුන් වහන්සේ තුන් මාසය ඇවෑමෙන් චාරිකායෙහි නික්ම වඩිනා සේකැ'යි. එකල්හී මහානාම ශාක්‍ය තෙමේ භාග්‍යවතුන් වහන්සේ කරා පැමිණියේ ය. පැමිණ භාග්‍යවතුන් වහන්සේට සකසා වන්දනා කොට එකත්පස්ව හිඳගත්තේ ය. එකත්පස්ව හුන් මහානාම ශාක්‍ය තෙමේ භාග්‍යවතුන් වහන්සේට මෙය පැවසීය.

"ස්වාමීනී, මවිසින් මෙය අසන ලදී. බොහෝ භික්ෂූහු භාග්‍යවතුන් වහන්සේගේ සිවුර සකසන්නාහ. 'නිමවන ලද සිවුර ඇති භාග්‍යවතුන් වහන්සේ තුන් මාසය ඇවෑමෙන් චාරිකායෙහි නික්ම වඩිනා සේකැ'යි. ස්වාමීනී, නා නා කටයුත්තෙහි යෙදී වසන අප විසින් කවර වූ විහරණයකින් වාසය කළ යුත්තේ ද?"

"මහානාමය, සාදු! සාදු! මහානාමය, ඔබ වැනි කුලපුත්‍රයන් හට තථාගතයන් කරා එළැඹ, 'ස්වාමීනී, නා නා කටයුත්තෙහි යෙදී වසන අප විසින් කවර වූ විහරණයකින් වාසය කළ යුත්තේ දැ'යි යන්න මෙසේ විමසන්නහු නම් ඉතා සුදුසු දෙයකි.

මහානාමය, ශ්‍රද්ධා ඇත්තේ ම යහපත උදා කරගන්නේ වෙයි. ශ්‍රද්ධා නැත්තහුට නොවේ. අරඹන ලද වීර්යය ඇත්තේ ම යහපත උදා කරගන්නේ වෙයි. කුසීතහුට නොවේ. එළැඹ සිටි සිහි ඇත්තේ ම යහපත උදා කරගන්නේ වෙයි. සිහි මුළාවූවහුට නොවේ. එකඟ වූ සිත් ඇත්තේ ම යහපත උදා කරගන්නේ වෙයි. අසමාහිත තැනැත්තහුට නොවේ. ප්‍රඥාව ඇත්තේ ම යහපත උදා කරගන්නේ වෙයි. දුෂ්ප්‍රාඥහුට නොවේ.

මහානාමය, ඔබ මේ පංච ධර්මය මත පිහිටා තවදුරටත් කරුණු සයක් වැඩිය යුත්තෙහි ය.

මහානාම, මෙහිලා ඔබ තථාගතයන් සිහි කළ යුත්තෙහි ය. එනම් 'මේ මේ කරුණෙන් ඒ භාග්‍යවතුන් වහන්සේ ....(පෙ).... බුද්ධ වන සේක, භගවා වන සේක' වශයෙනි.

මහානාමය, යම් කලෙක ආර්ය ශ්‍රාවකයා තථාගතයන් ව සිහි කරයි ද, එකල ඔහුගේ සිත රාගයට යටවන්නේ නොවෙයි. ද්වේෂයට යට වූ සිත් ඇත්තේ නොවෙයි. මෝහයට යට වූ සිත් ඇත්තේ නොවෙයි. එකල ඔහුගේ සිත තථාගතයන් අරභයා ඍජුව පවතින්නේ ය. මහානාම, ඍජු වූ සිත් ඇති ආර්ය ශ්‍රාවකයා යහපතෙහි සතුට ලබයි. ධර්මයෙහි සතුට ලබයි. ධර්මයෙන් යුතු වූ

ප්‍රමුදිත බව ලබයි. ප්‍රමුදිත බව ඇත්තහුට ප්‍රීතිය උපදියි. ප්‍රීති සිත් ඇත්තහුගේ කය සංසිඳෙයි. සංසිඳුණු කය ඇත්තේ සැපයක් විඳියි. සැප ඇත්තහුගේ සිත සමාධිමත් වෙයි.

මහානාමය, ඔබ මෙම බුද්ධානුස්සතිය ගමන් කරන විට ත් දියුණු කරව. සිටගෙන සිටින විට ත් දියුණු කරව. වාඩි වී සිටින විට ත් දියුණු කරව. සැතැපී සිටින විට ත් දියුණු කරව. වැඩකටයුතු කරන විට ත් දියුණු කරව. දූ දරුවන්ගේ වැඩකටයුතු මධ්‍යයේ ත් දියුණු කරව.

තව ද මහානාම, ඔබ ධර්මය සිහි කළ යුත්තෙහි ය. ....(පෙ).... සංඝයා සිහි කළ යුත්තෙහි ය. ....(පෙ).... ඔබ තමාගේ සීලය සිහි කළ යුත්තෙහි ය. ....(පෙ).... තමන්ගේ දන් දීමේ හැකියාව සිහි කළ යුත්තෙහි ය. ....(පෙ).... ඔබ දෙව්වරුන් ගැන සිහි කළ යුත්තෙහි ය. එනම් 'චාතුම්මහාරාජික දෙවියෝ සිටිති, ...(පෙ).... එමෙන් ම එයට ඉහළ ලෝකවලත් තව දෙවියෝ සිටිති. යම්බඳු වූ ශ්‍රද්ධාවකින් යුක්ත වූ ඒ දෙව්වරු මෙලොවින් චුත ව ඒ දෙව්ලොව උපන්නාහු ද, මා තුළ ද එබඳු වූ ශ්‍රද්ධාවක් පැහැදිලි ව පෙනෙයි. යම්බඳු වූ සීලයකින් ....(පෙ).... යම්බඳු වූ ශ්‍රැතයකින් ....(පෙ).... යම්බඳු වූ ත්‍යාගයකින් ....(පෙ).... යම්බඳු වූ ප්‍රඥාවකින් යුක්ත වූ ඒ දෙව්වරු මෙලොවින් චුත ව ඒ දෙව්ලොව උපන්නාහු ද, මා තුළ ද එබඳු වූ ප්‍රඥාවක් පැහැදිලි ව පෙනෙයි' වශයෙනි.

මහානාමය, යම් කලෙක ආර්ය ශ්‍රාවකයා තමාගේ ත්, ඒ දෙව්වරුන්ගේ ත් ශ්‍රද්ධාව ද, සීලය ද, ශ්‍රැතය ද, ත්‍යාගය ද, ප්‍රඥාව ද සිහි කරයි නම්, එකල ඔහුගේ සිත රාගයට යටවන්නේ නොවෙයි. ද්වේෂයට යට වූ සිත් ඇත්තේ නොවෙයි. මෝහයට යට වූ සිත් ඇත්තේ නොවෙයි. එකල ඔහුගේ සිත දෙව්වරුන් අරභයා ඍජුව පවතින්නේ ය. මහානාම, ඍජු වූ සිත් ඇති ආර්ය ශ්‍රාවකයා යහපතෙහි සතුට ලබයි. ධර්මයෙහි සතුට ලබයි. ධර්මයෙන් යුතු වූ ප්‍රමුදිත බව ලබයි. ප්‍රමුදිත බව ඇත්තහුට ප්‍රීතිය උපදියි. ප්‍රීති සිත් ඇත්තහුගේ කය සංසිඳෙයි. සංසිඳුණු කය ඇත්තේ සැපයක් විඳියි. සැප ඇත්තහුගේ සිත සමාධිමත් වෙයි.

මහානාමය, ඔබ මෙම දේවතානුස්සතිය ගමන් කරන විට ත් දියුණු කරව. සිටගෙන සිටින විට ත් දියුණු කරව. වාඩි වී සිටින විට ත් දියුණු කරව. සැතැපී සිටින විට ත් දියුණු කරව. වැඩකටයුතු කරන විට ත් දියුණු කරව. දූ දරුවන්ගේ වැඩකටයුතු මධ්‍යයේ ත් දියුණු කරව."

සාදු! සාදු!! සාදු!!!

දුතිය මහානාම සූත්‍රය නිමා විය.

11.2.3
නන්දිය සූත්‍රය
නන්දිය ශාක්‍යයා හට වදාළ දෙසුම

එක් සමයක භාග්‍යවතුන් වහන්සේ ශාක්‍ය රාජධානියෙහි කපිලවස්තුවෙහි නිග්‍රෝධාරාමයෙහි වැඩ වසන සේක. එසමයෙහි භාග්‍යවතුන් වහන්සේ සැවැත් නුවර වස් වසනු කැමැති වූ සේක. එකල්හී නන්දිය ශාක්‍ය තෙමේ මෙය ඇසුවේ ය. එනම්, 'භාග්‍යවතුන් වහන්සේ සැවැත් නුවර වස් වසනු කැමැති වූ සේක්' බවයි. එවිට නන්දිය ශාක්‍යයා හට මෙම අදහස ඇතිවිය. 'මම් ද වස් කාලය සැවැත් නුවර ගත කරන්නෙම් නම් එහිදී මගේ වැඩකටයුතු ද කරගත හැකි වෙමි. භාග්‍යවතුන් වහන්සේව ද වරින් වර දකින්නට අවස්ථාව ලබන්නෙමි' යි.

එකල්හී භාග්‍යවතුන් වහන්සේ සැවැත් නුවර වස් වුසූ සේක. නන්දිය ශාක්‍ය තෙමේ ද වස් කාලය තුළ සැවැත් නුවර ගත කළේ ය. එහි වැඩකටයුතු ද පටන් ගත්තේ ය. කලින් කල භාග්‍යවතුන් වහන්සේගේ දැක්ම ද ලැබුවේ ය.

එසමයෙහි බොහෝ භික්ෂූහු භාග්‍යවතුන් වහන්සේගේ සිවුර සකසන්නාහ. එනම් 'නිමවන ලද සිවුර ඇති භාග්‍යවතුන් වහන්සේ තුන් මාසය ඇවෑමෙන් චාරිකායෙහි නික්ම වඩිනා සේකැ'යි. නන්දිය ශාක්‍ය තෙමේ මෙය ඇසුවේ ය. බොහෝ භික්ෂූහු භාග්‍යවතුන් වහන්සේගේ සිවුර සකසන්නාහ. 'නිමවන ලද සිවුර ඇති භාග්‍යවතුන් වහන්සේ තුන් මාසය ඇවෑමෙන් චාරිකායෙහි නික්ම වඩිනා සේකැ'යි. එකල්හී නන්දිය ශාක්‍ය තෙමේ භාග්‍යවතුන් වහන්සේ කරා පැමිණියේ ය. පැමිණ භාග්‍යවතුන් වහන්සේට සකසා වන්දනා කොට එකත්පස්ව හිඳගත්තේ ය. එකත්පස්ව හුන් නන්දිය ශාක්‍ය තෙමේ භාග්‍යවතුන් වහන්සේට මෙය පැවසූහ.

"ස්වාමීනී, මවිසින් මෙය අසන ලදී. බොහෝ භික්ෂූහු භාග්‍යවතුන් වහන්සේගේ සිවුර සකසන්නාහ. 'නිමවන ලද සිවුර ඇති භාග්‍යවතුන් වහන්සේ තුන් මාසය ඇවෑමෙන් චාරිකායෙහි නික්ම වඩිනා සේකැ'යි. ස්වාමීනී, නා නා කටයුත්තෙහි යෙදී වසන අප විසින් කවර වූ විහරණයකින් වාසය කළ යුත්තේ ද?"

"නන්දිය, සාදු! සාදු! නන්දිය, ඔබ වැනි කුලපුත්‍රයන් හට තථාගතයන් කරා එළැඹ, 'ස්වාමීනී, නා නා කටයුත්තෙහි යෙදී වසන අප විසින් කවර වූ විහරණයකින් වාසය කළ යුත්තේ දැ'යි මෙසේ විමසන්නහු නම් ඉතා සුදුසු දෙයකි.

නන්දිය, ශ්‍රද්ධා ඇත්තේ ම යහපත උදා කරගන්නේ වෙයි. ශ්‍රද්ධා නැත්තහුට නොවේ. අරඹන ලද වීර්යය ඇත්තේ ම යහපත උදා කරගන්නේ වෙයි. කුසීතහුට නොවේ. එළැඹ සිටි සිහි ඇත්තේ ම යහපත උදා කරගන්නේ වෙයි. සිහි මුළාවූවහුට නොවේ. එකඟ වූ සිත් ඇත්තේ ම යහපත උදා කරගන්නේ වෙයි. අසමාහිත තැනැත්තහුට නොවේ. ප්‍රඥාව ඇත්තේ ම යහපත උදා කරගන්නේ වෙයි. දුෂ්ප්‍රාඥහුට නොවේ.

නන්දිය, ඔබ මේ සය ධර්මය මත පිහිටා තවදුරටත් කරුණු පසක් වැඩිය යුත්තෙහි ය.

නන්දිය, මෙහිලා ඔබ තථාගතයන් සිහි කළ යුත්තෙහි ය. එනම් 'මේ මේ කරුණෙන් ඒ භාග්‍යවතුන් වහන්සේ අරහං වන සේක, සම්මා සම්බුද්ධ වන සේක, විජ්ජාචරණ සම්පන්න වන සේක, සුගත වන සේක, ලෝකවිදූ වන සේක, අනුත්තරෝ පුරිසදම්ම සාරථී වන සේක, සත්ථා දේවමනුස්සානං වන සේක, බුද්ධ වන සේක, භගවා වන සේක' වශයෙනි. නන්දිය, මේ අයුරින් ඔබ විසින් තථාගතයන් අරභයා තමා තුළ සිහිය ඉපැදවිය යුත්තේ ය.

තව ද නන්දිය, ඔබ ධර්මය සිහි කළ යුත්තෙහි ය. එනම් 'භාග්‍යවතුන් වහන්සේ විසින් මනාකොට වදාරණ ලද ධර්මය ස්වාක්ඛාත ය, සන්දිට්ඨික ය, අකාලික ය, ඒහිපස්සික ය, ඕපනයික ය, නැණවතුන් විසින් තම තමන් තුළ දියුණු කොට දැනගත යුත්තේ ය' වශයෙනි. නන්දිය, මේ අයුරින් ඔබ විසින් ධර්මය අරභයා තමා තුළ සිහිය ඉපැදවිය යුත්තේ ය.

තව ද නන්දිය, ඔබ කල්‍යාණමිත්‍රයන් සිහි කළ යුත්තෙහි ය. එනම් 'ඒකාන්තයෙන් ම මට ලාභයෙකි, ඒකාන්තයෙන් ම මට මනා වූ ලැබීමෙකි. මා කෙරෙහි අනුකම්පා ඇති, යහපත කැමති, අවවාද කරන, අනුශාසනා කරන, කල්‍යාණමිත්‍රයෝ මට ඇත්තාහ' වශයෙනි. නන්දිය, මේ අයුරින් ඔබ විසින් කල්‍යාණ මිත්‍රයන් අරභයා තමා තුළ සිහිය ඉපැදවිය යුත්තේ ය.

තව ද නන්දිය, ඔබ තමන්ගේ දන් දීමේ හැකියාව සිහි කළ යුත්තෙහි ය. එනම් 'ඒකාන්තයෙන් ම මට ලාභයෙකි, ඒකාන්තයෙන් ම මට මනා වූ ලැබීමෙකි, ඒ මම් මසුරුමල නම් කිළුටෙන් යට වූ සිත් ඇති සමාජයෙහි ඒ

මසුරු කිළුට බැහැර කළ සිතින් ගිහි ගෙදර වසමි, ඒ මම් දන් දීම පිණිස සිතින් අත්හැර සිටින්නෙකි, අත් සෝදා සිටින්නෙකි, දීමෙහි ඇලී සිටින්නෙකි, මාගෙන් ඉල්ලන්නට සුදුස්සෙක් වෙමි, දන් බෙදීමට ඇළුම් කරන්නෙක්මි' වශයෙනි. නන්දිය, මේ අයුරින් ඔබ විසින් චාගය අරභයා තමා තුළ සිහිය ඉපැදවිය යුත්තේ ය.

තව ද නන්දිය, ඔබ දෙවිවරුන් ගැන සිහි කළ යුත්තෙහි ය. එනම් 'යම් දේවතා කෙනෙක් ගොරෝසු ආහාරපානාදිය අනුභව කරන දෙවියන්ගේ ලෝකය ඉක්මවා ගොස් අන්‍යතර වූ මනෝමය කය ඇති දෙවියන් අතර උපන්නාහු ද, ඒ දෙවිවරු තමන්ට කළ යුතු දේ ඇති බව නොදකිති. කළ දේ නැවත කළ යුතු යැයි ද නොදකිති' වශයෙනි. නන්දිය එය මෙබඳු දෙයකි. ක්ෂීණාශ්‍රව අරහත් භික්ෂුව තමන් ට විමුක්තිය පිණිස කළ යුතු දේ ඇති බව නොදකියි ද, කළ දේ නැවත කළ යුතු යැයි නොදකියි ද, එසෙයින් ම නන්දිය, යම් දේවතා කෙනෙක් ගොරෝසු ආහාරපානාදිය අනුභව කරන දෙවියන්ගේ ලෝකය ඉක්මවා ගොස් අන්‍යතර වූ මනෝමය කය ඇති දෙවියන් අතර උපන්නාහු ද, ඒ දෙවිවරු තමන්ට කළ යුතු දේ ඇති බව නොදකිති. කළ දේ නැවත කළ යුතු යැයි ද නොදකිති'යි. නන්දිය, මේ අයුරින් ඔබ විසින් දෙවියන් අරභයා තමා තුළ සිහිය ඉපැදවිය යුත්තේ ය.

නන්දිය, මෙම එකළොස් කරුණෙන් සමන්විත වූ ආර්ය ශ්‍රාවකයා පාපී අකුසල් දහම් අත්හරින්නේ ම ය. ඒ අකුසල්වලට හසු නොවන්නේ ම ය. නන්දිය, එය මෙබඳු දෙයකි. දිය කළයක් යටිකුරු කළ විට දිය වමාරන්නේ ම ය. ඒ වැමෑරූ දිය යළිත් නොවමාරන්නේ ම ය. එමෙන් ම නන්දිය, එය මෙබඳු දෙයකි. වියැළී ගිය තණ ලැහැබක් ගිනි ගත් කල්හී එය ගින්නෙන් දැවී යන්නේ ම ය. ගින්නෙන් දැවී ගිය දෑ පෙරළා නොදවන්නේ ම ය. ඒ අයුරින් ම නන්දිය, මෙම එකළොස් කරුණෙන් සමන්විත වූ ආර්ය ශ්‍රාවකයා පාපී අකුසල් දහම් අත්හරින්නේ ම ය. ඒ අකුසල්වලට හසු නොවන්නේ ම ය.

සාධු! සාධු!! සාධු!!!

නන්දිය සූත්‍රය නිමා විය.

11.2.4
සුභූති සූත්‍රය
සුභූති තෙරුන්ට වදාළ දෙසුම

එකල්හී ආයුෂ්මත් සුභූති තෙරණුවෝ ශ්‍රද්ධ නම් භික්ෂුව සමඟ භාග්‍යවතුන් වහන්සේ කරා එළැඹියහ. එළැඹ භාග්‍යවතුන් වහන්සේට සකසා වන්දනා කොට එකත්පස්ව හිඳගත්හ. එකත්පස් ව හුන් ආයුෂ්මත් සුභූති තෙරුන්ට භාග්‍යවතුන් වහන්සේ මෙය පැවසූ සේක.

"සුභූතියෙනි, මේ භික්ෂුවගේ නම කුමක්ද?"

"ස්වාමීනී, ශ්‍රද්ධ නම් උපාසක (අනේපිඬු සිටුතුමා) ගේ පුත්‍ර වූ ශ්‍රද්ධාවෙන් ම ගිහි ගෙයින් නික්ම අනගාරික බුදු සසුනෙහි පැවිදි වූ මේ භික්ෂුව ගේ නම ශ්‍රද්ධ ය."

"කිම? සුභූතියෙනි, ශ්‍රද්ධ උපාසකගේ පුත්‍ර වූ ශ්‍රද්ධායෙන් ම ගිහි ගෙයින් නික්ම අනගාරික බුදු සසුනෙහි පැවිදි වූ මේ ශ්‍රද්ධ භික්ෂුව ශ්‍රද්ධා ඇත්තහුගේ චරිතාපදානයෙන් යුක්ත ද?"

"භාග්‍යවතුන් වහන්ස, මේ එයට කාලයයි. සුගතයන් වහන්ස, මේ එයට කාලයයි. මම් මේ භික්ෂුව ශ්‍රද්ධා ඇත්තහුගේ චරිතාපදානයන්හි යුක්ත දැයි යම් කරුණෙකින් දැනගන්නෙම් ද, භාග්‍යවතුන් වහන්සේ ඒ ශ්‍රද්ධාවන්තයාගේ ශ්‍රද්ධාචරිතාපදානය ගැන වදාරණ සේක්වා"

"එසේ වී නම් සුභූති, අසව. මැනැවින් මෙනෙහි කරව. පවසන්නෙමි."

"එසේය ස්වාමීනී"යි ආයුෂ්මත් සුභූති තෙරණුවෝ භාග්‍යවතුන් වහන්සේට පිළිවදන් දුන්හ. භාග්‍යවතුන් වහන්සේ මෙය වදාළහ.

1. "සුභූති, මෙහිලා භික්ෂුව සිල්වත් වෙයි. ප්‍රාතිමෝක්ෂ සංවරයෙන් සංවර වූයේ වෙයි. යහපත් ඇවතුම් පැවතුම් ඇතිව වසන්නේ වෙයි. අණුමාත්‍ර වූ වරදෙහි ත් බිය දකින සුළු වැ සමාදන් වූ ශික්ෂාපදයන්හි හික්මෙන්නේ වෙයි. සුභූති, යම් හෙයකින් භික්ෂුවක් සිල්වත් වෙයි නම් ....(පෙ).... සමාදන් වූ ශික්ෂාපදයන්හි හික්මෙන්නේ නම් මෙය ද සුභූතියෙනි, සැදැහැවත් භික්ෂුවකගේ ශ්‍රද්ධා චරිතාපදානයෙකි.

2. තව ද සුභූති, භික්ෂුව ධර්මය බොහෝ සෙයින් අසන ලද්දේ වෙයි. ඒ ඇසූ දහම් දරන්නේ වෙයි. ඒ ඇසූ දහම් සිත්හිලා රැස් කැරගන්නේ වෙයි. යම් ඒ ධර්මයෝ කල්‍යාණ වූ පටන් ගැනීමෙකින් යුක්ත වෙත් ද, කල්‍යාණ වූ මැදකින් යුක්ත වෙත් ද, කල්‍යාණ වූ අවසානයෙකින් යුක්ත වෙත් ද, අර්ථ සහිත වෙත් ද, පැහැදිලි වචනයෙන් යුක්ත වෙත් ද, හැම ලෙසින් ම පිරිපුන් පිරිසිදු නිවන් මග පවසත් ද, එබඳු වූ ධර්මයෝ ඔහු විසින් බොහෝ කොට අසන ලද්දාහු ය. ධාරණය කරගන්නා ලද්දාහු ය. වචනයෙන් පිරිවහන ලද්දාහු ය. මනසින් විමසන ලද්දාහු ය. නුවණින් අවබෝධ කරන ලද්දාහු ය. සුභූති, යම් හෙයකින් භික්ෂුව ධර්මය බොහෝ කොට අසන ලද්දේ වෙයි ද, ...(පෙ).... නුවණින් අවබෝධ කරන ලද්දේ වෙයි නම්, මෙය ද සුභූතියෙනි, සැදැහැවත් භික්ෂුවකගේ ශ්‍රද්ධා චරිතාපදානයෙකි.

3. තව ද සුභූති, භික්ෂුව කලණ මිතුරන් ඇත්තේ වෙයි. කල්‍යාණ සහායකයන් ඇත්තේ වෙයි. කලණ මිතුරන්ගේ ඇසුරට නැඹුරු වූයේ වෙයි. සුභූති, යම් හෙයකින් භික්ෂුව කලණ මිතුරන් ඇත්තේ වෙයි ද, කල්‍යාණ සහායකයන් ඇත්තේ වෙයි ද, කලණ මිතුරන්ගේ ඇසුරට නැඹුරු වූයේ වෙයි නම්, මෙය ද සුභූතියෙනි, සැදැහැවත් භික්ෂුවකගේ ශ්‍රද්ධා චරිතාපදානයෙකි.

4. තව ද සුභූති, භික්ෂුව කීකරු වූයේ වෙයි. කීකරු බව ඇතිකරන ගුණදහමින් යුක්ත වූයේ ද වෙයි. ඉවසීමෙන් යුක්ත වූයේ වෙයි. අවවාදයන් ලැබෙන විට පැදකුණු කොට ගරු බුහුමන් සහිතව පිළිගන්නේ වෙයි. සුභූති, යම් හෙයකින් භික්ෂුව කීකරු වූයේ වෙයි ද, කීකරු බව ඇතිකරන ගුණ දහමින් යුක්ත වූයේ වෙයි ද, ඉවසීමෙන් යුක්ත වෙයි ද, අවවාද ලැබෙන විට පැදකුණු කොට ගරු බුහුමන් සහිතව පිළිගන්නේ වෙයි නම්, මෙය ද සුභූතියෙනි, සැදැහැවත් භික්ෂුවකගේ ශ්‍රද්ධා චරිතාපදානයෙකි.

5. තව ද සුභූති, භික්ෂුව සබ්‍රහ්මචාරීන් වහන්සේලාගේ යම් කුදු මහත් වැඩපළ සොයා බැලිය යුතුව ඇද්ද, එහිලා දක්ෂ වෙයි. අලස බවින් තොර වෙයි. එහිලා විමසා බලා වැඩකටයුතු කරන්නේ වෙයි. ඒ කටයුතු කිරීමට දක්ෂ වූයේ ද වෙයි. පිළිවෙලකට කිරීමට දක්ෂ වූයේ ද වෙයි. සුභූති, යම් හෙයකින් භික්ෂුව සබ්‍රහ්චාරීන් වහන්සේලාගේ යම් කුදු මහත් වැඩපළ සොයා බැලිය යුතුව ඇද්ද, එහිලා දක්ෂ වෙයි ද, අලස බවින් තොර වෙයි ද, එහිලා විමසා බලා වැඩකටයුතු කරන්නේ වෙයි ද, ඒ කටයුතු කිරීමට දක්ෂ වූයේ වෙයි ද පිළිවෙලකට කිරීමට දක්ෂ වූයේ වෙයි නම්, මෙය ද සුභූතියෙනි, සැදැහැවත් භික්ෂුවකගේ ශ්‍රද්ධා චරිතාපදානයෙකි.

6. තවද සුභූති, භික්ෂුව ධර්මයට කැමති වූයේ වෙයි. ප්‍රිය වූ බසින් ධර්මය දෙසන්නේ ද වෙයි. ගැඹුරු ධර්මයෙහි ත්, ගැඹුරු විනයෙහි ත් උදාර වූ සතුටක් විඳින්නේ වෙයි. සුභූති යම් හෙයකින් භික්ෂුව ධර්මයට කැමති වන්නේ ද, ප්‍රිය වූ බසින් දහම් දෙසන්නේ ද, ගැඹුරු ධර්මයෙහි ත්, ගැඹුරු විනයෙහි ත් උදාර වූ සතුටක් විඳින්නේ නම්, මෙය ද සුභූතියෙනි, සැදැහැවත් භික්ෂුවකගේ ශ්‍රද්ධා චරිතාපදානයෙකි.

7. තව ද සුභූති, භික්ෂුව පටන්ගත් වීර්යයෙන් යුක්ත වූයේ වෙයි. අකුසල් දහම් ප්‍රහාණය කිරීමට ත්, කුසල් දහම් උපදවා ගැනීමට ත් නිසි බල ඇතියෙක් වෙයි. දැඩි වීර්යයකින් යුක්ත වෙයි. කුසල් දහම් ඉපිදවීමෙහිලා අත් නොහළ වීර්යය ඇත්තේ වෙයි. සුභූති, යම් හෙයකින් භික්ෂුව පටන් ගත් වීර්යයෙන් යුක්ත වූයේ වෙයි ද, අකුසල් දහම් ප්‍රහාණය කිරීමට ත්, කුසල් දහම් උපදවා ගැනීමට ත් නිසි බල ඇතියෙක් වෙයි ද, දැඩි වීර්යයකින් යුක්ත වෙයි ද, කුසල් දහම් ඉපිදවීමෙහිලා අත් නොහළ වීර්යය ඇත්තේ වෙයි නම්, මෙය ද සුභූතියෙනි, සැදැහැවත් භික්ෂුවකගේ ශ්‍රද්ධා චරිතාපදානයෙකි.

8. තව ද සුභූති, භික්ෂුව මේ ජීවිතයේ දී පහසු විහරණය ලබන ගැඹුරු චිත්ත දියුණුවෙන් යුතු සතරක් වූ ධ්‍යානයන් කැමති සේ නිදුකින් ම, සුවසේ ම, පහසුවෙන් ම ලබන්නේ වෙයි. සුභූති, යම් හෙයකින් භික්ෂුව මේ ජීවිතයේ දී පහසු විහරණය ලබන ගැඹුරු චිත්ත දියුණුවෙන් යුතු සතරක් වූ ධ්‍යානයන් කැමති සේ නිදුකින් ම, සුවසේ ම, පහසුවෙන් ම ලබන්නේ වෙයි නම්, මෙය ද සුභූතියෙනි, සැදැහැවත් භික්ෂුවකගේ ශ්‍රද්ධා චරිතාපදානයෙකි.

9. තව ද සුභූති, භික්ෂුව අනේක ප්‍රකාර වූ පෙර විසූ කඳ පිළිවෙල සිහි කරයි. එනම් එක උපතක් වශයෙන් ද, උපත් දෙකක් වශයෙන් ද, උපත් තුනක් වශයෙන් ද, උපත් සතරක් වශයෙන් ද, උපත් පහක් වශයෙන් ද, උපත් දහයක් වශයෙන් ද, උපත් විස්සක් වශයෙන් ද, උපත් තිහක්, උපත් හතළිහක්, උපත් පණහක්, උපත් සියයක්, උපත් දහසක්, උපත් සිය දහසක් වශයෙන් ද අනේක වූ සංවට්ට කල්ප, අනේක වූ විවට්ට කල්ප, අනේක වූ සංවට්ට විවට්ට කල්ප වශයෙන් ද සිහි කරයි. එමෙන් ම 'මම් අසවල් තැන සිටියෙමි. මෙබඳු නමින් සිටියෙමි. මෙබඳු ගෝත්‍රයෙන් සිටියෙමි. මෙබඳු පැහැයෙන් සිටියෙමි. මෙබඳු ආහාර ගත්තෙමි. මෙබඳු අයුරින් සැප දුක් වින්දෙමි. මෙබඳු අයුරින් දිවිය අවසන් කළෙමි. එයින් චුත වැ ඒ මම් අසවල් තැන උපන්නෙමි. එහිදී ද මම් මෙබඳු නමින් සිටියෙමි. මෙබඳු ගෝත්‍ර නමින් සිටියෙමි. මෙබඳු පැහැයෙන් සිටියෙමි. මෙබඳු ආහාර ගත්තෙමි. මෙබඳු සැප දුක් වින්දෙමි. මෙබඳු අයුරින් දිවිය අවසන් කළෙමි. ඒ මම් එයින් චුත වැ මෙහි උපන්නෙමි' ආදී වශයෙනි.

මෙසේ කරුණු සහිත වූ, විස්තර සහිත වූ අනේක ප්‍රකාර වූ පෙර විසූ කඳ පිළිවෙල සිහි කරයි. සුභූති, යම් හෙයකින් භික්ෂුවක් අනේක ප්‍රකාර වූ පෙර විසූ කඳ පිළිවෙල සිහි කරයි ද, එනම් එක උපතක් ද, උපත් දෙකක් ....(පෙ).... මේ අයුරින් කරුණු සහිත වූ, විස්තර සහිත වූ අනේක ප්‍රකාර වූ පෙර විසූ කඳ පිළිවෙල සිහි කරයි නම්, මෙය ද සුභූතියෙනි, සැදැහැවත් භික්ෂුවකගේ ශ්‍රද්ධා චරිතාපදානයෙකි.

10. තව ද සුභූති, භික්ෂුව මිනිස් දැක්ම ඉක්මවා ගිය විශුද්ධ දිව්‍ය නේත්‍රයෙන් චුතවන්නා වූත්, උපදින්නා වූත් සත්වයන් දකියි. ඒ සත්වයන් කර්මානුරූපව පහත් වූත්, උසස් වූත්, මනා පැහැ ඇත්තා වූත්, විරූපී වූත්, සුගතියේත් දුගතියේත් උපදින අයුරු දනියි. එනම් 'ඒකාන්තයෙන් මේ භවත් සත්වයෝ කාය දුශ්චරිතයෙන් යුක්ත වූවාහු ය. වචී දුශ්චරිතයෙන් යුක්ත වූවාහු ය. මනෝ දුශ්චරිතයෙන් යුක්ත වූවාහු ය. ආර්යයන් හට නින්දා අපහාස කළාහු ය. මිසදිටු ගත්තාහු ය. මිසදිටු ක්‍රියායෙහි යෙදුණාහු ය. ඔවුහු කය බිඳී මරණින් මතු අපාය නම් වූ, දුගතිය නම් වූ යටට වැටෙන නිරයෙහි උපන්නාහු ය. එසේ ම මේ භවත් සත්වයෝ කාය සුචරිතයෙන් යුක්ත වූවාහු ය. වචී සුචරිතයෙන් යුක්ත වූවාහු ය. මනෝ සුචරිතයෙන් යුක්ත වූවාහු ය. ආර්යයන් හට නින්දා අපහාස නොකළාහු ය. සම්දිටු ගත්තාහු ය. සම්දිටු ක්‍රියායෙහි යෙදුණාහු ය. ඔවුහු කය බිඳී මරණින් මතු සුගති නම් වූ ස්වර්ග ලෝකයෙහි උපන්නාහු ය. මෙසේ මිනිස් දැක්ම ඉක්මවා ගිය විශුද්ධ දිව්‍ය නේත්‍රයෙන් චුතවන්නා වූත්, උපදින්නා වූත් සත්වයන් දකියි. ඒ සත්වයන් කර්මානුරූපව පහත් වූත්, උසස් වූත්, මනා පැහැ ඇත්තා වූත්, විරූපී වූත්, සුගතියේත් දුගතියේත් උපදින අයුරු දනියි. සුභූති, යම් හෙයකින් භික්ෂුව විශුද්ධ වූ දිවැසින් ....(පෙ).... කර්මානුරූපව උපදින සත්වයන් දනියි නම්, මෙය ද සුභූතියෙනි, සැදැහැවත් භික්ෂුවකගේ ශ්‍රද්ධා චරිතාපදානයෙකි.

11. තව ද සුභූති, භික්ෂුව ආශ්‍රවයන් ක්ෂය වීමෙන් අනාශ්‍රව වූ චිත්ත විමුක්තියත්, ප්‍රඥා විමුක්තියත් මේ ජීවිතයේදී ම තම විශිෂ්ට නුවණින් අත්දැක එයට පැමිණ වාසය කරයි. සුභූති, යම් හෙයකින් භික්ෂුව ආශ්‍රවයන් ක්ෂය වීමෙන් ....(පෙ).... අත්දැක එයට පැමිණ වාසය කරයි නම්, මෙය ද සුභූතියෙනි, සැදැහැවත් භික්ෂුවකගේ ශ්‍රද්ධා චරිතාපදානයෙකි."

මෙසේ වදාළ කල්හී ආයුෂ්මත් සුභූති තෙරණුවෝ භාග්‍යවතුන් වහන්සේට මෙය පැවසූහ.

"ස්වාමීනී, භාග්‍යවතුන් වහන්සේ විසින් සැදැහැවත් භික්ෂුවකගේ යම් මේ

ශ්‍රද්ධා චරිතාපදානයෝ වදාරණ ලද්දාහු නම් ඒවා මේ භික්ෂුව තුළ දකින්නට ලැබේ. මේ භික්ෂුව ද ඒවා තුළ සිටින බව පැහැදිලි ව පෙනේ.

1. ස්වාමීනී, මේ භික්ෂුව සිල්වත් වෙයි. ප්‍රාතිමෝක්ෂ සංවරයෙන් සංවර වූයේ වෙයි. යහපත් ඇවතුම් පැවතුම් ඇතිව වසන්නේ වෙයි. අණුමාත්‍ර වූ වරදෙහි ත් බිය දකින සුළු වැ සමාදන් වූ ශික්ෂාපදයන්හි හික්මෙන්නේ වෙයි.

2. ස්වාමීනී, මේ භික්ෂුව ධර්මය බොහෝ සෙයින් අසන ලද්දේ වෙයි. ඒ ඇසූ දහම් දරන්නේ වෙයි. ඒ ඇසූ දහම් සිත්හිලා රැස් කැරගන්නේ වෙයි. යම් ඒ ධර්මයෝ කල්‍යාණ වූ පටන් ගැනීමෙකින් යුක්ත වෙත් ද, කල්‍යාණ වූ මැදකින් යුක්ත වෙත් ද, කල්‍යාණ වූ අවසානයෙකින් යුක්ත වෙත් ද, අර්ථ සහිත වෙත් ද, පැහැදිලි වචනයෙන් යුක්ත වෙත් ද, හැම ලෙසින් ම පිරිපුන් පිරිසිදු නිවන් මග පවසත් ද, එබඳු වූ ධර්මයෝ ඔහු විසින් බොහෝ කොට අසන ලද්දාහු ය. ධාරණය කරගන්නා ලද්දාහු ය. වචනයෙන් පිරිවහන ලද්දාහු ය. මනසින් විමසන ලද්දාහු ය. නුවණින් අවබෝධ කරන ලද්දාහු ය.

3. ස්වාමීනී, මේ භික්ෂුව කලණ මිතුරන් ඇත්තේ වෙයි. කල්‍යාණ සහායකයන් ඇත්තේ වෙයි. කලණ මිතුරන්ගේ ඇසුරට නැඹුරු වූයේ වෙයි.

4. ස්වාමීනී, මේ භික්ෂුව කීකරු වූයේ වෙයි. කීකරු බව ඇතිකරන ගුණදහමින් යුක්ත වූයේ ද වෙයි. ඉවසීමෙන් යුක්ත වූයේ වෙයි. අවවාදයන් ලැබෙන විට පැදකුණු කොට ගරු බුහුමන් සහිතව පිළිගන්නේ වෙයි.

5. ස්වාමීනී, මේ භික්ෂුව සබ්‍රහ්මචාරීන් වහන්සේලාගේ යම් කුදු මහත් වැඩපළ සොයා බැලිය යුතුව ඇද්ද, එහිලා දක්ෂ වෙයි. අලස බවින් තොර වෙයි. එහිලා විමසා බලා වැඩකටයුතු කරන්නේ වෙයි. ඒ කටයුතු කිරීමට දක්ෂ වූයේ ද වෙයි. පිළිවෙලකට කිරීමට දක්ෂ වූයේ ද වෙයි.

6. ස්වාමීනී, මේ භික්ෂුව ධර්මයට කැමති වූයේ වෙයි. ප්‍රිය වූ බසින් ධර්මය දෙසන්නේ ද වෙයි. ගැඹුරු ධර්මයෙහි ත්, ගැඹුරු විනයෙහි ත් උදාර වූ සතුටක් විඳින්නේ වෙයි.

7. ස්වාමීනී, මේ භික්ෂුව පටන්ගත් වීර්යයෙන් යුක්ත වූයේ වෙයි. අකුසල් දහම් ප්‍රහාණය කිරීමට ත්, කුසල් දහම් උපදවා ගැනීමට ත් නිසි බල ඇතියෙක් වෙයි. දැඩි වීර්යයකින් යුක්ත වෙයි. කුසල් දහම් ඉපිදවීමෙහිලා අත් නොහළ වීර්යය ඇත්තේ වෙයි.

8. ස්වාමීනී, මේ භික්ෂුව මේ ජීවිතයේ දී පහසු විහරණය ලබන ගැඹුරු

චිත්ත දියුණුවෙන් යුතු සතරක් වූ ධ්‍යානයන් කැමති සේ නිදුකින් ම, සුවසේ ම, පහසුවෙන් ම ලබන්නේ වෙයි.

9. ස්වාමීනී, මේ භික්ෂුව අනේක ප්‍රකාර වූ පෙර විසූ කඳ පිළිවෙල සිහි කරයි. එනම් එක උපතක් වශයෙන් ද, උපත් දෙකක් වශයෙන් ද, ...(පෙ).... මෙසේ කරුණු සහිත වූ, විස්තර සහිත වූ අනේක ප්‍රකාර වූ පෙර විසූ කඳ පිළිවෙල සිහි කරයි.

10. ස්වාමීනී, මේ භික්ෂුව මිනිස් දැක්ම ඉක්මවා ගිය විශුද්ධ දිව්‍ය නේත්‍රයෙන් ....(පෙ).... කර්මානුරූපව උපදින සත්වයන් දනියි.

11. ස්වාමීනී, මේ භික්ෂුව ආශ්‍රවයන් ක්ෂය වීමෙන් ....(පෙ).... විශිෂ්ට නුවණින් අත්දැක එයට පැමිණ වාසය කරයි.

ස්වාමීනී, භාග්‍යවතුන් වහන්සේ විසින් සැදැහැවත් භික්ෂුවකගේ යම් මේ ශ්‍රද්ධා චරිතාපදානයෝ වදාරණ ලද්දාහු නම් ඒවා මේ භික්ෂුව තුළ දකින්නට ලැබේ. මේ භික්ෂුව ද ඒවා තුළ සිටින බව පැහැදිලි ව පෙනේ."

"සුභූතියෙනි, සාදු! සාදු! එසේ වී නම් සුභූති ඔබ මේ ශ්‍රද්ධ භික්ෂුව සමඟ වාසය කරව. සුභූතියෙනි, යම් විටෙක ඔබ තථාගතයන් දකින්නට කැමති වන්නෙහි නම්, මේ ශ්‍රද්ධ භික්ෂුව ත් සමඟ තථාගතයන් දකින්නට පැමිණෙව."

සාදු! සාදු!! සාදු!!!

සුභූති සූත්‍රය නිමා විය.

11.2.5

මෙත්තානිසංස සූත්‍රය

මෛත්‍රී භාවනාවෙහි අනුසස් ගැන වදාළ දෙසුම

"මහණෙනි, මෛත්‍රී චිත්ත සමාධිය හොඳින් පුරුදු කිරීමෙන්, දියුණු කිරීමෙන්, බහුල වශයෙන් ප්‍රගුණ කිරීමෙන්, පහසුවෙන් නැග යා හැකි රථයක් සේ පුරුදු කිරීමෙන්, පහසුවෙන් ලැග සිටිය හැකි තැනක් සේ පුරුදු කිරීමෙන්, මැනැවින් පිහිටුවා ගැනීමෙන්, නැවත නැවත කිරීමෙන්, ප්‍රබල අයුරින් පැවැත්වීමෙන් එකොළොස් ආනිශංසයක් කැමති විය යුත්තේ ය. ඒ කවර එකොළොසක් ද යත්;

සුවසේ නිදයි, සුවසේ අවදිවෙයි. පවිටු සිහින නොදකියි. මිනිසුන් හට ප්‍රිය වෙයි. අමනුෂ්‍යයන් හට ප්‍රිය වෙයි. දෙවියෝ රකිත්. ඔහුට ගින්නෙන් වේවා, වස විසෙන් වේවා, ආයුධයෙන් වේවා අනතුරු නොවෙයි. ඔහුගේ සිත වහා සමාධිමත් වෙයි. මුහුණෙහි පැහැය වෙසෙසින් පහදවයි. සිහි මුලා නොවී මරණයට පත්වෙයි. මරණයට පෙර යම්කිසි මාර්ගඵල විශේෂයක් ලබාගන්නට නොහැකි වුවහොත් බඹලොව උපදින්නේ වෙයි.

මහණෙනි, මෛත්‍රී චිත්ත සමාධිය හොඳින් පුරුදු කිරීමෙන්, දියුණු කිරීමෙන්, බහුල වශයෙන් ප්‍රගුණ කිරීමෙන්, පහසුවෙන් නැග යා හැකි රථයක් සේ පුරුදු කිරීමෙන්, පහසුවෙන් ලැග සිටිය හැකි තැනක් සේ පුරුදු කිරීමෙන්, මැනැවින් පිහිටුවා ගැනීමෙන්, නැවත නැවත කිරීමෙන්, ප්‍රබල අයුරින් පැවැත්වීමෙන් මෙම එකොළොස් ආනිශංසයන් කැමති විය යුත්තේ ය.

සාදු! සාදු!! සාදු!!!

මෙත්තානිසංස සූත්‍රය නිමා විය.

11.2.6
අට්ඨකනාගර සූත්‍රය
අට්ඨකනගරවැසි දසම ගෘහපති හට වදාළ දෙසුම

එක් සමයක ආයුෂ්මත් ආනන්දයන් වහන්සේ විශාලායෙහි බේලුව ගමෙහි වැඩවසති. එකල්හී අට්ඨකනගරවැසි දශම ගෘහපති තෙමේ කිසියම් කරුණක් උදෙසා පාටලීපුත්‍රයට පැමිණියේ වෙයි. ඉක්බිති අට්ඨකනගරවැසි දශම ගෘහපති තෙමේ කුක්කුටාරාමයෙහි එක්තරා භික්ෂුවක් වෙත ගියේ ය. ගොස් ඒ භික්ෂුවට මෙය සැළ කළේ ය.

"ස්වාමීනී, මෙකල ආයුෂ්මත් ආනන්දයන් වහන්සේ කොහි වැඩසිටිත් ද? අපි ඒ ආයුෂ්මත් ආනන්ද තෙරුන් දකිනු කැමැත්තෙමු."

"ගෘහපතිය, ඒ ආයුෂ්මත් ආනන්ද තෙරණුවෝ විශාලායෙහි බේලුව ගමෙහි වැඩවෙසෙති."

"ඉක්බිති අට්ඨකනගරවැසි දශම ගෘහපති තෙමේ පාටලීපුත්‍රයෙහි ඒ කළ යුතු දෑ නිමවා විශාලායෙහි බේලුව ගමෙහි ආයුෂ්මත් ආනන්දයන් වහන්සේ

වෙත ගියේ ය. ගොස් ආයුෂ්මත් ආනන්දයන් වහන්සේට සකසා වන්දනා කොට එකත්පස්ව හිඳගත්තේ ය. එකත්පස් ව හුන් අට්ඨකනගරවැසි දශම ගෘහපති තෙමේ ආයුෂ්මත් ආනන්දයන් වහන්සේට මෙය පැවසුවේ ය.

"ස්වාමීනී, ආනන්දයන් වහන්ස, භික්ෂුවක් යම් එක් ධර්මයක් තුළ අප්‍රමාදී ව කෙලෙස් තවන වෙර ඇති ව, දහමට දිවි පුදා වාසය කරද්දී, විමුක්තියට පත් නොවූ සිත විමුක්තියට පත් වෙයි ද, ක්ෂය නොවූ ආශ්‍රවයන් ක්ෂය වී යයි ද, නොපැමිණි අරහත්වයට පැමිණෙයි ද, දත යුතු සියල්ල දන්නා වූත්, දැක්ක යුතු සියල්ල දක්නා වූත්, අරහත් සම්මා සම්බුදු ඒ භාග්‍යවතුන් වහන්සේ විසින් මනාකොට වදාරණ ලද එබඳු වූ එක් ධර්මයක් ඇද්ද?"

"ගෘහපතිය, භික්ෂුවක් යම් එක් ධර්මයක් තුළ අප්‍රමාදී ව කෙලෙස් තවන වෙර ඇති ව, දහමට දිවි පුදා වාසය කරද්දී, විමුක්තියට පත් නොවූ සිත විමුක්තියට පත් වෙයි ද, ක්ෂය නොවූ ආශ්‍රවයන් ක්ෂය වී යයි ද, නොපැමිණි අරහත්වයට පැමිණෙයි ද, දත යුතු සියල්ල දන්නා වූත්, දැක්ක යුතු සියල්ල දක්නා වූත්, අරහත් සම්මා සම්බුදු ඒ භාග්‍යවතුන් වහන්සේ විසින් මනාකොට වදාරණ ලද එබඳු වූ එක් ධර්මයක් ඇත්තේ ය."

"ස්වාමීනී, ආනන්දයන් වහන්ස, භික්ෂුවක් යම් එක් ධර්මයක් තුළ අප්‍රමාදී ව කෙලෙස් තවන වෙර ඇති ව, දහමට දිවි පුදා වාසය කරද්දී, විමුක්තියට පත් නොවූ සිත විමුක්තියට පත් වෙයි ද, ක්ෂය නොවූ ආශ්‍රවයන් ක්ෂය වී යයි ද, නොපැමිණි අරහත්වයට පැමිණෙයි ද, දත යුතු සියල්ල දන්නා වූත්, දැක්ක යුතු සියල්ල දක්නා වූත්, අරහත් සම්මා සම්බුදු ඒ භාග්‍යවතුන් වහන්සේ විසින් මනාකොට වදාරණ ලද එබඳු වූ එක් ධර්මය කුමක්ද?"

"ගෘහපතිය, මෙහිලා භික්ෂුව කාමයන්ගෙන් වෙන් ව, අකුසල ධර්මයන්ගෙන් වෙන් ව, විතර්ක සහිත, විචාර සහිත, විවේකයෙන් හටගත් ප්‍රීති සැපය ඇති පළමුවෙනි ධ්‍යානය උපදවාගෙන වාසය කරයි. ඒ භික්ෂුව මෙසේ නුවණින් විමසයි. 'මේ ප්‍රථම ධ්‍යානය වනාහී චේතනාත්මක ව සකස් කරන ලද්දකි. විශේෂයෙන් සකස් කරන ලද්දකි. යම්කිසි දෙයක් චේතනාත්මක ව සකස් කරන ලද්දේ ද, විශේෂයෙන් සකස් කරන ලද්දේ ද, එය අනිත්‍යය ය. නිරුද්ධ වන ස්වභාවය ඇත්තේ ය' යනුවෙන් දැනගනියි. ඔහු ඒ විදර්ශනා මනසිකාරයෙහි සිටියේ ආශ්‍රවයන් ක්ෂය කිරීමට පැමිණෙයි. ඉදින් ආශ්‍රවයන් ක්ෂය කිරීමට නොපැමිණෙයි නම්, ඒ ධර්ම රාගයෙන්, ඒ ධර්ම ප්‍රීතියෙන් පංච ඕරම්භාගීය සංයෝජනයන් ප්‍රහාණය කොට සුද්ධාවාස බඹලොව ඕපපාතික ව උපදියි. ඒ ලෝකයෙන් ආපසු හැරී නොඑන්නේ එහි ම පිරිනිවන් පායි.

ගෘහපතිය, භික්ෂුවක් යම් එක් ධර්මයක් තුළ අප්‍රමාදී ව කෙලෙස් තවන වෙර ඇති ව, දහමට දිවි පුදා වාසය කරද්දී, විමුක්තියට පත් නොවූ සිත විමුක්තියට පත් වෙයි ද, ක්ෂය නොවූ ආශ්‍රවයන් ක්ෂය වී යයි ද, නොපැමිණි අරහත්වයට පැමිණෙයි ද, දත යුතු සියල්ල දන්නා වූත්, දැක්ක යුතු සියල්ල දක්නා වූත්, අරහත් සම්මා සම්බුදු ඒ භාග්‍යවතුන් වහන්සේ විසින් මනාකොට වදාරණ ලද මෙය ද එබඳු වූ එක් ධර්මයකි.

තව ද ගෘහපතිය, භික්ෂුව විතර්ක විචාරයන්ගේ සංසිඳීමෙන්, තමා තුළ පැහැදීම ඇතිවන සිතෙහි එකඟ බවින් යුතුව විතර්ක රහිත ව, විචාර රහිත ව, සමාධියෙන් හටගත් ප්‍රීති සැපය ඇති දෙවෙනි ධ්‍යානයට පැමිණ වාසය කරයි. ....(පෙ).... තුන්වෙනි ධ්‍යානය ....(පෙ).... සතර වෙනි ධ්‍යානයට පැමිණ වාසය කරයි. ඒ භික්ෂුව මෙසේ නුවණින් විමසයි. 'මේ සතරවෙනි ධ්‍යානය වනාහී චේතනාත්මක ව සකස් කරන ලද්දකි. විශේෂයෙන් සකස් කරන ලද්දකි. යම්කිසි දෙයක් චේතනාත්මක ව සකස් කරන ලද්දේ ද, විශේෂයෙන් සකස් කරන ලද්දේ ද, එය අනිත්‍යය ය. නිරුද්ධ වන ස්වභාවය ඇත්තේ ය' යනුවෙන් දැනගනියි. ඔහු ඒ විදර්ශනා මනසිකාරයෙහි සිටියේ ආශ්‍රවයන් ක්ෂය කිරීමට පැමිණෙයි. ඉදින් ආශ්‍රවයන් ක්ෂය කිරීමට නොපැමිණෙයි නම්, ඒ ධර්ම රාගයෙන්, ඒ ධර්ම ප්‍රීතියෙන් පංච ඕරම්භාගීය සංයෝජනයන් ප්‍රහාණය කොට සුද්ධාවාස බඹලොව ඕපපාතික ව උපදියි. ඒ ලෝකයෙන් ආපසු හැරී නොඑන්නේ එහි ම පිරිනිවන් පායි.

ගෘහපතිය, භික්ෂුවක් යම් එක් ධර්මයක් තුළ අප්‍රමාදී ව කෙලෙස් තවන වෙර ඇති ව, දහමට දිවි පුදා වාසය කරද්දී, විමුක්තියට පත් නොවූ සිත විමුක්තියට පත් වෙයි ද, ක්ෂය නොවූ ආශ්‍රවයන් ක්ෂය වී යයි ද, නොපැමිණි අරහත්වයට පැමිණෙයි ද, දත යුතු සියල්ල දන්නා වූත්, දැක්ක යුතු සියල්ල දක්නා වූත්, අරහත් සම්මා සම්බුදු ඒ භාග්‍යවතුන් වහන්සේ විසින් මනාකොට වදාරණ ලද මෙය ද එබඳු වූ එක් ධර්මයකි.

තව ද ගෘහපතිය, භික්ෂුව මෛත්‍රී සහගත සිතින් එක් දිශාවකට පතුරුවා වාසය කරයි. එසේ ම දෙවෙනි දිශාවට ත්, තුන්වන දිශාවට ත්, හතරවන දිශාවට ත්, පතුරුවා වාසය කරයි. මෙසේ උඩ යට සරස සෑම තැනක් කෙරෙහි ම සියළු ලොවට එක අයුරින් මෛත්‍රී සහගත සිතින් විපුල වූ මහග්ගත වූ අප්‍රමාණ වූ අවෛරී ද්වේෂ රහිත සිත පතුරුවා වාසය කරයි. ඒ භික්ෂුව මෙසේ නුවණින් විමසයි. 'මේ මෛත්‍රී ධ්‍යානය වනාහී චේතනාත්මක ව සකස් කරන ලද්දකි. විශේෂයෙන් සකස් කරන ලද්දකි. යම්කිසි දෙයක් චේතනාත්මක ව සකස් කරන ලද්දේ ද, විශේෂයෙන් සකස් කරන ලද්දේ ද, එය අනිත්‍යය ය. නිරුද්ධ වන

ස්වභාවය ඇත්තේ ය' යනුවෙන් දැනගනියි. ඔහු ඒ විදර්ශනා මනසිකාරයෙහි සිටියේ ආශ්‍රවයන් ක්ෂය කිරීමට පැමිණෙයි. ඉදින් ආශ්‍රවයන් ක්ෂය කිරීමට නොපැමිණෙයි නම්, ඒ ධර්ම රාගයෙන්, ඒ ධර්ම ප්‍රීතියෙන් පංච ඕරම්භාගීය සංයෝජනයන් ප්‍රහාණය කොට සුද්ධාවාස බඹලොව ඕපපාතික ව උපදියි. ඒ ලෝකයෙන් ආපසු හැරී නොඑන්නේ එහි ම පිරිනිවන් පායි.

ගෘහපතිය, භික්ෂුවක් යම් එක් ධර්මයක් තුළ අප්‍රමාදී ව කෙලෙස් තවන වෙර ඇති ව, දහමට දිවි පුදා වාසය කරද්දී, විමුක්තියට පත් නොවූ සිත විමුක්තියට පත් වෙයි ද, ක්ෂය නොවූ ආශ්‍රවයන් ක්ෂය වී යයි ද, නොපැමිණි අරහත්වයට පැමිණෙයි ද, දත යුතු සියල්ල දන්නා වූත්, දැක්ක යුතු සියල්ල දක්නා වූත්, අරහත් සම්මා සම්බුදු ඒ භාග්‍යවතුන් වහන්සේ විසින් මනාකොට වදාරණ ලද මෙය ද එබඳු වූ එක් ධර්මයකි.

තව ද ගෘහපතිය, භික්ෂුව කරුණා සහගත සිතින් එක් දිශාවකට පතුරුවා වාසය කරයි. ....(පෙ).... මුදිතා සහගත සිතින් ....(පෙ).... උපේක්සා සහගත සිතින් එක් දිශාවකට පතුරුවා වාසය කරයි. එසේ ම දෙවෙනි දිශාවට ත්, තුන්වන දිශාවට ත්, හතරවන දිශාවට ත්, පතුරුවා වාසය කරයි. මෙසේ උඩ යට සරස සෑම තැනක් කෙරෙහි ම සියළු ලොවට එක අයුරින් උපේක්ෂා සහගත සිතින් විපුල වූ මහග්ගත වූ අප්‍රමාණ වූ අවෛරී ද්වේෂ රහිත සිත පතුරුවා වාසය කරයි. ඒ භික්ෂුව මෙසේ නුවණින් විමසයි. 'මේ උපේක්ෂා ධ්‍යානය වනාහී චේතනාත්මක ව සකස් කරන ලද්දකි. විශේෂයෙන් සකස් කරන ලද්දකි. යම්කිසි දෙයක් චේතනාත්මක ව සකස් කරන ලද්දේ ද, විශේෂයෙන් සකස් කරන ලද්දේ ද, එය අනිත්‍යය ය. නිරුද්ධ වන ස්වභාවය ඇත්තේ ය' යනුවෙන් දැනගනියි. ඔහු ඒ විදර්ශනා මනසිකාරයෙහි සිටියේ ආශ්‍රවයන් ක්ෂය කිරීමට පැමිණෙයි. ඉදින් ආශ්‍රවයන් ක්ෂය කිරීමට නොපැමිණෙයි නම්, ඒ ධර්ම රාගයෙන්, ඒ ධර්ම ප්‍රීතියෙන් පංච ඕරම්භාගීය සංයෝජනයන් ප්‍රහාණය කොට සුද්ධාවාස බඹලොව ඕපපාතික ව උපදියි. ඒ ලෝකයෙන් ආපසු හැරී නොඑන්නේ එහි ම පිරිනිවන් පායි.

ගෘහපතිය, භික්ෂුවක් යම් එක් ධර්මයක් තුළ අප්‍රමාදී ව කෙලෙස් තවන වෙර ඇති ව, දහමට දිවි පුදා වාසය කරද්දී, විමුක්තියට පත් නොවූ සිත විමුක්තියට පත් වෙයි ද, ක්ෂය නොවූ ආශ්‍රවයන් ක්ෂය වී යයි ද, නොපැමිණි අරහත්වයට පැමිණෙයි ද, දත යුතු සියල්ල දන්නා වූත්, දැක්ක යුතු සියල්ල දක්නා වූත්, අරහත් සම්මා සම්බුදු ඒ භාග්‍යවතුන් වහන්සේ විසින් මනාකොට වදාරණ ලද මෙය ද එබඳු වූ එක් ධර්මයකි.

තව ද ගෘහපතිය, භික්ෂුව සියළු අයුරින් රූප සංඥාවන් ඉක්ම ගොස් ඕළාරික සංඥාවන් නැති කොට නා නා සංඥාවන් නොමෙනෙහි කොට අනන්ත වූ ආකාසය යැයි ආකාසානඤ්චායතනය උපදවා වාසය කරයි. ඒ භික්ෂුව මෙසේ නුවණින් විමසයි. 'මේ ආකාසානඤ්චායතන සමාපත්තිය වනාහී චේතනාත්මක ව සකස් කරන ලද්දකි. විශේෂයෙන් සකස් කරන ලද්දකි. යම්කිසි දෙයක් චේතනාත්මක ව සකස් කරන ලද්දේ ද, විශේෂයෙන් සකස් කරන ලද්දේ ද, එය අනිත්‍යය ය. නිරුද්ධ වන ස්වභාවය ඇත්තේ ය' යනුවෙන් දැනගනියි. ඔහු ඒ විදර්ශනා මනසිකාරයෙහි සිටියේ ආශ්‍රවයන් ක්ෂය කිරීමට පැමිණෙයි. ඉදින් ආශ්‍රවයන් ක්ෂය කිරීමට නොපැමිණෙයි නම්, ඒ ධර්ම රාගයෙන්, ඒ ධර්ම ප්‍රීතියෙන් පංච ඕරම්භාගීය සංයෝජනයන් ප්‍රහාණය කොට සුද්ධාවාස බඹලොව ඕපපාතික ව උපදියි. ඒ ලෝකයෙන් ආපසු හැරී නොඑන්නේ එහි ම පිරිනිවන් පායි.

ගෘහපතිය, භික්ෂුවක් යම් එක් ධර්මයක් තුළ අප්‍රමාදී ව කෙලෙස් තවන වෙර ඇති ව, දහමට දිවි පුදා වාසය කරද්දී, විමුක්තියට පත් නොවූ සිත විමුක්තියට පත් වෙයි ද, ක්ෂය නොවූ ආශ්‍රවයන් ක්ෂය වී යයි ද, නොපැමිණි අරහත්වයට පැමිණෙයි ද, දත යුතු සියල්ල දන්නා වූත්, දැක්ක යුතු සියල්ල දක්නා වූත්, අරහත් සම්මා සම්බුදු ඒ භාග්‍යවතුන් වහන්සේ විසින් මනාකොට වදාරණ ලද මෙය ද එබඳු වූ එක් ධර්මයකි.

තව ද ගෘහපතිය, භික්ෂුව සියළු අයුරින් ආකාසානඤ්චායතන සමාපත්තිය ඉක්ම ගොස් අනන්ත වූ විඤ්ඤාණය යැයි විඤ්ඤාණඤ්චායතනය උපදවා වාසය කරයි. ....(පෙ).... සියළු විඤ්ඤාණඤ්චායතන සමාපත්තිය ඉක්මවා කිසිවක් නැතැයි ආකිඤ්චඤ්ඤායතනය උපදවා වාසය කරයි. ඒ භික්ෂුව මෙසේ නුවණින් විමසයි. 'මේ ආකිඤ්චඤ්ඤායතන සමාපත්තිය වනාහී චේතනාත්මක ව සකස් කරන ලද්දකි. විශේෂයෙන් සකස් කරන ලද්දකි. යම්කිසි දෙයක් චේතනාත්මක ව සකස් කරන ලද්දේ ද, විශේෂයෙන් සකස් කරන ලද්දේ ද, එය අනිත්‍යය ය. නිරුද්ධ වන ස්වභාවය ඇත්තේ ය' යනුවෙන් දැනගනියි. ඔහු ඒ විදර්ශනා මනසිකාරයෙහි සිටියේ ආශ්‍රවයන් ක්ෂය කිරීමට පැමිණෙයි. ඉදින් ආශ්‍රවයන් ක්ෂය කිරීමට නොපැමිණෙයි නම්, ඒ ධර්ම රාගයෙන්, ඒ ධර්ම ප්‍රීතියෙන් පංච ඕරම්භාගීය සංයෝජනයන් ප්‍රහාණය කොට සුද්ධාවාස බඹලොව ඕපපාතික ව උපදියි. ඒ ලෝකයෙන් ආපසු හැරී නොඑන්නේ එහි ම පිරිනිවන් පායි.

ගෘහපතිය, භික්ෂුවක් යම් එක් ධර්මයක් තුළ අප්‍රමාදී ව කෙලෙස් තවන වෙර ඇති ව, දහමට දිවි පුදා වාසය කරද්දී, විමුක්තියට පත් නොවූ සිත

විමුක්තියට පත් වෙයි ද, ක්ෂය නොවූ ආශ්‍රවයන් ක්ෂය වී යයි ද, නොපැමිණි අරහත්වයට පැමිණෙයි ද, දත යුතු සියල්ල දන්නා වූත්, දැක්ක යුතු සියල්ල දක්නා වූත්, අරහත් සම්මා සම්බුදු ඒ භාග්‍යවතුන් වහන්සේ විසින් මනාකොට වදාරණ ලද මෙය ද එබඳු වූ එක් ධර්මයකි.

මෙසේ පැවසූ කල්හී අට්ඨකනගරවැසි දශම ගෘහපති තෙමේ ආයුෂ්මත් ආනන්දයන් වහන්සේට මෙය පැවසුවේ ය.

"ස්වාමීනී, ආනන්දයන් වහන්ස, එය මෙබඳු දෙයකි. පුරුෂයෙක් නිධානයක් ඇති එක් තැනක් සොයමින් යන්නේ එක්වර ම එකොළොස් නිධානයක් මුණගැසුණේ ය. එසෙයින් ම ස්වාමීනී, මම අමා නිවන පිණිස එක් දොරටුවක් සොයා යන්නේ එක් වර ම එකොළොස් අමා දොරටු ගැන අසන්නට ලැබීමි.

ස්වාමීනී, එය මෙබඳු දෙයකි. පුරුෂයෙකුට එකොළොස් දොරටුවක් ඇති ගෘහයක් ඇත්තේ ය. ඒ ගෘහය ගිනිගත් කල්හී හේ එක් එක් ද්වාරයකින් තමන්ගේ යහපත සඳහා කටයුතු කළ හැකි වන්නේ ය. එසෙයින් ම ස්වාමීනී, මම මේ අමා නිවනට යන එකළොස් දොරටු අතුරින් එක් එක් අමා දොරකින් යහපත සළසා ගන්නට හැකි වන්නෙමි.

ස්වාමීනී, මේ අන්‍ය තීර්ථකයෝ ආචාර්යවරයාට ගුරුපඬුරු සොයන්නාහු ය. කිම? මම් වනාහී ආයුෂ්මත් ආනන්දයන් වහන්සේට පූජාවක් නොකරන්නෙම් ද?

එකල්හී අට්ඨකනගරවැසි දශම ගෘහපති තෙමේ විසල්පුරවාසී වූ ත්, පැළලුප් නුවරවාසී වූත් භික්ෂු සංඝයා රැස් කරවා ප්‍රණීත වූ ඛාද්‍ය භෝජ්‍යාදියෙන් සියතින් ම මැනැවින් පූජා කළේ ය. මැනැවින් පැවරුවේ ය. ඒ එක් එක් භික්ෂුවකට වෙන් වශයෙන් වස්ත්‍ර යුගලය බැගින් පිදුවේ ය. ආයුෂ්මත් ආනන්දයන් වහන්සේට තුන් සිවුරෙන් පිදුවේ ය. ආයුෂ්මත් ආනන්දයන් වහන්සේ උදෙසා විහාර පන්සියයක් කෙරෙව්වේ ය.

සාදු! සාදු!! සාදු!!!

අට්ඨකනාගර සූත්‍රය නිමා විය.

11.2.7
ගෝපාලක සූත්‍රය
ගවයන් රකින්නා උපමා කොට වදාළ දෙසුම

මහණෙනි, එකොළොස් අංගයකින් සමන්විත වූ ගවයන් රකින්නා ගව රැළ පරිහරණය කිරීමට ත්, දියුණු කිරීමට ත් අසමර්ථ වෙයි. ඒ එකොළොස් කරුණ කුමක් ද යත්;

මහණෙනි, මෙහිලා ගවයන් රකින තැනැත්තා හැඩරුවින් ගවයන් හඳුනා නොගනියි. ගව සලකුණු හඳුනාගන්නට අදක්ෂ වෙයි. ඉහඳ මැසි බිජු ඉවත් නොකරන්නේ වෙයි. තුවාල ආවරණය නොකරන්නේ වෙයි. කෘමීන් වැළැක්වීමට දුම් නොඅල්ලන්නේ වෙයි. ගවයන් එතෙර කරවන තොට නොදන්නේ වෙයි. ගවයන් පැන් බිව් - නොබිව් බව නොදන්නේ වෙයි. ගවයන් ගෙන යා යුතු මාර්ගය නොදන්නේ වෙයි. ගවයන්ගේ ගොදුරු බිම නොදන්නේ වෙයි. ගව පැටවුන්ට ඉතිරි නොකොට කිරි දොවන්නේ වෙයි. ඒ ගවයන් අතර වෘෂභ වූ, ගව පීතෘ වූ ප්‍රධාන ගවයෝ සිටිත් ද, ඔවුන් අතිරේක පූජාවෙන් නොපුදන්නේ වෙයි.

මහණෙනි, මෙම එකොළොස් අංගයකින් සමන්විත වූ ගවයන් රකින්නා ගව රැළ පරිහරණය කිරීමට ත්, දියුණු කිරීමට ත් අසමර්ථ වෙයි.

මෙසෙයින් ම මහණෙනි, එකොළොස් කරුණෙකින් සමන්විත වූ භික්ෂුව මේ ධර්ම විනයෙහි අභිවෘද්ධියක්, දියුණුවක්, සුවිශේෂී බවක් ලබන්නට අසමර්ථ වෙයි. ඒ කවර එකොළොස් කරුණක් ද යත්;

මහණෙනි, මෙහිලා භික්ෂුව හැඩරුව හඳුනා නොගනියි. සලකුණු හඳුනාගන්නට අදක්ෂ වෙයි. ඉහඳ මැසි බිජු ඉවත් නොකරන්නේ වෙයි. තුවාල ආවරණය නොකරන්නේ වෙයි. දුම් නොඅල්ලන්නේ වෙයි. එතෙර කරවන තොට නොදන්නේ වෙයි. පැන් බිව් - නොබිව් බව නොදන්නේ වෙයි. යා යුතු මාර්ගය නොදන්නේ වෙයි. ගොදුරු බිම නොදන්නේ වෙයි. ඉතිරි නොකොට කිරි දොවන්නේ වෙයි. භික්ෂූන් අතර යම් ඒ බොහෝ රැය ගෙවන ලද, පැවිදි ව බොහෝ කල් ගත වූ, සංඝ පීතෘ වූ, සංඝ ප්‍රධාන වූ, ස්ථවිර භික්ෂූහු සිටිත් ද ඔවුන් අතිරේක පූජාවෙන් නොපුදන්නේ වෙයි.

1. මහණෙනි, භික්ෂුව හැඩරුව හඳුනා නොගන්නේ කෙසේද? මහණෙනි,

මෙහිලා භික්ෂුව යම්කිසි රූපයක් ඇද්ද, ඒ සියළු රූප සතර මහා භූතයන් බව ත්, සතර මහා භූතයන්ගෙන් හටගත් රූපයන් බව ත්, ඇත්ත ඇතිසැටියෙන් නොදන්නේ ය. මහණෙනි, මෙසේ භික්ෂුව රූපයන්ගේ හැඩරුව හඳුනා නොග න්නේ වෙයි.

2. මහණෙනි, භික්ෂුව සළකුණු හඳුනාගන්නට අදක්ෂ වන්නේ කෙසේද? මහණෙනි, මෙහිලා භික්ෂුව ක්‍රියාව සළකුණු කොට ඇති බාලයා ත්, ක්‍රියාව සළකුණු කොට ඇති නුවණැත්තා ත්, ඒ අයුරින් ම හඳුනා නොගන්නේ ය. මහණෙනි, මෙසේ භික්ෂුව සළකුණු හඳුනාගන්නට අදක්ෂ වෙයි.

3. මහණෙනි, භික්ෂුව ඉහඳ මැසි බිජු ඉවත් නොකරන්නේ කෙසේද? මහණෙනි, මෙහිලා භික්ෂුව තමා තුළ හටගත් පංච කාම පිළිබඳ විතර්ක ඉවසයි. අත් නොහරියි. දුරු නොකරයි. නැති නොකරයි. අභාවයට පත් නොකරයි. තමා තුළ හටගත් ද්වේෂය පිළිබඳ විතර්ක ඉවසයි. අත් නොහරියි. දුරු නොකරයි. නැති නොකරයි. අභාවයට පත් නොකරයි. තමා තුළ හටගත් හිංසාකාරී විතර්ක ඉවසයි. අත් නොහරියි. දුරු නොකරයි. නැති නොකරයි. අභාවයට පත් නොකරයි. උපනූපන් පාපී අකුසල් දහම් ඉවසයි. අත් නොහරියි. දුරු නොකරයි. නැති නොකරයි. අභාවයට පත් නොකරයි. මහණෙනි, මෙසේ භික්ෂුව ඉහඳ මැසි බිජු ඉවත් නොකරන්නේ වෙයි.

4. මහණෙනි, භික්ෂුව තුවාල ආවරණය නොකරන්නේ කෙසේද? මහණෙනි, මෙහිලා භික්ෂුව ඇසින් රූපයක් දැක නිමිති ගන්නේ වෙයි. නිමිත්තෙක කොටසක් හෝ ගන්නේ වෙයි. යම් කරුණක් හේතුවෙන් ඇස නම් වූ ඉන්ද්‍රිය අසංවර ව වාසය කිරීමෙන් ඇලීම් ගැටීම් ආදී පාපී අකුසල් දහම් තමා පසුපස හඹා එද්ද, එබඳු වූ ඇස සංවරය පිණිස නොපිළිපදියි. ඇස නම් වූ ඉන්ද්‍රිය නොරකියි. ඇස නම් වූ ඉන්ද්‍රියේ සංවරයට නොපැමිණෙයි. කනෙන් ශබ්ද අසා ....(පෙ).... නාසයෙන් ගන්ධයක් ආඝ්‍රාණය කොට ....(පෙ).... දිවෙන් රස විඳ ....(පෙ).... කයෙන් පහස ලබා ....(පෙ).... මනසින් අරමුණක් දැන නිමිති ගන්නේ වෙයි. නිමිත්තෙක කොටසක් හෝ ගන්නේ වෙයි. යම් කරුණක් හේතුවෙන් මනස නම් වූ ඉන්ද්‍රිය අසංවර ව වාසය කිරීමෙන් ඇලීම් ගැටීම් ආදී පාපී අකුසල් දහම් තමා පසුපස හඹා එද්ද, එබඳු වූ මනස සංවරය නොපිළිපදියි. මනස නම් වූ ඉන්ද්‍රිය නොරකියි. මනස නම් වූ ඉන්ද්‍රියේ සංවරයට නොපැමිණෙයි. මහණෙනි, මෙසේ භික්ෂුව තුවාල ආවරණය නොකරගන්නේ වෙයි.

5. මහණෙනි, භික්ෂුව දුම් නොඅල්ලන්නේ කෙසේ ද? මහණෙනි, මෙහිලා භික්ෂුව තමන් ධර්මය අසන ලද්දේ යම් පරිදි ද, පිරිවහන ලද්දේ යම් පරිදි ද, ඒ

ධර්මය විස්තර වශයෙන් අන්‍යයන්ට දේශනා නොකරන්නේ වෙයි. මහණෙනි, භික්ෂුව මෙසේ දුම් නොඅල්ලන්නේ වෙයි.

6. මහණෙනි, භික්ෂුව එතෙර කරවන තොට නොදන්නේ කෙසේද? මහණෙනි, මෙහිලා භික්ෂුව යම් මේ භික්ෂූහු බහුශ්‍රැත වෙත් ද, බොහෝ ධර්මය දන්නාහු වෙත් ද, ධර්මධර වෙත් ද, විනයධර වෙත් ද, මාතෘකාධර වෙත් ද, ඒ භික්ෂූන් වෙත කලින් කලට එළැඹ 'ස්වාමීනී, මෙය කෙසේද? මෙහි අර්ථය කවරෙක් ද'යි නොවිමසයි. ප්‍රශ්න නොකරයි. මේ හේතුවෙන් ඒ ආයුෂ්මත්හු ඒ භික්ෂුවට විවෘත නොවූ දෑ විවෘත නොකරති. අප්‍රකට දෑ ප්‍රකට නොකරති. සැක සංකා ඇතිවෙන නොයෙක් දහම් කරුණු පිළිබඳ ව සැකය දුරු නොකරති. මහණෙනි, මෙසේ භික්ෂුව එතෙර කරවන තොට නොදන්නේ ය.

7. මහණෙනි, භික්ෂුව පැන් බිව් - නොබිව් බව නොදන්නේ කෙසේද? මහණෙනි, මෙහිලා භික්ෂුව තථාගතයන් විසින් දෙසන ලද ධර්ම විනය දෙසනු ලබන කල්හී එයින් ලැබෙන යහපත පිළිබඳ ව සතුට නොලබන්නේ ය. ධර්ම ප්‍රීතිය නොලබන්නේ ය. ධර්මය ඇසුරෙන් ලැබෙන ප්‍රමුදිත බව නොලබන්නේ ය. මහණෙනි, මෙසේ භික්ෂුව පැන් බිව් - නොබිව් බව නොදන්නේ ය.

8. මහණෙනි, භික්ෂුව යා යුතු මාර්ගය නොදන්නේ කෙසේද? මහණෙනි, මෙහිලා භික්ෂුව ආර්ය අෂ්ටාංගික මාර්ගය ඒ වූ අයුරින් නොදනියි. මහණෙනි, මෙසේ භික්ෂුව යායුතු මාර්ගය නොදන්නේ වෙයි.

9. මහණෙනි, භික්ෂුව ගොදුරු බිම නොදන්නේ කෙසේද? මහණෙනි, මෙහිලා භික්ෂුව සතර සතිපට්ඨානයන් පිළිබඳ ව ඒ වූ අයුරින් නොදන්නේ ය. මහණෙනි, මෙසේ භික්ෂුව ගොදුරු බිම නොදන්නේ වෙයි.

10. මහණෙනි, භික්ෂුව ඉතිරි නොකොට කිරි දොවන්නේ කෙසේද? මහණෙනි, සැදැහැවත් ගෘහපතීහු භික්ෂූන් හට සිවුරු, පිණ්ඩපාත, සෙනසුන්, ගිලන්පස, බෙහෙත් පිරිකරින් නිතර පූජා කරත්. මෙහිලා භික්ෂුව ඒවා පිළිග ැනීමෙහි පමණ නොදන්නේ ය. මහණෙනි, මෙසේ භික්ෂුව ඉතිරි නොකොට කිරිදොවන්නේ වෙයි.

11. මහණෙනි, භික්ෂුව යම් ඒ භික්ෂූන් අතර බොහෝ රෑය ගෙවන ලද, පැවිදි ව බොහෝ කල් ගත වූ, සංඝ පීතෘ වූ, සංඝ ප්‍රධාන වූ, ස්ථවිර භික්ෂූහු සිටිත් ද ඔවුන් අතිරේක පූජාවෙන් නොපුදන්නේ කෙසේද? මහණෙනි, මෙහිලා භික්ෂුව යම් ඒ භික්ෂූන් අතර බොහෝ රෑය ගෙවන ලද, පැවිදි ව බොහෝ කල් ගත වූ, සංඝ පීතෘ වූ, සංඝ ප්‍රධාන වූ, ස්ථවිර භික්ෂූහු සිටිත් ද ඒ භික්ෂූන් කෙරෙහි

ඉදිරිපිට දී ත්, නැති විට ත් මෛත්‍රී කාය කර්මය පිහිටුවාගෙන නොසිටියි. ඉදිරිපිට දී ත්, නැති විට ත් මෛත්‍රී වචී කර්මය පිහිටුවාගෙන නොසිටියි. ඉදිරිපිට දී ත්, නැති විට ත් මෛත්‍රී මනෝ කර්මය පිහිටුවාගෙන නොසිටියි. මහණෙනි, මෙසේ ඒ භික්ෂුව යම් ඒ භික්ෂූන් අතර බොහෝ රැය ගෙවන ලද, පැවිදි ව බොහෝ කල් ගත වූ, සංඝ පීතෘ වූ, සංඝ ප්‍රධාන වූ, ස්ථවිර භික්ෂූහු සිටිත් ද ඔවුන් අතිරේක පූජාවෙන් නොපුදන්නේ වෙයි.

මේ අයුරින් මහණෙනි, මෙම එකොළොස් කරුණකින් සමන්විත වූ භික්ෂුව මේ ධර්ම විනයෙහි අභිවෘද්ධියක්, දියුණුවක්, සුවිශේෂී බවක් ලබන්නට අසමර්ථ වෙයි.

මහණෙනි, එකොළොස් අංගයකින් සමන්විත වූ ගවයන් රකින්නා ගව රැළ පරිහරණය කිරීමට ත්, දියුණු කිරීමට ත් සමර්ථ වෙයි. ඒ එකොළොස් කරුණ කුමක් ද යත්;

මහණෙනි, මෙහිලා ගවයන් රකින තැනැත්තා හැඩරුවින් ගවයන් හඳුනා ගනියි. ගව සලකුණු හඳුනාගන්නට දක්ෂ වෙයි. ඉහඳ මැසි බිජු ඉවත් කරන්නේ වෙයි. තුවාල ආවරණය කරන්නේ වෙයි. කෘමීන් වැළැක්වීමට දුම් අල්ලන්නේ වෙයි. ගවයන් එතෙර කරවන තොට දන්නේ වෙයි. ගවයන් පැන් බිව් - නොබිව් බව දන්නේ වෙයි. ගවයන් ගෙන යා යුතු මාර්ගය දන්නේ වෙයි. ගවයන්ගේ ගොදුරු බිම දන්නේ වෙයි. ගව පැටවුන්ට ඉතිරි කොට කිරි දොවන්නේ වෙයි. ඒ ගවයන් අතර වෘෂභ වූ, ගව පීතෘ වූ ප්‍රධාන ගවයෝ සිටිත් ද, ඔවුන් අතිරේක පූජාවෙන් පුදන්නේ වෙයි.

මහණෙනි, මෙම එකොළොස් අංගයකින් සමන්විත වූ ගවයන් රකින්නා ගව රැළ පරිහරණය කිරීමට ත්, දියුණු කිරීමට ත් සමර්ථ වෙයි.

මෙසෙයින් ම මහණෙනි, එකොළොස් කරුණෙකින් සමන්විත වූ භික්ෂුව මේ ධර්ම විනයෙහි අභිවෘද්ධියක්, දියුණුවක්, සුවිශේෂී බවක් ලබන්නට සමර්ථ වෙයි. ඒ කවර එකොළොස් කරුණක් ද යත්;

මහණෙනි, මෙහිලා භික්ෂුව හැඩරුව හඳුනා ගනියි. සලකුණු හඳුනාග න්නට දක්ෂ වෙයි. ඉහඳ මැසි බිජු ඉවත් කරන්නේ වෙයි. තුවාල ආවරණය කරන්නේ වෙයි. දුම් අල්ලන්නේ වෙයි. එතෙර කරවන තොට දන්නේ වෙයි. පැන් බිව් - නොබිව් බව දන්නේ වෙයි. යා යුතු මාර්ගය දන්නේ වෙයි. ගොදුරු බිම දන්නේ වෙයි. ඉතිරි කොට කිරි දොවන්නේ වෙයි. භික්ෂූන් අතර යම් ඒ බොහෝ රැය ගෙවන ලද, පැවිදි ව බොහෝ කල් ගත වූ, සංඝ පීතෘ වූ, සංඝ

ප්‍රධාන වූ, ස්ථවිර භික්ෂූහු සිටිත් ද ඔවුන් අතිරේක පූජාවෙන් පුදන්නේ වෙයි.

1. මහණෙනි, භික්ෂුව හැඩරුව හඳුනා ගන්නේ කෙසේද? මහණෙනි, මෙහිලා භික්ෂුව යම්කිසි රූපයක් ඇද්ද, ඒ සියළු රූප සතර මහා භූතයන් බව ත්, සතර මහා භූතයන්ගෙන් හටගත් රූපයන් බව ත්, ඇත්ත ඇතිසැටියෙන් දන්නේ ය. මහණෙනි, මෙසේ භික්ෂුව රූපයන්ගේ හැඩරුව හඳුනා ගන්නේ වෙයි.

2. මහණෙනි, භික්ෂුව සළකුණු හඳුනාගන්නට දක්ෂ වන්නේ කෙසේද? මහණෙනි, මෙහිලා භික්ෂුව ක්‍රියාව සළකුණු කොට ඇති බාලයා ත්, ක්‍රියා සළකුණු කොට ඇති නුවණැත්තා ත්, ඒ අයුරින් ම හඳුනා ගන්නේ ය. මහණෙනි, මෙසේ භික්ෂුව සළකුණු හඳුනාගන්නට දක්ෂ වෙයි.

3. මහණෙනි, භික්ෂුව ඉහඳ මැසි බිජු ඉවත් කරන්නේ කෙසේද? මහණෙනි, මෙහිලා භික්ෂුව තමා තුළ හටගත් පංච කාම පිළිබඳ විතර්ක නොඉවසයි. අත් හරියි. දුරු කරයි. නැති කරයි. අභාවයට පත් කරයි. තමා තුළ හටගත් ද්වේෂය පිළිබඳ විතර්ක නොඉවසයි. අත් හරියි. දුරු කරයි. නැති කරයි. අභාවයට පත් කරයි. තමා තුළ හටගත් හිංසාකාරී විතර්ක නොඉවසයි. අත් හරියි. දුරු කරයි. නැති කරයි. අභාවයට පත් කරයි. උපනුපන් පාපී අකුසල් දහම් නොඉවසයි. අත් හරියි. දුරු කරයි. නැති කරයි. අභාවයට පත් කරයි. මහණෙනි, මෙසේ භික්ෂුව ඉහඳ මැසි බිජු ඉවත් කරන්නේ වෙයි.

4. මහණෙනි, භික්ෂුව තුවාල ආවරණය කරන්නේ කෙසේද? මහණෙනි, මෙහිලා භික්ෂුව ඇසින් රූපයක් දැක නිමිති නොගන්නේ වෙයි. නිමිත්තෙක කොටසක් හෝ නොගන්නේ වෙයි. යම් කරුණක් හේතුවෙන් ඇස නම් වූ ඉන්ද්‍රිය අසංවර ව වාසය කිරීමෙන් ඇලීම් ගැටීම් ආදී පාපී අකුසල් දහම් තමා පසුපස හඹා එද්ද, එබඳු වූ ඇස සංවරය පිණිස පිළිපදියි. ඇස නම් වූ ඉන්ද්‍රිය රකියි. ඇස නම් වූ ඉන්ද්‍රියේ සංවරයට පැමිණෙයි. කනෙන් ශබ්ද අසා ....(පෙ).... නාසයෙන් ගන්ධයක් ආඝ්‍රාණය කොට ....(පෙ).... දිවෙන් රස විඳ ....(පෙ).... කයෙන් පහස ලබා ....(පෙ).... මනසින් අරමුණක් දැන නිමිති නොගන්නේ වෙයි. නිමිත්තෙක කොටසක් හෝ නොගන්නේ වෙයි. යම් කරුණක් හේතුවෙන් මනස නම් වූ ඉන්ද්‍රිය අසංවර ව වාසය කිරීමෙන් ඇලීම් ගැටීම් ආදී පාපී අකුසල් දහම් තමා පසුපස හඹා එද්ද, එබඳු වූ මනස සංවරය පිණිස පිළිපදියි. මනස නම් වූ ඉන්ද්‍රිය රකියි. මනස නම් වූ ඉන්ද්‍රියේ සංවරයට පැමිණෙයි. මහණෙනි, මෙසේ භික්ෂුව තුවාල ආවරණය කරගන්නේ වෙයි.

5. මහණෙනි, භික්ෂුව දුම් අල්ලන්නේ කෙසේ ද? මහණෙනි, මෙහිලා

භික්ෂුව තමන් ධර්මය අසන ලද්දේ යම් පරිදි ද, පිරිවහන ලද්දේ යම් පරිදි ද, ධර්මය විස්තර වශයෙන් අන්‍යයන්ට දේශනා කරන්නේ වෙයි. මහණෙනි, භික්ෂුව මෙසේ දුම් අල්ලන්නේ වෙයි.

6. මහණෙනි, භික්ෂුව එතෙර කරවන තොට දන්නේ කෙසේද? මහණෙනි, මෙහිලා භික්ෂුව යම් මේ භික්ෂූහු බහුශ්‍රැත වෙත් ද, බොහෝ ධර්මය දන්නාහු වෙත් ද, ධර්මධර වෙත් ද, විනයධර වෙත් ද, මාතෘකාධර වෙත් ද, ඒ භික්ෂූන් වෙත කලින් කලට එළැඹ 'ස්වාමීනී, මෙය කෙසේද? මෙහි අර්ථය කවරෙක් ද'යි විමසයි. ප්‍රශ්න කරයි. මේ හේතුවෙන් ඒ ආයුෂ්මත්හු ඒ භික්ෂුවට විවෘත නොවූ දෑ විවෘත කරති. අප්‍රකට දෑ ප්‍රකට කරති. සැක සංකා ඇතිවෙන නොයෙක් දහම් කරුණු පිළිබඳ ව සැකය දුරු කරති. මහණෙනි, මෙසේ භික්ෂුව එතෙර කරවන තොට දන්නේ ය.

7. මහණෙනි, භික්ෂුව පැන් බිව් - නොබිව් බව දන්නේ කෙසේද? මහණෙනි, මෙහිලා භික්ෂුව තථාගතයන් විසින් දෙසන ලද ධර්ම විනය දෙසනු ලබන කල්හී එයින් ලැබෙන යහපත පිළිබඳ ව සතුට ලබන්නේ ය. ධර්ම ප්‍රීතිය ලබන්නේ ය. ධර්මය ඇසුරෙන් ලැබෙන ප්‍රමුදිත බව ලබන්නේ ය. මහණෙනි, මෙසේ භික්ෂුව පැන් බිව් - නොබිව් බව දන්නේ ය.

8. මහණෙනි, භික්ෂුව යා යුතු මාර්ගය දන්නේ කෙසේද? මහණෙනි, මෙහිලා භික්ෂුව ආර්ය අෂ්ටාංගික මාර්ගය ඒ වූ අයුරින් දනියි. මහණෙනි, මෙසේ භික්ෂුව යායුතු මාර්ගය දන්නේ වෙයි.

9. මහණෙනි, භික්ෂුව ගොදුරු බිම දන්නේ කෙසේද? මහණෙනි, මෙහිලා භික්ෂුව සතර සතිපට්ඨානයන් පිළිබඳ ව ඒ වූ අයුරින් දන්නේ ය. මහණෙනි, මෙසේ භික්ෂුව ගොදුරු බිම දන්නේ වෙයි.

10. මහණෙනි, භික්ෂුව ඉතිරි කොට කිරි දොවන්නේ කෙසේද? මහණෙනි, සැදැහැවත් ගෘහපතීහු භික්ෂූන් හට සිවුරු, පිණ්ඩපාත, සෙනසුන්, ගිලන්පස, බෙහෙත් පිරිකරින් නිතර පූජා කරත්. මෙහිලා භික්ෂුව ඒවා පිළිගැනීමෙහි පමණ දන්නේ ය. මහණෙනි, මෙසේ භික්ෂුව ඉතිරි කොට කිරිදොවන්නේ වෙයි.

11. මහණෙනි, භික්ෂුව යම් ඒ භික්ෂූන් අතර බොහෝ රැය ගෙවන ලද, පැවිදි ව බොහෝ කල් ගත වූ, සංඝ පීතෘ වූ, සංඝ ප්‍රධාන වූ, ස්ථවිර භික්ෂූහු සිටිත් ද ඔවුන් අතිරේක පූජාවෙන් පුදන්නේ කෙසේද? මහණෙනි, මෙහිලා භික්ෂුව යම් ඒ භික්ෂූන් අතර බොහෝ රැය ගෙවන ලද, පැවිදි ව බොහෝ කල් ගත වූ, සංඝ පීතෘ වූ, සංඝ ප්‍රධාන වූ, ස්ථවිර භික්ෂූහු සිටිත් ද ඒ භික්ෂූන්

කෙරෙහි ඉදිරිපිට දී ත්, නැති විට ත් මෛත්‍රී කාය කර්මය පිහිටුවාගෙන සිටියි. ඉදිරිපිට දී ත්, නැති විට ත් මෛත්‍රී වචී කර්මය පිහිටුවාගෙන සිටියි. ඉදිරිපිට දී ත්, නැති විට ත් මෛත්‍රී මනෝ කර්මය පිහිටුවාගෙන සිටියි. මහණෙනි, මෙසේ ඒ භික්ෂුව යම් ඒ භික්ෂූන් අතර බොහෝ රැය ගෙවන ලද, පැවිදි ව බොහෝ කල් ගත වූ, සංඝ පීතෘ වූ, සංඝ ප්‍රධාන වූ, ස්ථවිර භික්ෂූහු සිටිත් ද ඔවුන් අතිරේක පූජාවෙන් පුදන්නේ වෙයි.

මේ අයුරින් මහණෙනි, මෙම එකොළොස් කරුණකින් සමන්විත වූ භික්ෂුව මේ ධර්ම විනයෙහි අභිවෘද්ධියක්, දියුණුවක්, සුවිශේෂී බවක් ලබන්නට සමර්ථ වෙයි.

සාදු! සාදු!! සාදු!!!

ගෝපාලක සූත්‍රය නිමා විය.

11.2.8
පඨම සමාධි සූත්‍රය
සමාධිය ගැන වදාළ පළමු දෙසුම

සැවැත් නුවරදී ය ......

එකල්හී බොහෝ භික්ෂූහු භාග්‍යවතුන් වහන්සේ යම් තැනෙක වැඩවෙසෙන සේක් ද, එතැනට පැමිණියහ. පැමිණ භාග්‍යවතුන් වහන්සේ සකසා වන්දනා කොට එකත්පස්ව හිඳගත් සේක. එකත්පස්ව හුන් ඒ භික්ෂූහු භාග්‍යවතුන් වහන්සේට මෙය පැවසූහ.

"ස්වාමීනී, භික්ෂුවකට මෙබඳු වූ සමාධියක් ලැබිය හැකිද? එනම් යම් සේ පඨවී ධාතුවෙහි පඨවී යන හැඳිනීමෙක් ඇති නොවෙයි ද, ආපෝ ධාතුවෙහි ආපෝ යන හැඳිනීමෙක් ඇති නොවෙයි ද, තේජෝ ධාතුවෙහි තේජෝ යන හැඳිනීමෙක් ඇති නොවෙයි ද, වායෝ ධාතුවෙහි වායෝ යන හැඳිනීමෙක් ඇති නොවෙයි ද, ආකාසානඤ්චායතනයෙහි ආකාසානඤ්චායතනය යන හැඳිනීමෙක් ඇති නොවෙයි ද, විඤ්ඤාණඤ්චායතනයෙහි විඤ්ඤාණඤ්චායතනය යන හැඳිනීමෙක් ඇති නොවෙයි ද, ආකිඤ්චඤ්ඤායතනයෙහි ආකිඤ්චඤ්ඤායතනය යන හැඳිනීමෙක් ඇති නොවෙයි ද, නේවසඤ්ඤානාසඤ්ඤායතනයෙහි නේවසඤ්ඤානාසඤ්ඤායතනය යන හැඳිනීමෙක් ඇති නොවෙයි ද, මේ

ලෝකයෙහි මේ ලෝකය යන හැඳිනීමෙක් ඇති නොවෙයි ද, පරලොවෙහි පරලොව යන හැඳිනීමෙක් ඇති නොවෙයි ද, යම් හෙයකින් දකින ලද යමක් ඇද්ද, අසන ලද යමක් ඇද්ද, ආඝ්‍රාණය කරන ලද යමක් ඇද්ද, රස විඳින ලද යමක් ඇද්ද, පහස ලබන ලද යමක් ඇද්ද, දැනගත් යමක් ඇද්ද, ලැබුණු යමක් ඇද්ද, සොයන ලද යමක් ඇද්ද, මනසින් විමසන ලද යමක් ඇද්ද, එහිලා ද ඔහුට හැඳිනීමෙක් නැත්තේ නම්, එසේ නමුත් හැඳිනීමෙකින් ද යුක්ත වැ සිටින්නේ නම්, එබඳු වූ සමාධි ප්‍රතිලාභයක් භික්ෂුවකට ලැබිය හැකිද?"

"එසේ ය මහණෙනි, යම් සේ පඨවි ධාතුවෙහි පඨවි යන හැඳිනීමෙක් ඇති නොවෙයි ද, ...(පෙ).... යම් හෙයකින් දකින ලද යමක් ඇද්ද, අසන ලද යමක් ඇද්ද, ආඝ්‍රාණය කරන ලද යමක් ඇද්ද, රස විඳින ලද යමක් ඇද්ද, පහස ලබන ලද යමක් ඇද්ද, දැනගත් යමක් ඇද්ද, ලැබුණු යමක් ඇද්ද, සොයන ලද යමක් ඇද්ද, මනසින් විමසන ලද යමක් ඇද්ද, එහිලා ද ඔහුට හැඳිනීමෙක් නැත්තේ නම්, එසේ නමුත් හැඳිනීමෙකින් ද යුක්ත වැ සිටින්නේ නම්, එබඳු වූ සමාධි ප්‍රතිලාභයක් භික්ෂුවකට ලැබිය හැකිය."

"ස්වාමීනී, කෙසේ නම් භික්ෂුවකට එබඳු සමාධියක් ලැබිය හැකිද? එනම් යම් සේ පඨවි ධාතුවෙහි පඨවි යන හැඳිනීමෙක් ඇති නොවෙයි ද, ...(පෙ).... යම් හෙයකින් දකින ලද යමක් ඇද්ද, අසන ලද යමක් ඇද්ද, ආඝ්‍රාණය කරන ලද යමක් ඇද්ද, රස විඳින ලද යමක් ඇද්ද, පහස ලබන ලද යමක් ඇද්ද, දැනගත් යමක් ඇද්ද, ලැබුණු යමක් ඇද්ද, සොයන ලද යමක් ඇද්ද, මනසින් විමසන ලද යමක් ඇද්ද, එහිලා ද ඔහුට හැඳිනීමෙක් නැත්තේ නම්, එසේ නමුත් හැඳිනීමෙකින් ද යුක්ත වැ සිටින්නේ නම්, කෙසේ නම් එබඳු වූ සමාධි ප්‍රතිලාභයක් භික්ෂුවකට ලැබිය හැකිද?"

"මහණෙනි, මෙහිලා භික්ෂුව මෙබඳු වූ හැඳිනීමෙකින් යුක්ත වූයේ වෙයි. 'මෙම සමාධිය ශාන්ත වූ දෙයකි. මෙම සමාධිය ඉතා ප්‍රණීත දෙයකි. එනම්, සකස් වූ සියළු දෙයෙහි සංසිඳී ගිය බවෙක් ඇද්ද, යළි උපතකට හේතු වන සියල්ල දුරැලූ බවෙක් ඇද්ද, තෘෂ්ණාවෙහි නැසී ගිය බවෙක් ඇද්ද, නොඇල්මට පත් වූ බවෙක් ඇද්ද, භවය නිරුද්ධ වූ බවෙක් ඇද්ද, නිර්වාණයක් ඇද්ද, එයයි.'

මහණෙනි, මෙබඳු වූ සමාධි ප්‍රතිලාභයෙකි භික්ෂුවකට ලැබෙන්නේ. එනම්, යම් සේ පඨවි ධාතුවෙහි පඨවි යන හැඳිනීමෙක් ඇති නොවෙයි ද, ආපෝ ධාතුවෙහි ආපෝ යන හැඳිනීමෙක් ඇති නොවෙයි ද, තේජෝ ධාතුවෙහි තේජෝ යන හැඳිනීමෙක් ඇති නොවෙයි ද, වායෝ ධාතුවෙහි වායෝ යන හැඳිනීමෙක් ඇති නොවෙයි ද, ආකාසානඤ්චායතනයෙහි ආකාසානඤ්චායතනය යන හැඳිනීමෙක්

ඇති නොවෙයි ද, විඤ්ඤාණඤ්චායතනයෙහි විඤ්ඤාණඤ්චායතනය යන හැඳිනීමෙක් ඇති නොවෙයි ද, ආකිඤ්චඤ්ඤායතනයෙහි ආකිඤ්චඤ්ඤායතනය යන හැඳිනීමෙක් ඇති නොවෙයි ද, නේවසඤ්ඤානාසඤ්ඤායතනයෙහි නේවසඤ්ඤානාසඤ්ඤායතනය යන හැඳිනීමෙක් ඇති නොවෙයි ද, මේ ලෝකයෙහි මේ ලෝකය යන හැඳිනීමෙක් ඇති නොවෙයි ද, පරලොවෙහි පරලොව යන හැඳිනීමෙක් ඇති නොවෙයි ද, යම් හෙයකින් දකින ලද යමක් ඇද්ද, අසන ලද යමක් ඇද්ද, ආඝ්‍රාණය කරන ලද යමක් ඇද්ද, රස විඳින ලද යමක් ඇද්ද, පහස ලබන ලද යමක් ඇද්ද, දැනගත් යමක් ඇද්ද, ලැබුණු යමක් ඇද්ද, සොයන ලද යමක් ඇද්ද, මනසින් විමසන ලද යමක් ඇද්ද, එහිලා ද ඔහුට හැඳිනීමෙක් නැත්තේ නම්, එසේ නමුත් හැඳිනීමෙකින් ද යුක්ත වැ සිටින්නේ නම්, මෙබඳු වූ සමාධි ප්‍රතිලාභයකි භික්ෂුවකට ලැබෙන්නේ.”

සාදු! සාදු!! සාදු!!!

පඨම සමාධි සූත්‍රය නිමා විය.

11.2.9
දුතිය සමාධි සූත්‍රය
සමාධිය ගැන වදාළ දෙවෙනි දෙසුම

සැවැත් නුවර දී ය.....

එකල්හී භාග්‍යවතුන් වහන්සේ 'මහණෙනි' යි භික්ෂූන් ඇමතූ සේක. 'පින්වතුන් වහන්සැ' යි ඒ භික්ෂූහු භාග්‍යවතුන් වහන්සේට පිළිවදන් දුන්හ. භාග්‍යවතුන් වහන්සේ මෙය වදාළ සේක.

“මහණෙනි, යම් සේ පඨවී ධාතුවෙහි පඨවී යන හැඳිනීමෙක් ඇති නොවෙයි ද, ආපෝ ධාතුවෙහි ආපෝ යන හැඳිනීමෙක් ඇති නොවෙයි ද, තේජෝ ධාතුවෙහි තේජෝ යන හැඳිනීමෙක් ඇති නොවෙයි ද, වායෝ ධාතුවෙහි වායෝ යන හැඳිනීමෙක් ඇති නොවෙයි ද, ආකාසානඤ්චායතනයෙහි ආකාසානඤ්චායතනය යන හැඳිනීමෙක් ඇති නොවෙයි ද, විඤ්ඤාණඤ්චායතනයෙහි විඤ්ඤාණඤ්චායතනය යන හැඳිනීමෙක් ඇති නොවෙයි ද, ආකිඤ්චඤ්ඤායතනයෙහි ආකිඤ්චඤ්ඤායතනය යන හැඳිනීමෙක් ඇති නොවෙයි ද, නේවසඤ්ඤානාසඤ්ඤායතනයෙහි

නේවසඤ්ඤානාසඤ්ඤායතනය යන හැඳිනීමෙක් ඇති නොවෙයි ද, මේ ලෝකයෙහි මේ ලෝකය යන හැඳිනීමෙක් ඇති නොවෙයි ද, පරලොවෙහි පරලොව යන හැඳිනීමෙක් ඇති නොවෙයි ද, යම් හෙයකින් දකින ලද යමක් ඇද්ද, අසන ලද යමක් ඇද්ද, ආඝ්‍රාණය කරන ලද යමක් ඇද්ද, රස විඳින ලද යමක් ඇද්ද, පහස ලබන ලද යමක් ඇද්ද, දැනගත් යමක් ඇද්ද, ලැබුණු යමක් ඇද්ද, සොයන ලද යමක් ඇද්ද, මනසින් විමසන ලද යමක් ඇද්ද, එහිලා ද ඔහුට හැඳිනීමෙක් නැත්තේ නම්, එසේ නමුත් හැඳිනීමෙකින් ද යුක්ත වැ සිටින්නේ නම්, එබඳු වූ සමාධි ප්‍රතිලාභයක් භික්ෂුවකට ලැබිය හැක්කේ ද?"

"ස්වාමීනී, අපගේ ධර්මයෝ භාග්‍යවතුන් වහන්සේ මුල්කොට ඇත්තාහ. භාග්‍යවතුන් වහන්සේ ප්‍රධාන කොට ඇත්තාහ. භාග්‍යවතුන් වහන්සේ පිළිසරණ කොට ඇත්තාහ. ස්වාමීනී, මේ වදාරණ ලද කරුණෙහි අර්ථය භාග්‍යවතුන් වහන්සේට ම වැටහෙන සේක් නම් මැනැවි. භාග්‍යවතුන් වහන්සේගෙන් අසා භික්ෂූහු දරා ගන්නාහු ය."

"එසේ වී නම් මහණෙනි, අසව්. මැනැවින් මෙනෙහි කරව්. පවසන්නෙමි." "එසේය, ස්වාමීනී"යි ඒ භික්ෂූහු භාග්‍යවතුන් වහන්සේට පිළිවදන් දුන්හ. භාග්‍යවතුන් වහන්සේ මෙය වදාළ සේක.

"මහණෙනි, යම් සේ පඨවී ධාතුවෙහි පඨවී යන හැඳිනීමෙක් ඇති නොවෙයි ද, ...(පෙ).... යම් හෙයකින් දකින ලද යමක් ඇද්ද, අසන ලද යමක් ඇද්ද, ආඝ්‍රාණය කරන ලද යමක් ඇද්ද, රස විඳින ලද යමක් ඇද්ද, පහස ලබන ලද යමක් ඇද්ද, දැනගත් යමක් ඇද්ද, ලැබුණු යමක් ඇද්ද, සොයන ලද යමක් ඇද්ද, මනසින් විමසන ලද යමක් ඇද්ද, එහිලා ද ඔහුට හැඳිනීමෙක් නැත්තේ නම්, එසේ නමුත් හැඳිනීමෙකින් ද යුක්ත වැ සිටින්නේ නම්, එබඳු වූ සමාධි ප්‍රතිලාභයක් භික්ෂුවකට ලැබිය හැක්කේ ය.

"ස්වාමීනී, යම් සේ පඨවී ධාතුවෙහි පඨවී යන හැඳිනීමෙක් ඇති නොවෙයි ද, ...(පෙ).... යම් හෙයකින් දකින ලද යමක් ඇද්ද, අසන ලද යමක් ඇද්ද, ආඝ්‍රාණය කරන ලද යමක් ඇද්ද, රස විඳින ලද යමක් ඇද්ද, පහස ලබන ලද යමක් ඇද්ද, දැනගත් යමක් ඇද්ද, ලැබුණු යමක් ඇද්ද, සොයන ලද යමක් ඇද්ද, මනසින් විමසන ලද යමක් ඇද්ද, එහිලා ද ඔහුට හැඳිනීමෙක් නැත්තේ නම්, එසේ නමුත් හැඳිනීමෙකින් ද යුක්ත වැ සිටින්නේ නම්, එබඳු වූ සමාධි ප්‍රතිලාභයක් භික්ෂුවකට ලැබිය හැක්කේ කෙසේද?"

"මහණෙනි, මෙහිලා භික්ෂුව මෙබඳු වූ හැඳිනීමෙකින් යුක්ත වූයේ වෙයි. 'මෙම සමාධිය ශාන්ත වූ දෙයකි. මෙම සමාධිය ඉතා ප්‍රණීත දෙයකි. එනම්,

සකස් වූ සියළු දෙයෙහි සංසිඳී ගිය බවෙක් ඇද්ද, යළි උපතකට හේතු වන සියල්ල දුරලූ බවෙක් ඇද්ද, තෘෂ්ණාවෙහි නැසී ගිය බවෙක් ඇද්ද, නොඇල්මට පත් වූ බවෙක් ඇද්ද, භවය නිරුද්ධ වූ බවෙක් ඇද්ද, නිර්වාණයක් ඇද්ද, එයයි.'

මහණෙනි, මෙබඳු වූ සමාධි ප්‍රතිලාභයෙකි භික්ෂුවකට ලැබෙන්නේ. එනම්, යම් සේ පඨවී ධාතුවෙහි පඨවී යන හැඳිනීමෙක් ඇති නොවෙයි ද, ...(පෙ).... යම් හෙයකින් දකින ලද යමක් ඇද්ද, අසන ලද යමක් ඇද්ද, ආඝ්‍රාණය කරන ලද යමක් ඇද්ද, රස විඳින ලද යමක් ඇද්ද, පහස ලබන ලද යමක් ඇද්ද, දැනගත් යමක් ඇද්ද, ලැබුණු යමක් ඇද්ද, සොයන ලද යමක් ඇද්ද, මනසින් විමසන ලද යමක් ඇද්ද, එහිලා ද ඔහුට හැඳිනීමෙක් නැත්තේ නම්, එසේ නමුත් හැඳිනීමෙකින් ද යුක්ත වැ සිටින්නේ නම්, එබඳු වූ සමාධි ප්‍රතිලාභයක් භික්ෂුවකට ලැබෙන්නේ මේ අයුරිනි."

සාදු! සාදු!! සාදු!!!

දුතිය සමාධි සූත්‍රය නිමා විය.

11.2.10
තතිය සමාධි සූත්‍රය
සමාධිය ගැන වදාළ තෙවෙනි දෙසුම

සැවැත් නුවර දී ය.....

එකල්හී බොහෝ භික්ෂූහු ආයුෂ්මත් සාරිපුත්තයන් වහන්සේ වෙත එළැඹියහ. එළැඹ ආයුෂ්මත් සාරිපුත්තයන් වහන්සේ සමඟ සතුටු වූහ. සතුටු විය යුතු පිළිසඳර කථාව නිමවා එකත්පස්ව හිඳගත්හ. එකත්පස් ව හුන් ඒ භික්ෂූහු ආයුෂ්මත් සාරිපුත්තයන් වහන්සේට මෙය පැවසූහ.

"ආයුෂ්මත් සාරිපුත්තයෙනි, යම් සේ පඨවී ධාතුවෙහි පඨවී යන හැඳිනීමෙක් ඇති නොවෙයි ද, ...(පෙ).... යම් හෙයකින් දකින ලද යමක් ඇද්ද, අසන ලද යමක් ඇද්ද, ආඝ්‍රාණය කරන ලද යමක් ඇද්ද, රස විඳින ලද යමක් ඇද්ද, පහස ලබන ලද යමක් ඇද්ද, දැනගත් යමක් ඇද්ද, ලැබුණු යමක් ඇද්ද, සොයන ලද යමක් ඇද්ද, මනසින් විමසන ලද යමක් ඇද්ද, එහිලා ද ඔහුට හැඳිනීමෙක් නැත්තේ නම්, එසේ නමුත් හැඳිනීමෙකින් ද යුක්ත වැ සිටින්නේ නම්, එබඳු වූ සමාධි ප්‍රතිලාභයක් භික්ෂුවකට ලැබිය හැක්කේ ද?"

"ආයුෂ්මත්නි, යම් සේ පඨවී ධාතුවෙහි පඨවී යන හැඳිනීමෙක් ඇති නොවෙයි ද, ...(පෙ).... යම් හෙයකින් දකින ලද යමක් ඇද්ද, අසන ලද යමක් ඇද්ද, ආඝ්‍රාණය කරන ලද යමක් ඇද්ද, රස විඳින ලද යමක් ඇද්ද, පහස ලබන ලද යමක් ඇද්ද, දැනගත් යමක් ඇද්ද, ලැබුණු යමක් ඇද්ද, සොයන ලද යමක් ඇද්ද, මනසින් විමසන ලද යමක් ඇද්ද, එහිලා ද ඔහුට හැඳිනීමෙක් නැත්තේ නම්, එසේ නමුත් හැඳිනීමෙකින් ද යුක්ත වැ සිටින්නේ නම්, එබඳු වූ සමාධි ප්‍රතිලාභයක් භික්ෂුවකට ලැබිය හැක්කේ ය.

"ආයුෂ්මත් සාරිපුත්තයෙනි, යම් සේ පඨවී ධාතුවෙහි පඨවී යන හැඳිනීමෙක් ඇති නොවෙයි ද, ...(පෙ).... යම් හෙයකින් දකින ලද යමක් ඇද්ද, අසන ලද යමක් ඇද්ද, ආඝ්‍රාණය කරන ලද යමක් ඇද්ද, රස විඳින ලද යමක් ඇද්ද, පහස ලබන ලද යමක් ඇද්ද, දැනගත් යමක් ඇද්ද, ලැබුණු යමක් ඇද්ද, සොයන ලද යමක් ඇද්ද, මනසින් විමසන ලද යමක් ඇද්ද, එහිලා ද ඔහුට හැඳිනීමෙක් නැත්තේ නම්, එසේ නමුත් හැඳිනීමෙකින් ද යුක්ත වැ සිටින්නේ නම්, එබඳු වූ සමාධි ප්‍රතිලාභයක් භික්ෂුවකට ලැබිය හැක්කේ කෙසේද?"

"ආයුෂ්මත්නි, මෙහිලා භික්ෂුව මෙබඳු වූ හැඳිනීමෙකින් යුක්ත වූයේ වෙයි. 'මෙම සමාධිය ශාන්ත වූ දෙයකි. මෙම සමාධිය ඉතා ප්‍රණීත දෙයකි. එනම්, සකස් වූ සියළු දෙයෙහි සංසිඳී ගිය බවෙක් ඇද්ද, යළි උපතකට හේතු වන සියල්ල දුරලූ බවෙක් ඇද්ද, තෘෂ්ණාවෙහි නැසී ගිය බවෙක් ඇද්ද, නොඇල්මට පත් වූ බවෙක් ඇද්ද, භවය නිරුද්ධ වූ බවෙක් ඇද්ද, නිර්වාණයක් ඇද්ද, එයයි.'

ආයුෂ්මත්නි, මෙබඳු වූ සමාධි ප්‍රතිලාභයෙකි භික්ෂුවකට ලැබෙන්නේ. එනම්, යම් සේ පඨවී ධාතුවෙහි පඨවී යන හැඳිනීමෙක් ඇති නොවෙයි ද, ...(පෙ).... යම් හෙයකින් දකින ලද යමක් ඇද්ද, අසන ලද යමක් ඇද්ද, ආඝ්‍රාණය කරන ලද යමක් ඇද්ද, රස විඳින ලද යමක් ඇද්ද, පහස ලබන ලද යමක් ඇද්ද, දැනගත් යමක් ඇද්ද, ලැබුණු යමක් ඇද්ද, සොයන ලද යමක් ඇද්ද, මනසින් විමසන ලද යමක් ඇද්ද, එහිලා ද ඔහුට හැඳිනීමෙක් නැත්තේ නම්, එසේ නමුත් හැඳිනීමෙකින් ද යුක්ත වැ සිටින්නේ නම්, එබඳු වූ සමාධි ප්‍රතිලාභයක් භික්ෂුවකට ලැබෙන්නේ මේ අයුරිනි."

සාදු! සාදු!! සාදු!!!

තතිය සමාධි සූත්‍රය නිමා විය.

11.2.11
චතුත්ථ සමාධි සූත්‍රය
සමාධිය ගැන වදාළ සිව්වෙනි දෙසුම

සැවැත් නුවර දී ය.....

එකල්හී ආයුෂ්මත් සාරිපුත්තයන් වහන්සේ භික්ෂූන් ඇමතූහ.

"ආයුෂ්මත්නි, යම් සේ පඨවී ධාතුවෙහි පඨවී යන හැඳිනීමෙක් ඇති නොවෙයි ද, ආපෝ ධාතුවෙහි ආපෝ යන හැඳිනීමෙක් ඇති නොවෙයි ද, තේජෝ ධාතුවෙහි තේජෝ යන හැඳිනීමෙක් ඇති නොවෙයි ද, වායෝ ධාතුවෙහි වායෝ යන හැඳිනීමෙක් ඇති නොවෙයි ද, ආකාසානඤ්චායතනයෙහි ආකාසානඤ්චායතනය යන හැඳිනීමෙක් ඇති නොවෙයි ද, විඤ්ඤාණඤ්චායතනයෙහි විඤ්ඤාණඤ්චායතනය යන හැඳිනීමෙක් ඇති නොවෙයි ද, ආකිඤ්චඤ්ඤායතනයෙහි ආකිඤ්චඤ්ඤායතනය යන හැඳිනීමෙක් ඇති නොවෙයි ද, නේවසඤ්ඤානාසඤ්ඤායතනයෙහි නේවසඤ්ඤානාසඤ්ඤායතනය යන හැඳිනීමෙක් ඇති නොවෙයි ද, මේ ලෝකයෙහි මේ ලෝකය යන හැඳිනීමෙක් ඇති නොවෙයි ද, පරලොවෙහි පරලොව යන හැඳිනීමෙක් ඇති නොවෙයි ද, යම් හෙයකින් දකින ලද යමක් ඇද්ද, අසන ලද යමක් ඇද්ද, ආඝ්‍රාණය කරන ලද යමක් ඇද්ද, රස විඳින ලද යමක් ඇද්ද, පහස ලබන ලද යමක් ඇද්ද, දැනගත් යමක් ඇද්ද, ලැබුණු යමක් ඇද්ද, සොයන ලද යමක් ඇද්ද, මනසින් විමසන ලද යමක් ඇද්ද, එහිලා ද ඔහුට හැඳිනීමෙක් නැත්තේ නම්, එසේ නමුත් හැඳිනීමෙකින් ද යුක්ත වැ සිටින්නේ නම්, එබඳු වූ සමාධි ප්‍රතිලාභයක් භික්ෂුවකට ලැබිය හැක්කේ ද?"

"ආයුෂ්මත් සාරිපුත්තයෙනි, කොතරම් දුර සිට වුවත් මෙම පැවසූ කරුණෙහි අර්ථය දැනගැනීම පිණිස අපි ආයුෂ්මත් සාරිපුත්තයන් වෙත එන්නෙමු. මේ පවසන ලද කරුණෙහි අර්ථය ආයුෂ්මත් සාරිපුත්තයන් වහන්සේට ම වැටහෙන සේක් නම් මැනැවි. ආයුෂ්මත් සාරිපුත්තයන්ගෙන් අසා භික්ෂූහු දරා ගන්නාහු ය."

"එසේ වී නම් ආයුෂ්මත්නි, අසව්. මැනැවින් මෙනෙහි කරව්. පවසන්නෙමි." "එසේය, ආයුෂ්මත"යි ඒ භික්ෂූහු ආයුෂ්මත් සාරිපුත්තයන් වහන්සේට පිළිවදන් දුන්හ. ආයුෂ්මත් සාරිපුත්තයන් වහන්සේ මෙය වදාළ

සේක.

"ආයුෂ්මත්නි, යම් සේ පඨවී ධාතුවෙහි පඨවී යන හැඳිනීමෙක් ඇති නොවෙයි ද, ...(පෙ).... යම් හෙයකින් දකින ලද යමක් ඇද්ද, අසන ලද යමක් ඇද්ද, ආඝ්‍රාණය කරන ලද යමක් ඇද්ද, රස විඳින ලද යමක් ඇද්ද, පහස ලබන ලද යමක් ඇද්ද, දැනගත් යමක් ඇද්ද, ලැබුණු යමක් ඇද්ද, සොයන ලද යමක් ඇද්ද, මනසින් විමසන ලද යමක් ඇද්ද, එහිලා ද ඔහුට හැඳිනීමෙක් නැත්තේ නම්, එසේ නමුත් හැඳිනීමෙකින් ද යුක්ත වැ සිටින්නේ නම්, එබඳු වූ සමාධි ප්‍රතිලාභයක් භික්ෂුවකට ලැබිය හැක්කේ ය.

"ආයුෂ්මත් සාරිපුත්තයෙනි, යම් සේ පඨවී ධාතුවෙහි පඨවී යන හැඳිනීමෙක් ඇති නොවෙයි ද, ...(පෙ).... යම් හෙයකින් දකින ලද යමක් ඇද්ද, අසන ලද යමක් ඇද්ද, ආඝ්‍රාණය කරන ලද යමක් ඇද්ද, රස විඳින ලද යමක් ඇද්ද, පහස ලබන ලද යමක් ඇද්ද, දැනගත් යමක් ඇද්ද, ලැබුණු යමක් ඇද්ද, සොයන ලද යමක් ඇද්ද, මනසින් විමසන ලද යමක් ඇද්ද, එහිලා ද ඔහුට හැඳිනීමෙක් නැත්තේ නම්, එසේ නමුත් හැඳිනීමෙකින් ද යුක්ත වැ සිටින්නේ නම්, එබඳු වූ සමාධි ප්‍රතිලාභයක් භික්ෂුවකට ලැබිය හැක්කේ කෙසේද?"

"ආයුෂ්මත්නි, මෙහිලා භික්ෂුව මෙබඳු වූ හැඳිනීමෙකින් යුක්ත වූයේ වෙයි. 'මෙම සමාධිය ශාන්ත වූ දෙයකි. මෙම සමාධිය ඉතා ප්‍රණීත දෙයකි. එනම්, සකස් වූ සියළු දෙයෙහි සංසිඳී ගිය බවෙක් ඇද්ද, යළි උපතකට හේතු වන සියල්ල දුරලූ බවෙක් ඇද්ද, තෘෂ්ණාවෙහි නැසී ගිය බවෙක් ඇද්ද, නොඇල්මට පත් වූ බවෙක් ඇද්ද, භවය නිරුද්ධ වූ බවෙක් ඇද්ද, නිර්වාණයක් ඇද්ද, එයයි.'

ආයුෂ්මත්නි, මෙබඳු වූ සමාධි ප්‍රතිලාභයෙකි භික්ෂුවකට ලැබෙන්නේ. එනම්, යම් සේ පඨවී ධාතුවෙහි පඨවී යන හැඳිනීමෙක් ඇති නොවෙයි ද, ආපෝ ධාතුවෙහි ආපෝ යන හැඳිනීමෙක් ඇති නොවෙයි ද, තේජෝ ධාතුවෙහි තේජෝ යන හැඳිනීමෙක් ඇති නොවෙයි ද, වායෝ ධාතුවෙහි වායෝ යන හැඳිනීමෙක් ඇති නොවෙයි ද, ආකාසානඤ්චායතනයෙහි ආකාසානඤ්චායතනය යන හැඳිනීමෙක් ඇති නොවෙයි ද, විඤ්ඤාණඤ්චායතනයෙහි විඤ්ඤාණඤ්චායතනය යන හැඳිනීමෙක් ඇති නොවෙයි ද, ආකිඤ්චඤ්ඤායතනයෙහි ආකිඤ්චඤ්ඤායතනය යන හැඳිනීමෙක් ඇති නොවෙයි ද, නේවසඤ්ඤානාසඤ්ඤායතනයෙහි නේවසඤ්ඤානාසඤ්ඤායතනය යන හැඳිනීමෙක් ඇති නොවෙයි ද, මේ ලෝකයෙහි මේ ලෝකය යන හැඳිනීමෙක් ඇති නොවෙයි ද, පරලොවෙහි පරලොව යන හැඳිනීමෙක් ඇති නොවෙයි ද, යම් හෙයකින් දකින ලද යමක්

ඇද්ද, අසන ලද යමක් ඇද්ද, ආඝ්‍රාණය කරන ලද යමක් ඇද්ද, රස විඳින ලද යමක් ඇද්ද, පහස ලබන ලද යමක් ඇද්ද, දැනගත් යමක් ඇද්ද, ලැබුණු යමක් ඇද්ද, සොයන ලද යමක් ඇද්ද, මනසින් විමසන ලද යමක් ඇද්ද, එහිලා ද ඔහුට හැඳිනීමෙක් නැත්තේ නම්, එසේ නමුත් හැඳිනීමෙකින් ද යුක්ත වැ සිටින්නේ නම්, එබඳු වූ සමාධි ප්‍රතිලාභයක් භික්ෂුවකට ලැබෙන්නේ මේ අයුරිනි.”

සාදු! සාදු!! සාදු!!!

චතුත්ථ සමාධි සූත්‍රය නිමා විය.

දෙවෙනි අනුස්සති වර්ගය අවසන් විය.

● එහි පිළිවෙල උද්දානයයි :

මහානාම සූත්‍ර දෙක, නන්දිය සූත්‍රය, සුභූති සූත්‍රය, මෙත්තානිසංස සූත්‍රය, දශම ගෘහපති සූත්‍රය, ගෝපාල සූත්‍රය, සමාධි සූත්‍ර හතර වශයෙන් මෙහි සූත්‍ර එකොළසකි.

3. සාමඤ්ඤ වර්ගය

11.3.1-8
අනිච්චානුපස්සනාදී සූත්‍රයෝ
අනිත්‍ය අනුව නුවණින් දැකීම ආදී දෙසුමන්

මහණෙනි, එකොළොස් අංගයකින් සමන්විත වූ ගවයන් රකින්නා ගව රැළ පරිහරණය කිරීමට ත්, දියුණු කිරීමට ත් අසමර්ථ වෙයි. ඒ එකොළොස් කරුණ කුමක් ද යත්;

මහණෙනි, මෙහිලා ගවයන් රකින තැනැත්තා හැඩරුවින් ගවයන් හඳුනා නොගනියි. ගව සලකුණු හඳුනාගන්නට අදක්ෂ වෙයි. ඉහඳ මැසි බිජු ඉවත් නොකරන්නේ වෙයි. තුවාල ආවරණය නොකරන්නේ වෙයි. කෘමීන් වැළැක්වීමට දුම් නොඅල්ලන්නේ වෙයි. ගවයන් එතෙර කරවන තොට නොදන්නේ වෙයි. ගවයන් පැන් බිව් - නොබිව් බව නොදන්නේ වෙයි. ගවයන් ගෙන යා යුතු මාර්ගය නොදන්නේ වෙයි. ගවයන්ගේ ගොදුරු බිම නොදන්නේ වෙයි. ගව පැටවුන්ට ඉතිරි නොකොට කිරි දොවන්නේ වෙයි. ඒ ගවයන් අතර වෘෂභ වූ, ගව පීතෘ වූ ප්‍රධාන ගවයෝ සිටිත් ද, ඔවුන් අතිරේක පූජාවෙන් නොපුදන්නේ වෙයි.

මහණෙනි, මෙම එකොළොස් අංගයකින් සමන්විත වූ ගවයන් රකින්නා ගව රැළ පරිහරණය කිරීමට ත්, දියුණු කිරීමට ත් අසමර්ථ වෙයි.

එසෙයින් ම මහණෙනි, එකොළොස් කරුණෙකින් සමන්විත වූ භික්ෂුව ඇස පිළිබඳ ව අනිත්‍ය වශයෙන් නුවණින් දකිමින් වාසය කරන්නට අසමර්ථ වෙයි. ....(පෙ).... ඇස පිළිබඳ ව දුක් වශයෙන් නුවණින් දකිමින් වාසය කරන්නට අසමර්ථ වෙයි. ....(පෙ).... ඇස පිළිබඳ ව අනාත්ම වශයෙන් නුවණින් දකිමින් වාසය කරන්නට අසමර්ථ වෙයි. ....(පෙ).... ඇස පිළිබඳ ව වැනසීම නුවණින්

දකිමින් වාසය කරන්නට අසමර්ථ වෙයි. ....(පෙ).... ඇස පිළිබඳ ව නැතිවීම නුවණින් දකිමින් වාසය කරන්නට අසමර්ථ වෙයි. ....(පෙ).... ඇස පිළිබඳ ව විරාගය නුවණින් දකිමින් වාසය කරන්නට අසමර්ථ වෙයි. ....(පෙ).... ඇස පිළිබඳ ව නිරෝධය නුවණින් දකිමින් වාසය කරන්නට අසමර්ථ වෙයි. ....(පෙ).... ඇස පිළිබඳ ව ඇල්ම දුරලීම නුවණින් දකිමින් වාසය කරන්නට අසමර්ථ වෙයි. ....(පෙ)....

11.3.9-48

කන පිළිබඳ ව ....(පෙ).... නාසය පිළිබඳ ව ....(පෙ).... දිව පිළිබඳ ව ....(පෙ).... කය පිළිබඳ ව ....(පෙ).... මනස පිළිබඳ ව ....(පෙ)....

11.3.49-96

රූප පිළිබඳ ව ....(පෙ).... ශබ්ද පිළිබඳ ව ....(පෙ).... ගඳසුවඳ පිළිබඳ ව ....(පෙ).... රස පිළිබඳ ව ....(පෙ).... ස්පර්ශය පිළිබඳ ව ....(පෙ).... අරමුණු පිළිබඳ ව ....(පෙ)....

11.3.97-144

ඇසේ විඤ්ඤාණය පිළිබඳ ව ....(පෙ).... කනේ විඤ්ඤාණය පිළිබඳ ව ....(පෙ).... නාසයේ විඤ්ඤාණය පිළිබඳ ව ....(පෙ).... දිවේ විඤ්ඤාණය පිළිබඳ ව ....(පෙ).... කයේ විඤ්ඤාණය පිළිබඳ ව ....(පෙ).... මනසේ විඤ්ඤාණය පිළිබඳ ව ....(පෙ)....

11.3.145-192

ඇසේ ස්පර්ශය පිළිබඳ ව ....(පෙ).... කනේ ස්පර්ශය පිළිබඳ ව ....(පෙ).... නාසයේ ස්පර්ශය පිළිබඳ ව ....(පෙ).... දිවේ ස්පර්ශය පිළිබඳ ව ....(පෙ).... කයේ ස්පර්ශය පිළිබඳ ව ....(පෙ).... මනසේ ස්පර්ශය පිළිබඳ ව ....(පෙ)....

11.3.193-240

ඇසේ ස්පර්ශයෙන් හට ගන්නා විඳීම පිළිබඳ ව ....(පෙ).... කනේ ස්පර්ශයෙන් හට ගන්නා විඳීම පිළිබඳ ව ....(පෙ).... නාසයේ ස්පර්ශයෙන් හට ගන්නා විඳීම පිළිබඳ ව ....(පෙ).... දිවේ ස්පර්ශයෙන් හට ගන්නා විඳීම පිළිබඳ ව ....(පෙ).... කයේ ස්පර්ශයෙන් හට ගන්නා විඳීම පිළිබඳ ව ....(පෙ).... මනසේ ස්පර්ශයෙන් හට ගන්නා විඳීම පිළිබඳ ව ....(පෙ)....

11.3.241-288

රූප සංඥාව පිළිබඳ ව ....(පෙ).... ශබ්ද සංඥාව පිළිබඳ ව ....(පෙ)....

ගඳසුවඳ සංඥාව පිළිබඳ ව ....(පෙ).... රස සංඥාව පිළිබඳ ව ....(පෙ).... ස්පර්ශ සංඥාව පිළිබඳ ව ....(පෙ).... අරමුණු සංඥාව පිළිබඳ ව ....(පෙ)....

11.3.289-336

රූප සංචේතනාව පිළිබඳ ව ....(පෙ).... ශබ්ද සංචේතනාව පිළිබඳ ව ....(පෙ).... ගඳසුවඳ සංචේතනාව පිළිබඳ ව ....(පෙ).... රස සංචේතනාව පිළිබඳ ව ....(පෙ).... ස්පර්ශ සංචේතනාව පිළිබඳ ව ....(පෙ).... අරමුණු සංචේතනාව පිළිබඳ ව ....(පෙ)....

11.3.337-384

රූප තණ්හාව පිළිබඳ ව ....(පෙ).... ශබ්ද තණ්හාව පිළිබඳ ව ....(පෙ).... ගඳසුවඳ තණ්හාව පිළිබඳ ව ....(පෙ).... රස තණ්හාව පිළිබඳ ව ....(පෙ).... ස්පර්ශ තණ්හාව පිළිබඳ ව ....(පෙ).... අරමුණු තණ්හාව පිළිබඳ ව ....(පෙ)....

11.3.385-432

රූප විතර්කය පිළිබඳ ව ....(පෙ).... ශබ්ද විතර්කය පිළිබඳ ව ....(පෙ).... ගඳසුවඳ විතර්කය පිළිබඳ ව ....(පෙ).... රස විතර්කය පිළිබඳ ව ....(පෙ).... ස්පර්ශ විතර්කය පිළිබඳ ව ....(පෙ).... අරමුණු විතර්කය පිළිබඳ ව ....(පෙ)....

11.3.433-480

රූප විචාරය පිළිබඳ ව ....(පෙ).... ශබ්ද විචාරය පිළිබඳ ව ....(පෙ).... ගඳසුවඳ විචාරය පිළිබඳ ව ....(පෙ).... රස විචාරය පිළිබඳ ව ....(පෙ).... ස්පර්ශ විචාරය පිළිබඳ ව ....(පෙ).... අරමුණු විචාරය පිළිබඳ ව ....(පෙ).... අනිත්‍ය අනුව නුවණින් දකිමින් වාසය කිරීමට ....(පෙ).... දුක අනුව නුවණින් දකිමින් වාසය කිරීමට ....(පෙ).... අනාත්මය අනුව නුවණින් දකිමින් වාසය කිරීමට ....(පෙ).... ක්ෂය වීම අනුව නුවණින් දකිමින් වාසය කිරීමට ....(පෙ).... නැති වීම අනුව නුවණින් දකිමින් වාසය කිරීමට ....(පෙ).... විරාගය අනුව නුවණින් දකිමින් වාසය කිරීමට ....(පෙ).... නිරෝධය අනුව නුවණින් දකිමින් වාසය කිරීමට ....(පෙ).... ඇල්ම දුරලීම අනුව නුවණින් දකිමින් වාසය කිරීමට ....(පෙ)....

11.3.481-960

මහණෙනි, එකොළොස් අංගයකින් සමන්විත වූ ගවයන් රකින්නා ගව රැළ පරිහරණය කිරීමට ත්, දියුණු කිරීමට ත් සමර්ථ වෙයි. ඒ එකොළොස් කරුණ කුමක් ද යත්;

මහණෙනි, මෙහිලා ගවයන් රකින තැනැත්තා හැඩරුවින් ගවයන් හඳුනා ගනියි. ....(පෙ)....

එසෙයින් ම මහණෙනි, එකොළොස් අංගයකින් සමන්විත වූ භික්ෂුව ඇස පිළිබඳ ව අනිත්‍ය නුවණින් දකිමින් වාසය කරන්නට සමර්ථ වෙයි. ....(පෙ).... ඇල් ම දුරලීම නුවණින් දකිමින් වාසය කරන්නට සමර්ථ වෙයි.

තුන්වෙනි සාමඤ්ඤ වර්ගය අවසන් විය.

4. රාගාදී පෙය්‍යාලය

11.4.1

මහණෙනි, විශිෂ්ට නුවණින් යුතුව රාගය අවබෝධ කිරීමට එකොළොස් ධර්මයක් දියුණු කළ යුත්තේ ය. ඒ කවර එකොළොසක් ද යත්;

පළමුවෙනි ධ්‍යානය, දෙවෙනි ධ්‍යානය, තුන්වෙනි ධ්‍යානය, හතරවෙනි ධ්‍යානය, මෛත්‍රී චිත්ත සමාධිය, කරුණා චිත්ත සමාධිය, මුදිතා චිත්ත සමාධිය, උපෙක්ඛා චිත්ත සමාධිය, ආකාසානඤ්චායතනය, විඤ්ඤාණඤ්චායතනය, ආකිඤ්චඤ්ඤායතනය.

මහණෙනි, විශිෂ්ට නුවණින් යුතුව රාගය අවබෝධ කිරීමට මෙම එකොළොස් ධර්මයන් දියුණු කළ යුත්තේ ය.

11.4.2-10

මහණෙනි, රාගය පිරිසිඳ දැනීමට ....(පෙ).... ගෙවා දැමීමට ....(පෙ).... ප්‍රහාණය කිරීමට ....(පෙ).... ක්ෂය වීමට ....(පෙ).... නැති වීමට ....(පෙ).... විරාග යට ....(පෙ).... නිරෝධයට ....(පෙ).... අත්හැරීමට ....(පෙ).... රාගය දුරුලීමට මේ එකොළොස් ධර්මයෝ වැඩිය යුත්තාහු ය.

11.4.11-170

ද්වේෂයෙහි ....(පෙ).... මෝහයෙහි ....(පෙ).... ක්‍රෝධයෙහි ....(පෙ).... බද්ධ වෛරයෙහි ....(පෙ).... ගුණමකු බවෙහි ....(පෙ).... දොස් කීමෙහි ....(පෙ).... ඊර්ෂ්‍යාවෙහි ....(පෙ).... මසුරු බවෙහි ....(පෙ).... මායායෙහි ....(පෙ).... ශඨකපට බවෙහි ....(පෙ).... තරඟයට වැඩ කිරීමෙහි ....(පෙ).... අවවාදයට නොනැමීමෙහි ....(පෙ).... මානයෙහි ....(පෙ).... අතිමානයෙහි ....(පෙ).... මත්වීමෙහි ....(පෙ).... ප්‍රමාදයෙහි ....(පෙ).... විශිෂ්ට ඥානය පිණිස ....(පෙ).... පිරිසිඳ දැනීමට ....(පෙ)....

ගෙවා දැමීමට ....(පෙ).... ප්‍රහාණයට ....(පෙ).... ක්ෂය වීමට ....(පෙ).... නැතිවීමට ....(පෙ).... විරාගයට ....(පෙ).... නිරෝධයට ....(පෙ).... අත්හැරීමෙහි ....(පෙ).... ඇල්ම දුරලීමට මේ එකොළොස් ධර්මයෝ වැඩිය යුත්තාහු ය.

භාග්‍යවතුන් වහන්සේ මෙය වදාළ සේක. සතුටු සිත් ඇති ඒ භික්ෂූහු භාග්‍යවතුන් වහන්සේගේ ඒ භාෂිතය සතුටින් පිළිගත්තාහු ය.

රාගාදී පෙයයාලය අවසන් විය.

අංගෝත්තර සඟියෙහි සූත්‍ර නවදහසක් ද, යළි පන්සියයක් ද, යළි පනස් හතක් ද වශයෙන් සූත්‍ර දේශනාවෝ ඇතුළත් වැ තිබෙති.

ඒකාදසක නිපාතය අවසන් විය.

අංගුත්තර නිකාය සමාප්ත විය.

දසබලසේලප්පභවා නිබ්බානමහාසමුද්දපරියන්තා
අට්ඨංග මග්ගසලිලා ජිනවචනනදී චිරං වහතූති.

දසබලයන් වහන්සේ නමැති ශෛලමය පර්වතයෙන් පැන නැගී
අමා මහ නිවන නම් වූ මහා සාගරය අවසන් කොට ඇති
ආර්ය අෂ්ටාංගික මාර්ගය නම් වූ සිහිල් දිය දහරින් හෙබි
උතුම් ශ්‍රී මුඛ බුද්ධ වචන ගංගාවෝ (ලෝ සතුන්ගේ සසර දුක නිවාලමින්)
බොහෝ කල් ගලාබස්නා සේක්වා !

(සළායතන සංයුත්තය - උද්දාන ගාථා)

සාදු! සාදු!! සාදු!!!

නමෝ තස්ස භගවතෝ අරහතෝ සම්මාසම්බුද්ධස්ස.
ඒ භාග්‍යවත් අරහත් සම්මා සම්බුදුරජාණන් වහන්සේට නමස්කාර වේවා!

මේ උතුම් ගෞතම බුදු සසුනේදීම මේ ආශ්චර්යවත් ශ්‍රී සද්ධර්මය මැනැවින් උගෙන තම තමන්ගේ නුවණ මෙහෙයවා ධර්මයෙහි හැසිරීමෙන් ආර්ය ශ්‍රාවකයන් බවට පත්ව සතර අපා දුකෙන් සදහටම මිදෙනු කැමැති ලංකාවාසී සැදැහැවත් නුවණැතියන් හට වඩාත් හොඳින් තේරුම් ගැනීම පිණිස මහත් ශ්‍රද්ධාවෙන් යුතුව සිංහල භාෂාවට අංගුත්තර නිකායෙහි දසක සහ ඒකාදසක නිපාත ඇතුළත් හයවෙනි කොටස පරිවර්තනය කිරීමෙන් ලත් සකල විපුල පුණ්‍ය සම්භාර ධර්මයන් පින් කැමැති සියල්ලෝම සතුටින් අනුමෝදන් වෙත්වා! අප සියලු දෙනාටම වහ වහා උතුම් චතුරාර්ය සත්‍ය ධර්මය සත්‍ය ඥාණ වශයෙන්ද, කෘත්‍ය ඥාණ වශයෙන්ද, කෘත ඥාණ වශයෙන්ද අවබෝධ වීම පිණිස ඒකාන්තයෙන්ම මේ පුණ්‍ය වාසනාව උපකාර වේවා!

සාදු! සාදු!! සාදු!!!

නමෝ තස්ස භගවතෝ අරහතෝ සම්මාසම්බුද්ධස්ස.